3月30日　山东大学2005教学质量年新闻发布会

5月25日　山东大学“大家讲坛”——诺贝尔经济学奖获得者罗伯特·蒙代尔演讲会

6月1日　山东大学首届学生创新成果展暨第九届“挑战杯”学生课外学术科技作品竞赛终审决赛颁奖交响音乐会

7月19日　山东大学与新加坡南洋理工大学学术合作协议签字仪式

7月25～29日　中国数学会七十周年年会在山东大学隆重举行

8月21日　教育部、山东省人民政府重点共建山东大学协议签字仪式

8月21日 教育部部长周济视察山东大学

8月22日 山东大学保持共产党员先进性教育活动动员大会

9月10日 山东大学2005年全国博士生学术论坛开幕式

10月8日 臧克家先生百年诞辰纪念大会暨学术思想研讨会

10月24日　山东大学本科教学工作水平评估汇报会

11月19日　蒋维崧教授九十华诞暨执教六十六周年学术研讨会

11月28日　山东大学女排澳大利亚夺冠凯旋而归

12月2日　山东大学首届校友创业论坛暨《山之魂　海之韵——山东大学校友创业风采录》首发式

12月6日 展涛校长率团访问法国高校并签署合作协议

12月19日 中国共产党山东大学第十二次代表大会隆重开幕

山东大学年鉴

(2005)

方宏建　刘培平　主编

山 东 大 学 出 版 社

《山东大学年鉴》编纂委员会

编写说明

1.《山东大学年鉴（2005)》(简称《年鉴》）是学校权威性的资料工具书和史料性文献。定期编纂《年鉴》是学校文化建设及校史编纂的基础性工作。《年鉴》编纂坚持以马列主义、毛泽东思想、邓小平理论和“三个代表”重要思想为指导，客观、公正地记载本年度山东大学在各项工作中取得的成绩，及时总结存在的问题，以史为鉴，促进学校的改革与发展。

2.《年鉴》按自然年度记载2005年学校各方面的工作情况，以学校发展为主线，从党政管理、人才培养、科学研究、国际合作与交流、基本建设、校办产业以及图书、档案、出版等各个方面反映山东大学的全貌。主要内容包括：学校概况，特载，党的建设与思想政治工作，行政工作，学院建设，全日制毕业生名单，各类“委员会”、“领导小组”名单，各类校级及以上表彰名单，学校聘任的各类专业技术人员名单，新进人员名单，机构调整和干部任职名单，大事记及基本情况统计，附属医院，威海分校等。

3.《年鉴》编写工作涉及学校各职能部门，各学院、教学部，威海分校，各附属医院等单位。由于时间仓促、出版任务重及编撰人员水平所限，书中难免存在缺点和不足，敬请读者提出宝贵意见，以便今后改进。

《山东大学年鉴》编委会

2006年9月

目　录

概　述

2005年山东大学概况

2005年是山东大学实现提升学术竞争力、社会影响力和国际化水平阶段性发展目标非常重要的一年。在过去的一年里，学校党委和行政以邓小平理论和“三个代表”重要思想为指导，坚持以科学发展观统领学校工作全局，深入学习贯彻教育部和山东省委、省政府一系列重大决策部署，创造性地开展工作，学校各项事业取得长足发展，加快了国内外知名高水平大学的建设进程，为国家和山东经济社会发展作出了积极贡献。

学校总占地面积5773亩，教职工7898人，全日制研究生12409人（其中博士生2535人），本专科生42924人，继续教育、网络教育在校生26098人。学校有30个教学院（部），3所附属医院，12所教学、实习医院，并设有研究生院；本科生和研究生层次教育涵盖了文学、史学、哲学、经济学、管理学、法学、理学、工学、医学、教育学、军事学等十一大学科门类；拥有一级学科博士学位授权点25个，二级学科博士学位授权专业180个（含自主设置博士授权专业21个），博士后科研流动站15个，硕士授权专业252个，工程硕士专业学位授权点7个，本科专业104个，形成了完整的学历人才培养体系。学校拥有一支优秀的师资队伍，在3631名专任教师中，两院院士6人，双聘院士24人（含杰出人文学者2人），国务院学科评议组成员5人，教育部“长江学者奖励计划”特聘教授、讲座教授14人，杰出青年基金获得者11人，新世纪“百千万人才工程”国家级人选17人，教育部“新世纪优秀人才支持计划人选者”52人；教授922人，博士生导师467人，外聘博士生导师99人。学校拥有一批高水平教学科研平台：国家级重点学科6个，省级重点学科29个；国家级重点实验室2个，部级重点实验室6个，省高校重点实验室16个；国家工程技术推广中心1个，省级工程技术研究中心19个；教育部人文社会科学重点研究基地4个；国家基础人才培养基地4个，国家大学生文化素质教育基地1个；“985工程”二期国家重点建设科技平台和人文社科基地12个。学校综合办学条件优良，基本设施齐全，拥有128个教学实验室，仪器设备总值8亿元，基建面积193万平方米，图书资料591万册，形成了多层次、全方位、一体化图书文献保障体系；建立了大型仪器设备专管、开放、共享体系，使用效益在教育部直属高校中名列前茅；形成了先进完善的校园网络体系和数字化校园环境。

经过“十五”时期的建设，山东大学现已成为一所规模宏大、学科齐全、综合实力雄厚、办学特色鲜明、具有一定国际影响的中国名校，成为国家和山东省培养高层次创新人才、进行高水平科学研究和科技成果转化、开展高层次决策咨询、传承民族文化与人类文明的重要基地，为学校在“十一五”期间实现学术竞争力、社会影响力和国际化水平的全面提升，进而为实现建设国内外知名高水平研究型大学的长远目标奠定了坚实基础。

一、全面加强党的建设

以邓小平理论和“三个代表”重要思想为指导，深入学习贯彻党的十六大和十六届三中、四中全会精神和全国全省高校党建工作会议以及加强和改进大学生思想政治教育工作会议精神，牢固树立和全面落实了科学发展观，认真完成了学校党建工作会议提出的各项任务，推动了学校各项事业的快速、健康发展。

（一）围绕学校中心工作，加强政治理论学习，统一思想，提高认识，凝聚力量，为做好学校各项工作提供了坚强的政治保障。

（二）成功召开了第十二次党员代表大会，选举产生了新一届党委委员和纪委委员。大会认真总结合校以来学校改革、发展、稳定工作的实践经验，为学校的进一步发展特别是“十一五”期间的发展作出了战略部署。党代会主题明确，求真务实，鼓舞人心，对学校今后的发展影响深远。

（三）深入扎实地开展保持共产党员先进性教育活动，坚持实践标准和群众标准，突出教育活动全覆盖、突出领导干部带头、突出实际效果，以切实解决师生最关心的实际问题为切入点，落实了226项整改措施。各级党组织的创造力、凝聚力、战斗力进一步加强。“以人为本，让师生满意”的工作经验得到中央和教育部领导的充分肯定。

（四）加强了领导班子和干部队伍建设。采取竞争上岗办法选拔了4位副校长，领导班子学历和年龄结构进一步优化。加大了干部培训力度，加强了党风廉政建设，干部队伍整体素质实现新的提升。

（五）全面落实中共中央、国务院《关于进一步加强和改进大学生思想政治教育的意见》，结合学校实际制定了实施意见，并认真抓好落实。学校思想政治工作队伍特别是学生辅导员队伍建设取得了明显成效，经验在全国推广介绍。在处理涉日事件中，与中央和省委保持高度一致，积极开展工作，有力地维护了学校与社会稳定。

（六）围绕学校中心工作，加大对内对外宣传力度。成功举办了“山东大学合校五周年成就展”；年度校外媒体发稿量达1520余条，其中在中央级媒体发稿达128条，有力地提升了学校的社会影响力。

（七）加强对统战、离退休、群团工作的领导，调动了各方面的积极性，推动了学校各项工作顺利开展。

二、教育教学水平不断提高

（一）学校将2005年确定为“教学质量年”。制定并落实《山东大学本科教育创新计划（2005～2007年）》，本科教学工作跃上新台阶，以优秀成绩通过教育部本科教学水平评估。

教学中心地位进一步强化，教学工作得到前所未有的重视，教学条件明显改善，教学管理更加规范，教学质量稳步提高。教育拓展力度进一步加大，生源质量进一步提高。

（二）完善了研究生培养导师制，推行了论文匿名评审和预答辩制度。积极拓展办学资源，在职教育进一步规范。成功举办了2005年全国博士生学术论坛。

（三）继续教育和网络教育得到进一步发展，办学规模有较大发展。加强了对非学历教育各类办学的过程管理，顺利通过函授夜大学教育办学水平评估。

（四）加大了教育拓展力度，全面实施招生工作“阳光工程”，生源质量进一步提高。深化研究生招生和选拔制度改革，扩大推免生数量，提高硕博连读培养比例，增加复试环节分数比重。

（五）整合本科生、研究生教学和科研实验室资源，加大教学科研实验室面向学生和社会开放力度。提高综合性设计性实验课程比例，增加开放创新实验项目。学生实践和创新能力不断增强，在全国大学生数学建模竞赛、电子设计竞赛和“挑战杯”课外学术科技作品竞赛中，我校学生取得了优异成绩。2005年，我校有3篇博士学位论文荣获“全国优秀博士学位论文”。

三、综合学术实力明显提升

（一）部省续签共建山东大学协议，制定了《山东大学“985工程”二期建设管理办法》，“985工程”二期建设全面启动。

（二）学位点建设再获突破，新增一级学科博士点11个，二级学科博士点47个，二级学科硕士点35个，增量居全国第二。

（三）“十五”“211工程”建设成效显著，国家中期检查成绩优异。新增“国家Linux技术培训与推广中心”1个，教育部重点实验室1个，省重点实验室3个，省工程技术研究中心1个。

（四）实现纵向科研经费7047万元，比2004年增长25.4%。争取纵向科研项目222项，超出2004年17项。获国家基金委各类项目102项，获资助总经费3001万元。国家自然科学基金项目经费到位3664万元，比2004年增长30.39%。

（五）SCI、EI、ISTP、国际引证篇数等指标又取得优异成绩。其中，SCI论文收录指标列全国高校第8位，被SCI引证篇数进入全国高校前7名，被EI收录论文总数列全国高校第11位。获省部级以上成果奖72项。

（六）人文社科发表论文1400余篇，出版著作200余部，获得各级各类社科优秀成果奖励62项。《文史哲》第二次荣获“国家期刊奖银奖”，《山东大学学报（哲社版）》入选了CSSCI来源期刊。

四、师资队伍建设成效显著

（一）人事管理制度改革进一步深化。出台了《山东大学教师队伍建设实施方案》等一系列政策制度，修订了教师职务任职条件，针对不同学科不同类型教师建立相应的评价体系。

（二）高层次人才队伍建设成效明显。新增中国科学院院士1人，引进院士1人；

新增1名长江学者特聘教授、2名杰出青年基金获得者；山东省政府设立的“泰山学者”岗位增至14个，12人上岗。

（三）积极推进青年教师“三种经历”计划，加大了对青年教师的培养力度。共有154名青年骨干教师通过国家留学基金委等多种渠道出国或出境进修；104名青年教师以“在职博士后研究”及“在职攻读博士学位”形式在国内高校或科研机构进修。

（四）博士后流动站建设进一步加强，在站博士后人员达到171人。

五、加大开放式办学力度，国内外合作与交流取得新进展

（一）与12所国外知名大学签订了友好合作协议，签定13个实质性合作项目。参与的AMS和ALTLAS等重大国际合作项目进展顺利，与英国巴斯大学合作申请欧盟项目获得批准，与瑞典皇家工学院合作设立工业生态研究中心，与新加坡南洋理工大学合作共建孔子学院，与新加坡国立大学共同建设的功能材料中心开始启动。

（二）举办国际/两岸学术会议15个，聘请长期外籍教师和专家60人，300余名国际知名学者、客座教授、流动特聘岗教授、海外校友来校讲学或学术交流。

（三）积极实施《山东大学服务山东行动计划》，服务省会济南7项研究课题顺利启动。

（四）校际、校研合作规模进一步扩大。与4所大学新签订了合作协议，学生“第二校园经历”计划继续推进。与中国科学院等科研机构建立了合作关系，研究生访学、访研数量明显增加。

（五）与新疆昌吉学院签署《山东大学对口支援昌吉学院学科建设协议书》，全方位支援昌吉学院建设。帮扶山东省临沂市费县工作初见成效。

六、和谐校园建设稳步推进

（一）加强决策、执行、监督体系建设，不断完善学校管理各项规章制度，推进校务公开。加强学校领导、职能部门与师生的沟通与交流，有效发挥校长信箱的作用，畅通师生参与学校管理的渠道。

（二）认真落实安全责任制和各项安全防范措施，建立和健全了突发事件应急处置预案，加强校园治安综合治理，强化舆论阵地建设与管理，努力建设平安校园，为学校改革发展创造了安定有序的环境，学校被评为“平安山东”建设先进基层单位。

（三）坚持注重目标、注重品牌、注重育人、注重实效，大力推动校园文化建设，初步构建起以山大精神为核心、具有时代特色和山大特点的校园文化体系。“恰同学少年”中国杰出青年论坛、“科学畅想曲”、“大家讲坛”、“小树林论坛”等精品学术文化活动更加活跃。

（四）推动机关作风建设，强化“服务学生，服务学者，服务学术”的意识，创建“学习型”机关，机关办事效率和服务质量明显提高。

（五）制定落实《山东大学基本建设工程项目管理办法》、《山东大学能源管理办法》，加强校园规划与建设，节约型校园和绿色生态校园建设取得明显成效。

（王　欣）

特 载

山东大学“教学质量年”

为进一步巩固教学中心地位，强化教学质量意识，落实教学规章制度，巩固评估取得的成果，根据教育部评估专家组提出的意见和建议，有针对性地研究整改工作，制定整改措施，落实整改任务，结合近期国家和省级教材规划以及教学改革立项，教务处于11月16～18日分校区和学科召开了“教学质量年”座谈会。各教学单位的教学院长(主任)、教指委主任、教师代表以及教务处正副处长、相关科室科长等参加了座谈会。

座谈会上，各教学单位分别汇报了本院（部、医院、中心）教学质量年的主要活动和成效，包括基层教学组织落实情况、教学规章制度执行情况、各级管理人员听课情况及规范课堂教学、论文、试卷等教学过程的措施等内容，组织和策划“十一五”教材规划、新一轮教学改革立项的进展，对学校“十一五”规划的建议，教学研究周安排计划等，同时也对学校和教务处提出了很多建议和意见。教师代表也对我校教学质量年狠抓本科教学各个环节的做法给予高度评价，认为自本学期开学以来，学校狠抓课堂教学秩序，严格审查考试试卷、毕业论文（设计），教师认真教学、学生刻苦学习，使本科教学呈现出一种崭新面貌。因此，这一阶段成为山东大学本科教学最好的时期之一。同时，他们希望学校各级领导及有关部门对本科教学工作应该常抓不懈，各项政策更多地向本科教学的一线教师倾斜。

教务处处长王仁卿认真听取了汇报，并作了相应的答复和解释。教务处工作人员也和各教学单位的领导及教师代表进行了交流和讨论。

一、教学质量年主要活动和成效

1. 统一思想，提高质量第一认识

《2005年教学质量年实施方案》公布后，各学院认真传达了学校的精神，使每一位教师领会教学质量年的指导思想，明确工作目标，牢固确立人才培养是高等学校的根本任务，质量是高等学校的生命线，教学工作是高等学校的中心工作；同时，各学院以教学质量年为契机，以提高教学质量为主线，以教育创新为动力，以制度建设和以评促建为重点，进一步加大教学投入，推进教育教学观念创新、制度创新和工作创新，全面提高教学质量，以实际行动为本科教学工作水平评估而努力工作。

哲社学院认为，虽然本科教学工作一直是学院的重要工作，但是，思想上的重视程度远没有达到现在的高度。2005 年，学校非常重视本科教学，在本科教学方面做了大量扎扎实实的工作。哲社学院从领导到教师，都把本科教学提到了前所未有的高度。教师代表反映，学院抓本科教学更细致了，无论是大会还是小会，大家都谈有关本科教学的工作，有信息及时反馈，这对促进本科教学有很大帮助。

机械工程学院的领导高度重视教学质量年活动，制定了提高本科教学质量的系列活动规划，并且全部实施。为了提高对本科教学评估重要性的认识，召开了五次大型会议。2 月，学院召开了以“提高学院办学水平和质量”为主题的动员大会，利用学院“学习宣传专栏”，展出了“开展办学定位与思路、办学传统与特色大讨论”的主题板报。5 月，开展了“学院办学定位与思路、办学传统与特色”专题研讨。6 月，召开了本科教育发展研讨会，全院大会发动全体教师查问题、找不足，为学院发展出谋划策。9 月，结合先进性教育活动召开了分析评议阶段动员暨本科教学水平评估工作再动员大会，要求所有党员广泛宣传，模范带头，做好本科教学工作。

2. 调整机构，恢复基层教学组织

合校以后，我校实行校院所（系）三级建制和校院两级管理体制。《山东大学院（部）机构设置及党政管理人员定编实施意见》（山大人字［2001］028 号）文件规定：“系、所是在院（部）领导下，分别以本科专业为基础和以研究生培养二级学科为基础建立的基层教学、科研组织，不作为一级行政单位，系、所负责人均为兼职，不与行政级别挂钩，所长负责本学科的教学、科研、实验实习和学科建设。原则上本（专）科学生的关系随系，教职工及研究生的关系随所，系、所下不再设立教（科）研室。”经过几年的实践，尤其是从今年的教学评估检查看出，我校现行的这种管理体制，对教学研究的职责不明确，对本科教学有诸多不利。例如，教学管理在院和教师之间缺少重要的基层环节，造成没人关注教学研究，没有人关注青年教师的教学技能培训，没有人关注教学质量，等等。为进一步规范本科教学，稳定教学秩序，保证和提高教学质量，樊丽明副校长召集教务处、人事处等部门负责人到院（部），就我校本科教学基层组织设置和教学管理等具体问题进行了专题调研。在此之前，教务处也就基层教学组织现状等进行了调查摸底，并通过多种方式了解兄弟院校的相关情况。

在本科教学方面，学院、系、教研室到底应该分别承担什么职责，这是必须要搞清楚的问题。哲社学院经过讨论认为，学院在本科教学上的主要任务就是在保证完成日常教学工作的基础上，重点抓教学研究、教学改革、教材建设、精品课程等对于本科教学的全面提升具有重大意义的工作，这是保证一个学院的本科教学能够持续发展进步的根本所在；系在本科教学中的作用主要是对本专业的本科教学作出全面的安排，协调各教研室在教学工作中的任务，本科教学计划的修订、本专业的教学研究等都要在系的层面上完成；教研室在本科教学中最重要的工作就是保证属于本教研室课程的教学正常进行，使每一门课程落实到人，并组织、督促、检查教师的各项教学活动。在实践中我们发现，学院对系、系对教研室、教研室对教师的这样一种组织体系，能够很好地保证教学活动正常有效的运转。

计算机科学与技术学院由相关课程组成课程组，并以课程组为单位，开展本科教学体系规划的研讨。课程组的设置以组内课程内容相关性较强、课程组之间课程内容相对独立为原则，同时考虑不同专业方向的课程模块设置的要求进行划分。原则上每个课程组内的课程数目在5～10门。课程组成员由本课程组课程的主讲教师或承担过该课程教学的骨干教师组成，人员相对固定。每一课程组设组长一名，作为该课程组负责人，全面负责组织本课程组成员开展本课程组的课程建设与教学研究工作，一般应具有教授职称，并承担或曾经承担过本课程组内一门课程的教学任务。每课程组可以设置课程组秘书一名，主要工作为辅助课程组组长开展本课程组的研讨组织工作。

3. 建章立制，强化教学过程管理

质量是高等学校的生命线，是高等学校永恒的主题。2005年是山东大学的教学质量年，各学院根据学校2005年工作要点，制定了2005年教学工作计划，将提高教学质量、建立本科教学的规范化机制作为工作重点。一年来，学校修订和新制定了一系列本科教学管理的规章制度，各学院根据学校出台的有关规章制度，结合自身本科教学工作实际，在教学全过程的各个环节建章立制，实行规范化管理，对教师、实验技术人员、学生等提出明确的目标和具体的规范，达到“做”有要求，“查”有记录，“评”有标准。

医学院为迎接教育部本科教学评估，对原有规章制度进行了梳理，修订和新制定了20余项规章制度，如《山东大学医学院本科教学水平评估研究所（室）指标体系》、《山东大学医学院研究所（室）教学档案整理基本要求》、《山东大学医学院试卷整改基本要求》、《山东大学医学院教案基本要求》和《山东大学医学院研究所（室）网站建设基本标准》等。这些规章制度既有力地配合了本科教学评估，也加强了各研究所（室）的教学管理。此外，医学院修订了基础医学和临床医学课程的教学大纲，按教育部本科评估要求整理和充实了医学院教学档案。

药学院重视课堂教学的各个环节，制定了一系列规章制度，形成了《药学院教学文件汇编》，发至各研究所、教研室。其中，教学提醒制度、教案书写制度、集体备课制度、学生选课指导制度、教师试讲制度等确保了开课前各项准备工作到位，而教学检查制度、上课点名制度、听课制度、课堂教学质量评估等是对开课过程的监控；在课程结束时，要求有课程教学小结、试卷质量评估等措施。

建章立制使得教师进行规范化教学有章可依，学生也可通过教学质量测评体系来评价教学质量，促进了教学改革，教学相长。在教学过程中目标明确，责任到人，确保教学质量不断提高。

4. 全员发动，查处隐患迎接评估

2005年教育部对我校本科教学工作进行评估，为迎接评估，学校多次派出专家组到各学院进行检查、指导。各学院也根据学校的统一要求，进行了反复的自查、整改，做到内容明确，时间限定，责任到人。

检查的内容包括近三年的教学文件资料、近三年的原始归档资料、近三年的实验教学资料，重点检查了近三年的考试试卷、毕业论文（设计）、教学实习资料、实验室各项记录等。通过检查和自查，大家对发现的问题感到惊讶，没想到试卷、毕业设计等会有很多意想不到的问题。各学院及时将问题反馈到各所、室，并提出明确的整改意见，大家都对问题的症结有了深刻的认识，并积极进行了整改。实践证明，这种以查促建的方式成效显著。由于领导重视，各学院师生积极配合，我校的本科教学评估工作准备充分，教学文件齐全，试卷整理规范，论文质量较高，在本科教学评估中获得了较高的评价。

信息学院在教学评估过程中，按照学校的要求，制定出严格、细致并具有可操作性的整改细则，落实到每一个教师。规范课堂教学秩序表现在规范课堂教学环节和毕业设计环节乃至考试环节等教学过程中。要求上课老师一定要按时到，上课要有讲稿、教学日历，注意课堂与学生的互动。试卷是迎评整改工作中的难点。共整改论文、试卷60000份，先后整改达五次，使这一教学环节更加规范。

5. 逐级听课，建立正常教学秩序

为了配合本科教学评估及教学质量年，摸清本科教学课堂存在的问题，各学院领导和教学督导组成员多次到教学一线听课，检查教学秩序和课堂授课效果。在听课过程中，重点检查了教学日历执行情况、教案准备情况、优秀教材使用情况、学生到课率以及学生课堂听课的不良现象。有的学院在本学期安排院领导、系所主任、督导员去听了所有40岁以下青年教师的课，有的发动全院教师互相听课，还有的举办了有丰富经验的老教师或多媒体教学法的观摩课，很多学院都组织了青年教师讲课竞赛，使广大青年教师互相观摩、学习交流，展示教学艺术，重视本科教学活动，切实提高广大青年教师的教学水平和课堂教学质量，极大地调动了教师为本科生上课的积极性和责任心，教师代表曾毅说："一堂课，教师无数次，学生只一次，要给学生最好的东西，要有强烈的责任感。"

学校和各学院对听课中发现的教学事故或事故隐患都进行了严肃的通报批评及认真的处理。本学期教务处每周都安排专人进行教学秩序检查，并将督导组听课、学生信息员反馈意见、教务处查课情况进行通报，使广大教师受到极大的震动，感到这次学校是真在抓本科教学质量了，改变了过去本科教学为科研让路的习惯做法。同时，各学院都加强了调课手续、教学计划变更的管理，使教学培养方案、课表的严肃性逐渐得到广大教师的认同。在各学院学生工作系统的配合下，学生的到课率也出现很大的提高，迟到现象大为减少。

计算机科学与技术学院把听课制度落到实处。连续两个学期，学院教务下达本院本科所有课程的听课计划，全部院级领导、各所正副所长、各单位的支部书记每人平均4门，课程统一指定，明确要求第10周交听课记录表。然后学院召开听课人汇报会，提出今年教学考核不仅重数量更重质量，年底计算岗位教学工作量时要加质量系数。这一措施使得听课范围不留死角，并使听课人的责任心得到加强，效果良好。

体育学院为了保证教学常规的规范化，本学期加大了教学常规的检查力度，从教案、教学日历到教学纪律、教学用语、教师着装等严格要求，对违反规定者给予警告处理，对屡次违反者以教学事故对其进行处罚。经过半个学期的努力，全院的教学秩序良好。

广大教师普遍认为，通过教学质量年活动，对本科教学工作从重视不够到高度重视，将本科教学评估的影响逐步变成习惯，必将使教学质量得到提高。

6. 加大投入，健全教学档案管理

在本科教学质量年和本科教学评估工作推动下，学校各级职能部门和各学院（部）都确立了建立健全教学档案的管理意识。规范化的教学档案是高等学校的巨大财富，有了规范的教学档案，我们所做的所有工作就有了依据，什么时候该做什么事情，怎样做，结果怎样，看一看过去的教学档案就都明白了。

在整个以评促建的过程中，大家逐渐明白了哪些材料该保留，该怎样保留，怎样制作，怎样统计。学校和很多学院都建立了本科教学档案室，投入资金购置微机，并统一配置了档案盒、文件柜，统一制作了档案盒目录，各项教学统计表、试卷、毕业论文（设计）、实习资料、教学日历、出版的教材、学生成绩、学籍资料等都很好地得到保管。

马列教学部为了提高教学管理的科学化、规范化水平，建立规范化的教学档案材料，修订和设计制作了教学管理用表10个，计有《教学日历表》、《教学评价学生问卷调查表》、《检查性听课记录表》、《教研室期中教学检查总结表》、《教研室期末考试工作总结表》、《教师教学工作量统计表（表一、表二）》、《教师阅卷工作量统计表》、《教师开课意向征求意见表》、《教学改革试点教师教改规划表》等。这些表格在教学管理工作中得到了实际应用，大大提高了教学管理规范化程度。

7. 确立规范，修订基本教学文件

专业教学计划（培养方案）、课程（实验、实习、设计）教学大纲、课程教学日历（进程）、课程教案（备课）是本科教学工作的四大基本教学文件，是本科生培养的重要依据，合校后的一段较长时间内，由于文、理、工、医多学科、多校区管理模式、管理习惯的不同，一直没有受到应有的重视。在教学质量年和本科教学评估工作的推动下，四大基本教学文件的规范化管理被大家重新认识，各学院纷纷重新修订课程教学大纲、实验教学大纲和实习、设计教学大纲，制定课程教学日历，重新编写课程教案，有的学院将所有课程的电子教案（包括多媒体课程教案和Word文本教案）都搜集起来，供大家观摩、学习。有的学院重新对实验讲义进行全面的内容更新，以适应人才培养需要。

学校组织各学院重新对专业教学计划进行了修订，新的专业教学计划融入了合校五年来教学改革的许多新思路，如英语分级教学、“两课”与新“两课”、计算机基础教学、双语教学等课程的改革，综合教务管理系统对教学计划的影响，几年来各学院对国内外同类院校的考察结果，课程指导委员会对各课程的新要求，几年来各专业教学计划运行的情况等因素。

在这一系列教学基本文件的支持下，我校的本科教学水平一定能够提高到一个新的层次。法学院李道军老师认为，本科教学管理正在由粗放式管理向科学、细致的管理过渡，其结果必然是质量的提高。

8. 不断深化，推进教学改革进程

随着教学质量年的不断深入与迎接本科教学评估工作的持续开展，学校和各学院对本科教学工作评估指标体系的认识也不断深化，凡是评估指标体系涉及的项目都得到高度重视，进行了反复分析与推敲，不足之处得到了极大的改进，从硬件到软件的建设得以有序展开。

在教学质量年里，特别对教学软件的建设、改革与创新——教学管理制度、多媒体教学、双语教学、教授为本科生授课率、教师工作规范、学生课堂规则等等，都重新得到酝酿与落实，使教学管理的改革得到深化，使教学秩序和教学效果得到很大的提高。电气学院、土建学院等很多学院都开始推行本科生导师制。各学院也都积极参与精品课程建设、优秀教材的建设与使用，主动进行教学改革的立项活动，使我校取得 32 项省级教学成果奖、5 项国家级教学成果奖、16 项省级精品课程、4 项国家级精品课程的好成绩。

药学院针对本院的双语教学和精品课程建设等薄弱环节，学院每门课程投入 2000～4000 元教材建设经费用于购买原版教材 11 套（12 册），以促进双语教学的开展，同时从国外引进人才充实师资队伍，为双语教学的顺利开展铺平道路。对于精品课程建设，则先在学院立项，投入启动经费 5000 元/项，2005 年列入学院计划的有 4 门课程，均为专业基础课和专业课。

9．再接再厉，巩固教学评估成绩

在本科教学评估工作圆满结束后，学校及各学院都及时进行了总结，讨论并分析在迎评工作中的经验及教训，决心将教学质量年里的好做法、好经验变成本科教学的“规矩”，继承与发扬下去。如试卷评阅与保管、毕业论文（设计）的答辩办法、教学执行计划的修订、教师调课的管理办法、开放实验室管理制度等等，要形成书面意见，有监督检查，由专人验收，责任人终身负责制。

口腔学院在本科教学评估结束后，马上举办了三期教师试卷培训班，详细讲解了试卷管理的规定步骤，加强了教师对试卷管理的责任心。材料学院在评估工作结束后相继开展了学院部分学生教学座谈会、班级辅导员听课、教学督导员听课、学院和各系教学管理人员听课，并进行汇总，找问题、提方案、全方位协同共抓。同时，组织各专业师生面对面教学座谈会。控制科学与工程学院在评估工作结束后，在总结工作的基础上，又出台了有关教学各个环节的七个规章制度，全面规范教学工作，使评估工作的效果真正落到实处。

二、对学校“十一五”规划的建议

1．加强教学组织建设，健全教学组织机构，以便进入规范化管理。

2．“十一五”规划要少概念、多务实，把规范化、制度化管理作为重要内容，要切实进行调查研究，不能将“十五”规划改改数字、做做文字游戏就拿出来，不要搞大一统的行政命令式的东西。

3．制定规划一定要与各项工作的年终考评挂钩，工作要有布置、有落实、有检查，监控措施要跟上，要及时反馈、通报、公示。

4．过去忽视本科教学是由于各项测评只看教师的科研成果，很少看毕业生在社会上的影响及表现，应当建立毕业生跟踪调研的机制，连续跟踪十年以上，将结果反馈回来刺激教学，指导教学，并与教师的教学水平挂钩，与教师的切身利益挂钩。

5．要使教学体系适合目前的社会需求，“十一五”规划要以教材建设为龙头，带动教学改革，要跟上全国著名高校的前进步伐还要适当超前一些；各学院要有教学改革的“试验田”，图书馆要设立教学改革方面的图书专柜，要引进国内、国际最先进的教学改革图书资料，使学习和借鉴国内外先进的教学管理模式和观念成为可能。

6. 要进一步加大教学改革的力度，尽快转变传统、落后的教学理念，逐步使学生成为教学活动中的主角，变被动学习为主动学习，充分开发学生的创造力，提倡互动性教学方式和开场生动活泼的学习局面。

7. 应当建立教学研究活动的有关制度，定期举办教学研究会，学校、学院每年举办专题研讨会，每年应有教研立项活动，应当建立教学研究的档案。

8. 加大对教学研究课题的资助力度。山东大学一直未获得过国家级教学成果一等奖，这与学校对教学研究的重视程度有关。建议加大对教学研究的投入，整合有关资源，做一些难度较高、涉及面宽、受益面广和推广价值大的教研课题。

9. 教务处应加强本科教学网站建设工作，引进教学资源库，提供多种学习渠道，充分利用现代化教育环境，进一步加大对多媒体教室的建设力度，加强多媒体教学管理，经常性组织多媒体教学课件评选、交流，组织多媒体教学法的研讨、观摩会，真正提高多媒体课程教学水平；应调整多媒体教室投影屏幕的位置，将使用黑板和多媒体投影结合起来，可以更好地发挥教师的教学优势，取得更好的教学效果。

10. 进一步加强医学师资队伍建设。当前制约山东大学医学教育发展的根本问题是人才问题，尤其是高层次人才的缺乏和青年教师的培养问题。建议学校通过改善西校区的办学条件、住房条件和加强对青年教师的培养力度来解决这一问题。

11. 本科教学工作水平评估结束后，应当在归纳总结经验教训的基础上出台一套完整的、具有可操作性的规范本科教学教学工作的考评体系。比如，毕业实习规范流程、毕业论文规范、考试考卷规范要求、多媒体教学要求等等，都应作为一种制度固定化下来，编印成册，人手一本，这样，以后执行起来就有了统一的标准和尺度。

三、问题与建议

（一）基层教学组织方面

1. 要进一步规范教学管理组织，明确分管教学副院长、系主任、教研室（研究所）主任（所长）、课程组负责人、课程负责人之间的关系［特别是系主任、教研室（研究所）主任（所长）、课程组负责人之间的定位］，建立健全岗位责任制，各负其责，共同将本科教学工作搞好。应强化系、教研室或课程组的地位，使其真正起到教学基层组织的作用。

2. 要强化教研室职能，优化教研室人员结构，教研室是决定教学水平的关键部门，教研室的关键在学术带头人。

3. 临床基层教学组织虽然有了文件，但怎样才能有效运行，不能是虚的，一个研究所管几个医院的教学，怎样统一，谁来负责，还要进行深入研究。

4. 临床教师的身份问题，主治医师＋讲师、副主任医师＋副教授、副主任医师＋教授、主任医师＋副教授、主任医师＋教授，怎样组合，怎样评聘，应当研究。

（二）教学管理方面

1. 教学管理必须目标明确，工作细致，责任要到人，要与岗位津贴挂钩。

2. 教务处各科室布置的工作应有统一规划，合理分布，避免扎堆。

3. 学校的管理是自治行为，通过本科教学评估和教学质量年活动，要从被动检查到主动自查，发现问题及时纠错，将好的经验变为习惯，才是最重要的。

4. 教学管理部门应建立更好的平台，更有效地解决开放与管理的问题。

5. 建立班级教学日志，跟踪记录教学过程，及时发现问题，进行反馈处理。

6. 要解决毕业班毕业学年考研、找工作与课程教学的矛盾问题。

7. 高水平运动队文化课的问题，进入教学计划、形成教学任务就应当执行，目前需要与开课院多方协调，影响学生学习。

8. 对体育学院的群体工作、训练工作的工作量计算应形成制度，使计算有依据，工作有保障。

9. 医学类选修课各学院之间要打通，应允许跨学院选修。

10. 应修改重修的管理规定，特别是及格重修，要考虑某些专业的课程为水平考试，高年级水平提高后再重修低年级课程，太简单，不应批准。

11. 过去是教学为科研让路，为科研任务出差、开会要调课，现在要变为以教学为中心，明确教学是硬任务，教师有教学任务时，要调整出差时间，不能影响教学。

12. 要借鉴国外聘请教师的办法，多人竞争时先看讲课水平，在同样讲课水平的情况下再看科研成果。

13. 对新进教师（含博士）要配指导教师，凡未上过讲台的要有见习期，要有听课、助教、跟实验的过程，上过课的也要给予一定的指导。

14. 试卷管理、装订工作还要继续研究，规定合理的必需材料及规格，不要太繁琐，每学期评卷结束后要组织专人对试卷进行标准化处理及检查验收。

15. 对离校延期毕业学生要建立重修提醒制度。

（三）教学工作评价体系方面

1. 要完善教学工作评价体系和奖惩措施，现在不合理、不完善，教学工作质量比较抽象，不易量化，要寻找教学工作与科研工作的平衡点。

2. 抓教学不在教师，而在政策，必须考虑到教师在教学工作中的合理利益。

3. 每年应表彰优秀教师，给以精神鼓励，特别是今年，应对在本科教学评估工作中有突出贡献的教师及管理人员予以表彰。

（四）教学研究方面

1. 教改立项不仅要抓大项目，也要抓小项目，要让全体教师都参与进来，充分调动教师的教学、教改积极性；要给教师竞争的压力。

2. 教务处应经常开展组织分管教学副院长、教务工作人员到兄弟院校参观、交流学习、专题调研等活动。

（五）教学改革方面

1. 双语教学要探讨模式，双语教材、讲课都有多种模式，模式搞好了，对提高教学质量有很大益处，不能片面追求形式，必须选择适合的课程，要实行教师准入制，否则不能保证教学质量。

2. 要优化教学计划，优化课程设置，对长学制专业的设立要慎重，要提出与短学制的教学计划的根本区别。

3. 要出台按大类招生后分流专业的有关规定及办法，使该工作开展时有据可依。

4. 考试改革后总成绩中要有一定比例的平时成绩，要进行几次测验，能否解决经费问题。

5. 学生对实验课不重视，有的实验有重复基础课实验的倾向，要对实验内容进行合理筛选。

6. “三种经历”的措施要因专业而异，不同的专业对“三种经历”的要求应有不同侧重。

7. 英语教学改革中聘请网络平台技术人员（临时工）、学生创新的热情很高，举办英语节、编制宿舍剧等等，要解决经费问题。

8. 英语教学中的网络资源很多，目前有7万分钟，怎样组织优化，让学生看到最好的内容。

9. 艺、体学生的英语教学应出台一套新规范、新标准。

10. 进一步加强和重视实践教学环节，增加学生实践教学环节的时间和内容，使学生的动手能力和创新能力能够在实践中得到充分的锻炼和提高。

（六）其他方面

1. 医学类七年制在东区生命学院学习一年的问题，主要学习公共基础课，感受东区校园文化环境，意义不大，造成后续课学习不便。

2. 要加强南新区校园文化建设。

3. 公卫学院、控制学院、物理学院办学空间太紧张，办公资源不足，影响这些学院的进一步发展。

4. 口腔学院新大楼马上要起用了，有五个教室，能否建成多媒体教室。

5. 在本学期教学研究周前后，应当组织一次整改大检查，看看本科教学评估工作成果是否保持住了，是否真的改了。

（张　清）

中共山东大学第十二次代表大会

2000年7月，原山东大学、山东医科大学、山东工业大学合并组建了新的山东大学。合校五年来，在教育部和山东省委、省政府的领导和关心、支持下，学校抓住机遇，加快发展，各项改革取得明显成效，整体实力显著提升，社会影响力不断加强，学校呈现出良好的发展势头，为今后的全面发展奠定了坚实基础。根据《中国共产党章程》、《中国共产党基层组织选举工作暂行条例》和《中国共产党普通高等学校基层组织工作条例》等文件规定，征得上级党组织原则同意，2005年7月6日，学校召开了党委常委会，通过了召开中共山东大学第十二次代表大会决议。第十二次党代会的指导思想是：以邓小平理论和“三个代表”重要思想为指导，坚持科学发展观，深入贯彻党的十六大和十六届三中、四中、五中全会精神，积极落实全国高校党建工作会议提出的各项任务，总结过去，规划未来，凝聚力量，振奋精神，全面加强党的思想、组织和作风建设，进一步提高党组织的创造力、凝聚力和战斗力，开创我校各项事业发展的新局面，为实现创建国内外知名高水平大学的奋斗目标而努力。主要议程是：听取和审议中共山东大学委员会的工作报告，听取和审议中共山东大学纪律检查委员会的工作报告，选举中共山东大学第十二届委员会，选举中共山东大学纪律检查委员会。

一、提前着手，有条不紊地做好党代会的各项筹备工作

2005年11月，学校党委下发了《关于召开中共山东大学第十二次代表大会的通知》，召开了基层党委、党总支、直属党支部书记会议，进行了动员部署，党代会的筹备工作全面展开。

党代会的筹备工作，在学校党委的领导下进行，成立了党代会筹备工作领导小组，下设秘书组、组织组、宣传组和会务组四个工作组，成立了代表资格审查小组，负责对代表资格的审查工作。学校多次召开了基层党组织负责人会议，对党代会的有关工作进行安排和部署。在学校党委的领导下，各基层党组织尽职尽责，圆满完成了各项任务，各工作小组的同志也全身心地投入，富有成效地工作。重点做好了以下四项工作：

1. 以邓小平理论和“三个代表”重要思想为指导，进一步树立落实科学发展观，群策群力，集思广益，做好党的委员会和党的纪律检查委员会（以下简称“两委”）报告的起草工作。经过反复调研，充分酝酿，字斟句酌，精益求精，先后八易其稿，完成了报告起草工作。“两委”报告主题鲜明，脉络清晰，内容充实，催人奋进。报告起草

的过程，同时也是贯彻党的群众路线、从群众中来到群众中去的过程，充分发扬民主、集中全体党员智慧的过程。

2. 坚持标准，规范程序，认真做好党代会代表选举工作。选好党代会代表，是开好党代会的基础。在选举过程中，严格按照规范程序进行，严格把握代表条件，把贯彻上级精神与发扬基层民主有机地结合起来，充分尊重选举人的意志和民主权利，确保把大局意识强、参政议政能力强，具有广泛性、代表性和先进性的党员选为党代会代表。共选举产生了265名出席大会的正式代表，确定了27名列席代表，邀请各方面人员37名。

3. 加强领导，精心组织，高质量地做好“两委”委员候选人的提名推荐工作。“两委”委员的提名推荐，事关学校未来党的领导集体的建设，意义重大。全体共产党员树立全校一盘棋的思想，自觉服从学校党委的统一领导，识大体、顾大局，正确行使党员权利。既充分发扬党内民主，又坚持民主基础上的集中，将组织考察和群众评议有机结合起来，努力选出结构合理、锐意进取、勇于创新、勤政廉政、群众信任的“两委”委员候选人预备人选，为学校新的领导集体的形成奠定坚实基础。经过“三下三上”的推选过程，广泛听取各方意见，提出了下届“两委”委员候选人预备人选名单，并得到了中组部、教育部党组和省委的批准。

4. 加强宣传工作，为党代会的胜利召开营造昂扬振奋、团结向上的校园氛围。各级党组织采取多种形式开展生动活泼的教育活动，充分宣传本次党代会召开的重要意义，着力营造良好的校园氛围，增强全校党员和师生员工的使命感和责任感，增强全体党员和广大师生员工的主人翁意识、大局意识和创新意识，使筹备和召开党代会的过程成为一次凝聚人心、鼓舞信心的过程，成为动员全校师生员工努力做好工作、为学校的改革发展作贡献的过程。

二、精心组织，周密部署，圆满完成大会的各项任务

中共山东大学第十二次代表大会于12月19～20日在山东大学东区新校举行。12月19日上午，党代会在科学会堂隆重开幕。中共山东省委组织部副部长孙述涛、中共山东省委高校工委副书记傅华峰、学校老领导、两院院士、全体主席团成员等在大会主席台就座。出席大会的应到代表265名，因事、因病请假8名，实到代表257名。应邀参加大会的还有我校的全国人大代表、全国政协委员、省人大常委、省政协委员、学校各民主党派基层组织负责人等。列席会议的还有不是党代会代表的各基层单位的负责同志。

上午9时，大会正式开始。校长展涛同志主持了会议。会上，展涛首先宣读了中共教育部党组《给中国共产党山东大学第十二次代表大会的贺信》。贺信说：“值此中国共产党山东大学第十二次代表大会隆重召开之际，谨向山东大学党委、各位代表、全体共产党员和全校师生员工表示热烈的祝贺和诚挚的问候！”贺信指出，这次代表大会是新山东大学组建五年来，在新世纪、新阶段召开的第一次党代表大会，是学校政治生活和发展历程中的一件大事，对于总结过去，分析形势，谋划发展，开创未来，推动建设国内外知名的高水平大学进程，具有重大历史意义。各位代表要认真负责地行使自己的民

主权利，圆满完成大会各项任务，以高度负责的态度，选出深孚众望、顾全大局、勇于创新、坚强有力的新一届党委班子，努力将这次大会开成团结鼓劲、开拓进取的大会。贺信预祝中共山东大学第十二次代表大会圆满成功！

傅华峰代表省委组织部、省委高校工委、省教育厅党组讲话，对中共山东大学第十二次代表大会召开表示热烈的祝贺。他说，各位代表一定会从学校改革发展的大局出发，以高度负责的态度，以团结务实的精神，畅所欲言，把本次党代会开成一个民主、团结、求实的大会，开成一个催人奋进、开拓进取的大会。希望即将选举产生的新一届党委，高举邓小平理论伟大旗帜，认真贯彻落实“三个代表”重要思想，坚持科学发展观，不断推进党的建设新的伟大工程，在新世纪新阶段再创佳绩，再铸辉煌，为我省的经济建设和社会发展培养出更多高素质创新型人才、提供更加有力的科技支撑，为建设“大而强，富而美”的社会主义新山东，实现我省全面建设小康社会目标作出新的更大的贡献。

朱正昌同志代表中共山东大学委员会向大会作题为《以科学发展观统领学校发展全局　为创建国内外知名的高水平大学而努力奋斗》的工作报告。朱正昌同志的工作报告共分三部分：工作回顾与总结；制定落实“十一五”发展规划，努力加快创建国内外知名高水平大学进程；以邓小平理论和“三个代表”重要思想为指导，加强和改进党的建设。朱正昌同志强调说，创建国内外知名的高水平大学，是党和国家赋予我们的神圣使命，是山东大学实现振兴与发展的战略选择，也是所有山大人的共同追求。我们要紧密团结在以胡锦涛为总书记的党中央周围，高举邓小平理论和“三个代表”重要思想伟大旗帜，用科学发展观统领学校发展全局，以中华民族的伟大复兴为己任，倍加顾全大局，倍加珍视团结，倍加维护稳定，同心同德，群策群力，奋发有为，只争朝夕，为早日将山东大学建成国内外知名的高水平大学而努力奋斗！

在19～20日的会议日程中，与会代表认真审议了朱正昌同志的工作报告，认真审议了山东大学纪委题为《深入开展反腐倡廉工作　为创建国内外知名的高水平大学提供有力保障》的工作报告，主要完成了以下两项任务：

1. 审议并通过了“两委”工作报告。朱正昌同志作了党委工作报告，纪委工作报告印发到党代会代表。代表们对报告进行了认真的讨论，提出了进一步修改的意见，大会秘书组根据意见进行了修改。12月20日下午第三次全体会议上，全体代表一致通过了关于“两委”工作报告的决议。

2. 选举党委委员和纪委委员。根据中共教育部党组和中共山东省委审查同意的中共山东大学第十二届委员会委员和纪律检查委员会委员候选人预备人选名单，提交代表大会充分酝酿讨论，12月20日大会进行预选，到会代表260人，按20%的差额比例，采取无记名投票方式选举产生正式选举候选人，然后以无记名投票方式进行等额选举。正式选举到会代表259人，分别产生了31名中共山东大学第十二届委员会委员和19名山东大学纪律检查委员会委员［党委委员名单如下（按姓氏笔画为序）：于良春、王仁卿、王剑敏、王琪珑、方宏建、尹薇、尹作升、曲波、曲明军、曲音波、朱正昌、刘珂、刘玉殿、刘建亚、李建军、张宇、张运、张永兵、陈炎、陈晓阳、周洁、周日光、娄红祥、贾磊、展涛、曹宪忠、韩锋（工会）、韩明涛、傅有德、傅佩玉、樊丽明；纪委委员名单如下（按姓氏笔画为序）：王永平、王兰秋、王明署、车学洪、方宏建、左金朝、任若强、汤晋立、李玲、周向军、郑春、胡岩松、胡敬田、侯庆全、柴月禄、桑晓旻、盖玉强、谢萍、潘国栋]。

12月20日，中共山东大学第十二届委员会第一次全体会议召开，选举产生了新一届党委常务委员会委员、书记、副书记。中共山东大学第十二届委员会第一次全体会议根据中共教育部党组和中共山东省委批复的党委常委、书记、副书记候选人预备人选名单，进行了酝酿和选举。到会的党委委员共31人，经全体委员一致通过，采取无记名投票方式差额选举产生出12名常委（朱正昌、展涛、尹薇、刘珂、李建军、方宏建、王琪珑、樊丽明、张永兵、娄红祥、张运、陈炎）。然后，采取无记名投票方式等额选举产生了党委书记、副书记（书记：朱正昌；副书记：尹薇、刘珂、李建军、方宏建）。12月20日，新一届中共山东大学纪律检查委员会第一次全体会议根据中共教育部党组和中共山东省委批复的纪委书记、副书记候选人预备人选名单，进行了酝酿和选举。到会纪委委员19人，经全委会一致同意，采取无记名投票方式等额选举产生了纪委书记、副书记（书记：方宏建；副书记：王明署、王兰秋）。

召开中共山东大学第十二次代表大会，是我校党内政治生活中的一件大事。这次大会的胜利召开，对于巩固保持共产党员先进性教育活动成果，提高党员素质，加强基层组织，凝聚全校师生员工，加快国内外知名高水平大学建设步伐，具有重要意义。经过全校各级党组织和全体党员的共同努力，这次大会开成了一个团结的大会、民主的大会、鼓劲的大会，形成了新的党委领导核心，广大党员经受了一次深刻的民主集中制教育和严肃的党性锻炼，必将对山东大学的改革与发展起重要的推动作用。

（付岩志）

山东大学保持共产党员先进性教育活动

按照山东省委要求和省委高校工委的部署安排，我校保持共产党员先进性教育活动从8月22日开始，历时4个月，至12月20日集中学习教育活动告一段落。在省委的领导和高校工委指导组的指导下，学校党委精心组织，周密安排，严格要求，扎实推进，顺利完成了学习动员、分析评议、整改提高三个阶段十三个环节的各项任务。全校45个分党委（党总支）、720个基层党支部、12000余名党员认真参加了先进性教育活动的各项工作。在广大师生员工的积极参与和大力支持下，全校各级党组织和全体党员共同努力，创造性地开展工作，紧紧抓住学习实践“三个代表”重要思想这条主线，紧密联系实际，分步实施推进，不仅做到规定动作有亮点、自选动作有特色，而且做到中心工作不耽误，促进发展出成绩，使我校的党员先进性教育活动取得了明显成效，达到了预期目的。

一、基本做法

在整个先进性教育活动过程中，根据省委和高校工委关于开展保持共产党员先进性教育活动的总体安排和要求，结合我校的实际，学校党委认真制定了《中共山东大学委员会关于保持共产党员先进性教育活动的实施方案》以及每个阶段的《安排意见》和日程表，按照中央提出的“四个一”的总体要求、“四句话”的目标要求、“五个坚持”的指导原则，以及省委提出的“三个到位”、“三个突出”、“三个变化”和“一个机制”的重要思路和第二批先进性教育活动要坚持的“六个原则”的要求，扎扎实实地做好各项工作。

（一）深入学习动员，提高思想认识

在动员大会召开以前，我校就有针对性地开展了多方面的工作，从思想上和组织上等方面为开展先进性教育活动作了比较充分的准备。8月22日，学校召开先进性教育活动动员大会，校党委书记、学校先进性教育领导小组组长朱正昌作了动员，阐述和强调了开展先进性教育活动的重大意义，统一了思想，提高了认识，并全面部署各阶段工作。省委高校驻我校指导组组长谭晓防同志到会并作了指导性讲话。会后全校各个基层党委、党总支、直属党支部立即行动，层层动员，迅速启动学习动员阶段的各项工作。在这一阶段，坚持把理论学习作为中心任务来抓，精心安排，突出重点，创新方法，按规定和要求保质保量地完成学习动员任务。

1. 明确学习任务。学校明确提出“不少于40个学时，做好读书笔记”的学习要求。学校党委成员带头完成学习任务，党委理论学习中心组制订了周密的学习计划，坚持每周利用周四和周末两个半天进行集中学习和研讨，做到带头学习理论、带头写读书笔记、带头讲党课。党委书记朱正昌深入基层院部了解情况、指导工作，并亲自为全校处级以上党员干部上党课；展涛校长也多次到学院参加座谈、调研、作辅导报告；每一位党委常委分别为联系和分管单位的党员上了党课，参加了所在支部的学习活动。同时，为督促增强党员学习的紧迫感和自觉性，学校为每位党员统一配发了专门的学习笔记本，党支部定期检查党员学习和撰写读书笔记的情况，确保学习任务的完成。

2. 丰富学习内容。为了切实提高党员的思想认识，学校十分注重学习内容的系统性和丰富性。学校为每位党员发放了《保持共产党员先进性教育读本》、《党旗在召唤》和《党员应知应会100题》等学习材料，以《保持共产党员先进性教育读本》为重点，集中精力通读原著，坚持认认真真、原原本本地学习指定篇目。根据时间进度，把学习内容分为“学习实践‘三个代表’重要思想”、“保持共产党员先进性”、“提高党的执政能力”和“坚持党要管党、从严治党”四个专题。每个专题安排学习相应的篇目，重点学习《党章》，学习党的十六大和十六届四中全会精神，学习毛泽东、邓小平、江泽民、胡锦涛等领导同志的重要著作和讲话精神。在学习过程中，既讲究理论学习的系统性，又努力在吃透精神、领会实质、武装头脑和提高认识上下工夫。同时，配合《教育读本》的学习，学校还向各个党支部提供了《关于加强党的先进性建设》、《东方之光》、《世界执政党兴衰史鉴》和《张思德》等近100个录像报告、电视专题片和VCD教育影片，丰富了学习内容，有力地推动了学习的深度和广度，确保了党员受教育的力度和思想认识的切实提高。

3. 严格学习计划。在学习组织安排上，制定了严格的学习计划，以支部为单位集中学习为主，同时坚持“四个结合”，即集中学习与个人自学相结合，学习材料与撰写读书笔记、心得体会相结合，学习与辅导相结合，个人学习与集中交流相结合，确保学习效果。

4. 严肃学习制度。学校建立并认真执行集中学习、撰写读书笔记、考勤、补课和督导联络等制度，切实落实教育活动的人员、时间、内容和效果。各个党支部按照统一要求，建立考勤和销假制度，所有党员积极参加集中学习活动，不迟到、不早退、不无故缺席。对因特殊情况请假、缺课的党员，各党支部针对缺课的内容及时进行补课。学校还注意抓好学生党员学习，抓好离退休党员的学习，采取多种形式，确保学习的覆盖面。

5. 创新学习方式。除了组织集中学习《读本》等材料以外，学校还组织开展了一系列丰富多彩的学习活动，通过校报、广播电视、简报、网络、宣传栏、壁报栏等进行理论、先进事迹的宣传和经验与学习心得介绍、交流，组织观看影相片、参观考察、专题报告会、学习交流会，开展主题实践活动和知识竞赛等活动，让党员受到多方面的教育和启发。

6. 加强学习指导。根据我校党员数量多、分布广和不同岗位的工作特点，学校和各基层党组织根据党员的实际情况，坚持因人制宜，实行分类指导，提出不同的学习要求，作出不同的学习安排，采用不同的学习方法，合理解决工学矛盾，增强了教育活动的针对性和实效性。对从事教学、医疗等工作的党员和学生党员，在保证工作和学习正常开展的情况下，想方设法挤时间或安排假日或晚上学习。对年老体弱行动不便的党员，将学习材料和笔记本送到家中，让他们自学。为了保证学习效果，学校注意加强对教育活动的检查指导，党委专门抽调了一批党性强、作风好、熟悉党务工作的同志组成督导组。督导组成员认真履行职责，切实发挥督导作用，在工作中坚持标准，严格要求，经常深入基层，开展调查研究，及时掌握情况，推广典型经验，及时检查，沟通信息，提出指导建议。与此同时，各基层党组织虚心接受监督，认真落实指导建议，保证了教育活动的顺利开展。

由于我校先进性教育活动学习动员阶段准备充分、基础扎实、细致深入、发展健康、进展顺利、成效显著，为以后各阶段的工作打下了坚实的基础。

（二）抓好分析评议，确保教育质量

学校高度重视分析评议阶段的重要性，把这一阶段作为确保教育活动取得实效的关键点来抓。围绕找准和抓住党员党性方面存在的问题，增强分析评议的针对性、实效性，采取有力措施，正确把握政策，严格工作程序，扎扎实实地抓好“八个环节”的工作。

1. 继续深入学习，进一步提高思想认识。继续组织全体党员深入学习《党章》和胡锦涛总书记、贺国强同志关于先进性教育活动的重要讲话，增强学习的针对性，教育和引导党员进一步提高思想认识，特别是提高在高校开展先进性教育活动重要性的认识，端正态度，为有效开展分析评议工作打下了良好的思想基础。

2. 反复讨论酝酿，制定党员先进性的具体要求。在全校广泛、认真、深入开展党员先进性具体要求大讨论的基础上，反复酝酿，形成了《中共山东大学委员会关于保持共产党员先进性的具体要求》，不仅提出了党员的总体要求，而且对党员领导干部、教学科研岗位、管理岗位、后勤与产业岗位、医疗卫生岗位、离退休教职工和学生等七个不同岗位的党员提出了具体要求，使我校全体党员在先进性教育活动中，分析评议有标尺，整改提高有方向，日常行为有准则。党员先进性具体要求讨论酝酿的过程，成为党员自我剖析和自我教育的良好过程。

3. 广泛征求意见，找准存在的突出问题。在学习动员阶段初步征求意见的基础上，进一步广开渠道，在召开座谈会、个别访谈的同时，学校还设立了专用热线电话、专用电子信箱和意见箱，多层次广泛征求了人大代表、政协委员、教职工代表、学生代表、学生家长以及离退休职工的意见。校领导还主动地征求了分管部门和单位意见。学校向教职工、学生和家长分别发放了《山东大学保持共产党员先进性教育活动征求意见表》。各基层党组织也采取多种形式广泛征求了意见，深入开展调查测评工作。每个党员都主动征求和听取了群众意见。大家普遍肯定了学校、本单位和党员在工作中取得的突出成绩，同时，也提出了许多中肯的意见和建议。对征求的意见和建议，学校、各个单位和党员认真对待，仔细梳理，如实反馈，认真反思。

4. 密切结合实际，扎实开展谈心活动。各基层党组织精心组织党员开展谈心活动，密切结合实际，创新谈心方式，注重谈话广度，讲求谈话深度，重视谈话质量。各支部分别采取了单独谈与集体谈相结合、走出去谈与请进来谈相结合、召开民主座谈会与上门征询谈相结合等谈话形式。在谈心活动过程中，领导班子成员之间、党员领导干部与分管部门党员之间、党支部委员之间、支部委员与党员之间、党员与党员之间、党员与党外群众之间普遍进行了谈心。通过广泛的谈心活动，不仅沟通了党员之间、干群之间的关系，加深了感情，增进了团结，同时进一步找准和抓住了存在的突出问题，明确了整改提高的方向，为做好党性分析和开好专题生活会，作了充分准备。

5. 严格按照要求，深入开展党性分析。学校党委把组织每个党员写好党性分析材料作为分析评议阶段的一个重要环节来抓，就如何撰写好党性分析材料进行了专门部署、指导和要求。各党支部认真组织党员对照“三个代表”重要思想和《党章》规定的党员义务，对照新时期保持共产党员先进性的基本要求，对照学校《保持共产党员先进性的具体要求》，结合征求到的意见，紧密联系个人思想作风和工作实际，撰写党性分析材料，深入查摆了近三年来在党性党风方面存在的突出问题，重点检查了个人在理想信念、宗旨观念、组织纪律、思想作风、工作作风和廉洁自律等方面存在的问题，从世界观、人生观、价值观上分析了思想根源。校级领导干部结合学习和贯彻落实十六届五中全会精神、省八届十一次全会精神，从坚持科学发展观和正确政绩观以及权力观、地位观、利益观等方面进行了深入剖析。在撰写党性分析材料过程中，各级党组织严格审核把关，认真审阅，提出修改意见和建议。驻我校指导组和党委书记朱正昌对学校党委常委成员的党性分析材料审查把关，领导班子的成员对分管部门、单位党员干部的党性分析材料把关，基层党委、党总支对党支部成员的党性分析材料把关，党支部对普通党员的党性分析材料把关。通过层层把关，确保了撰写质量。我校党员的党性分析材料基本都能保质保量，紧密联系个人党性状况，找准存在的主要问题，深入剖析思想根源，明确今后努力的方向，真正触动了思想，提高了认识。

6. 高标准高质量，精心组织好专题生活会。11月2日，学校领导班子召开了专题民主生活会。中组部、教育部、山东省委高校工委、省高校先进性教育活动领导小组、省委高校督导组和驻我校指导组等部门的6位领导同志参加了会议。民主生活会由朱正昌书记主持。会前各位学校党员领导充分准备，广泛征求意见和开展谈心活动，认真撰写党性分析材料。在民主生活会上，领导班子成员本着对学校事业、对班子、对同志高度负责的精神，从团结的愿望出发，按照团结——批评——团结的原则，畅所欲言，敞开心扉，深入开展了批评和自我批评，明确了今后努力方向。省委高校驻我校指导组组长谭晓防同志和省委高校工委副书记傅华峰同志在会上对我校领导班子的民主生活会给予了很高的评价。领导班子成员在民主生活会之前还参加了所在支部专题组织生活会。各个党支部也分别召开了专题民主生活会和组织生活会，并邀请了党外群众代表参加，党员领导干部带头，每个党员都作了深刻的党性分析，大家采取“一人谈，众人帮，逐人进行”的方式，逐个评议，摆问题，查原因，积极开展批评与自我批评。各支部专题生活会体现了“真”、“实”和“透”的特点，每位党员都能结合个人实际，认认真真查找问题，深刻分析原因，深入透彻地交流和沟通，达到了沟通思想、交流感情、增进团结、促进工作的目的。特别是我校占全体党员总数的72.12%的35岁以下的教职工党员和学生党员，通过严肃认真的专题生活会，使他们经受了一次党内生活的熏陶和锻炼，思想境界得到了进一步纯洁和升华。

7. 坚持公正原则，提出评议意见。各党支部专门召开支委会议，对照《党章》、对照胡锦涛总书记关于新时期保持共产党员先进性的六条基本要求，以及学校党委提出的《关于保持共产党先进性的具体要求》，根据党员个人讲评、党员互评、群众参评，以及征求到的群众意见和党员一贯表现，对每个党员进行综合分析，分清主观和客观原因、个人和组织原因，实事求是、宏观公正、认真负责地提出评议意见。评议工作充分发扬民主，严把政策关。评议意见既肯定成绩，又点明问题，提出整改方向。对每个党员的评议意见，党支部成员与评议对象见面，听取其意见，以书面形式如实向本人反馈，并注意做好耐心细致的思想工作，努力做到使每一位党员真正在思想上受到触动，认识上得到升华。

8. 搞好"两通报"，自觉接受群众监督。各党支部在分析评议过程中，对专题生活会的情况、党员对存在问题的认识和努力方向、党组织的评议结果、领导班子存在的问题和整改措施等，都按照规定，采取召开座谈会、党员大会等形式，向参加先进性教育活动的党员和群众代表作了通报，自觉接受党员和群众的监督，体现了评议工作的公开、公正和民主性。

（三）认真整改提高，务求取得实效

在前两个阶段征求意见、边学边改、边议边改的基础上，在整改提高阶段紧紧抓住"务求实效"这个关键，组织各党支部和党员进一步明确目标，落实责任，制定措施，集中精力抓整改，确保教育活动见实效、聚人心。一是认真制定整改方案。按照学校领导班子、基层党组织和党员个人三个层面，分别制定整改方案，层层抓好整改，使整改工作相互衔接，配套联动，整体推进。根据征求到的意见，结合实际，学校制定了《山东大学保持共产党员先进性教育活动总体整改方案》，着重围绕转变工作作风、加强家属区管理、关心教职工生活和身体健康、关心学生学习和生活、提高机关工作效率、完善制度机制、加强管理队伍建设、加强基层党组织和党员队伍建设等20个方面的问题，明确整改目标，落实领导责任。领导班子和基层党组织针对查找的突出问题，分别制定切合实际、可操作性强的整改方案。学校党委的整改方案，注意吸收领导班子成员个人的整改措施，由领导班子集体研究决定，并听取高校工委指导组的意见；中层领导班子的整改方案，由本单位领导班子集体研究讨论，并经分管（联系）的校领导审核后，报学校先进性教育活动办公室备案；党支部的整改方案，报基层党委（党总支）备案。党员根据党组织评议意见，结合修改党性分析材料，进一步完善并形成书面整改措施，着力解决思想、工作、作风、纪律等方面的问题。二是严格整改工作责任制，抓好整改工作落实。领导班子、基层党组织将整改任务层层分解，明确整改单位、责任人、时限和目标，建立落实整改工作责任制。党组织主要负责人对本单位的整改落实负总责，班子成员结合分管工作抓落实。以求真务实的精神抓整改，对具备条件的，要马上整改；对通过努力能够解决的，要列出时间表，限期整改；对受客观条件限制一时解决不了的，要向群众说清楚，积极创造条件解决，做到事事有着落，件件有回音，让群众感受到在解决影响改革发展稳定、涉及群众切身利益的实际问题上的新进展，感受到先进性教育活动带来的新进步、新面貌。目前，学校及各基层党组织已经落实和完成的整改任务已有226项，涉及管理、群众利益、学生培养等多个方面。

二、初步成效和收获

我校的先进性教育活动，在上级部门的正确领导和指导组的指导帮助下，学校党委周密部署，各基层党组织高度重视，精心组织，全体党员积极投身于教育活动中，较好地完成了各个环节的工作。通过教育活动，党组织的影响力进一步提升，创造力、凝聚力和战斗力得到进一步增强；全校党员在思想认识水平、加强党性锻炼、发扬党的优良作风、促进各项工作等方面有了明显的进步和提高。中央电视台在10月17日“新闻联播”中，对我校先进性教育活动的成效作为典型进行了报道。新华社、中央人民广播电台、《人民日报》、《光明日报》、《经济日报》等中央新闻媒体和《大众日报》、山东电视台等省级新闻媒体也从不同方面对我校的先进性教育活动的成效和经验进行了报道。新华社发出的“山东大学先进性教育以学生为本让学生满意”的《国内动态清样》送达省部级领导后，12月13日陈至立同志作了重要批示，提出要总结经验，推动这项工作。省委常委、组织部长刘伟，山东省副省长王军民，高校工委常务副书记田建国、副书记傅华锋等领导同志先后来到我校就先进性教育活动进行了调研和指导，他们分别对我校的工作给予了充分的肯定。学校对学习动员、分析评议、整改提高阶段和整个先进性教育活动的工作都分别严格按照要求进行了“回头看”，认真检查总结了各个环节的各项工作，并分别组织了群众性满意度民主测评。从测评情况看，群众的满意率和基本满意率都达到了100%。其中，学习动员阶段的满意率为96.58%，基本满意率为3.42%；分析评议阶段的满意率为97.76%，基本满意率为2.24%；整改提高阶段的满意率为98.16%，基本满意率为1.84%；整个先进性教育活动的满意率为98.82%，基本满意率为1.18%。

我校先进性教育活动的收获和成效主要体现在以下六个方面：

(一) 全体党员加深了对“三个代表”重要思想和科学发展观的理解，思想政治素质得到明显提高

在先进性教育活动中，把“三个代表”重要思想和科学发展观作为学习的重点内容，努力在真学、真懂、真信、真用上下工夫，使全体党员在对“三个代表”重要思想和科学发展观的认识上有了新的提高，在武装头脑、指导实践上取得新成效。通过学习教育，广大党员对“三个代表”重要思想的时代背景、实践基础、科学内涵、精神实质和历史地位的认识有了新的高度。对准确地把握科学发展观的深刻内涵、基本要求和重要意义，如何树立和落实科学发展观有了全面深入的理解和认识。大家普遍认为，只有把“三个代表”重要思想作为必须遵守的政治原则，作为立身、做人、为政的价值追求，才能永葆共产党员的先进性、纯洁性。只有坚持把科学发展观的要求贯彻到各方面工作中，充分发挥其指导作用，才能切实推动各项事业的科学、健康发展。全体党员坚持理论学习和改造世界观相结合，进一步增强了发挥党员先锋作用、模范践行“三个代表”重要思想和贯彻落实科学发展观的自觉性，增强了讲政治、讲大局、在思想上和以胡锦涛同志为总书记的党中央保持高度一致的自觉性，增强了为加强党的执政能力建设、构建社会主义和谐社会作出应有贡献的自觉性，理想信念更加坚定，宗旨观念不断

增强，思想政治素质得到有效提高。

（二）党员对保持党员先进性的重要性有了全面深入的认识，提高了党性观念和党员意识，增强了党员的使命感和责任感

通过先进性教育活动，提高了全校党员对党的先进性的内涵和基本要求的认识，强化了党员意识和党性观念，党员的使命感和责任感明显增强。通过学习教育，使广大党员认识到，要保持共产党员先进性，每一位党员不仅要牢记党章对党员、对党的干部的标准与基本条件的要求，牢记胡锦涛总书记提出的共产党员保持先进性的六条基本要求，还应该深刻认识和把握立足本职保持和体现党员先进性的具体要求，这样党员充分发挥先锋模范作用才有依托，党员的先进性才能落到实处。通过学习，大家对加强党的先进性建设的重大意义，以及“什么是党的先进性，如何保持先进性”等问题，有了更加明确的认识和自觉行动。广大党员普遍表示，党的先进性要靠党员的先进性来体现，作为一名党员，要按照新时期保持共产党员先进性的基本要求，牢固树立党员意识和党性观念，增强责任感和使命感，在本职工作岗位上充分发挥先锋模范作用，努力创造一流业绩，以实际行动在思想、政治、工作、作风等方面永葆先进性。

（三）党员普遍受到了一次深刻的党性教育和锻炼，党的优良传统和作风进一步发扬，思想工作作风有了新的进步

全校各级党组织和党员在先进性教育活动中，认真坚持和大力发扬党的理论联系实际、密切联系群众、批评与自我批评的优良传统和作风，联系实际抓学习，严于律己抓剖析，求真务实抓整改，在思想作风建设上取得明显成效。在理论联系实际方面，绝大多数党员能够认真学习指定的篇目，并自觉运用所学的理论指导个人的党性分析，找准存在的问题，剖析原因，制定措施。在密切联系群众方面，学校主要领导和党委成员通过多种渠道，带头征求群众意见，认真开展谈心交心活动，进一步密切了党群干群关系。在开展批评和自我批评方面，大家比较好地克服了思想上的种种顾虑，从团结的愿望出发，本着对党、对事业、对同志高度负责的精神，开诚布公，坦诚相见，积极开展批评与自我批评。大家普遍感到，通过这次先进性教育，思想上受到很大触动，认识上得到升华，受到了一次深刻的党性教育和锻炼，有效地促进了工作作风建设、文明建设和党的建设。全校党员干部围绕学校中心工作，履行职责、自觉奉献的意识明显增强，齐心协力干事创业的工作作风和局面得到进一步发扬。

（四）基层党组织得到了锻炼，增强了党组织的创造力、凝聚力和战斗力

在先进性教育活动过程中，各基层党组织认真落实校党委的部署，认真建立和规范各项学习和工作制度，周密安排各项具体工作，积极改进工作作风，提高工作效率，通过有效开展各项工作，增强了基层党组织解决自身问题、维护团结、服务大局的能力。各基层党组织创造性地开展工作，组织、关心和帮助广大党员学习、分析评议和整改提高，努力解决工作中的不足，积极解决党员群众工作生活中的实际问题和困难，使党组织真正成为学习和贯彻“三个代表”重要思想的组织者、推动者和实践者。同时，各级党组织自觉抓党建，把先进性教育活动同党建和党员的教育管理结合起来，着眼于提高各级领导班子驾驭学校改革发展的能力和水平，着眼于建立保持共产党员先进性的长效机制，着眼于解决学校改革和发展中存在的突出问题，通过加强党的建设，促进学校事

业的全面发展。基层党组织在教育活动中锻炼了工作能力，提高了工作水平，增强了党组织的创造力、凝聚力和战斗力。

(五) 加强基层党组织和党员队伍建设，建章立制，进一步健全和完善了保持党员先进性的长效机制

我校的先进性教育活动，立足当前，着眼长远，把落实整改措施与推进基层党组织建设、党员队伍建设相结合，把开展集中教育、解决具体问题与建立长效机制相结合，深入探索、建立确保党员“长期受教育，永葆先进性”的长效机制。一是加强理论研究。发挥我校在党的理论研究方面的优势，组织哲学社会科学方面的研究力量，以出理论、出经验、出政策性建议的目标要求，就教育部重大课题——“新时期高校学生党员先进性教育工作体系及机制研究”进行了理论研究。二是大力推进基层党组织和党员队伍建设工作的制度化。继续抓好建章立制等基础工作，明确岗位责任，加强内部管理，推动各项工作规范化、制度化。研究制定学校“决策目标、执行责任、考核监督”三个体系建设的实施意见。进一步完善各项理论学习制度。建立基层党委书记的定期学习培训、工作研讨和总结交流制度。制定学校党建工作发展规划。制定和落实学校发展党员工作规划。三是落实党风廉政建设责任制。贯彻落实中共中央《建立健全教育、制度、监督并重的惩治和预防腐败体系实施纲要》，制定符合学校实际的具体实施办法。认真落实《山东大学处级单位主要负责人问责暂行办法》。建立《山东大学党员领导干部执行党风廉政建设责任制责任追究办法》。等等。

(六) 紧密结合实际开展先进性教育活动，切实做到“两不误，两促进”，有力地推动了各项工作

各基层党组织，根据学校党委提出的“七个结合”要求，在先进性教育活动中，务求实效，努力做到以先进性教育活动推动各项工作，开展了“保持党员先进性，立足岗位做先锋”、“以工作成绩检验学习实效，于工作岗位闪亮党员形象”等丰富多彩、特色鲜明的主题实践活动。特别是先进性教育活动正处于我校迎接本科教学评估工作的关键时刻，按照学校党委提出的做好保持党员先进性教育活动、促进迎评工作扎实进行的明确要求，基层党组织认真做好与迎评工作有机结合的文章，以实际行动“抓好先进性教育，促进教学评估”，用教学评估成绩来检查先进性教育活动的实效。许多党员在迎评工作中积极发挥党员的先锋模范作用，教师党员主动做好备课、授课、试卷整理、指导毕业论文等各项工作；学生党员积极开展了“迎评做主人，创优作贡献”的主题实践活动，为教学评估活动增光添彩；管理岗位党员为迎评工作夜以继日，精心准备。由于大家的艰苦努力，使我校的本科教学评估工作取得了优异成绩。我校的先进性教育活动始终贯彻落实并切实做到了“两不误，两促进”，通过先进性教育活动，我校党员的精神面貌、工作作风和工作效率等方面有了明显的改观。

三、主要经验

在这次先进性教育活动当中，我校各级党组织高度重视，精心组织，周密部署，基层党组织充分发挥战斗堡垒作用，创造性地开展工作，使我校的教育活动特色鲜明，富有成效，形成了一些有效做法和成功经验。

（一）各级党组织高度重视，领导干部发挥表率作用

学校党委充分认识到保持共产党员先进性教育活动的重大意义，把开展先进性教育活动作为一项重大的政治任务来抓。党委书记朱正昌在动员大会上明确指出，要充分认识到先进性教育活动是推进党的先进性建设、加强党的执政能力建设、巩固党的执政地位、完成党的执政使命的重要举措，要把我校的先进性教育活动搞成全面落实科学发展观、凝聚人心、汇聚力量、实现学校全方位跨越式发展的群众满意的工程。统一了全校党员的思想，提高了认识。各级党组织负责同志，在做好各个阶段、各个环节的组织领导工作的同时，积极发挥模范带头作用。学校党委成员带头学习理论、带头写读书笔记，书记朱正昌带头讲党课，极大地带动了工作开展。校党委在全校范围内组织召开了党员教师座谈会和党外人士座谈会，以诚恳的态度，虚心听取各方面的意见。党委成员带头深入分管的基层单位，参加座谈会，谈心、征求意见，参加组织生活会，带头进行个人党性分析、制定和落实整改方案。党支部领导成员坚持带头深入学习、提高认识，带头征求党内外群众的意见和建议，带头撰写分析材料，带头开展批评与自我批评和整改提高。基层党组织的负责同志还牺牲国庆节长假和其他休息时间，深入群众中开展谈心和听取意见等工作。由于各级党员领导创造性地开展工作和发挥“领头雁”作用，有力地推动和保证了学校先进性教育活动的顺利开展。

（二）精心组织，周密部署，各基层党组织充分发挥战斗堡垒作用

学校党委在活动开始之前就着手调研和谋划，多次召开党委常委会议和工作班子会议，专题研究有关工作，建立健全了领导机构、工作机构和督导机构，对整个教育活动作了全面的规划，为教育活动作了比较充分的准备，夯实了活动基础。学校先进性教育活动领导小组的领导和各工作组成员，以高度的责任心，全身心、高效率地开展工作。校党委在活动开展过程中对每个阶段和环节的工作进一步作了精心组织和周密部署，并进行了全面动员和分段动员。为了确保各个阶段的工作质量，学校对每个阶段以及主要环节又专门制定下发了文件，召开了专门会议布置，对工作步骤、方式方法、注意事项等提出了具体指导意见。各基层党组织充分发挥了党组织的战斗堡垒作用，按照学校党委的部署和要求，以高度的责任心，认真组织、掌握情况、研究标准，做好深入细致的工作，坚持从实际出发，积极主动、创造性地开展工作，从活动方案的制订、学习制度的建立完善，到各个环节活动的组织、各项任务的落实，开展了大量的富有成效的工作，表现出高度的责任心和使命感，表现出良好的工作作风和精神面貌，确保了各个环节工作既井然有序、保持高度的政策性，又协调、顺利、健康、有效。基层党组织还注意建立和健全在党员学习、党内民主、党内组织生活等方面的制度和规范，积极研究、探索和建立保持共产党员先进性的长效机制，收到了良好效果。

（三）加大宣传力度，营造浓厚的舆论氛围

我校在教育活动中坚持舆论先行，典型引路，组织精干力量，制定宣传计划，不断加大宣传力度，把加强宣传教育和正面引导贯穿整个教育活动的始终。活动之初学校就充分利用网络资源，创办了先进性教育活动专题网站——“山大先锋网”，设立了“动态报道”、“领导讲话”、“文献资料”、“学习心得”、“党员采风”、“基层经验”、“学习问答”等10余个栏目，共发布了1700多篇各类报道、文章和材料，总点击率达到了51

多万人次，充分发挥了舆论宣传主阵地的作用，受到了普遍欢迎。先进性教育活动领导小组办公室编印了《工作简报》，共编发了90余期。学校还充分利用校园网、校内广播和电视、校报、宣传栏、壁报栏、标语等舆论阵地，精心组织宣传内容，大力宣传开展先进性教育活动的重要意义、各单位开展先进性教育活动的成功经验做法和优秀共产党员的先进事迹等。通过全方位的宣传，营造了浓厚的舆论氛围，极大地增强了先进性教育活动的感染力和吸引力，有效地推动了教育活动深入开展。

（四）树典型学先进，充分发挥先进典型的示范带动作用

我校的先进性教育活动，十分注重树立先进典型，弘扬先进事迹，充分发挥先进典型的示范带动作用。自开展保持共产党员先进性教育活动以来，我校涌现和树立了艾兴院士、何中华教授、徐超教授、胡维诚教授、李齐云教授、林家恒教授、秦静教授、李庆民教授、孙嘉珍教授、姜丽荣老师、刘思源同学以及边秀房教授和他领导的学术团队等一批先进党员和模范集体典型。在这些党员和集体当中，教职工党员爱岗敬业，无私奉献，模范地践行“三个代表”重要思想，将党的先进性充分体现在教学科研和各项工作中；学生党员立志成才，诚信做人，把学习书本知识与投身社会实践统一起来，努力成为民族和社会的中坚。他们用自身的表率作用，诠释着共产党员先进性的时代内涵。学校通过简报和先锋网等多种形式，大力宣传他们的模范事迹，使广大党员学有榜样，赶有目标。基层党组织充分运用优秀党员的模范事迹教育大家，努力让教师党员的先进性体现在学科建设中，体现在教书育人中，体现在学术创新中；让学生党员的先进性体现在立志成才、成为党的事业合格建设者和可靠接班人上。全校党员学先进、赶先进、为党旗增光添彩蔚然成风，极大地推动了我校先进性教育活动的开展。

（五）注重与指导组及时沟通，确保工作效果

学校党委注重与省委高校驻我校指导组加强沟通，及时接受他们的工作指导。指导组全面贯彻落实省委、高校工委关于先进性教育活动的部署和要求，认真参与我校先进性教育活动的重要工作步骤和关键环节，多次深入学院等基层党组织听取汇报，进行调研，对我校先进性教育活动给予了及时的指导、督促和有力的支持，提出了许多宝贵的意见和建议，确保了我校教育活动沿着正确的方向顺利推进。

四、几点体会

我们认为，要保证先进性教育活动深入健康发展，真正取得实效，必须按照中央和省委的要求，不断探索创新，努力做到主题明确，结合实际，统一标准。除了以上经验做法外，我们还深刻地体会到：

（一）要坚持突出实践“三个代表”重要思想这条主线，抓好理论学习，把提高党员思想认识贯穿始终

“三个代表”重要思想作为马克思主义与中国实践相结合的最新成果，赋予了党的先进性以鲜明的时代内涵。贯彻“三个代表”重要思想，核心是坚持党的先进性；加强党的先进性建设，关键是用“三个代表”重要思想武装头脑、指导实践，落实到党员岗位上，体现在党员的行动中。在这样的认识基础上，学校党委领导集体把先进性教育活动作为贯彻“三个代表”重要思想的一项重大任务和实际步骤来落实，坚持每个阶段起

步时，首先组织党员加强理论学习，统一和提高思想认识，引导全校党员不断增强贯彻“三个代表”重要思想的自觉性。十六届五中全会召开和贺国强同志在北京大学调研时和在北京部分高校先进性教育活动座谈会上的讲话发表以后，迅速组织全校党员干部认真学习领会，用会议和讲话精神统一思想认识，特别是统一和提高党员对在高校开展先进性教育活动重大意义的认识。由于我们把理论学习贯穿于先进性教育活动的全过程，坚持以学习和提高思想认识为先导，及时解决少数党员的片面认识，保证了教育活动始终沿着正确的方向健康发展。

（二）要坚持正面教育和自我教育，严格党内组织生活，把启发和引导党员的自觉性和主动性贯穿始终

能否有效地启发党员的主观能动性和自觉性，做到既贯彻从严治党的原则，又坚持正面教育为主，既防止过严，又避免过宽，关键在于做好“结合”文章，严格程序，把握方向，上下联动，内外促进，通过党组织的严格教育、严格要求，启发党员自觉加强理论学习、主动查找问题、切实解决问题的内在动力，督促和帮助党员增强自重、自省、自警、自励和自我提高的能力。在学习动员中，引导党员把学习与改造主观世界结合起来，积极开展党员先进性具体要求和不合格党员表现大讨论，将讨论酝酿过程变为党员自我剖析和自我教育的过程。在征求意见和分析评议过程中，教育引导党员努力做到：正确对待群众意见，正确对待党组织指出的问题，正确对待民主评议结果，正确对待自己的缺点与不足。在提出评议意见中，本着对每个党员关心爱护、高度负责的精神，充分肯定成绩，明确指出不足。在整改提高过程中，引导党员结合实际自觉改正自己的缺点和不足，认真整改提高。使每名党员都能励志鼓劲，更加自觉地严格要求自己，努力在精神面貌、工作作风、工作能力等方面取得新进步。

（三）要坚持理论联系实际，把边学边改、边议边改、边整边改贯穿始终

开展先进性教育，既要着力提高党员的思想觉悟和整体素质，又要把思想政治上的收获和提高体现到解决突出问题和促进各项工作上，用推动工作的实际效果来检验和巩固先进性教育的成效，防止形式主义和走过场。为此，我校明确强调要密切联系每个党员、每个岗位的工作实际，有针对性地开展先进性教育，特别是针对高等教育工作的特点和要求，认真查摆、深入剖析并切实解决师生党员队伍中与先进性要求不适应和不符合的问题。把整改贯穿始终，坚持有什么问题就解决什么问题，对突出问题逐一制定整改措施。确保了先进性教育始终与实际工作机密结合，相互促进，富有成效。

（四）要坚持发扬党内民主，以群众满意作为工作目标和评价标准，把自觉接受党员群众监督贯彻始终

如何使先进性教育活动真正成为群众满意的工程，我们在实践中体会到，必须要坚持实践标准、群众标准，发扬党内民主，把党员自我教育与依靠群众、走群众路线结合起来，把请群众参与、让群众监督、由群众评判的思路贯穿到先进性教育活动的各个阶段、各个环节。在发扬民主方面，尽量拓宽征求意见的范围和方式，全方位、诚心诚意地听取群众意见，依靠群众找准问题。在工作目标方面，坚持目标为群众，努力解决群众反映的问题，让群众切实感受到先进性教育活动带来的新变化。在工作标准方面，坚持标尺在群众，把先进性教育成效的评判权交给群众，抓好群众满意度测评。对每一阶

段都安排一次“回头看”，按照要求，严格把关，认真检查教育活动中的各项工作，分别组织群众性满意度民主测评，自觉接受党员群众监督。

我校的先进性教育活动完成了既定任务，达到了预期目的。集中学习教育结束后，学校党委按照省委和高校工委的部署和要求，继续做好巩固和扩大整改成果的工作。同时，以这次集中学习教育活动为契机，结合学校实际，进一步建立健全新形势下保持党员先进性的长效机制；努力提升学校综合实力，建设和谐校园，服务山东经济和社会发展；努力推动学校的改革、发展和稳定，加快实现学校跨越式发展和建设国内外知名高水平大学的奋斗目标。

（付岩志）

山东大学第一届教职工代表大会第三次会议召开

2005 年 4 月 20 日，我校第一届教职工代表大会（以下简称“教代会”）第三次会议在科学会堂召开。参加会议的正式代表 420 人，特邀代表 17 人，列席代表 68 人。大会由学校党委副书记赵明顺主持。

山东省人大常委会副主任、山东大学党委书记朱正昌在会上致词。朱正昌在致辞中对会议提出三点希望和要求：第一，要把会议开成统一思想、共谋发展的大会；第二，要把会议开成求真务实的大会；第三，要把会议开成发扬民主、汇聚民智的大会。

本次会议的主要议题是：（1）听取讨论展涛校长作的题为《构建和谐校园，实现“三个提升”》的学校工作报告；（2）听取讨论李承俊副校长作的《关于山东大学 2004 年财务预算执行情况和 2005 年财务预算方案的报告》；（3）听取副校长、提案工作委员会樊丽明作的《关于一届二次教代会提案落实情况的报告》；（4）讨论、审议中共山东大学委员会、山东大学《关于切实加强和谐校园建设的意见（征求意见稿）》。

一、校长展涛的学校工作报告分两部分

第一部分，2004 年学校工作的总结与回顾。第二部分，2005 年重点工作。

关于 2004 年工作，报告分 10 个方面作了总结：（1）教育教学改革取得实效；（2）学科建设成效显著，科研实力明显提升；（3）人才队伍建设成效明显；（4）对外合作格局基本形成；（5）全面启动《山东大学服务山东行动方案》和《山东大学服务济南工作计划》；（6）校际、校企合作成绩显著；（7）大学文化建设进一步深入；（8）推进依法治校，提高治校能力；（9）规范管理，完善了公共支撑服务体系；（10）威海分校与医院工作。

关于 2005 年重点工作，报告强调，2005 年是学校实现“三个提升”的重要一年。2005 年学校学术和行政工作的指导思想与总体要求是：以科学发展观统领全局，围绕实现“三个提升”，继续推进人才战略、全方位开放式发展战略和教育创新战略“三大战略”，突出学生培养与教师队伍建设、全方位对外合作和制度建设“三个重点”，全面落实《山东大学 2005 年学术与行政工作要点》。为此，报告就几项工作提出具体要求：（1）制定《山东大学“十一五”发展规划》；（2）教学质量年；（3）学科建设与科学研

究；（4）人才队伍建设；（5）对外合作与交流；（6）财务、审计和资产管理；（7）校园基本建设、后勤保障；（8）和谐校园建设；（9）威海分校工作；（10）附属医院工作。

展校长最后强调：2005 年是我们更加务实、更加开放的一年，我们的工作目标更加明确，重点更加突出，任务分解得更加详细。我们要在学校党委领导下，以邓小平理论和“三个代表”重要思想为指导，坚持树立和落实科学发展观，抓住机遇，开拓创新，同心同德，奋发图强，扎实工作，为建设和谐校园，实现“三个提升”的发展目标，作出更大的贡献！

二、李承俊副校长代表学校作的《山东大学 2004 年财务预算执行情况和 2005 年财务预算方案的报告》分为四部分

第一部分，2004 年学校预算执行情况，包括可控预算收入实现情况、预算分配及执行情况和 2004 年末学校财务状况（不含威海分校）。第二部分，关于 2005 年学校财务收支预算安排，包括预算安排的原则、收支预算。第三部分，2005 年学校贷款预算。第四部分，强化财务管理，确保 2005 年财务预算的完成，强调维护预算的严肃性，树立“超预算就是失职”的意识；学校经费预算实行统收统支，一个口径管理；强化二次经费分配的管理。

三、樊丽明副校长代表提案工作委员会作的提案工作情况报告对二次教代会提案落实情况作了汇报

首届二次教代会共收到提案 185 件，根据涉及的问题性质，划分为 20 个类别，分别由校长办公室等二十个职能部门承办。其中问题已经解决或正在解决的 91 件，占提案的 49.18％；经征询意见，提案人对提案的办理和答复满意或基本满意的 177 件，占 96.72％。

四、会议在经过大会报告、分团讨论后，大会主席团召开第十二次主席团会议听取汇报

校党委副书记赵明顺作了总结讲话。他指出，经过大家的共同努力，会议取得了圆满成功：首先，通过会议，进一步提高了认识，统一了思想，明确了发展思路；其次，通过这次会议，使大家进一步明确了工作重心；再次，通过大会，进一步发扬了民主，促进了学校民主政治建设。赵明顺代表党委提出四点要求：第一，要努力提高思想认识，进一步深入贯彻科学发展观，促进学校工作的全面发展；第二，要弘扬求真务实精神，脚踏实地地圆满完成年度工作任务；第三，努力落实构建和谐校园的各项工作任务，为学校快速发展奠定坚实的基础；第四，要大兴民主之风，完善民主决策、民主管理和民主监督，促进学校民主政治建设。

（李　达）

朱正昌同志在山东大学党委书记宣布大会上的讲话

尊敬的各位领导、尊敬的各位老师：

同志们，刚才中组部夏局长宣读了中央的通知并作了重要讲话，赵部长、王部长、邵书记都作了非常重要的讲话，这是对我们山大工作的极大支持，也是对我们山大的高度重视。我们一定要贯彻落实好他们的讲话精神。时隔两年多，我再次受命担任山东大学党委书记，我深感荣幸，深感组织对我的信任，也深感责任重大。2000 年 7 月三校合并时，我受组织委派，担任了新山东大学的第一任党委书记。在山东大学两年多的时间里，和同志们朝夕相处，共同经历了新山大从起步到逐渐成长的岁月。后因工作需要，组织上又安排我到省委工作，在这段时间里，我也经常关心着山东大学的每一个发展，为山东大学的每一个进步由衷地感到高兴。这次，组织决定让我重返山东大学工作，首先，我作为一名共产党员，坚决服从组织的决定，而且有决心、有信心和其他校领导一起，团结带领全校师生把我们的山东大学建设好、发展好。

桂芳同志具有很高的领导水平和领导才能。2002 年 8 月，他来山东大学担任党委书记以后，以政治家和教育家的开阔视野和宽广胸怀，带领党政一班人，勤奋务实，勇于开拓，学校的教学、科研、学科建设、师资队伍建设和管理队伍建设都上了一个新台阶，开创了山东大学发展的新局面，为此而作出的一系列重大决策，我们在今后也要继续贯彻好、落实好。在这里，我谨向桂芳同志表示衷心的感谢与良好的祝愿，同时，也希望桂芳同志继续关心和支持我们山东大学的建设和发展，常回来走走，回家看看。

山东大学是我国历史最悠久的著名大学之一，在一百多年的发展历程中，历届学校老领导呕心沥血、励精图治，对学校建设作出了极大的贡献，打下了良好基础，形成了优良校风，我们要继承好、发扬好。今天，山东大学作为教育部和山东省共建的国家重点大学，具有广阔的发展前景，我们任重而道远。我们也深知，学校的进一步发展还面临着许多困难，但是中组部、教育部和山东省委、省政府的关怀和支持给了我们莫大的信心和力量。同时，使我感到欣慰的是，山东大学有一个恪尽职守、团结进取、锐意创新的领导班子。特别是展涛校长年富力强，政治素质高，视野开阔，对当前高等教育事业的发展有深刻的认识和把握，具有很高的理论水平和治校才能，积累了丰富的办学经验。而且我们有一支顾全大局、善于管理、实力雄厚、很值得信赖的教师队伍和人才队伍，所以我也很有信心完成上级组织交给我的这项任务，不辜负广大师生的期望。我将倾尽所能、尽心尽力地与同志们一起，以振兴山大为己任，自觉接受领导班子、党员干部和广大师生的监督，务求使各项工作取得实实在在的成效。

刚才，几位领导特别是赵部长代表教育部对我们山东大学的工作作了重要讲话，对做好山东大学各方面的工作提出了明确要求，我们要认真学习好、落实好、贯彻好。首先，我们要以科学发展观为指导，抢抓机遇，趁势而上，全面推进山东大学在新阶段的新发展。2004 年，举国上下认真贯彻科学发展观，切实把加强宏观调控政策落到实处，国民经济出现了快速健康协调发展的良好态势。山东省结合本省实际，认真贯彻科学发展观，认真落实省委工作会议提出的“一二三四五六”的工作思路和发展目标，GDP 去年已经突破了 1.5 万亿元，居全国第二位。这都给我们山东大学的发展提供了一个宝贵机遇。因此，我们要抓住机遇、把握机遇，增强加快学校发展的责任感，全面提升学校的学术竞争力、社会影响力和国际化程度，千方百计保持学校发展的良好势头，努力开创山东大学发展的新局面。第二，我们要深刻认识构建社会主义和谐社会的重大意义，扎实工作，促进社会和学校的和谐团结。我们要认真学习胡锦涛总书记的讲话精神，把思想统一到中央和省委的要求上来，结合山东大学的工作，结合我们各自现在所做的工作，理清思路，扎实工作。合校近五年来，在上级领导的亲切关怀下，经过全校上下的共同努力，学校的各项事业都取得了有目共睹的成就。大家要倍加珍惜这来之不易的成果，坚持以人为本，调动广大师生的积极性，把大家的思想统一到推动学校事业更快更好地发展上来，把所有力量凝聚到做好学校的各项工作上来。第三，我们要切实加强学校党的建设，尤其要把各级领导班子建设好，不断提高班子的领导水平和治校能力，要努力建设一支业务精良、爱党爱国的人才队伍，努力打造能力突出、奋发有为的战斗集体。我们要认真贯彻党要管党、从严治党的方针，加强党风廉政建设，促进廉洁从政。刚才，赵部长等几位领导同志的要求和学校党委行政提出的本学期的各项工作任务，都是我们今年要做好的工作，我们都要认真学习、全面贯彻、狠抓落实。

同志们，共同的追求将我们凝聚在山东大学这片沃土上，我们要紧密团结在以胡锦涛为总书记的党中央周围，进一步解放思想，开拓创新，同心同德，扎实工作，为学校新阶段的新发展贡献出全部的智慧和力量。我们相信，在中央、教育部和山东省委、省政府的正确领导下，在全校师生的不懈努力下，山东大学的各项事业必将蒸蒸日上，山东大学这所百年老校的明天一定会更好！

谢谢大家！

2005 年 3 月 8 日

提高认识　明确目标　强化措施　狠抓落实
为实现新的发展阶段的新跨越而努力奋斗

——山东省人大常委会副主任、山东大学党委书记朱正昌
在全校中层班子主要负责人及学术骨干大会上的讲话

同志们：

这次重回山大工作，我很受鼓舞。合校近五年来，特别是两年多以来，学校发生了很大的变化。学校领导班子团结一致，开拓创新，积累了丰富的办学经验；广大教职工爱岗敬业，拼搏进取，表现出良好的精神状态，学校各项事业得到了长足发展，令人振奋。特别是中央、教育部和山东省委、省政府对山东大学的发展给予高度重视、关心和支持，更加坚定了我们做好工作的信心和决心。

目前，山东大学进入了新的发展阶段，学校提出了“三个提升”的阶段性发展目标，对工作提出了新的更高的要求，我们必须进一步解放思想，真抓实干，切实把各项目标落到实处，实现快速发展。发展要有新思路，就是要用科学发展观统领学校的各项工作；发展要有好的氛围，就是要积极构建和谐校园、文明校园和平安校园；发展要有新举措，就是要全面推进“三个体系”建设；发展要从实际工作抓起，就是要全面落实2005年党委、行政工作要点。

今天我讲话的主题就是以邓小平理论和“三个代表”重要思想为指导，认真落实科学发展观，进一步提高认识，明确目标，强化措施，狠抓落实，为实现新的发展阶段的新跨越而努力奋斗。下面我谈四点意见。

一、坚持以科学发展观统领学校各项工作

科学发展观是胡锦涛为总书记的党中央坚持以邓小平理论和“三个代表”重要思想为指导，对长期发展实践的科学总结和理论升华，是全面建设小康社会和推进现代化建设始终要坚持的重要指导思想。科学发展观进一步明确了发展是硬道理，发展是党执政兴国的第一要务；更进一步强调了实现又快又好发展的指导方针，即以人为本，全面协调可持续发展。树立和落实科学发展观，对于促进高等教育发展和我校高水平大学建设具有根本性的指导意义。我们一定要深刻认识科学发展观的理论基础、精神实质、内涵特征和根本要求，把思想统一到科学发展观上来，以科学发展观统领学校工作全局。

教育部党组提出的“巩固、深化、提高、发展”的八字方针是教育系统贯彻落实科学发展观的指导方针。我们要落实科学发展观，就要按照“八字方针”的要求，坚持把发展作为永恒的主题和第一要务，把科学发展观落实到学校工作的各个方面。

结合学校实际，重点要在以下七个方面做好工作。

第一，抓好教学工作，提高教学质量。人才培养是高等学校的根本任务，质量是高等学校的生命线。衡量教育改革和发展的成败标准，最终就是要看是否能够培养一代又一代高素质创新人才。这是立校之本。我们对此已经有了较深刻的认识，并把培养中国最优秀的本科生和高水平的研究生作为人才培养目标。要实现这一目标，必须进一步贯彻落实好“八字方针”，明确将学校工作的重心转移到提高质量上来。要以教学质量年为契机，自觉遵循教育教学规律，坚定不移地实施教育创新战略，全面推进素质教育，以更大的精力和财力进一步加强教学工作，切实做好本科及研究生教学工作，全面提高人才培养质量。广大教师要切实增强教书育人的责任感，不断提高自身水平，改进教学方法。学校的科研、管理、服务和其他一切工作，都要服务于人才培养这一使命和教学这一中心，使之成为全体教职员工尤其是各级领导干部和机关管理人员的深刻共识和实际行动。

第二，坚持统筹兼顾，合理规划，全面发展。坚持科学发展观，根本着眼点是用新的发展思路实现更快更好的发展，因此，科学制定发展规划特别是中长期发展规划，事关高水平大学建设全局，也是落实科学发展观的重要体现。对于学校的发展，必须要像写文章一样，从命题立意，到谋篇布局，都做到缜密构思，胸中有数。我们要在科学总结合校以来的发展经验和教训的基础上，统筹兼顾，处理好与发展相联系的各方面的关系，科学谋划，突出重点，抓住主要矛盾，解决主要问题。要明确学校定位，更新办学理念，突出办学特色。要审时度势，把握发展节奏，既不能高估发展条件，急躁冒进，也不能谨小慎微，亦步亦趋。要统筹学校规模、质量、结构和效益的协调发展，实现学校全面协调快速发展，努力形成充满活力的发展局面，探索一条具有山大特色的建设高水平大学的新路子。

第三，突出特色，发挥优势，建设一流的学科。学科建设是高水平研究型大学建设的核心。大学办得好不好，关键要看水平、看优势、看特色。办学的取胜之道，就是在各自所处的层次类别中把学校办得最好，把某些学科办得最好、最出名，把特色和优势充分发挥出来。我们要充分发挥山东大学学科综合和人才密集的优势，凝练一批综合型、研究性、开放式的高水平学科。在选择学科方向时要考虑三个方面：一要充分预见到学科发展的趋势，瞄准科学发展前沿和重大生产及社会实践问题，体现前瞻性；二要切实发挥自身的比较优势，体现可能性；三是要突破原有的学科界限，推进学科的交叉与融合培育新的学科增长点，体现创新性。要做好学科规划，以“985工程”二期建设为契机，大力推进科技创新平台与人文社科基地建设，下气力改变当前学校在一些学科建设中“一片高原，没有高峰”，甚至是“一片平原”的状况。

第四，加大人才培养和引进力度，打造一流的人才队伍。队伍建设是高水平研究型大学建设的关键。要重视通过平台和基地建设汇聚队伍，组建大团队。人才队伍主要包括三个方面的人才：一是一流的学术大师和学科带头人，他们是学术研究中的帅才和将才；二是杰出的学术骨干，他们承上启下，是学校的中坚力量；三是强大的、精锐的创新团队和优秀群体。拔尖人才加上创新团队是创新平台的灵魂，是发挥科技创新平台投资效益的重要保障，是凝练重大科学问题和目标的关键。要制定规划，突出重点，实现在人才队伍建设上的突破。

第五，加大投入力度，加强硬件设施建设。硬件设施是学科发展和队伍建设的重要支撑条件。要充分认识现代科学研究的特点，处理好大师与大楼的关系。要加大投入力度，努力建设一流的实验室、工程中心，包括一流的仪器、设备、信息以及工作空间，努力为科研人员提供一流的研究平台，创造良好的创业环境。

第六，深化改革，创新机制，增强活力。“创新是一个民族进步的灵魂，是国家兴旺发达的不竭动力。”学校发展也是如此。我们要进一步增强改革创新意识，继续深化内部管理体制改革，以改革求发展，以创新求发展。要重点加强科技创新，这是完成高水平研究型大学建设最有效的战略抓手。要把科技创新与地方经济社会发展更加紧密地联系起来，进一步提高学校的学术水平和综合办学实力，加速学校的发展。要推进人才制度和政策的创新、基层学术组织的结构性改革、研究生培养制度的改革和创新，进一步增强科学研究的活力。

第七，加强各级领导班子建设，提高领导水平和治校能力。领导班子建设是学校改革与发展的关键。领导班子处在领导和决策的位置，如果没有按照科学发展观武装起来的领导团队，就不能确保学校全面协调可持续发展。近年来，我校领导班子通过不断加强组织、思想、作风、制度等方面的建设，成为一个顾全大局、团结协作、干事创业、能驾驭复杂局面的领导集体，在学校的融合、改革、发展中发挥了核心和示范性作用。但在新的发展时期，领导班子将面临新的压力和挑战，在某些方面，还不能完全适应高等教育发展和创建国内外知名的高水平大学的要求，应进一步重视加强自身建设，善于研究并深刻把握当今世界经济社会和高等教育发展的规律，正确分析学校面临的形势与任务，做到依法治教，规范管理，全面提高领导水平和治校能力。

二、建设和谐校园，为构建“和谐山东”与社会主义和谐社会贡献力量

构建民主法治、公平正义、诚信友爱、充满活力、安定有序、人与自然和谐相处的社会主义和谐社会，是我们党从全面建设小康社会、开创中国特色社会主义事业新局面的全局出发提出的一项重大任务，对于促进我国经济社会协调发展，全面进步，实现全面建设小康社会宏伟目标，意义重大。

按照党中央的决策部署，山东省提出了构建社会主义“和谐山东”的目标，并积极推进物质基础、“平安山东”、民主法制、社会事业、“民心工程”、“文明山东”、生态环境、党的先进性等“八大建设”。

教育是经济社会协调发展和建设社会主义和谐社会的基础工程，只有通过教育的优先发展才能带动各项经济社会事业的协调发展。因此，教育在构建社会主义和谐社会过程中具有不可替代的作用。我们要增强责任感，充分发挥学校优势，积极为构建“和谐山东”与社会主义和谐社会贡献力量。

第一，积极构建和谐校园。

构建和谐校园既是构建和谐社会的重要组成部分，也是保持学校全面协调可持续发展的内在要求。山东大学作为合并高校，规模很大，又是多校区办学，在经历了快速发展之后，同样也面临很多矛盾和问题，这些情况处理不好，就会影响到学校的稳定和发展后劲，进而影响到社会的和谐。因此，我们要以科学发展观为指导，调动一切可以调动的力量，利用一切可以利用的资源，努力构建和谐校园，为学校的发展营造良好的氛围。

前一段时间，我校在构建和谐校园方面开展了许多工作，进行了一些有益的探索，如：积极开展依法治校示范校的创建活动，加强规章制度建设，规范办学行为，畅通学生教师申诉渠道；推行校务公开，增加工作透明度；完善教代会制度，提高民主治校的能力；广泛开展“爱心助学活动”；积极构建心理健康教育体系。这一系列工作的开展极大地增强了全校师生员工的凝聚力，促进了学校的发展。

但是，我们要清醒地认识到，构建和谐校园是一项长期的系统工程。如何在原有基础上继续推进，还需要大家结合实践进行深入的理论探讨，提出可行措施，把构建和谐校园落到实处。为此，我重点谈以下四个方面的问题。

一是坚持以人为本，营造团结友爱的温馨氛围。要牢固树立立党为公、执政为民的观念，坚持贯彻“以教师、学生为中心”的管理理念，把实现好、维护好、发展好师生员工的利益作为学校工作的根本准则，处处把群众的利益放在第一位，时刻把师生员工的安危冷暖放在心上，多为基层着想，为老师和学生着想，多做暖人心、解民忧的实事。要继续大力实施“爱心工程”，以高度的责任感和深厚的感情，切实解决好家庭经济困难学生及困难职工的生活问题。要满腔热情关心他们的思想、生活和学习，认真开展好大学生心理健康教育，积极做好毕业生就业工作。同时，要引导广大师生员工发扬中华民族的传统美德，团结友爱，互相帮助，共同营造温馨氛围。

二是做好深入细致的思想政治工作，统一思想，凝聚人心。思想政治工作历来是我党克敌制胜、战胜困难的法宝，是我们在新形势下把工作不断推向前进的生命线。要进一步加强思想政治工作，特别要重视发挥网上思想政治工作优势，坚持弘扬主旋律，用马克思主义和健康向上的思想文化占领校内各种宣传舆论阵地。创新工作方法，深入实际、深入群众，及早发现可能发生的各种矛盾。要深刻分析新形势下这些矛盾产生的原因特别是深层次原因，做好针对性工作，从源头上减少矛盾的发生。要完善信访工作，引导群众以理性合法的形式表达利益要求，解决利益矛盾。通过化解矛盾，理顺各种关系，弘扬正气，凝聚人心，把广大师生员工思想统一到推动学校事业发展上来。

三是依法治校，规范管理。依法治校，规范管理，是保持学校健康快速发展和公平公正的重要保证。我们要把管理作为一项关键性工作抓紧抓好，认真查找管理工作中的漏洞，切实提高管理水平。一要加强制度建设，推进依法治校工作。进一步建立完善各项规章制度，做到以制度管事，以制度管人，使管理工作进一步制度化、规范化，真正建立规范、高效、反应迅捷的管理体制和运行机制。全面推进校务公开，畅通信息渠道，从决策机制和工作制度上保障师生的知情权、参与权和监督权。完善教职工和学生申诉制度，维护师生权益。二要加强机关作风建设。强化服务意识，树立良好形象，提高工作效能。三要加强党风廉政建设。坚持为民、务实、清廉，杜绝各种不正之风，以良好的作风增强学校的向心力、凝聚力、战斗力。

四是处理好改革、发展、稳定的关系，确保校园安定有序。稳定是改革与发展的先决条件，是构建和谐校园的内在要求和重要保证。没有稳定，就没有发展，和谐校园也就无从谈起。要高度重视并坚持不懈地做好安全稳定工作。认真落实安全稳定责任制；建立健全相关的队伍和网络，加强对课堂、论坛、网络的管理；加强信息调研，定期分析形势，研究动向，正确引导青年大学生对国际大事、热点问题的把握；继续完善应对突发事件的应急机制和有效的工作机制；不断提高应对突发事件的能力，妥善处置，确保事态不扩大、不蔓延，确保大局稳定。

第二，为构建和谐社会提供智力支持。

胡锦涛强调，要通过发展社会主义社会的生产力来不断增强和谐社会建设的物质基础，通过发展社会主义先进文化来不断巩固和谐社会建设的精神支撑，而高校担负着科学研究、社会服务的重要职能，在推动社会生产力发展和社会主义先进文化建设方面具有得天独厚的优势，要大力推进实施全方位开放式发展战略，切实把服务区域经济社会发展作为学校的重要办学理念，全面落实《山东大学服务山东行动方案（2004～2007)》。

一是加大产学研结合力度，努力成为高水平科学研究和科技成果转化的重要基地。紧紧围绕山东经济社会建设中的重点领域和重点行业，发挥学科与人才优势，大力开展应用研究和高新技术研究，积极承担国家、山东省科技攻关项目、企业技术改造项目，解决国民经济建设中的难题。积极推进国家大学科技园区建设，加强科技成果转化，促进社会生产力的发展。

二是积极推进理论创新，努力成为高层次决策咨询的重要基地。充分发挥我校哲学社会科学的优势，发挥当代社会主义研究基地的作用，加强马克思主义理论研究和建设，不断研究和回答改革发展中出现的重大理论和实际问题。要着眼世界变化，立足中国现实，深入探索党的执政规律，为加强党的执政能力建设提供有力的理论指导，努力发挥思想库作用。

三是加强大学文化建设，引领精神文明，努力成为先进文化孕育与传播的重要基地。坚持马克思主义在意识形态领域的指导地位，坚持为人民服务、为社会主义服务的方向，植根于齐鲁文化的沃土，积极开展民族精神、社会公德、职业道德、文化建设等方面的研究，努力建设既有深厚底蕴，又充满生机活力、科学民主的大学文化，大力促进社会主义思想文化繁荣发展，使之更加适应构建和谐社会的要求。

三、全面推行“三个体系”建设，切实提高管理水平和治校能力

“三个体系”建设是落实科学发展观的有效方式，是全面提升学校的管理水平和工作效率的重要抓手和可靠保证。我们必须从健全机制入手，全面推行并完善决策目标、执行责任和考核监督“三个体系”建设，努力提高各级领导班子治校能力，促进学校决策更加民主、目标更加科学、责任更加明确、考核更加严格、监督更加有力。

第一，完善决策目标体系，不断提高科学决策能力。

统筹规划，明确目标，科学决策，使决策真正符合学校发展实际，符合高等教育发

展规律。一要建立调查研究制度，各级领导干部要深入基层，广泛开展调查研究，了解基层单位存在的问题，倾听群众的意见，尤其在出台政策规定之前要做充分的调研，掌握更多的第一手资料，在此基础上进行综合分析，提出明确的工作思路，力求决策科学。二要规范议事、决策程序，坚持“集体领导，民主决策，个别酝酿，会议决定”的原则，凡涉及教学、科研、人事、基建、后勤、大额资金开支等的重大事项或问题，一律集体研究决定，确保决策的科学性。三要发扬民主，进一步完善教职工代表大会制度，从而保证决策的民主化。四要建立健全由各级领导、专家学者和师生员工相结合的重大问题决策机制，促进科学决策。

第二，完善执行责任体系，强化责任，抓好落实。

完善基层领导班子任期目标和年度目标责任制，层层分解量化目标任务，明确工作标准、完成时限、具体责任人，落实奖惩措施。建立起主体清晰、责任明确、权责统一的执行责任体系。

各级领导干部要认真落实《山东大学处级领导班子任期目标责任书》，努力完成2005年党委工作要点及学术与行政工作要点任务分解详目。在明确责任与任务的前提下，要加大执行力度。建立执行反馈系统，加大督察督办的力度。对需要多个部门协调完成的综合性工作，要形成分管领导主抓、第一责任单位牵头实施、其他部门积极配合的良好工作机制，明确职责，分解任务，共同完成。

第三，完善考核监督体系，形成激励约束机制。

进一步完善《山东大学处级干部考核办法》、《山东大学干部管理办法》等，认真执行《山东大学处级单位主要负责人问责暂行办法》，制定加强和改进领导班子、领导干部经常性考察工作的意见和实施办法，重点考察其思想政治素质、完成工作任务、维护稳定、处置重大事件以及党风廉政建设和班子自身建设等情况，在干中考察、识别、使用干部，形成有效的激励约束机制。并切实抓好工作落实，增强领导干部的责任意识和敬业精神。

四、今年的几项重点工作

党委和行政年初已经对2005年工作分别进行了具体部署，今天我谈几项主要工作。

第一，认真筹备召开党代会。

按照上级党委的要求年内要召开党代会。这将是在我校融合、改革、发展的关键时刻召开的一次十分重要的大会。开好这次会议，对于进一步加强学校党的建设，增强各级党组织的凝聚力和战斗力，对于动员全校师生员工进一步解放思想、振奋精神，加快学校建设步伐，实现学校事业的全面协调可持续发展具有十分重要的意义。我们要以高度的政治责任感和强烈的历史使命感来认真筹备召开好这次党代会。要以邓小平理论和“三个代表”重要思想为指导，紧紧围绕学校的发展主题，以思想政治建设为核心，以提高执政能力为重点，以领导班子和干部队伍建设为根本，以基层组织建设和党员队伍建设为基础，精心组织，周密部署，严谨细致地做好各项筹备工作。要将筹备会议的过程，变成充分发扬民主、凝聚人心、统一思想的过程，为全面推进学校事业的协调持续发展提供坚实的思想、政治和组织保证。希望大家动员起来，努力做好本职工作，以优异的成绩迎接学校党代会的召开。

第二，开展好保持共产党员先进行教育活动。

按照上级党委的部署，下学期我们要在全校范围内开展这项活动。党的先进性是党的生命所系、力量所在，事关党的执政地位的巩固和执政使命的完成。中央作出这样的决定正是着眼于在改革开放和发展社会主义市场经济的历史条件下使我们党与时俱进、始终保持先进性而作出的战略决策，具有十分重大的意义。因此，我们一定要按照上级党委的部署，积极准备，做好先进性教育的调研、方案制定工作，认真组织，周密安排，真正做到认识到位，措施到位，工作到位。从现在开始，党员同志就要按照先进性教育的要求，增强荣誉感和党性意识；党的基层组织要按照先进性的要求发挥作用，真正成为战斗堡垒。

第三，全面扎实地推进加强和改进大学生思想政治教育工作。

继中央 16 号文件下发之后，全国、全省和我校相继召开了加强和改进大学生思想政治教育工作会议，这充分说明了中央和各级党委对这项工作的高度重视。我校先后出台了《中共山东大学委员会关于进一步加强和改进大学生思想政治教育的实施意见》和相关配套措施，特别是在校园文化建设、学生工作队伍建设方面创新工作思路，取得了较好的效果，各大媒体纷纷进行了宣传报道。下一步要在取得已有成绩的基础上，突出重点，把工作做细、做实。一是加强“两课”建设，特别是要提高两课教师队伍的思想认识，增强上好“两课”的自觉性，加强教学改革和教学方法的创新，使“两课”真正成为塑造学生灵魂的主阵地。二是加大育人氛围的营造，广泛宣传学校教育以育人为本的工作理念，使学校的各项工作都紧紧围绕育人这个中心来开展，真正形成教书育人、管理育人和服务育人的良好氛围。三是加大社会实践的力度，全面推行《山东大学服务济南社区行动实施方案》，使学生在服务社区的过程中，了解社情民意，增强学习的自觉性，增强担承社会责任的使命感。在我们的教育过程中，除了培养科技精英，更重要的是培养一大批像徐本禹（感动中国——2004 年年度人物）那样有着强烈的改变祖国贫穷落后面貌的责任感和使命感的人才。这才是中国特色社会主义事业后继有人、兴旺发达和中华民族伟大复兴的希望所在。

第四，充分发挥党委的领导核心作用，做好学校中心工作。

充分发挥党委的领导核心作用，是办好有中国特色的社会主义大学的政治前提，我们要认真贯彻《中国共产党普通高等学校基层组织工作条例》，把党的领导作用体现在具体工作中。一是要讲政治，始终坚持党的教育方针，坚持社会主义办学方向。二是按照从严治党的方针，用改革的精神来加强党的组织建设，增强党组织的战斗力。三是按照党管干部的原则，抓好干部队伍建设，不断提高领导能力和管理水平。四是坚持党管人才的原则，继续推进实施“人才强校”战略。五是加强对工会、共青团、学生会等群众组织和教职工代表大会的领导，做好统一战线工作。六是始终不渝地把维护学校稳定放在压倒一切的位置。七是坚持党的群众路线，关心师生的发展和成长，全心全意依靠广大师生员工办好学校。

第五，做好当前的重点工作。

当前，摆在我们面前的一项重要工作就是集资建房的分配问题。集资建房分配工作事关广大教职工的切身利益，是一项政治性和政策性很强的工作，关系到学校的安全稳定大局，关系到学校各项事业的持续快速发展。如何将学校倾力为教职工谋利益的好事办好，是对领导班子治校能力和管理水平的重要考验，也是对全校各级党组织和广大党员干部思想政治素质的真实检验。学校各级领导班子要从讲发展讲大局的高度出发，把分房工作作为重中之重，切实重视并积极做好。

前一时期，大家站在不同的角度提出一些不同意见，是可以理解的，这也说明我们工作确有需要改进的地方，一方面在制定政策时考虑问题要更加周到，另一方面对有关政策做好宣传解释工作。

为了使这项工作顺利完成，在此我提三点要求：

一是加强组织领导。分房工作委员会和分房监督委员会要积极发挥作用，把工作做细致，做到位。要科学制定工作方案，加强对分房全过程的监督，保证分房工作的公开、公平、公正，对弄虚作假者一定要严肃查处，确保学校分房工作的顺利进行。

二是加强思想政治工作。各级党组织要及时掌握教职工的思想动态，充分发挥思想政治工作的优势，耐心做好宣传解释工作，要让广大教职工看到学校的整体利益和教职工根本利益的一致性，看到我们的努力方向和奋斗目标的共同性，看到学校出台的各项政策是真心实意为教职工服务的，正确处理个人利益与集体利益、局部利益和整体利益的关系，从学校发展的大局和长远出发，对学校的工作给予理解、支持和配合。党员同志要立足学校发展的大局，以党员标准严格要求自己，发挥共产党员的先锋模范作用，带头执行学校的部署和安排，并主动做好群众的思想政治工作。

三是强化责任，抓好落实。这次分房工作涉及面广，工作量大，各单位要强化责任意识，坚持“谁分管，谁负责”的原则，团结协作，密切配合，不允许出现敷衍塞责、推诿扯皮、矛盾上交的现象。各级领导班子和领导干部要抓好落实，对当前的情况及可能发生的潜在问题，做到了然于胸，提前做好引导、疏导和化解工作，确保本单位包括离退休人员在内的全体教职工不出问题。各级党组织要把这次分房中的个人表现纳入到干部考核和党员先进性教育检查对照的重点。

我相信，在学校党委、行政的领导下，在全校各级党组织和广大党员干部的不懈努力下，通过大家全力以赴的工作，一定能够圆满完成这项任务，为构建和谐校园、全面实现山东大学“三个提升”的战略任务作出贡献！

2005 年 4 月 6 日

朱正昌书记在山东大学保持共产党员先进性教育活动动员大会上的讲话

同志们：

中央决定从今年开始，利用一年半左右的时间在全党开展以实践“三个代表”重要思想为主要内容的保持共产党员先进性教育活动，这是党的十六大作出的重大决策。根据中央、省委的总体部署和省委高校工委的具体安排，从今天起到12月份，我校将全面开展保持共产党员先进性教育活动。

为搞好高校层面的先进性教育活动，中央、省委和教育部党组高度重视，在暑假期间先后多次召开会议进行部署，7月19日，教育部党组召开了全国高校保持共产党员先进性教育活动工作交流网络视频会议，周济部长发表了重要讲话；8月5日，山东省委召开了全省高校保持共产党员先进性教育活动动员大会，王军民副省长发表讲话进行了全面动员。今天，我校在这里隆重召开动员大会，标志着我校先进性教育活动正式全面展开。下面，我代表学校党委和学校先进性教育活动领导小组，讲四个方面的意见。

一、统一思想，提高认识，深刻理解学校开展先进性教育活动的重大意义

在全党开展保持共产党员先进性教育活动，是贯彻落实党的十六大和十六届三中、四中全会精神的战略任务，是推进党的先进性建设、加强党的执政能力建设、巩固党的执政地位、完成党的执政使命的重要举措。高等学校是人才培养、知识创新和社会服务的重要基地，在经济建设和社会发展中发挥着极其重要的作用。在高校开展保持党员先进性教育活动，对于加强高校党的建设，全面贯彻党的教育方针，树立和落实科学发展观，促进高等教育事业全面协调可持续发展，具有深远意义。我们一定要深入学习中央、省委和教育部党组领导同志一系列重要讲话精神，结合学校实际，深刻理解开展先进性教育活动的重大意义，把思想统一到中央、省委的重大决策和部署上来，切实增强责任感和使命感，扎扎实实把我校的先进性教育活动搞好。

第一，开展先进性教育活动，是切实加强党对高校的领导，实现我校建设国内外知名高水平大学宏伟目标的重要保证。新山东大学组建五年来，在教育部党组和山东省委、省政府的正确领导和大力支持下，我们紧紧抓住合校的历史性机遇，明确办学指导思想，以改革、发展为主线，以发展促融合，以改革促发展，学校各项工作取得了明显

成效，整体实力显著提升，办学水平不断提高，社会影响力日益增强，学校呈现出良好的上升势头。当前，我校正面临良好的发展机遇，同时，更面临着许多困难和挑战。从外部环境看，高等教育国际化的发展趋势和日益激烈的竞争态势，要求我们必须加快改革，加快发展，不断进行理论创新、制度创新和机制创新；全国全省经济社会持续快速发展以及山东省科教兴鲁、人才强省战略的实施，要求我们必须进一步提高人才培养质量、科技创新能力和社会服务水平。从自身情况看，我校目前已经进入了新的发展阶段，当前正在抓紧研究制定“十一五”发展规划，随着学校办学规模不断扩大，改革发展稳定的任务更加繁重，实现创建国内外知名高水平大学的宏伟目标，任重而道远。面对新形势、新任务和新要求，我们必须充分发挥各级党组织的战斗堡垒作用和广大共产党员的先锋模范作用，这是我们长期坚持的一条基本经验。在实现学校发展目标的过程中，各级党组织和广大共产党员必须始终保持政治思想上的先进性、工作理念上的先进性和实际行动上的先进性，切实保证党的教育方针在学校的贯彻执行，为全面提升我校的学术竞争力、社会影响力和国际化水平，实现全方位跨越式发展、建设和谐校园，加快国内外知名高水平大学建设进程，实现山东大学第二个百年的辉煌提供坚实的组织保证和政治保证。

第二，开展先进性教育活动，是坚持社会主义办学方向，培养中国特色社会主义事业合格建设者和可靠接班人的根本要求。人才培养是高校的根本任务，学校不仅要注重提高学生的科学文化素质，更要注重提高学生的思想政治素质，切实解决好“培养什么人，如何培养人”这一根本问题，这是贯彻党的教育方针和坚持社会主义办学方向的根本保证。这必然要求我们必须坚持用邓小平理论和“三个代表”重要思想武装教职工和青年学生的头脑，要求我校各级党组织和广大共产党员加强党的先进性建设，在教学、科研、管理和后勤服务等各个方面各个环节体现先进性，教育引导青年学生坚定理想信念，立志奋发成才，把他们培养成为具有共产主义远大理想的马克思主义者。在此意义上，学校开展先进性教育活动，对于解决好我们党长期执政后继有人，确保党和人民的事业代代相传，更是具有深远的历史意义和重大的现实意义。

第三，开展先进性教育活动，是促进我校党的建设，全面加强我校党员队伍建设和基层党组织建设的重要机遇。学校基层党组织和党员队伍是党的建设的基础。党的路线方针政策的贯彻落实，要靠广大党员的积极参与；党的战斗力的提高、组织的发展、群众基础的扩大，要靠党的基层组织卓有成效的工作；党的良好形象，也要靠广大党员和基层党组织去树立、去维系。应当看到，我校各级党组织和党员队伍的总体状况是好的，在推动学校建设与发展中，各基层党组织努力成为“三个代表”重要思想的组织者、推动者和实践者，创造力、凝聚力和战斗力不断增强，充分发挥了战斗堡垒作用，作出了重要贡献。广大共产党员认真学习实践“三个代表”重要思想，全面贯彻党的教育方针，在各自工作岗位上较好地发挥了先锋模范作用，成为我校各项事业的中坚力量。但对照新时期保持党的先进性的要求，也存在一些不适应的问题。主要是：少数党员理想信念不够坚定，党性意识和组织观念比较淡薄，不能很好地发挥先锋模范作用；少数党员干部宗旨观念、群众观念淡化，工作作风不够深入，服务师生员工不到位；有的基层党组织创造力、凝聚力、战斗力不强，缺乏有效的工作载体，工作方式、方法和效果还不能完全适应学校改革发展的要求。另外，从我校党员的年龄结构看，年轻党员占有相当大的比例，35岁以下的教职工党员占教职工党员总数的27%，学生党员占全体党员的45.12%，这些年轻党员，普遍学历层次较高，思想活跃，易于接受新的事物，但是大多数缺乏政治生活和社会实践的磨炼，缺少严格的党内生活锻炼。这次先进性教育活动的突出特点，就是对全体党员进行一次普遍的马克思主义教育，对全校的党员干部、教师，特别是青年学生党员都是一次难得的学习机会；对基层党组织切实解决存在的突出问题，全面加强我校党的建设，更是一次重要的机遇。

第四，开展先进性教育活动，是全面落实科学发展观，凝聚人心，汇聚力量，实现学校全方位跨越式发展的重要举措。目前，我校有基层党委、党总支、直属党支部45个，基层党支部700个，全校党员总数有12000余人。这是一支多么巨大的资源，这是一支多么巨大的力量。全校广大共产党员，特别是党员领导干部都应该认识到，我们每个人的工作与学校事业的发展是紧密地联系在一起的；学校事业取得每一个新成就，都要靠同志们在各自的岗位上与时俱进、开拓创新、扎实工作、团结奋斗。开展先进性教育活动，不是单纯的党建工作，而是以党的建设为龙头，带动学校整体工作，实现跨越式发展的系统工程。我们就是要通过开展先进性教育活动，加强沟通，化解矛盾，凝聚人心，集中各方面的智慧和力量，使全校的每一名党员都充分认识自己所肩负的责任，牢固树立党员意识，增强荣誉感和使命感，努力做到发展有新思路，改革有新举措，工作有新成效，把党员的先锋模范作用体现在更好地团结带领全校师生员工，全面落实科学发展观，实现学校的跨越式发展上。

二、领会精神，结合实际，准确把握先进性教育活动的指导思想、目标要求和基本原则

我校这次先进性教育活动，参加人数多，分布广，政策性强，要求高，任务重。我们一定要认真学习领会中央和省委的有关指示精神，紧密结合学校工作实际和全校党员思想实际，正确把握教育活动的指导思想、目标要求和基本原则，确保先进性教育活动积极稳妥地开展，把各项工作任务落到实处。

我们要认真贯彻胡锦涛总书记关于"关键是取得实效"和"真正成为群众满意工程"的根本要求，紧密联系学校改革发展稳定大局和党员队伍建设的实际，坚持以邓小平理论和"三个代表"重要思想为指导，认真学习贯彻党的十六大、十六届三中四中全会精神，树立和落实科学发展观，紧紧围绕创建国内外知名高水平大学和实施科教兴国战略、人才强国战略，紧密联系学校改革发展稳定大局和党员队伍建设的实际，教育广大党员深入学习实践"三个代表"重要思想，坚定理想信念，坚持党的宗旨，增强党的观念，认真解决思想、组织、作风、工作等方面存在的突出问题，保持党员队伍的先进性和纯洁性，增强党组织的创造力、凝聚力和战斗力，为实现我校新时期、新阶段的跨越式发展，提供坚强的思想、政治和组织保证。

贯彻这一指导思想，关键是要始终贯穿"四个一"的总体要求，即抓住学习实践"三个代表"重要思想这条主线，把握保持共产党员先进性这个主题，明确提高党的执政能力这个着眼点，坚持党要管党、从严治党这个方针。

我校开展共产党员先进性教育，要努力实现四个方面的目标要求：一是切实加强党

对学校工作的领导；二是全面推进学校党的基层组织建设；三是对全体共产党员进行一次深刻的普遍的马克思主义教育；四是在党的领导、党的组织和党员个人素质都能得到加强的基础上，进一步做好学校工作，推进学校发展。按照中央的要求，就是要提高党员素质，加强基层组织，服务人民群众，促进各项工作。

我校开展先进性教育活动，要全面落实以下“六个坚持”的基本原则：

一要坚持学习实践“三个代表”重要思想这条主线。要把学习实践“三个代表”重要思想贯穿整个先进性教育活动的始终，使全校广大党员深刻理解和认真实践“三个代表”重要思想，真正把学习“三个代表”重要思想作为增强党性、加强修养、提高本领、做好工作的重要基础和关键环节，作为一种神圣职责、一种精神境界、一种终身追求，增强自觉性和坚定性，做到真学、真懂、真信、真用，切实解决好理想信念这个根本问题。坚持学习理论与改造主观世界、推动实际工作相结合，努力在改造世界观上取得新进步，在岗位奉献上取得新成绩。

二要坚持理论联系实际，务求实效。理论联系实际，求真务实，是党的思想路线的重要体现和根本要求，也是我们党的优良传统和作风。在先进性教育活动中，一定要坚持这个好传统、好作风，坚持围绕中心任务，大力弘扬求真务实的精神，通过教育活动切实促进各项工作。

三要坚持正面教育、自我教育为主，认真开展批评与自我批评。有效开展批评和自我批评是我们党的一大法宝，只有拿起这个有力武器，才能荡涤灰尘，促使党员自我认识问题、自我解决问题，有效地抵御各种不良风气对广大党员干部思想的侵蚀。开展批评和自我批评，既要坚持原则，又要讲究方式方法；既要严肃认真，又要不纠缠细枝末节。要本着对组织、对同志高度负责的态度，从团结的愿望出发，做到自我批评诚恳，相互批评中肯。要广泛开展谈心活动，有些问题完全可以通过谈心、交心、沟通思想解开疙瘩。要组织广大党员干部把积极健康的民主生活开展起来，达到增进团结、取得共识、促进工作、共同提高的目的。

四要坚持发扬党内民主，走群众路线。党内民主是党的生命。充分发扬党内民主是搞好整个教育活动的重要前提条件。在教育活动中，一定要尊重党员的民主权利，认真听取党员的意见和建议，激发党员参与教育活动的热情。同时，要充分相信和依靠群众，把走群众路线贯穿于教育活动全过程。引导党员积极主动地广泛听取群众意见，正确对待和真诚接受群众的批评和监督。要正确组织师生员工参与教育活动，请他们提出批评意见，支持帮助党员和党组织搞好先进性教育活动。

五要坚持领导干部带头，发挥表率作用。在先进性教育活动中，全校各级党员领导干部特别是校领导班子成员要切实发挥好表率作用，为普通党员带好头，树好标，要带头学习，带头查摆问题，带头开展批评和自我批评，带头落实整改措施，对于群众反映集中的党员队伍和分管工作、分管部门的问题，要多从自身查找原因。在教育活动中，努力做讲政治、讲大局的表率，解放思想、干事创业的表率，求真务实、真抓实干的表率，坚持原则、廉洁自律的表率，推动先进性教育活动不断深入开展。

六要坚持区别情况，分类指导。我校基层党组织和党员分布广、层次多，工作性质、岗位责任不同，存在的问题不一样，表现形式有差异，但是开展先进性教育的标准要求不能降低。要注意区别情况，进行分类指导，根据领导干部、教师、职工、学生、机关、产业、后勤、医院等不同岗位特点，有针对性地提出对党员先进性的具体要求，确定各自的重点学习内容和重点解决的问题。对离退休职工中的党员、年老体弱的党员和流动党员等特殊群体，都要从实际状况出发，采取灵活的方式，开展扎实有效的教育活动。

三、明确标准，严格程序，全面掌握开展先进性教育活动的总体安排和方法步骤

根据省委的部署要求和省委高校工委的具体安排，我校先进性教育活动从2005年7月中旬开始，至12月份结束，主要分四个阶段进行。已经印发给大家的先进性教育活动实施方案，明确提出了各个阶段的具体要求，各单位还要根据学校的实施方案，结合实际制定本单位的工作计划。在这里，我主要强调一下各阶段所涉及的关键环节和重点问题：

第一阶段是工作准备（7月中旬至8月中旬）。这个阶段正值暑假，学校党委和有关职能部门做了大量准备工作。暑假期间，省委高校工委先后召开了骨干培训会议和动员大会，学校多次召开党委常委会议进行专题研究，成立了学校先进性教育活动领导小组及办公室，明确了职责分工，制定了先进性教育活动实施方案，开通了保持共产党员先进性教育活动专题网站，编发了工作简报。我校的准备工作，抓得早，抓得细，抓得实，学校党委高度重视先进性教育活动，早研究，早筹划，在上个学期，学校就深入进行了调查研究，摸清了我校基层党组织和党员队伍的思想状况，并在全校共产党员中组织开展了“牢记使命，担承责任”主题党日活动，为下一阶段的工作开展打下了很好的基础。在不久前省委高校工委组织召开的全省高校先进性教育活动准备阶段工作交流会上，我校作了经验介绍，得到了省委和兄弟高校的肯定。

第二阶段是学习动员（8月下旬至9月下旬）。从今天开始，我们就正式进入学习动员阶段。这一阶段是整个先进性教育活动的基础。在这一阶段，一要抓好思想发动。会后，要以基层党委（党总支、直属党支部）为单位进行再动员，在层层动员的基础上，各支部召开支部会议，讨论本支部具体工作计划。二要组织好学习培训。以《保持共产党员先进性教育读本》和党章为基本教材，创新学习方式，突出学习重点。要严格学习制度，确保学习效果。在集中学习的时间上，总的要求是不少于40个学时。教职工党员每周都要组织集中学习，平均每周学习的时间不少于10个学时；学生党员的学习，按照集中学习时间不少于40个学时的总体要求，一般安排在课余时间，不要占用正常上课时间；离退休党员、流动党员和其他特殊情况党员参加学习培训的方式，要区别不同情况，分别作具体安排。三要研究制定具有时代特点、符合岗位实际的党员先进性具体要求，列举不合格党员主要表现，使广大党员分析评议有标尺，整改提高有方向，日常行为有准则。在这一阶段结束前，还要认真组织“回头看”和转段工作，为进入分析评议阶段做好充分准备。

第三阶段是分析评议（9月下旬至11月上旬）。这一阶段承前启后，既是对学习动员阶段工作效果的检验，又是搞好整改提高工作的基础。这一阶段的工作不仅具体细致，工作量大，而且政策性强，党员关心，群众关注，是确保整个教育活动不走过场的关键环节。要重点围绕“八个环节”开展工作，即：继续深化学习，广泛征求意见，对照检查进行党性剖析，开展谈心活动，撰写党性分析材料，召开专题组织生活会和民主

生活会，提出评议意见。

第四阶段是整改提高（11月上旬至12月上旬）。这一阶段是整个先进性教育活动的落脚点。全校各级党组织和领导班子，要抓住重点环节，紧密联系实际，有什么问题就解决什么问题，什么问题突出就着重解决什么问题，当前尤其要着力解决我校思想观念创新不够、管理水平不高、杰出人才不多等制约学校发展的瓶颈问题，解决涉及广大师生切身利益的突出问题和群众关注、通过努力能够解决的热点问题，提高办学治校能力和领导管理水平，树立良好的党风、政风、教风、学风和工作作风，让广大师生看到实实在在的成效。要坚持边议边改，边整边改，认真制定整改措施，明确整改时限，落实整改责任，着眼建立长效机制，确保教育活动取得实效。

这次先进性教育活动，政策性、程序性非常强，必须理解好、掌握好有关政策。要坚持正面教育、自我教育为主原则和从严治党方针，注意调动、保护和发挥各方面的积极性，把广大党员、群众的注意力进一步引导到促进学校改革发展和做好本职工作上来。根据中央和省委的有关精神，这次教育活动不单独搞一个组织处理阶段，对那些不履行党员义务、不具备党员条件的，要多做教育帮扶工作，促使他们尽快转化提高。对经教育不改、不符合党员条件的，要根据党章和有关规定，按照正常程序进行处理。对违纪党员，要按照《中国共产党纪律处分条例》的规定，给予纪律处分。

四、加强领导，精心组织，切实保证先进性教育活动取得实效，真正成为群众满意工程

开展先进性教育活动，是我校广大党员政治生活中的一件大事，事关全局和长远，意义重大。各级党组织必须高度重视，统筹安排，周密部署，狠抓落实，确保先进性教育活动不走过场、不出偏差、取得实效，真正成为群众满意工程。

首先，要强化组织领导，落实工作责任。学校保持共产党员先进性教育活动领导小组，要在省委高校先进性教育活动领导小组办公室和省委高校工委指导组的指导下开展好各项工作。领导小组下设的办公室，负责对我校先进性教育活动的指导工作。各基层党委、党总支、直属党支部也要分别成立先进性教育活动领导小组和工作小组，落实领导责任和工作责任，真正做到认识到位、工作到位、措施到位。各基层党委、党总支书记是本单位先进性教育活动第一责任人，各党支部书记是本支部先进性教育活动第一责任人，一级抓一级，一级带一级，一级促一级，层层抓落实。建立学校党委常委联系各基层党委（党总支、直属党支部）、各基层党委（党总支）委员联系基层党支部制度。党员领导干部要经常深入联系点调查研究、督促检查、具体指导，帮助联系点进一步找出工作差距，解决实际问题，发挥以点带面的作用。学校各级领导班子中的非中共党员行政负责人也要积极支持、配合党组织搞好先进性教育活动。

其次，要健全督导评价体系，强化督促检查。学校党委要抽调政治上强、熟悉党务工作、经验丰富的精干人员，组成督导组，加强对各基层党委、党总支、直属党支部教育活动的督促指导。督导组要加强自身建设，认真履行职责，深入了解教育活动开展情况，及时提出意见建议，督促解决存在的问题，及时总结和推广经验，为基层党组织当好参谋，努力增强督导工作的针对性和实效性。同时，还要建立群众参与的监督评价机制。坚持把群众是否满意作为检验先进性教育活动成效的重要标准，采取多种方式，广

泛征求和听取群众的意见建议，最大限度地吸收群众参与，主动接受群众监督和评价。

第三，要加大舆论宣传力度，营造浓厚氛围。在教育活动中，要坚持舆论先行，典型引路，把加强宣传教育和正面引导贯穿整个教育活动的始终。要组织精干力量，制定宣传计划，充分利用校园网、校内广播、电视、报刊、宣传栏等舆论阵地，精心组织宣传内容，大力宣传好开展先进性教育活动的意义，各单位开展先进性教育活动成功经验做法和优秀共产党员的先进事迹等，不断加大宣传力度，营造浓厚的舆论氛围，努力增强先进性教育活动的感染力和吸引力。

第四，要尊重群众尊重实践，勇于探索创新。要在认真落实中央和省委部署要求，坚持实施方案提出的指导思想、基本原则、主要内容和工作步骤等总体工作要求的基础上，注意尊重基层、尊重党员群众的首创精神，鼓励各基层党组织在教育方式、教育内容、教育载体上大胆创新，促进各单位精心设计丰富多彩的主题实践活动，不断推动先进性教育活动深入开展。

第五，要结合当前工作，努力做到“两不误，两促进”。当前，即将面临开学，下学期学校教学科研等各项任务十分繁重，各单位一定要妥善进行安排，把握好各个环节，处理好各种矛盾。要把先进性教育活动与当前研究制定我校的“十一五”发展规划结合起来，与推进“985”二期工程建设结合起来，与正在进行的本科教学评优工作结合起来，与筹备今年年底即将召开的党代会结合起来，与落实中央16号文件，加强和改进党建思想政治工作、促进大学生成长成才结合起来，要切实做好困难学生的工作，帮助他们解决思想、学习生活各方面的困难，还要与建设和谐校园、节约型校园结合起来，以促进学校发展作为衡量先进性教育活动质量的重要标准，以先进性教育活动推动各项工作。激发和调动广大党员干部干事创业的积极性、创造性，定一流目标，干一流工作，创一流业绩，树一流形象，推动学校各项事业持续快速健康发展。

第六，要注意总结经验，建立长效机制。胡锦涛同志强调指出：“要努力探索使广大党员长期受教育、永葆先进性的长效机制。”这是我们开展先进性教育活动的一项重要内容，也是根本的工作目标。全校各级党组织要把先进性建设作为一项长期性、基础性的工作来抓，在组织领导、制度建设、学习培训、督导检查、考核评估等方面形成一整套工作思路和工作机制，建立健全新形势下党员长期受教育、永葆先进性的长效工作机制。

同志们，从今天开始，我校就要进入学习培训阶段，希望同志们按照学校的整体安排，严格要求，认真思考，坚持学习不放松，圆满完成第一阶段的学习任务，为后面两个阶段打好基础。全校各级党组织和全体共产党员，一定要充分认识肩负的历史使命和责任，要通过开展保持共产党员先进性教育活动，提高素质，激发活力，以昂扬向上、奋发有为的精神状态，求真务实，开拓创新，加快建设国内外知名高水平大学的步伐，为推动学校持续快速健康发展奠定坚实的基础，为实施科教兴国、科教兴鲁战略，为中华民族的伟大复兴作出我们应有的贡献！

谢谢大家。

2005年8月22日

中共山东大学委员会关于落实《建立健全教育、制度、监督并重的惩治和预防腐败体系实施纲要》具体办法

为贯彻落实中共中央《建立健全教育、制度、监督并重的惩治和预防腐败体系实施纲要》（以下简称《实施纲要》）和中共教育部党组、山东省委关于落实《实施纲要》的具体意见（以下简称《具体意见》），构建符合学校实际的教育、制度、监督并重的惩治和预防腐败体系，制定本办法。

一、建立健全惩治和预防腐败体系的总体要求

（一）指导思想

以马克思列宁主义、毛泽东思想、邓小平理论和“三个代表”重要思想为指导，坚持从严治党、依法治校、规范管理；坚持为民、务实、公正、清廉；坚持以改革统揽预防腐败各项工作，紧紧围绕学校改革发展稳定大局，构建符合学校实际的教育、制度、监督并重的惩治和预防腐败体系，为建设国内外知名高水平大学提供有力保障。

（二）工作原则

1. 坚持党委统一领导，党政齐抓共管，纪委组织协调，部门各负其责，按照党风廉政建设责任制的要求，抓好《实施纲要》的贯彻落实。

2. 全面把握《实施纲要》的基本精神和主要内容，坚持标本兼治、综合治理、惩防并举、注重预防的方针，紧密结合学校实际，发挥制度在预防腐败中的规范和保障作用，制定可行、管用、便于操作的具体办法。

3. 按照近期具体、中期原则、远期宏观的要求，从教育、制度、监督、惩处四个方面，对 2007 年以前的反腐倡廉工作作出具体安排，对以后若干年的工作作出规划。

4. 坚持继承与创新相结合，运用多年来学校反腐倡廉工作的经验和有效做法，与时俱进，开拓创新，增强工作的系统性、前瞻性、创造性，不断解决工作中出现的新问题，在继承中发展，在发展中创新。

（三）主要目标

通过全校上下共同努力，到 2007 年，教育、制度、监督、惩处等方面的工作机制和制度体系基本建立，惩治和预防腐败体系的基本框架初步形成。

到 2010 年，符合学校实际的惩治和预防腐败体系得到进一步完善，作用进一步发挥，思想道德教育长效机制基本建成。

到 2015 年，建成与学校发展相适应的，监控、防范、惩治相协调，各方面都较成熟的惩治和预防腐败体系。

二、加强反腐倡廉教育，筑牢思想道德防线

（一）加强以领导干部为重点的反腐倡廉教育

反腐倡廉教育以各级领导干部为重点，以树立马克思主义的世界观、人生观、价值观和正确的权力观、地位观、利益观为根本，加强从政道德教育、党的优良传统和作风教育、党纪条规和国家法律法规教育，督促领导干部加强党性修养，牢记“两个务必”，做到“八个坚持，八个反对”，自觉经受住来自各方面的考验。

（二）加强教职工的反腐倡廉教育

反腐倡廉教育面向全体党员和教职员工。对广大党员加强理想信念教育，党的基本理论、基本路线、基本纲领和基本经验教育，党的优良传统和作风教育、党纪条规教育、反腐倡廉形势教育；对全体教职工进行法律法规教育、职业道德教育、学术道德教育和社会公德教育；对医务人员进行“以病人为中心”的职业道德、职业纪律教育和医德医风教育。

（三）加强青年学生的廉洁诚信教育

认真落实《中共山东大学委员会关于进一步加强和改进大学生思想政治教育的实施意见》，把廉政教育纳入学生思想政治教育体系，作为公共理论课的重要内容，充分利用课堂教学、专题教育、党团活动、形势报告、社会实践等形式，大力开展廉洁诚信教育，让廉洁思想进课堂、进校园、进学生头脑，培养学生正确的价值观念、高尚的道德情操、坚定的法制意识和高度的社会责任感。

（四）完善大宣教格局

把反腐倡廉教育纳入学校各级党组织宣传教育总体部署，成为学校精神文明建设、大学文化建设的重要内容，成为和谐校园建设的组成部分，统一安排，统一检查，统一考核。建立纪委、学校党委办公室、组织部、宣传部、学生工作部、研究生工作部等部门参加的反腐倡廉宣传教育联席会议和协调会议制度，至少每学期开一次会，研究反腐倡廉宣传教育工作。2006 年制定《山东大学关于健全完善反腐倡廉“大宣教”工作格局的意见》。

（五）完善教育制度

2005 年结合学校开展的保持共产党员先进性教育活动，建立保持党的先进性长效机制，把反腐倡廉教育作为一项重要内容，统一部署，具体落实。

2006 年起，学校每年开展一次全校性反腐倡廉主题教育活动；每年 5 月份定为学校“反腐倡廉宣传教育月”，集中开展宣传教育活动；校院两级党委理论学习中心组每年至少安排两次以反腐倡廉理论为主要内容的专题学习；各基层党委、党总支、直属党支部每年召开一次以反腐倡廉为主要内容的民主生活会；学校党政主要负责人每年在学校讲一次廉政党课或作一次反腐倡廉形势报告；各院（部）、直属单位党政主要负责人每年在本单位讲一次廉政党课或作一次反腐倡廉形势报告。学校每年至少开展两次处级以上干部参加的反腐倡廉教育活动（包括理论教育、示范教育和警示教育）；开展对新任领导干部的反腐倡廉教育；把反腐倡廉教育作为干部培训、入党积极分子教育的重要内容，列入学习计划，落实教育措施；学校各单位建立健全反腐倡廉教育制度，制订计划，并富有主动性和创造性地开展工作。

2006 年，学校校报、电视台、广播台、网站等媒体安排一定版面或时段，开展反腐倡廉宣传教育。

（六）加强校园廉政文化建设

把廉政文化建设纳入校园文化建设、和谐校园建设的整体规划，加强阵地建设和队伍建设，采取有效形式，以廉洁教育促进师德师风教育、学术道德教育、医德医风教育、诚实守信教育、遵纪守法教育。综合运用校报、电视台、广播、网络等多种载体，运用影视、电教、文学、书画、曲艺等师生喜闻乐见、覆盖面广的形式，开展丰富多彩的文化活动，广泛宣传廉政文化，传播廉政知识，弘扬廉政精神，优化育人环境，用廉政文化陶冶师生员工情操，形成以廉为荣、以贪为耻的氛围。2006 年制定《山东大学落实“廉政文化进校园”的实施办法》，全面开展校园廉政文化建设各项工作。

三、加强制度建设，依法治校，规范管理

（一）规范决策行为

健全民主集中制的各项制度，完善决策机制，构建民主化、科学化的决策体系。认真落实《山东大学党委常委会议规则》、《山东大学党政联席会议规则》，按照“集体领导，民主集中，个别酝酿，会议决定”的原则，进一步完善党政决策规则和议事程序。健全重大事项的决策程序，强化决策责任，凡涉及“三重一大”等事项，必须按规定程序由集体研究决定。完善重大决策和涉及群众切身利益的重要事项决策前征求党内外意见、专家咨询论证和听证制度，建立重要决策落实督办制度。2006～2007 年，各单位进一步制定和完善有关制度，健全完善领导班子议事规则和决策程序。

（二）推进依法治校

认真落实《山东大学关于加强依法治校工作的意见》，进一步规范学校管理行为。2005～2006 年，对现行的学校规章制度、各部门内部管理文件进行清理，按照党纪条规、国家和地方的法律法规，对已经过时的停止执行，有明显缺陷的进行修订完善，缺少的予以补充。认真落实《山东大学关于增强服务意识，优化运行机制，提高工作效率的意见》，校院机关进一步转变职能，形成规范、高效、反应迅捷、廉洁勤政的管理体制，进一步规范机关工作人员的公务行为。认真落实《山东大学处级单位主要负责人问责暂行办法》，促使领导干部恪尽职守，防止和减少过错。

（三）深化校务公开

2005 年在继续落实《山东大学关于推行校务公开制度的意见》和《山东大学关于财务公开工作的实施意见》等有关规定的基础上，进一步健全和完善校务公开制度。学校改革与发展的重大决策问题，学校教学、科研、管理方面的重要问题和涉及教职工切身利益的问题，要及时向全体教职员工公开；学校招生和学生培养、管理等方面的问题，要及时向学生、家长和社会公开。2006 年，依托学校较为完备的信息网络，进一步完善网上校务公开各项措施。到 2007 年，全面完善公开内容、程序、方式等各项制度和措施。

（四）规范办学行为

1. 加强招生、考试管理。认真落实《山东大学招生工作规范》和《山东大学研究生招生管理规定》，实现招生政策、招生资格及有关考生资格、招生计划、录取信息、考生咨询及申诉渠道和重大违规事件及处理结果公开。进一步规范艺术、体育特长生招生，2006 年完善测试办法。建立和完善研究生招生中复试和导师推荐制度，形成权力与责任共存的机制。认真落实《国家教育考试违规处理办法》和《关于实行高校招生工作责任制及责任追究办法的通知》，2006 年，制定实施符合学校实际的制度措施，健全完善命题、考务组织与管理的有关制度。

加强附属中、小学招生工作的管理，2006 年进一步完善有关招生、管理等规定。

2. 规范办学秩序。认真落实《山东大学关于进一步加强以学校名义办学管理工作的通知》等有关规定，加大对各类非学历教育机构的办学资格、招生宣传、教学过程的管理力度，进一步规范网络教育、成人高等教育的办学行为。

3. 进一步规范学校收费行为。严格执行国家有关部委、山东省政府关于教育收费的规定，严格执行“收支两条线”规定。认真落实《山东大学规范收费管理工作实施细则》，健全收费管理机构，理顺收费管理机制，建立收费管理责任体系，进一步加强收费立项、票据管理、收入上缴等收费环节的监控，真正从源头上杜绝乱收费，确保学校收费工作依法有序、合规合标、公开公平。重视收费信息管理系统建设，加强对涉及群众切身利益的各项收费行为的监督。

4. 加强学术道德规范建设，维护学术尊严。认真落实《山东大学关于加强学术道德建设的意见》、《山东大学学术道德规范》、《山东大学学术纪律处分规定》等有关制度，进一步加强学术制度建设，严肃学术纪律，端正学术风气，营造健康向上的学术环境。

（五）规范干部选拔任用工作

深化干部选拔任用和管理制度改革。2005～2007 年，制定《山东大学干部管理办法》，建立完善干部选拔任用、管理考核、干部交流等制度，进一步完善民主推荐、民主测评、公开选拔、竞争上岗、任前公示、任职试用期等措施。继续坚持通过公开选拔、竞争上岗等方式选拔领导干部；完善党委讨论任免干部前征求纪委意见的制度，将领导干部廉洁自律和执行党风廉政建设责任制情况作为考察干部的重要内容；建立领导干部廉政档案制度和用人失察失误责任追究制度。

（六）规范人事管理

进一步深化学校人事管理和分配制度改革，认真执行并逐步完善《山东大学教职工年度考核工作实施意见》和《山东大学岗位聘任和岗位津贴实施意见》，完善聘任合同制，加强编制管理，规范教师和各类人员的招聘录用程序，加强教师的培养和杰出人才的造就，增加人事管理工作和人事政策的透明度，进一步推动全员聘任制的实施。2006～2007 年修改并实施《山东大学教师职务任职条件》，出台《山东大学编制管理办法》，制定《山东大学关于教师校外兼职活动的规定》、《山东大学劳动、人事争议调解工作规则》；进一步完善《山东大学新聘教职工合同管理有关规定》；做好教师培养“三种经历”实施过程中的有关配套政策的制定；探讨新形势下外聘教师的薪酬改革。

（七）规范学校政府采购

严格执行《中华人民共和国政府采购法》、《中华人民共和国招标投标法》、政府集中采购目录及标准等有关规定。2005～2006年，继续认真落实《山东大学政府采购管理实施办法》，进一步规范各类物资、仪器设备、药品、教材、图书等招标采购和基建工程、修缮工程、服务项目招标工作，切实做到决策、执行、监督三者的机构分立、职能分离、人员分开、财务公开，实行公开交易、规范运作、统一监管。2006～2007年，建立完善《山东大学关于政府采购工作的监督办法》。

（八）规范财务管理

从2005年起，进一步完善预算编制办法，健全财务内控机制，规范预算管理。严格执行《山东大学预算管理暂行办法》、《山东大学经济责任制实施细则》、《山东大学落实收支两条线规定，加强预算外资金管理暂行规定》、《山东大学财会人员委派制暂行规定》等各项制度；2006年，进一步完善专项资金、科研经费和预算外资金管理制度，加强对外投资、重大经济合同签订以及大额支出的管理，确保资金安全，防范财务风险。

（九）规范国有资产管理

认真落实并逐步完善《山东大学经营性国有资产监督管理办法（暂行）》等制度规定。建立健全重大投资、资产处置、资金调度等重要经济活动的决策、执行的监督制约机制，加强对国有产权变动的管理，建立起比较完善的国有资产经营和监管体系。2005～2007年，继续加强对学校投资重大项目的监督检查工作，建立完善《山东大学投资项目廉政监督联席会议制度》，建立《山东大学重大投资审计监督、会计委派管理办法》、《山东大学重大投资项目管理和责任追究办法》。

2006～2007年，进一步推进规范校办产业管理体制改革，加强对校办企业的资产增值保值考核、审计和企业负责人的经济责任审计，进一步完善股东会、董事会、监事会和经营层各负其责、协调运转的法人治理结构。

（十）规范后勤管理

认真落实《山东大学加强后勤财务管理的意见》、《山东大学基本建设管理办法》、《山东大学修缮工程项目管理办法》；进一步完善执行机制，严格执行学校财务、资产管理规定以及基建工程、修缮工程、设备、材料招标采购等制度。2006～2007年，按照决策、执行、监督分开的原则，以资产、资金和市场的监督管理和授权管理为核心，建立健全监管标准体系，完善决策机制，实行重大项目专家评议制度和公示制度；完善内部监控机制，规范对后勤资产、资金、市场和服务的监管。

（十一）规范医疗行为

认真宣传贯彻《执业医师法》、《药品管理法》等法律法规，认真落实《医务人员医德规范及实施办法》，增强医院和卫生医务人员遵纪守法、廉洁诚信的服务意识；认真执行《全国医疗服务价格项目规范》，统一和规范医疗服务项目和内容，严禁在国家规定之外擅自设立新的收费项目和分解项目收费；积极推进医务公开，广泛接受社会和群众监督；建立健全纠风工作领导体制和工作机制，实行严格的纠风工作责任制。2007年建立教育、制度、监督、惩治并重的纠风工作机制。

（十二）认真落实和进一步完善党风廉政建设责任制

认真落实《山东大学关于实行党风廉政建设责任制的实施办法》，进一步修订完善《山东大学中层领导班子和领导干部党风廉政建设责任制考核办法（试行）》，有计划地开展专项考核。认真搞好责任追究，2006 年制定实施《山东大学党风廉政建设责任制责任追究暂行办法》。

四、加强监督，完善权力运行监控机制

（一）加强对领导干部的监督

学校各级领导干部是监督的主要对象，副处级以上领导干部是监督的重点对象。2006～2007 年，制定完善各级领导班子执行党的路线方针政策和决议、民主集中制和议事规则情况的监督检查办法。

健全民主生活会制度，进一步提高民主生活会质量。学校和各单位党政领导班子，按照有关规定每年至少召开一次民主生活会，切实保证质量；加强对下一级党组织民主生活会的指导和监督。2006 年，进一步完善学校党委领导班子成员参加下一级领导班子民主生活会的制度。

坚持和完善领导班子集体领导和分工负责相结合的制度，探索建立领导班子结构配置中权力分解、有效制约的机制。

认真执行并逐步完善重大事项报告、述职述廉、收入申报、诫勉谈话等制度，加强制度落实情况的监督检查；建立完善校党委常委、纪委负责人对下级单位负责人谈话制度。

进一步加大对领导干部执行《中国共产党党员领导干部廉洁从政若干准则（试行）》、“四大纪律，八项要求”以及中央纪委“五不许”和教育部党组“六不准”等廉洁自律有关规定的监督检查。

（二）加强对重点部位、重点环节权力行使的监督

加强对组织、人事、财务、基建、学校政府采购、招生、考试、收费、国有资产运营、后勤管理、医疗服务等重点部位、重点环节权力行使的监督。2007 年，从财务监控、行政监察、审计监督等多个角度，制定、完善监督办法。

（三）强化党内监督

严格执行《党章》，全面贯彻落实《中国共产党党内监督条例（试行）》、《中国共产党党员权利保障条例》，认真落实学校党委对党委领导班子成员和各基层党委领导班子成员特别是主要负责人的监督的规定；积极探索党务公开，坚持完善党内民主和监督机制，保障党员知情权、参与权和监督权。2006～2007 年，制定党代会对党委和纪委、党委委员对党委常委会、纪委委员对纪委工作监督办法。从 2006 年制定《中共山东大学党委常委会向全委会报告工作并接受监督的暂行规定》，探索建立学校党的代表大会闭会期间发挥代表作用的制度，制定纪委协助学校党委组织协调党内监督工作的办法。

（四）强化民主监督

进一步完善教职工代表大会制度，健全民主管理机制，切实保障教职工参与学校民主管理和民主监督的权利，建立健全客观有效的监督制约机制，保证教职工对学校重大事项决策的知情权和参与权，坚持教代会闭会期间主席团质询制度。建立健全学校内部重要规章制度的制定充分征求和听取师生员工意见的制度。2006～2007 年，制定完善学校领导班子和领导干部向教（职）工代表大会报告履行职责和廉洁从政情况制度；健全完善学校工会、妇委会、共青团等群团组织和教代会代表、特邀监督（察）员等实施监督的机制。

（五）加强行政监察

加强学校内部执法监察。2006～2007 年，制定《学校内部监察工作暂行规定》，针对学校的政府采购、招生考试、人员招聘、基建工程等重点领域，分类制定监督办法。积极开展机关效能监察，进一步完善效能投诉系统，2007 年制定《山东大学机关工作效能监察办法》。

（六）强化审计监督

继续认真落实《山东大学内部审计工作规定》、《山东大学关于领导干部经济责任审计的暂行规定》、《山东大学关于基本建设工程项目工程造价全过程跟踪审计实施细则》、《山东大学校办企业经济效益审计实施办法》等各项规章制度。进一步加强对学校财务、基建工程、物资采购、专项资金管理、校办企业和学校投资项目的审计监督，积极开展领导干部离任经济责任审计与任期内经济责任审计、管理审计。2005～2006 年，制定《山东大学内部审计结论落实工作暂行规定》、《山东大学内部控制制度评审暂行办法》，实行重大审计结果公示制度。

（七）强化信访监督

认真落实国务院《信访条例》和中纪委办公厅《关于依纪依法规范纪检监察信访举报工作的若干意见》等规定，畅通信访渠道，保护当事人的合法权益，健全受理群众信访举报的机制。2005 年，制定并实施《山东大学纪检监察信访举报工作实施细则》，2006 年制定《山东大学信访工作办法》。建立健全主管领导负总责、分管领导及其工作人员各负其责的信访工作责任制，实行信访工作过错追究制。

（八）充分发挥纪委职能

纪委是党内监督的专门机关，在学校党委和上级纪委的领导下发挥党内监督职责。纪委要协助党委组织协调党内监督工作，整合学校监督资源，形成监督合力，开展对党内监督工作的督促检查，对各级党组织、党员领导干部履行职责和行使权力进行监督，对落实各项规章制度进行监督。

五、坚持依纪依法查办案件，强化责任追究

（一）坚决查处违纪违法案件

坚持“有贪必反，有腐必惩，有乱必治”的原则，进一步加大案件查办力度，依法依纪认真查办职责范围内的腐败案件，以领导干部中滥用权力、谋取非法利益的违纪违法案件为重点，严肃查处违反“四大纪律，八项要求”、“五不许”以及“六不准”规定的案件，严肃查处发生在物资采购、基建工程、财务管理、考试招生、人员调动、文凭发放等工作中以及因失职渎职造成国有资产流失的违纪违法案件。

（二）坚持依纪依法办案

认真贯彻中央纪委《关于纪检监察机关严格依纪依法办案的意见》，健全办案程序，严格案件审理，严明办案纪律，确保办案质量；坚持惩治腐败与保护干部合法权利并重，坚持惩前毖后，治病救人，正确运用政策和策略，体现宽严相济，区别对待。加强纪检监察、组织、审计等部门协调配合，完善有关制度、程序等规定，综合运用法律、纪律、组织处理等手段，制定完善相关办法，加大案件查办力度。

（三）发挥查办案件的治本功能

进一步完善案件通报制度，每查处一起案件，要形成案件调查报告和案件剖析报告，要认真查找体制、机制、制度上的原因，及时建立防范机制，充分发挥和运用案件的警示效应和查办案件的治本功能。

六、加强领导，明确责任，确保各项任务落实

（一）加强组织领导

学校党委对学校贯彻落实《实施纲要》负全面领导责任，把落实《实施纲要》列入党委行政重要的议事日程和学校改革发展总体规划。学校由党委书记负总责，领导班子成员按照分工具体抓好职责范围内的各项任务的落实。学校成立落实《实施纲要》领导小组，设立工作机构。

（二）搞好组织协调

纪委要积极协助党委搞好组织协调，抓好任务分解，动员各方面力量，保证《实施纲要》和本办法的贯彻落实。坚持并逐步完善部门之间分工合作、定期联系的工作制度，健全协调配合机制。

（三）落实工作责任

各单位要按照任务分解认真落实工作责任。牵头单位要会同协办单位制定实施方案，积极发挥组织协调和监督检查作用；协办单位要按照职责分工，对承担的任务提出具体工作意见，认真抓好落实。

（四）建立工作机制

围绕落实《实施纲要》，按照决策目标、执行责任和考核监督“三个体系”建设的要求，建立健全权责分明、分工明确、工作规范的责任机制和检查严格、督促有力、指导及时的督查机制，保证各项任务全面落实，推动学校党风廉政建设和反腐败工作不断向纵深发展。

山东大学威海分校、山东大学齐鲁医院、山东大学第二医院根据《实施纲要》和中共教育部党组、山东省委的《具体意见》，参照本办法，制定本单位具体办法。

2005 年 11 月 30 日

以科学发展观统领学校发展全局
为创建国内外知名的高水平大学而努力奋斗

——朱正昌书记在中国共产党山东大学第十二次代表大会上的报告

各位代表、同志们：

现在，我代表中国共产党山东大学委员会向大会作报告，请审议。

中国共产党山东大学第十二次代表大会，是在全面贯彻党的十六大和十六届三中、四中、五中全会精神，认真落实科学发展观，进一步推进我校高水平大学建设的重要时期，我校保持共产党员先进性教育活动取得初步成效，学校发展进入新的阶段召开的一次继往开来的会议。本次大会的主要任务是：以邓小平理论和“三个代表”重要思想为指导，坚持科学发展观，总结自第十一次党代会以来，特别是合校五年来的工作，为学校的进一步发展作出战略部署，选举产生学校新一届党的委员会和纪律检查委员会，全面加强党的建设，进一步提高党组织的创造力、凝聚力和战斗力，动员全校共产党员、师生员工站在新起点，致力新发展，抢抓机遇，团结拼搏，乘势而上，开创我校各项事业发展的新局面，为创建国内外知名的高水平大学而努力奋斗。

一、工作回顾与总结

自1996年中国共产党山东大学第十一次代表大会召开至2000年合校之前，原山东大学、山东医科大学、山东工业大学党委认真贯彻党的路线方针政策，团结带领师生员工艰苦奋斗，开拓进取，各项事业不断发展，办学规模显著扩大，办学质量和水平不断提高，为国家和山东经济社会发展作出了应有贡献，为学校今天的发展奠定了良好基础。

世纪之交，我们迎来了难得的历史发展机遇。2000年7月，国务院将隶属于不同管理体制下的原山东大学、山东医科大学、山东工业大学合并组建为新的山东大学，实现了强强联合，优势互补，揭开了山东大学历史发展的新篇章。

五年多来，学校党委在邓小平理论和“三个代表”重要思想指引下，在党中央、国务院和教育部、山东省委、省政府的正确领导和大力支持下，认真贯彻和落实科学发展观，团结带领广大师生员工奋力拼搏，锐意进取，紧紧抓住强强联合和部省共建的历史性机遇，以创建国内外知名的高水平大学为目标，以教育理念创新为先导，以融合、改革、发展为主线，大力实施全方位开放式发展战略、人才战略和教育创新战略，各项事业取得长足发展，综合实力显著增强，呈现出强劲的上升势头，学校进入了新的发展阶段。

下面，从十个方面对五年多来的工作进行回顾总结。

（一）实质性融合顺利实现

合校之初，校党委即按照实质性融合、内涵式发展、争创一流的思路进行新山大的改革和建设，提出确保事业发展、确保稳定、确保不出大的问题的总体要求，半年内完成了原三校机关所有部处的实质性合并，完成了学科与院系调整，完成了中层干部的配备，实现了班子、机构、财务、资产管理和日常工作运行机制等方面的统一，初步建立起适应高水平大学建设的组织架构。工作中始终坚持全校一盘棋的思想，在理念、目标、体制、制度等方面逐步达到统一，合校优势不断彰显，被教育部誉为合校成功的范例。周济部长在合校五周年之际视察我校时指出，山东大学的实质性融合为中国高等教育的改革和发展作出了重要贡献，用实际行动证明了我国高等教育管理体制改革和布局结构调整的战略决策是正确的。

（二）办学目标和理念进一步明晰

通过全面分析高等教育面临的形势任务，校党委正确把握学校发展现状和趋势，确立了创建综合型、开放型、研究型的国内外知名的高水平大学的发展目标，并围绕这一目标，集中全校师生智慧，经过不断凝练，提出了实施全方位开放式发展战略、人才战略和教育创新战略的发展理念；确立了“具有高度的社会责任心和国际视野、过硬的竞争力与创造力，个性与人格得到健全发展”的人才培养理念；确立了“以人为本，以教师学生为中心，以学术为主导”的管理理念；确定了“气有浩然，学无止境”的校训，提炼出“山之魂，海之韵”的山东大学文化精髓；明确了威海分校建成“四个基地”的办学定位和注重特色发展的办学思路。这一系列办学理念的创新，形成了新的导向，引领了学校的改革与发展。

（三）各项改革不断深化

沿循“以改革求发展，以制度创新为动力”的基本思路，进行了机构改革和院部调整以及学科整合，实行了校院两级管理体制，逐步实现管理重心下移；以分配制度改革为切入点，实行了校内岗位津贴制、岗位聘任制等系列人事制度改革；围绕提高人才培养质量，进行了系列教学改革；成立了学校、学部、学院（研究机构）三级学术委员会，改革了学术评价体系；完善了集预防、保健、医疗于一体的医疗卫生服务体系。学校科研、财务、审计、资产、后勤、产业管理等多项改革进一步深化，初步形成了“规范高效，反应迅捷”的管理运行机制，综合管理水平明显提高。修订、制定了360余项学校规章制度，为依法治校奠定了制度和政策基础。通过改革与制度创新，调动了广大师生员工的积极性和创造性，激发了潜能，增强了活力。

（四）教育教学质量稳步提高

学校始终把人才培养作为根本任务，提出了致力于培养中国最优秀的本科生和一流研究生的培养目标，大力推进教育教学改革与创新，推出和实施了本科生、研究生教育创新计划，确定2005年为“教学质量年”，积极探索新形势下的人才培养模式，在全国高校率先提出和试行了“教育拓展”、“三种经历”和“暑期学校”计划，完善了“知识学习和人格培育”两大人才培养体系，全面推进了素质教育，人才培养质量显著提高。前不久，顺利通过教育部组织的本科教学工作水平评估，达到了优秀标准。五年来，我校学生在全国数学建模竞赛中成绩优异，“挑战杯”创业计划竞赛成绩始终居全国前列，在课外学术科技作品竞赛中捧得优胜杯，取得历史性突破。共有13篇博士学位论文荣获“全国优秀博士学位论文”奖，获奖数量居全国高校前10位。体育教学工作成绩显著，高水平运动员在国际国内重大赛事中为国家和学校争得了荣誉。在校生规模由合校初的3万人发展到现在的5万人，其中研究生1.2万人；为社会培养输送了各级各类人才10万余人，其中本科生、博士硕士研究生4.5万人，继续教育和网络教育学生6.2万人。我校毕业生正以成为民族和社会中坚受到广泛的赞誉。

（五）综合学术实力明显增强

学校坚持致力学术繁荣，以学科建设为龙头，以科研工作为先导，采取切实措施，提高综合学术实力。五年来，新增国家重点学科4个，一级学科博士授权点由3个增加到13个，博士学位授权专业由36个增加到126个，硕士学位授权专业由122个增加到209个，最近又有11个一级学科博士授权点通过国家学科评议组评审；年度科技经费总量增长2.6倍，被SCI收录和引证论文数量一直保持在全国高校前10名，被EI收录论文数量排名明显前移，2004年位列全国高校第11名；共获国家及部省级科技奖励405项；蒋民华教授和彭实戈教授获得“山东省科学技术最高奖”，王小云教授成功破译了两大世界通行网络安全密码系统的函数算法，在世界密码学领域引起轰动；人文社科研究发展迅速，入选教育部人文社科重点研究基地数量在全国高校中居第10名，文艺美学等5个学科已进入国家学术前沿领域，高水平著作和学术期刊论文比“九五”增长了60%，《文史哲》成为教育部“高校哲学社会科学名刊工程”首批入选期刊。

（六）师资队伍建设得到切实加强

坚持党管人才的原则，大力推进人才战略，建立和完善了优秀人才培养和支持体系，积极推进创新团队建设，实施了“杰出人才招聘计划”、青年教师“三种经历”计划等，积极探索吸引、遴选、培养和用好人才的有效机制。五年来新增两院院士4人，“长江学者奖励计划”特聘教授、讲座教授10人，国家杰出青年基金获得者7人，聘请兼职特聘教授32人（含院士23人），博士后在站人数增加150人，组建创新学术团队15个，教师队伍的年龄结构、学历结构、学缘结构得到优化，师资队伍整体水平明显提高。

（七）交流合作与服务社会不断拓展

坚持开放办学，形成了多形式、多渠道、多层次、全方位的对外交流与合作的格局，特别是通过2004“国际合作年”，国际交流呈现出前所未有的活跃局面。目前，我校与30多个国家和地区的110多所大学和科研机构建立了交流合作关系。五年来，出国（境）交流与合作研究2400余人次，接待国外和港澳台来访人数达5000余人次，邀请国（境）外学者1400余人来校讲学或合作研究；举办“国际大学校长论坛”等国际或双边学术会议近百次；在校各类留学生以平均每年30%的增幅快速增加，在校长期留学生达1100余人；创建了山东大学韩国学院，成为全国高校第一个韩国语言文化教育研究的专门学院；我校被教育部确定为“支持周边国家汉语教学重点学校”；加盟了由欧洲核子中心组织的“ATLAS”项目和诺贝尔物理学奖获得者丁肇中教授领导的“AMS”项目等大型国际合作科学研究项目，并已取得重要进展。

以校企、校地、校校、校研合作为主线的国内合作取得明显成效。积极适应山东经济社会发展，推出并实施《山东大学服务山东行动方案》。启动了服务省会济南工作计划。与威海市政府共建山东大学威海分校。同国家天文台合作共建了空间科学与应用物理系，并筹建了天文台。先后与15所国内著名高校和一大批大型企业建立了合作关系，与地方、企业共签订科技开发合同1321项。

（八）办学条件明显改善

五年来，学校新增建筑面积78万平方米（威海分校新增建筑面积30万平方米），其中总校新增教学科研用房16万平方米，学生生活用房21万平方米，教工住宅11万平方米。南外环新区正式启用。实验室建设成效显著。数字化校园建设初具规模，校园网与国际网之间的流量列全国高校第3位。图书馆实现了济南各校区图书资料通借、通还和威海分校异地文献传递，在部分业务创新服务方面步入全国同类高校图书馆前列。国有资产管理增效明显，学校总资产达到了合校初期三校总和的近3倍。校办企业净资产有明显增长，管理进一步规范。大学科技园建设取得了可喜成绩，成为首批国家大学科技园。后勤保障能力有较大提高。校园环境和办学条件明显改善。

（九）党的建设进一步加强

党委坚持党要管党、从严治党的原则，一以贯之地狠抓党的建设，先后召开两次党建工作会议，组织协调各方面力量，为学校的改革与发展提供了强有力的政治、思想和组织保证。

——始终把党的思想政治建设放在首位，用邓小平理论和“三个代表”重要思想武装全体党员。建立健全了理论学习制度。成立了思想政治教育研究会和学生“三个代表”重要思想理论研究会，加强对邓小平理论和“三个代表”重要思想的理论研究。深入开展“三讲教育”活动，使党员领导干部普遍受到了一次深刻的马克思主义教育。认真组织开展保持共产党员先进性教育活动，党员的理想信念和宗旨意识进一步加强，党组织的创造力、凝聚力、战斗力进一步提高。

——以领导班子建设为重点，努力建设高素质干部队伍。学校党委领导班子按照努力成为社会主义政治家、教育家的要求，不断加强思想政治建设和能力建设，在学校的融合、改革、发展中发挥了领导核心作用。按照德才兼备原则和“干部四化”方针，不断深化干部选拔任用制度改革，采取民主推荐和竞争上岗等方式，顺利完成了中层干部的配备和换届工作，并及时充实了学校领导班子。科学制定培训规划，加强制度建设，加强了对干部的培训、监督和管理，明显改善了干部队伍的年龄结构、学历结构和知识结构，提高了干部队伍素质。

——加强党的基层组织和党员队伍建设。科学设置党的基层组织，创新活动内容，拓展活动载体，发挥了党的基层组织的战斗堡垒作用。制定并落实党员发展工作规划，重视做好在青年教师和学生中发展党员工作，目前本科生党员比例已达到10％，研究生党员比例已达到30％。通过加强党员的教育和管理，提高了广大党员的素质，发挥了党员的先锋模范作用。

——加强党风廉政建设。坚持“为民、务实、清廉”，加强领导干部作风建设。机关作风进一步改进，服务意识进一步增强，工作效率进一步提高。开展反腐倡廉教育，落实党风廉政建设责任制，加强对重点领域重点环节的监督，严厉查处违纪违法案件，通过建章立制，加强源头治理，增强了党员干部拒腐防变的能力，有效地防止了腐败现象的发生。

——推进民主政治建设。坚持民主集中制，完善党委领导下的校长负责制。坚持依法治校，推行校务公开。进一步完善了教职工代表大会制度，成功召开了新山大首届教职工代表大会。重视加强统战、离退休以及工会、妇委会、共青团、学生会、研究生会等群众组织的工作，调动一切积极因素，大力推进学校的事业发展。

（十）思想政治工作卓有成效

积极适应新形势新要求，不断探索思想政治工作的新途径，增强了针对性和实效性，开创了思想政治工作新局面。

——坚持正确的舆论导向。加强舆论宣传阵地建设，形成了报纸、广播、电视、网络、宣传栏等系统的宣传网络，用马克思主义和健康向上的思想文化占领校内各种舆论宣传阵地，规范哲学社会科学类学术活动管理，坚决抵制各种错误的思想政治观点和言论在校内的传播。加大了校外宣传力度，扩大了学校的社会影响。

——加强职业道德教育。通过加强制度建设和树立先进典型等措施，弘扬爱岗敬业、勤奋奉献、团结协作的精神，使广大教职工努力做到“教书育人，管理育人，服务育人”。

——坚持把大学生思想政治教育工作摆在学校人才培养工作的首位。认真学习贯彻中共中央、国务院2004年16号文件精神，召开了加强和改进大学生思想政治教育工作会议。扎实推进邓小平理论和“三个代表”重要思想“三进”工作，发挥了思想政治理论课在思想政治教育中的主渠道作用。积极推进思想政治工作进网络，“山大视点”、“学生在线”、“青春山大”、“研究生之家”、山大先锋网等特色网站发挥了重要的育人作用。建立了学校和部处领导联系学生班级、社团制度，加强了学生辅导员、班主任队伍的建设。进一步加强了对家庭经济困难学生的资助工作和毕业生就业指导工作。健全了“三级心理健康教育体制”，不断完善心理危机干预机制。鼓励大学生走进社区，走向社会，开展了丰富多彩的社会实践活动，学校连年被中宣部、教育部、团中央评为“大学生社会实践先进组织单位”。

——大力加强平安校园建设。学校党委始终把稳定放在工作首位，认真落实安全责任制。加强校园治安综合治理和安全设施及治安网络建设，健全了突发事件应急处置预案。切实做好信访工作。加强了校园网络的管理。同“法轮功”邪教组织进行了坚决斗争。为学校发展创造了安全稳定的环境。

——积极开展大学文化建设。以系统工程的方式，围绕大学使命、办学理念、文化特色、山大精神等方面展开深入研究，打造了“恰同学少年——中国杰出青年论坛”、“科学畅想曲”、“小树林文化论坛”和分校的“大使论坛”、“林海论坛”等一系列文化品牌，在校内外产生了广泛影响，营造了浓郁的校园文化氛围。

各位代表，过去的五年，是不平凡的五年，是学校各项事业蓬勃发展、社会影响日益扩大的五年。我们抓住了历史性机遇，为山东大学新世纪的发展书写了充满生机、充满希望的开局新篇，向创建国内外知名的高水平大学的目标跨出了具有决定性意义的一步。我们深深感到，五年的发展和进步，离不开党中央和国务院的正确领导，离不开教育部和山东省委、省政府的关怀和支持，离不开学校历届党政领导班子打下的坚实基础，离不开全校共产党员和师生员工的努力拼搏、无私奉献，也离不开海内外校友和社会各界的大力支持。在此，我谨代表学校党委向为学校改革发展稳定工作作出贡献的全校师生员工表示崇高的敬意，向所有关心、支持山东大学的领导、同志和朋友们表示诚挚的感谢！

回顾五年来学校的发展历程，我们走出了一条特色鲜明的发展创新之路，积累了十分宝贵的经验，概括起来有以下几点：

——必须充分发挥党委的领导核心作用，为学校改革发展稳定提供政治、思想和组织保障。党的基本路线和教育方针在学校能否得到全面贯彻落实，学校的改革和发展能否顺利进行，关键在党委的领导核心作用能否充分发挥。五年来，学校党委坚持社会主义办学方向，以邓小平理论和“三个代表”重要思想武装广大师生员工的头脑，坚持贯彻执行党委领导下的校长负责制，不断加强领导班子和干部队伍建设，大力提高领导班子和干部队伍思想政治素质和办学治校能力，在融合、改革、发展中发挥了领导核心作用，保证了学校事业持续快速健康发展。

——必须以科学发展观统领全局，实现学校又快又好的发展。学校党委把科学发展观作为各项工作的根本指针，坚持“发展是硬道理”的战略思想，切实抓好发展这个第一要务。坚持以人为本，以教师学生为中心，树立大人才观，调动好、保护好、发挥好师生员工的积极性。正确处理改革、发展、稳定的关系，规模、结构、质量、效益的关系，教学、科研、社会服务的关系，更好地解决发展进程中遇到的各种矛盾和问题，大力推进和谐校园建设，促进学校又快又好地发展。

——必须抢抓机遇，求真务实，开拓创新，走特色发展之路。五年来，我们坚持解放思想，更新观念，立足学校实际，创新办学理念，制定实施“三大战略”，率先提出和试行学生“三种经历”计划、“暑期学校”计划，形成了鲜明的办学特色，增强了办学活力。同时，强化机遇意识，紧紧抓住合校和部省共建、“211 工程”和“985 工程”建设、开展保持共产党员先进性教育活动等重要契机，调动一切积极因素，迅速形成合力，把机遇变成学校发展的优势，实现了学校的快速发展。

——必须主动担承社会责任，服务社会发展。只有主动担承社会责任，积极适应国家特别是山东省经济社会发展需要，培养输送大批各级各类优秀人才，提供科技咨询与服务，才能更好地完成党和国家赋予高校的历史使命。学校也只有坚持全方位开放式办学、服务社会发展，才能获取外界信息，整合各种资源，激发内在潜能，拓展办学空间，实现自身价值。

——必须发扬顾全大局、团结奉献的精神，增强全校凝聚力。团结出凝聚力，团结出战斗力。五年来，在学校的每一项工作中，特别是在改革发展的关键时刻，全校广大干部师生员工始终以大局为重，无私奉献，拼搏进取，展现出良好的精神风貌，形成了强大的合力。实践证明，正是由于广大干部师生员工发扬顾全大局、团结奉献的精神，学校才得以顺利实现实质性融合，各项事业才得以协调发展，形成了今天蓬勃发展的大好局面。

同志们，我们取得的成绩令人振奋，积累的经验弥足珍贵。但是必须清醒地认识到，在我们的工作中还存在着一些问题和不足，如：思想观念和管理水平还不能够完全适应建设高水平大学的需要；党的基层组织和党员队伍建设仍需进一步加强；机关作风有待进一步改进，工作效率有待进一步提高；资源配置需要进一步优化；尖端和特色学科偏少以及杰出人才数量不足，成为制约学校快速发展的主要因素。这些问题必须引起我们的高度重视，在今后的工作中着力加以解决。

二、制定落实“十一五”发展规划，努力加快创建国内外知名的高水平大学进程

本世纪头二十年，是我国全面建设小康社会的重要战略机遇期。党的十六届五中全会提出了建设创新型国家的发展战略，对提高高等教育质量、自主创新等提出了新的要求；中共山东省八届十一次全委会议勾画了全省今后五年发展的宏伟蓝图，明确提出了实现又快又好发展的总体要求。这既为我们提供了难得的历史性发展机遇，也使我们面临着新的任务和挑战。

“十一五”期间是承上启下的关键时期，是机遇和挑战并存的时期，更是可以大有作为的时期。形势逼人，不进则退。对我们来说，合校五年的快速发展，为高水平大学建设奠定了坚实的基础，积蓄了雄厚的力量。我们必须紧紧抓住全面建设小康社会、建设创新型国家、建设“大而强，富而美”的新山东以及部省共建的历史性机遇，把思想认识真正统一到党的十六届五中全会和中共山东省八届十一次全委会议精神上来，进一步明确今后一个时期的指导思想和奋斗目标，科学制定“十一五”发展规划，加强和改善党的领导，着力解决事关学校发展全局的重大问题，加快创建国内外知名的高水平大学进程。

（一）未来五年学校工作的总体思路和发展目标

指导思想和总体思路是：以邓小平理论和“三个代表”重要思想为指导，坚持社会主义办学方向，以科学发展观统领学校发展全局，以人才培养为根本任务，以学科建设为龙头，以队伍建设为关键，以管理体制改革为突破口，继续大力推进全方位开放式发展战略、人才战略和教育创新战略的实施。更加注重优化结构、控制规模、提高质量，更加注重突出优势、凝练特色、构筑高峰，更加注重降低成本、提高效益、增强后劲，更加注重优化资源配置、拓展发展空间，更加注重制度创新、规范管理、提高效能，实现学校又快又好的发展。

发展目标是：围绕创建国内外知名的高水平大学的总目标，站在新起点，实现新跨越。稳定发展规模，进一步提高人才培养质量；完善学科布局，促进文、理、工、医协调发展，建成一批特色鲜明、科研实力强、学术影响大的重点学科，在国家发展战略中占有一席之地，在基础研究领域取得一批原创性科研成果；加大高新技术研究和成果转化力度，积极提供高层次决策咨询，为国家和区域经济社会发展提供智力和技术支撑；

建设一支结构合理、富于创造力的高素质师资队伍，拥有一批在学术界有重要影响的杰出人才；扩大对外学术交流，在国际学术前沿领域参与合作及竞争能力明显增强；逐步建立适应规模大、校区多、综合型高水平大学发展要求的管理体制和运行机制。经过五年的建设，实现我校学术竞争力、社会影响力和国际化水平的大幅度提升，为中华民族复兴的伟大事业作出重要贡献。

（二）未来五年学校工作的主要任务

为了实现学校上述发展目标，重点做好以下工作：

——深化教育教学改革，培养高素质人才。紧紧围绕培养中国最优秀本科生和一流研究生的目标，坚持德育首位原则，全面推进素质教育。以提高教育教学质量为宗旨，巩固本科教学工作水平评估成果，推进落实“本科教育创新计划”，不断深化教育教学改革，探索建立与高水平大学要求相适应的本科教育教学体系。加强研究生院建设，提高研究生教育管理水平；全面推进“研究生教育创新计划”的实施，优化培养结构，创新培养过程，规范管理行为，培养一流研究生。

——搞好学科建设“顶层设计”，建设高水平学科。坚持择优扶重、重点突破的原则，搞好学科建设“顶层设计”。充分预见学科发展的趋势，瞄准科学发展前沿和重大生产及社会实践问题，切实发挥自身的优势，突破原有的学科界限，大力推进学科的交叉与融合，培养新的学科增长点，使国家重点学科数量有较大增长，其中部分学科成为在各自学术领域有较大国际影响的名牌学科。加强“985工程”二期建设，在国家级科技创新平台与哲学社会科学创新基地建设中取得重大成绩。

——推进自主创新，提高服务经济社会发展能力。自主创新能力是一个国家和民族竞争力的核心，同样也是一所高校综合竞争力的核心。我们要紧紧抓住建设创新型国家的机遇，重视并大力加强基础性和原创性科学研究，增强自主创新能力。探索建立有利于调动师生员工积极性的科学研究体制和服务社会体系，提高科研能力和水平。在承担国家重大科研课题、服务经济社会发展方面发挥重要作用，实现全校年度科技经费总额达到或超过4亿元；被SCI收录和引证论文数继续保持全国高校前10名，被EI收录论文数进入全国高校前10名；取得一批有重要应用价值和自主知识产权的发明专利。建立校校、校企、校地、校研的实质性合作长效机制，重点加强与大型企业的合作，促进科学研究成果向现实生产力的转化。以服务山东制造业强省、生态强省和文化强省建设为切入点，继续推进《山东大学服务山东行动方案》的实施，成为山东经济社会发展的重要科技支撑力量。

——大力实施人才战略，建设高层次人才队伍。不断完善人才工作机制，形成人才汇聚、人才辈出的发展局面。改革管理体制，制定人事编制工作方案，积极探索并推行以岗位管理为核心的教师职务聘任、业绩评价和津贴制度，建立有利于留住人才、吸引人才的激励机制。切实落实高层次创造性人才队伍建设计划、优秀学术带头人队伍建设计划和青年骨干教师队伍建设计划，继续推进实施青年教师“三种经历”计划，使教师队伍的年龄结构、学历结构、学缘结构进一步优化。“十一五”末，教师队伍人数占到整个教职工总数的50％以上，具有博士学位的教师占教师队伍的60％以上，进入国家级层次的学术创新团队和杰出人才数量明显增长。

——开展高质量的国际交流与合作，提高国际化水平。进一步加强制度建设和基础条件建设，推动我校全方位融入国际教育交流与合作之中。加大与海外高水平大学实质性合作力度。增加管理干部、教师和学生海外学习研修经历，扩大国际视野。大力发展留学生教育，扩大留学生规模。加强与海外大学、基金会或企业合作，联合承担科研课题，提高国际竞争力。威海分校要加大“韩国”特色建设力度，全方位、高层次加强对韩教育、研究、交流、合作。

——进一步拓展办学空间，改善办学条件。进一步明确各校园功能定位，科学制定校园建设规划。推进南新区二期建设工程、综合科研大楼、东校区学生公寓楼等重点项目建设。转变观念，采取新的机制和办法，多渠道筹措建设经费，拓展办学空间。全面统筹学校信息化建设，尽快建成门户统一、技术先进的数字化校园，促进学校教学、科研、管理和服务的信息化。

——不断深化改革，建立高效的管理运行机制。完善校院二级管理体制，明确学院（部）职责，使学院（部）拥有更多的自主权。加强财务管理，积极探索新时期财务工作的新思路，多渠道筹措办学经费，防范财务风险，增收节支，努力使经费使用从膨胀扩张型向成本效益型转变。加大审计工作力度，优化审计环境，抓好审计结论的落实。优化资源配置，提高资产使用效益。深化后勤改革，规范管理，降低运行成本，提高服务质量。完善校办企业管理体制和运行机制，提升校办企业整体盈利能力。建立符合创建高水平大学要求的医院与卫生管理体制和运行机制，加强对附属医院的领导和管理，使其充分发挥医疗、教学、科研综合功能。

——调动一切积极因素，努力构建和谐校园。和谐校园建设是构建社会主义和谐社会的重要组成部分，是学校全面协调可持续发展的内在要求，是建设国内外知名的高水平大学的基础和保障，也是全校师生员工实现自身全面发展的必然要求。要坚持以人为本，倾听师生员工的心声，解决师生员工的实际困难，维护师生员工的利益，既要做好杰出人才和优秀人才培育、引进和服务工作，又要更加关心困难群众和离退休同志的生活，努力营造互相关爱的温馨氛围。坚持马克思主义在意识形态领域的指导地位，建设健康向上的校园文化。坚持依法治校，营造良好的校园法制环境。加强机关作风建设，进一步完善协调有力、规范高效、反应迅捷的管理运行机制。建设“平安校园”，创造安全稳定的校园环境。倡导人与环境友好的理念，科学制定校园规划，建设充满生机的绿色生态校园。积极构建民主法制、公正高效、诚信友爱、充满活力、安定有序、人与自然和谐相处的大学校园。

三、以邓小平理论和“三个代表”重要思想为指导，加强和改进党的建设

实现学校又快又好的发展，开创我校改革发展的新局面，关键在于加强和改进党的建设。我们必须坚持以邓小平理论、“三个代表”重要思想为指导，坚持科学发展观，紧紧围绕学校改革发展的目标与任务，创新党建和思想政治工作，建立并完善保持共产党员先进性长效机制，充分发挥各级党组织和广大党员的作用，团结带领全校师生员工干事创业、共同奋斗，为学校各项事业发展提供强有力的思想和组织保证。

（一）深入学习贯彻邓小平理论和“三个代表”重要思想，提高全体党员的理论水

平和政治素质

要进一步深入学习贯彻邓小平理论和“三个代表”重要思想，以邓小平理论和“三个代表”重要思想武装头脑，指导党的建设及各项工作。建立健全个人自学、中心组学习、脱产进修、成果交流“四位一体”的理论学习机制，不断提高学习质量。充分发挥党校等思想建设阵地的作用。充分发挥基层党委在组织教职工党员政治理论学习中的作用，积极探索新时期基层党组织理论学习的新途径、新方式，开展主题鲜明、形式多样的主题实践活动，努力在理论学习的针对性、实效性上下工夫，不断增强广大党员干部的政治鉴别力和政治敏锐性，提高贯彻执行党的基本路线和教育方针的自觉性。

加强党建工作研究，充分发挥哲学社会科学学科优势，结合党建工作所面临的新情况、新问题，组织高水平跨学科的党建理论研究，力争推出一批标志性理论成果。

（二）坚持和完善党委领导下的校长负责制，充分发挥党委的领导核心作用

党委是学校的领导核心，要总揽学校改革发展稳定的全局，统一领导学校的工作，把好方向，抓好大事，支持校长独立负责地行使职权。坚持民主集中制，进一步规范党委议事制度，完善重大问题决策机制，努力形成党委统一领导、党政分工合作、协调配合的工作运行机制，做到民主决策，科学决策。按照成为社会主义政治家、教育家的要求，切实加强领导班子思想政治建设，不断提高驾驭学校改革发展的能力和水平，使领导班子成为政治坚定、求真务实、开拓创新、勤政廉洁、团结协调的坚强领导集体。加强对院（部）工作的领导，不断健全院（部）党政集体领导、分工合作、责任明确的领导体制。

（三）加强干部队伍建设，造就一支适应高水平大学要求的高素质管理团队

坚持党管干部原则，加强干部队伍建设，逐步建立和完善干部选拔、任用、培养、管理、考核、监督的配套机制，建设一支“敬业务实，协作创新”的高素质管理干部队伍。认真贯彻《党政领导干部选拔任用工作条例》，完善干部选拔任用机制。科学制定并落实干部培训规划，建立并完善校内干部岗位交流制度，强化干部队伍的政治意识、责任意识、大局意识、廉洁自律意识、追求一流意识，提高战略思维能力、执行决策能力、依法行政能力、对外交流与合作能力、维护稳定能力。完善决策目标、执行责任、考核监督“三个体系”，认真落实处级领导班子任期目标责任制，完善干部考核制度，建立组织部门总负责、纪检监察部门督促、党员与群众参与、民主党派监督、领导干部自律“五位一体”的干部监督体系。

（四）加强党的基层组织和党员队伍建设，建立保持共产党员先进性的长效机制

党的基层组织是党的全部工作和战斗力的基础。要结合学校实际，进一步科学设置党的基层组织。健全完善基层党组织目标任务的考核监督与制度体系，逐步推行党支部工作目标管理，充分发挥基层党组织的政治核心和战斗堡垒作用。认真做好发展党员工作，特别是做好在青年教师和大学生中发展党员的工作，改善和优化学校党员队伍结构，不断增强党的群众基础和党员队伍的生机活力。建立保持共产党员先进性的长效机制，探索建立党员教育、管理、监督体系，巩固先进性教育活动成果，永葆共产党员先进性。

（五）按照立党为公、执政为民的本质要求，加强党风廉政建设

坚持党的群众路线，加强与广大师生员工的密切联系，努力为师生员工办实事、办好事。建立健全调查研究制度，大兴求真务实之风。坚持“两个务必”，牢固树立正确的权力观、地位观、利益观。继续推进机关作风建设，增强服务意识，提高管理水平和办事效率。认真贯彻中共中央颁布的《建立健全教育、制度、监督并重的惩治和预防腐败体系实施纲要》，建立健全符合学校实际的惩治和预防腐败体系。建立健全监督制约机制，进一步推进校务公开，增加学校工作的透明度。认真落实党风廉政建设责任制，严格执行领导干部廉洁自律的各项规定，从制度上保证党员领导干部廉洁从政。

（六）加强和改进思想政治工作，为学校的改革与发展提供强有力的思想保证

培养合格的社会主义事业接班人是学校各级党组织神圣而光荣的使命。要认真贯彻落实全国加强和改进大学生思想政治教育工作会议精神，围绕学校人才培养目标，进一步深化思想政治理论课教育教学改革，推进邓小平理论和“三个代表”重要思想“三进”工作。健全学生人格培育体系，按照职业化、专家化的方向加强辅导员队伍建设，形成分工负责、全员参与的立体式、多样化、全方位的人格培育新格局。

加强职业道德建设，坚持育人为本，充分调动广大教职员工的积极性，围绕我校人才培养目标，在工作中真正做到教书育人、管理育人、服务育人，形成良好的校风、教风、学风。

加强思想舆论阵地建设。坚持团结、稳定、鼓劲和正面宣传为主的方针，用马克思主义和健康向上的思想文化占领校内各种舆论宣传阵地，为学校改革发展稳定创造良好的政治舆论环境。

（七）做好统战、群团和离退休工作，凝聚全校力量

统战、群团和离退休工作是学校党的工作的重要组成部分，各级党组织必须坚持围绕中心、服务大局、拓宽领域、强化功能的方针，努力扩大党的工作覆盖面。加强对统战工作的领导，支持民主党派抓好自身建设，发挥民主党派以及无党派知识分子参与学校民主管理和民主监督的作用。完善教代会制度，坚持依法治校，进一步实施民主管理，充分发挥工会妇委会的桥梁和纽带作用。发挥共青团组织在团结广大青年、做好党的助手和后备军方面的作用。加强对学生会、研究生会和学生社团的领导，支持其在法律规定的范围内依据章程开展活动。进一步做好离退休工作，提高服务水平，切实落实离退休同志的政治和生活待遇，关心他们的生活和健康，使他们一如既往地关心支持学校的发展。

同志们，我们正处在一个新的发展阶段，必须站在新的起点，用更高的要求、更开阔的视野、更长远的眼光，审视学校未来的发展，更新发展观念，创新发展模式，坚持用科学发展观统领学校发展全局，切实做到三个转变：在工作水准上，向适应新时期全面创建国内外知名高水平大学的要求转变；在发展模式上，向全面协调可持续发展轨道转变；在管理方式上，向适应规模大、校区多、综合型高水平大学的管理要求转变。要高起点、高标准、高要求，深化改革，勇于创新，走出一条符合我校实际、特色鲜明的高水平大学建设的新路子。

各位代表、同志们，创建国内外知名的高水平大学，是党和国家赋予我们的神圣使命，是山东大学实现振兴与发展的战略选择，也是所有山大人的共同追求。让我们紧密

团结在以胡锦涛为总书记的党中央周围，高举邓小平理论和“三个代表”重要思想伟大旗帜，用科学发展观统领学校发展全局，以中华民族的伟大复兴为己任，倍加顾全大局，倍加珍视团结，倍加维护稳定，同心同德，群策群力，奋发有为，只争朝夕，为早日将山东大学建成国内外知名的高水平大学而努力奋斗！

2005 年 12 月 19 日

深入开展反腐倡廉工作
为创建国内外知名的高水平大学
提供有力保障

——中共山东大学纪律检查委员会向中国共产党
山东大学第十二次代表大会的工作报告

各位代表、同志们：

现将我校第十一次党代会以来，特别是新山东大学成立以来纪委的工作情况和今后的工作任务向中国共产党山东大学第十二次代表大会报告如下，请予审议。

一、主要工作的回顾与总结

五年来，纪委在学校党委和上级纪委的正确领导下，以邓小平理论和“三个代表”重要思想为指导，坚持标本兼治、综合治理、惩防并举、注重预防的方针，坚持中央确定的反腐败领导体制和工作格局，紧紧围绕学校的中心工作，认真履行职责，依靠各级党组织、广大党员、干部和师生员工，全面落实党风廉政建设和反腐败工作各项任务。经过全校上下的共同努力，反腐倡廉教育深入开展，领导干部廉洁自律工作不断深化，源头治理工作稳步推进，执法监察、纠风工作取得明显成效，党风廉政建设责任制得到认真落实，为学校的改革发展稳定提供了有力保障。

（一）认真开展反腐倡廉教育，党员干部拒腐防变能力进一步提高

坚持以领导干部为重点，以树立马克思主义的世界观、人生观、价值观和正确的权力观、地位观、利益观为根本，在广大党员干部中深入开展理想信念教育、法律法规教育、示范教育和警示教育。

2001年，结合“三讲”教育，在处级以上党员领导干部中认真开展了党性党风党纪教育。2002年至2004年，先后在党员干部中特别是党员领导干部中开展了“学党章，守纪律，正党风”、“艰苦奋斗，廉洁从政”、“为民、务实、清廉”等主题教育活动。今年把反腐倡廉教育纳入保持共产党员先进性教育活动之中，以这次集中教育为契机，认真组织学习，进一步打牢广大党员、干部反腐倡廉的思想基础。

五年来，组织全校党员干部认真学习了《中国共产党党员领导干部廉洁从政若干准则（试行）》、《中国共产党纪律处分条例》、《中国共产党党内监督条例（试行）》、《中国

共产党党员权利保障条例》等党内法规，开展了学习宣传郑培民、汪洋湖等先进人物典型事迹活动，利用成克杰、李真、马向东腐败案等大型案例以及高校发生的典型案例进行了警示教育。配合示范教育和警示教育活动，先后在全校处级干部中开展了“参加革命为什么？现在当干部做什么？将来身后留点什么？”和“向汪洋湖同志学习什么？怎样做一个党和人民信得过的干部？”大讨论，分别开展了“学党章，学讲话，学条规”和“学习两个《条例》”知识竞赛。通过报告会、警示教育大会、知识竞赛、专题大讨论等形式，共组织处级以上领导干部反腐倡廉教育活动12次，集中收看录像片14部，发放学习资料20余种、10000余册。各基层党委按照学校部署，组织学习教育活动150多次，参加学习的党员、干部达21000多人次。通过加强反腐倡廉教育，广大党员干部提高了党性觉悟，增强了反腐倡廉自觉性，提高了拒腐防变能力，有效预防了违纪违法现象的发生。

（二）廉洁自律工作不断深化，领导干部廉洁从政自觉性进一步增强

五年来，认真贯彻落实《廉政准则》、“四大纪律，八项要求”、“五不许”以及教育部党组“六不准”等领导干部廉洁从政的一系列规定。根据上级部署，认真开展领导干部廉洁自律专项治理工作，先后对领导干部子女从业、公务用车、企业兼职、购买商业保险等情况进行了检查、清理，对发现的问题及时进行了纠正，进一步规范了领导干部从政行为。制定实施了领导干部重大事项报告制度和个人收入申报制度、述职述廉制度，进一步完善了领导干部诫勉谈话制度，取得了明显成效。

按照中纪委、中组部《关于提高县以上党和国家机关党员领导干部民主生活会质量的意见》，认真组织处级以上党员领导干部民主生活会，结合当年工作实际，确定民主生活会主题，把执行廉洁自律各项规定情况作为民主生活会的重要内容。各级领导干部带头遵守《廉政准则》及各项规定，常修为政之道，常思贪欲之害，常怀律己之心，廉洁自律意识和廉洁从政自觉性进一步提高。

（三）加大监督检查力度，执法监察和纠风工作成效明显

认真履行监督职责，加强对招生及人、财、物管理等工作的执法监察。认真执行教育部《关于普通高等学校招生监察工作的暂行规定》等规定，全程参与本专科生招生录取和研究生、保送生、各类特长生、艺术类学生的测试、招生等工作环节的监督。认真参与干部选拔任用、考核考察、公示和学校各类人员招聘工作，充分发挥监督作用。认真开展学校各类招标程序的监督，确保了各项规定的落实，维护了学校的声誉。

以治理教育乱收费为重点，认真开展学校收费工作专项检查。2001年，按照上级要求，会同有关部门，对学校各类收费项目进行了专项检查，进一步规范了收费行为。2004年，与有关部门配合，按照上级有关规定，对学校各类收费进行了清理，经学校收费工作领导小组研究，取消了49项不符合规定的收费项目。对各医院重点抓了行风建设和解决医药购销领域中存在的突出问题，取得一定成效。通过纠风工作的深入开展，维护了师生员工和人民群众的切身利益，赢得了社会各界的好评。

（四）创新机制、制度，源头治理工作稳步推进

坚持标本兼治、重在治本，把反腐倡廉寓于机制、制度的改革与创新之中，有力地推动了源头治理工作。

全面推进校务公开。在广泛调研的基础上，2002年1月出台了《山东大学关于推行校务公开制度的意见》，建立起党委统一领导，行政主管，纪检监察、工会等有关部门协调和监督，职能部门各负其责，师生员工积极参与的校务公开领导体制和工作机制，确定了重点公开内容，规范了公开形式，校、院两级校务公开全面启动。为了使校务公开工作向纵深开展，2004年11月，学校出台了《山东大学关于财务公开工作的实施意见》，使校务公开工作继续深入和不断延伸。由于校务公开工作抓得早、抓得实，我校校务公开工作赢得了师生员工的好评，得到了上级有关部门的充分肯定。

加强对学校招投标工作的监督。在纪委、监察处的积极推动下，2001年底，学校成立招标工作领导小组和招标工作办公室，制定了《山东大学招投标管理暂行办法》，将原来由各职能部门负责的分散招标集中到招标办公室统一组织进行。根据教育部要求，2004年12月，学校成立政府采购工作领导小组，设立政府采购事务中心，出台了《山东大学政府采购管理实施办法》，凡是使用学校财政性资金的物资采购、基建工程、修缮工程、服务项目等全部纳入学校招标范围。为了把廉政建设寓于招标工作之中，从2002年开始，在与中标单位签订合同时，签订《山东大学物资采购招标工作廉政责任书》、《山东大学基建修缮工程廉政协议书》。2002年以来，学校共组织各类招标1200余次，全部实行阳光操作，没有发生违纪违法现象，取得了较好的经济效益和社会效益。

加强对落实“收支两条线”有关规定的监督检查。2002年以来，学校制定了《山东大学落实“收支两条线”规定，加强预算外资金管理暂行规定》、《山东大学关于依法理财，加强财经管理的若干意见》等一系列规章制度，将各单位的全部收入纳入学校预算管理，统一进行核算，推行会计委派制，实行收支两条线管理，建立健全了学校内部各级经济责任制。2003年底，为了推动有关制度落实，纪委、监察处牵头，会同审计处、计财处等职能部门，认真开展了全校性的财务专项检查，对于防止私设“小金库”，防范经济领域的违纪违法现象，推动学校党风廉政建设发挥了重要作用。

（五）认真做好信访举报和案件查办工作，维护学校改革发展稳定大局

认真落实中纪委关于纪检监察信访举报工作的规定，按照“热情接待，认真听记，妥善处理，教育疏导”的工作要求，对信访件认真分析研究，及时、恰当、正确地作出处理。为了进一步规范工作程序，完善工作制度，今年11月出台了《山东大学纪检监察信访举报工作实施细则》。五年来，共受理来信来访626件次，在各单位的大力支持和配合下，基本做到了“事事有回音，件件有着落”。在认真做好信访核查的同时，注意从中发现案件线索，认真做好案件查办工作。五年来，纪委自查、配合地方检察机关核查各类涉嫌违纪违法案件12件，给予党纪处分6人。在信访举报和案件查办工作中，坚持惩治腐败与保护党员、干部权利并重，促进了党员干部廉洁自律，既维护了党纪法规的严肃性，又维护了师生员工的合法权益和学校改革发展稳定的大好局面。

（六）认真执行党风廉政建设责任制，反腐倡廉工作的整体合力进一步形成

2001年，根据党中央、国务院《关于实行党风廉政建设责任制的规定》和上级要求，在总结原三校经验的基础上，重新制定了《山东大学关于实行党风廉政建设责任制的实施办法》，明确规定了校级和中层领导班子及其成员在反腐倡廉工作中所负的领导

责任。2002年制定了《山东大学中层领导班子和领导干部党风廉政建设责任制考核办法（试行）》。2002年下半年，纪委与组织部联合组成考核组，对32个单位的领导班子和169名领导干部任现职以来执行党风廉政建设责任制情况进行了专项考核。2003年，又将党风廉政建设责任制延伸到涉及人、财、物等管理岗位的科级党员领导干部。五年来，各级领导班子和领导干部执行党风廉政建设责任制的责任意识明显增强，工作力度明显加大，进一步形成了反腐倡廉工作的整体合力。

我校反腐倡廉工作取得的成绩，是在学校党委和上级纪委的正确领导下，全校各级党组织、各职能部门、广大党员、干部和全校师生员工共同努力的结果。全校专兼职纪检监察干部认真学习贯彻中央反腐倡廉工作的基本理论和工作方针，积极探索新形势下学校反腐倡廉工作的新途径、新方法，积累了一些经验。

——必须坚持党风廉政建设和反腐败工作的领导体制和工作机制。反腐倡廉工作是一项系统工程，是全局性工作，坚持“党委统一领导，党政齐抓共管，纪委组织协调，部门各负其责，依靠群众的支持和参与”的反腐败领导体制和工作机制，是加强党的领导，发挥党的政治优势，形成反腐败整体合力，推进学校反腐倡廉工作深入开展的组织保证。

——必须服从服务于学校改革发展稳定大局。纪检监察工作是学校改革发展和党的建设的重要组成部分，必须服从服务于学校改革发展稳定的大局，自觉把纪检监察工作放在学校工作的全局来定位，正确处理预防腐败和学校改革发展稳定的关系，将反腐倡廉工作寓于学校的改革发展之中。

——必须坚持标本兼治、重在治本，不断强化源头治理。五年来，纪委针对重点领域和关键环节，积极协调职能部门狠抓机制、制度创新，推行校务公开，逐步规范招投标工作，认真落实“收支两条线”等规定，建立健全有关规章制度，取得了较好效果。实践证明，只有坚持“标本兼治，综合治理，惩防并举，注重预防”的方针，不断深化源头治理，才能有效遏制腐败现象的滋生蔓延，才能使领导干部少犯或不犯错误。

——必须坚持教育、制度、监督三者并重。教育是基础，制度是保证，监督是关键，三者相互促进，相辅相成。五年来，纪委不断加强党员干部特别是党员领导干部的思想道德教育和纪律教育，不断完善反腐倡廉制度体系，不断完善监督制约措施，促进了学校党风廉政建设和反腐败工作的深入开展。实践证明，只有坚持教育、制度、监督三者并重，才能最大限度地发挥预防和治理腐败的综合效能，从根本上防止违纪违法现象的发生。

在总结成绩和经验的同时，必须清醒地看到工作中存在的问题和不足。主要是：面对不断发展的新形势和出现的新情况、新问题，反腐倡廉教育的针对性和实效性不够，有待于进一步提高；对重点领域重点环节的监督制度和措施不够完善，监督的有效性还需要进一步增强；对违纪违法案件的查处力度还需要进一步加大。今后要围绕这些问题，加大工作力度，认真采取措施加以解决。

二、今后工作的主要任务

当前，学校党风廉政建设和反腐败工作呈现出健康发展的良好态势，但是也要看到，随着办学体制、机制改革不断深化，学校与社会的联系日益密切，直接参与经济活动越来越频繁，给学校管理带来许多新问题；由于优质教育资源供需矛盾依然突出，社会上各种腐败现象和不正之风对学校的干扰和影响不能低估，滋生腐败的土壤不可能短期内消除，学校反腐倡廉工作任重道远。

（一）深入学习、全面贯彻落实《实施纲要》

去年底，中共中央颁布的《建立健全教育、制度、监督并重的惩治和预防腐败体系实施纲要》，以邓小平理论和“三个代表”重要思想为指导，体现了党中央关于惩治和预防腐败的基本思路和总体要求，是当前和今后一个时期深入开展党风廉政建设和反腐败工作的指导性文件。贯彻落实《实施纲要》，构建符合我校实际的惩治和预防腐败体系，是一项长期的、重大的政治任务，是一项艰巨的系统工程。学校党委最近出台的《关于落实〈建立健全教育、制度、监督并重的惩治和预防腐败体系实施纲要〉具体办法》，运用多年来学校反腐倡廉工作的经验，按照教育部党组、山东省委的要求，结合学校实际，对当前和今后学校反腐倡廉工作作出全面规划，对工作任务进行了具体分解，具有较强的可操作性，是贯彻落实《实施纲要》的重要措施。要把落实《具体办法》纳入学校工作的总体部署，纳入各级领导班子建设和队伍建设，按照党风廉政建设责任制的要求，加强领导，抓好协调，把《具体办法》确定的各项任务落到实处。

（二）深入开展反腐倡廉教育，进一步提高领导干部廉洁自律自觉性

认真开展反腐倡廉教育，充分发挥教育的基础作用。在学校党委的领导下，健全完善大宣教格局，进一步完善反腐倡廉宣传、教育制度，改进教育的方式方法。反腐倡廉教育要以领导干部为重点，面向广大党员和师生员工。对各级领导干部要认真开展马克思主义的世界观、人生观、价值观和正确的权力观、地位观、利益观教育，对广大党员加强理想信念教育、党的优良传统和作风教育、党纪条规教育、反腐倡廉形势教育，对全体教职工进行法律法规教育、职业道德教育、学术道德教育和社会公德教育，对医务工作者进行医德医风教育，对青年学生重点开展廉洁诚信教育。在教育活动中，要注意整合教育资源，调动各方面力量，进一步丰富教育内容，创新教育方式，不断增强教育的针对性和实效性。重视校园廉政文化建设，紧紧围绕建设和谐校园，积极推进廉政文化进校园工作，加强阵地建设和队伍建设，综合运用多种载体，采取师生员工喜闻乐见的形式，开展丰富多彩的文化活动，努力营造以贪为耻、以廉为荣的良好氛围。

坚持不懈地做好领导干部廉洁自律工作。严格执行《廉政准则》、“四大纪律，八项要求”等廉洁自律、廉洁从政的各项规定，不断增强领导干部廉洁自律和自觉接受监督的意识，强化廉洁奉公、执政为民的观念。

（三）坚持预防为主，深入开展源头治理工作

继续坚持抓好校务公开、招投标、“收支两条线”规定以及重大决策、重要干部任免、重大项目安排和大额度资金的使用必须经过领导班子集体研究决定等制度的落实。大力推进依法治校，结合学校教学、科研、管理各领域机制与制度的改革创新，增强工作的预见性，把预防腐败寓于制度建设之中，建立健全有利于防范腐败的机制和制度体系，逐步消除腐败现象滋生蔓延的土壤。在制定、完善制度的同时，加强监督检查，促进制度落实，真正做到用制度规范权力运行，用制度约束领导干部的从政行为，从源头

上预防腐败现象的发生。

（四）加大工作力度，强化监督检查

进一步整合监督资源，完善监督体系，加大工作力度，提高监督的整体效能。深入贯彻落实《中国共产党党内监督条例（试行）》，推动党内监督工作深入开展。充分发挥教代会、工会、民主党派、社会团体的民主监督作用。在继续加强重点领域和重要环节监督的同时，进一步拓宽工作领域，加大执法监察工作力度，充分发挥审计处、计划财务处等职能部门的监督作用。畅通信访举报渠道，完善信访处理机制，认真做好信访举报工作。深入推进校务公开，保障师生员工的参与权、知情权和监督权。深入开展效能监察，促使领导干部正确行使权力，确保政令畅通，提高工作效率，有效使用教育资源，克服和纠正奢侈浪费现象。

（五）深入开展纠风工作，坚决查处违纪违法案件

进一步深化纠风专项治理，切实解决损害群众利益的突出问题。继续推进教育收费和招生领域的"阳光工程"，严格落实已经明确的收费政策和管理措施，加强对学校收费和招生工作的监管。着力纠正学术上的不正之风，从制度和工作环节上防止申报奖励、职称评定、发表论文等工作中的弄虚作假现象。加强医德医风建设，纠正医药购销和医疗设备采购中的不正之风，进一步建立健全医疗单位纠风工作机制和纠风工作责任制。

坚持"有贪必反，有腐必惩，有乱必治"的原则，进一步加大查办案件力度，重点查处领导干部中滥用权力、谋取非法利益的违纪违法案件，严肃查处严重损害群众利益、破坏学校及社会和谐安定的案件，失职渎职给国家利益造成重大损失的案件。认真贯彻中纪委《关于纪检监察机关严格依纪依法办案的意见》，健全办案程序，严格案件审理，严明办案纪律，确保办案质量。充分发挥查办案件的治本功能，认真分析案发原因，加强警示教育，堵塞机制和制度上的漏洞，促进反腐倡廉工作。

（六）全面落实党风廉政建设责任制

继续认真落实《山东大学关于实行党风廉政建设责任制的实施办法》，切实把党风廉政建设纳入到学校总体工作之中，与教学、科研、管理等各项行政、业务工作一起部署、一起检查、一起考核；切实做好工作规划和任务分解，认真组织监督检查和考核。各单位党政领导班子主要负责人要严格按照"一岗双责"的要求，承担起责任。进一步完善《山东大学中层领导班子和领导干部党风廉政建设责任制考核办法（试行）》，并做好考核工作。加强责任追究工作，制定党风廉政建设责任制责任追究办法，进一步完善党风廉政建设责任制的相关制度。

（七）加强纪检监察队伍建设

努力造就一支政治坚强、公正清廉、纪律严明、业务精通、作风优良的专兼职纪检监察队伍。纪检监察干部要进一步加强思想建设，坚持用邓小平理论和"三个代表"重要思想武装头脑，解放思想、与时俱进，在思想观念、工作方法、工作作风等方面自觉适应不断发展变化的形势；要熟练掌握纪检监察业务，努力学习经济、法律、科技、管理等方面的知识，不断提高纪检监察工作的能力、正确运用政策和策略的能力、办案能力、严格依纪依法履行职责的能力和有效组织协调的能力。纪检监察干部要进一步增强

从事纪检监察工作的荣誉感和使命感，维护纪检监察干部秉公执纪执法的良好形象。

同志们，加强党风廉政建设和反腐败工作，是学校各级党组织、广大党员的重要使命。让我们在学校新一届党委领导下，以邓小平理论和“三个代表”重要思想为指导，坚持科学发展观，与时俱进，开拓创新，努力开创学校反腐倡廉工作的新局面，为全面实现第十二次党代会确定的工作任务和目标而努力奋斗。

2005 年 12 月 19 日

山东大学关于建设节约型校园的意见

（山大字［2005］25号）

学校各单位：

为认真贯彻中共中央、国务院关于建设节约型社会的战略部署和山东省委、省政府的有关会议和文件精神，切实厉行节约，降低办学费用，提高办学效益，形成勤俭节约的风尚，确保学校事业健康、快速、可持续发展，经研究，就建设节约型校园提出如下实施意见。

一、充分认识学校建设节约型校园的重要意义

建设节约型社会是中共中央、国务院在新形势下作出的重要战略部署，是坚持和落实科学发展观、建设社会主义和谐社会、促进经济社会持续快速协调健康发展的必然要求。节约型校园建设，是节约型社会建设的重要方面。高等学校是引领社会发展的重要力量，高校师生是社会文明风尚的引领者和实践者。我们要通过创建节约型校园，降低办学成本，提高办学效益，培养具有节约意识和能力的高素质人才，为建设节约型社会、提高全社会节约意识作出积极贡献。

创建节约型校园是建设国内外知名高水平大学的基础和保障，对我校的发展建设有重要的现实意义，是加强和谐校园建设的必然选择，也是我校全面协调和持续发展的内在要求。合校以来，学校建设和发展取得了明显成效，但我们必须清醒认识到学校发展面临的严峻挑战。我校人员多，规模大，负担重；基础设施建设底子薄，需要建设的项目多，投入大；校区分散，资源整合困难，运行成本高；加上学校发展较快，基本建设任务重，财务经费十分紧张。只有开源节流、精打细算、共同努力，才能保障学校健康快速发展，保障师生生活和工作条件的不断改善和福利待遇的逐步提高。我们要发扬艰苦奋斗、勤俭节约的优良传统，以节能、节水、节材和资源综合利用为重点，以降低学校运行成本为目标，加强管理，强化节约意识，建设节约文化，健全节约制度，建立长效机制，引导和规范师生员工厉行勤俭节约，形成节约光荣、浪费可耻的良好风尚，促进节约型校园建设取得明显成效。

二、建设节约型校园的工作措施

（一）日常办公节约

1．节约用电。坚决杜绝长明灯和白昼灯，养成随手关灯习惯，做到人走灯灭；合理控制公用区域的照明，路灯、装饰灯、绿化灯等要根据季节变化控制好开关时间，公用教室、学生宿舍区走廊灯普遍安装自控延时开关。加强办公区域空调管理，采用节能技术，严格控制空调温度，努力做到夏季不低于26℃，冬季不高于20℃，做到无人时不开空调，开空调时不开门窗；有中央空调区域指定专人负责，少数人加班不开中央空调；不在公共教学区域安装空调。供热管理服务中心要充分利用自然资源，学生浴室逐步安装太阳能装置。微机、传真机、复印机等设备尽量减少待机时间，下班后必须断电，不在电脑上做与学习、工作无关的事情。

2．节约用水。用水后随手关闭水龙头，严禁清水长流；提倡使用循环水、水桶抹布擦洗车辆，严禁用高压水龙头冲洗车辆；对学生宿舍区和办公室隔夜饮用水设置收集器具，做好再利用。水电管理服务中心要加强对办公、教学等公共场所水龙头的管理，公用水龙头全部安装节水装置；加大巡查力度，杜绝跑、冒、滴、漏现象。楼宇管理服务中心对办公楼、公教楼的饮水设备落实专人负责，下班立即关闭。校园管理服务中心要测算浇花、草、树木每年所需用的水量，安装中水设备，使用循环水浇灌，尽量利用自然雨水，减少绿地喷灌。喷泉、装饰照明等景观，除重大活动外尽量不予开放。

3．节约办公用品。对微机（笔记本电脑）、打印机、数码相机、复印机、空调、传真机、碎纸机等办公设备、用品严格限定配备的数量和配置标准，实现资源有效利用和共享。积极提倡修旧利废，办公设备能维修的尽量维修，确需更换的要以旧换新。充分利用网络办文，校内普发文件、各单位通知、工作简报、交流信息等要采取网上发布形式，减少纸质文件传递；校内书面材料一律双面印刷；提倡在电子媒介上修改文稿，减少重复清印次数。提倡使用钢笔书写，减少圆珠笔和一次性签字笔的使用数量。压缩报刊订阅数量，学校报刊专项经费只用于订阅党报、党刊，各单位公用经费只允许订阅党报、党刊及与本单位业务密切相关的报刊，并须经学校党委宣传部与计划财务处会签批准。

4．降低交通、通讯工具费用。严格控制外线电话的开通和使用，合理设置话费限额，通话时简明扼要，杜绝使用办公电话聊天或拨打信息台。实行车辆定点定车加油，登记单车燃油消耗，实行车辆定点维修和定期保养，严禁公车私用。

5．降低会议接待和差旅费用。精简会议，尽量少开会、开短会，跨校区会议尽量开视频会；严格控制会议经费开支，会议食宿安排从严掌握；校内会议不得到校外宾馆召开，不摆一次性鲜花，不提供笔记本、笔和文件袋，一般不提供工作误餐；会议室布局增加一次性投入设备用具，减少经常性投入，有条件的要以电子显示屏代替会议横幅等。校党委宣传部加强对校内宣传栏及条幅的管理，力求达到“少而精”。严格接待标准和审批程序，减少陪餐人数，杜绝超标准接待。严格掌握差旅费标准，控制短途乘坐飞机和超标准住宿。

6．加强财务管理。合理分配各部门、各单位的基本支出经费，严格掌握预算经费的开支范围和标准，大力压缩一般性支出，坚决遏制会议费、差旅费、接待费、公务费等过快增长的势头。凡是符合政府采购的项目，必须执行政府采购制度。任何单位只要其管理使用的基金或管理费仍有结余，一律不准追加预算经费，特殊情况申请追加预算经费，必须先通过检查和审计。

通过以上措施，力争把办公运行经费压减10%。

（二）维修工程节约

严格测算维修工程单元报价，规范修缮审批程序，确保维修工程质量，有效地降低工程造价。积极引进新技术、新工艺，采用节能型建筑结构、材料、器具和产品，提倡修旧利废。大型仪器设备更新要反复论证、科学决策，避免重复购置等浪费现象。实验室环境改造要制定相关标准，强化统一管理。

（三）基建工程管理节约

以建设节约型校园为原则修订校园总体规划，合理利用校园土地，安排合理的容积率与绿化率。在保证基本需求的前提下，分期适度安排基建项目，避免基建借贷还款压力过大。在前期立项与设计阶段，要充分论证，深化、细化设计方案，本着尽力满足需求、实用、耐用的原则确定功能要求和定位。在保证使用功能的前提下，尽可能增加使用面积。尽可能采用新工艺、新材料，推广建设低能耗、超低能耗和绿色建筑。规范施工过程中的现场变更、签证制度，避免人为增资、超资现象的发生。充分利用省、市政策，最大限度地减免各种城市建设配套费用。细化工程量清单报价方法，在确保质量、工期的前提下，尽可能降低工程总造价。科学规范签订施工承包合同，杜绝损害学校利益事件发生。提前介入设备材料招标采购供应，在保证质量的前提下降低采购成本及运行成本。竣工验收交付使用后，应完善物业管理，延长各种设备、设施的使用寿命，降低维修费用。

（四）加强资产管理，提高使用效益

1. 建立资产效益评价体系。树立投入与产出、成本与效益、资源配置与有效利用相一致的观念，实现办学的全成本核算。逐步完善《公房定额配置，超定额有偿使用办法》、《仪器设备使用效益考核评价办法》等资产效益评价体系，积极推行《科研用房有偿使用管理办法》，发挥公房资源的最大使用效益。逐步探索改革目前的公房管理办法，加大调节力度，使公房资源合理流动。定期公布院部房屋资源占用量和学生培养情况，实现资源及其效益的合理评价与公开监督，促进资源占用单位的自我约束和管理；严格实行公房使用巡查制度，加大对公房使用的监督检查力度。对配置不合理、闲置浪费的公房及挤占教学用房等现象进行清理，提高公房的利用率和使用效益。

2. 完善经营性资产保值增值考核管理办法。定期对产业集团所属公司及未进入产业集团的企业进行清产核资，科学评价和规范考核国有资产保值增值，维护学校所有者权益，规避运营风险，防止国有资产流失，提高资产使用效益。

3. 制定对外投资管理办法。规范学校对外有形、无形资产投资行为，形成科学的对外投资运行机制，规避投资风险，强化投资控制，明确投资收益分配办法，确保投资回报率，维护学校合法权益。

（五）坚定不移推进改革，促进节约

要积极推进后勤和各项管理改革，不断探索形成通过改革促进节约的机制。近期重点抓好以下几方面：一是加强能源管理，按照《山东大学能源管理办法》，进一步完善计量方式，实行水、电、供暖计量收费。二是进一步完善学校后勤成本项目核算体系，有效降低运行成本。供热管理服务中心根据采暖季的实际发生量测算单元耗能指标，交通服务中心测算交通车、班车百公里耗油指标，为运行成本核算和实行收费制改革提供科学依据，实行校园公交车收费与补贴相结合制度的改革。三是积极推进家属区物业管理社会化，提高管理规范化水平和管理质量，减轻学校负担。四是规范办公用品的标识、规格和制作，凡学校标志性纸质办公印刷品（信封、稿纸、文件袋、笔记本等）由校长办公室通过招标方式统一制作，禁止各单位自行印制。五是办公家具按标准配备，通过比价、招标采购和厂家直供等方式，降低采购价格，确保采购物品价廉物美。六是假期实行公共教室、学生宿舍、食堂分区集中定点开放，提高相关设施运行效益。

三、切实加强组织领导，把各项措施落到实处

建设节约型校园，关键在领导、在落实。学校职能部门和相关单位要进一步增强责任感，切实把建设节约型校园作为一项重要工作，加强领导，精心组织，强化责任，狠抓落实，确保节约型校园建设取得明显成效。

（一）加强领导，明确责任

学校成立节约型校园建设领导小组。领导小组由分管校领导任组长，校长办公室、组织部、宣传部、监察处、机关党委、国资处、财务处、后勤处、审计处、基建处等部门负责人参加，负责研究、检查和督导各项工作落实情况。领导小组办公室设在校长办公室。各单位主要负责人为本单位建设节约型校园工作的第一责任人，并明确一名负责同志具体负责本单位建设节约型校园的工作，认真履行应有的职责，抓紧抓好各项工作的落实。

（二）搞好宣传发动，广泛开展教育活动

深入组织开展创建节约型校园的专题学习活动。学习胡锦涛同志关于树立和落实科学发展观的讲话精神、温家宝同志关于建设节约型社会的讲话、《国务院关于做好建设节约型社会近期重点工作的通知》等相关文件、政策法规以及我校创建节约型校园的相关文件。要把节约型校园建设同保持共产党员先进性教育紧密结合进行，把节约教育作为新生入学教育和大学生思想政治教育的重要内容。

充分发挥校内外新闻媒体的舆论引导和监督作用，努力营造创建节约型校园的浓厚氛围。校内各新闻媒体开设创建节约型校园专栏或专题，进行“资源国情”教育，宣传节约资源、建设节约型校园的重大意义及党和国家关于资源节约的政策、法规、相关知识；宣传我校各单位节约资源的先进经验和先进事迹，开展主题调研活动，搜集和整理目前存在的浪费行为和现象，并对严重浪费现象予以揭露、曝光，积极推动我校节约型校园创建活动，树立学校良好的社会形象。

（三）查找问题，制定整改措施

凡是管理大宗专项资金和资源的部门要结合专项资金（资源）管理办法进一步完善增收节支的具体措施。各单位和个人要结合工作实际，对照建设节约型校园的要求，认真查找工作环节中存在的浪费问题，制定可行的整改措施并切实抓好落实。涉及全校性的问题要提出操作性强的方案和解决办法。各单位的整改措施和形成的制度要在本单位公布，并报领导小组办公室。

（四）加强监督检查，奖优罚劣

节约型校园建设领导小组办公室不定期对建设节约型校园工作情况进行检查，并将检查情况在全校范围内予以通报。同时，将建设节约型校园工作纳入年度考核，作为评选先进单位和考核部门负责人工作业绩的重要依据。

建设节约型校园是一项长期任务。各单位要紧密结合自身工作，充分调动师生员工的主动性、积极性和创造性，抓好落实工作，形成长效机制，努力把我校建设成节约型校园。

2005 年 11 月 22 日

中共山东大学委员会　山东大学关于加强和谐校园建设的意见

（山大党字［2005］12号）

为深入贯彻“三个代表”重要思想，全面落实科学发展观，推动学校持续健康发展，创建国内外知名的高水平大学，现就加强和谐校园建设提出如下意见。

一、提高对建设和谐校园重要性的认识

1．构建社会主义和谐社会，是以胡锦涛为总书记的党中央从全面建设小康社会全局出发提出的一项重大战略任务。要深入贯彻党的十六大、十六届三中、四中全会和全省构建和谐社会工作会议精神，认真学习领会构建社会主义和谐社会的重大意义、科学内涵、基本特征、重要原则和主要任务，把思想统一到中央和省委的决策部署上来。

2．和谐校园建设是构建和谐社会的重要组成部分。我们要建设的和谐校园应该是安定有序、民主法制、公正高效、诚信友爱、充满活力、人与自然和谐相处的大学校园。

3．和谐校园建设是保证学校全面协调和持续发展的内在要求，是建设国内外知名高水平大学的基础和保障，也是全校师生员工实现自身全面发展的必然要求。

二、坚持依法治校

4．依法治校是和谐校园建设的制度保证。要根据国家法律和有关规定进一步健全和完善学校教学、科研、管理和社会服务等方面的一系列规章制度，规范办事程序。

5．依法治校要与民主办学相结合。要进一步推进校务公开，学校的重要决策要公开透明、集思广益，充分发扬民主。加强教代会、学代会制度建设，重视发挥其在学校民主决策中的重要作用。加强各级学术委员会建设，充分发挥专家学者在学术评价、学术发展、学术管理中的主导作用。

6．依法治校要与维护师生利益相结合。要建立健全师生的申诉制度，要为师生的学习、工作和生活创造更好的条件，要为学生的成才成长提供更多的选择和沟通交流的平台，为教师的发展创造更为广阔的空间和施展才华的舞台。

7．依法治校要注重营造良好的校园法制环境。要进一步加强法制教育，增强师生

的法律意识，提高遵纪守法、依法办事的自觉性，用良好的校园法制环境推动学校各项事业的快速发展。

三、营造充满人文关怀的校园氛围

8. 坚持以人为本，形成尊重人、关心人、理解人、宽容人的良好氛围，努力实现好、维护好、发展好师生员工的根本利益。

9. 继续实施爱心工程。要关注学者、学生的健康和成长，特别要关心家庭经济困难学生，完善资助体系，开展爱心助学活动。

10. 努力满足师生个性化发展需求，鼓励师生用发展的眼光看待自己、评价他人。根据师生的自身特点、兴趣爱好和潜能尽可能地为其提供个性化的培养和服务。

四、创造安全稳定的校园环境

11. 把“平安校园”建设与学校的改革发展结合起来，加强综合治理，与地方治安部门配合，严厉打击校内犯罪活动，积极开展与所在社区、地方政府的文明共建活动，为学校发展创造良好的校园和周边环境。

12. 重点做好防火、防盗、防中毒、防意外事故、疾病控制等工作，不断增强师生在校园中的安全感。

13. 坚持预防为主、防控结合，做好对各类突发事件的应急处理预案，完善处置突发事件预警机制。

五、建设充满活力的校园文化

14. 坚持马克思主义在意识形态领域的指导地位，深入进行学校文化建设的研究，用优秀的、充满活力的校园文化推动学校的发展。

15. 充分挖掘学校百年历史的宝贵资源，传承以学术立校，以育人为本，严谨治学，开放拓新，自然科学与人文科学并举，体现浓重人文情怀的优良传统。

16. 倡导崇尚科学、尊重人才、鼓励创新、兼容并包等观念，大力弘扬“壁立千仞，海纳百川”的山大精神，努力实践“气有浩然，学无止境”的校训，并使之成为我们的办学理念和山大人的共同价值追求。

17. 适应信息化和高等教育国际化的要求，在继续组织好精品校园文化活动的同时，不断凸现校园网络文化的新亮点，不断拓展跨国度、跨校园文化沟通交流的新渠道。

六、致力建设绿色校园

18. 要努力形成一个布局合理、环境宜人、清洁优美、充满人文气息、生态良性循环并与校园文化融为一体的绿色校园环境，充分发挥其应有的教育和示范作用。

19. 加强保护环境教育，倡导人与环境友好的理念，在科学发展观的指导下，按照生态园林、绿化美化、环境卫生、污染治理等指标做好校园规划，并认真组织实施。

七、担承大学的社会责任

20. 树立山大和山大人良好的社会形象，把山大校园建设成为所在社区和城市亮丽的风景，成为构建和谐社会的示范园。

21. 发挥学科与人才优势，大力开展科学研究和社会服务，为和谐社会建设提供智力支持。重点落实好《山东大学服务山东行动方案》和《山东大学服务济南行动方案》。

22. 认真组织开展大学生社区志愿服务活动，倡导社会新风，开展社区服务，为促进社会的文明进步作出实实在在的贡献。

八、推进机关作风建设

23. 进一步强化“服务学术，服务学者，服务学生”的意识，实现从“管理教师学生向为教师学生服务”的转变，从“管理教学科研向为教学科研服务”的转变。

24. 机关工作人员要有明确的是非观，形成褒扬好人好事、批评不良风气的氛围，在招生、考试、招聘、招标、职聘、评奖和资源分配等工作中，坚持按规则、标准行事，坚持廉洁奉公，做到为民、务实、清廉。

25. 把是否有利于教学、科研和学科发展，是否有利于教工和学生的切身利益，是否有利于学校事业的长远发展作为学校管理的价值取向，进一步明确岗位责任，规范工作流程，简化管理环节，加强工作协调，切实提高工作效率。

26. 倡导终生学习和研究状态下工作的理念，创建学习型机关和团队，努力提高机关工作人员的综合素质和履行岗位职责的能力，为实现个人、单位、学校的可持续发展提供源源不断的动力。

九、用真诚和奉献共建美好家园

27. 各级党政领导要切实加强对和谐校园建设的领导和组织实施，结合本部门、院部和各自单位的实际制定出实施细则或具体措施，学校将进行阶段性检查，不断推进和谐校园建设工作。全校师生员工要牢固树立和谐发展的观念，以主人翁的姿态，积极投身于和谐校园的建设中，用自己的真诚、爱心和奉献共建我们美好的家园。

28. 和谐社会的构建是我们共同的愿景，和谐校园的建设是我们长期的任务。我们要注重营造氛围，加强宣传教育，强化工作落实，建立长效机制，坚持常抓不懈，实现学校全面、协调、可持续发展。

2005 年 6 月 7 日

中共山东大学委员会
保持共产党员先进性教育活动实施方案

（山大党字［2005］21号）

根据中共中央、山东省委关于第二批保持共产党员先进性教育活动的部署，按照省委组织部和省委高校工委《关于高等学校深入开展以实践“三个代表”重要思想为主要内容的保持共产党员先进性教育活动的实施意见》的要求，结合我校实际，现制定我校开展保持共产党员先进性教育活动实施方案。

一、充分认识开展先进性教育活动的重大意义

在全党开展以实践“三个代表”重要思想为主要内容的保持共产党员先进性教育活动，是党的十六大和十六届四中全会作出的重大战略部署，是坚持用“三个代表”重要思想武装全党的重要举措；是推进党的先进性建设，提高党的执政能力，巩固党的执政地位，完成党的执政使命的基础工程；是实现全面建设小康社会宏伟目标，构建社会主义和谐社会，推进中国特色社会主义伟大事业的重要保证。高等学校是人才培养、知识创新和社会服务的重要基地，在经济建设和社会发展中发挥着极其重要的作用。在高校开展先进性教育活动，是加强高校党的建设、全面贯彻党的教育方针、实施科教兴国战略和人才强国战略的重要措施，是树立和落实科学发展观、促进高等教育事业全面协调可持续发展的迫切需要。

新山东大学成立五年来，在教育部和山东省委、省政府的正确领导和关心支持下，坚持以“三个代表”重要思想为指导，全面落实科学发展观，紧紧抓住合校的历史性机遇，以创新的教育理念为先导，以创建国内外知名高水平大学为目标，以融合、改革、发展为主线，实施全方位开放式发展战略、教育创新战略和人才战略，各项改革取得明显成效，学校整体实力显著提升，社会影响力不断增强，为国家和山东省的经济社会发展作出了应有贡献，学校呈现出良好的上升势头，进入了以提升学术竞争力、社会影响力和国际化水平为目标的新的发展阶段。在推动学校建设与发展中，各基层党组织努力成为“三个代表”重要思想的组织者、推动者和实践者，创造力、凝聚力和战斗力不断增强，充分发挥了战斗堡垒作用，作出了重要贡献。广大共产党员认真学习实践“三个代表”重要思想，全面贯彻党的教育方针，在各自工作岗位上较好地发挥了先锋模范作

用。从总体情况看，我校党员队伍和党组织的状况是好的，但对照新时期保持党的先进性的要求，还存在一些同新形势新任务要求不相适应、同“三个代表”重要思想和我校事业发展要求不相符合的问题。通过深入开展先进性教育活动，切实提高我校党员、干部的执政意识和整体素质，提高各级领导班子的治校能力和领导水平，把党的基层组织建设成为坚强的战斗堡垒，对于我们深入贯彻“三个代表”重要思想，全面落实科学发展观，抓住机遇，加快发展，建设和谐校园，实现创建国内外知名高水平大学的奋斗目标，具有重要而深远的意义。全校各级党组织和全体共产党员一定要充分认识开展先进性教育活动的重大意义，把思想统一到中央、省委的重大决策部署上来，为开展好先进性教育活动奠定坚实的思想基础。

二、指导思想和基本原则

开展先进性教育活动的指导思想是：坚持以邓小平理论和“三个代表”重要思想为指导，认真学习贯彻党的十六大、十六届三中四中全会精神，树立和落实科学发展观，按照立党为公、执政为民的要求，坚持党要管党、从严治党的方针，紧紧围绕创建国内外知名高水平大学和实施科教兴国战略、人才强国战略，紧密联系学校改革发展稳定大局和党员队伍建设的实际，教育广大党员深入学习实践“三个代表”重要思想，坚定理想信念，坚持党的宗旨，增强党的观念，认真解决思想、组织、作风、工作等方面存在的突出问题，保持党员队伍的先进性和纯洁性，增强党组织的创造力、凝聚力和战斗力，促进学校各项工作，推动和谐校园建设，培养中国特色社会主义事业的合格建设者和可靠接班人，为实现我校新时期、新阶段的跨越式发展，提供坚强的思想、政治和组织保证。

开展先进性教育活动的基本原则是：

1. 坚持突出学习实践“三个代表”重要思想这条主线。要把学习实践“三个代表”重要思想贯穿先进性教育活动的始终，教育引导广大党员坚定理想信念，增强学习实践“三个代表”重要思想的自觉性和坚定性；牢固树立和落实科学发展观，努力构建和谐校园；坚持全心全意为人民服务的宗旨，尽心尽力为群众解难事、办实事、做好事，真正把“三个代表”重要思想落实到做好本职工作上。

2. 坚持理论联系实际，务求实效。紧紧抓住取得实效这个关键，大力弘扬求真务实精神，把理论学习与制定学校“十一五”规划和落实学校工作部署结合起来，与人才培养、科学研究和社会服务结合起来，努力使广大党员成为先进生产力的开拓者、先进文化的弘扬者和最广大人民群众利益的维护者。

3. 坚持正面教育、自我教育为主，认真开展批评与自我批评。启发党员学习的自觉性和内动力，教育引导党员虚心听取意见，主动查找和切实解决自身存在的问题，同时相互帮助，共同提高。注重培养、树立和宣传先进典型，开展主题实践活动，为党员加强党性锻炼、发挥先锋模范作用创造条件。

4. 坚持发扬党内民主，走群众路线。尊重和保障党员的民主权利，虚心听取党员的意见和建议，进一步落实党员对党内事务的知情权、参与权、选择权和监督权，激发党员的自豪感、光荣感、责任感。把发扬党内民主与走群众路线相结合，坚持开门搞教育，采取多种渠道和方式，广泛征求群众意见和建议，自觉接受群众监督。

5. 坚持领导干部带头，发挥表率作用。全校党员领导干部特别是学校领导班子成员，要在抓好先进性教育活动的同时，带头参加学习，带头给党员上党课或作专题报告，带头开展批评与自我批评，带头查摆问题和制定落实整改措施，带头参加主题实践活动，带头帮助基层和师生员工解决实际困难和问题，为党员作出表率。

6. 坚持区别情况，分类指导。要根据各单位、各部门的工作性质和特点，针对不同岗位和不同文化层次党员的实际，坚持实事求是，在学习内容、时间安排、方法步骤、重点解决的问题等方面提出具体要求，力求使先进性教育活动贴近工作实际和党员实际。对流动党员和离退休党员，要在坚持总体要求的前提下，灵活安排学习内容和活动方式。鼓励各基层党组织从实际出发，大胆探索创新，增强先进性教育活动的针对性和实效性。

三、需要重点解决的问题和达到的目标要求

开展先进性教育活动，根本目的在于解决问题。通过先进性教育活动，着重研究解决目前我校党员和党组织中不同程度存在的六个方面的问题：(1) 政治观念和大局意识方面，不能系统和深入地学习党的基本理论，对“三个代表”重要思想以及党的教育方针理解不够深刻，贯彻不够自觉；理想信念不够坚定，党性意识和大局意识比较薄弱，政治敏锐性和政治鉴别力不够强。(2) 落实科学发展观方面，思想观念还不适应建设高水平大学的需要，忧患意识不强，对加快发展缺乏强烈的紧迫感、责任感；有的党员领导干部以科学发展观指导工作的自觉性不够高，解决学校改革发展中出现的深层次矛盾和广大师生关注的热点难点问题的能力不够强，科学管理、民主办学、依法治校的水平还有一定差距。(3) 宗旨观念方面，宗旨观念、群众观念不够强，工作作风不深入，为师生员工服务不到位；少数党员思想作风不端正，服务意识较差，计较个人得失，有的单纯追求个人利益。(4) 组织观念和廉洁自律方面，组织纪律观念不强，不能主动承担党组织分配的工作，不积极参加党组织的活动，有的党员特别是少数流动党员，不参加党组织活动，不按期交纳党费；有的党员特别是党员干部落实党风廉政建设责任制的意识不够强，执行廉洁自律的有关规定不严格。(5) 发挥党员作用方面，缺乏强烈的事业心、责任感和奉献精神，教书育人、管理育人、服务育人的意识不够强，不能充分发挥党员的先锋模范作用。(6) 基层党组织建设方面，有的基层党组织不能很好地适应新形势、新任务的要求，不能紧密围绕中心任务开展党的工作，工作缺乏创新，对党员的教育管理不力，党的活动和组织生活会质量不高，缺乏吸引力和实效性，政治核心作用和战斗堡垒作用没有得到充分发挥。

在先进性教育活动中，每一名党员都要对照党章规定的党员标准，结合自身思想、作风、工作实际和岗位特点，有针对性地找准并切实解决存在的突出问题。教学科研岗位上的党员，要着重解决在敬业精神、师德师风、教书育人、治学态度、创新精神、团队意识等方面存在的问题；管理岗位上的党员，要着重解决在全局观念、工作作风、服务意识、管理水平、工作质量和效率以及服务育人、管理育人等方面存在的问题；后勤和产业岗位上的党员，要着重解决在服务态度、服务水平、主人翁意识、风险意识、艰

苦创业精神以及正确处理个人利益与学校利益关系等方面存在的问题；医疗卫生岗位上的党员，要着重解决在医德医风、服务态度、医护形象、医疗水平等方面存在的问题；离退休党员，要着重解决在保持党员本色、老有所学、老有所为等方面存在的问题；学生党员，要着重解决在理想信念、入党动机、党性锻炼、成长成才以及服务社会、奉献社会等方面存在的问题。此外，学校各级领导班子成员还要特别注意解决在坚持立党为公、执政为民，树立和落实科学发展观和正确政绩观，群众观念、政治意识、大局意识、责任意识、发展意识、自律意识和管理能力等方面存在的问题。

通过先进性教育活动，要达到以下目标要求：

1. 提高党员素质。广大党员理想信念更加坚定，政治业务素质明显提高，实践“三个代表”重要思想的自觉性和坚定性进一步增强，对新时期保持党员先进性的标准要求进一步明确，先锋模范作用进一步发挥。党员队伍中存在的一些突出问题得到初步解决。

2. 加强基层组织。党组织在成为贯彻“三个代表”重要思想的组织者、推动者和实践者上取得新进展，创造力、凝聚力、战斗力明显增强，党员教育管理常抓不懈的工作机制不断完善，党建和思想政治工作进一步加强，基层党组织的政治核心作用和战斗堡垒作用进一步发挥。

3. 服务师生员工。广大党员的宗旨观念进一步增强，作风进一步改进，服务意识、服务能力和服务水平进一步提高，一些事关师生员工切身利益和影响学校改革发展稳定全局的突出问题得到进一步解决，党群干群关系进一步密切，广大师生切实感受到先进性教育活动的成效。

4. 促进各项工作。基层党组织和广大党员干部在落实科学发展观方面有新的作为，以教师和学生为中心、以学术为主导、以人才培养为根本任务的办学理念得到进一步落实，治校办学水平明显提高，教学科研、学科建设、人才培养和社会服务等各项工作有新的进展，学校学术竞争力、社会影响力和国际化水平进一步提升，各项事业持续快速健康发展。

四、总体安排与方法步骤

根据省委和省委高校工委部署，我校先进性教育活动从2005年7月中旬开始，至12月份结束，分四个阶段进行。

第一阶段：工作准备（7月中旬至8月下旬）

这一阶段主要是按照省委和高校工委的部署要求，继续做好先进性教育活动的各项准备工作。认真学习有关文件精神，掌握政策标准；成立学校先进性教育活动领导小组及办公室，明确职责分工，对骨干人员进行培训；深入调查研究，重点摸清我校基层党组织和党员队伍的思想状况，摸清流动党员的基本情况，掌握党员、群众对先进性教育活动的要求和期望，排查群众反映突出的热点、难点问题，进一步理顺党员组织关系。在此基础上，紧密结合学校实际，制定先进性教育活动实施方案，筹备动员大会，做好基层党组织负责人的培训工作。

第二阶段：学习动员（8月下旬至9月下旬）

1. 广泛发动，统一思想，营造良好氛围。8月下旬召开全校党员领导干部大会，对开展先进性教育活动进行全面动员和部署。会后，要以基层党委（党总支、直属党支部）为单位进行再动员，在动员的基础上，各支部召开支部会议，讨论本支部具体工作计划。通过思想发动，使广大党员深刻认识在全党开展先进性教育活动的重大意义，切实把思想统一到中央的重大决策和省委的部署要求上来，把先进性教育活动落到实处。要利用多种形式广泛宣传，努力营造广大党员干部群众关心、支持和积极参与先进性教育活动的浓厚舆论氛围。

2. 突出学习重点，提高学习质量。动员大会后，要迅速掀起学习高潮，以《保持共产党员先进性教育读本》为基本教材，重点学习党章，学习胡锦涛同志在新时期保持共产党员先进性专题报告会上及视察贵州、山东时的重要讲话精神，同时分学习实践“三个代表”重要思想、保持共产党员先进性、提高党的执政能力和坚持党要管党、从严治党等四个专题学习研读有关篇目。学习中，要把理论学习与改造世界观结合起来，与推动实际工作结合起来；把党的先进性与党员的先进性结合起来，把先进性要求融入本职工作中；把学习实践“三个代表”重要思想与树立和落实科学发展观结合起来，进一步增强以科学发展观指导工作的自觉性。从事哲学社会科学的党员教师、干部还要注意把开展先进性教育活动与开展“三项学习教育”活动结合起来。要根据实际情况，采取集中学习与分散学习相结合、读原文与听辅导看录像相结合、讨论交流与学习身边典型相结合等灵活多样的学习方法，创新学习方式，提高学习质量，努力形成领导干部带头学、骨干典型引导学、全体党员共同学的局面。集中学习以党支部或党小组为单位进行，时间一般不少于40个学时。学校领导班子成员要在参加党委中心组学习的同时，积极参加所在党支部组织的学习活动。

3. 严格学习制度，确保学习效果。要建立健全集中学习考勤、补课、记读书笔记、建学习档案、检查验收等制度，严肃学习纪律，做到时间、内容、人员和任务四落实，确保党员参学率和学习效果。各基层党组织还要本着实事求是的精神，按照学校党委的总体部署，对不同情况党员的学习作出具体安排。其中，教职工党员每周都要安排集中学习，学习时间平均不少于10个学时；离退休党员的学习由离退休党委根据离退休党员的具体情况，灵活安排学习时间和方式；学生党员的学习，按照集中学习时间不少于40个学时的总体要求，一般安排在课余时间，不要占用正常上课时间；流动党员和其他特殊情况党员参加学习培训的方式，按照省委有关规定，区别不同情况，分别作具体安排。

4. 细化标准条件，明确具体要求。学习过程中，按照党章规定的党员标准，根据我校实际，在深入调查研究、摸清党员队伍思想状况的基础上，通过专题讨论，广泛听取党员、党组织和广大群众的意见，研究制定具有时代特点、符合岗位实际的党员先进性具体要求，列举不合格党员主要表现，使广大党员分析评议有标尺，整改提高有方向，日常行为有准则。

第三阶段：分析评议（9月下旬至11月上旬）

1. 广泛征求意见，自觉接受监督。要采取召开座谈会、个别访谈、问卷调查、设置意见箱等方式，广泛征求党员群众、基层单位和服务对象的意见，并将收集到的意见认真梳理，如实反馈。领导班子和党员领导干部还要在更大范围内多渠道、多层次征求意见。

2. 严格对照检查，深入党性剖析。在深化学习、听取意见的基础上，组织党员和党员领导干部，对照“三个代表”重要思想的要求，对照党章规定的党员义务和党员领导干部的基本条件，对照党员先进性具体要求和不合格党员主要表现，按照“两个务必”和“八个坚持，八个反对”的要求，本着“深入找问题，重点找原因，关键查主观”的态度，认真总结近年来思想、工作和作风等方面的情况，重点检查个人在理想信念、宗旨观念、组织纪律、思想作风和工作作风等方面存在的问题，从世界观、人生观、价值观上剖析思想根源，党员领导干部还要从权力观、利益观上深入剖析，明确努力方向，形成党性分析材料。

3. 严格审核把关，确保剖析质量。对党员形成的党性分析材料，党组织要严格把关，认真审阅，提出修改意见和建议。省委高校工委指导组对学校党委主要负责同志的党性分析材料把关，党委主要负责同志对领导班子成员的党性分析材料把关，领导班子成员要按照党委分工和要求对分管部门、单位党员领导干部的党性分析材料把关，基层党委、党总支要对党支部成员的党性分析材料把关，党支部要对党员的党性分析材料把关。通过层层严格把关，确保每一位党员的党性分析材料问题找得准，原因分析得透，整改努力方向明确。

4. 开展谈心活动，虚心听取群众意见。要引导党员敞开心扉，积极主动开展谈心活动，面对面征求意见。党员领导干部带头，领导班子成员之间、班子成员与分管部门负责同志之间、党支部委员之间、支部委员与党员之间、党员之间，要分层次广泛开展谈心交心活动，虚心听取周围党员、群众的意见。谈心一般不少于本支部党员总数的三分之一。

5. 召开组织生活会，开展批评与自我批评。基层党支部和各级领导班子，要以学习实践“三个代表”重要思想、保持党员先进性为主题，分别召开组织生活会和党员领导干部民主生活会，正确开展批评与自我批评。组织生活会一般以党支部为单位进行。党员领导干部既要参加领导班子的民主生活会，又要参加所在支部的组织生活会。基层党委（党总支）要派人参加基层党支部召开的组织生活会。中层领导班子召开民主生活会时，学校纪委、党委组织部或教育活动督导组将派人员参加。

6. 严格标准程序，组织民主评议。组织党员开展重温入党誓词活动，增强党员的党性观念。在此基础上，召开支部大会，采取党员自评、党员互评、群众参评、书记点评的办法进行民主评议，评议时可吸收入党积极分子和群众代表参加，尽可能扩大参评面。党支部根据民主评议情况、征求到的群众意见和党员一贯表现，形成对每个党员的评议意见，确定优秀党员，认定不合格党员。党员领导干部要参加所在支部的民主评议。评议结果要提请支部大会讨论通过，并在适当范围公布，接受党员、群众的评价监督。

第四阶段：整改提高（11月上旬至12月上旬）

1. 明确整改重点。坚持实践标准、群众标准，切实找准并解决突出问题，尤其要着力解决当前我校思想观念创新不够、管理水平不高、杰出人才不多等制约学校发展的瓶颈问题，解决涉及广大师生切身利益的突出问题和群众关注、通过努力能够解决的热点问题，提高办学治校能力和领导管理水平，树立良好的党风、政风、教风、学风和工作作风，让广大师生看到实实在在的成效。

2. 制定整改措施。坚持边学边改、边议边改、边整边改，集中解决群众最关心、意见最大的突出问题。基层党组织、领导班子要分层分类制定整改方案，突出整改重点，明确整改责任，确定整改时限，落实整改措施。党员要结合个人实际，制定落实整改措施。

3. 落实整改，务求实效。制定和落实整改措施的情况，要在适当范围内公开，充分听取群众意见，自觉接受党员群众监督。要严格落实整改责任，特别是对重大问题的整改，要把责任落实到部门和责任人，并搞好跟踪督查，确保落实到位。要把解决本单位师生员工关心的工作生活问题与解决服务中心、服务大局方面的问题相结合，解决具体工作问题与解决党员思想作风问题相结合，解决领导班子的问题与解决党员领导干部、党员个人的问题相结合，解决眼前问题与解决根本性、长远性问题相结合，提高整改的整体效果。

4. 积极探索创新，健全长效机制。要着眼于加强党的先进性建设的长期性，把落实整改措施与全面推进我校基层党组织建设和党员队伍建设有机结合起来，把抓好整改与建章立制工作紧密结合起来，针对党员领导干部、教职工党员和学生党员的不同特点，积极探索建立“党员长期受教育，永葆先进性”的长效机制，健全完善基层党组织建设领导责任制，推进我校基层党组织和党员队伍建设的制度化、规范化、科学化。

要重视深化学习动员、分析评议阶段的实际效果。在整改提高阶段结束时，学校党委和各基层党组织要以适当形式向党员干部群众通报整改情况和整个先进性教育活动情况，并采取群众代表评议和随机抽样调查等形式，进行一次群众满意度测评。多数群众不满意的，要及时进行“补课”。整个集中学习教育活动结束后，要注意做好巩固和扩大先进性教育成果的工作。继续完善和落实整改措施，健全完善党组织和党员保持先进性的长效机制，保持党员队伍的生机和活力。

这次教育活动，不单独搞一个组织处理阶段。要坚持教育为主的原则，对那些不履行党员义务、不具备党员条件的，要多做教育帮扶工作，促使他们尽快转化提高。对经教育不改、不符合党员条件的，要根据党章和有关规定，按照正常程序进行处理。对违纪党员，要按照《中国共产党纪律处分条例》的规定，给予纪律处分。对那些问题突出、事实清楚、党员群众反映强烈的不合格党员，在教育活动巩固扩大成果期间作出处理。要做好深入细致的思想政治工作，帮助被处置党员尽快转化提高，教育出党的同志做合格公民。

五、组织领导和保障措施

开展先进性教育活动，是我校广大党员政治生活中的一件大事，事关全局和长远，意义重大。各级党组织必须高度重视，统筹安排，精心组织，狠抓落实，建立健全学校党委负总责、教育活动办公室协调指导、督导组督促检查、党员领导干部带头示范、基层党组织抓落实的质量保证体系，切实做到理论学习求深，分析评议动真，整改提高务实，确保先进性教育活动不走过场、不出偏差、取得实效，真正成为群众满意工程。

1. 建立领导机构和工作机构，明确工作职责。成立学校保持共产党员先进性教育活动领导小组，在省委高校先进性教育活动领导小组办公室和省委高校工委指导组的指导下开展工作。领导小组下设办公室，负责对我校先进性教育活动的指导工作。各基层党委、党总支、直属党支部要分别成立先进性教育活动领导小组和工作小组，落实领导责任和工作责任，真正做到认识到位、工作到位、措施到位，努力形成抓先进性教育活动的合力。学校党委对全校先进性教育活动全面负责，党委书记是第一责任人，基层党委、党总支书记是具体责任人，党支部书记是直接责任人，一级抓一级，一级带一级，一级促一级，层层抓落实。建立学校党委常委联系各基层党委（党总支、直属党支部）、各基层党委（党总支）委员联系基层党支部制度。党员领导干部要经常深入联系点调查研究、督促检查、具体指导，帮助联系点进一步找出工作差距，理清工作思路，解决实际问题，发挥以点带面的作用。学校各级领导班子中的非中共党员行政负责人要积极支持、配合党组织搞好先进性教育活动。

2. 健全督导体系，强化督促检查。学校党委抽调政治上强、熟悉党务工作、经验丰富的得力干部，组成督导组，加强对各基层党委、党总支、直属党支部教育活动的督促指导。督导组要加强自身建设，认真履行职责，深入了解和掌握教育活动的开展情况，及时提出意见建议，督促解决存在的问题，及时总结推广经验，为基层党组织当好参谋，努力增强督导工作的针对性和实效性。

3. 建立群众广泛参与的监督评价机制。坚持把群众是否满意作为检验先进性教育活动成效的重要标准。在教育活动期间，要根据每个阶段的具体任务和要求，及时向群众通报有关情况，通过个别访谈、民主测评、召开座谈会、设置意见箱、发放征求意见表等多种方式，广泛征求和听取群众的意见建议，最大限度地吸收群众参与，主动接受群众监督和评价。同时要注意严格把握政策和掌握标准，防止教育活动发生偏差。

4. 加大宣传力度，营造浓厚氛围。要坚持舆论先行，把宣传教育和正面引导贯穿教育活动始终。充分运用校报、广播、电视、校园网、宣传栏等舆论宣传阵地，宣传开展先进性教育活动的重大意义，宣传中央和省委的部署要求，营造浓厚的校园舆论氛围；学校先进性教育活动办公室创办“山大先锋网”，编发《工作简报》，及时反映开展先进性教育活动的经验、做法、进展和成效，形成浓厚的工作氛围和网上舆论优势，推动先进性教育活动开展；切实树立和大力宣传我校优秀共产党员的先进事迹，用身边人身边事增强先进性教育活动的感染力和吸引力。

5. 大胆实践，鼓励创新。要尊重基层党组织和广大党员的首创精神，鼓励基层党组织在认真落实中央和省委部署要求，坚持实施方案提出的指导思想、基本原则、主要内容和工作步骤等总体工作要求的同时，在教育内容、方式方法、时间安排、制度机制等方面大胆探索创新，从实际出发创造性地开展工作，努力形成有利于调动党员积极性、提高教育活动成效、让群众接受和满意的措施办法。要注意培养典型，及时发现、认真总结和推广基层党组织成功的经验做法，抓点带面，不断推动先进性教育活动的深入开展。

6. 做好结合文章，坚持“两不误，两促进”。开展先进性教育活动要紧紧围绕我校教学、科研等中心工作，与推动当前工作特别是我校正在进行的本科教学评优工作结合起来，与推进“985”二期工程建设结合起来，与落实中央16号文件，加强和改进党建思想政治工作、促进大学生成长成才结合起来，以促进学校发展作为衡量先进性教育活动质量的重要标准，围绕中心，服务大局，统筹兼顾，合理安排，防止和克服脱离中心工作搞教育活动或以“工作忙”为由放松教育活动的倾向。要通过开展教育活动，继续完善决策目标、执行责任、考核监督“三个体系”，激发和调动广大党员、干部干事创业的积极性和创造性。

全校各级党组织和广大共产党员要按照中央和省委的决策部署，统一思想，提高认识，以高度的政治责任感和历史使命感，积极投入到先进性教育活动中来，精心组织，扎实工作，确保我校先进性教育活动取得明显成效，为推动学校持续快速健康发展奠定坚实基础，为创建国内外知名高水平大学提供坚强的思想和组织保证。

2005 年 8 月 22 日

周济部长在视察山东大学时的讲话

（据记录整理）

今天很高兴利用教育部与山东省签署继续重点共建山东大学协议的机会来到山东大学。回顾新山东大学成立五年，也就是省部共建五年来，山东大学与中国高等教育以及国家现代化建设事业一样取得了巨大的成绩，师生员工朝气蓬勃，精神面貌令人振奋，学校发展势头良好，各方面成就显著，创造了学校发展历史的最好时期，在向创建世界高水平大学进程中跨出了重要的具有决定性意义的一步。

这些成绩的取得，首先与山东省委、省政府对山东大学的高度重视与大力支持分不开。学校的三任两位书记都是省里领导；虽然山东是发达省份，但也有很多困难，在经济不宽裕、省属高校还比较困难的情况下，仍拿出很大力量支持山东大学，把山东大学摆在一个很重要的位置上。在此，我代表教育部以及山东大学全体师生员工向山东省委、省政府表示衷心感谢！其次，山东大学的发展从根本上说还是山东大学党委、行政领导团结带领全体教职员工，坚持正确的发展方向，艰苦奋斗、努力拼搏的结果。在面临诸多矛盾的情况下，克服重重困难，取得了跨越式发展，为中国高等教育的改革和发展作出了重要贡献，用实际行动证明了中央对高等教育进行结构调整、实现强强联合的方向是正确的。在此，我利用这个机会代表教育部向山东大学全校师生员工表示崇高的敬意和诚挚的问候！

我想借这个机会简单谈谈我国高等教育如何抓住机遇，加快发展的问题。

首先，要紧紧抓住“985工程”二期建设的机遇。1998年，江总书记代表中央在北京大学百年校庆的讲话中指出，中国要实现现代化，必须重点建设若干所世界一流和国际知名的高水平大学，这是中央的战略决策，国家利益之所在。此后，国家开始启动“985工程”一期建设，重点加强高水平大学的建设。8年来，我们的高水平大学建设确确实实取得了历史性、跨越式的发展，一方面高等教育的规模扩大，现在是当年的4倍，科研经费是当年的5倍；另一方面更重要的是质量的变化，主要体现在高校整体学术水平和科学研究水平以及人才培养质量有所提高，最重要的标志是进入“985工程”、“211工程”的高校在国际上的地位和水平大大提高，把这些学校作为国际大学来对待，而且自己与自己比水平也是大大提高了，这一点校长们体会是很深的。这些高水平大学是国家竞争力所在，因此要坚定不移地把“985工程”、“211工程”搞下去。

按照中央的决策，教育在今后15年的时间里要优先发展，并取得更快发展。我们要充分利用中国发展的重要战略机遇期，科学制定《2020中国教育发展纲要》，切实投入更大的精力、财力发展教育。

山东大学既是“211工程”又是“985工程”建设学校，肩负着国家高等教育实现质的飞跃、提高国家核心竞争力的历史重任。所以在今天，教育部和山东省政府签署“985工程”二期建设协议。我们要站在历史的高度和战略的高度审视问题。今后50年中国实现现代化和民族复兴，教育要走在经济社会发展的前列，高等教育特别是高水平大学教育更要走在前面，要引领经济社会发展。这一切对山东大学今后的发展提出了更高的要求。山大明天就要开展保持共产党员先进性教育动员大会，同时将要制定学校“十一五”发展规划，在制定规划时要把山大发展放在一个更高的战略层面上来考虑，要抢抓机遇，乘势而上。

其次，要与地方和国家经济社会发展紧密结合。当今我国现代化建设呈现出世界历史上空前的发展态势，山东省是人口大省、经济大省和文化大省，山大要把发展融入山东省、融入环渤海经济区、融入中国现代化建设中去，这是我们的最大最重要的特色。在发展过程中，我们与国外大学相比有一定劣势，我们不能简单地跟着国外后面跑，要有新的思考，形成自己的特色、优势，异军突起，实现跨越式发展。我觉得这个特色就是和经济社会的发展结合起来。在“985工程”一期建设中，山东省给予山东大学极大的支持，二期共建协议即将签署，充分显示了山东省委、省政府对山东大学的高度重视。山大要充分利用这个政治优势、利用与山东省的血肉联系，建设好我们的学校。

第三，要高举自主创新的旗帜。最近，国家正在讨论制定中长期科技发展规划，把提高自主创新能力作为提高国家竞争力的中心环节，把建设创新型国家作为面向未来的重大战略，这是一个很大的机遇。教育部在此背景下制定《2020年中国教育发展纲要》，中国高校要高举自主创新的旗帜，积极融入到经济社会发展中去。高校有这样的条件、力量、愿望与动力去实现自主创新。如何把高校的自主创新融入国家大发展中去，抓住机遇，使学校有更快的发展，这是一个严峻的挑战。机遇稍纵即逝，谁抓住了机遇，谁就有较快的发展。山东大学要充分利用好战略机遇期，实现学校更快的发展，早日建成国际知名的高水平研究型大学。

第四，要融入创新型国家建设中。在建设创新型国家中，高校肩负两个重要任务：一是培养创新型的人才。人才资源是第一资源。从整体上看我们的教育质量是好的，但是根据建设创新型国家的要求，如何培养创新型拔尖人才，是摆在我们面前的迫切任务。二是为国家自主创新，包括原始性创新、集成创新、引进后的再创新发挥作用。因此，山大在制定“十一五”规划时，也要考虑如何培养创新型人才，如何发挥自主创新，引领创新方向，成为创新的生力军，为建设创新型国家发挥作用。

关于创建国家创新体系，教育部有这样的两个考虑：一是“985工程”、“211工程”学校是创新体系的重要组成部分；二是一些重要的研究基地放到学校，国家创新体系的一些节点要放在高校。要形成高校创新体系，下一步“985工程”工作重点是建设“三个金字塔”、“一个大平台”。“三个金字塔”，一是基础研究体系，重点是国家和省部重点实验室建设；二是工程中心或工程技术中心，重点是国家和省部工程研究中心建设；

三是哲学社会科学。目前哲学社会科学专业人员4/5集中在高校，3/4的科研经费、科研成果也在高校，高校在哲学社会科学研究中应发挥重要作用。山东是人文大省，山大更应搞上去。“一个大平台”，是注重科技成果的转化。山大在这方面走在了全国的前头，对服务山东工作好好总结一下，我们在全国高校“985工程”学校工作会议上宣传一下。这个思想非常重要，我们不能再回到书斋中，仅仅呆在金字塔中。目前，高校与经济结合很不够。对于经济和社会发展中提出的问题，研究透了，就是解决国际性问题，就是世界水平。因此，要紧密结合起来，把科技成果迅速转化为生产力，空间很大。把人才培养和科学研究与山东经济的发展紧密结合起来，提高生产力。

山东大学在今后的发展中，在抓住以上机遇的同时，关键是要突出重点。一是形成学科特色与优势。尤其是综合大学不能面面照顾，要集中优势兵力打歼灭战，要突破体制、机制和制度性障碍。二是解决人的问题。高水平大学必须紧紧抓住以人为本这个核心，坚持教育以育人为本，以学生为主体；办学以人才为本，以教师为主体。要全心全意依靠教师，抓好教师队伍建设，特别是抓好领军人物的造就与引进。有了杰出人才，学科起来了，经费有了，成果出来了。要下更大决心改革与创新，包括观念、体制、制度创新，吸引更多的人才。关键是搞好三项改革：第一，搞好人事与分配制度改革，调动人的积极性。第二，搞好基层学术组织改革，加强创新团队集成，发挥团队的作用，这方面山东大学要走在前面。第三，搞好研究生培养体制的改革。研究生的培养靠科研，不是靠收费。要设立创新基金。科研经费也要有一部分用于研究生培养。要调动内在动力，使研究生在研究中学习。总之，观念上、体制上、制度上要创新，调动人的积极性，推动学校的进一步发展。

最后，我还要特别强调一点，就是要加强领导班子思想政治建设。政治路线确定以后，干部就是决定因素。山大之所以有这样的发展，决定因素是领导班子队伍建设做得好。下一步要实现新的发展目标，关键还是领导班子。这是学校发展的责任，也是全校师生员工寄托的希望。第二批先进性教育正在全面开展，学校领导班子建设要结合先进性教育，切实提高理论素养和领导能力，努力使每一个班子成员都能成为政治家、教育家，使班子成为一个坚强的战斗集体，团结带领广大师生员工沿着正确的方向前进，早日把山东大学建设成为世界高水平大学，为山东的发展，为中国现代化建设，为中华民族的伟大复兴作出贡献。

2005年8月31日

中共山东大学委员会
关于认真学习贯彻党的十六届五中
全会精神的通知

（山大党字［2005］28号）

各基层党委、党总支、直属党支部：

党的十六届五中全会是在我国改革发展的关键时期召开的一次极其重要的会议，对于动员全党和全国各族人民在新的历史起点上继续向全面建设小康社会宏伟目标迈进具有十分重大的意义。胡锦涛总书记在会上作了重要报告和讲话。全会通过的《中共中央关于制定国民经济和社会发展第十一个五年规划的建议》，符合我国国情，顺应时代要求，充分体现了全党全国各族人民的共同意志和愿望，是指导未来五年乃至更长时期我国经济社会发展的纲领性文件。全校各级党组织和广大党员干部、师生员工，要把学习贯彻十六届五中全会精神作为当前的首要政治任务，认真落实全会精神，推动各项工作的开展。经党委研究，现将学习贯彻十六届五中全会精神的有关安排意见通知如下。

一、要把思想认识高度统一到十六届五中全会精神上来

党的十六届五中全会对发展教育给予了高度重视，提出了明确要求。这既为高等教育发展提出了新的任务，也为高等教育发展提供了新的机遇。要认真学习贯彻十六届五中全会精神，使全校师生员工统一对当前我国大好形势的认识，统一对“十五”时期我国经济社会发展巨大成就的认识，统一对“十一五”发展目标、指导原则和重要任务的认识，切实担负起高校在“十一五”经济社会发展中的重要使命，加快改革，促进发展，为实现“十一五”规划提出的各项任务和目标作出我们新的贡献。

各基层党组织、各部门、各单位要按照中央、省委和教育部党组对传达学习贯彻五中全会精神的要求，紧密联系实际，集中抓好五中全会精神的学习。要着重学习胡锦涛总书记的重要报告和讲话，学习温家宝总理关于《建议（讨论稿）》的说明，学习中央的《建议》和全会公报，并与深入学习邓小平理论和“三个代表”重要思想紧密结合起来，与贯彻落实胡锦涛总书记视察山东时的重要讲话精神紧密结合起来，与深入开展保持共产党员先进性教育活动紧密结合起来，切实把握精神实质，理解科学内涵，把思想认识高度统一到全会精神上来，把力量凝聚到落实全会提出的各项任务上来。

二、按照五中全会精神，科学制定学校的“十一五”发展规划

十六届五中全会对提高高等教育质量、自主创新等提出了明确要求，这使高等教育面临新的任务和目标，我们应进一步增强社会责任感和历史使命感。全会总结了“十五”时期我国经济社会发展取得的巨大成就，强调“十一五”时期具有承前启后的重要历史地位，明确指出面向未来我们已经站在一个新的历史起点上。从我校自身情况看，经历了合校五周年的不平凡发展历程，学校各项事业都有了长足进步，成为学校发展历史上的最好时期之一，向创建世界高水平大学的宏伟目标迈出了重要的具有决定意义的一步。目前，山东大学同样处在了一个新的历史起点上，我们必须全面贯彻落实十六届五中全会精神，以科学发展观统揽学校全局，把山东大学放在整个国家发展战略中，以新的思路来科学谋划学校的发展。

我们要把学习贯彻十六届五中全会精神与学校的实际发展紧密结合起来，明确指导思想，确定科学目标，抓住重点，统筹规划，科学决策、民主决策，切实制定出符合科学发展观要求、高等教育发展规律和学校实际的山东大学“十一五”发展规划，在新的历史起点上实现新的发展。

三、加强舆论宣传，为学习贯彻五中全会精神积极营造浓厚的舆论氛围

各基层党组织和党委宣传部门，要牢牢把握正确的舆论导向，统筹安排，精心组织，认真搞好十六届五中全会精神的宣传。要充分发挥报刊、广播、电视、网站、宣传栏等媒体和宣传阵地的作用，开辟专栏、专题，大力宣传十六届五中全会的精神，宣传“十五”时期取得的重大成就，宣传中央关于“十一五”发展规划的指导思想、目标任务，及时反映各部门、各单位学习贯彻全会精神的情况，总结推广先进经验和典型，把学习不断引向深入。要科学安排，把十六届五中全会精神作为党员干部、师生教育培训的重要内容，纳入课堂教学，坚持理论联系实际，努力抓出成效。要组织哲学社会科学工作者和有关人员，围绕“十一五”规划实施中的重大理论和实践问题，列出专题，深入研究，力争推出一批高质量的研究成果，促进规划的顺利实施。

四、以五中全会精神为动力，切实做好当前各项工作

贯彻落实十六届五中全会精神，既要着眼长远，也要立足当前。各基层党组织和各部门、各单位要把学习贯彻十六届五中全会精神与推动当前各项工作紧密结合起来，以学习贯彻全会精神为动力，推动学校全面发展，圆满完成今年各项任务。

一要进一步加强和改进思想政治工作，加强和谐校园建设。要继续抓好中央[2004] 16号文件的贯彻落实，继续抓好师生员工政治理论学习和形势政策教育，引导大家正确认识当前国际国内形势，珍惜山东大学合校五年来的发展成就，自觉维护学校改革发展稳定的大局。要进一步统一对抓住机遇、乘势而上的认识，统一对来之不易大好形势的认识，统一对山东大学的使命与责任的认识，凝聚人心，汇聚力量，进一步调动全校广大师生员工做好学校各项工作的积极性、主动性和创造性，为创建国内外知名高水平大学作出新的贡献。

二要集中精力抓好“985 工程”、“211 工程”项目建设、正在进行的本科教学评估，落实服务山东行动计划，进一步提升学校的学术竞争力、社会影响力和国际化水平。

三要深化改革，加强合作，进一步实施全方位开放式发展战略、教育创新战略、人才战略，切实解决制约学校快速发展的瓶颈问题和体制性障碍。

四要扎实搞好先进性教育活动。坚持突出学习实践“三个代表”重要思想这个主题、突出贯彻落实科学发展观这个要求、突出取得实效这个关键，力求实现党员的精神面貌有新变化、党组织状况有新变化、各项工作有新变化，探索建立先进性教育经常化、规范化、制度化的长效机制。

五要进一步加强党的建设，积极筹备开好党代会。

五、加强对贯彻五中全会精神的组织领导

学习贯彻十六届五中全会精神，立足新的起点，实现学校新的发展，关键在于学校各级领导班子、各级党的组织和广大共产党员。各基层党组织要把学习贯彻五中全会精神摆在重要议程，高度重视，周密安排，精心组织，务求取得实效。领导干部要带头学习，带头贯彻，带头落实。各级党政主要领导同志要深入实际，深入基层，调查研究，取得经验，指导面上的工作。有关部门要在党委统一领导下，各负其责，密切配合，共同推动全会精神的学习贯彻。要运用党委中心组学习、集中轮训、举办研讨班、报告会等形式，集中进行学习。要加强各级领导班子的能力建设，继续推进决策目标、执行责任、考核监督“三个体系”建设，用制度机制保证全会精神的贯彻落实。

全校各级党组织和广大党员干部，要更加紧密地团结在以胡锦涛同志为总书记的党中央周围，高举邓小平理论和“三个代表”重要思想伟大旗帜，坚持党的基本路线、基本纲领、基本经验，全面贯彻落实科学发展观，以开展先进性教育活动为契机，进一步调动和激发全校师生员工齐心协力推进学校发展的积极性和创造性，振奋精神，扎实工作，锐意进取，开拓创新，为全面建设小康社会，为实现创建国内外知名高水平大学的宏伟目标而努力奋斗。

2005 年 10 月 19 日

中共山东大学委员会
关于认真学习贯彻中共山东大学
第十二次代表大会精神的通知

（山大党宣字［2005］6号）

各基层党委、党总支、直属党支部：

中国共产党山东大学第十二次代表大会已胜利闭幕，大会通过了《中国共产党山东大学第十二次代表大会关于党委工作报告的决议》。朱正昌同志在会上所作的《以科学发展观统领学校发展全局，为创建国内外知名的高水平大学而努力奋斗》工作报告，是指导未来五年乃至更长时期山东大学改革发展的纲领性文件。全校各级党组织和广大党员干部、师生员工，要把学习贯彻中共山东大学第十二次代表大会精神作为当前的首要政治任务，认真落实党代会精神，推动各项工作的开展。

一、要把思想认识统一到我校第十二次党代会精神上来

中共山东大学第十二次代表大会全面总结了自山东大学第十一次党代会以来，特别是合校五年来学校改革发展的基本经验，明确提出了山东大学未来五年学校工作的指导思想、总体思路、发展目标和主要任务。各基层党组织、各部门、各单位要紧密结合本单位工作实际，安排具体时间，认真学习贯彻第十二次党代会精神。要着重学习朱正昌同志所作的党委工作报告，学习《中国共产党山东大学第十二次代表大会关于党委工作报告的决议》、《关于纪律检查委员会工作报告的决议》，准确理解和把握党代会精神实质，把思想认识高度统一到第十二次党代会精神上来，把力量凝聚到落实党代会提出的各项任务上来。

二、紧密联系实际，研究制定贯彻落实党代会精神的具体措施

学习贯彻党代会精神，关键在于各单位紧密联系工作实际，采取切实有效的措施将党代会提出的各项任务落实到位。要认真学习领会党代会提出的未来五年学校工作的指导思想、总体思路、发展目标，用更高的要求、更开阔的视野、更长远的眼光，审视和谋划本单位的发展，围绕学校即将出台的“十一五”发展规划，积极制定具体实施办法；要认真学习领会党代会提出的未来五年学校工作的主要任务，按照八项工作的具体要求，认真制定本单位的具体工作举措；要认真学习领会“三个转变”的要求，围绕着学校改革发展的目标和任务，进一步解放思想，更新观念，尽快实现思维方式和工作方式的转变；认真学习领会党代会提出的我校党建工作的总体要求，根据新情况、新要求，扎实细致地开展好本单位的党建和思想政治工作，进一步加强和改进党的建设。

三、强化舆论宣传，为学习贯彻我校第十二次党代会精神营造浓厚的舆论氛围

各基层党组织和党委宣传部门，要牢牢把握正确的舆论导向，统筹安排，精心组织，认真搞好第十二次党代会精神的宣传。要充分发挥校报、广播、电视、网站、宣传栏等媒体和宣传阵地的作用，开辟专栏、专题，大力宣传山东大学第十二次党代会精神，宣传合校五年来所取得的重大成就，宣传山东大学未来五年工作的指导思想、总体思路、发展目标和主要任务。要及时反映各部门、各单位学习贯彻党代会精神的情况，总结推广先进经验和典型，把学习不断引向深入。要突出宣传重点，创新宣传形式，强化宣传效果，在全校范围内掀起学习贯彻第十二次党代会精神的热潮。

四、加强组织领导，切实把学习贯彻我校第十二次党代会精神落到实处

学习贯彻好第十二次党代会精神，关键在于学校各级领导班子、各级党的组织和广大共产党员。各基层党组织要把学习贯彻党代会精神摆在重要议程，高度重视，周密安排，加强领导，精心组织，务求取得实效。各单位要结合本单位实际，安排学习时间，制定学习计划，检查学习效果，切实把学习贯彻党代会精神落到实处。学习贯彻党代会精神，领导干部要作出表率，要把握重点，学深学透；全体共产党员要积极参加各级党组织举办的各种学习、讨论活动，将学习贯彻党代会精神与本职工作结合起来，在各自的岗位上发挥好先锋模范作用。

五、以贯彻落实党代会精神为动力，切实做好当前各项工作

各基层党组织和各部门、各单位要把学习贯彻党代会精神与推动当前各项工作紧密结合起来，以学习贯彻第十二次党代会精神为动力，圆满完成各项工作任务。一要继续扎实搞好先进性教育活动。我们要坚持不懈地抓好整改提高阶段的工作，努力探索永葆党员先进性的长效机制，使我校先进性教育活动真正成为群众满意工程；二要进一步加强和改进党建和思想政治工作，弘扬先进文化，加强和谐校园建设。进一步调动全校各方面的积极性、主动性和创造性，为创建国内外知名高水平大学作出新的贡献。三要认真做好今年年终总结工作和明年工作计划制定工作，为明年学校“十一五”的开局打下坚实的基础。

各单位学习贯彻落实党代会精神的有关情况要及时报送党委宣传部。

2005 年 12 月 26 日

中共山东大学委员会
关于进一步深入开展建设
“平安校园”活动的通知

为贯彻落实省委、省政府建设“平安山东”的决定和省委高校工委、省教育厅《关于在全省高校开展建设“平安校园”活动的意见》，学校于2004年5月下发了《山东大学关于开展建设“平安校园”的实施意见》，绝大多数单位（部门）对“平安校园”工作十分重视，紧密联系本单位实际，在师生中进行了广泛地宣传发动，成立了“平安校园”建设领导小组，研究方案，制定措施，狠抓落实，做了大量扎实有效的工作，有力地推动了“平安校园”建设，取得了阶段性成果。但也存在一些问题，主要是工作进展还不够平衡，少数单位领导的认识仍没有到位，对抓“平安校园”的建设重视不够；有的单位宣传发动不够深入扎实，师生员工没有全面地了解和积极参与“平安校园”建设工作；有的单位工作措施落实不到位。

建设“平安校园”是一项系统工程，是一项长期而艰巨的政治任务，是学校稳定与发展的有力保障。我们要按照省委高校工委、省教育厅建设“平安校园”的总体部署和山东大学《关于开展建设“平安校园”的实施意见》要求，认真总结经验，查找问题不足，进一步加大工作力度，狠抓各项工作措施落实，务求取得实效，全面推进“平安校园”建设，为学校的改革发展创造和谐稳定的良好环境。

一、把“平安校园”建设列入政治学习教育内容，继续深入地开展建设“平安校园”的宣传发动工作

各单位要把继续深入、广泛地宣传发动师生员工工作作为推进“平安校园”建设的首要环节来抓，精心组织，采取多种形式，形成“平安校园”建设良好的舆论氛围，做到人人明白开展建设“平安校园”重要意义、目标任务和工作措施要求，使广大师生员工自觉地关心和积极参与“平安校园”建设工作。要及时了解师生员工对“平安校园”建设的意见和要求，学校建设“平安校园”领导小组办公室、学工部、研工部等部门要通过问卷调查的形式及时掌握师生员工了解“平安校园”建设规划、要求和在校园内安全感的情况。

二、加强领导，层层落实责任制

各单位“平安校园”建设领导小组要根据本单位在“平安校园”建设中承担的任务，加强组织协调，检查督导，进一步层层落实建设“平安校园”工作责任制，逐级明确责任人和相应的职责、任务。各单位要明确一位领导具体抓“平安校园”建设工作。

三、抓规范化建设，建立长效的安全机制

在“平安校园”建设工作中，各单位要根据学校安全稳定工作中出现的新情况、新问题，不断探索适应新形势下高校安全稳定工作的新思路，落实安全防范措施。注意把一些好的经验和做法规范化、制度化，建立长效工作制度和机制，确保校园平安。

四、对照标准，搞好全面检查和整顿工作

各单位要对本单位前段时间“平安校园”工作进展情况，对照《高校“平安校园”工作检查评估标准》和各自应承担的任务进行检查，认真查找存在的问题，及时召开会议，研究解决办法和措施。各单位将开展建设“平安校园”工作进展情况和一些好的经验、做法及时报学校“平安校园”建设办公室。学校在4月底，对各单位安全和“平安校园”建设情况进行检查。

2005年3月30日

党的建设与思想政治工作

中共山东大学委员会2005年工作要点

2005年是学校实现提升学术竞争力、提升社会影响力、提升国际化水平的阶段性发展目标的重要一年。学校党委工作的总体要求是：以邓小平理论和“三个代表”重要思想为指导，深入学习贯彻党的十六大和十六届三中、四中全会精神，全国全省高校党建工作会议以及加强和改进大学生思想政治教育工作会议精神，牢固树立和全面落实科学发展观，认真完成学校党建工作会议提出的各项任务，围绕“三个提升”的阶段性发展目标，全面加强党的建设和思想政治工作，坚持依法治校，推进机关作风建设，创建平安校园，为实现学校的跨越式发展提供坚强的政治保证和组织保证。

本年度重点做好以下六个方面的工作：

一、继续深入学习贯彻党的十六大和十六届三中、四中全会以及全国全省高校党建工作会议精神，把广大党员干部的思想统一到中央会议精神上来

（一）各级党组织要制定周密学习计划，组织好党员干部的学习活动。两级党委理论学习中心组和党员领导干部要带头学习贯彻会议精神。利用专题报告会、座谈会、研讨班等形式，加强学习辅导，进一步加深理解。坚持理论联系实际，把学习活动与推动实现学校新的发展目标相结合，与推动领导班子思想政治建设相结合，与推动学校当前各项工作相结合，切实将党的十六大和十六届三中、四中全会精神落到实处，使广大党员干部以高涨的热情投入到建设国内外知名的高水平大学的实践中去。（宣传部、学工部、研工部）

（二）充分利用广播、电视、校报、宣传栏、校园网等宣传舆论阵地，开辟专栏，加大宣传力度，营造浓厚的学习氛围。（宣传部）

（三）各级党组织要加强对各单位学习贯彻情况的检查、督促、指导。

二、全面加强党的建设，为学校改革发展提供坚实的组织保证

（一）加强领导班子和干部队伍建设。（办公室、组织部、宣传部）

1. 按照上级党委的要求，做好校级行政领导班子的调整和筹备召开全校党员代表大会的工作；严格按照《党政领导干部选拔任用工作条例》，完成中层领导班子的届中调整工作。

2. 认真落实《中共山东大学委员会关于贯彻落实党的十六届四中全会精神和全国全省高校党的建设工作会议精神的意见》，重点加强中层领导班子和干部队伍的思想政治建设和能力建设。

——建立健全个人自学、中心组学习、脱产学习、成果交流“四位一体”的理论学习机制，提高思想政治素质和理论水平。

——坚持和完善民主集中制，坚持集体领导、分工负责的领导机制，坚持党政分工、协调配合的工作运行机制，不断提高领导班子的凝聚力和战斗力。

——认真实施《山东大学2004～2007年干部教育培训规划》，发挥党校培训主渠道作用，加强对管理干部的培训，全面提升干部队伍的整体素质。

——做好党外干部的培养工作，提高其政治素质和参政议政能力。

——建立加强学校管理队伍的制度，加强对全校管理干部的教育培训和检查监督，健全并完善岗位职责，发挥管理团队的作用，努力实现管理干部队伍的职业化。

3. 进一步完善决策目标、执行责任、考核监督三个体系，卓有成效地开展工作。

——学习、运用并落实科学发展观，建立健全由领导、专家和群众相结合的重大问题决策机制，做到用科学发展观指导科学决策，通过调查研究形成科学决策，规范程序保证科学决策，发扬民主促进科学决策，努力提高科学决策和民主决策的能力和水平。

——认真履行《山东大学处级单位领导班子任期目标责任书》，建立执行反馈与协调机制，强化责任意识，抓好责任落实。

——建立考核监督体系，形成激励约束机制。建立科学的干部考核评价体系，进一步完善《山东大学处级干部考核办法》、《山东大学干部管理办法》，坚持干部离任经济责任审计制度，认真执行《山东大学处级单位主要负责人问责暂行办法》，促使领导干部勤政廉洁，恪尽职守，防止和减少过失。

（二）加强和改进党的基层组织和党员队伍建设。（组织部）

1. 选好配强党的基层组织领导班子，严格党内生活制度，确保党组织工作的正常开展。创新工作方式，在丰富活动内容、改进活动方式、增强活动效果上下工夫，增强针对性和实效性，充分发挥党的基层组织的政治核心和战斗堡垒作用。

2. 贯彻落实学校党建会议精神，做好党员发展工作。认真实施《山东大学2004～2006年发展学生党员工作规划》，重点做好学生党员发展工作。加强对党员的经常性教育、管理和监督。

3. 按照中央和省委部署，下半年深入开展以实践“三个代表”重要思想为主要内容的保持共产党员先进性教育活动。充分发挥党员的先锋模范作用。

4. 大力加强党务干部队伍建设，建设一支政治坚定、业务过硬、作风扎实的高素质党务干部队伍，确保学校党的工作健康发展。

（三）加强党风廉政建设。（纪委、监察处、工会）

1. 认真学习贯彻中共中央颁布的《建立健全教育、制度、监督并重的惩治和预防腐败体系实施纲要》和《教育部贯彻落实〈建立健全教育、制度、监督并重的惩治和预防腐败体系实施纲要〉的意见》。

2. 积极探索建立与社会主义市场经济相适应的符合学校特点的教育、制度、监督并重的惩治和预防腐败体系。

——加大反腐倡廉的宣传教育力度，提高广大党员干部的党性修养和廉洁自律意识。

——加强制度建设，形成用制度规范从政行为、按制度办事、靠制度管人的有效机制。认真落实好党风廉政建设责任制，严格履行一岗双责。

——进一步完善监督制约机制，规范收费行为，搞好招生、校务公开、招投标工作，落实“收支两条线”管理规定，遵守“三重一大”问题集体讨论决定的制度，努力从源头上治理和预防腐败。

3. 大力推进民主建设，完善民主监督体系。进一步完善教职工代表大会制度，做好一届三次教代会的筹备召开工作。

4. 进一步做好校务公开，切实保障教职工参与学校管理和民主监督的权利，充分发挥校务公开的双向教育作用。

（四）加强对工会、共青团、妇委会、学生会、研究生会、各类委员会等工作的领导，充分发挥各群众团体在学校改革发展稳定中的重要作用。

（五）加强学校统战工作，进一步拓宽各民主党派和无党派人士参政议政的渠道，发挥民主监督作用。重点做好有代表性、有影响的党外人士的工作，调动一切积极因素，不断提高党对统一战线成员的凝聚力、向心力。（统战部）

（六）加强离退休党支部建设，抓好老同志自身的学习教育，关心离退休人员生活，定期向离退休老同志通报工作情况，充分发挥老同志在学校发展中的作用。（离退休工作处）

（七）加强党建工作的理论研究，创建学习型组织，在研究状态下开展工作。设立党建工作研究专项经费，紧密结合学校中心工作，深入开展政治理论和管理工作研究，探索新思路、新方法，创造性地开展工作，以理论指导实践，促进党务工作、思想政治工作、反腐倡廉、安全稳定、群团组织管理更加科学、规范、有效，努力适应建设国内外知名的高水平大学的需要。（办公室、组织部、宣传部）

三、加强和改进思想政治教育工作，为学校改革发展提供坚强有力的政治保证

（一）认真贯彻落实全国全省加强和改进大学生思想政治教育工作会议精神和《中共山东大学委员会关于进一步加强和改进大学生思想政治教育的实施意见》，围绕学生培养目标，做好新形势下大学生思想政治教育。（学工部、研工部）

（二）加强师德教育，树立“育人为本，德育为先”的观念。通过树立先进典型，弘扬敬业精神，切实增强广大教职员工育人的责任感和使命感，真正做到教书育人、管理育人、服务育人。（宣传部、人事处、教务处、研究生院）

（三）做好迎接全省高校德育工作检查评估的准备工作。以评促建，进一步建立和完善以校行政系统为主体的德育工作体系，使学校德育工作水平再上新台阶。（宣传部、学工部、研工部）

（四）充分发挥基层党组织在思想政治工作中的重要作用。以解决教职工生活与工作中的实际困难为切入点，做深入细致的思想政治工作，化解矛盾，理顺关系，充分调动教职工工作积极性。

四、坚持依法治校，继续推进机关作风建设，不断提高管理水平

（一）加强制度建设，大力推进“依法治校，规范管理，从严治教”。做好迎接全国依法治校示范学校检查评估工作。（办公室）

（二）增强服务意识，转变工作作风，将“服务学生，服务学者，服务学术”的管理理念体现在工作中的每一个环节。（办公室、机关党委）

（三）落实机关效能建设九项制度，建立起“规范、高效、反应迅捷”的管理体制，切实提高工作效率和管理水平。（办公室、机关党委）

（四）按照山大党字［2004］41号文的要求，加强管理团队建设，强化团结协作意识，不断提高整体管理能力和工作水平，形成一支“敬业、务实、协作、创新”的管理队伍。（组织部）

五、加强学校安全稳定工作，努力建设平安校园，为学校改革发展创造稳定的环境

（一）深入开展安全教育，落实各项安全防范措施，明确责任，做好迎接平安校园检查工作。（公安处）

（二）重视把握意识形态领域的信息舆情和师生的思想动态，规范哲学社会科学类学术活动管理，严格执行《山东大学校园网络安全管理暂行办法》，切实加强对有害信息的管理和监控，用马克思主义和健康向上的思想文化占领校内各种宣传舆论阵地，坚决抵制和反对各种错误的思想政治观点和言论。（宣传部、社科处、学工部）

（三）进一步做好对信访突出问题及群体性上访的接待和处理工作，建立和健全突发事件应急处置预案，不断提高处理和应对突发事件的能力，及时消除各类矛盾隐患，维护师生员工的正当利益和学校安全稳定。（办公室、公安处）

（四）加强国家安全教育和人民防线建设工作。（办公室、宣传部、公安处）

六、充分发挥党委的领导核心作用，做好学校中心工作

（一）大力加强教学管理工作，以提高教学质量为主题，以培养中国最优秀的本科生为目标，切实做好迎接本科教学评估检查工作。（教务处）

（二）坚持党管人才的原则，牢固树立“人才资源是第一资源”的观念，继续推进实施“人才强校”战略，努力构建人才发展的创业平台和服务平台，创造用事业造就人才、用环境凝聚人才、用机制激励人才的良好环境。（人事处、组织部）

（三）以“985工程”二期建设为契机，以科技创新平台建设和哲学社会科学研究基地建设为重点，深化科技管理机制改革，不断提升学术竞争力。（科技处、社科处、学术办）

（四）以服务求支持，以贡献求发展，全面落实《山东大学服务山东行动方案（2004～2007）》，不断提升社会影响力。（校际合作办公室）

（五）在国际合作年基础上，按照持久、实效、多样化的原则，进一步加强国际合作与交流，拓展学校发展空间，不断提升国际化水平。（国际合作与交流处）

（六）继续推进校园文化建设，认真总结前两年文化建设的阶段性成果，充实各项目计划，加大宣传力度，增强广大师生的认同感。（宣传部）

在新的一年里，全校各级党组织和广大党员干部，要从讲政治的高度，切实增强紧迫感和使命感，认真落实本年度党委工作要点，以饱满的工作热情，投身到建设国内外知名高水平大学的工作中来，为实现学校“三个提升”的阶段性发展目标而共同努力。

纪检监察工作

2005年，学校纪检监察工作，以邓小平理论和“三个代表”重要思想为指导，坚持“标本兼治，综合治理，惩防并举，注重预防”的方针，深入贯彻落实《实施纲要》，广泛开展党风廉政宣传教育，加大执法监察力度，认真做好信访工作，使广大党员干部廉洁自律意识明显提高，拒腐防变能力显著增强，维护了学校改革发展稳定大局，为创建高水平大学发挥了积极作用。

一、学校反腐倡廉工作取得新的成效

在学校党委的领导下，按照职责范围，认真做好学校第十二次党代会筹备工作。从9月份开始，组织专门力量着手起草纪委工作报告，前后十易其稿。报告全面总结了第十一次党代会以来，特别是近五年来学校的反腐倡廉工作情况及基本经验，提出了今后的工作任务，得到了大会的充分肯定。十二次党代会决议指出：我校党的第十一次代表大会以来，特别是新山东大学成立以来，纪委在学校党委和上级纪委的领导下，以邓小平理论和“三个代表”重要思想为指导，坚持科学发展观，坚持“标本兼治，综合治理，惩防并举，注重预防”的方针，紧紧围绕学校中心工作，认真履行职责，依靠各级党组织、广大党员、干部和师生员工，以落实党风廉政建设责任制为龙头，全面落实党风廉政建设和反腐败工作各项任务。认真开展反腐倡廉教育，领导干部廉洁自律工作不断深化；坚持标本兼治，重在治本，源头治理工作稳步推进；不断加大监督检查力度，执法监察和纠风工作效果明显；认真做好信访工作，严肃查处违纪违法案件，维护学校改革发展稳定大局。经过全校上下的共同努力，学校反腐倡廉工作取得新的成效。报告实事求是地总结了过去五年的工作，全面提出了今后的工作任务，目标明确，措施得当，符合中央精神和学校实际。

二、认真组织《实施纲要》学习贯彻落实工作

中央颁布《建立健全教育、制度、监督并重的惩治和预防腐败体系实施纲要》以后，纪委利用多种形式认真组织学习宣传活动，并着手起草我校的贯彻落实《实施纲要》具体办法。5月份，在由我校主办的教育部直属高校纪检第八组第五次纪检监察工作会议上，把贯彻落实《实施纲要》作为一个专题进行讨论，交流了各校的学习贯彻情

况，为具体办法的起草工作打下了良好的基础。学校党委高度重视《实施纲要》的贯彻落实工作，8月下旬，教育部召开“教育系统贯彻落实《实施纲要》网络视频会议”，我校在校内分会场参加会议。校党委书记朱正昌在讲话中指出，贯彻落实《实施纲要》，要抓好“三个纳入、四个一起”，即：把建立健全教育、制度、监督并重的惩治和预防腐败体系纳入到学校的总体工作部署中，纳入到保持共产党员先进性教育的全过程，纳入到学校各级领导班子建设和队伍建设工作中，一起把握、一起研究、一起落实、一起考核。

10月份，《中共山东大学委员会关于落实〈建立健全教育、制度、监督并重的惩治和预防腐败体系实施纲要〉具体办法》（简称《具体办法》）征求意见稿提交学校党政联席会，听取了各位校领导的修改意见。10月底，教育部直属高校贯彻落实《实施纲要》工作座谈会在我校召开，会上重点介绍了三所高校的贯彻落实情况，与会的18所高校交流了起草《具体办法》的有关情况。监察部驻教育部监察局局长刘金平及中纪委驻教育部纪检组党风室主任李耀建同志出席了这次会议，两位领导在发言中对贯彻落实《实施纲要》提出了重要的指导性意见。会后，纪委监察处根据教育部纪检组、监察局的要求，结合我校实际，虚心学习兄弟院校的经验，对《具体办法》征求意见稿做了较大修改，并编制《任务分解表》，11月上旬发各单位讨论，进一步征求意见。11月下旬，对《具体办法》征求意见稿及《任务分解表》做再次修改后再次提交学校党委研究。11月30日，党委正式签发。《具体办法》根据《实施意见》以及教育部纪检组监察局的具体要求，结合学校实际，围绕学校反腐倡廉工作的阶段性目标，对建立健全符合我校实际的教育、制度、监督并重的惩防体系做出全面规划和部署，对工作任务进行了具体分解，具有较强的可操作性。积极推动《具体办法》的各项要求落到实处，成为此后一个时期纪委监察处的主要工作任务。

三、深入开展反腐倡廉教育，促进领导干部廉洁自律

坚持以领导干部为重点，以树立马克思主义的世界观、人生观、价值观和正确的权力观、地位观、利益观为根本，在党委组织部、宣传部等部门的大力支持与配合下，通过报纸、广播、电视、网络等多种媒体，进一步丰富宣传教育形式，深化宣传教育内容，在广大党员干部中深入开展理想信念教育、法律法规教育。下半年，把反腐倡廉教育纳入学校开展的保持共产党员先进性教育活动之中，以这次集中教育为契机，组织党员干部认真学习了《中国共产党章程》、《中共中央关于加强和改进党的作风建设的决定》、《建立健全教育、制度、监督并重的惩治和预防腐败体系实施纲要》等文件资料，进一步打牢广大党员、干部反腐倡廉的思想基础。通过开展反腐倡廉教育，广大党员干部提高了党性觉悟，增强了反腐倡廉自觉性，提高了拒腐防变能力，推动了干部廉洁自律工作。

四、认真做好监督检查工作

继续完善监督制约机制，加强对招标、招生、收费的执法监察，加强对校务公开等工作的监督，努力从源头上预防和治理腐败。2005年，纪委监察处共参加监督学校设

备处、基建处、后勤处、医管处、学工部、图书馆等职能部门组织的投标380余项，参加教务处组织的艺术类招生、保送生、特长生、小语种、自主招生和专升本、调专业、双学士学位考试监督150余人次，参加研究生院组织的考试招生监督30余人次，参加人事处组织的人员招聘工作监督13次，此外还参加了职工住宅分配、选拔任用干部等工作的监督。同时，继续调查2004年的案件1件，新查办案件1件。

2005年学校校务公开工作在纪委监察处的积极推动下进一步向纵深发展，程序日益规范，内容不断拓展。12月14日，“全国公用事业单位推行办事公开制度电视电话会议”在北京召开，展涛校长代表我校作了题为“拓展内容，创新载体，全方位开展校务公开工作”的典型发言。这次会议是由全国政务公开领导小组组织召开的，作典型发言的共五家单位，我校是教育系统唯一一所高校，充分反映出中央对我校校务公开工作的充分肯定。

五、认真做好信访举报工作

2005年共受理和处理信访件86件，其中来信63件，电话反映19件，来访4件，教育部、卫生部、省纪委、省教育厅等上级部门转办22件。至2005年底，已处理完结71件，正在办理15件。为了进一步规范工作程序，完善工作制度，11月出台了《山东大学纪检监察信访举报工作实施细则》，开通了网上举报信箱，扩大了信息来源渠道。在工作中，纪委监察处坚持贯彻“以人为本，以教师学生为中心，以学术为主导”的办学理念，切实维护群众利益，按照分级负责、归口办理、谁主管谁负责、及时就地依法解决问题与思想疏导教育相结合的原则，做到热情服务，文明接待。对所有的信访件认真分析、悉心研究。在调查处理上做到恪尽职守、秉公办事、查清事实、分清责任，正确疏导，及时、恰当、正确处理，从不推诿、敷衍、拖延。在各单位的大力支持和配合下，对群众的信访举报基本做到了“件件有回音，事事有着落”，充分发挥信访举报工作的服务群众、信息沟通、监督保障、维护稳定等四项功能，努力为师生解决实际问题，为校党委行政当好参谋助手，为学校发展创造良好环境，为学校改革发展稳定作出贡献。在12月24日召开的全省纪检监察信访举报办事公开暨联系点工作座谈会上，纪委副书记王兰秋作为唯一一所高校代表作了题为“认真做好信访举报工作，为学校改革发展稳定服务”的典型发言。

2005年，纪委监察处全体同志齐心协力、扎实工作、开拓进取、与时俱进，在反腐倡廉工作中取得了较好的工作成绩，为创建高水平大学作出了贡献。

（宋作标　王明署）

组织工作

2005年，学校组织工作以邓小平理论和“三个代表”重要思想为指导，深入贯彻党的十六大和十六届三中、四中、五中全会精神，认真落实全国全省党建工作会议精神，紧紧围绕学校中心工作，切实加强领导班子和干部队伍建设、基层党组织和党员队伍建设、各类人才干事创业的环境建设，较好地完成了《山东大学2005年党委工作要点及学术与行政工作要点任务分解详目》的各项任务，为全面加快学校事业发展提供了强有力的组织保证。

一、按照党的先进性要求，进一步加强基层党组织建设，提高基层党组织的创造力、凝聚力和战斗力

规范程序，保证质量，做好新形势下的党员发展工作。认真贯彻落实全国及全省高校党建会议精神，遵循“坚持标准，保证质量，改善结构，慎重发展”的方针，制定了《山东大学发展党员工作规程》，做到步骤清晰、严密、完备。3月，根据《中共山东大学委员会关于组织员工作的暂行规定》，在学院（部）党委（党总支）推荐的基础上，研究公布了131名兼职组织员，以更好地保证新党员的质量。6月，组织全校新党员和入党积极分子代表1620人参加新党员宣誓大会，1098名新党员面对党旗庄严宣誓，表达了为共产主义事业奋斗终生的决心，参加大会的入党积极分子也受到了一次深刻、严肃的党课教育。认真做好发展党员的审查、核实和统计工作，2005年共预审1851人，审批2143人，转正1338人，达到了《山东大学2004～2006年学生党员发展规划》确定的年度目标。

总体安排，目标明确，不断创新基层组织活动方式。为使基层党组织活动做到有计划、有重点、目标明确、思路清晰，组织部下发了《2005年上半年全校党组织活动总体安排意见》，把活动的重点放在继续深入学习贯彻党的十六大和十六届四中全会精神、认真落实全国全省高校党建工作会议和我校党建工作会议精神上，要求各基层党组织紧紧围绕学校中心任务和“三个提升”发展目标，夯实基础，注重创新，进一步增强党员的党性意识和基层党组织的凝聚力、战斗力，从而为全面完成我校今年的工作任务提供组织保证。建立了基层党建工作音像资料库，方便各基层党组织开展党员教育工作。6月，下发了《关于开展“牢记使命，担承责任”主题党日活动的通知》，各基层党委、

党总支、直属党支部开展了一系列丰富多彩、形式多样的主题党日活动。通过主题党日活动，进一步引导和教育党员自觉以“三个代表”重要思想武装头脑，坚定理想信念，坚持党的宗旨，发扬党的优良传统，立足岗位，勇于实践，锐意创新，做时代先锋，永葆党的政治本色，为下半年开展保持共产党员先进性教育活动做好了准备。

专题调研，分类指导，加强基层组织建设。3月，开展了基层党组织和党员队伍状况专项调研，总结了基层工作经验，摸清了党员队伍的总体状况，形成了全面、深入的《山东大学基层党组织和党员队伍状况调研报告》。4月，在调查摸底的基础上，党委分不同学科专业、不同校区召开了党的基层组织负责人座谈会，针对我校基层党组织工作的薄弱环节和存在的问题进行了分析，就如何加强党支部建设、进一步理顺党员组织关系等工作进行了研究部署，提出明确要求，同时，督促和指导部分基层党组织改选和调整了党支部班子。

结合实际开展理论研究，推进实践创新。为加强理论研究，推动实践创新，总结我校合校五年来基层组织建设的成功经验，探索基层党组织建设的新理念、新途径、新方法，3月，下发了《关于开展基层党组织建设研究课题立项活动的通知》。根据《通知》要求，各基层党组织进行了积极的申报，在反复沟通、认真评审的基础上，确定了7类77个课题。课题采取分类分组的方法，既发挥个体积极主动性，也集中优势力量，开展联合研究。目前，课题正在按计划进行，拟于2006年12月结题验收。

二、以干部工作制度化、规范化为重点，加强新形势下领导班子和干部队伍建设

加强干部工作制度化建设，干部工作不断走向科学化、规范化。草拟了《山东大学处级领导干部选拔任用管理工作暂行规定》、《关于加强中层领导班子和干部队伍思想政治建设的意见》、《山东大学中层领导干部考核工作实施细则》、《山东大学中层领导干部试用期满考核办法》等文件，这些文件已基本完成。在原有文件如《中共山东大学委员会关于实行处级领导班子任期目标责任制的意见》、《山东大学处级单位主要负责人问责暂行办法》的基础上，到目前为止，干部工作的责任目标——日常管理——预防保障——考核监督制度体系更加完善。

把握特点，创新形式，积极探索干部培训工作新路子。大规模培训干部是中央组织部2005年工作重点之一，为落实这一要求，组织部采取多种形式，坚持集中教育培训与分散教育培训相结合，加大了我校干部培训工作力度。根据工作计划，下发了《关于做好2005年上半年校内干部学习培训工作的通知》，对培训工作作出全面安排。4月1日，邀请济南军区国际关系专家杨运忠教授为全校副处以上干部作了“周边环境及台海局势”专题报告；5月12日，邀请清华大学教育研究所所长、博士生导师樊富珉教授为机关及直属单位副处级干部、学院（部）45岁以下副处级领导干部作了“压力管理与沟通技巧”的专题讲座。讲座内容得到大家的一致认可。我们还有针对性地选派了3名副处级干部参加省委高校工委组织的处级干部培训班。以开阔国际视野、提升管理水平为目的，加大干部境外培训力度。8月，派出了3名处级领导干部参加国家留学基金委与澳大利亚国立大学亚太经济政府学院合作开展的高等教育行政管理人员出国研修项目。5月9日，派出了11名中层领导干部在香港城市大学接受了为期一周的培训。此

次培训任务明确、日程安排科学，效果较好，为日后开展境外培训工作积累了经验。此外，还确定了12名学术与管理“双肩挑”骨干到境外研修。

为最大限度地缓解工学矛盾，最大限度地满足干部随时随地学习的需要，3月，筹建并开通了“山大干训”网站，网站设有“热点关注”、“形势政策”、“理论文萃”、“专家讲坛”、“视听点播”、“领导科学”、“经验交流”、“知识文库”等十几个栏目。重点推出了以形势政策为主要内容的“每月一讲”专栏和以领导科学与管理科学为主要内容的“每周一课”专栏。干部培训网的建设，搭建起了“三个平台”，即干部的学习平台、交流平台和管理平台，收到了良好的效果。

加强干部考核与调整配备工作。2月，组织全校各院（部），分人文、社科、工科、医科、信息、基础六个学科门类，分别听取了领导班子的述职，校领导对他们的工作进行了述评，并书面反馈了学校意见。同时，听取了齐鲁医院和第二医院领导班子的工作汇报。3月，对2004年底换届后新调整的全校副处级干部进行了试用期满考核，分两批召开了试用期满副处级干部座谈会，听取了他们的工作汇报。4月，在学校分房工作中，对选房人员进行资格审查，并对分房工作进行了重大事项跟踪考核。

在上级党组织指导和学校党委的领导下，7月，采取竞争上岗的办法选拔了4位副校长：娄红祥、张运、陈炎、韩圣浩。通过这次竞争上岗，进一步拓宽了选人视野，探索了新的用人机制，为优秀人才脱颖而出创造了条件，学校领导班子实现了新老交替，为党代会的圆满召开做好了人选上的准备，为山东大学的事业持续、健康、快速发展注入了强大的推动力。同时，还对威海分校、教务处、哲社学院、生命学院、第二医院等领导班子进行了调整充实，切实推动了基层单位工作的顺利进行和事业的快速发展。

加大干部交流力度，向省直部门和省内其他高校输送了2名副厅级领导干部，向菏泽市输送了2名挂职科技副县长，有力地支持了学校服务山东工作战略的实施。同时，还落实选派干部到新疆昌吉学院进行为期三年的挂职交流。

面向基层，加强沟通，建立畅通的信息渠道。在工作中，为及时发现和掌握我校有关组织工作中的重要问题和中层干部的重要情况，4月，给各学院（部）《致办公室主任的一封信》，6月，向全校各单位下发《关于报送处级领导干部重要情况和涉及组织工作重要问题的通知》，建立了登记制度，进一步建立健全了信息的沟通渠道。

三、“保持共产党员先进性教育活动”，取得了阶段性成果

广泛调查研究，做好工作预案。一是召开了四个基层党委书记座谈会，就党的基层组织与党员队伍状况进行调研；二是召开了有关院部党委副书记和学生党员座谈会，就学生党建工作进行了专题调研；三是完成了各基层党组织和党员队伍状况有关数据统计工作，摸清了底数。在此基础上，督促、指导基层党委对个别支部进行调整，进一步理顺了关系。根据省委组织部、省委高校工委的要求，下发《关于认真做好我校保持共产党员先进性教育活动准备工作的通知》，形成了《山东大学保持共产党员先进性教育工作预案》，对我校先进性教育活动需要做好的相关准备工作进行了部署，为开展好党员先进性教育活动奠定了基础。

深入学习动员，提高思想认识。8月22日，学校召开了先进性教育活动动员大会。

会后全校各基层党委、党总支、直属党支部立即行动，层层动员，迅速启动学习动员阶段的各项工作。在这一阶段，学校坚持把理论学习作为中心任务来抓，精心安排，突出重点，通过明确学习任务、丰富学习内容、严格学习计划、严肃学习制度、创新学习方式、加强学习指导，保质保量地完成了学习动员任务，提高了广大党员的思想认识。

抓好分析评议，确保教育质量。学校高度重视分析评议阶段的重要性，采取有力措施，扎扎实实地抓好“五个阶段”、“八个环节”的工作。一是继续深入组织学习，进一步提高思想认识。二是反复讨论酝酿，形成了《中共山东大学委员会关于保持共产党员先进性的具体要求》。三是学校、基层党组织和党员按照要求，采取多种形式广泛征求了各个层面师生的意见。四是各基层党组织精心组织党员扎实开展谈心活动，进一步找准和抓住了存在的突出问题。五是组织全体党员严格按照“五对照”，深入开展党性分析，查摆了在党性党风方面存在的突出问题，分析了思想根源，明确今后努力的方向。六是从学校领导班子到基层党支部都认真组织召开了专题生活会。深入开展了批评和自我批评，明确了今后努力方向。七是各党支部对每个党员进行综合分析，实事求是、客观公正地提出评议意见。八是基层党支部对专题生活会和民主评议情况，向党员和群众作了“两通报”，自觉接受监督，体现了评议工作的公开、公正和民主性。

认真整改提高，务求取得实效。整改提高阶段，是集中精力解决问题，抓落实、见实效的阶段，学校党委高度重视整改提高阶段各项工作。一是认真分析查摆出的突出问题，明确整改工作的重点，制定了整改方案。按照学校领导班子、基层党组织和党员个人三个层面，分别制定整改方案，层层抓好整改，使整改工作相互衔接，整体推进。根据征求到的意见，结合实际，学校党委经过充分酝酿，提出了总体整改方案草案，发给各基层党委征求意见，经过反复讨论，最终形成了《山东大学保持共产党员先进性教育活动总体整改方案》，着重围绕20个方面的问题，明确整改目标，落实领导责任。各个基层党组织及全体党员针对查找的突出问题，分别制定切合实际、可操作性强的整改方案。二是严格整改工作责任制，抓好整改工作落实。领导班子、基层党组织将整改任务层层分解，明确整改单位、责任人、时限和目标，建立落实整改工作责任制，以求真务实的精神抓整改。对具备条件的，要马上整改；对通过努力能够解决的，要列出时间表，限期整改；对受客观条件限制一时解决不了的，要向群众说清楚，积极创造条件解决，做到事事有着落，件件有回音，让群众感受到先进性教育活动带来的新进步、新面貌。

通过先进性教育，大家普遍反映受到了一次全面系统深刻的思想教育，党员意识明显增强，先锋模范作用进一步发挥，理想信念更加坚定，进一步提高了学习实践“三个代表”重要思想的自觉性和坚定性。各基层党委紧密结合各自实际，既注意贯彻执行上级党委的精神要求，又带有各单位的鲜明特色，突出务实创新，党组织的战斗力、凝聚力得到了提高。在开展先进性教育的同时，学校的各项工作水平也得到了提高，切实做到了“两不误，两促进”。先进性教育活动形成了丰富的理论成果、实践成果和制度成果，先进性教育的长效机制正在初步形成。

四、做好新形势下的人才工作和政审、干审工作

坚持党管人才原则，落实党的人才政策。积极与有关部门密切协调，共同打造用事业造就人才、用环境凝聚人才、用机制激励人才的良好环境。主动协调、看望、慰问知名专家学者，听取专家学者有关学校改革发展的意见和建议。采取定期走访、发慰问信、开座谈会等形式，大力营造热忱服务人才、促进学校发展的氛围，“五一”、元旦等节日前夕，党委组织部都向学校高层次人才发去贺信，向他们表示节日的祝贺。

认真落实老干部工作政策。本着对历史负责、对老干部负责的精神，落实老干部的政治、生活待遇。热情接待老干部反映问题 30 余人次，耐心细致地做好老干部的思想工作。协同离退休工作处、人事处做好老干部的服务管理工作，“七一”及春节前夕，主动看望生活困难的老党员，给他们送去党的温暖，让他们感受到组织的关怀。

做好教职工因公出国（境）及处级领导干部因私事申请出国（境）审批管理工作。根据《关于做好处级领导干部因私事申请出国（境）审批管理工作的通知》及中央和省委的有关文件精神，认真履行教职工因公及处级领导干部因私出国（境）的审批程序，2005 年，办理初次出国政审 81 人次，备案 148 人次，处级干部因私事出国（境）审批 52 人次。

五、加强组织部自身建设，树立组工干部良好形象

坚持“三个思考”，即把组织工作放到历史和时代发展的大背景下、放到高等教育乃至国际高等教育改革与发展中、放到山东大学发展的大局中进行思考，全面抓好组工干部队伍建设。不断改进工作作风和服务态度，提高工作效率，内强素质、外树形象，树立了公道正派的良好形象，使组织部作为“党员之家”、“干部之家”、“知识分子之家”的凝聚力和亲和力不断增强。全面做好相关会议、决定等大事的记录和归档工作，全年立档近 80 卷。

（付岩志）

宣传工作

2005年，党委宣传工作在校党委的正确领导下，紧紧围绕学校中心工作，坚持“三贴近”、“三个关注”，积极推动学校“三个提升”，取得了扎实有效的成绩。

一、理论教育工作

2005年，理论学习以深入学习邓小平理论和“三个代表”重要思想为纲，进一步组织十六大和十六届三中、四中、五中全会精神学习活动，以及全国和全省高校党建工作会议、全国和全省加强和改进大学生思想政治教育工作会议等重要会议精神和中共中央、国务院《关于进一步加强和改进大学生思想政治教育的意见》（中发［2004］16号）的学习活动，结合我校实际，制定学习计划，认真组织好全体教职工的政治理论学习，重点抓好两级党委理论学习中心组和党员领导干部的政治理论学习。抓好基层党组织和全校面上的学习，重点落实“学以致用”。宣传部向全校发放了有关重要学习辅导书籍，同时还编印了《学习宣传参考资料》，购买了一批音像辅导资料，搜集了近百篇重要文章，同时将这些资料挂到宣传部网站上供大家学习查阅，满足了师生员工的学习需要。

2005年1月成立了思想政治教育研究会，深入开展思想政治工作的研究，推出了一批有价值的理论成果。认真做好理论研究成果的推荐评比工作，并正式出版了30余万字的理论研究成果文集。

理论教育工作在学校的重大活动中，发挥了重要作用。在山东大学保持共产党员先进性教育活动中，以宣传部同志为主编辑《简报》103期，舆论导向把握得当，引导有力，形式创新，多次受到校领导的肯定和表扬。在党代会召开前后，通过编发《中共山东大学第十二次党代会宣传提纲》、在校报连续组织发表评论员文章等形式，在师生中开展教育和引导，统一思想，形成共识，产生了良好效果。在迎接教育部本科教学评估中，承担完成了《山东大学办学特色》报告的撰写任务，受到专家组和校领导的好评。

二、对内对外宣传工作

2005年对外宣传工作围绕学校中心工作，加大对外宣传力度，着力构建以学校整体形象宣传为主体的对外宣传工作体系。据不完全统计，全年校外媒体发稿量达1520

余条，其中中央级媒体发稿多达 128 条，完成了“在校外媒体上平均每天都有山大的消息，在省级以上媒体上每周有一篇重要新闻或深度报道，在中央级媒体上每月至少策划一个外宣重点”的宣传任务。

继续拓宽新闻宣传渠道，建立完善我校对外新闻发布制度，2005 年共举办了 3 次大型新闻发布会。同时加强与社会媒体的联系与合作，重点做好有关合作专题品牌栏目的策划和宣传组织工作。共协调校外媒体来校采访新闻人物及新闻事件达 150 余次。中央电视台、新华社、人民日报、光明日报等中央媒体记者多次来校深入采访。开通了新华网山大专页，人民网的“城市视频”栏目转载山东大学视频新闻近 20 条，转载数量居全国高校之首。

重点加大了重点人物和重要工作的宣传报道，如结合王小云教授的研究成果、丁肇中教授再访山大、部省继续重点共建及我校贯彻落实中央 16 号文件的情况等等，中央及各级媒体都给予了全方位重点报道。

宣传工作规范化、制度化建设得到了进一步加强。在已有的宣传工作管理制度的基础上，2005 年，结合学校的实际及工作的需要，制定了《山东大学宣传工作管理暂行规定（讨论稿）》；加强校内新闻记者证及校外记者临时采访证的管理，做到既维持了正常的宣传工作秩序，又方便了校内外记者的采访，顺畅了学校重大宣传活动采访报道的协调工作。

做好校园宣传及氛围营造，利用宣传横幅、宣传栏及其他宣传工具积极营造良好氛围，共出宣传栏 32 期 292 个版面（其中“保持共产党员先进性教育活动”18 期 204 个版面），“世纪回响——走近老舍图片展”24 个版面。

三、校内媒体工作

（一）山东大学广播台、电视台

广播台围绕学校中心工作，继续做好健康向上、丰富多彩的广播节目，及时宣传报道学校各方面的重要信息，2005 年共制作各类自办广播节目 230 期，其中，新闻报道约 1600 条，报道学校新闻 700 余条。专题节目 11 期。邀请深受大学生喜爱的省内专业媒体著名节目主持人来台制作人物访谈，继续做好英语广播栏目，与外语学院英语广播台进行合作，真正实现资源共享和优势互补。继续完善了有线广播联网联播工程，建设完善了有线广播网。4 月，南外环新区校园广播联网建设如期完成，实现与总校的联网联播。9 月，山东大学广播剧社正式成立。

2005 年 10 月，电视台全面改版视点网“视频新闻”栏目，全年共制作播出“山大要闻”40 期，视点网“视频新闻”170 余条。制作完成专题片《辉光日新》等 9 部计 150 多分钟。为适应三校区联网这一新的播出模式，上半年全面调试相关设备，健全完善了有关规章制度，对员工进行培训，解决了多项技术难题，播出质量不断提高。一年共播出 80 次，240 余小时。承担全校性及各院系、单位重大工作活动的电视资料摄制工作，积累摄录资料约计 12000 多分钟。继续进行“山大素材工程”、“专家学者剪影工程”等的工作。拍摄素材 10000 余分钟，为学校收集保存了珍贵音像资料。

（二）山东大学报社工作

2005年，《山东大学报》进一步加强深度报道，力求办出特色、办出风格，全年共出版报纸48期，合计420个版，相当于每周出版报纸2.5份，居全国高校首位，超额完成任务，有力地配合了学校的中心工作。积极研究新闻规律，加强报纸编印技术创新，打造新风格、树立新形象，不仅在年初实现了报纸全彩印刷，同时还创办了"人文山大"、"青春山大"等一系列新的精品栏目和精品专刊，得到各方面的好评。积极探索高校办报规律，研究报纸社会化的方法和途径。实现了由周报向周二报的平稳过渡。6月份正式实现每周八版，报纸的质量进一步提高，社会影响力进一步扩大，成为全国高校中规模最大的报纸。2005年，获得全国高校新闻奖3项（一等奖2项），山东省高校新闻奖12项（其中一等奖6项），《山东大学报》连续第三次被评为山东省优秀报纸。加强"中国高校报网"工作，完成报网的技术改造和人员更新，先后三次对报网人员进行了技术培训，进一步提高了报网在全国的影响力，作为中国高校唯一的官方新闻网站的地位逐渐形成。

（三）新闻思政网工作

网络新闻坚持正确的舆论导向，紧紧围绕学校中心工作进行新闻报道，做到了新闻报道既全方位辐射全校工作各个层面，又突出报道重点。"山大视点"网站作为学校的新闻思政网站经过不断努力，已经打造成为师生员工和校外媒体记者获取学校信息的主渠道。2005年，编辑制作新闻稿3590篇，比2004年增长62%，其中，反映教学、科研、交流与合作、外事活动、学术活动、学生工作、校办产业等主体工作的新闻稿约占新闻稿总量的80%。同时认真做好学校重要活动网上直播工作，全年共对学校16次大型活动进行了网上直播。

四、党校工作

发挥党校作用，认真做好入党积极分子的培训工作，为党组织发展提供保证。2005年，共举办学生入党积极分子培训班2期，教工入党积极分子培训班1期，合计培训4442人次。其中教工入党积极分子117人。为确保培训效果，加强教学监督管理，及时抽查教学、考勤情况，解决授课中出现的问题。加强了考风考纪建设，保证考试成绩更真实、更公平地反映各院（部）的培训水平。在先进性教育整改阶段，党校加强了整改措施的落实，开展深入的调查研究，对参加考试的学生入党积极分子开展了匿名问卷调查，就学员对培训的建议和要求、参训收获和感受、理想信念和动机等情况进行了深入的了解，以加强培训工作的改进，增强培训的实效性。教工入党积极分子的培训，由党校直接组织教学和管理，除聘请部分专家授课外，党校直接承担授课任务，既节约了培训经费，又保证了培训质量。

努力做好出访学生入党积极分子培训工作，规范了出访学生的培训。为确保出访学生入党积极分子培养、教育、考察的连续性，使之符合《中国共产党发展党员细则》的要求，党校发布了《关于做好出访学生入党培训的通知》和《关于做好出访学生入党积极分子培训的补充通知》，规范了出访学生入党积极分子的培训。

2005年5月23～31日，与统战部联合举办了"山东大学民主党派负责人研讨班"，加强了党派间的交流与合作。参加研讨班的各民主党派主委、副主委和部分骨干成员共计 40 余人。研讨班采取专家辅导和自学研讨相结合的方式，利用一周时间集中学习、研讨，聘请省委统战部、省政协有关领导和省委党校部分专家教授作专题报告，并组织学员到省外考察。

做好“三个结合”，实现党校教育的资源共享。聘请外交部丁孝文参赞和济南军区杨运忠教授分别作了“当前国际形势”和“台海局势和周边环境”的专题报告。配合学校开展保持共产党员先进性教育活动，为各基层党委下发了学习资料。利用“网上党校”进行党员教育。2005 年，山东大学被评为山东省党员教育工作先进单位，山东大学党校被评为山东省示范基层党校。另外，我校党校受省委高校工委委托，起草了《山东省高校党校工作条例》，受到了省委高校工委领导的好评。

五、校园文化建设

2005 年，顺利完成山东大学文化建设一期工程，取得了 36 项阶段性和标志性的成果，在省内外高校和社会上引起较大反响，中宣部和教育部给予高度评价和充分肯定，并专门发文作为先进典型向全国高校推荐。山东省委高校工委也在全省推广山东大学文化建设的经验和做法。新华社、人民日报、光明日报、中国教育报、中央电视台等新闻媒体对我校的大学文化建设情况多次进行了深入报道。大学文化建设一期工程的实施，优化了育人环境，提高了人才培养质量，促进了学校的融合改革和发展。

初步构建起以大学使命为核心的、具有山大鲜明特色的教育理念体系。利用校内媒体和各种宣传阵地广为传播，在全校师生员工中开展了关于“办学定位与思路”、“办学传统与特色”的大讨论，努力使教育理念成为全校师生员工的共识。完成山东大学视觉形象识别系统（VIS）研发工作；10 月，完成山东大学形象片和宣传片摄制工作。加强了全校教学场所文化氛围营造工作；确认了由乔羽作词、谷建芬作曲的《山东大学之歌》为山东大学校歌。

进一步延伸和拓展文化建设的范围与内涵。本着理论研究与实际建设相结合的原则，正式启动了大学文化建设二期工作。二期工程以“深化、拓展、实效、辐射”为主题，调整工作思路和组织机构，由原 7 个项目组整编为 4 个项目组，将工作内容加以深化和拓展，更加注重实际效果和山大文化的传播辐射，努力建设具有山大鲜明特色的大学文化，为学校的人才培养和改革发展发挥重要作用。

充分利用校内外文化资源，积极打造校园文化活动。在充分挖掘学校历史传统宝贵资源的基础上，积极创建校园品牌文化活动，努力建设具有鲜明特色的山大文化。2005 年 4 月，在有关部门配合下，策划了“世纪回响——山大知名人物系列纪念活动”。以“三个代表”重要思想为指导，通过纪念我校在百年历史上的著名人物、大家学者，总结和回顾山大优秀办学传统，传播山大文化理念，提升山大社会影响力，努力打造又一个校园品牌文化活动，激励广大师生学习先贤，团结进取，为建设国内外知名高水平大学而奋斗。该项活动计划每年开展 2～3 人纪念活动，形成系列。本年度组织开展了老舍、臧克家纪念活动，在社会上产生了较大反响。

六、山东大学合校五周年成就展

为了总结经验，探索规律，展示形象，鼓舞士气，扩大影响，促进工作，2005 年 9 ～11 月，宣传部特举办了“山东大学合校五周年成就展”。展览共分 13 个部分，146 块展板，306 幅图片、3.8 万字，分别从学科建设、教学改革、科技创新、人才队伍建设、对外合作与交流、科技产业发展、办学条件改善、党建和宣传思想工作、大学文化建设、医院建设、威海分校发展等方面，全面总结、回顾了合校五周年来的工作和成就。展览在四个校园巡回展出，共有一万余人参观。省委组织部部长刘伟、本科教学评估专家组等领导和专家在参观了展览后均给予了高度评价。展览结束后编辑印刷了《百年名校生机盎然——山东大学合校五周年纪念》大型宣传画册。

（杨　红）

统战工作

2005 年，党委统战部认真贯彻落实《中共中央关于进一步加强中国共产党领导的多党合作和政治协商制度建设的意见》（中发［2005］5 号）文件和《中共中央统战部、教育部关于加强高校统一战线工作的意见》（统发［2004］62 号）文件精神，在校党委统一领导下，根据省委统战部和学校党委的统一部署，认真履行“了解情况，掌握政策，协调关系，安排人事”的基本职责，坚持党对统一战线的领导，紧紧围绕学校改革发展的大局和中心工作，以民主党派为工作重点，全面加强统一战线工作。强化“人才强校”意识，充分调动党外人士的积极性，创新工作方法，为我校的稳定、改革发展服务。

一、民主党派工作

1. 支持和协助我校各民主党派加强组织建设

协助民主党派做好组织发展工作，按照“坚持标准，控制速度，严格程序，改善结构，保证质量”的要求，注重政治素质和人品的考察，着眼于民主党派的发展与政治交接，优先发展重点和骨干成员，本年度共协助考察民主党派发展对象 38 个，同意发展 24 个。并根据民主党派自身建设的需要，经过与各民主党派省委进行协商，协助部分民主党派基层组织支部做好改选工作。

1 月 8 日，民盟南校区总支部改选大会在南校区主楼会议室举行，民盟山东省委副主委卢兆铭、组织部部长叶大夏、山东大学党委统战部副部长刁立华、民盟山东大学基层委员会主委仪平策和副主委侯桂华到会祝贺。通过选举，王成国任民盟山东大学南校区总支部委员会主委，叶任宇任副主委，庄祥禄、郝丽萍、商洪海任委员。

1 月 15 日，民建山东大学南校区支部改选大会在南校区民主党派活动室举行，山东大学党委统战部副部长曹家炳到会祝贺。通过选举，霍孟友任民建山东大学南校区支部委员会主委，温德成任副主委，盛春光、王晓晨、马桂荣任委员。

2 月 2 日，九三学社东校区基层委员会改选大会在东校区民主党派活动室举行，山东大学党委统战部副部长刁立华、九三学社山东大学委员会主委吴佑实到会祝贺。通过选举，王随莲任九三学社山东大学东校区基层委员会主委，曾振宇、张兴华、毕庶本、李越中任副主委，刘毓强、肖淑琴、刘向东、李玉香任委员。

2. 举办民主党派领导骨干学习研讨班，促进民主党派思想政治建设

民主党派思想政治建设的重点是巩固发展与中国共产党长期合作的思想政治基础。当前，特别要以邓小平理论和“三个代表”重要思想为指导，教育广大民主党派成员高举爱国主义和社会主义的旗帜，提高对党的基本路线、基本纲领以及中国共产党领导的多党合作和政治协商制度的认识，增强抵御各种错误思潮的能力，保证民主党派组织始终坚持正确的政治方向。实现这一目标的有效途径，就是负起我们的政治责任，下决心对我校各民主党派领导骨干进行系统的培训。根据我校党委工作部署和党外干部培训规划，我校党委统战部和党委党校联合举办了各民主党派负责人学习《中共中央关于进一步加强中国共产党领导的多党合作和政治协商制度建设的意见》的培训研讨班，学习班采取专家辅导与自学、研讨相结合的形式，组织各民主党派负责人系统学习新时期党的统一战线基本理论、方针、政策，进一步提高统战理论政策水平，交流总结民主党派自身建设经验。

5月23日，“山东大学民主党派负责人研讨班”开班仪式在山东大学邵逸夫科学馆讲学厅举行，省委统战部常务副部长黄天俊、校党委副书记尹薇出席了开班仪式。参加研讨班开班仪式的有我校各民主党派主委、副主委和部分骨干成员共计40余人。校党委组织部部长尹作升、宣传部部长韩明涛、党校办公室主任武传春等部门负责同志参加了开班仪式。开班仪式由校党委统战部部长曹宪忠主持。

5月23～31日，培训研讨班共分六讲，分别由省委统战部常务副部长黄天俊作了题为“关于贯彻落实《中共中央关于进一步加强中国共产党领导的多党合作和政治协商制度建设的意见》的有关问题”的专题报告，由外交部丁孝文参赞作了题为“中日、中美关系与朝核问题”的讲座，由省委党校袁永新教授作了题为“当前经济形势及任务”的讲座，由省委党校魏恩政教授作了题为“树立和落实科学发展观”的讲座，由省政协王文波副秘书长作了题为“人民政协理论与实践”的讲座，由省委党校张勤书教授作了题为“当代国际政治形势”的讲座。

6月1日，我校各民主党派负责人座谈会在邵逸夫科学馆第一会议室举行，学校各民主党派主委、主任参加了座谈会。省人大常委会副主任、我校党委书记朱正昌出席座谈会并作重要讲话，座谈会由校党委副书记尹薇主持，党办校办主任周洁、党委统战部部长曹宪忠等参加了座谈会。

座谈会上，曹宪忠简要汇报了我校统战工作和民主党派工作的基本情况，民革山大总支委员会主委盛玉麒教授、民盟山大基层委员会主委仪平策教授、民建山大总支部主委马来平教授、民进山大总支部主任王凤山教授、农工山大基层委员会主委陈尚胜教授、致公党山大基层委员会副主委徐文方教授、九三学社山大委员会主委吴佑实教授等分别介绍了各民主党派思想建设、组织建设、参政议政、服务社会等方面工作情况，结合“民主党派负责人研讨班”的学习研讨，交流各自的学习体会，并对学校的改革、发展和构建和谐校园提出了积极的意见和建议。

朱正昌书记就贯彻落实中发［2005］5号文件精神，进一步抓好中发［2005］5号文件的宣传、贯彻、落实，切实把思想统一到中央和省委的要求上，把多方面力量凝聚到社会主义现代化建设事业上来，加强民主党派自身的思想建设、组织建设、制度建

设，民主党派成员、党外代表人士要在促进学校发展、构建和谐校园工作中更好地发挥作用等方面作了重要讲话。

6月3～5日作为学习研讨班的内容之一，组织民主党派负责人赴河南焦作、云台山参观考察，不仅使各民主党派领导骨干走出校园，亲身感受了改革开放以来社会的巨大发展和变化，而且又进一步密切统战部与各民主党派的关系及各民主党派之间的关系，进一步加强了沟通，增进了友谊。

3．加强民主党派后备干部的选拔培养工作

根据省委统战部工作要求，我校在广泛征求相关各民主党派意见和相关单位党总支意见的基础上，经学校党委认真研究，确定了一批民主党派后备干部人选，并对后备干部进行重点培养。我校选派了民主党派部分领导骨干和后备干部到各级社会主义学院学习、培训，尽可能地为他们的学习、培训提供经费支持。

4．召开了学校各民主党派负责人情况通报会及接待领导调研活动

3月4日，统战部召开民主党派负责人座谈会，民革副主委张岫美、民盟主委仪平策、民建主委马来平、民进主委王凤山、农工党主委陈尚胜、致公党主委江守礼、九三学社主委吴佑实等七位基层组织主要负责人出席了会议。校党委副书记尹薇通报了学校党政工作要点和有关情况。统战部长曹宪忠通报了统战部工作有关情况，并对各位负责人长期以来对统战工作的支持表示感谢。

5月9日，接待省委统战部二处处长牟强、副处长孙美菊一行来我校进行统战理论宣传调研活动。

8月24日，厦门大学统战部及各党派、团体负责人一行20余人到我校调研交流统战工作。党委副书记尹薇出席并介绍了山东大学合校后的工作情况，党委统战部部长曹宪忠汇报了我校的统战工作情况，两校交流了各自统战工作的有关情况。

8月31日，党委统战部召开各党派负责人情况通报会。曹宪忠部长传达了周济部长视察山东大学时的讲话、《中共山东大学委员会保持共产党员先进性教育活动实施方案》、朱正昌书记和谭晓防书记在山东大学保持共产党员先进性教育活动动员大会上的讲话。党委副书记尹薇作了重要讲话，并通报了山东大学保持共产党员先进性教育活动的有关情况，并诚恳地希望各民主党派监督我党搞好先进性教育活动。

二、人大、政协工作

1．积极支持各级人大代表、政协委员参政、议政工作

与各级人大代表、政协委员保持密切联系，加强沟通，认真听取他们的意见和建议；积极协助、组织人大代表、政协委员参加会议和活动，为他们参加学习活动和会议提供方便和服务；为人大代表、政协委员对学校的改革、发展建言献策牵线搭桥。

2．周密地组织了各级人大代表、政协委员参加会议的接送等工作，为他们参加会议和活动提供方便，并注意做好其他的相关工作

3月1日，在第十届全国政协第三次会议召开之际，学校党委举行了驻我校的全国政协委员欢送会，党委副书记尹薇、党委统战部部长曹宪忠、原部长牟文华、副部长刁立华和曹家炳到火车站为他们送行。

3 月 2 日，在第十届全国人民代表大会第三次会议召开之际，学校党委举行了驻我校的全国人大代表欢送会。党委副书记尹薇、党委统战部部长曹宪忠、原部长牟文华、副部长刁立华和曹家炳到火车站为他们送行。

3 月 13 日，在第十届全国政协第三次会议闭幕，党委副书记尹薇、党委统战部部长曹宪忠、原部长牟文华、副部长刁立华和曹家炳到火车站欢迎驻我校的全国政协委员返回学校。

3 月 14 日，在第十届全国人民代表大会第三次会议闭幕。党委副书记尹薇、党委统战部部长曹宪忠、原部长牟文华、副部长刁立华和曹家炳到火车站欢迎驻我校的全国人大代表返回学校。

3. 协助完成与我校有关的省政协委员届中调整工作

积极与省委统战部进行沟通协商，协助考察并认真撰写考察材料，我校赵明顺、刘晓静、严中华等三位同志增补为省政协委员，赵明顺、张慧等两位同志增补为省政协常委，并协助上级部门完成增补省特约审计员的考察等工作。

三、归侨、侨眷、台胞台属工作

1. 为侨服务，凝聚侨心

为侨服务、凝聚侨心是一项经常性的工作。近年来我们把它提高到实践“三个代表”重要思想的具体体现的高度来认识。组织归侨、侨眷、台胞、台属欢度仲秋。在元旦、春节期间重点走访了归侨、侨眷 20 余户。充分发挥高校华侨、侨眷相对集中的优势，组织好归侨、侨眷、台港澳眷属的活动。

1 月 12 日，举办了山东大学归侨、侨眷、台港澳眷属迎新春文艺联欢会，党委副书记尹薇到会并作新春致辞，演出了 20 多个节目，共有 100 余人参加了联欢。

9 月 17 日，组织归侨、侨眷、台属 80 余人，游览了植物园，并分发了月饼，共同思念海外亲人。

2. 促进海外交流，弘扬祖国文化

2 月 25 日，接待了台湾新党秘书长潘怀宗先生来山东大学进行学术访问，学校党委副书记尹薇、副校长于修平、党委统战部部长曹宪忠、医学院党委书记陈晓阳、民革西校区主委张岫美、党委统战部副部长刁立华和曹家炳参加了接待活动。

7 月 3 日，接待了台湾、香港“中华历史文化教育交流团”一行 30 人来山东大学参观、访问。交流团成员主要是港台基督教大学师生，我校派出 30 人，一比一对口交流。陪同交流团参观了山东大学博物馆，并举行了“齐鲁文化”报告会。晚上与我校部分大学生共进晚餐，并举行了联欢晚会，还互赠了礼品，交换了自制名片。

3. 根据省、市侨联的要求，进行了侨情普查工作

完成了在大学建立侨联组织的调研工作，写出了在大学建立侨联组织的意见和建议。

四、民族宗教工作

认真贯彻落实全国、全省宗教工作会议精神，贯彻党的民族政策，维护民族的团

结，结合我校实际，研究分析宗教工作新形势、新情况、新问题，严防海外宗教势力渗透，积极协助、配合有关部门进一步做好我校民族宗教工作。

5月13日，组织我校部分专家学者参加崂山道教文化节活动。我校专家学者并为崂山众道士开设讲座，周立升教授、姜生教授、刘晓静教授、牟文华教授、曹家炳副部长参加了道教研讨会。

10月23日，组织参加省、市委统战部、民宗局举办的“泉城广场民族团结进步宣传月”活动，制作了展板，宣传了我校少数民族干部、教师的先进事迹。

11月3日，组织信仰伊斯兰教的少数民族师生参加济南南大寺开斋节庆祝活动和相关工作。今年11月3日是伊斯兰教的“开斋节”。节前，通过校园网向全校回族等信仰伊斯兰教的少数民族教职工发布了《关于我校回族等信仰伊斯兰教的教职工开斋节放假的通知》。是日上午，我们组织了回族等信仰伊斯兰教的职工到济南南大寺等清真寺参加“开斋节”和纪念南大寺建立710周年庆典活动，并向各穆斯林寺赠送了耶贴。下午3时，展涛校长在科学会堂会见了39名穆斯林学生，通报了学校的有关情况，并向同学们表示节日祝贺，在祥和的气氛中，询问了同学们的学习、生活情况，鼓励同学们努力学习，打好基础，将来争做国家栋梁和社会中坚。

五、认真开展保持共产党员先进性教育活动

在学校党委领导下，统战部党支部认真贯彻落实保持共产党员先进性教育活动的各项工作要求，认真进行自我剖析，主动开展批评与自我批评，广泛征求党内外同志的意见、建议，对统战工作存在的问题进行认真整改，并及时向有关同志反馈整改情况。

通过先进性教育，极大地提高了全体同志执行党的路线、方针、政策的自觉性，党性意识明显加强，工作主动性、创造性明显提高。

六、统战部工作和各民主党派工作受到上级部门表彰。

积极参加中共山东省委统战部、中共山东省委高校工委联合开展的统战工作的创新活动，开展的“负起我们的政治责任，促进民主党派自身建设”活动荣获全省高校统战工作创新优秀成果一等奖；承担省委统战部2个统战理论研究课题，统战部有2人获2005年全省统战理论调研宣传“四新工程”“优秀理论调研成果奖”。

各民主党派工作也取得了很大成绩。九三学社山东大学南校区基层委员会被九三学社中央授予先进基层组织；农工山东大学基层委员会、致公党校区支部分别获得省委统战部“优秀提案先进单位”表彰；民进西校区支部获民进省委“参政议政先进集体”称号；民革支部获民革省委授予的参政议政先进支部；各民主党派共有6人获民主党派中央表彰，21人次获各民主党派省委的表彰。

（邵明石）

学生工作

2005 年，学生工作根据时代特点和形势发展的需要，注重工作理念和机制创新，紧紧围绕学校人才培养目标和工作重心，以强化责任心教育、拓展学生素质、提升学生竞争力为核心，以维护学生权益，规范学生管理工作行为，提升学生工作的科学化水平为重点，特色鲜明，亮点突出，各项工作圆满完成。

一、深入开展学生思想政治教育工作

2005 年学生思想政治教育工作开展了形式多样的探索，并在此过程中积极贯彻落实《中共中央、国务院关于进一步加强和改进大学生思想政治教育的意见》，突破性地开展了各项贴近学生生活的教育活动，取得良好效果。

（一）统一思想，提高认识，构建全员育人格局，建立思想政治教育长效机制

为了提高广大学生工作人员的认识，2005 年 3 月初召开了学生工作干部培训会议，编印了《学习贯彻落实全国加强和改进大学生思想政治教育工作会议精神》文件资料选编，学生工作部部长张宇作了专题报告。当月中旬，组织全校学生工作人员参加了山东大学加强和改进大学生思想政治教育工作会议。

制定了《中共山东大学委员会关于进一步加强和改进大学生思想政治教育的实施意见任务分解详目》，明确大学生思想政治教育工作的要求和分工，营造全员育人、全过程育人、全方位育人的工作氛围，建立完善我校思想政治教育的领导体制和工作机制，构建大学生思想政治教育的长效机制。

（二）以责任心教育为主线，深入开展思想政治教育工作

制定了《山东大学 2005 年学生思想政治教育实施纲要》，并把思想政治教育重点放在责任心教育上，继续深入开展“五心”教育活动，充分把握教育时机，寻找有利抓手，把“五心”教育活动与党员先进性教育相结合、与学风教育相结合、与理论学习型社团活动相结合，开展了丰富多彩的专题教育活动。2005 年上半年，开展了“倡导网络文明，共建绿色家园”网络文明宣传月活动、“‘五心’教育，党员先行”道德履行活动、“给母亲写一封家书”亲情教育活动等。5 月份，针对学生反日情绪高涨，编印了《形势政策教育学习材料（中日关系专辑）》，组织学生学习我国政府的对日方针、政策，进行了有针对性的教育和引导。

（三）创新新生入学教育模式，积极帮助新生融入大学生活

制定了《山东大学2005级新生入学教育实施意见》，周密筹划、认真组织了弘扬山大精神、明确培养目标、适应大学生活三方面的教育。以山大精神、学校优良传统教育为主线，增强对学校的认同感、自豪感、使命感；以人才培养目标、责任心教育为重点，引导新生明确努力方向，强化责任意识，全面和谐发展；以学习动力、创新意识教育为核心，帮助新生解决学习中的现实问题，增强他们完成学业的信心，激励他们学会选择、积极进取、勇于创新；以规章制度、行为准则教育为基础，引导新生尽快适应大学生活，在知行统一的过程中形成良好的道德品质和文明行为习惯。

（四）积极开展国防教育，增强学生国防意识

2005年，完成了2005级7000余人的军事技能训练工作，通过革命传统教育、爱国主义教育、时事教育以及军政训练等形式，使国防教育活动在大学校园内广泛展开，有效地提高了广大学生的国防观念。2005年的军训工作创造了我校新生军训史上乃至全国学生军训史的两个“第一次”：中央电视台第一次对新生军训作现场直播，第一次由学校自己承担实弹射击保障任务。

结合“全国大学生军用枪射击比赛”，开展了暑期学校培训计划，聘请济南陆军学院具有丰富实弹射击教学经验的教师，对学生进行实弹射击实践教学。经过严格教学训练，使学生掌握了实弹射击技术，并且通过军事化管理，加强了学生的纪律性，提高了国防意识。

同时，积极配合“选培办”做好国防生的选拔、管理和培养工作，2005年度，共计选拔国防生163名，其中有20名国防生被济南军区评为优秀国防生。

二、扎实推进学生事务管理工作

2005年，针对当前形势，完善机制、规范制度，进一步做好管理育人与服务育人工作，增加工作的规范性和透明度。学校先后制发了《山东大学2005级新生入学教育实施意见》、《山东大学关于进一步加强和改进学生心理健康教育工作的实施意见》和《山东大学学生心理危机干预预案》，并进一步修改和完善了《学生宿舍值班员规范化管理条例》、《山东大学学生公寓管理须知》等条例制度。

（一）贯彻管理育人理念，强化“学生为本”意识

在严格实施学生综合素质测评，认真做好各类学生奖学金的评定工作的基础上，进一步加强了对优秀集体和个人的培养，利用身边先进典型和不同学生群体的示范作用，感染学生，引导学生，教育学生。2005年，学校共计向品学兼优学生发放各类奖学金8785人次（不包括助学金），约占学生（不包括2005级新生）比例40%，发放奖学金额度1347.58万元，其中，有1159人次获得了不同种类的社会奖学金，发放社会奖学金额度121.5万元，获奖人次及发放额度分别比2004年上升21.6%和20.0%；评选校级以上优秀学生共计2830人次，约占学生总数的（除2005级新生）13%。其中校级三好学生1026名，校级优秀学生干部656名，校级单项奖个人1060名，校全面发展标兵20名，校级先进班集体45个；推选出省级优秀学生44名，省级优秀学生干部22名，省级先进班集体15个；有2名学生分别荣获“山东高校十大优秀学生”及其提名奖。

规范学生班级建制，建立了学校、学院、班级三级互动工作机制。2005 年，为全校 695 个班级配备了 613 名班主任和 565 名班主任助理，充分发挥学院和基层班级的作用，夯实基础，以点带面，促进了热爱集体、关心他人、比学赶帮超的班风建设，努力倡导优良学风，使大学生学风教育成为他们的自觉自主行为。

（二）继续完善以国家助学贷款为主体、其他综合措施为补充的家庭经济困难学生资助体系

截至 2005 年 12 月中旬，共发放各种资助金 3481.626 万元，共资助学生 36186 余人次（含中国银行贷款 2916 人 1591.362 万元，建设银行国家助学贷款 501 人 225.424 万元，工商银行国家助学贷款 57 人 27.08 万元）；坚持“校内为主，发挥专长，提高素质”的原则，坚持不懈地开展了一系列的工作，基本上形成了“助管、助教、助研”的“三助”勤工助学管理体系，为在校贫困生提供了安全便利、报酬合理的助学机会，2005 年设立了校内勤工助学固定岗位约 3680 个，临时岗位约 1100 个，共支付报酬 308.393 万元；形成了完备的家庭经济困难学生档案，包含全校 29 个学院的 6658 名家庭经济困难学生，同时，建立了相对完善的网络信息管理系统，对家庭经济困难学生实行动态管理，对受资助的学生进行追踪调查，根据实际情况的变化，进行了及时调整。

2005 年迎新工作中，简化了“绿色通道”的办理手续，为学生提供快捷的“一站式”服务，缩短办理时间。同时，对于极少数家庭经济特别困难的学生，现场办理、发放临时困难补助，解决了这些学生入校后一个阶段的生活问题。当年共有 359 名新生通过绿色通道入学，占新生总数的 5.1%，暂缓交费共计 152.72 万元；发放临时困难补助 31 人，共计 9900 元。

积极争取社会资助，贫困生救助渠道和形式得以拓宽。2005 年共发放社会学校各类助学金 15 项，总金额近 110 万元，共资助 773 人，其中新设了香港思源奖助学金、真维斯大学生助学金等 7 项助学金，新增金额 53 万元（资助 350 人），实现了助学金的大幅度增长，切实体现了一切为学生服务的工作宗旨。同时，截至 2005 年 12 月初共有 1283 名学生享受到临时困难补助，共计发放金额 47.91 万元（含 2005 级新生），发放生活补贴 23500 余人次 970 余万元，教育部伙食补助 3000 人 136.895 万元，国家助学金 1076 人 64.56 万元，发放校内无息贷款 3785 人，金额 179.28 万元。2005 届毕业生还无息贷款 1251 人，金额 473.88 万元，还款率约为 97%。2003 级学生还临时贷款 177 人，金额 43.806 万元，还款率约为 44%。

（三）加强学生宿舍管理，营造良好生活氛围

2005 年，在进一步提升学生公寓物业管理水平的基础上，积极开展学生公寓文化建设，营造温馨的育人环境。完善了学生公寓楼内的配套设施，做好了公寓基本设施的配置、维修工作。暑期，学生公寓安装了智能式控电系统，使我校学生公寓的安全防卫工作迈进了一大步。

加强了对学生楼管会的管理和指导，有效地调动了楼管会同学的工作积极性，发挥桥梁作用，成为学生宿舍管理与服务工作的宣传者、执行者和广大学生心声的反馈者。同时，大力开展学生宿舍卫生检查工作，帮助引导学生整理宿舍卫生，增强了宿舍生活的纪律性和有序性。

在此基础上，拓宽渠道，丰富载体，充分发挥融思想教育、生活服务、文化建设等多种功能于一体的学生公寓阵地的育人功能，大力加强以“健康向上的情趣，整洁优雅的环境，团结互助的氛围，紧张有序的生活”为核心内容的学生公寓文化建设，继续办好《公寓之声》工作简报，完善“学生社区”网站建设，积极开展宿舍文化活动，寓教于乐，陶冶学生情操，从而营造出高雅的文化氛围，发挥了宿舍阵地的育人作用。同时，大力加强学生安全教育和管理工作，开展了“消防安全宣传周”活动，并深入学院进行调研，探索学生宿舍文化建设的新思路。

初步建立了各校区学生宿舍管理部在中心统一领导下相对独立开展学生公寓管理与服务的工作机制。进一步修改和完善了《学生宿舍值班员规范化管理条例》、《山东大学学生公寓管理须知》等一系列条例制度，积极探索新形势下的公寓管理模式。同时，努力建设一支高素质的学生公寓管理与服务队伍，提高职工的职业道德修养，强化“爱岗敬业”精神，提升和优化管理服务水平。顺利完成了2005届毕业生离校工作、2005级新生报到工作、交流学生和转专业学生的住宿安排及部分学生的住宿调整工作，并为2006届本科生和硕士生提前安排了住宿，受到一致好评。

三、大力开展学生心理健康教育

加大力度开展学生心理健康教育，促进学生健康成长。进一步完善我校心理健康教育工作机制，形成了开展心理健康教育的良好格局。学校出台了《山东大学关于进一步加强和改进学生心理健康教育工作的实施意见》和《山东大学学生心理危机干预预案》，对学生心理健康教育工作的目标、任务、工作机制、队伍建设、经费保障等方面作了具体规定，完善了我校大学生心理危机防护体系，提高了我校心理危机的快速干预能力。

深化了心理健康宣传教育工作。2005年，在全校举办了以“勇抗挫折，挑战人生”为主题的“第五届心理健康教育宣传周”活动，成功举行“走进心灵”百场心理健康讲座，向新生发放《心理健康教育手册》近7000册，并利用网站、报刊、广播站和板报等形式，大力宣传心理咨询和心理健康知识。继续开设系统的心理健康教育课程，在全校开设2门选修课——“大学生心理健康教育”和“成功人际交往”，适应了学生的需要，受到普遍欢迎。

2005年，圆满完成了对全校6900多名新生的54场心理测试，共邀请627名同学参加面谈，为近6900名新生建立了一份电子版心理健康档案，并进一步积极有效地进行了心理危机干预和团体辅导。2005年，共对19人进行了危机干预，组织团体辅导16场。中心共为420名学生提供咨询服务，及时给予他们关怀和帮助。加大培训力度，提高心理健康教育队伍建设，先后派出9人参加了教育部组织的第九期、第十期大学生心理健康教育师资培训班。同时，还组织辅导员、新生心理健康委员进行培训，增强了他们做好心理健康教育工作的能力和水平。

四、加强辅导员队伍建设

2005年，学校把辅导员队伍建设作为提升学生工作水平的突破口，并与保持共产党员先进性教育相结合，配合本科教学水平评估等学校重点性工作，做到让学生满意，并受到陈至立与教育部有关领导的肯定，《人民日报》、《光明日报》、《中国教育报》、中央电视台、新华网等媒体都作了相关报道。

学校制发了《山东大学学生辅导员工作规范（试行）》和《山东大学学生班主任工作规范（试行）》，从制度上对辅导员、班主任的岗位职责进行了具体界定，明确了辅导员、班主任作为学校人格教育体系实施者的主体地位，促进了辅导员队伍的专业化建设和职业化发展，为学生工作的健康开展提供了有力保证。

实行了校院领导联系班级制度，学校各级党政机关共计有55名正处级以上干部主动与学生班级结对子。他们亲自为联系班级召开主题班会，亲自为学生讲授党课，召开学生座谈会与学生面对面交流，并通过电话、电子邮件等方式与学生保持联系，指导学生的科技创新活动，指导学生就业，参加所联系班级的活动，热心关注联系班级学生的学习和生活，及时掌握学生的思想动态，有效帮助学生解决了思想、学习和生活中存在的实际困难和问题，进一步发挥了他们在学生思想政治工作中的积极作用。

加强了对新生辅导员和2006年保资辅导员培训力度，提前对拟任辅导员进行岗位培训，通过发放学习资料、组织专题讲座、举办辅导员读书班等方式，早培训，早上岗，提高了他们开展学生工作的实际能力。

进一步修订完善了《学生辅导员考评办法》，将其纳入全校教职工考评体系，实行填涂答题卡和网上问卷相结合的方式进行学生评议，最大限度地保证学生评议结果的准确性和有效性。另外还包括个人自评、院部考评和学校相关职能部门考评，使考评工作模式更加科学合理。

（周明明）

学生就业工作

2005年，山东大学毕业生人数首次突破万人，是历史上毕业生最多的一年，共计毕业生10672人，其中本科生7707人，研究生2475人，高职生490人。毕业生总数比2004年增加1569人，增幅达17.24%。从毕业生的生源分布情况来看，研究生中山东省生源共2088人，占全校研究生总数的84.36%；本科生山东省生源共5474人，占全校本科生总数的71.03%。2005年毕业生就业率稳中有升，服务满意度较高。截至2005年9月1日，我校2005届毕业研究生一次就业率为93.05%，比2004年高出1.75个百分点；本科毕业生一次就业率为90.96%，与2004年持平；高职毕业生一次就业率为62.24%，比2004年高出18.74个百分点。2005届毕业生择业情况调查显示，98%的用人单位对山东大学就业工作的服务表示满意，30.7%的毕业生对我校就业指导机构的工作表示满意，59.5%的毕业生表示较为满意，满意度达90.2%。

一、毕业生需求信息比较旺盛，学校是学生获取就业信息的主渠道

针对2005届毕业生，到校举行校园专场招聘的用人单位共计320家，举行校园招聘活动共计495场次，是2004年的2.3倍，提供就业职位19441个，参会学生达到30020人次；举办山东大学毕业生供需见面会和承办山东省文理、医药类专业市场各一次，两次会议共有近1000家用人单位参会，提供职位28000个；用人单位通过来电来函、传真、电子邮件、网站注册登录以及我们在百度、南方人才网上适用转载共提供招聘职位48436个；各类职位信息总量约9万余个，剔除重复和公共需求信息，据不完全统计，完全针对我校毕业生的需求信息有59123条，供求比达到了1∶5.54，略高于2004年1∶5.44。

2005届毕业生就业情况调查显示，2005年，学校举办的专场招聘会、大型供需见面会、就业网站以及院（部、所、中心）等形式所提供的需求信息占毕业生获取信息总数的81.5%；在落实用人单位的毕业生中其单位信息的获得71.03%是由学校提供的。

二、市场开拓成效显现，毕业生就业地域分布明显改观

2005年，学校先后与秦皇岛市、长春市、哈尔滨市、天津开发区、宁夏回族自治区、浙江余姚市、厦门市、安徽江淮汽车、哈尔滨航空工业集团等建立学生就业实习基

地，至此，我校共有校建就业实践基地 52 个，就业基地分布在 11 个省和直辖市。

2005 届落实单位的研究生共有 1948 人（不含录取博士研究生）。从就业区域分布来看，在山东省就业的毕业研究生由 2004 年的 84％下降到 75.26％，比例下降了 8.74 个百分点。而在东部其他省（市、区）就业的比例都有所增长，到北京、上海、江苏、浙江、广东就业毕业生比率比 2004 年分别增长 2.31％、0.86％、1.41％、1.69％、1.12％。

2005 届落实用人单位的本科毕业生共有 4569 人（不含录取硕士研究生），与 2004 届相比，2005 届本科毕业生在山东省内就业的比例减少了 13.57 个百分点，在山东省内就业的毕业生比例，首次低于山东省生源占毕业生总量的比例（71％）。这些毕业生除了流向中西部地区（比上年增加 3.66 个百分比）之外，其他毕业生都流向了东部发达省（市）。

三、实施规范的就业指导，唱响到西部、到基层就业主旋律已见成效

2005 届毕业研究生到高校从事教学科研工作的人数共 788 人，占就业人数的 40.5％，是各行业中人数最多的，成为 2005 年我校研究生就业的主渠道。到各类企业和医疗卫生单位就业的人数分别为 316 人和 331 人，分别占 16.2％和 17.0％。另外，到各级各类国家机关工作的为 160 人，占 8.2％。到科研设计单位就业的为 105 人，占 5.4％。到部队就业的为 49 人，占 2.5％。其他类型的就业 197 人，占 10.1％。

2005 届本科毕业生到企业工作 3378 人，占就业人数的 73.93％，是各行业中人数最多的，其次是到各类事业单位就业的 549 人，占就业人数的 12.01％。到其他类型单位就业如：党政机关 212 人，占 4.63％；部队 178 人，占 3.92％；医疗卫生 236 人，占 5.17％；国家项目就业 16 人，占 0.34％。

2005 年，学校通过就业指导与职业生涯规划课、专题讲座、“成才报国，奉献西部”演讲活动等措施，加大对学生就业指导力度，鼓励毕业生到基层、到西部艰苦地区就业，对到西部重点单位、艰苦行业就业的毕业生进行了表彰奖励，收到了较好的效果。从本科毕业生地域流向来看，在落实用人单位的毕业生中，到中西部地区就业的学生比 2004 年多了 3.66 个百分点，到东北老工业基地就业的毕业生比 2004 年多了 3.22 个百分点。

四、主要举措

（一）加强领导，注重构建长效机制

2005 年，继续强化校院两级就业工作管理体制，有效实施就业工作一把手工程。学校党政联席会定期研究学生就业工作，定期听取就业工作汇报，加强协调，横向沟通，纵向贯通，上下左右齐努力，一个“全员参与，全过程服务，全方位落实”的就业工作氛围已基本形成。同时，积极构建促进就业工作顺利开展的长效机制。比如：把各院部的就业率和其招生的规模、经费的划拨、业绩考核等挂起钩来；一年一度的就业工作先进集体和先进个人的表彰奖励；学生就业导师制；唱响主旋律，对赴西部艰苦地区就业的学生进行表彰和奖励；建立各院部就业工作评估指标体系等。这些机制的建立和

完善，有效地促进了我校学生就业工作的开展。

（二）强化工作理念，细化服务措施

2005年，学生就业指导中心（简称“就业中心”）通过各种形式，以各种渠道不断强化“以人为本，服务至上”的工作理念，树立“帮助有就业愿望的毕业生尽可能地达成他们的就业愿望”的观念，为此，就业中心在工作中首要的是要把自己界定成“服务员”的身份，积极有效地为社会和用人单位服务，为广大毕业生服务。就业中心建立了联系院部制度，每个人都联系两个院部，定期、不定期地到院部去和学生开座谈会，给学生提供更加清楚的就业咨询，收到了良好的效果。并以面对面、网上咨询等形式设立了毕业生接待日。对凡是来我校搞专场招聘的单位，就业中心都积极在场地、设备、人员等方面给予大力支持；还定期走访省内、外用人单位，加强了沟通，巩固了感情。院部就业指导工作人员也都建立了“一对一”的工作机制，逐一谈话，逐一落实，真正体现个性化服务特色。

（三）多头并举，积极培育学校毕业生就业市场

通过媒体，扩大宣传，增进社会用人单位对学校及毕业生的了解。就业中心先后在《齐鲁晚报》教育专刊、《济南时报》人才周刊、《中国大学生就业》杂志、山东卫视等媒体宣传介绍山东大学专业设置、办学规模、人才培养目标和培养模式以及学生的教育管理等，全面展示百年老校、名校的风采及毕业生的素质和能力。

积极承办高等院校毕业生供求联合会（山东），促进校企在人才供求方面的双赢。

建立学生就业实践基地，稳定毕业生就业市场。截至2005年，我校共有校建就业实践基地52个，就业基地分布在11个省和直辖市。举办“山东大学·用人单位（青岛）联谊会”，该联谊会的宗旨是搭建高校和用人单位之间的交流平台，增进感情，加强沟通，促进工作，协作发展，实现共赢。

精心组织，周密筹划，办好大型供需见面会。举办大型供需见面会是活跃高校毕业生就业市场，搭建学生就业平台，进一步拓展学生就业信息渠道而采取的重要举措之一。2005年，两次会议共组织近1000家用人单位参会，提供职位17266个。

（四）立体覆盖，实施科学的就业指导

加强就业指导课程建设。2005年，就业中心自编教材《大学生职业发展与求职方略》正式出版。在2005～2006学年，我校把现有的4个班扩大为8个，由一门课改为针对低年级的“职业生涯规划”和针对高年级的“就业指导”两门课。

举办就业指导专题讲座。为突出就业指导工作的实效性，就业中心在全校范围内分不同阶段为学生举办有针对性的讲座，对学生分专题进行指导。如：配合国家公务员考试，邀请有关专家举办了两次“公务员考试辅导讲座”；与《齐鲁晚报》联合举办“2005齐鲁高校就业助推行动”，邀请来自全国知名企业的十多位人力资源老总与大学生面对面地交流学生在就业过程中遇到的问题，帮助学生解决实际困难；为提高毕业生应聘面试能力，邀请企业人力资源专家举办“大学生应聘面试技巧讲座”；针对大学生择业时缺乏目标，自我定位不准确的现象，邀请就业专家举办职业发展讲座。

举办“卓越就业力”培训和“就业体验训练营”，增强毕业生的就业竞争力。山东大学学生就业指导中心、学生职业发展协会邀请济南兼职人才网的专业讲师举办“卓越

就业力”培训系列课程。为帮助学生近距离接触就业单位，给在校生创造最好的了解社会、加强对社会认识的机会，从10月份开始举办“就业体验训练营”活动。“就业体验培训营”之“百名山大学子参观浪潮集团”、“百名山大学子参观NEC公司”、校园模拟招聘会以及面试技巧讲座等一系列体验性的活动逐渐使科学就业的观念深入人心，为面临就业的同学打好就业基础关。

根据《中共中央、国务院关于进一步加强和改进大学生思想政治教育的意见》和2005年全国普通高校毕业生就业工作会议精神，结合学校实际情况，制定并出台了《山东大学关于开展2005届毕业生教育活动的通知》，在全校掀起了开展毕业生教育活动的高潮。毕业教育分为11个专题，即：理想信念教育、择业观教育、就业形势政策教育、创业成才教育、弘扬民族精神和安全稳定教育、“毕业思源，立业思进”主题教育、公民道德教育、“五心”教育和诚信教育、就业心理教育、适应社会教育、文明离校教育。组织师生采访知名校友40余人，编印了《我的创业经历》一书，学生反响较好。

（五）组织业务培训，不断提高就业工作人员的职业化与专业化水平

2005年7月，就业中心与山东省劳动和社会保障厅联合举办“高级职业指导师培训班”，经系统培训、严格的考试和论文答辩后，我校66人（含威海分校11人）获国家职业指导师资格证书，其中44人获国家高级职业指导师资格证书，22人获中级职业指导师资格证书。

（李国庆）

共青团工作

2005年，我校共青团工作以邓小平理论和“三个代表”重要思想为指导，深入贯彻落实《山东大学关于进一步加强和改进大学生思想政治教育的意见》精神，紧紧围绕学校中心工作，着眼青年学生成长成才，重点加强了校园文化建设、科技创新活动、社会实践活动和青年志愿者工作，稳步推进了大学生素质拓展计划，进一步强化了基层团组织建设。团结进取，拓新有为，取得了可喜的成绩，部分工作继续保持了在全国高校共青团行列的优势和领先地位。

一、思想政治教育注重实效

2005年，山东大学各级团组织深入学习党的十六届五中全会精神，认真落实科学发展观，大力加强大学生思想政治教育，紧紧围绕学生培养目标，把思想政治教育多渠道、多形式融会到团组织的理论学习、主题教育和校园文化活动中去，确保了学习教育的实际效果。

（一）理论学习常抓不懈，切实提高团员青年思想政治觉悟。结合上级团组织和学校的政治理论学习安排，利用开展增强团员意识教育活动、校团委例会、全校团干部会议、团支部团日活动等组织活动形式，将党的十六届五中全会精神和团的会议精神，以及胡锦涛同志视察山东时的讲话等重要精神及时传达给各级团组织，同时，注意发挥了学生组织、学生“三个代表”学习研究会的辐射带动作用，认真研究，积极探索，真正让思想政治工作“进网络，进社团，进舍区”。全校各级团组织通过组织“青春献祖国”主题团日活动、班级壁报展示、开辟网上讨论、召开学习交流会等多种形式的学习宣传教育活动，加强了广大青年学生“学理论，用理论”的自觉性，坚持不懈地用“三个代表”重要思想构筑团员青年强大的精神支柱。

（二）主题活动注重实效，不断强化大学生社会责任感教育。2005年，校团委继续深入推进了以“忠心献给祖国，爱心献给社会，关心献给他人，孝心献给父母，信心留给自己”为主题的大学生“五心”教育系列活动。将理论武装头脑与加强思想道德建设相结合，引导青年学生将高度的社会责任感和爱国主义精神自觉转化为成长成才、奋发有为的实际行动。下发了《关于在全校青年学生中继续深入开展“忠心献给祖国，爱心献给社会，关心献给他人，孝心献给父母，信心留给自己”主题教育活动的通知》，引导各学院将教育青年学生与服务青年学生有机结合，采取丰富多彩、生动活泼、切实有效的形式，突出学院学科特色，增强了思想政治教育的针对性和实效性。全校 29 个学院（部）围绕“五心”教育的主题共组织相应活动 200 余项，参与活动的学生达 30000 余人次。在全校范围内掀起了一股“忠心献给祖国，爱心献给社会，关心献给他人，孝心献给父母，信心留给自己”的教育热潮。

此外，校团委积极响应团省委“青春献祖国”主题团日活动、“增强团员意识，服务和谐社会”主题教育活动等号召，组织我校各级团组织积极发动团员青年深入开展了重温入团誓词、团员标准大讨论、“12·5”志愿服务周等系列主题活动，据统计，全校各级团组织相继开展的活动达 400 余项，参与人数达 12000 余人次。

（三）校园文化活动品牌效应明显，发挥了名人名师的示范引导作用。2005 年，校团委继续注重发挥精品校园文化活动的育人功能，将组织系列精品校园文化活动作为学校文化建设的重要载体，作为竭诚服务青年学生的有效形式。充分发挥了杰出人物的引导和影响效能，增强了思想教育的实效性和针对性。2005 年通过组织“恰同学少年——中国杰出青年论坛”、“大家讲坛”、“与大师面对面”专场访谈、“人文纵横”、“科学畅想曲”、“创业论坛”、“小树林文化论坛”、“百年激扬”研究生学术论坛、“世纪风”教授讲座等全校性高层次学术科技文化活动，坚持了正确的教育导向。活动中引入“以人为本”的设计理念，将对学生的思想教育与青年学生的需求结合起来，提高了思想政治教育效能、针对性和实效性，充分发挥了名人名师的示范引导作用。

（四）抓重大纪念节日，及时对大学生进行爱国主义教育。2005 年，校团委利用“五四”运动 86 周年、“九一八事变”74 周年、“一二·九运动”70 周年等纪念日，精心组织策划了以爱国主义为主题的系列教育活动。举办“五四学术论文评比”激发了青年学生科技成才报国的信念，召开纪念“九一八事变”座谈会激扬了青年学生的无上的爱国热忱，组织“青春之歌”纪念“一二·九运动”七十周年大型文艺晚会和“青春之歌——小树林文化论坛”弘扬了青年学生高昂的爱国精神。此外，我校各级团组织还利用“五一”、“七一”、“八一”、“十一”等重要节日的庆祝活动以突出爱国主义为主要内容，组织策划了大量青年学生喜闻乐见、富有成效的主题教育活动，收到了良好效果。

（五）网络平台建设继续深化，扩大了教育的覆盖面和渗透力。充分发挥网络思想政治工作的优势，巩固发展网上思想政治教育平台的优势。校团委找到了一套适合青年学生特点的、行之有效的教育引导方式，共青团思想政治教育网站建设取得丰硕成果，构建以“青春山大”（原名“山大青年”，2005 年 9 月改版时更名）为龙头的山东大学共青团工作网站群，成为山大学子健康成长的导航站。通过共青团网络平台，吸引了青年，联系了青年，开发了青年，成就了青年，增强了团组织的凝聚力和亲和力，使大学生思想政治教育提高了时效性，扩大了覆盖面，增强了影响力。“青年视点”、“基层播报”、“青年导读”、“青年时讯”等栏目快捷、全面、权威地发布各级各类的资讯，通过生动的形式、多样的体裁、丰富的内容成为学生的信息筛选库和获取库。通过“视频在线”、“资料汇编”、“团情动态”、“精品专题”等栏目，通过各种教育方式拓展社会实践和校园文化等传统有效途径，不断加强了思想政治教育进网络的力度，补充、延伸、创新和增益高校传统思想政治工作的功能，在学生日常思想政治教育阵地上作出了贡献。

二、校园文化品牌体系日臻完善

2005年，我校各级团组织以“三个代表”重要思想为指导，牢牢把握先进文化的前进方向，坚持以人为本，更新观念，勇于探索，繁荣学术，推陈出新，着眼于青年学生成长成才，努力构建了以学术文化为主导，高品位、多层次、受益面广、影响力大的校园文化品牌体系。

（一）高层次学术文化活动再创新高。2005年，校团委共举办10场次的“恰同学少年——中国杰出青年论坛”、9场次的“大家讲坛”、19场“人文纵横”、22场次“科学畅想曲”、20场次“创业论坛”等全校性高层次学术科技文化活动，丁肇中、杨振宁、白春礼、杜维明、韩俊、庞朴、罗伯特·蒙代尔等“大家”都曾做客山大，参与学生数达27600余人次。

（二）群众性学术文化活动又取佳绩。2005年共举办“小树林文化论坛”26期，内容涉及“服务社区，你准备好了吗?”、“书生意气，纵论国事”、“走向世界，相约未来”、“走近神六，祝福祖国”、“青春之歌”等等，参与学生人数达4500余人次。活动地点设在室外，伴着悠扬的乐曲，映着落日的余晖，凉风习习，鸟鸣啾啾，师生们围坐在一起，围绕共同的话题各抒己见，畅所欲言，笑谈声鼓掌声从耳旁飘过，温馨与热情由心间涌起，“小树林文化论坛”已经成为山大人不可缺少的一道文化大餐。

（三）学生组织的学术文化活动效果明显。2005年，校研究生会组织了7期“百年激扬”研究生学术论坛、7期研究生学术沙龙，校学生会组织了43期“世纪风”教授讲座，学生社团组织了53场“清风坛”、“思辨天堂”等系列社团讲座，也都吸引了众多山大学子的目光，各类讲座参与学生数达15500余人次，成为校园文化活动中亮丽的风景线。

（四）校园文化活动的长效平台机制建立。我校团组织依托“山大青年”网站，在全校范围内建立了一大批青年学生自已的“红色网站”。校团委利用网络优势，将活动的录像以视频的形式与不能到现场的学生见面，构建了我校校园文化活动的长效平台，从而让更多的青年学生受益；依托山东大学“学术讲坛”网站为平台，及时准确地向全校师生发布讲座和报告信息700多条。跨校区的学术讲座增加了校区师生之间的交流与了解，学校的每一个校园都洋溢着浓厚的学术科技文化氛围，每一个校区的学生都同样能听到精彩的学术讲座和报告。学术科技文化活动已经成为山大校园里最亮丽的风景。《人民日报》、《光明日报》、《中国教育报》等多家中央级媒体都先后在显要位置对山东大学的校园文化活动进行了专题报道。

（五）群众性校园文艺活动缤纷多彩。2005年，学校团委组织举办了“迎新文艺晚会”四校区巡回演出4场，开学典礼专场交响音乐会1场，组织我校体育文化节大型开幕、闭幕文艺演出2场，纪念臧克家百年诞辰诗会1场，纪念“一二·九”“青春之歌”文艺晚会，新生歌舞比赛，社团展演月演出，小剧场话剧专场演出，研究生演唱比赛及元旦晚会，“小树林”音乐会，“五月的花海”校园歌手演唱会，纪念“五四”运动文艺会演，新年文艺演出，元旦化装舞会，送别毕业生“小树林”文艺晚会共19场次，参与学生数达15000余人次。

三、学生科技创新工作稳步提升

在第九届“挑战杯”中国大学生课外学术科技作品竞赛中，我校报送的6件作品全部获奖，获全国一等奖1项，二等奖2项，三等奖3项，其中，人文社会科学类作品获全国一等奖，创历史最好成绩。同时，我校被团中央、教育部、中国科协等主办单位授予“优秀组织单位”称号。在学校、省、国家三级“挑战杯”竞赛组织过程中，我校参与组队和提交作品的学生达5000人以上。

5月，团委还联合教务处举办了山东大学首届学生创新成果展，这是我校历史上首次举办的学生科技创新交流盛会，5月28～29日，全校28个代表团的600余名参赛参展学生、指导教师、评委专家汇聚邵逸夫科学馆，5000余名师生参观了作品展览。

6月，团委还成功举办了2005年度“五四”学生学术论文评比，参加学生900余人。

值得骄傲的是，2005年3月，我校成功取得了第五届“挑战杯”中国大学生创业计划竞赛的承办权，标志着我校“挑战杯”系列竞赛工作已经走在了全国前列。

在2005年全校科技学术报告（讲座）管理工作中，网上管理系统进一步规范，运行良好。据统计，2005年，全校共申报科技学术报告会（讲座）153场次。

四、社会实践工作再创新高

2005年暑期，按照上级团组织关于组织开展2005年大学生暑期社会实践活动的安排意见，结合我校丰富学生“三种经历”教育的工作实际，突出“青春励志奉献，共建和谐社会”的主题，从7月初到8月底，共组织了校级暑期社会实践团队130支（其中重点团队42支，骨干团队88支），300多支院部级活动分队，奔赴全国、全省各地市的农村、企业、街道、机关，广泛开展了社会调查、政策宣讲、法律普及、企业帮扶、支农支教、科研攻关、科技推广、医疗服务、环境保护、社区援助、文艺演出、红色之旅、学习参观、挂职锻炼和勤工助学等丰富多彩的实践活动，做到了将暑期社会实践活动与了解国情、服务社会相结合，与服务地方、服务山东相结合，与专业学习相结合，与课外学术科技活动相结合，与青年志愿者活动相结合，与择业就业相结合，广大大学生以自己出色表现和良好素质向社会展示了当代大学生的精神风貌，为山东大学树立了良好的形象。

据统计，参与组团项目学生近5000人，另有近17000余人重点参与“繁星计划调研”、“青年成长故事、青年文化现象、共青团工作案例”专题调查和暑期社会调查等分散项目的活动。同时，有300多名专业教师、政工干部参加了社会实践活动的联系组织、指导工作，弘扬了科学精神，传播了科学技术和文明新风，为农村经济和社会发展作出了积极贡献，较好地完成了2005年社会实践的各项任务，取得了社会效益和人才效益双丰收。

在全省的社会实践活动评比中，我校有9支志愿者服务队被评为“山东省大中学生优秀志愿者服务队”。校团委也荣获“山东省大学生社会实践优秀组织单位”称号；共有20名老师被评为2004年度全省大中专学生志愿者暑期“三下乡”社会实践活动优秀指导者，28 名学生被评为 2004 年度全省大中专学生志愿者暑期“三下乡”社会实践活动优秀学生。

五、学生服务济南社区行动成效初显

2005 年 3 月，作为山东大学服务省会济南行动方案的重要组成部分，我校学生志愿者服务济南社区行动在济南市全面启动。2005 年，始终坚持在实践中探索、在探索中实践的工作方针，不急不快，稳步扎实推进了服务社区工作开展。

（一）认识到位

学生服务济南社区行动就是我校为实现人才培养目标而创造的特有模式和重要途径。一年中，我校在服务站建设、服务项目设计、服务活动开展上，始终紧密围绕学生培养目标，正确处理社区需求与学生成长成才的关系，努力使服务社区成为广大同学在山大完成大学生活的一种方式。

学生服务济南社区行动是一项长期性工作，而不仅仅是几次短暂的活动。服务济南社区行动也是我校服务山东、服务济南行动的重要内容，这是一项长期的战略性工作，而不是一年、两年的阶段性安排。2005 年，我校在项目、活动设计与实施过程中坚持“以学生能力为基础，以社区需求为导向，以长效持久为目标，以文明进步为宗旨”的指导思想，特别强调行动的长效性和持久性，坚决杜绝简单化、活动化，正在逐步建立长效机制。

学生服务济南社区行动首先是志愿者活动，必须严格遵循志愿服务的基本精神与基本规律。学生服务济南社区行动首先是志愿者活动，她的本质还是志愿服务。学校通过加强校院两级青年志愿者协会组织建设，营造了浓厚的学生服务济南社区行动活动氛围。各级青年志愿者协会开展了以服务社区为龙头的丰富多彩的志愿者活动，充分发挥出了其在服务济南社区行动中的生力军与主力军作用。

（二）推进扎实

2005 年 2 月 25 日，学校在广泛调研和充分论证的基础上下发了《山东大学学生服务济南社区行动实施方案》，上半年，自 3 月 5 日首批山东大学学生服务济南社区服务站建站起，在短短三个月时间里，全校共有 26 个学院的 39 个社区服务站完成项目对接，相继挂牌开展活动，共组建志愿者服务队 127 个，首批参与活动的学生志愿者达 5400 余人。

10 月，为了推动我校学生服务济南社区行动工作的持续、深入、顺利开展，将此项工作落到实处，校团委在认真调查研究和广泛征求意见的基础上，下发了《关于进一步推动我校学生服务济南社区行动工作的通知》和《2005～2006 学年上学期学生服务济南社区行动推进计划》，构建了由组织领导机制、活动氛围、信息沟通机制、活动运行机制和考核机制共同组成的学生服务济南社区行动工作体系，制定了新的工作流程，建立了服务社区网络信息平台，并为全校各学院制定了工作推进计划。

截至 2005 年底，全校 27 个学院共建立社区服务站 50 个，设计服务项目 101 个，开展服务活动近 300 次。服务站遍及济南市历下区、历城区、市中区、槐荫区等四个行政区的 50 个社区居民委员会，全年参与活动的学生志愿者达 7000 余名。经十东西、外环南北，50 个社区服务站，50 道亮丽的风景，7000 余名山大志愿者秉承“奉献、友爱、互助、进步”的志愿者精神，遍布济南市各个角落，传递着山大学子服务济南铿锵的誓言。

六、大学生素质拓展深入推进

2005 年，校团委继续坚持“夯实基础，拓宽领域，突出特色，创建名牌”的工作方针，围绕学校中心工作，进一步优化了我校大学生素质拓展计划的组织体系、服务机构、内容建设和保障机制，积极构建培育具有核心竞争力的高素质人才的新平台，积极推动学校的教育创新进程。全校各级团组织在进一步规范学生素质拓展项目的运作和记录的基础上，注重进一步整合校内外资源，结合学生成长成才需要，建立了一批适应学生素质拓展需求的大学生素质拓展基地。素质拓展基地的建设，为青年学生进一步拓展能力提供了广阔舞台，营造了学生素质拓展工作的良好运行氛围。

同时，认真做好了《大学生素质拓展证书》的管理认证工作，建设开放式、动态化、全方位、项目化的网络管理新平台，实现网络认证环节的科学化、规范化。大学生素质拓展证书的网络管理系统运行正常。

七、基层团组织建设扎实深入

2005 年，学校团委着力加强了对基层团组织建设内容体系的研究探索，构建完善了以团干部队伍建设、团员队伍建设、团组织运行机制建设、推优入党机制建设和团建创新为主要内容的基层团组织建设的内容体系。

（一）加强团干部队伍教育培训力度。在对团干部的教育培养过程中，制定了年度培养培训计划，组织了全校性的共青团干部培训班，从服务社区、科技创新等不同角度对广大团干部进行教育，引导他们积极探索新形势下做好青年工作的规律和方法，通过学习、培训、考察等多种形式，努力提高团干部队伍的思想素质和工作水平。2005 年，我校组织全校性团干部培训班 3 次，有力推进了团干部教育力度。培养了一支思想解放、政治过硬、工作扎实、能力全面的高素质团干部队伍，真正建设了一支“党放心，青年满意”的团干部队伍。

（二）加强团员队伍教育培训。团委从共青团的性质和青年学生的特点出发，配合学校党建的中心工作，以主题教育活动为载体，结合增强团员意识教育活动的开展，切实加强了以理想信念为核心的团员青年的团员意识教育。2005 年，结合“青春献祖国”主题教育活动、“共建和谐社会，增强团员意识”主题教育活动等教育活动的开展，依托学生团支部、各学生组织，策划开展了重温入团誓词等各类主题团日活动共计 300 余项，参与学生数达 10000 余人次，较好地发挥了思想政治工作的导向、动力和保障作用。

（三）加大推优入党力度，完善“推优入党”机制。2005 年，我校团组织深入贯彻落实《中共山东大学委员会关于进一步加强和改进在学生中发展党员工作的意见》，密切和学校组织部、党校、学工部等部门的联系。各学院团组织分别建立了“推优入党”工作机制，定期向党组织推荐优秀团员作为党的发展对象。2005 年，实现推优入党率100%。

八、学生组织工作蓬勃发展

2005年上半年，校团委继续加强了对学生会、研究生会和学生社团的指导力度，充分挖掘潜力，不断强化学生在学校精神文明建设和人才培养中的重要作用，努力培植有影响和有特色的“自我教育，自我管理，自我服务”的学生“三自”活动。

学生会不断强化自身建设，制定完善了内部的各项组织和工作制度，围绕青年学生成长成才开展了大量有益的工作，“世纪风”专家教授讲座的声音回荡在三个校区六个校园的学生耳畔，学生文艺体育活动吸引了达10000余人次的热情参与。

研究生会紧紧围绕“立足学生科技，做好桥梁纽带，深入社会实践，融入校园文化”的工作方针，不断加强队伍建设，在继续组织好“百年激扬”研究生学术论坛的基础上，推出“百年激扬”研究生学术沙龙这一新的学术文化活动品牌。积极探索研究生社会实践工作机制，推出了“博士研究生鲁南行”、“研究生走进济南社区”等社会实践活动品牌，开展了研究生思想状况系列调研，并成功举办了首届研究生文化节，深受广大研究生同学的好评。

学生社团工作从“完善社团章程，加强结对指导”、“打造品牌活动，搭建文化平台”、“培育精品社团，发挥示范作用”、“实行量化考核，规范奖惩机制”四个方面大力开展工作，加强对精品社团活动的支持与指导，“社团风景线”、社团文化节等品牌性社团活动进一步做大做强，在广大社团同学中产生了重要影响。据统计，全校各级各类学生社团数量已达252个，本学期全校学生社团注册会员人数已达15252人，集中开展社团活动230余次，经常参加活动的学生达12400余人次，参加人数比例比上学期增长7.4%。

（毛永强）

离退休工作

2005 年，山东大学离退休工作以邓小平理论和“三个代表”重要思想为指导，树立并坚持科学发展观，以保持共产党员先进性教育活动为动力和契机，促进党和国家老干部工作各项方针政策的贯彻和落实，完善和落实离退休工作的两级管理服务体制，努力构建齐抓共管离退休工作的新格局，以人为本，深入扎实地做好离退休干部的管理和服务工作，落实离退休老干部的政治生活待遇，不断加强离退休职工党的建设和思想政治工作，努力发挥离退休干部的作用，为学校的改革、发展和稳定，为建设国内外知名的高水平大学作出了应有的贡献。

一、抓好离退休职工党的建设和思想政治工作，认真开展保持共产党员先进性教育活动

（一）着力抓好支部政治学习和组织生活各项制度的落实

对离退休支部的活动和政治学习作出了专门安排，要求各总支、支部增加学习次数，确保支部活动时间、地点、内容、人员四个落实。为便于老同志集体学习和自学，离退休干部党委给全校近 1500 名离退休党员发放了《2005 中国发展：目标与任务——十届全国人大三次会议〈政府工作报告〉辅导》。各支部把党的十六大、十六届四中和五中全会精神以及《政府工作报告》作为政治学习的核心内容，认真组织党员开展了各种形式的学习和讨论。为了有针对性地搞好下半年将进行的先进性教育活动，组织各总支和支部认真分析了党组织和党员队伍的状况，找出了突出问题和薄弱环节，研究制定了初步改进措施，调整和健全了部分党支部，选配了新的党支部书记，为开展先进性教育活动做了扎实的准备工作。

（二）扎实有效地开展保持共产党员先进性教育活动

按照中共山东省委和学校党委的部署和要求，离退休党委认真组织离退休职工中的党员开展保持共产党员先进性教育活动，把保持共产党员先进性教育活动的相关内容贯穿在支部建设和活动的始终。离退休干部党委高度重视，精心组织，认真传达了《中共山东大学委员会保持共产党员先进性教育活动实施方案》和其他关于开展先进性教育活动的文件精神，对在离退休党员中开展先进性教育活动作了动员和部署，成立了离退休党员先进性教育活动领导小组和办公室，印发了《山东大学离退休干部党委保持共产党

员先进性教育活动实施方案》，提出了“纵向到底，横向到边，不留死角，不出空白”的活动要求，出实招、求实效，推动教育活动深入开展。一是坚持把搞好先进性教育活动同做好日常管理服务工作结合起来。做到“两不误，两促进”，为老同志做好事，送温暖。为方便老同志学习，为1500多名离退休党员每人配备了一只放大镜，举办了山东大学离退休干部共产党员先进性教育活动图片展。二是坚持理论联系实际，带着问题学文件。要求在职党员认真分析自身存在的问题与不足，联系离退休工作的实际，认认真真精读文件，仔仔细细领会精神，扎扎实实推进工作。三是坚持把先进性教育与纪念中国人民抗日战争胜利60周年活动结合起来。丰富教育内容，把学习引向深入。组织党员收看了专题辅导报告录像，组织支部书记参观了孔繁森纪念馆、台儿庄战役纪念馆和铁道游击队纪念馆。

党员先进性教育活动大大激发了广大离退休党员高度的政治热情。他们克服年老体弱、居住分散等困难，积极投入到先进性教育活动中去。党支部书记认真负责，无私奉献。有的自费乘车，送教上门，努力做到学习时间、地点、人员、内容四落实；有的党员不顾年老多病，坚持参加支部集中学习或自学；身体健康的党员坚持记读书笔记、写党性分析材料。支部班子认真负责地为党员提出评议意见，指出整改方向。离退休党委和离退休工作处按照学校的要求，在广泛征求各方面意见的基础上，认真制定了整改方案，并积极加以落实，努力改进工作。在离退休干部党委的精心组织下，圆满完成了各个阶段和环节的任务。在先进性教育各阶段党员和群众代表的满意度测评中，满意和基本满意率均达到100%。

（三）注重做好日常思想政治工作

离退休干部党委和离退休工作处围绕学校中心工作，针对新形势下离退休老同志的特点和思想实际，做好经常性的思想政治工作。及时向老同志传达上级及学校有关文件和会议精神，注意听取和反映老同志的建议和意见，解惑释疑，理顺情绪，化解矛盾，在离退休职工关心的学校集资建房工作、一次性住房补偿挂账返还、落实省直同城待遇等涉及老同志切身利益的问题上，做了大量宣传、解释和疏导工作，既维护老同志的正当权益，又确保学校安定团结的政治局面。

（四）做好党员信息统计工作

努力做好离退休党员有关信息的采集和输入工作，及时更新和维护党员信息库，保证了党员信息及时准确上报。做好新退休党员和流动党员的关系接转工作，落实组织关系，按时收缴党费。

二、认真执行有关政策，落实老干部的政治生活待遇

离退休工作齐抓共管的局面基本形成。经过五年来的努力工作，《中共山东大学委员会关于进一步做好退休工作的意见》精神逐步得到落实，离退休工作两级管理服务体制进一步完善，离退休工作齐抓共管的局面基本形成，为做好离退休工作奠定了较好的基础。政治上尊重老干部，思想上关心老干部，落实好离退休干部的政治待遇。坚持并完善了阅读文件、走访慰问、通报情况、征求意见、参加重要会议和重要活动等制度。年初，展涛校长向离退休干部和民主党派代表通报了学校情况。年末，朱正昌书记和展

涛校长等学校领导向部分离退休校级干部和离退休总支书记通报了学校情况。在纪念中国人民抗日战争暨世界反法西斯战争胜利60周年之际，校党委和校行政给全校抗战离休干部发了慰问信，对他们在中国革命和建设以及在山东大学的改革发展稳定工作中所作出的重大贡献给予了高度评价，向他们及其家人表示最亲切的慰问并致崇高的敬意。同时，学校给每位抗战离休干部发了500元的慰问金。离退休工作处的同志逐人逐户走访慰问抗战离休干部，将纪念抗日战争胜利60周年纪念章、慰问金送到他们手中。

生活上关心离退休干部，落实好他们的生活待遇。离退休处注意发挥职能作用，当好学校领导的参谋和助手，积极主动地向学校领导和有关部门反映老同志的意见和建议。对生活补贴、同城待遇、集资建房、医疗规定调整、活动场所的改善等关系到老同志切身利益的问题，都主动向学校领导和有关部门提出建议和意见，并及时向老同志通报情况。学校党委重视离退休干部生活待遇的落实，在学校财力比较困难的情况下，按时足额发放离退休费，保证离休干部医疗费据实报销，退休职工医疗费按规定报销。学校除按有关文件精神给离退休职工落实了“同城待遇”外，还给离退休职工发放了老人节慰问金、暖气补助、降温费。离退休工作处还为离休干部发放了节日慰问金和慰问品。

做好日常的管理服务工作。针对离休干部平均年龄已达78岁，均进入高龄期、多发病期以及退休职工人数众多、逐年递增的情况和特点，我们积极开展了亲情服务活动，坚持分类服务、重点服务和上门服务。2005年，共为离退休干部祝寿150余人次，走访慰问离退休老同志400余人次，办理《老年人优待证》240多件，看望住院老同志300余人次，组织近3200名离退休职工到齐鲁医院进行了健康查体，坚持为厅局级离休干部巡诊制度，邀请专家为老同志作保健讲座，协调原单位为65名老同志办理了丧事。

三、努力做好发挥老同志作用的工作

努力发挥离退休干部在关心下一代等方面的作用，是离退休工作的重要内容。为更好地有组织地发挥离退休干部在关心教育青少年健康成长等方面的作用，贯彻落实党中央［2005］8号和16号文件，按照教育部“关工委”有关文件精神，结合我校实际，起草了《关于进一步加强关心下一代工作的意见》。在学校“关工委”的领导下，三个校区“关工委”有计划、有领导地开展了关心下一代工作。离休干部臧乐源教授为经济学院100多名大学生党员入党积极分子学生作了“理想与信念”专题报告，应邀到烟台大学为离退休工作者作了尊老、爱老的报告。他和退休干部杨锡寿教授一起还为电气工程学院部分学生作了“信心留给自己——就业与人生观”的报告。参加过抗日战争的4位离休干部赵庆茂、蔡和、陈克明和张达干参加了医学院“纪念反法西斯战争胜利六十周年”座谈会，与部分学生代表进行了座谈，并回答了同学们提出的问题。离休干部徐迅同志为一附中2000多名师生作了抗战历史和精神的报告。“六一”期间，为了未成年人的健康成长，体现广大老同志对下一代的关怀，离退休工作处、离退休党委向我校所属中小学和幼儿园赠送了价值近4000元的书籍。臧乐源教授、丁冠之教授被确定为山东省“五老”专家报告团成员。

我校“夕阳红”合唱团在引领老同志自娱自乐、关心青少年健康成长方面发挥了重要作用。2005年9月份，他们参加了由山东省委组织部、宣传部等六单位联合举办的“纪念抗日战争胜利60周年全省离退休干部合唱比赛”，荣获一等奖、歌曲创作奖、指挥奖和组织奖，为山东大学赢得了荣誉。

按照学校党委的统一部署，离退休干部党委组织选举了10名党员代表参加了山东大学第十二届党代会，对学校的改革和发展提出了有益的意见和建议，发挥了参政议政的作用。应教务处、医管处的聘请，部分老同志分别担任了教学督导员和监督员。

四、组织老同志参观考察，开展丰富多彩的文体娱乐活动

坚持安全、适度的原则，积极支持老年文艺和体育团体立足于校区，立足于校内，自娱自乐地开展健康有益的文体活动。2005年，组织老同志分别参观游览了曲阜“三孔”、长清凤凰岭、大峰山、历城榭树湾、药乡森林公园、章丘锦屏山等风景名胜区和济南战役纪念馆、山东大学博物馆。积极组织和支持老同志开展各种棋牌、球类、登山、踢毽等体育活动，组织了1200多名老同志到百花公园和植物园进行健身游园活动，组织和支持100多名老同志参加了省直举办的桥牌、游泳、门球、围棋等比赛活动，组织了迎新春和老人节联欢会、京剧演唱会、纪念抗战胜利60周年文艺演出和京剧演唱会。东校区“夕阳红”艺术团还与浙江大学老教授合唱团进行了联欢联谊活动。

适应离退休职工不断增加的形势需要，主动协调有关部门扩大活动场所，进一步完善设施，改善环境。2005年，学校投入20多万元对部分活动场所进行了维修，使活动中心的面貌焕然一新。

五、以优异的成绩通过省委老干部局的检查考核

为迎接中共山东省委老干部局关于老干部工作目标责任制落实情况的检查考核，离退休工作处高度重视，视检查为动力，以评促建，以评促改，在学校领导的支持和有关部门的积极配合下，按照要求进行了认真的整改和自查。6月16日，中共山东省委老干部局检查组一行6人来校就省直老干部工作目标责任制落实情况进行了检查考核，朱正昌书记和展涛校长分别会见了检查组一行，尹薇副书记向检查组介绍了山东大学老干部工作情况。山东大学以优异的成绩通过了考核，并被省委老干部局评为省直单位落实老干部工作目标责任制先进单位。

六、抓好自身建设，提高服务意识和水平

坚持每两周一次的政治和业务学习制度，强化工作人员的岗位意识、服务意识，提高自身政治和业务素质。加强了机关作风建设，提高了为离退休职工服务的自觉性。

办公自动化建设不断加强。除离休干部信息系统进一步完善外，2005年完成了退休职工信息库的建库工作，及时准确地向教育部老干部局、山东省委老干部局和学校有关部门上报了统计信息，提高了工作效率。

（赵平海）

机关党委工作

2005年，机关党委紧紧围绕学校中心工作，紧密结合机关工作实际，带领各支部和广大党员干部，认真抓好机关党建工作和作风建设，积极开展创建学习型机关和"为学生服务，为学者服务，为学术服务"活动，扎实开展了保持共产党先进性教育活动，圆满完成了各项工作任务。

一、抓好思想理论建设，提高机关党员干部思想政治素质

认真抓了邓小平理论、"三个代表"重要思想、党的十六大、十六届三中和四中全会精神以及中共中央关于开展保持共产党员先进性教育活动文件的学习，进行了全国"两会"精神、科学发展观、形势政策、"四五"普法等思想政治教育。党委理论学习中心组分别组织学习了温家宝同志在省部级主要领导"树立和落实科学发展观"专题研讨班上的讲话、胡锦涛同志在省部级主要领导干部"提高构建社会主义和谐社会能力"专题研讨班上的重要讲话。把科学发展观和构建和谐校园内容渗透到了机关工作之中。通过理论学习读书会、专题报告会、学习交流会和知识竞赛等形式，把学习理论成果逐步运用到了机关实际工作中去，把党的执政能力建设体现在学校发展上、维护安全稳定上，落实在思想政治工作上。

二、全面加强组织建设，提高党支部的创造力、凝聚力和战斗力

2005年，对19个党支部换届选举工作进行了审核、批复，确保支部工作的正常开展。按照党员发展标准，全年发展了11名新党员。加强了对入党积极分子的培养教育。18名预备党员参加了"入党宣誓"仪式。组织党员认真学习了中共中央《建立健全教育、制度、监督并重的惩治和预防腐败体系实施纲要》，落实了领导干部廉洁自律的各项规定。紧密联系机关党员实际，以感情、信念、形象来凝聚党员、开展工作。对党员队伍的思想和作风状况进行了全面了解分析，并对骨干进行了培训。

三、推进机关作风建设，提高机关服务质量和工作效率

4月份，机关党委制定了《关于开展"为学生服务，为学者服务，为学术服务"活动的实施意见》，使机关管理水平和工作效率迈上新台阶。认真落实机关效能建设九项制度，建立“规范、高效、反应迅捷”的管理机制，使机关的日常工作更加科学化、规范化；切实把“服务学生，服务学者，服务学术”的管理理念体现在工作中的每一个环节，为教学科研提供优质服务，使基层对机关工作的满意率明显提高；进一步完善机关作风工作效率监督投诉机制，认真做好调查核实工作；结合本科教学评估工作，制定了《关于加强和改进机关作风建设的意见》。全年受理了机关作风投诉信件10余封，并进行了妥善解决。

四、开展创建学习型机关工作，提升机关管理水平和服务质量

上半年，举办了“公文写作讲座”，机关科以上干部参加了学习。各支部结合实际，认真规划，构建机制，整合资源，营造氛围，推动了创建学习型机关工作广泛开展。在实践中努力探索、总结经验，切实把创建学习型机关工作抓出了成效。

五、扎实开展先进性教育活动，着力解决党组织和党员存在的突出问题

从8月22日开始，至12月下旬，机关38个党支部750余名党员参加了保持共产党员先进性教育活动。整个教育以“提高党员素质，加强基层组织，服务师生员工，促进各项工作”为目标，坚持突出实践“三个代表”重要思想这个主题，坚持突出落实科学发展观这个要求，坚持突出取得实效这个关键，坚持边学边改、边议边改、边整边改，认真解决存在的突出问题，让师生自始至终感受到教育活动带来的实际效果，成为“满意工程”。

（一）学习动员阶段，着重提高党员的思想政治素质

各支部坚持把强化学习贯穿教育活动的始终，针对每个阶段的不同要求，不断丰富学习内容，努力提高党员的思想政治素质。一是深入思想发动，制定学习计划；二是周密组织学习，抓好工作落实；三是创新学习形式，深化学习效果；四是开展实践活动，理论联系实际；五是切实加强领导，确保教育落实。

（二）分析评议阶段，严格要求触及思想贯穿到各个环节

各支部紧紧抓住使党员思想受到触动这个重点，把对党员严格教育、严格要求、严格管理、严格监督，始终贯彻到分析评议阶段的各个环节、各项工作。一是深化学习，提高认识；二是畅通渠道，广泛征求意见；三是开展谈心活动，做好思想工作；四是严格对照检查，搞好党性分析；五是认真开好“两会”，确保评议效果；六是边查边议边改，促进各项工作。

（三）整改提高阶段，切实解决存在突出问题

为确保在转变作风、服务师生、改进工作、提高效率、履行职责、解决问题上取得实效，机关党委结合校部机关实际，精心组织，扎实推进各项工作顺利开展。一是理清整改思路，制定整改方案；二是突出整改重点，落实整改责任；三是着眼长远，积极构建长效机制；四是认真总结经验，开创工作新局面。

先进性教育活动取得实效：

1. 广大党员思想政治素质有了新提高，实践“三个代表”重要思想的自觉性明显增强。

2. 机关作风发生了新变化，服务态度、服务质量、工作效率和管理水平进一步提升。

3. 党支部创造力、凝聚力和战斗力明显提高，党员在群众中树立了新形象。

4. 先进性教育活动激发出来的热情，促进了各项工作顺利开展。

5. 基层反映的突出问题，正在逐步得到落实和解决。

六、认真做好迎接党代会召开各项工作

为把校党委《关于召开中共山东大学第十二次代表大会的通知》精神落到实处，机关党委进行了工作部署。一是切实提高对召开第十二次党代会重要性认识；二是高标准高质量地做好本职工作，以优异成绩迎接党代会胜利召开；三是切实加强领导，精心做好党代会代表候选人选举和“两委”委员提名推荐工作。

七、积极开展各种活动，努力展示学校和机关良好形象

校部机关积极响应山东省“慈心一日捐”和学校爱心助学活动号召，组织机关教职工踊跃参加了“慈心一日捐”和“爱心助学”活动，两次共捐款75000余元。

7月初，机关党委在威海分校承办了教育部直属高校机关党委工作研讨会。26所高校的机关党委负责人参加了会议。会上，介绍了《积极探索新时期高校机关作风建设长效机制》的经验，受到与会领导的高度评价。

在学校组织的体育文化节活动中，校部机关教职工荣获田径运动会团体总分第二名、优秀组织奖、“出版杯”教职工乒乓球比赛团体第一名、“工程训练杯”女教职工踢毽比赛一等奖。成立了机关乒乓球队、篮球队、青年足球队，活动取得了成效。

12月下旬，校部机关举行了“和谐校园事业兴，生机盎然迎新春”元旦联欢会，校领导、机关400余名教职工参加了联欢。

（姜玉琢）

工会工作

工会基层组织进一步健全，截至2005年底，我校校工会以下院处级基层工会组织43个，下设部门工会或工会小组494个。

2005年，校工会在校党委和上级工会的领导下，在校行政的大力支持和全校各单位的积极配合下，以邓小平理论和“三个代表”重要思想为指导，坚持科学发展观，认真落实“组织起来，切实维权”的工作方针，在推进民主管理，积极引导广大教职工为学校的改革发展建功立业，切实维护广大教职工的合法权益，尽力为教职工办实事、好事，努力促进教职工队伍和校园和谐稳定，大力加强工会队伍自身建设等方面取得了一定成绩，并被推荐为全国教科文卫体系统先进工会组织。

一、深入开展理论学习教育活动，不断提高工会干部的政治思想和工会工作理论素养

1. 抓好政治理论学习，保持工会工作正确的政治方向。通过举办基层工会主席暑期学习班、讲座、召开工作会议等形式，组织工会专兼职干部深入学习党的十六届三中、四中和五中全会精神，从巩固党的执政能力和提高工会工作能力的高度深刻认识新形势下做好工会工作的重要意义，努力做到理论上清醒和政治上坚定，始终保持工会工作正确的政治方向。

2. 抓好工会工作理论学习，努力提高工会干部的工会工作理论知识水平。在这方面主要通过以下三项措施达到目的：一是选购最新出版的工会工作理论书籍发给工会干部，并提出了明确的学习计划和要求。二是提供条件，鼓励工会干部撰写发表论文和参加全省全国有关工会工作理论研讨会，2005年工会干部发表和提交研讨会的论文12篇，其中有两篇在全国高校工会工作研讨会上受到了中国教科文卫体工会主席张宏遵的表扬，有多篇论文获省学校工运研究会优秀论文奖。三是组织工会干部编辑出版了《高校工会工作概论》一书，以编促学、促研。

3. 抓住开展共产党员先进性教育活动的有利时机，以党建带工建，全面提高工会自身建设水平。校工会（妇委会）党支部按照校党委的统一部署，一边直接抓好专职党员工会干部的学习教育活动，一边号召全校广大党员工会干部积极参加所在支部的先进性教育活动，并提出了具体要求。在学习教育活动中，制定并坚持严格的学习教育制

度，把集体学习与自学和讨论式学习相结合，把书面学习与通过音像制品学习相结合，把自我教育剖析与互相教育批评相结合，把抓好学习与促进工作见实效相结合。通过先进性教育，全校广大党员工会干部进一步坚定了共产主义理想信念，牢固树立了全心全意为广大会员服务的观念，极大地增强了做好工会工作的事业心和责任感。

二、深入开展民主管理民主监督工作，不断推进校园民主政治建设

1. 进一步坚持发挥好校级教代会制度的作用。在校党委的领导下，会同有关部门，于5月份筹备召开了一届三次教代会，听取讨论了学校行政工作和学校财务工作报告，讨论通过了《中共山东大学委员会、山东大学关于切实加强和谐校园建设的意见》，征集提案155件，并协助协调有关单位认真做好提案的落实工作。筹备召开了一届教代会主席团第八次、第九次会议，进一步团结动员了全校广大教职工积极为学校的改革发展作贡献。

2. 努力推进二级教代会制度建设。在经过充分动员和自愿报名的基础上，挑选了物理学院、材料学院和二附中等单位进行了二级教代会试点工作。校工会组织试点单位的工会主席并邀其党委书记一同前往武汉大学、华中科技大学等单位考察学习二级教代会工作经验，进一步提高了对召开二级教代会重大意义的认识，坚定了党政工同心协力开好二级教代会的信心和决心。经过认真筹备，材料学院和二附中已非常成功地召开了教代会，物理学院筹备更加精心，教代会在年底前召开。这些试点单位出色的工作，为我校二级教代会制度的建设创造了一个良好的开端。

3. 开展教代会代表巡视工作，不断丰富教代会制度的内容，进一步开发教代会制度的作用。为了使教代会更好地行使民主管理和民主监督的职权，在促进学校的改革、发展和稳定的工作中发挥更大的作用，校工会组织有关工会干部到北京林业大学和承德石油高专等高校学习其开展教代会代表巡视工作的经验，并结合我校的具体情况，向校党委提交了《关于开展教代会代表巡视工作的请示报告》，《报告》对巡视的内容、目的、巡视的组织领导和巡视组成员的组成、巡视工作的基本程序和方法等都提出了明确的意见，经党政联席会研究同意后，成功地组织教代会代表对学校的餐饮和取暖工作进行了巡视。代表们对其工作深入考察了解后，在充分肯定成绩的基础上找出了存在的不足和问题，提出了改进工作的意见和建议，沟通和增进了被服务对象和服务对象之间的相互了解和理解，鼓励和促进后勤工作者把我校的餐饮等项工作提高到一个新的水平，更好地服务于学校的改革发展与和谐校园建设。

4. 积极推进校务公开工作。为推进二级单位的校务公开工作，在学校校务公开领导小组的领导下，根据形势发展和现实情况的变化需要，组织各单位对本单位的校务公开实施意见进行了修订，将修订后的《山东大学校务公开实施办法（一）》、《山东大学校务公开实施办法（二）》合编为《山东大学校务公开实施办法》，并积极主动地与纪检、监察部门一起监督修订后的《实施办法》的落实工作，促进校务公开更好地向基层延伸发展。

三、围绕学校工作大局，依法维护好教职工的合法权益

1. 围绕学校发展稳定的大局，充分表达和维护好教职工的合法权益。今年初，在讨论几千套集资建房的选购方案（草案）时，一些不同群体的教职工分别从不同的利益角度出发，认为该方案（草案）对本群体的教职工不公平，反响较大。校工会及时召开基层工会主席会议，明确提出：对这一问题有意见是正常的，处理得好，不但能维护不同教职工群体的公正选房购房权，而且能保持学校发展稳定的大局，维护全体教职工的长远利益，全校工会组织都要积极做工作。于是，根据学校的意见要求，工会一方面多次在全体教职工中征求意见和建议，热情接待听取来访的教职工的意见，并把教职工的意见和建议分析归类反馈给有关职能部门；另一方面向他们介绍情况，释疑解惑，做深入细致的思想工作，化解矛盾，协助学校修改并出台了一个较好地兼顾到各教职工利益群体的选购房方案。同时，校工会常务副主席担任学校选房监督工作领导小组副组长，有两位工会负责人和有关方面的教职工代表从头至尾参与了选房监督工作，使学校的安居工程取得了预期的良好效果。

2. 围绕学校的中心工作，维护广大教职工的合法权益。2005 年是我校迎接教育部本科教学水平评估的关键一年。迎评工作是学校的中心工作，学校工会一方面号召全校各基层工会组织积极配合党政，充分发挥助手作用，努力做好本单位的迎评工作；另一方面根据学校的统一安排，会同体院、团委等单位，举办了教职工田径运动会，开展了教职工网球赛、教职工排球选拔赛、教职工乒乓球比赛、教职工广播体操培训班、女教职工踢毽比赛、山东大学师生员工书画艺术展、迎接教育部本科教学水平评估文艺晚会等一系列丰富多彩的文体活动，既推进了校园精神文明建设，维护了教职工的精神文化和身体健康权益，又支持了学校中心工作即本科教学水平评估取得优秀成绩，促进了学校的快速发展，维护了教职工的根本利益。

3. 健全体制与机制，持续开展帮困送温暖工作。建立了困难教职工档案，对因重大疾病、亲属下岗等原因造成经济困难的 62 名教职工走访慰问，并发放补助金 49000 元。坚持爱心助学捐助制度和“慈心一日捐”制度，全校教职工为经济困难学生捐款 26 万元；向省慈善总会捐款 24.6 万元，捐物一大批：为振兴农村中小学捐赠书籍 12275 册、音像资料 1946 盘、文具 4655（套）件、教学及体育用品 384（套）件，捐赠量约占了省直属高校总捐赠量的一半，受到了省教育工会的通报表彰。

4. 积极为教职工办好事、实事。与多家汽车销售公司签订协议，以优惠价格组织教职工团购汽车 40 多辆，并让汽车销售公司进校为已购汽车提供免费检测、保养。主动与商家联系，为部分教职工团购机顶盒。暑期组织 30 多名优秀教师到庐山休养和参加省教育工会组织的优秀教师暑期休养活动。筹建乒乓球室等单项教职工活动室，等等。

四、积极配合妇委会做好女工工作

2005 年，校工会积极配合学校妇委会，做好各项女工工作。

（李　达）

妇委会工作

2005 年，妇委会在校党委的领导和校行政的支持下，根据学校 2005 年大事多、基层任务重的实际情况，调整工作思路，主要做了如下工作：

（一）在先进性教育活动中，扎扎实实抓整改，认认真真做工作

妇委会紧紧抓住先进性教育活动，按照提高党员素质、加强班子建设、促进各项工作的目标要求，在分析评议阶段认真征求听取各方面意见的基础上，对存在的问题进行了梳理。针对工作深入基层不够、重实践轻学习、制度建设不够等方面的问题，制定出了切实可行的整改措施。

在先进性教育活动中，坚持了“两不误，两促进”。一方面，认真组织参加先进性教育活动；另一方面，围绕中心，服务大局，合理安排，做好 2005 年的工作。

（二）继续做好评选先进宣传优秀的工作

1. 2005 年 7 月，妇委会编写出版了《山大女杰》。这本书的入选人物是在 2002 年“山大十大女杰”的评选基础上荟萃了我校 34 位优秀妇女人物的传记、通讯。她们中有教书育人、硕果累累的女教授、女专家、女作家，有勤勤恳恳、忘我工作的女书记、女校长，还有顽强拼搏、学业有成的在读女博士生。一个个栩栩如生，鲜活生动。我们把这本书送到了省妇联、省委高校工委、驻济高校和我校各单位，让大家都来了解我们山大的优秀女性群体和她们为山大为社会所作出的贡献。

2. 隆重召开了纪念“三八”国际劳动妇女节暨表彰大会。表彰了“妇女工作先进集体”22 个，“妇女工作先进个人”69 名。这项内容是合校后的第一次评选表彰，为达到预期效果我们安排了重点发言。在一附中 40 分钟的典型发言后，与会领导和同志们被一附中领导、老师对患肾病九年的李梅老师无私的关心和帮助以及李梅老师九年来与病魔顽强抗争、乐观向上的人生态度所感动。表彰大会启发大家人人要献出一份爱心，关心身边因疾病、困难陷入困境的兄弟姐妹，使乐于助人的高尚品德在我校发扬光大。

3. 积极主动地向省里推荐优秀女性，充分发挥妇女组织的特殊作用，为学校留住人才作出努力。2005 年王小云被评为省“三八红旗手”。

4. 开展了合校后的第三次“五好文明家庭”、“三八红旗手”的评选工作，共评出“五好文明家庭”76 户，“三八红旗手”68 户。

几年来评选先进工作宣传了我校的优秀女性，弘扬了“四自”精神，展现了知识女

性风采，更体现了学校为广大妇女的发展创造的有利条件和环境。评出了积极向上、家庭和谐、学校和谐的氛围。

（三）维护妇女的合法权益和特殊权益

1. 维护女教职工的特殊权益。两年一次的已婚妇女妇科查体是妇女的特殊权益。2005 年是第三次组织女教职工查体，有 1596 人进行了妇科查体，查体人数占应查体人数的 57%。

2. 2005 年与中国平安人寿保险股份有限公司为 37 位女教职工办了 45 份平安女性安康团体重大疾病保险。

（四）加强妇委会自身建设

1. 学习是开展工作的第一需要和创新的源泉，2005 年更加重视业务知识的学习和研究。妇委会依托“妇女研究中心”的专家提供理论上的支持，依托他们来宣传男女平等基本国策、先进的性别文化和法律知识。2005 年我们邀请了“妇女研究中心”的哲学与社会发展学院的李芹教授为妇女干部作了题为“社会性别视角的树立与教育工作者的责任”的讲座，受益匪浅。使大家明白教育工作者有责任宣传社会性别意识的先进理念，同时对“贯彻男女平等的基本国策就是不断促进男女两性的和谐发展”有了更深的理解。

2. 学习新的《妇女权益保障法》，提高理论政策水平和依法办事能力。在上一年《妇女权益保障法》学习讲座的基础上，2005 年新的《妇女权益保障法》通过以后，及时为妇女工作干部购买了新的《妇女权益保障法》，并组织妇委会专职干部进行了重要条款的学习。并鼓励妇女干部撰写论文和工作研讨文章，2005 年有 3 篇论文发表，有 4 篇工作研讨材料进行了交流。

3. 加强制度建设。2005 年我们把有关制度进行了梳理和完善并打印成册，建立健全了妇委会的各项工作制度。

4. 加强对外交流及考察工作。2005 年 4 月，妇委会主任到青岛参加了全省高校妇委会第二次会议。4 月底，我们组织了 70 名妇女干部到西柏坡、冉庄进行了考察学习，接受了革命传统教育。

（五）维护妇女的精神文化权益，营造和谐文化

2005 年本科教学评估是学校的中心工作，妇委会积极配合并充分发挥作用，除动员各单位积极参加学校为迎评安排的体育文化节活动外，还组织了 430 位运动员参加的“山东大学工程训练杯女教职工踢毽比赛”，为学校的迎评工作增了光，添了彩，也营造了和谐的文化氛围。

（六）妇委会获省级先进

妇委会 2005 年被省妇联评为“先进妇委会”，被省总工会评为“先进女职工集体”，并被省委高校工委和省妇联向全国妇联推荐为“全国三八红旗集体”。

（王芬英）

行政工作

山东大学 2005 年学术与行政工作要点

2005 年学校学术和行政工作的指导思想与总体要求是：以科学发展观统领全局，以创建综合型、研究型、开放型的国内外知名高水平大学为目标，致力于学校学术竞争力、社会影响力和国际化水平的提升。学校工作围绕实现“三个提升”，继续推进“三大战略”，即人才战略、全方位开放式发展战略和教育创新战略，突出“三个重点”，即学生培养与教师队伍建设、全方位对外合作和制度建设。

一、教学质量年

1. 制订实施《山东大学本科教育创新计划》，本科教学评估取得优秀成绩。召开山东大学本科教学工作会议，传达贯彻教育部第二次普通高等学校本科教学工作会议精神和《关于进一步加强高等学校本科教学工作若干意见》，制订实施《山东大学本科教育创新计划（2005～2007）》。认真落实《山东大学本科教学水平评估工作实施方案》，本科教学工作水平评估获得优秀成绩。以优秀成绩通过函授夜大学教育教学评估。（教务处、继续教育学院、校长办公室）

2. 改善基本教学条件。抓紧抓好教学楼、实验楼的设计施工。继续加大投入，建设教学实验室、公共实验教学平台，筹建临床技能学习中心，明显改善图书、多媒体教室、体育运动场地、校园网络设备和运行等条件。进一步完善教学管理系统。（基建处、实验室与设备管理处、图书馆、网络中心、教务处、研究生院、后勤管理处）

3. 加强教学管理制度建设。设立校院两级教学指导委员会，建立健全教学工作指导机制。制订《山东大学教师本科教学工作规范》，启动课程、专业、学院、学校多层次质量评估，加强学生评教和校院两级教学督导，完善教学质量评估信息公布与应用制度，实行评估结果与岗位津贴和职称评聘挂钩，建立健全教学正常运行机制、教学质量监控机制和教学的激励约束机制。严格研究生博士论文评审、中期筛选与淘汰和各种奖励评定等学术评价标准，逐步实施国外同行专家评审制度，建立健全规范的学术评价机制。（教务处、研究生院、学术委员会办公室）

4. 全面推进和实施《山东大学研究生教育创新计划》。完善研究生培养的导师资助制和负责制，推行助研、助教和助管岗位制，博士生招生与导师科研经费、设立助研岗位挂钩。深化招生和选拔制度改革，增加硕博士连续培养数量。调整和完善研究生培养的弹性学制，提高硕士研究生培养效率。推进与中国科学院等科研机构和国内外友好高校的合作，研究生访学、访研数量明显增加。结合流动特聘教师的聘任，推行一级学科有一门国内外知名学者承担的研究生课程。推进产学研结合的研究生培养基地建设和导师队伍建设，建立5～10个研究生培养基地，聘请有实践经验的骨干作为研究生导师，以双导师形式指导研究生。积极申报教育部研究生创新工程项目，做好教育部批准立项的海峡两岸“博士生学术论坛”和“研究生访学计划”两个项目。(研究生院)

5. 深化本科招生改革、培养模式和课程改革。根据培养能力和毕业生就业率等确定学院招生计划。继续推进按大类或学院招生，认真组织实施招生改革，重点抓好自主招生和艺术类招生。积极参与山东省高考自主命题改革，完成部分高考科目计算机阅卷试点任务。继续抓好“4＋3＋3”国家级和校级人才基地建设。探索举办“汉语言文学＋教育学”双学位班，跨学院联合培养精算与保险专业人才。完善制度，丰富“学生三种经历”。办好特色明、水平高、影响大、效益好的“暑期学校”。重点推进公共基础课教学改革。支持建设一批网络精品课程，争取获得多项教育部精品课程。引入优秀课程资源，丰富校园网上学习资源。加强网络课件制作与购入，提高网络教学质量。(教务处、国内合作办公室、国际教育学院、网络教育学院、网络中心)

6. 改革和加强实验实践教学，鼓励学生创新。将本科生、研究生教学和科研实验室资源有机结合，实现资源共享。支持引导教学科研实验室面向学生和社会开放。提高综合性设计性实验课程比例，增加开放创新实验项目。鼓励学生实践教学与服务地方相结合，与活跃校园文化生活相结合。加强创新基金的使用评估，实行创新学分。完善综合测评体系，推进“大学生素质拓展计划”。加大力度支持学生参与和教师指导数学建模、电子设计大赛和“挑战杯”竞赛，搞好假期及课余社会实践活动，提高学生的实践能力和创新能力。(实验室与设备管理处、教务处、研究生院、学生工作处、团委)

7. 加强和改进大学生思想政治教育工作。全面落实《山东大学关于进一步加强和改进大学生思想政治教育的实施意见》，加强形势与政策教育，深化“五心”主题教育活动。强化导师在研究生德育工作中的作用，继续做好思想政治工作进网络、进公寓、进社团工作，大力推进以服务社区为重点的大学生社会实践活动，增强思想政治教育的针对性和实效性。加强安全教育和管理，健全突发事件应急处理机制，维护学校安全稳定。(学生工作处、研究生院、团委)

8. 加强学生管理。依据教育部制定的《普通高等学校学生管理规定》，制定《山东大学学生行为规范》，修订《山东大学学生违纪处分实施细则》，建立学生申诉制度，规范管理行为。落实学生班级配备班主任制度和辅导员进宿舍制度。注重学风建设，加大对考试作弊的处理力度。(学生工作处、研究生院)

二、教师队伍和管理队伍建设

9. 加强高层次人才队伍建设。坚持不懈地做好两院院士、长江学者奖励计划“特聘教授”、“国家杰出青年科学基金获得者”的培养和引进工作，做好“泰山学者”上岗工作。加大对“新世纪优秀人才”、“百人计划”入选者等优秀学术带头人和学术骨干的资助力度，支持他们开展创新性研究工作，承担国家重大科研任务。（人事处）

10. 加大青年骨干教师的培养力度，提高招聘教师质量。学校列专项经费 1000 万元，着力增加教师的海外学术研修经历、国内学术进修经历和社会实践经历。扩大博士后招收规模。面向海内外招聘教师，其中具有博士学位的青年教师占到当年招聘教师数的 2/3 以上。明确新聘任教师的任期目标、任务及要求，实行合同管理。（人事处）

11. 加强兼职教师队伍建设。在重点建设的学科设置流动特聘教师岗位，明确岗位职责和任职条件，面向国内外公开招聘。保质保量地完成（50 人月/年）任务。面向海外优秀学者设立“山东大学讲座教授岗位”，上岗 10 人。继续开展“兼职特聘教授”的聘任工作，通过各种方式进行实质性合作。（人事处）

12. 深化人事管理制度改革。制订《山东大学编制管理规程》。实行以岗位管理为核心的聘任制。建立针对不同类型学科的评价指标体系，科学制定教师及其他专业技术职务晋升标准，强化教学科研质量导向。对拔尖创新人才和外籍高层次教师试行年薪制。探索群体创新和联合攻关的科研组织方式，加强高层次人才的团队合作，赋予学科带头人和创新团队负责人充分的工作自主权。（人事处、教务处、科技处、社科处、学术委员办公室）

13. 加强管理队伍建设。协助党委做好干部的管理、培训、考核工作，以推进决策目标、执行责任、监督考评三大体系建设为抓手，建立加强管理团队建设的制度。按照“服务学生，服务学者，服务学术”的宗旨和“敬业、务实、协作、创新”的要求，区分管理队伍中决策、管理、执行不同层次和不同人员的情况，完善岗位职责，加强教育培训、监督检查，评比“管理能手”。（组织部、监察处、校长办公室）

三、学科建设与科学研究

14. 大力推进“985 工程”、“211 工程”建设。全面启动“985 工程”二期建设。“985 工程”二期规划的 7 个科技创新平台以建成国家实验室、国家重点实验室或国家工程中心，并培育催生若干国家重点学科为目标。哲学社会科学创新基地各子项目以教育部人文社会科学重点研究基地或其培育对象为建设载体，以培育催生国家重点学科和新增教育部人文社会科学重点研究基地为目标。各平台和基地建设项目须以杰出学者的造就与引进为核心，明显改善科研和研究生培养条件。对各科技创新平台和基地子项目实行分阶段目标管理，考核绩效，滚动投入，确保成效。加强“985 工程”一期和“211 工程”等学科建设项目管理，上半年开展“985 工程”一期学科建设项目评估验收。（学术委员会办公室、科技处、社科处）

15. 加强重点实验室和创新团队建设与管理。以“985 工程”二期科技平台建设为核心，加强国家实验室、国家重点实验室和部门重点实验室的建设、培育和管理工作，力争新增国家重点实验室和教育部重点实验室各 1 个。加强创新学术团队建设项目的分阶段目标管理，争取有 1 个团队进入教育部创新团队计划或国家自然科学基金委优秀创新群体。（科技处、学科建设办公室）

16. 抓好重点学科培育和博士点增列工作。精选优势学科重点扶持，培育国家重点学科冲击点，为争取实现重点学科跨越式发展做好准备。做好第十批博士点增列工作，使我校一级学科博士点达到20个左右。(学科建设办公室、研究生院)

17. 实现科技工作新跨越。深化校内科技管理体制改革并推进科研机构运行机制创新。科技经费总量跃上2亿元新台阶，获得科技奖励保持全国高校前列，SCI、EI引摘论文数和外文论文引证数进一步增加，保持全国高校前十位。认真做好国家科技奖励、教育部提名科技奖励和山东省科技奖励的组织与申报工作，争取获1项以上国家级科技奖励，省部级科技成果获奖数名列全国高校前列，提高获奖档次和数量。组织申报专利100项以上。科研产出综合实力指标保持在全国高校前十名。组织整合力量，争取更多各级各类政府科研计划项目特别是国家科技任务。成立军工研究院，申请国家军工保密资质，进一步完善军工科技管理政策，提升我校承担国家国防科技项目的水平。(科技处)

18. 大幅度提升我校人文社科研究实力。将4个教育部重点基地作为“985工程”二期哲学社会科学创新基地的核心子项目，给予重点投入。建立10个左右面向问题的跨学科研究组织，作为“985工程”二期创新基地子项目进行强化建设，培育新的教育部重点研究基地并催生国家重点学科。承担国家和教育部重大科研项目3项，人文社科年度科研经费突破1000万元。尝试组建创新学术团队。继续支持《文史哲》名刊工程建设。大力支持其他学术刊物特别是《山东大学学报（哲社版）》的建设与发展，加强学报的名栏建设，为使其尽早成为CSSCI来源期刊打下坚实基础。建好“人文山大”学术网站，形成窗口品牌。(社科处)

四、服务地方与国内合作

19. 促进校地、校企合作。落实《山东大学服务山东行动方案》，全面落实已签署的合作协议。支持鼓励我校科技人员、科技管理人员到地方政府、企业挂职或从事博士后研究，横向科研经费和通过校企合作获得的经费总量突破1亿元。研究建立服务地方的激励约束机制和部门之间、部门与学院之间的沟通协调机制，发挥学院和广大教师服务地方的积极性，提高学院与省内相关地市或行业（项目）的对接能力及学院协同作战、联合攻关能力。推动重点企业、重点地区的合作，以点带面，实现各种形式的产学研联合。办好品牌论坛。继续推动和积极拓展与海信集团、鲁南制药、山东移动等大型企业合作项目的实施，争取在凝练大项目上有所突破。注重与青岛、烟台、威海、潍坊等地市及所属企业的合作，为建设山东半岛制造业基地和山东半岛城市群发挥技术支撑作用。积极开展与省外和国内外企业和地区的全面合作。(服务地方工作办公室、科技处、社科处)

20. 继续推动国内校校、校研合作。新选国内名校建立全面合作关系。在签约高校推进高层次学者互访交流，推动各学院与合作高校对口学院的交流合作，拓展研究生访学等项目。实施省属高校学生“第二学士学位计划”。积极推进与中科院、医科院、社科院等科研机构在高层次师资资源共享、研究生联合培养等方面的合作。推动与山东社科院建立紧密合作联系，在经济、管理、法学等领域开展合作，为山东省经济社会发展提供高层次决策咨询服务。(国内合作办公室、研究生院、教务处)

21. 做好校友工作。建立健全校友联络、服务、合作工作网络，加强沟通，促进融合。开展“山大精神”知名校友寻访，组织好校友返校日活动。召开新一届校友会代表大会，设立山东大学教育基金会，积极筹措办学经费。通过校友企业家俱乐部等载体，拓展学校与校友及社会各界合作的渠道。（校友工作办公室）

22. 推进教育拓展。巩固和发展“山东大学优秀生源基地”，继续面向全国组织“重点中学校长论坛”、中学生开放日、名师巡讲、招生咨询宣传等活动，建设招生与拓展网站，开拓生源渠道，提高生源质量。（教务处）

五、国际交流与合作

23. 增进校际交流。继续发展校际合作交流关系，增加高层次国际合作高校和研究机构数量。安排访问团组到美、英、澳、加、韩、日、俄、新及我国香港和台湾等国家和地区进行学术交流、专业考察和研修。（国际合作与交流处、组织部）

24. 加强学者学生交流。主请境外学者来校任教或访问讲学，资助青年学者出国/境参加国际学术会议。举办国际学术会议，重点支持高层次国际学术会议。加大力度为在校学生提供海外学习或短期访学机会，增加派出学生规模。与法国有关大学合作成立中法中心，开展法语培训，为到法国攻读学位的学生创造语言条件。积极开展多种形式的中外学生、港澳台学生的短期交流活动。举办国际英语夏令营，促进中外学生文化交流。用英语开设具有中国特色的系列课程，邀请海外友好学校学生来校与我校学生一同参加夏令营。（国际合作与交流处、学生工作处、人事处）

25. 加强科研与教育项目合作。继续支持开展我校参与丁肇中教授主持的 AMS 和欧洲核研究中心（CERN）的 ATLAS 等国际合作项目，寻找新的国际研究课题，以培养具有国际竞争力的学术团队。鼓励与支持各院部所与国际机构或外资企业进行合作与共建，合作建立研究中心，共同申请研究课题。设立引进国外智力项目专家基金，全年资助聘请 50 位专家，鼓励教师开展科研合作。选择重点专业率先实现专业课程与国际接轨，用英语开课。与法国高校合作，试办中法工程师学院。（国际合作与交流处、科技处、社科处、教务处）

26. 留学生教育与对外汉语教学。继续扩大留学生规模，提高学历生比重，自费留学生收入突破 1000 万元。设立山东大学留学生奖学金。改善教学条件，重点加强汉语教学师资队伍建设。继续保持对韩、蒙等国汉语教师培训优势，国家汉语教学基地申报成功。积极筹建“孔子学院”。（国际教育学院）

六、财务、审计和资产管理

27. 加强财务管理。确保实现收入突破 13 亿元，支出控制在 17 亿元以内。争取财政拨款达到 7.5 亿元；开拓第二学士学位班、国际教育班等新途径，争取各项教育收入 4 亿元；力争科技经费突破 2 亿元。实行责任制度和奖惩办法，加强收入管理。强化校级专项的双签制，建立项目经费双签制和追踪问效制。进一步加强政府采购职能，拓宽招标范围，改革经费划拨办法。配合后勤实施水电费管理改革办法。进一步全面落实审计署驻济办《关于山东大学财务收支等情况的审计调查报告》的意见，进行财经法规宣

传教育，健全财经制度，规范财经秩序。（计划财务处）

28. 实现内部审计制度化、规范化和职业化。加大审计覆盖面和深度，堵塞管理漏洞，提高各类资金的使用效益。全面实施基本建设项目工程造价全过程跟踪审计。开展处级干部经济责任审计，将干部离任审计与任期内经济责任审计结合起来。加强对校办产业的财务审计。做好学科建设经费和科研经费的专项审计。有计划地对部分二级单位财务收支状况进行审计。对学校内部有关单位财务管理内控制度的健全性和有效性进行审查和评价。重视审计成果的利用，开展对审计意见和建议落实情况的后续审计监督。（审计处、组织部）

29. 做好国有资产的挖潜增效。加强土地管理，完成土地使用权证办理工作，解决不合理占用土地和公房问题。进一步完善科研用房管理办法，治理乱占和不合理使用公房现象，公房资源重点向教学科研倾斜。加强对经营性用房的管理。建立资源使用效益评价体系，公布各教学科研单位资产占有使用情况。对利用教学实验室建设经费和学科建设经费购置的大型仪器设备进行使用效益评价，确保考核合格率达90%以上。对考核不满60分的仪器设备所在单位限期整改。（国有资产管理处、实验室与设备管理处）

30. 规范产业管理。强化产业集团作为学校授权经营校办产业的法人实体的管理调控能力，建立适应现代企业制度要求的运营机制。继续推进重组改制，建立投入退出机制，实施关、停、并、转，提高资产质量，防范运营风险。加大国有资产保值增值考核力度。建立以骨干企业为主要载体的科技成果转化体系，促进产学研结合。进一步理顺大学科技园管理体制，多方筹集孵化基金，加强孵化基地建设，加大孵化力度。确保产业集团有效资产保值增值率在5%以上，实现销售收入6.2亿元，利润总额5000万元，上缴学校1000万元。（产业集团、国有资产管理处）

七、校园基本建设、后勤保障与综合治理

31. 搞好基建工程建设。成立校园建设规划委员会，修改完善学校校园总体规划。保证续建工程顺利进行，年内竣工续建的14个单项工程（建筑面积18.30万平方米）。老校区新开工建设新校综合楼群等19个单项工程（建筑面积35.30万平方米），南新区启动二期工程的5个单项工程（建筑面积11.7万平方米）及基础配套设施建设，其中学生宿舍及配套用房于7月底竣工，确保新生入住。（基建处、南外环新区建设与管理办公室）

32. 做好后勤保障。加大基础设施改造力度，结合综合楼群建设，重点改造供电系统。完成南校区供热煤改气工程。后勤正常运行经费支出控制在6300万元。上半年完成计量设施安装改造，为实施用电改革方案创造条件。对全校供暖系统进行全面检修，保证供暖收费改革方案顺利实施。抓好物业管理试点，探索家属区管理的社会化改革。实现房改职能向住房事务管理服务职能的转变。完成集资建房和腾空房分配工作，抓好购房款的收缴、补偿挂账的处理和确权发证工作。保持学生饮食价格稳定，确保学生食堂安全卫生运行。（后勤管理处）

33. 搞好校园建设与周边环境治理。按照“干净、整齐、美观”的标准，搞好校园环境整改。确保校内安全稳定。积极争取地方政府支持，治理学校周边秩序，维护广大

师生的人身和财产安全。（公安处、国有资产管理处、后勤处）

34. 加速推进数字化校园建设。在确保校园卡系统稳定可靠运行的基础上，抓好校园卡二期工程建设。完成投资银行招商工作，与银行对接，实现校园卡系统的金融功能。完成与学校财务、人事、教务、学生等管理系统的对接，逐步整合校务管理资源，实现校园卡系统的校务管理功能。搭建统一的学校教育电子政务平台，优化网上办公系统，实现校内家庭住房能上办公信息网，确保办公信息网的安全畅通。解决网络大型管理主机系统、管理信息系统数据备份等问题，建设完成面向全校的网上视频会议系统及光存储系统，完成下一代互联网的基本环境和网络服务系统建设。进行信息集成的研究开发，建设学校基本数据库，支持全方位网络信息查询，提高学校信息化水平。（信息化工作办公室、网络中心）

八、依法治校与制度建设

35. 推进“依法治校”，完善制度体系。建立健全目标决策、执行责任、考评监督三大体系。审议通过《山东大学章程》等各项重要制度。健全民主决策和咨询机制，加强教代会制度建设，逐步推进二级教代会制度，充分发挥教职工代表大会的作用。出台《重大事项听证制度》，增加决策的公众参与度和透明度。做好校务院务公开各项工作。加强对重要会议决定和文件批示执行的督办力度。继续严格执行法律事务咨询制度，审核对外经济合同。坚持和完善“每周要事汇总制度”，发挥“校长信箱”的作用。创建全国依法治校示范校。（校长办公室、法律事务室、工会、监察处）

36. 完善学术管理制度。完善学术委员会工作制度，建立和完善科学合理的学术评价制度。规范完善学术管理体制，更好地发挥学术委员会在学术评议、学术审议、学风维护和学术决策咨询中的作用。建立山东大学学术指标数据公开制度，为业绩考核、资源分配、研究工作提供依据。（学术委员会办公室、高等教育研究中心）

37. 推进依法行政。完善监督制约机制，加强对重要岗位和重大事项的监督。进一步加强对各级领导干部执行廉洁自律有关规定、廉政勤政情况的监督检查。继续加大对各类招生、考试、用人招聘的监督力度，加强对基建和修缮工程、大宗物资、仪器设备、医药、图书等招投标的执法监察。加强对落实“收支两条线”规定的监督，进一步规范收费行为，杜绝乱收费现象。（监察处）

九、文化建设与人文关怀

38. 深化大学文化建设和校风建设。总结文化建设阶段性成果，加大宣传力度，增强认同感。充实计划，延伸和拓展文化建设的范围与内涵。加强领导，加大投入，系统论证，建成有鲜明特色的山大校园文化。在充分挖掘学校历史传统宝贵资源的基础上，结合学校发展战略和办学理念，营造良好校园风气。加强师德建设，积极营造良好学风。（文化建设项目组、有关职能部门）

39. 营造校园文化氛围，优化育人环境。继续搞好“恰同学少年”、杰出青年论坛、科学畅想曲、小树林论坛等精品学术文化活动，拓展文化活动范围，寓教育于文化活动之中。积极支持访学学生开展形式多样的文体活动，促进校际文化的交流和传播。完善各校区绿化美化工作，随着新建项目完工及时完成美化工作。启动各校区品位文化业点建设。加强学生宿舍改造和配套设施建设力度，注重宿舍文化的培育。启动校园 VIS（环境文化视觉形象标识），进一步规范学校的所有形象标识。完成校园的道路、楼宇和景点的命名工作。（宣传部、团委、服务地方工作办公室、后勤管理处、学生工作处、研究生院）

40. 推进机关作风建设。全面推进学习型机关的创建活动。继续推行以服务承诺制为主的九项制度和机关工作人员行为规范，完善机关作风考核及奖惩制度，建立机关作风监督投诉机制。逐步建立行政效能监察的领导机制、运作机制、评议机制、奖惩机制和协调机制，重点检查各职能部门依法行政、高效便民、维护师生员工合法权益情况。落实《山东大学处级单位主要负责人问责暂行办法》，增强工作责任心。（机关党委、组织部、监察处）

41. 加强师生身心保健教育和服务。加强预防保健知识的宣传教育，增强预防意识。开展丰富多彩的群体性体育活动，增强身体素质。继续做好健康查体工作，主动为学者服务，建立健全健康档案，跟踪保健。认真贯彻《传染病法》，建立健全突发公共卫生事件的应急机制。依据《山东大学退休工作暂行规定》，完善两级管理服务机制和联系人制度，拓展校医院医疗服务功能，改善离退休教工活动场所的条件，形成关心离退休教职工健康生活的格局。加强心理咨询中心建设，加大培训力度，健全心理健康教育体系和心理危机干预体系。继续抓好“大学生心理健康教育”及“成功人际交往”两门通选课的教学工作，开展各种形式的心理健康教育和心理咨询活动，提高学生心理素质。（工会、体育学院、医院与卫生管理处、校医院、老干部处、学生工作处）

42. 做好学生资助和就业服务工作。进一步加强以国家助学贷款为主体、其他综合措施为补充的多元化贫困学生资助体系建设。吸引社会各界来校设立奖助学金，社会奖助学金规模持续增长。推进“助管、助教、助研”为主要形式的勤工助学活动，增强对贫困生的帮扶力度、针对性和有效性，确保贫困学生顺利完成学业。加强学涯规划和就业指导，落实学生就业一把手工程，完善校院两级就业管理体制，把就业率作为考核单位业绩、制订招生计划、核算岗位津贴补助的重要指标之一。毕业生就业率达到 90％以上。（学生工作处、研究生院、就业指导中心、教务处）

十、威海分校与附属医院工作

43. 提升分校办学水平和综合实力。“加强基础，发展内涵，提高质量，建设特色”，切实把工作重点转移到提高办学水平和综合实力上。加强山东大学东北亚研究中心建设，加大对东北亚尤其是韩国的研究与交流力度，尽快建成国家级基地。加强山东大学国际生物技术研发中心建设。整合生物技术、海洋药物、信息控制、计算机技术与自动化等学科资源，加快高技术成果的研发与推广。加大重点学科建设力度，力争尽快达到先进水平。加大投入力度，全力搞好本科教学水平评估。积极探索培养模式和课程改革，完善“国贸＋韩国语”、“法学＋韩国语”、“韩国语＋国贸”等专业特色班的教学与管理，开设新的特色专业及双学位专业，推进韩国语作为第二外语在全校的普及。（威海分校）

44. 积极推进以韩国为重点的全方位开放式办学。开展与韩国等各友好学校友好访问、学生访学、双向培养、教师进修、管理干部培训及双向交流等。引进海外特别是韩国优质教育资源，开展教学科研合作，打造新兴学科专业。制订实施“服务威海行动计划”。加强与国家天文台的共建合作，规划建设天文台。充分发挥山东大学威海国际学术交流中心的作用。（威海分校）

45. 加强对附属医院的管理，不断提高医疗服务水平。进一步理顺附属医院的管理体制，发挥医院与卫生管理处的归口管理职能，建立医院定期向学校汇报工作制度和重大事项请示报告制度，学校将医院的发展与建设纳入议事日程。探讨医院之间协作的体制和机制，发挥我校的医疗优势。各附属医院要认真编制发展总体规划，强化医院内部的管理机制，提高医疗服务水平。大力开展医德医风的教育整顿，树立山东大学附属医院的优良院风。调研制订非隶属关系附属医院的管理办法，考察、评估申请医院的工作，作好非隶属关系附属医院的签约。（医院与卫生管理卫处、齐鲁医院、第二医院、口腔医院）

人才培养

全日制本、专科教育

2005年是山东大学完成实质性融合进入快速发展阶段的第一年，是学校继“国际合作年”后又一个主题年“教学质量年”和本科教学评估年，是山东大学“三个提升”战略硕果累累的一年。在这一年里，山东大学本科教学工作实现了跨越式发展、取得了突破性成果。

2005年，教务处全面贯彻校行政工作计划，认真落实《山东大学本科教育创新计划（2005～2007年）》，以“致力于培养中国最优秀的本科生”为总体目标，围绕本科评估这一中心任务，坚持以专业建设为龙头，以本科教学评估和教育创新为动力，以提高服务意识为宗旨，本着“教师优先，学生优先”的原则，规范教学管理，提高教学质量，全方位深化教学改革，教务处领导班子带领全体员工齐心协力，在全校各部门的通力配合下，圆满地完成了本年度的各项教学工作任务，特别是在教育部对我校的本科教学水平评估工作中取得了优秀成绩，并在本科招生、教学管理、实践教学、教学改革等工作中取得了突破性进展。

一、制度建设

（一）制定了《山东大学本科教育创新计划（2005～2007年）》、《山东大学2005年教学质量年实施方案（本科教学部分）》、《山东大学教师本科教学工作规范》、《山东大学“十一五”事业发展规划（学生培养部分）》，修订了《山东大学学籍管理规定》等纲领性文件。

（二）制定了《山东大学本科教学指导委员会章程》、《山东大学关于在校本科生转专业学习的暂行规定》、《山东大学精品课程建设与管理实施办法（试行）》、《山东大学关于进一步推进本科双语教学工作的意见》、《山东大学多媒体教学要求及管理暂行规定》等规范性文件，完成了《山东大学教师教学工作手册》的编辑及发放工作。

（三）制定了《山东大学招生工作规范》、《山东大学本科招生工作实施“阳光工程”的办法》，就招生管理、信息公开、加强服务、责任追究等方面作出了明确规定。

（四）修订完成了山东大学本科培养方案。经过一年多的努力，在2002年第一次合校后制定的教学计划基础上，于 12 月底完成了第二次修订。

二、人才培养

实施“山东大学教学质量年”计划。2005 年 3 月 30 日，学校召开“山东大学教学质量年”新闻发布会，邀请新华社在内的 30 余家新闻媒体参加。山东大学第一次向社会郑重承诺“致力于培养中国最优秀的本科生”，确立了我校本科教学的工作理念和长远战略发展目标。

3 月 24 日，召开了山东大学第二次本科教学工作会议。会上，樊丽明副校长作了题为“规范管理，开放拓新，致力于培养中国最优秀的本科生”的主题报告，进一步明确了我校本科教学工作的指导思想和总体思路，明确了“教学质量年”“建设、管理、评估”的工作主题。并要求大家同心同德，努力拼搏，不辱使命，为顺利通过教育部本科教学工作水平评估并取得优秀成绩，为建设国内外知名的高水平大学奠定本科教育基础，为培养中国最优秀的本科生而努力奋斗。王仁卿处长对 2005 年制度建设、规范管理、教师评价、教学评估、精品建设等重点和主要教学工作任务进行了布置，经济学院、数学学院等 6 个单位的代表在会上发言。

2005 年，我校新上公共事业管理、舞蹈编导二个本科专业。

三、精品建设

2005 年度，我校本科教学在许多项目上取得突破性成果：

1. 获得 5 项国家教学成果二等奖。

2. 4 门课程被评为国家精品课程，覆盖文、理、医三大学科门类。16 门课程被评为省级精品课程。

3. 建设“山东大学精品课程”20 项、“山东大学精品建设课程”13 项。

4. 作为“十一五”第一批教改立项，40 项课题获得校级立项，25 项课题获得省级立项，其中 8 项为省级重点项目，占山东省重点项目的三分之一。

四、本科教学评估

2005 年 10 月 22～28 日，我校接受了教育部组织的五年一个周期的普通高等学校本科教学工作水平评估，取得 18A1B 的优异成绩，在今年参评的全国 71 所普通高等学校中名列前茅。

（一）扎实做好本科教学评估自评自建工作

起草《山东大学 2005 年本科教学工作水平评估与建设执行计划》、《山东大学本科教学工作水平评估自评报告》、《山东大学本科教学工作水平评估特色报告》和《山东大学本科教学工作水平评估校长报告》。

3 月 23 日，副校长樊丽明带队参加教育部组织的评估工作研讨班；4 月 15 日，学校组织团队到山东农业大学观摩学习评估经验。按照教育部评估指标体系要求，汇集、整理评估数据和资料，建立校、院两级教学评估档案。

学校成立教学评估专家指导小组，建立评估专家库，制定了评估专家指导小组工作制度；校领导与各单位签订了评估目标责任书，明确工作任务与责任，加强了对评建工作的指导和监督保障作用。校评建办公室健全了秘书、材料、宣传、会务、教学与实验室建设、学生工作与条件建设、后勤保障7个工作组，按工作职责进行分工，各负其责开展评建工作。学校建立评建工作例会制度，不定期召开会议，研究、协调、落实工作任务并检查工作进度与质量。全年组织召开23次评建工作会议，有效地推动了自评自建工作。

学校组织高教研究中心、档案馆和教务处的同志组成了“学校定位与办学思路”、“办学传统与特色”课题组，以软课题研究的形式开展工作。确立我校发展的目标定位为：“为适应国家经济建设和社会发展对人才培养和科技创新的需要，学校充分发挥文、理、工、医协调发展的学科优势，大力实施‘三大战略’，全面实现‘三个提升’，致力于培养中国最优秀的本科生和一流的研究生，努力向社会提供高水平的科学技术研究成果和社会服务，力争到建校120周年时，将山东大学建设成为国家高层次创新人才培养、高新技术研究和成果转化、高层次决策咨询的重要基地，建设成为一所国内外知名的高水平研究型大学。”总结、凝练出我校“学科齐全，交叉融合；文史见长，渗透辐射；治学严谨，学风朴实；担承责任，开放拓新”和“重视本科教学，注重基础知识，注重学生能力培养”的办学特色和优良教学传统。校评估办编制了《山东大学本科教学工作水平评估宣传手册》，印发至全校师生员工，还在山大网主页上建立了本科教学评估网站，及时报道和发布评估的动态、信息，刊出本科教学评估工作简报37期，有效地促进了自评自建工作。

5月31日～6月3日，聘请7位校外专家，对我校本科教学工作进行了预评估。4、7、9、10月份，面向全校32个教学院（部）、7个临床医学院及教学医院，分别组织了教学档案验收、教学管理工作检查、文化氛围营造和综合性模拟评估工作；于5、8、10月，三次赴威海分校进行自评检查。通过检查发现教学及管理工作中的问题与差距，立即组织有关部门落实整改措施，有效地促进了教学管理规范化。下半年继续进行网上课堂教学质量评估工作，并开始启用综合教务管理系统进行课堂教学质量评估工作。

4～5月，学校首次组织了新办专业评估。对22个学院毕业生不满三届的33个本科新办专业进行了检查和评估。通过评估批准已有毕业生的14个新办专业进入专业建设阶段。

（二）严密组织，精心准备，接受教育部专家组进校考察评估

10月12日，学校召开迎评动员大会。2005年10月22～28日，以武汉大学党委书记顾海良教授为组长的教育部高等学校本科教学工作水平评估专家组一行18人，对我校进行了本科教学工作水平评估实地考察。

依据教育部《普通高等学校本科教学工作水平评估方案（试行）》和有关文件，专家组于考察之前认真阅读了《山东大学本科教学工作水平评估自评报告》。考察期间听取了展涛校长作的本科教学工作汇报，集体参观了《山东大学合校五年成就展》、《校史展》、《文化素质基地展》和《大学生科技创新成果展》，观看了大学生“金秋十月”文艺演出和各项专题片；考察2个国家重点实验室和1个教育部重点实验室以及部分公共教学、服务设施，分别走访了30个教学院（部）、工程训练中心和三所临床教学医院，

走访了11个职能部门和1个用人单位；分别召开了600人次参加的12个专题座谈会，并随机考察了学生晚自习及文化素质教育、体育文化节、小树林文化论坛、学生社团活动。专家组随机听课45门次，调阅了21个专业的783份学生毕业论文（设计），27门课程的1689份试卷；随机进行了医学实习生临床基本技能测试；对302名学生进行了教学质量和思想政治教育问卷调查。还专门组成5人专家小组赴威海分校进行了三天的实地考察。

教育部专家组对我校本科教学工作水平评估结论为“优秀”。在19项二级指标中，我校达到A级标准的有18项，它们是：1.1学校定位、1.2办学思路、2.1师资队伍数量与结构、3.1教学基本设施、3.2教学经费、4.1专业、4.2课程、4.3实践教学、5.1管理队伍、5.2质量监控、6.1教师风范、6.2学习风气、7.1基本理论与基本技能、7.2毕业论文或毕业设计、7.3思想道德修养、7.4体育、7.5社会声誉和7.6就业；达到B级标准的只有2.2主讲教师1项；学校具有鲜明的办学特色。

专家组在肯定成绩的同时，也对我校本科教学工作指出了问题并指明了整改方向，主要有四点：进一步总结、提升教学改革成果；进一步探索多校区办学与资源共享，优化师资结构；研究性教学开展得不够深入；需要正确处理好规范管理与改革创新的关系，从严管理，规范管理，狠抓制度落实，进一步强化过程管理。

11月，学校召开评估工作总结会议，布置落实整改工作。根据教育部专家组的反馈意见，学校制定《本科教学工作水平评估整改方案》，经学校党政联席会通过后上报教育部。为今后继续加强我校的本科教学工作建设，落实整改措施，进一步提高人才培养质量奠定基础。

（三）完成公共教学服务设施建设工作

协调学校有关单位，分别在东校区、南校区和南外环新区新建风雨操场3个、电子大屏幕6个、热水器8台、多媒体教室9个。配备界面话筒、更新多媒体控制柜和扩音器；完成大外部语音自主学习中心和语音室建设、网络硬件环境和课件制作系统建设、外语网络教学平台扩建、直播教室的完善和计算中心建设工作；加强大学生数学建模、电子设计创新实验室建设工作。

五、教学管理

（一）暑期学校

秉承“邀请海外名师，面向校外开放，紧追学术前沿，强化实践环节，培养创新能力，提高专项技能”的指导思想和“精品化、创新型、开放性、国际化”要求，暑期学校已初显特色，成效明显。

建立了暑期学校网站，成立了暑期学校记者团，全程跟踪报道暑期学校进展情况；全部项目面向校外开放，吸引1200余名校外学生参与，提高了暑期学校的社会知名度；暑期学校期间，我们的学生夏令营走向世界，海外学生夏令营走进山大，初步显示了暑期学校的精品化、国际化和开放性特色。

2005年，我校暑期学校共开出教学项目199项，230余名教师参加，基本内容分六个板块，涉及我校现有的各个学科。参与的学生达10209人次，其中校内学生9084人次，校外学生 1215 人次。

（二）综合教务管理系统

2005 年 3～9 月，围绕《综合教务管理系统》，为了确保数据准确，推行了六项制度：（1）数据维护起点修改制；（2）排课工作数据编辑院部负责制；（3）日常调度多层制约制；（4）选课工作学生自主负责制；（5）学生成绩教师网上录入责任制；（6）学籍管理及时清理制。

首次利用《综合教务管理系统》对全校所有毕业生进行毕业资格审核，统一审核标准，提高了毕业审核效率和准确程度；重修工作首次全部上网，解决了选课数据不全的问题；顺利完成了两个学期的排课、选课工作，保障了正常的教学秩序；分别对教务处工作人员和各院部教务员进行了业务培训，提高了大家的业务水平，使教务管理更加高效、有序。

（三）教学质量监督

分别在 7 月、9 月、10 月组织了三次全校的教学检查，范围为 32 个教学院部、7 个临床医学院及教学医院。分别在 5 月、8 月、10 月三次赴威海分校检查，内容为毕业论文（设计）、实践教学、试卷装订及分析、实验室开放、综合性创新性实验、文化环境营造、评估宣传等方面。检查工作督促了各教学单位和分校的自评自建，促进和规范了教学管理，从而有利于保证高水平的教学质量。

（四）在校生转专业

2005 年 5 月，按山大教字［2005］22 号文件的有关规定，在我校全日制本科一年级学生中组织转专业报名、考试，其中 91 名学生免试转专业，249 名学生考试转专业。

（五）推荐免试研究生

2005 年 9～10 月，根据山大教字［2005］49 号文件精神，顺利完成了推荐免试硕士研究生工作，全校共保送 1139 人（本校 975 人，威海分校 144 人）。其中，中科院 79 人，北京大学 22 人。

（六）专科生培养

向省教育厅申请，使我校 2003 级专科（含威海分校）成为学分互认改革试点。升入本科学习的学生，采用“2＋2”培养模式。

（七）学分互认和在校专升本

根据山东省教育厅鲁教高处函［2005］12 号及山东省教育厅《关于做好 2005 年山东省普通高等教育学分互认和专科升本科工作的通知》的有关精神，2005 年共有 148 名 2002 级专科学生和 525 名 2003 级专科学生参加了学分互认和专升本考试，有 86 名 2002 级专科学生和 421 名 2003 级专科学生被录取升为本科。

（八）考试管理

认真组织、安排两个学期的期末考试，两次大学英语四、六级考试及英语口语考试，保证了各项考试的顺利进行。

本次大学英语四、六级考试报名工作启用了教育部考试中心的《考试报名软件》，实施光电阅读报名信息、现场审核报名资格、现场采集考生照片、考生现场确认信息等报名方式。2005 年四级考试报名人数 12690 人，六级报名人数 14511 人，组织 2441 名学生参加了大学英语四、六级口语考试。

（九）普通话测试

组织了教工 266 人、学生 5928 人参加普通话测试。

（十）组织了 8017 名毕业生的照片采集工作，补办各种学历证明 1000 余份，打印毕业证书 15258 张。

（十一）与太古飞机工程有限公司达成学生就业协议。

六、教学研究

1. 征集、编辑、出版了《新世纪教学论丛》（第三辑）。

2. 编印《山东大学大学生素质教育通选课课程简介》（第二辑），并上网发布。

3. 组织普通高等教育“十一五”国家级规划教材的申报工作，共向教育部推荐我校教师主编教材 150 余部，大大超出“十五”时期 38 部的申报数。

七、实践教学

2005 年学校划拨了 945 万元作为实践教学运行经费，极大地促进和改善了我校实践教学条件，促进了实践教学体系的建立，提高了实践教学质量。

（一）实验教学

配合实验室与设备管理处推进实验室向学生开放力度，整理了全校面向本科生开放的 1000 多项实验项目，重新整理并汇编了《山东大学实验教学大纲》。

（二）“三种经历”人才培养

圆满完成了我校与国内 15 所高校互派本科生培养或“访学”工作。2005 年共选拔派出交流学生 336 人，接受交流学生 506 人。

（三）科技创新学分

进行了“2005 年度山东大学科技创新学分”的申报和认定工作。有 13 个学院的 67 名学生获得了山东大学“创新奖励学分”，全校共认定学分 105 个，2 人获得最高 8 学分。

（四）大学生科技创新基金

圆满完成了 2004 年度 242 项“大学生科技创新基金项目”的结题审查和经费结算工作，进行了“2005 年度大学生创新基金”立项、启动经费发放和中期检查工作。2005 年度全校有 231 个项目被批准立项，参与学院 27 个，参与学生达 679 人。

（五）科技竞赛活动

组织进行了“2005 年全国大学生数学建模竞赛”和“全国大学生电子设计竞赛”。我校获全国一等奖 4 项，位居全国高校第二；获国家二等奖 3 项；获省级奖 15 项。全国大学生电子设计竞赛取得历史性突破，首次获得全国一等奖 2 项，全国二等奖 4 项，获省级奖 10 项。另外，在“2005 年美国大学生数学建模竞赛”中获一等奖 2 项。2005 年首次参加亚太大学生机器人大赛国内选拔赛进入 16 强，并获得优秀奖。

（六）毕业论文（设计）管理

组织专家对 2005 届毕业论文（设计）工作进行了中期检查；组织了山东省优秀学

士学位论文的评选及上报工作，我校有28篇毕业论文被评为省优秀论文；组织进行了2005届校级优秀毕业论文（设计）的评选工作，100篇毕业论文（设计）被评为校级优秀毕业论文（设计），编辑印刷了《2005届山东大学优秀毕业论文（设计）选集》。在教育部本科教学水平评估中，我校毕业论文（设计）质量被评为“优秀”。

八、本科招生

（一）招生录取情况

我校2005年普通本科招生工作6月30日开始，7月24日全部结束。优秀运动员的录取于8月6日进行。

2005年我校总校在31个省（市、自治区）和港澳台地区计划招收本科生7030人（含赴新加坡留学计划30人），实际投放计划录取考生6967人，新生包括普通生、艺术生、体育生、国防生、少数民族预科生、定向西藏就业生和保送生等多种类别。

1. 山东省录取情况

2005年我校在山东省的招生计划共3901人，其中普通文科616人，普通理科3100人，艺术类115人，国防生20人，社会体育30人，定向西藏就业计划20人。

文、理科按计划数1：1.1投档，分数分别为597分和632分；按学校招生计划数的1：1划定录取分数线，文科为598分，理科为634分，分别高出重点线26分和37分，录取最高分分别为630分和677分，文、理科录取平均分分别为607.2分和645.2分。2005年我校首次在山东省试点投放理科第二志愿招生计划100人，按计划数的1：1投档，最低654分，最高668分，平均分高出我校理科一志愿录取考生平均分14分。

山东省2005年首次将国防生计划安排在提前批次录取，20名计划一次投档完成，录取最低分为627分，高出理科重点线30分；社会体育专业30名计划录取最低线为567分。

2. 外省情况

理科最高分超出当地重点线100分以上的省份有13个，超出80分以上有21个；最低分超出当地重点线30分以上的省份有20个，超出40分以上的省份有11个；平均分超出当地重点线45分以上的省份有19个，超出当地重点线60分以上的省份有11个。

文科最高分超出当地重点线100分以上的省份有5个，超出80分以上有8个；最低分超出当地重点线30分以上的省份有13个，超出40分以上的省份有7个；平均分超出当地重点线30分以上的省份有13个，超出当地重点线60分以上的省份有6个。

北京、河北、江苏、湖北、云南、内蒙古、新疆的文、理科，天津、河南、四川、浙江、广西、贵州、甘肃、青海、宁夏、西藏的理科，山西、陕西、黑龙江、湖南的文科，录取线均超出当地重点线30～40分之多。

3. 部分专业录取情况

热门专业（类）的录取分数线仍然居高不下。以山东省录取线为例，理科临床医学七年655分、六年645分，生物科学652分，经济学650分，电子信息科学647分，高出重点线50分以上；文科法学611分，经济学610分，高出重点线40分以上。数理化等一些基础学科开始为广大考生所青睐。机械、材料在山东省专业志愿第一次全满。护理、软件两专业招生情况仍不理想。

4. 特殊类型招生情况

2005 年学校对保送生、部分外国语专业提前招生录取、艺术特长、自主招生、艺术类考试、体育高水平测试等特殊类型的招生考试工作都制定了相应的招生简章、工作办法和实施细则，初步形成了“1＋6”（普通高考，保送生、自主招生、艺术特长生、艺术生、体育生、小语种提前单独招生）的招生类型模式。

2005 年度首次对省级优秀学生、信息学奥赛、全国青少年科技竞赛保送生资格人选与自主招生、部分外语专业提前招生等招考类型采用同一试题进行测试，录取保送生 64 名；将选拔外国语学校保送生的测试范围扩大到了南京、深圳、石家庄、郑州等四个外省的外国语学校，录取外国语保送生 22 名；并在澳门招收了保送生 5 名。

首次组织自主招生和艺术特长生的选拔测试，共有 233 名优秀学生获我校自主招生人选资格，36 名特长学生获我校艺术特长人选资格。最终 96 名考生以自主招生考生和艺术特长生的资格被我校录取。

继续组织部分外语专业提前单独考试，来自全国部分重点中学的 629 名学生参加了考试选拔，共录取 94 人，其中应试语种为英语的 84 人，应试语种为日语的 10 人。

首次在黑龙江、湖南、山西等省增设了艺术类考点，改变了以往艺术类专业中省外学生缺乏的状态，三考点共报名 1887 人，发放合格证 243 人，生源遍布黑龙江、山西、湖南、辽宁、吉林、河北、广东、广西、福建、江西、河南等 11 个省份。山东省艺术类报名 12939 人，发放合格证 427 人。

（二）教育拓展工作情况

为了稳步提高我校生源质量，根据 2005 年的新形势，招生（教育拓展）办公室加大教育拓展力度，努力提升我校在全国中学及中学生中的影响力。

4 月 23 日，举办了山东大学 2005 年春季中学生开放日，共有河北石家庄外国语学校、邹城一中等 10 所重点中学的近 900 名师生及部分学生家长来到我校。蒋民华院士、艾兴院士分别在东、南校区为中学生作了科普报告，各学院就师资队伍、专业设置、培养方向等情况进行了现场咨询。

3～5 月，我校名师前往德州武城二中、禹城一中、青岛二中、平度一中、胶南一中等中学巡讲，听众达五千人次，名师们介绍学科知识，回答中学生所关心的问题，受到了中学师生的热烈欢迎。

上半年，经过认真遴选，山东大学授予广饶一中、滕州一中、安徽太湖中学、青海湟川中学“山东大学优秀生源输送基地”称号并举行了隆重的挂牌仪式。

6 月下旬，组织人员参加了 13 个省份和省内济南、烟台、青岛、聊城、淄博、威海等地的招生现场咨询会，针对高分生源走访了三十余所重点中学，在学校招生咨询现场接待考生和家长近千人次。

11 月 12 日举办了“山东大学 2005 年秋季中学生开放日”活动。来自德州一中、齐河一中、莱芜十七中、禹城一中、泰安英雄山中学、莒南一中等 6 所重点中学的近 400 名师生来到我校。

11月29～30日山东大学2005年重点中学校长论坛在邵逸夫科学馆举行，来自江苏、河北、河南、安徽、山西、辽宁、天津、浙江、广东、山东等10省（市）的80余所重点中学的校长以及山东大学29个学院教学副院长、副书记参加了本次论坛。

九、其他工作

1月23～31日，山东省招生办公室在我校进行了语文科网上评卷等规模试验获得成功。本次试验工作取得了宝贵经验，为6月份的语文科网上阅卷奠定了基础。

6月9～19日进行了山东省普通高考评卷工作，我校继续承担语文、数学、理科综合三科的试卷评阅工作，差错率达到历史最低水平，得到省招生考试院的充分肯定，其中语文首次实施计算机网上阅卷，王军民副省长和校党委书记朱正昌亲临现场视察，并给予肯定。

（张　清）

研究生教育

2005年，研究生院按照“拓展优秀生源，强化过程管理，规范评价标准，提高培养质量，加强制度建设，推进教育创新”的工作思路，推进并实施了《山东大学研究生教育创新计划（2004～2007）》，实现了工作重心的转移，学位点建设再获突破，办学实力显著提升，研究生院综合实力名列全国高校前列。

截至2005年底，我校全日制在校研究生规模达到11837名，其中博士生2535名，硕士生9302名，研究生和本科生的比例达到了1∶3.6。另有在职攻读（申请）硕士学位研究生6791人。

一、学位点建设取得历史性突破

2005年，在全国第10次学位授权审核中，我校收获丰硕，获准新增博士学位授权一级学科12个：哲学、理论经济学、应用经济学、政治学、马克思主义理论、信息与通信工程、控制科学与工程、计算机科学与技术、环境科学与工程、临床医学、公共卫生与预防医学、管理科学与工程；新增博士学位授权学科、专业3个：宪法学与行政法学、民商法学、岩土工程；新增硕士学位授权一级学科17个；新增硕士学位授权专业6个。本次我校共计新增博士学位授权学科专业点50个，新增硕士学位授权学科专业点38个，博士、硕士学位点增列总数位居全国第二位。我校工程硕士招生领域新增物流工程专业。

通过合校五年来全国第八、九、十次学位授权审核增列，山东大学学位点建设连续实现历史性突破。由2000年研究生院成立之初的博士学位授权一级学科点3个，博士学位授权学科专业点35个，硕士学位授权学科专业点123个，到2005年底达到一级学科博士点25个（是原来的8倍），硕士学位授权一级学科点36个，博士学位授权学科专业点181个（是原来的5倍），硕士学位授权学科专业点253个（是原来的2倍），专业学位博士点1个、硕士点7个（其中工程硕士包含18个领域）。学科体系建构更趋完整，学位点数量基本满足了我校研究生教育发展的需要，为研究生教育“站在新起点，致力新发展”，为创建高水平研究型大学奠定了坚实的基础，开辟了更加广阔的空间。

二、3篇论文荣获“全国优秀博士学位论文”奖

在2005年“全国优秀博士学位论文”评选中，教育部、国务院学位委员会共批准96篇学位论文为“全国优秀博士学位论文”，其中我校3篇博士学位论文榜上有名，分别是：王德胜《宗白华美学思想研究》（指导教师：曾繁仁教授）、王新强《双金属硫氰酸盐配合物晶体的生长和性质研究》（指导教师：许东教授）、彭军《慢性自身免疫性血小板减少性紫癜中应用B7共刺激信号阻断剂和/或CsA诱导血小板特异性T细胞免疫无能的实验研究》（指导教师：张茂宏教授）。

我校另有3篇博士学位论文入围当年的“全国优秀博士学位论文提名论文”名单。分别是：徐庆华《高能反应强子化过程中自旋效应的研究》（指导教师：梁作堂教授）、张庆竹《含硅、锗类半导体材料制备过程中若干重要反应的动力学研究》（指导教师：顾月姝教授）、张忠华《快速凝固铝基中间合金的研究》（指导教师：边秀房教授）。

我校3篇博士学位论文的获奖，是我校连续第六年喜获此项大奖，成为我校研究生培养质量不断提高的重要标志。合校五年来，山东大学已有13篇博士学位论文荣获“全国优秀博士学位论文”奖，获奖总数位居全国高校前10位，赢得了社会各界的广泛赞誉和高度评价。此事入选2005年度山东大学十大新闻。

同年，我校有17篇博士学位论文、22篇硕士论文分获2004年度“山东省优秀博士学位论文”和“山东省优秀硕士学位论文”奖，有19篇博士学位论文获2005年度“山东大学优秀博士学位论文奖”。

三、成功举办2005年博士生学术论坛

2005年9月9～13日，我校成功举办了2005年全国博士生论坛（“两岸三地”——文史哲药领域）。论坛以“嘉会山大，论道泉城；切思砺学，唯实唯新”为宗旨，为“两岸三地”的博士生提供了一个高起点、宽范围、多领域的学术交流平台，实现了丰富知识、促进交流、拓宽视野、加强友谊的目的。

本次论坛根据不同的学科设置了中国语言文学、历史学、哲学、药学四个分论坛。论坛组委会共收到包括港澳台等地60余所高等院校、科研机构的博士生提交的论文617篇。经过专家评议，学术委员会审定，遴选出200篇高水平的学术论文进行大会交流，其中港澳台地区入选26篇。论坛组委会还邀请了43名相关学科领域的国内著名专家在论坛期间作前沿学术报告和论坛点评工作。此外，论坛在学术交流的基础上，还以弘扬齐鲁文化为目的，开展“孔子故里寻根”、博士生学术沙龙及联欢等考察、交流活动，使参加论坛的博士生充分领略了齐鲁文化的魅力。

四、推进招生改革，完善招考制度，提高生源质量

2005年，研究生院大力推进各项招生改革。调整招生学科结构，科学分配招生名

额，将招生指标分配与生源、导师、科研经费、科研产出结合，使得招生的学科结构更趋合理和科学。扩大推免生数量（861 名，占 25.5%），鼓励从国内其他高水平大学调剂录取考生，优秀生源（设有研究生院的高校毕业生）在录取人数中的比例达到53%，扩大硕博连读研究生的比例（262 名，占31.8%），鼓励跨专业、跨学科选拔考生，复试环节分数所占比重增加（达到或超过 50%）。自当年起，硕士生入学业务课考试全部采用试题库出题。在命题程序、内容等关键环节实行规范化管理，以维护入学考试的科学、公平和公正。试题库命题制度的实施，使山东大学研究生招生考试更加制度化、规范化，有效地提高了研究生招生质量，同时也得到了广大考生和社会各界的认可。当年，对于 2006 年博士生报名首次完全采用网上报名的方式。

规范工作程序，完善规章制度。根据教育部文件的精神，结合我校实际，制（修）订了我校关于招生、复试及接收推免生等各招生工作环节的规章制度，出台了《山东大学研究生招生管理规定》、《山东大学研究生入学考试复试办法》、《山东大学接收推荐免试硕士研究生实施办法》、《山东大学研究生入学考试安全保密工作实施细则》等一系列管理规定。

研究生招生宣传力度加大。分别到二十几所高校进行研究生招生宣传、咨询，参加山东省研究生招生咨询会，并通过各种网络媒体和信息平台，进行网上在线咨询等创新宣传措施，在全国招生信息管理平台上开通招生咨询日，咨询量列全国第三位。

2005 年，我校研究生报考形势继续升温，招生规模稳步增长。报考 2005 年我校硕士研究生的人数达到了 17280 人，比上年增长 13%，位居全国高校第 8 位，实际招生 3374 人；博士研究生报考总人数为 2782 人（不含硕博连读），实际录取 825 人。争取到山东省政府委托培养研究生计划 700 名。完成了 1045 名在职攻读硕士学位和 1197 名高校教师的招生任务。报考 2006 年硕士研究生人数达 14931 人。

合校以来，截至 2005 年底，山东大学已经累计招收研究生 18565 名，其中硕士研究生 14966 名，博士研究生 3599 名。

五、强化过程管理，推进教育创新，提高培养质量

我校致力于“培养中国一流的研究生”，不断提高培养质量是研究生教育工作的首要任务。2005 年是学校的教学质量年。研究生院注重强化研究生培养过程管理，推进研究生教育创新，提高研究生培养质量，建立健全研究生培养管理制度和质量保障体系，尤其在加强研究生教学管理、推进教学改革、改善研究生教学培养条件等方面加大了力度。

学校提高了对研究生教育的重视，加大了支持力度，推动了以研究生公共教学平台建设、教材建设为中心的研究生培养体系建设进程，研究生教学条件、培养条件得到进一步改善。同时，进一步强化研究生培养过程管理，规范管理行为，严格教学纪律，确保教学秩序和培养质量。建立并完善了各项管理规定，先后出台了《山东大学研究生指导教师工作规范（试行）》、《山东大学研究生教学管理暂行实施办法》，对研究生导师职责、考核奖惩、研究生课程管理、教学管理、考试管理、成绩管理、教师职责、校外修课的管理等，予以进一步的规范，并提出明确的要求。

搭建研究生公共实验教学平台。以项目建设推进教学改革，切实提高研究生创新能力的培养，改善研究生培养条件。2005 年学校投入 1760 万元，进行研究生公共实验教学平台建设，经学校审批，28 个建设项目正式启动，极大地改善了我校研究生教学实验条件。另投入近百万元建设 24 个多媒体教室，改善了教学条件，促进了研究生的学术交流。

推进研究生教材建设。设立“山东大学研究生教材建设专项资金”，鼓励各学科、各专业编写出版高水平、有特色的研究生教学用书。2005 年度首批投入 80 万元资金，用于资助全校 40 部研究生教材建设。

实施研究生英语教学改革。自 2005 级研究生起实施新的英语教学改革方案：减少基础英语教学课时，实行分级教学，加强专业英语的教学，着力提高研究生学术论文的英语写作水平和参加国际学术交流的能力。

启动使用研究生教务管理系统。自 2004 级研究生开始实行，使研究生选课、学分、成绩、学籍、注册、毕业等过程管理更加科学规范、方便快捷。

制定、完善各项管理制度。新制定的《山东大学研究生学籍管理实施细则》、《山东大学研究生教学管理暂行实施办法》、《山东大学关于中外联合培养研究生的暂行实施办法》等，进一步规范研究生培养的过程，提高了研究生培养的目标要求。

推行导师负责制和资助制，发挥研究生导师在培养过程中的主导作用；推动产、学、研结合的研究生培养基地建设，部分学科实行校内校外双导师制指导研究生，提高研究生理论与实践相结合的能力，学以致用。

申请并获得教育部“研究生创新工程计划”立项项目 3 个：博士生访学计划、两岸三地博士生学术论坛、天体物理研究生暑期学校。2005 年，这三个项目均已成功举办。

2005 年，我校共毕业博士研究生 433 名，硕士研究生 2068 名。

六、大力开展合作培养，推进研究生“三种经历”

2005 年，我校研究生教育继续实施全方位开放式发展战略，积极开辟与国内外高等学校、科研院所联合培养研究生的渠道，建立开放的研究生培养体系，开放式办学格局进一步凸显。

2005 年 8 月，与中科院研究生院签署《山东大学—中国科学院研究生院全面合作框架协议》，双方在高层次人才培养、科学研究与学术交流等方面展开全面合作。根据协议，双方的研究生可到对方选修研究生课程，互相承认学分，并在研究生的学习和生活方面提供便利；双方互聘兼职教授、研究生导师，进行研究生指导和必要的教学工作；鼓励研究生到对方参加研究生暑期学校和其他学术活动。

与中国政法大学签署校际合作框架协议，双方实行从研究生导师和教授互聘到互派研究生、本科生到对方优势学科专业修课，开展合作研究等方面的合作。

与巴黎高科、复旦大学签署联合培养金融工程硕士研究生的协议。山东大学、复旦大学和巴黎高科三方协调，统一培养计划，统一教材，统一教学大纲，合作培养金融工程硕士研究生。

稳步推进研究生访学制度。2005 年，我校到厦门大学和中国科学院研究生院访学研究生达到 26 人，继续与卫生部联合培养第二批研究生 10 人，到国（境）外联合培养、短期学习、参加学术交流的研究生超过 100 人。

研究生留学基金正式启动。为进一步提高研究生教育质量，推进研究生“海外学习经历”工作的开展，培养具有国际竞争力的创新性人才，学校特别拨出专款设立“山东大学研究生海外留学基金”，制定了《山东大学关于中外联合培养研究生的暂行办法》，每年资助 100 名左右优秀研究生（特别是博士研究生），以联合培养的方式到国外从事半年至一年的课程学习或科学研究。当年底，学校首批资助的 40 位研究生分别赴国外十几个国家的三十多所大学进行中外联合培养。

七、提高评价标准，改革评审制度，规范学位授予

严格博士生导师聘用和招生条件，努力建立一支一流的导师队伍。2005 年，学校重新修订了博士生导师遴选和上岗标准。根据《山东大学遴选博士生指导教师实施细则》，经山东大学学位评定委员会 2005 年第一次会议审议，通过 521 位博士生指导教师在 2006 年度有资格招收博士生。其中校内博士生导师 410 人，兼职博士生导师 111 人。根据《山东大学引进人才申请博士生指导教师资格的实施办法》，进行了引进人才申请博士生导师资格的评审工作，通过 14 人为博士生导师，在 2006 年度有资格招收博士生。

实行学位论文校外专家匿名评阅制度。出台《关于我校博士、硕士学位论文匿名评阅的规定》，自 2005 年起，对博士学位论文 100％实行校外专家匿名评审制度，对硕士学位论文按 5％～10％的比例抽查进行校外专家匿名评审。这一创新举措的实施，立即引起社会媒体的广泛关注和好评。

推行博士学位论文预答辩制度。作为保证博士学位论文质量的重要环节，学校自 2005 年下半年开始，对申请答辩的博士研究生（包括同等学力人员）进行学位论文的预答辩工作。博士论文预答辩按学位论文正式答辩的程序和要求进行。通过预答辩者方可向校学位办提出正式答辩申请并进行学位论文的匿名送审工作。为了规范博士学位论文答辩程序，提高论文答辩质量，学校在文、理、工、医四个学科各选择一场论文答辩会作公开示范答辩。示范答辩会以网上直播和剪辑上网两种方式向全校公开，使我校研究生毕业答辩逐步走向规范。

2005 年度，山东大学共计授予 467 人博士学位，3416 人硕士学位。

合校以来，截至 2005 年底，我校已授予 1781 人博士学位，11561 人硕士学位，共计 13342 人。

八、提高研究生待遇，加强学术文化交流

为增强研究生自立、自强意识，激励在校研究生投身科研创新、安心学术，学校积极采取了多种措施，切实提高研究生待遇。2005 年进行了 16 种研究生奖学金的评审，其中校内奖学金 3 种，社会奖学金 13 种，最终评出获奖人数 684 人，发放各类奖学金 180 余万元，发放普通奖学金 1700 多万元。

大力推行“三助”工作。共聘用博士生“助研”1028 个岗位，占全体博士生的

43.5%；“助管”700多人次，班主任助理460人，临时“助管”200多人次，占全体研究生的12.7%。发放“三助”奖学金金额约540万元。

2005年，学校还设立了专项经费，支持各研究生培养单位开展丰富多彩的研究生“党建年”活动。

大力开展研究生学术交流。“稷下风”学术讲座、“海右”博士生学术论坛活跃了研究生学术氛围，提高了研究生学术兴趣和创新能力。通过参加一些全国性的学术活动，充分展示了我校研究生的优秀风采。在第二届全国研究生数学建模竞赛上，我校获得一等奖1个，二等奖2个，三等奖1个。

文化活动丰富多彩。组织了第二届山东大学研究生篮球赛和研究生乒乓球赛等赛事；主办了第五届驻济高校研究生篮球赛，并获得冠军。

九、规范在职教育管理，拓展办学资源

2005年，经国务院学位办批准，我校工程硕士招生领域新增物流工程专业，使工程硕士招生领域增至18个。

进一步完善规章制度，规范在职教育过程管理。制定了《山东大学关于研究生层次非学历教育学分认定的规定（试行）》，起草了《山东大学在职攻读公共管理硕士学位管理办法》、《山东大学在职攻读法律硕士学位管理办法》等14个文件规定。

2005年，我校在132个硕士学位授予专业接受同等学力人员申请硕士学位672人；录取在职攻读硕士学位研究生2242人，比上一年增加了103.4%，其中，高校教师在职攻读硕士学位1197人，是2004年的15.3倍，共接受28人在职申请临床医学博士学位，并首次接受39人在职申请临床医学硕士学位。全校共举办研究生课程进修班22个，参加学习人数为1398人。

积极拓展办学模式，推进合作办学，在研究生培养基地建设方面开展了实质性合作。由山东省卫生厅和山东大学合作培养的首届公共卫生硕士（MPH）研究生班正式开班；济南军区依托山东大学培养工程硕士研究生；我校与中国重汽签订全面合作协议，联合举办工商管理硕士（MBA）研究生班。

建立和完善专业学位质量评估和监控机制。首次开展了工程硕士培养质量自评估工作，在8个工程硕士培养单位完成工程硕士自评估工作，效果良好。

规范在职教育收费标准，注重办学效益。对我校在职研究生教育收费项目和标准进行了调整，同时加强收费管理和监督，基本完成学校下达的2005年研究生在职教育实现收入5000万元的任务。

十、教育管理日趋规范，管理制度不断完善

本着“规范、高效、求实、创新”和“以教师学生为中心，以学术为主导”的管理理念，研究生院不断健全管理制度，规范管理行为，完善研究生教育的各种管理规定，建立起科学规范的研究生教育管理质量保证体系和监控机制。

2005年，学校两次召开研究生教育工作会议，一系列改革措施相继推出。制定并出台的文件和管理规定包括：《山东大学研究生指导教师工作规范（试行）》（山大字

[2005] 15号)、《山东大学研究生招生管理规定》(山大研字 [2005] 12号)、《山东大学研究生入学考试复试办法》(山大研字 [2005] 15号)、《关于做好2005年攻读硕士学位研究生录取工作的意见》(山大研字 [2005] 16号)、《山东大学接收推荐免试硕士研究生实施办法》(山大研字 [2005] 14号)、《山东大学研究生入学考试安全保密工作实施细则》(山大研字 [2005] 13号)、《山东大学关于研究生公共实验教学平台建设的实施意见》、(山大研字 [2005] 10号)、《山东大学研究生教材建设专项资金资助办法(试行)》(山大研字 [2005] 11号)、《山东大学关于中外联合培养研究生的暂行实施办法》(山大研字 [2005] 42号)、《关于发表学术成果未达到培养方案要求的博士生申请答辩的规定》(山大研字 [2005] 24号)、《山东大学研究生学籍管理实施细则》(山大研字 [2005] 60号)、《山东大学研究生奖学金评审办法》(山大研字 [2005] 58号)、《山东大学研究生社会奖学金管理办法》(山大研字 [2005] 59号)、《山东大学遴选博士生指导教师实施细则》(山大研字 [2005] 53号)、《山东大学引进人才申请博士生指导教师资格的实施办法》(山大研字 [2005] 27号)、《山东大学授予同等学力人员博士学位实施细则》(山大研字 [2005] 54号)、《关于我校博士、硕士学位论文匿名评阅的规定》等等。

(程翠玉)

继续(网络)教育

2005年,继续(网络)教育学院坚持科学发展观,进一步理清思路,正确处理规模、结构、质量、效益之间的关系,以函授夜大学教育评估和网络资源建设为重点,各项工作取得了较好成绩。

一、保持共产党员先进性教育

以保持共产党员先进性教育为契机,坚持工作、学习"两不误,两促进",使工作效率大幅提高,服务态度明显改善。

二、抓好成人教育函授夜大学教育评估工作,促进成人教育各项工作再上新台阶

1. 顺利完成成人教育函授夜大学教育评估工作,被山东省教育厅评为"山东省普通高校函授夜大学教育办学水平评估优秀学校"。

2. 进一步完善成人教育规章制度,尤其是教学环节的规章制度,使工作更加规范有序。

3. 2005年,成人教育招生9157人,毕业8595人,1357人获学士学位,在校生20840人。

三、网络教育基础建设、资源建设取得长足进展

1. 学校投资350万元完善网络基础设施,提高了网络运行速度和课件制作水平。

2. 增加招生专业，修订教学计划，实现了网上辅导、答疑，启用了新的教学管理平台，大大提高了教学管理水平和服务水平。

3. 妥善处理网络教育遗留问题，近5000名学生顺利毕业。

4. 2005年，网络教育招生3752人，毕业11719人，506人获学士学位，在校生5258人。

四、自考和培训工作

1. 认真组织过程性考核和毕业实践环节考试，2005年完成自考助学班招生2400多人。

2. 2005年自考助学班结业1275人，183人获得学士学位，在校生3648人。

3. 修订《山东大学非学历教育管理暂行规定》，加强对全校非学历教育各类办学过程的管理；组织编写《山东大学继续教育培训项目指南》，搭建培训平台。

4. 发挥山东大学作为省委组织部干部教育培训基地的作用，与日照市委组织部举办一期干部培训，受到日照市委组织部和省委组织部的好评。

五、重要活动

1. 3月9日，山东大学2005年网络教育工作会议在邵逸夫科学馆召开。樊丽明副校长、山东省教育厅职业与成人教育处张士瑞副处长出席了会议。

樊丽明副校长在讲话中回顾了我校网络教育四年来的发展历程，对网络教育的发展给予了充分肯定。她指出，我们在不断学习和研究中已经探索出网络教育的办学规律，完善了各项规章制度，理顺了学校与校外学习中心以及校内学院（部）的关系。樊校长提出网络教育2005年的工作思路是“合理定位，积极发展，规范管理，保证质量”，明确要求网络教育要加快平台建设，丰富网上资源，提高网络教育办学质量。

17个校外学习中心的代表、学校有关院（部）的负责人参加了会议。

2. 4月13日上午，樊丽明副校长到继续教育学院与学院领导班子一起就函授夜大学教育评估工作进行研讨，继续教育学院部分科级以上干部参加了会议。

樊丽明副校长对我校函授夜大学评估提出四点要求：第一，高质量地完成我校函授夜大学教育自评报告；第二，按照评估指标体系认真细致地准备评估材料；第三，做好函授夜大学教育评估的宣传工作；第四，安排好迎评工作。她强调指出，函授夜大学教育评估是我校的一件大事，各有关部门应高度重视，认真准备，完成学校交给的任务。

3. 4月16～17日，为进一步规范我校成人教育管理工作，提高成人教育管理水平，继续教育学院组织召开了山东大学成人高等教育管理工作会议。全校29个开办成人教育的院部代表及继续教育学院部分人员共70余人参加了会议，樊丽明副校长到会并作了重要讲话。

樊丽明指出，继续教育作为终身教育体系的重要组成部分发展前景广阔，各单位要开拓思路，研究需求，不断挖掘潜力，利用资源优势积极发展继续教育，为构建终身教育体系作贡献。樊丽明还进一步阐述了发展与规范的关系。她指出，发展与规范是相辅相成的，没有发展就谈不上规范，而没有规范的发展是不可能持续的。樊丽明要求继续教育学院与各办学单位要建立精细化管理意识，在严格管理、加强自律的基础上重视教学各个环节的落实。她要求继续教育学院应充分发挥宏观管理作用，尽快落实督导检查、教学评估、奖惩、培训等制度，加强管理，提高质量。樊丽明最后就函授夜大学评估工作提出了三点要求：一是以评促建，重在建设；二是健全材料，注重积累；三是广泛宣传，积极准备，迎接即将到来的函授夜大学评估工作，并争取优异成绩。

成人教育教学督导小组代表杨恩长教授及文学与新闻传播院、药学院、土建与水利学院、计算机科学与技术学院的代表就如何发展成人教育、提高成人教育质量等问题进行了经验交流，哲学与社会发展学院、生命科学学院的班主任代表还就如何做好班级管理、构建和谐的学习环境作了典型发言。

4．5月16日上午，山东大学函授夜大学教育水平评估大会在我校邵逸夫科学馆第一会议室举行。会议由国家级督学、评估组组长马钊主持。省教育厅副厅长张志勇、我校副校长樊丽明、省教育厅职业教育与成人教育处处长杨文法等出席了会议。

樊丽明代表学校向评估组作了题为“依托资源优势，服务地方发展，努力办好函授夜大学教育”的自评汇报。会后，樊丽明陪同评估组考察了我校继续教育学院。来自全省主要高校的评估专家组成员和我校校办、计财处、档案馆、继续教育学院的相关负责人和各教学学院分管继续教育的副院长参加了评估大会。

5月16日下午，专家组查阅了我校准备的评估材料，部分专家还参加了主题为“我的大学，我的成长——山东大学继续教育优秀校友代表专场”的第三十四期“小树林文化论坛”活动。

5月17日上午，评估专家组分别到计算机科学与技术学院、管理学院、医学院、护理学院、电气工程学院、能源与动力工程学院等办学院部检查评估工作。

5月17日下午，评估专家组还在东区、西区、南区参加了教师座谈会、管理人员座谈会和学生座谈会，座谈会后，专家组还到药学院听课。

5．2005年10月14～15日，山东大学网络教育工作会议在东营市胜利油田职工大学隆重召开。山东大学副校长樊丽明教授，胜利石油管理局副总经济师、胜利油田职工大学校长秦建民出席了会议。

樊丽明副校长在讲话中简要分析了国内外现代远程教育的现状。她指出，2004年初我校确定的网络教育发展的“十六字方针”是正确的，目前“理顺关系”的任务已经完成，原来的合作公司已经撤出，学校与各个学院、与校外学习中心、与学生的关系重新得到明确；“规范管理”工作也取得很大的成果。今后我校网络教育发展的任务是：规范管理，积极发展，提高质量。

6．2006年1月，继续（网络）教育学院组织召开2005年总结表彰大会，全校30个成人教育办学单位的领导、管理人员共100人参加了会议。大会总结了2005年我校继续教育、网络教育的工作，表彰了文学与新闻传播学院等8个成人教育先进单位，李丛莉等18位成人教育优秀管理人员、李道军等26位成人教育优秀教师和成人教育先进单位、优秀管理人员、优秀教师的代表还在会上作了典型发言，交流了经验；副校长樊丽明到会并讲话。

樊丽明指出，新的一年里，继续（网络）教育工作要以“服务社会，提高效益”为宗旨，以“理顺关系，积极发展，改善条件，规范管理，探索融合，保证质量”为指导方针，积极探索，改革创新，使我校的继续（网络）教育工作上一个新台阶。

（王　斌）

留学生教育

2005年，我校留学生教育围绕学校“三个提升”发展目标，紧密结合国家汉语国际推广发展战略目标，解放思想，开拓创新，各项工作跃上了新台阶。

一、基本情况

2005年度，山东大学（不含威海分校）共接收来自世界50个国家长短期留学生1393人。其中长期生1072人（学历生466人，语言生606人），短期生321人，留学生总数比2004年增加了425人。2005年度毕业学历生45人，其中本科生30人，硕士生11人，博士生4人。

二、汉语国际推广

（一）孔子学院建设

2005年7月22日，时值世界汉语大会之机，山东大学和新加坡南洋理工大学在北京签署了合建孔子学院的协议。10月份，校长展涛率团访问新加坡南洋理工大学，出席新加坡南洋理工大学孔子学院首项证书课程和文化浸濡项目开学典礼。11月底，37名新加坡孔子学院师生来到山东大学，参加齐鲁文化之旅浸濡项目。10月份，宁继鸣院长率团访问蒙古国，就蒙古国孔子学院建设和汉语推广与我国驻蒙古国使馆、蒙古国立大学进行了磋商。

（二）山东大学对外汉语教育研究中心成立

在世界汉语大会上，展校长就加快汉语国际推广发表了很有远见的演讲，并宣布成立山东大学对外汉语教育研究中心。新成立的对外汉语教育研究中心，成为整合学校资源、提升国际合作研究和汉语国际推广的新平台。

（三）教育学双学位班

为适应向海外派遣合格的高素质的对外汉语教师需要，我校在国内率先开设了旨在培养对外汉语师资的教育学双学位班，招收了首批30名学生。这种全新的培养模式，受到了国家汉办的高度重视，被国家列为解决目前我国对外汉语师资不足的尝试加以肯定，并给予多方面支持。

（四）支持周边国家汉语教学重点院校工作

2005年，我院派出2名教师赴蒙古国开展境外汉语师资培训，受国家汉办委托，承担了35名韩国汉语教师、26名蒙古国汉语教师的国内培训任务，境内外共培训海外汉语教师105名。

三、学科建设方面

（一）教学

留学生规模扩大，教学类型增加，教学工作量大幅度提高。汉语教学包括语言生、短期班、师资班、医学班、学分班、预科班等类型。依据《教学质量评估方案》，上半年专职教师平均得分为90.8分，下半年平均得分为94.5分，教学质量大幅度提高。

（二）学科建设

1. 制定了教育学双学士学位班培养方案

2. 主要依靠本学院教师力量，开展了教育学双学士学位班和硕士研究生教学。

3. 2005年参加HSK考生人数约1700人（包括威海分校），汉语作为外语教学能力考试人数511人。

4. 学院教师作为国家汉办邀请专家，直接参与了汉语作为外语教学能力考试的命题与阅卷工作。

（三）人才建设

2005年学院有4位教师赴国外长期任教，新进教师3名、管理人员1名，1名教师获得博士学位，我院专职教师拥有博士学历的比例达到30%。

四、留学生教育和管理

1. 2005年学院先后组织留学生参加了四次社区志愿者活动，组织近百人留学生参观省实验中学、洪家楼小学，组织了留学生参加省车管所开设的针对外籍人员的驾驶理论考试英语试卷的宣传活动等。

2. 校园文化活动。2005年先后组织留学生参加“话别山大”毕业研究生论坛、“外国友人看山大”小树林论坛，组织了隆重、富有国际特色的留学生毕业结业典礼，组织了旨在展示多元文化和睦相处的第五届国际文化节，组织了留学生参加学校的本科评估文艺晚会、驻济外国友人圣诞联谊会和“首届山东高校歌手大赛”。丰富多彩的校园文化活动为中外学生交流、沟通提供了展示才华的舞台。在上半年我校参加的“济南市首届外国人说中国话大赛”中，我校留学生分别获得了一、二、三等奖，成为获奖最多的院校。在国家汉办组织的全国“汉语桥诗歌朗诵”比赛活动中，我校留学生获得三等奖。

五、其他方面

1. 国际交流。2005年先后组团参加了留学基金委组织的印度、尼泊尔教育展，访问了新加坡南洋理工大学、蒙古国立大学，先后接待了来自法国、美国、日本、韩国、加拿大、坦桑尼亚、巴勒斯坦等国家政府、大学代表团、使馆要员来院访问，接待了参加世界汉语大会的百余名国外大学校长来山东参加的“中华文明巡礼”活动。

2. 2005年暑假，在学校支持下，对留园环境进行了全面改造。改造后的留园新增学生活动场地约500平方米，园林特色更加显著。经过积极建设，400余平方米留学生健身房现已全面完工，投入使用。

（姜苏华　王　军）

科学研究

科学技术研究

一、概　述

2005 年，山东大学继续贯彻“整体跟进，重点突破，以人为本，强化创新”的科技工作方针，重点实施技术创新和项目、人才、基地建设一体化的发展战略，全面落实《山东大学服务山东行动方案》，全方位推进科技事业的发展，学校的学术竞争力和社会影响力得到明显提高，科技工作在规模、数量和质量上均取得显著进展。

截至 2005 年底，学校新立科研课题 904 项，其中各类科学基金 234 项、各类政府计划项目 224 项、横向合同 446 项，当年到校科研经费 2.1 亿元。根据中国科技信息所 2005 年公布的统计结果，我校 2004 年被 SCI 收录论文 783 篇，总数排全国第 8 位；EI 收录论文 518 篇，总数排全国第 11 位；ISTP 收录论文 145 篇，总数排全国第 29 位；国际论文引证 723 篇，被引总数排全国第 7 位；国内论文 3472 篇，总数排全国第 10 位；国内被引证 4026 次，排全国第 22 位。2005 年我校获得省部级以上奖励 76 项，其中国家科学技术等奖 3 项，教育部提名国家科技奖 9 项，山东省科学技术进步奖 62 项，其他省部级 2 项。2005 年全校共鉴定成果 118 项，申报专利 196 项，授权专利 67 项。

为加强国防科技工作，学校党政联席会上决定成立山东大学国防科学技术研究院，为我校今后争取更多更大的军工科研任务提供条件保障。

2005 年，学校科技工作在许多方面取得突破性成果。

数学与系统科学学院王小云教授成功破译了多个 Hash 函数算法，在 Hsah 函数研究领域取得了重大突破性进展，在国际密码界引起极大轰动。由于王小云教授在密码研究领域的突出贡献，当年通过了国家自然科学基金委杰出青年科学基金《密码理论关键问题的研究》的评审并获资助。物理学院梁作堂教授因其在粒子物理论理研究领域的出色表现，也通过了国家自科学基金委杰出青年科学基金《高能反应过程的自旋效应与软硬过渡区内强作用的性质》的评审并获得资助。

生命科学院夏光敏教授、数学与系统科学学院刘建亚教授、岩土中心李术才教授则分别以《小麦体细胞杂交新品种山融3号耐盐的功能基因研究》、《自守形式的算术与几何》和《高压大流量岩溶裂隙水与不良地质情况超前预报和治理》项目获得国家基金委重点项目资助，资助经费分别为150万元、120万元、200万元。

马春元教授研制开发的“烟气脱硫与除尘技术”获重大经济和社会效益，与企业签订技术合同金额达2.4亿元

我校“密码技术与信息安全实验室”被教育部批准实施重点实验室建设。

数学与系统科学学院彭实戈教授在全国新增院士评选中当选为中国科学院院士。至此，学校已有两院院士6名，分别为科学院院士蒋民华、工程院院士艾兴、工程院院士张运、工程院院士王文兴、科学院院士钱逸泰和科学院院士彭实戈。

据2005年科技统计结果，学校几项主要科技指标为：

1. 科技总经费为28177.8万元，其中项目经费21674.8万元，比去年增长30.7%。

2. 当年在研项目1465项。

3. 获省级以上奖励72项。

4. 在国内外发表论文2366篇，出版专著30部。2005年全校各院、所科技指标见附表一。

二、科研项目与科技经费

(一) 基础性科学研究

2005年，我校共获得各类基金资助项目234项，立项总经费4003.5万元。其中国家自然科学基金项目106项，包括重点基金3项，杰出青年基金A类2项，资助总经费达3340万元，详见附表二。教育部博士点基金项目27项，资助经费163万元，详见附表三。山东省自然科学基金项目76项，资助经费438.5万元，详见附表四。其他各类基金25项，资助经费62万元。截至2005年12月24日，各类基金类项目到位经费达3670万元。

(二) 应用研究与高技术研究

2005年我校新上各类政府计划项目224项，立项经费6755.7万元。其中，科技部基础研究“973”计划项目17项，经费额1497.3万元；国家“十五”科技攻关计划项目12项，经费额696万元；国家高技术“863”计划项目9项，经费额299万元；军工研究项目16项，经费额1395.7万元。上述几类重大项目详见附表五。省部级科研项目88项，经费额1426.2万元；地市级科技计划项目82项，经费额1441.5万元。截至2005年12月24日，学校实到纵向科研项目经费达7047万元。2005年纵向新上及结转项目见附表六。

(三) 委托研究与开发研究

2005年学校与各级地方政府、企事业单位及各大型集团共签订横向科技开发合同446项。截至2005年底，到位的各类横向科研项目经费高达7770万元。详见附表七。

三、科研成果与科技奖励

2005年，我校共获省部级以上奖励72项，其中国家科技奖3项，山东省科学技术

奖 60 项，教育部提名国家科学技术奖 9 项，山东省教育厅优秀成果奖 39 项。详见附表八。

物理与微电子学院王克明教授等完成的科研成果“粒子与光电子相互作用的应用基础研究”获国家自然科学二等奖，这是我校自 1995 年以来又一次获国家自然科学二等奖。该项目主要涉及核技术与材料科学、信息科学交叉的新领域，在粒子与光电材料相互作用的应用基础研究中取得了一系列重要发现。齐鲁医院张梅教授和华中科技大学同济医学院附属协和医院王新房教授等共同完成的成果“空三维超声成像的方法学和临床应用研究”、我校作为第二完成单位由生命学院曲音波教授等和山东轻工业学院共同完成的成果“草浆的生物预漂白酶法改性技术”获国家科技进步二等奖。电气工程学院梁军教授等完成的成果“微机电力故障录波监测装置”获山东省科技进步一等奖。岩土与结构工程技术研究中心朱维申教授等完成的成果“洞室群稳定性分析与支护优化研究及工程应用”和公共卫生学院厉保秋副教授等完成的成果“基因重组人白细胞介素-11 新工艺的研究与产业化”分别获教育部提名国家科技进步一等奖。

2005 年，全校共鉴定成果 118 项，经专家评审鉴定 35％以上的研究成果达到国际先进水平，详见附表九。共申请专利 196 项，比去年增长 73％，其中发明专利占 75％，详见附表十。当年授权专利 67 项，其中发明专利 47 项，实用新型 19 项，外观设计 1 项，详见附表十一。

2005 年 12 月 6 日，在科技部中国科技信息研究所召开的“第十三届中国科技论文统计结果”新闻发布会上公布了 2004 年我国学者在国际、国内科技期刊上发表论文的统计结果，以及国内各大学和科研机构的论文排名。据统计，我校在 SCI、EI、ISTP、国际引证篇数、国内论文、国内引证次数六大统计指标上取得了优异成绩，除 SCI 论文总数和国内论文总数两项指标在全国的排名与上年持平外，其余四项指标均比去年有所上升，详见下表：

分　类	2004 年		2003 年	
	数量（篇）	全国排名	数量（篇）	全国排名
SCI	773（783）	8	760	8
EI	518	11	489	12
ISTP	145	29	126	32
国际引证	723 篇 1456 次	7	652 篇 1354 次	9
国内论文	3475	10	3016	10
国内引证	4026 次	22	2517 次	24

为体现我国学者在生物医学领域的研究成果与水平，今年中信所首次引入美国《医学索引》（MEDLINE）的检索结果，在公布的全国前 20 名大学排名中，我校以论文总数 223 篇排名全国高校第 14 名，标志我校生物医学领域的基础研究水平在全国高校先进行列中也占有一席之地。

在中信所公布的SCI收录论文按十大学科（数学、物理、化学、天文、地学、生物、医学、农学、材料科学、环境科学）分别排出的全国前二十名高校中，我校有四个学科榜上有名，分别为：材料科学排名第6位，论文数158篇；物理学科排名第9位，论文数178篇；化学学科排名第12位，论文数256篇；数学学科排名第17位，论文数44篇。自1999年至2004年我校已连续6年SCI收录论文数保持全国前十位。2004年被国际检索系统SCI、EI、ISTP收录的我校论文详见附表十二。

五、科研基地与平台建设

2005年，我校“密码技术与信息安全实验室”获得教育部重点实验室称号，开始实施建设。我校在“心血管基因组织医学科技创新平台”的基础上，通过整合科技力量，扩大实验室建设规模，重点推进“心血管基因组医学实验室”进入国家重点实验室行列，力争近期在国家重点实验室申报和立项方面有所突破。由科技处牵头组织申报的“国家Linux技术培训与推广中心”已被教育部和科技部批准进行建设。我校申报的“计算机软件工程”、“高校精密制造技术与装备”和“环境模拟与污染控制”三个实验室已被批准为山东省高校重点实验室。

2005年，我校“微生物技术国家重点实验室”、“实验畸形学教育部重点实验室”、“计算机软件工程重点实验室”顺利通过了科技部、教育部和山东省科技厅专家组的评估，取得良好成绩。“心血管重构与功能研究卫生部重点实验室”顺利通过了卫生部专家组的验收，并挂牌运行。目前，我校已拥有国家重点实验室2个、国家级技术推广中心1个、国家级技术培训与推广中心1个、部级重点实验室7个、省高校重点实验室16个、省级工程技术研究中心22个。各级科技平台的建立为我校吸引高水平人才，开展高水平科学研究，获取高水平科研成果奠定了坚实的基础。

附：“十五”期间山东大学主要科技指标汇总

1. 基础研究经费

单位：万元

类别 时间	国家自然科学基金	博士点基金	山东省自然科学基金	其他基金	合　计
2001	1060	30	293	27	1410
2002	1730	157	282.5	31	2200.5
2003	2260	157.6	327	56	2800.6
2004	3270	116	455	58	3899
2005	3340	163	438	62	4003
总　计	11660	623.6	17955	234	14313.3

2. 应用研究经费

单位：万元

类别 时间	国家攻关	高技术研究（863）	重大基础研究（973）	军工研究	省部级科技攻关	地市级科技攻关	合 计
2001	38.4	474.4	193		1872.4	574.1	3152.3
2002	303.4	528.1	412.1	235	1956.8	608.8	4053.2
2003	639.5	1248.9	358.3	419	1646.1	962.2	5274
2004	251.2	859.2	195.9	180.4	2469.6	1046.2	5002.5
2005	894.8	593.5	884.2	990.8	1426.2	1441.5	6231
总 计	2127.3	3704.1	2043.5	1825.2	9380.1	4632.8	23713

3. 开发研究经费

单位：万元

	合同数	合同额	当年到款
2001	296	5649	2920
2002	355	5456.5	3547.4
2003	274	9110.5	5860.3
2004	399	8271.9	6188
2005	446	32786.2	7770
总 计	1770	61274.1	26286.3

4. 鉴定成果与专利

单位：项

	鉴定成果	国际先进	专利申请	专利授权
2001	117	77	45	14
2002	97	63	70	15
2003	128	73	93	35
2004	133	84	106	62
2005	123	72	196	67
合 计	598	370	510	193

5. 科技奖励

	国家级二等奖	省部级一等奖	省部级二等奖	省部级三等奖	山东省最高级	合 计
2001	2	4	34	30		70
2002	3	13	39	44	1	100
2003	2	10	37	45	1	95
2004	1	4	36	28		69
2005	3	5	29	39		76
总 计	11	36	175	186	2	410

6. 科技论文

单位：篇

类别/时间	SCI收录	全国排名	EI收录	全国排名	ISTP收录	全国排名	SCI引用	全国排名	国内论文	全国排名
2000	445	7	257	11	86	8	270	9	1499	15
2001	519	8	304	11	83	21	261	10	1685	15
2002	742	8	376	9	107	24	522	8	2083	16
2003	760	8	489	12	126	32	652	9	3016	10
2004	783	8	518	11	145	29	723	7	3472	10

附表一

2005年各学院（所）科技指标一览表

序号	类别 单位	科技经费（万元）			科技奖励		国际论文			专利		著作	
		纵向	横向	合计	国家级	省部级	SCI	EI	ISTP	发明	实用	专著	编著
1	数学院	292.3	18	310.3	0	0	43	20	9			6	2
2	物理学院	487.8	8	495.8	1		112	67	0	5			1
3	化学院	1053.3	190.7	1244		2	221	74	4	5			3
4	生命学院	1056.3	94.1	1150.4	1		46	13	1	8		4	0
5	信息学院	222.3	203.4	245.7		2	28	31	40		1		5
6	计算机学院	316.1	1019	1335.1		5	4	13	27				2
7	材料学院	465.2	253.6	718.8		8	95	110	2	5		4	13
8	机械学院	336.9	1011	1347.9		3	23	24	19	1	5	3	14
9	控制学院	252.5	568	820.5		6	4	16	4		1		2
10	能源学院	13.7	308.4	322.1		3							3
11	电气学院	706.7	245.3	951.9		3	6	29	9			1	5
12	土建学院	112.2	180.3	292.5		2	0	2	1				18
13	环境学院	208.4	824.9	1033.3		2	6	3	0	1			6
14	管理学院	32.5	34.2	66.7		1	1	0	2			12	15
15	晶体所	1660.9	0	1660.9		2	128	95	0	8			
16	耳鼻喉实验室	5	0	5		0							
17	公卫学院	112.3	109.8	222.1		2	2	0	0				6
18	医学院	347	140.3	487.2		3	9	0	4		1	0	32
19	口腔学院	56.3	1.7	58		1					1		
20	药学院	198.3	271	469.3		3	10	1	1	3			9
21	护理学院	5	0	5									1
22	岩土中心	84.1	271.3	355.4		1	5	3	3				2
23	生殖医学所	36.8	0	36.8									2
24	循证医学所	0	0	0									
25	卫生政策所	509.3	0	509.3			1						5
26	环研院	130.2	24	154.2									
27	空热中心	658.2	87	745.2									1
28	环境中心	67.6	200	267.6									
29	经济研究中心	5.5	0	5.5									

附表二

2005年国家自然科学基金资助项目表

单位	负责人	项目名称	经费（万元）
化学院	郝京诚	纳米无机分子有序聚集体驱动力的探索研究	30
	李希友	酞菁PDI多聚体的组装及多聚体中光物理性质的研究	35
	李晓燕	高价态过液金属卡拜化合物的合成及反应性能	25
	步宇翔	与生物体中离子跨膜传输相关的钙泵及钙通道机制研究	25
	蔡政亭	化学反应中散射共振态的理论研究	25
	侯万国	荷结构电荷胶体的界面电化学性能研究	26
	陈　晓	离子液体中有序分子聚集体构建及模板作用的研究	26
	徐桂英	多枝状高分子表面活性剂在界面上的自聚集作用	26
	马厚义	形状与尺寸可控金属纳米粒子电化学合成新方法研究	8
	陈慎豪	钢、铁表面组装缓蚀功能多层膜的研究	26
	冯圣玉	官能基硅—硅键聚合的超分子组装及其光电性能研究	26
	杨景和	蛋白质纳米粒子发光性能和分子识别作用的研究	26
	占金华	功能组合无机纳米结构材料的化学液相合成及性能研究	24
	武　剑	大尺寸复杂共轭体系的价键理论研究	26
	黄锡荣	介质调控白腐菌胞外过氧化物酶降解酚型木素研究	35
	韩书华	利用阳离子Gemini型表面活性剂调控二氧化硅介孔材料结构与性质的研究	27
	总　计	16项	416
生命学院	王　鹏	利用化学生物酶法大量合成岩藻糖基化寡糖及其水凝胶聚合物在医学中的应用	26
	许　平	鞘氨醇菌生物降解二芳基醚类物质机理研究	26
	沈　煜	酵母工程菌生物基燃料酒精产生瓶颈问题的新策略研究	23
	申玉龙	超嗜热古菌pyrococcus horikoshii几丁质降解酶研究	30
	陈冠军	聚乳酸降解菌与聚乳酸降解酶的研究	25
	鲍晓明	酿酒酵母含Bromodomain转录因子Bdflp在高盐胁迫反应中调控机制的研究	26
	孔　建	猪圆环病毒活疫苗载体的构建及免疫原性分析	26
	赵　建	生物法抑制高得率浆返黄及机理研究	25
	曲音波	斜卧青霉胞外生物质降解酶的表达调控研究	30
	时永香	激光照射对中华大蟾蜍早期胚胎基因表达状态的影响及其信号转导途径的初步研究	23

（续表）

生命学院	苗俊英	血管内皮细胞对平滑肌异常收缩的调控研究	27
	张红卫	氯化锂对文昌鱼和斑马鱼中枢神经系统和体节发育影响的比较研究	26
	王禄山	纤维素酶解过程中外切纤维酶Ⅰ分子失活原因的分析	28
	夏光敏	小麦体细胞杂交新品种山融3号耐盐的功能基因研究	150
	总　计	14项	491
齐鲁医院	钟　明	糖/TSP-1/TGFβ1/Smads信号传导途径在糖尿病性心肌病发病中的作用	26
	彭　军	慢性特发性血小板减少性紫癜T细胞信号转导的磷蛋白组学研究	24
	李延青	$ANKTM_1$ 和 $TRPM_8$ 在冷刺激诱发IBS症状机制中作用的研究	24
	牛　军	αvβ6-HIFs对长期低氧环境下胃肠恶性肿瘤高侵袭和易耐药性的相互作用研究	25
	田　辉	POL_ι 基因多态性与肺癌易感性关系的实验研究	26
	吴树明	HGF基因转染对高肺血流所致肺动脉高压影响的研究	25
	孔北华	肿瘤相关抗原 GHP_2 对卵巢癌生物学行为的影响及其机制探讨	25
	吴欣怡	真菌角膜感染的信号转导通路及 TLR_2 基因沉寂治疗的研究	26
	张继东	益肾活血胶囊对同型半胱氨酸致兔动脉粥样硬化相关炎症因子基因表达调节的研究	28
	姚桂华	左心室扭转运动的定量分析研究及其软件实现	24
	总　计	10项	253
机械学院	周慎杰	应变梯度理论无网格法及微结构尺寸效应的研究	30
	赵　军	高速切削摩擦学及刀具寿命研究	27
	张建华	智能控制超声振动辅助磨削—脉冲放电复合加工技术研究	29
	张勤河	超声振动辅助气中放电加工技术研究	26
	张承瑞	基于STEP-NP的智能化数控理论和关键技术研究	27
	刘含莲	多元多尺度纳米复合陶瓷刀具及切削性能研究	25
	总　计	6项	164
物理学院	刘德胜	苯基分子导质结构器件中的界面势、能态、载流子及其输运性质研究	27
	王雪林	MeV重离子注入光学晶体光波导的形成面理研究	30
	陈　峰	离子注入平面光波导和波导阵列中的光折变孤子及离散孤子研究	28
	颜世申	非匀质化合物磁性半导体的自旋极化和电子输运	27
	张家良	类钙钛矿氧化物陶瓷的组合、相结构与高介电性研究	9
	王矜奉	具有高温居里点的铌钽酸盐无铅压电陶瓷的研究	26
	梁作堂	量子色动力学、强相互作用和强子物理	100
	总　计	7项	247

（续表）

材料学院	田学雷	液态金属凝固过程的电磁性质变化与其结构演变的相关性研究	27
	秦敬玉	多元 Fe 基合金快凝过程中主导原子团簇演化研究	32
	管延锦	金属体积成形过程的刚（粘）塑性无网格伽辽金方法数值模拟理论及其关键技术研究	25
	王　丽	铝合金熔体的微观不均匀性与非晶力学性能	26
	周传健	功能化碳硅烷树枝状化合物水解制备高有机含量有序中孔有机杂化二氧化硅的研究	25
	孙康宁	CNT/HA 生物材料的吸附强化机制及其吸波后的热效应研究	8
	张玉军	钇铝石榴石—氧化铝纤维增强 ZTA 陶瓷复合材料研究	10
	武传松	受控脉冲穿孔型等离子弧焊接工艺机理与参数优化的研究	40
	总　计	8 项	193
医学院	张　运	稳定和易损 AS 斑块中 Toll 样受体网络调节的分子机制研究	27
	刘传勇	类胰蛋白酶在感染后 IBS 内脏高敏感性发生过程中的作用及其机制研究	25
	张岫美	血管紧张素 II 在脑缺血再灌注损伤中的作用机制与新型 AT_1 受体拮抗剂——化合物 EXP-2528 的保护作用研究	23
	王墨林	神经靶酯酶在神经退行性疾病中的作用及机制研究	24
	石永玉	PIBF 在肿瘤免疫逃逸中作用机制的研究	25
	总　计	5 项	124
数学院	任秀敏	堆垒素数论：从 GL（1）到 GL（n）	18
	羊丹平	多尺度流的数学模型和数值方法	26
	刘蕴贤	半导体问题的数值模拟和分析	15
	刘建亚	自守形式的算术与几何	120
	王小云	计算机保密与编码理论	100
	总　计	5 项	279
药学院	张　建	应用双核转录因子诱骗技术阻断肿瘤对免疫应答的负调控	26
	温学森	根际微生态失衡与地黄连作障碍机理之间的关系研究	26
	张　娜	荷 endostatin 基因的主动肺靶向固体脂质纳米粒的研究	23
	向　兰	马齿苋中新酰胺类生物碱及其抗氧化和神经元保护作用研究	25
	总　计	4 项	100

（续表）

环境科学院	王　睿	NOx在杂多化合物固相上的催化转化特性研究	8
	崔兆杰	土壤环境中类二噁英类多氯联苯（PCBs）和阻转PCBs的来源解析、分布、迁移转化机理及归趋研究	26
	高宝玉	新型聚季铵盐化合物脱色絮凝剂的研究	24
	张　建	人工湿地系统中N20的产生机理及其控制研究	24
	总　计	4项	84
计算机学院	朱大铭	基因组重组比较算法与复杂性研究	25
	曾广周	面向目标的迁移工作流方法研究	22
	杨兴强	三维表示中数据点集的对齐、划分和拟合问题研究	24
	总　计	3项	71
晶体所	刘　宏	化学法制备硫族化合物纳米薄膜和量子阱的研究	27
	张怀金	掺镱钒酸盐晶体和钒酸盐混晶研究	14
	王正平	几种钨酸、钒酸盐晶体的受激拉曼散射	24
	总　计	3项	656
岩土中心	李术才	断续节理岩体三维裂隙扩展和锚杆加固止裂机理深入研究	25
	朱维申	深埋地下工程围岩劈裂破坏的能量耗散和形成机理研究	27
	李术才	高压大流量岩溶裂隙水与不良地质情况超前预报和治理	200
	总　计	3项	252
信息学院	刘　琚	多输入多输出（MIMO）系统物理层可重配置和可演化技术研究	22
	赵圣之	双调Q激光脉冲波形的完全对称性与脉宽调控研究	22
	总　计	2项	44
第二医院	关广聚	TRAIL及其受体在糖尿病大鼠肾脏中的表达及意义	8
	蔡景龙	腺病毒介导的CD-tk双自杀基因系统对瘢痕疙瘩治疗作用的实验研究	27
	方笑雷	人正常和肿瘤细胞中粒酶活性和组蛋白修饰调节机制的研究	10
	总　计	3项	45
环境研究院	闫　兵	应用组合化学和高通量筛选技术开发新型特效饮用水除砷剂	10
	张庆竹	致癌性多环芳烃在大气中化学转化的微观机制	25
	总　计	2项	35
口腔学院	徐　欣	Nmnat1基因修饰Schwann细胞修复面神经损伤的实验研究	8
	孙善珍	乏氧诱导因子-1a基因沉默对舌癌血管形成及放化疗敏感性影响的机制研究	25
	总　计	2项	33

(续表)

电气学院	李庆民	高电压 FACTS 变电站的高频电磁兼容研究	26
历史学院	靳桂云	鲁东南中全新世气候演化及其对龙山文化农业的影响	36
公共卫生学院	王志玉	风疹病毒 JR23 株包膜糖蛋白细胞融合活性位点的精确定位及糖基化对融合的影响	26
控制学院	魏守水	超声行波微流体驱动与控制技术研究	10
威海分校	韩圣浩	自旋极化电极 OLED 器件制备及光电特性研究	7
总　计		102 项	3001

附表三　　2005 年博士点专项科研基金项目表

序号	单　位	姓　名	项目名称	经费（万元）
1	数学学院	羊丹平	不可压缩流的多尺度分析	6
2	物理学院	刘向东	约束于碳纳米管内分子系统的物理特性研究	6
3	化学学院	郝京诚	纳米无机离子溶液有序聚集体及其与两亲分子复合聚集体	6
4	化学学院	李晓燕	高价态钒、铌和钽膦基卡拜化合物的制备及应用	6
5	化学学院	孙宏建	离子型金属配合物的合成及其在离子液体中的催化脱氯研	6
6	生命学院	苗俊英	PC-PLC 介导几种多潜能细胞向神经元分化的分子机制研究	6
7	生命学院	向凤宁	高寒藏药材——麻花艽药效成分相关基因的转移与克隆	6
8	信息学院	刘　琚	基于独立分量分析（ICA）的多媒体信息检索技术研究	6
9	信息学院	张行愚	用随机激光器的输出特性研究光的安德森局域化	6.5
10	计算机学院	孟祥旭	制造网格资源发现与服务组合研究	6.5
11	材料学院	边秀房	金属非晶材料形成过程的能量图谱研究	6
12	材料学院	李胜利	稀土钙钛矿型耐热陶瓷的显微组织与高温性能研究	6
13	材料学院	武传松	高速焊接时的熔池形态及成形缺陷产生机理	6
14	晶体所	方　奇	八极分子的合成与双光子吸收增强效应研究	6
15	机械学院	张勤河	纳米复合热挤压陶瓷模具设计制备及其损坏行为研究	6
16	机械学院	赵　军	基于多尺度关联效应的纳米复合陶瓷刀具切削性能研究	6

（续表）

17	控制学院	李贻斌	移动机器人智能体行为转换方法及动态体系结构研究	6.5
18	控制学院	钟麦英	数据采集系统鲁棒故障诊断问题研究	6.5
19	电气学院	谭震宇	低能电子诱导 DNA 碱基直接损伤的模拟研究	6
20	管理学院	赵炳新	核心竞争力识别的赋权图技术及相关优化问题研究	4.5
21	口腔医学院	杨丕山	牙囊在牙周组织发育和再生中的作用及其机制研究	6
22	医学院	崔　行	慢病毒表达载体介导鼠脑 NEP 表达降解 A-B 的 AD 基因治	6
23	医学院	金　星	干细胞移植治疗静脉血栓的动物实验及临床研究	6
24	医学院	汪　翼	单纯性肥胖儿童 LOX-1 表达与血管内皮功能障碍的关系研究	6
25	公卫学院	赵仲堂	秋冬型恙虫病疫区扩散的生态学机制研究	6.5
26	齐鲁医院	孙若鹏	生酮饮食对 KA 致痫大鼠海马突触重组及受体表	6
27	齐鲁医院	徐克森	肝脏移植抗排斥反应的基因治疗的研究	6

附表四　**2005 年度山东省自然科学基金计划表**

序号	单　位	姓　名	项目名称	经费（万元）
1	物理学院	陈　峰	离子注入钒酸晶体波导激光的研究	5.5
2	化学学院	侯万国	荷结构电荷胶体的界面电化学性能研究	12
3	化学学院	赵宝祥	新型光学活性异色满衍生物的合成及其生物活性研究	5
4	化学学院	陈　晓	新型溶致液晶模板构建及纳米材料组装的研究	5
5	化学学院	王明刚	含侧链环糊精结构聚合物的制备及性质研究	5
6	化学学院	谭震宇	低能电子诱导 DNA 碱基直接损伤的模拟研究	8
7	化学学院	王兴坡	大黄素类 MMP 抑制剂的设计、合成及其构效关系研究	5
8	生命学院	张为灿	胶束体系中大豆过氧化物酶催化合成水溶性导电聚苯胺	4.5
9	生命学院	张玉臻	N，0-二乙酰胞壁质酶耐酸性的分子改造	8
10	环境科学院	高宝玉	铁盐与季铵盐无机有机复合絮凝剂特性及絮凝机理研究	7
11	环境科学院	王曙光	好氧颗粒污泥降解有毒有机物的分子生物学机理研究	3.5
12	环境科学院	李学庆	游戏设计关键技术碰撞检测技术的研究	6
13	环境科学院	王　艳	城市空气质量对人体健康的影响及疾病损失的研究	5
14	信息学院	陈　辉	动态视频图像配准问题	8
15	信息学院	姜　威	自动聚焦算法及其实用优化算法的研究	5

(续表)

16	信息学院	赵圣之	双调 Q 固体激光脉冲波形的完全对称性研究	5
17	信息学院	王卿璞	ZnO 的 P 型掺杂及其机理研究	4.5
18	信息学院	孔凡敏	负折射率材料特性的研究及其在射频/微波器件中的应用	4.5
19	计算机学院	刘　毅	建立肺音数据库的关键技术研究	7
20	计算机学院	万建成	面向信息集成和自然语言查询的汉语句法分析技术	4.5
21	威海分校	赖晓平	约束 IIR 数字滤波器优经设计算法研究	5
22	威海分校	陈冠军	聚乳酸的生物降解及降解酶的研究	10
23	晶体所	郝霄鹏	氮化硼纳米材料的软化学方法制备及相关机理研究	5
24	材料学院	吴佑实	透明导电材料用特殊形态纳米氧化物掺杂体化学机理与物化性能研究	6
25	材料学院	刘秀忠	微电子连接无铅钎料 Zn、Cu 的合金化机理及界面区反应机制的研究	13
26	材料学院	王伟民	铁基非晶的制备、短/中程序结构及磁性	7
27	材料学院	李胜利	掺杂铬酸镧耐热陶瓷的晶界形态及低温致密化机理研究	5
28	机械学院	黄传真	超硬材料的磨料水射流微加工技术研究	10
29	机械学院	于慧君	钛合金表面激光熔覆钴基复合陶瓷涂层的摩擦磨损特性	6
30	机械学院	张建华	智能控制超声振动辅助高效精密磨削—脉冲放电复合加工技术研究	5
31	机械学院	高　琦	支持智能化产品设计的知识管理技术的研究	4
32	控制学院	常发亮	视觉目标识别与跟踪方法及其鲁棒性问题研究	8
33	控制学院	杨立才	城市道路交通系统的粗集建模与优化控制算法研究	5
34	控制学院	张承进	邮政运输系统的分布式混合建模及动态实时调度研究	4.5
35	控制学院	朱文兴	城市交通系统智能优化控制研究	4
36	控制学院	刘伯强	基于脑机接口的残障康复技术的研究	4.5
37	能源与动力学院	潘继红	纵向翅片管自然对流换热特性研究	6
38	药学院	王　磊	量子点示踪实时区分单个活细胞中激动剂和拮抗剂	13
39	药学院	李凌冰	羟基喜树碱环糊精纳米制剂的研制及靶向药物动力学研究	4.5
40	环境研究院	周维芝	聚合铝盐絮凝剂在城市生活污水脱氮除磷中的应用研究	7
41	口腔医学院	王　铎	小鼠切牙颈环上皮干细胞的培养及 TGF-β1 基因对其增殖分化的影响	4.5
42	口腔医学院	王春玲	上颌快速扩弓及前方牵引作用下的骨缝标识性颅面骨三维有限元研究	5.5
43	口腔医学院	郭　泾	摇椅形弓关闭拔牙间隙的三维有限元的研究	5

（续表）

44	医学院	刘　凯	PCP 基因信号通路在 RA 致金黄地鼠神经管畸形的作用	4.5
45	医学院	陈连璧	3′-甲氧基葛根素抗脑缺血再灌损伤作用的实验研究	4.5
46	医学院	田　铧	血管内皮生长因子 C 基因治疗淋巴水肿的安全性研究	6
47	医学院	古钦民	弓形虫 P30 抗原与微粒体蛋白 3 复合基因疫苗的构建及免疫效果研究	6
48	医学院	田克立	姜黄素对大肠癌过氧化物酶体增殖物激活受体 gamma 的调控作用	5
49	第二医院	赵小刚	肺腺癌淋巴管生成及淋巴转移机制的研究	6
50	第二医院	毕建忠	霉酚酸酯治疗多发性硬化的动物实验研究	5
51	第二医院	孙　强	去白细胞氧合血肺动脉灌注对体外循环肺保护作用的实验研究	4.5
52	第二医院	鹿庆华	组织蛋白酶 S 及其抑制物胱蛋白 C 与血管成形术后再狭窄关系的研究	6
53	第二医院	余之刚	化学预防干预对国人乳腺癌癌前病变转归机制的探讨	5
54	研究生院	王晓林	山东省新型农村合作医疗评价研究	5
55	研究生院	信春雨	研究生招生工作网上管理平台的研制与开发	5
56	经济研究中心	陈昆亭	大型宏观经济周期模型与系统政策管理工程	4.5
57	齐鲁医院	姚桂华	左心室扭转力矩的定量分析研究及其软件实现	4
58	齐鲁医院	胡立宽	COX-2 抑制剂肿瘤放射增敏作用及机理的研究	7
59	齐鲁医院	李延青	冷敏感温度受体在 IBS 发病机制中作用的研究	8
60	齐鲁医院	胡三元	腹腔镜虚拟现实训练软件开发及应用	7
61	齐鲁医院	王爱华	细胞凋亡和炎症在肺纤维化发生的作用机制及相关性研究	7
62	齐鲁医院	贺　红	性激素替代疗法（HRT）新治疗方案的实验研究	5
63	齐鲁医院	季晓平	移植细胞与宿主细胞电生理学、力学与分子生物学的对比研究	5
64	齐鲁医院	吕瑞娟	血管内皮生长因子纳米粒子转染体系治疗急性心肌梗死的实验研究	4.5
65	齐鲁医院	李春阳	神经肽对角质形成细胞表达血管内皮生长因子及信号传导途径的影响	4.5
66	齐鲁医院	闫　实	人骨形成蛋白-2 通路及 Smad 家族与消化系统肿瘤关系的研究	4
67	齐鲁医院	王国云	人胎盘多能干细胞的分离、培养及诱导分化	4
68	齐鲁医院	赵　晖	RNA 干扰抑制食管鳞癌细胞 VEGF 异构体表达	3
69	齐鲁医院	史本康	糖尿病神经原性膀胱改变和临床干预治疗	6

（续表）

70	齐鲁医院	张　薇	Tribble 对巨噬细胞凋亡的影响及其在易损斑块形成中的作用	6
71	齐鲁医院	董　亮	FIZZ1 在小鼠Ⅱ型肺泡上皮细胞及哮喘模型早期气道重塑中的作用	6
72	齐鲁医院	邢全台	脐血干细胞治疗肝功能衰竭的体外及动物实验研究	5
73	齐鲁医院	吴树明	一氧化氮合酶（eNOS）基因转染治疗肺动脉高压的实验研究	5
74	齐鲁医院	黎　莉	大电导钙激活钾通道及β1 亚单位在高血压发生机制中的作用	5
75	齐鲁医院	牛　军	αvβ6-HIF 对低氧环境下胃肠癌肿高侵袭和易耐药性的相互作用研究	5
76	齐鲁医院	曹秀玲	医疗质量控制与持续质量改进方法的研究与应用	5

附表五

2005 年我校承担的几类重大项目

项目类别	序号	项目名称	承担单位	负责人	立项经费（万元）
"973"	1	具有重大应用前景的人工晶体的生长和制备研究	晶体所	陶绪堂	583.5
	2	自旋电子注入的材料结构过程和控制	物理学院	颜世申	136.4
	3	优化生态——生产范式	生命学院	郭卫华	2
	4	重要疾病的免疫基因治疗研究	药学院	张　建	27.2
	5	极端嗜热古菌 DNA 修复与重组机理研究	生命学院	申玉龙	95
	6	材料学院 K 芃痰	生命学院	陈冠军	60
	7	秸秆纤维素酶解过程	生命学院	高培基	80
	8	光波段具有负折射特性的特殊周期介质结构的研究	晶体所	黄柏标	80
	9	抗毒性离子侵矿细菌的遗传特性及分子改造	生命学院	林建群	180
	10	人类肝结构蛋白质组和蛋白质组新技术	药学院	张　建	30
	11	典型城区与矿区水—土—气界面污染过程及生态风险	环境研究院	侯万国	37.2
	12	树脂传递模塑过程的数值模拟	材料学院	孙胜	20
	13	组合 QM/MM 计算方法及其在生物酶中的应用	化学学院	刘成卜	50
	14	SiC 单晶加工	晶体所	胡小波	20
	15	基于微结构光纤的光传输色散管理理论及技术创新	信息学院	张　璐	6
	16	复杂流动问题的高性能算法研究	数学学院	羊丹平	30
	17	美国费米实验室 BTeV 实验的合作研究	物理学院	何　瑁	60
	经费合计				1497.3

（续表）

“863”	1	大尺寸半导体 SiC 单晶衬底材料	晶体所	徐现刚	100
	2	化石燃料生物脱有机氮基因工程和技术研究	生命学院	李福利	20
	3	小麦体细胞杂交创建新种质和新品种	生命学院	夏光敏	50
	4	深海适冷蛋白酶的研究	生命学院	陈秀兰	38
	5	大尺寸 KDP/DKDP 晶体生长与粗加工研究	晶体所	王圣来	31.5
	6	立方液晶作为药物载体的研究	化学学院	刘少杰	10
	7	管道内壁等离子原位反应复合处理自动化生产线	控制学院	田新诚	20
	8	抗旱耐盐转基因植物研究与新品种培育	生命学院	夏光敏	25
	9	城市污水再生回用技术研究	环境学院	高宝玉	4.5
	经费合计				299
攻关	1	农村卫生适宜技术评估筛选研究	卫管中心	孟庆跃	200
	2	三次采油废水回用技术开发	化学学院	徐桂英	25
	3	农村卫生适宜技术评估筛选研究	卫管中心	孟庆跃	160
	4	农村居民卫生适宜技术筛选过程与评价研究	卫管中心	成　刚	10
	5	农村居民卫生适宜技术推广应用效果评价研究	卫管中心	王　健	10
	6	农村居民卫生适宜技术推广应用及指导研究	卫管中心	曲江斌	10
	7	低聚半乳糖酶法合成及开发研究	生命学院	肖　敏	40
	8	“十五”攻关	数学学院	王小云	6
	9	农村卫生适宜技术评估筛选研究	卫管中心	孟庆跃	200
	10	三次采油废水回用技术开发	化学学院	徐桂英	25
	11	农村居民卫生服务需求	卫管中心	孙　强	10
	经费合计				696
军工	15 项		山东大学		1395.7
总经费					3888

附表六　　**2005 年在研计划**

单位：万元

项目名称	负责人	院系单位	项目类型	项目来源	执行时间	经费总额	实到经费
柔性注液锚杆	王威强	机械学院	山东省科技厅攻关计划	山东科技大学	2004.12～2006.12	8	4
大尺寸 KDP/DKDP 晶体生长与粗加工研究	王圣来	晶体所	其他“863”计划	中物院聚变中心“863”	2005.10～2006.12	31.5	31.5
婚前健康检查及影响因素研究	刘冬梅	公卫学院	省内其他厅	省计生委	2004.12～2006.9	0.6	0.6
程序冷冻	陈子江	生殖医学中心	省内其他市	省维尔生殖中心	2005.1～2005.12	36.8	36.8
基于语义的应用集成平台研究	李庆忠	计算机学院	山东省科技厅攻关计划	省科技厅	2004.12～2006.12	10	10
税控燃油加油机控制器专用集成电路(ASIC)实现	袁东风	信息学院	山东省科技厅攻关计划	省科技厅	2004.12～2006.12	10	10
靶向乳腺癌耐药细胞的基因转移复合物的建立	高　鹏	医学院	山东省科技厅攻关计划	省科技厅	2004.12～2006.12	10	10
利用 RNAi 技术在 HPA 相关癌细胞和动物中进行药物靶点基因验证	栾　怡	医学院	山东省科技厅攻关计划	省科技厅	2004.12～2006.12	10	10
全固态倍频拉曼激光器	张行愚	信息学院	山东省科技厅攻关计划	省科技厅	2004.12～2006.12	20	20
高效低熔点 Cu-P-Si 中间合金	刘相法	材料学院	山东省科技厅攻关计划	省科技厅	2004.12～2006.12	12	12
压铸镁合金的研究与开发	亓效刚	材料学院	山东省科技厅攻关计划	省科技	2004.12～2006.12	8	8
准晶粒子增强 Mg-Zn-Y 合金的大塑性变形制备技术	闵光辉	材料学院	山东省科技厅攻关计划	省科技厅	2004.12～2006.12	20	20

（续表）

燃烧法制备新型高效纳米氧化钛光催化剂的研究	吕孟凯	晶体所	山东省科技厅攻关计划	省科技厅	2004.12～2006.12	20	20
具有三次采油驱油和稠油降黏双功能处理剂的研究	郑利强	化学学院	山东省科技厅攻关计划	省科技厅	2004.12～2006.12	20	20
海洋环境在线监测及灾害智能预警系统的研制	张承慧	控制学院	山东省科技厅攻关计划	省科技厅	2004.12～2006.12	20	15
高纯氧化镁的清洁生产制备技术	高灿柱	环境学院	山东省科技厅攻关计划	省科技厅	2004.12～2006.12	20	20
阻塞性睡眠呼吸暂停低通气综合征心血管损害的发病机制研究	李延忠	耳鼻喉实验室	山东省科技厅攻关计划	省科技厅	2004.12～2006.12	10	10
新生儿出生质量综合技术研究	郭亦寿	医学院	山东省科技厅攻关计划	省科技厅	2004.12～2006.12	15	15
自体干细胞诱导分化对脊髓损伤修复实验研究	陈允震	齐鲁医院	山东省科技厅攻关计划	省科技厅	2004.12～2006.12	10	10
生长抑素受体靶向治疗非小细胞肺癌的实验研究	王秀问	齐鲁医院	山东省科技厅攻关计划	省科技厅	2004.12～2006.12	15	15
通过SNP搜索COPD吸烟易感和严重性相关基因的研究	于钦凤	齐鲁医院	山东省科技厅攻关计划	省科技厅	2004.12～2006.12	10	10
尿激酶型纤溶酶原激活物系统在慢性阻塞性肺疾病中作用的研究	肖　伟	齐鲁医院	山东省科技厅攻关计划	省科技厅	2004.12～2006.12	7	7
聋童认知模式及语言康复训练研究	盛玉麒	文学院	山东省科技厅攻关计划	省科技厅	2004.12～2006.12	6	6
电弧焊除尘防护装置	邹增大	材料学院	山东省科技厅攻关计划	省科技厅	2004.12～2006.12	20	20
随机非线性系统输出反馈控制设计中几个重要问题的探究	刘允刚	控制学院	山东省科技厅攻关计划	省科技厅	2004.12～2006.12	15	15

（续表）

生物质能在温室大棚的应用技术研究与开发	董玉平	机械学院	山东省科技厅攻关计划	省科技厅	2004.12～2006.12	15	15
磁悬浮轴承电主轴单元关键技术研究	李正军	控制学院	山东省科技厅攻关计划	济磁悬浮中心、省科技厅	2004.8～2006.6	5	5
数字式多功能电力参数监测仪表网络通信系统	李正军	控制学院	济南市项目	济南高新区	2004.9～2006.3	10	5
热电运行效率在线智能监测和管理系统关键技术研发	刘红波	控制学院	济南市项目	济南高新区	2004.12～2006.12	5	5
地纬身份证系统开发	王海洋	计算机学院	省内其他厅	省信息产业厅	2004.12～2006.12	20	20
树脂型紫外线吸收剂	茹淼焱	化学学院	山东省经贸委项目	省经贸委	2004.10～2006.12	20	20
数控 SPWM 高频逆变消防应急电源	杨仲景	山大华天公司	山东省经贸委项目	省经贸委	2004.10～2006.12	10	10
新型高性能涂料	冯圣玉	化学学院	省发改委重点项目	省发改委	2004.12～2005.12	20	20
具有重大应用前景的人工晶体的生长和制备研究	陶绪堂	晶体所	其他“973”计划	南京大学“973”	2004.9～2009.8	583.5	276.8
高温一氧化碳链霉菌山大变种及其抗生素的中式研究	李德舜	生命学院	山东省科技厅攻关计划	省科技厅、济宁农科所	2004.11～2006.12	10	7
	陈代荣	化学学院	国防科工委军品配套（额度）	国防科工委	2004.12～2006.12	150	150
	韩建儒	晶体所	国防科工委军品配套（额度）	国防科工委	2004.12～2006.12	120	100
	王继杨	晶体所	国防科工委军品配套（额度）	国防科工委	2004.12～2006.12	120	90
产权交易电子商务平台的研究	孙宇清	计算机学院	山东省科技厅攻关计划	省科技厅	2004.10～2006.12	10	10

（续表）

远方改定值及其安全措施的研究和应用	万　芳	电气学院	国家其他部委	中国电力厦门电业局	2004.12～2006.12	34	34
继电保护及故障信息综合管理系统	孟昭勇	电气学院	省内其他厅	潍坊供电公司	2004.12～2006.12	47	14.1
有载分接开关机械性能在线监测与故障诊断系统	李庆民	电气学院	省内其他厅	日照供电局	2004.12～2006.12	38	34.2
山东电网电能质量检测与管理系统	孟昭勇	电气学院	省内其他厅	省电力研究院	2004.12～2005.12	69	69
酿造业清洁生产与污染治理技术与工程示范研究	王曙光	环境学院	省内其他厅	省环保局	2005.1～2006.12	10	10
山东省重点城市气溶胶PM2.5污染水平及来源解析研究	王文兴	环境研究院	省内其他厅	省环保局	2005.1～2006.12	20	20
利用反硝化除磷菌处理小城镇污水的现场试验研究	胡文容	环境工程中心	省内其他厅	省环保局	2005.1～2006.12	10	10
山东省外来种编目和数据库建立	郭卫华	生命学院	省内其他厅	省环保局	2005.1～2006.12	5	5
山东省环境保护决策咨询和社会信息反馈体系的建设	江三宝	管理学院	省内其他厅	省环保局	2004.12～2005.12	5	5
环境税制研究	李　文	经济学院	省内其他厅	省环保局	2004.12～2005.12	5	5
换热器热力设计平台研究	程　林	空间热科学中心	科技部其他计划	科技部	2004.12～2007.12	160	160
大气中氮氧化物NO_x控制技术应用与研究	栾　涛	空间热科学中心	科技部其他计划	科技部	2004.12～2007.12	140	140
自旋电子注入的材料结构过程和控制	颜世申	物理学院	其他“973”计划	中科院物理所“973”	2004.12～2007.12	136.4	136.4
视觉与听觉信息处理	刘　琚	信息学院	国家其他部委	北京大学	2005.1～2006.12	1.5	0.9

（续表）

山东大学校园网格平台建设	孟祥旭	计算机学院	教育部其他	华中科技大学	2003.1～2005.12	20	20
模型试验	张强勇	岩土中心	国家其他部委	交通部第二勘测院	2004.6～2007.4	80	36
爆破震动与损伤计算分析	李树忱	土建学院	国家其他部委	交通部第二勘测院	2004.6～2007.12	20	9
美国费米实验室BTeV实验的合作研究	何　瑁	物理学院	科技部“973”计划	科技部国际合作“973”	2004.11～2006.12	60	29
	张玉军	材料学院	国防科工委军品配套计划	国防科工委	2005.1～2006.6	65	0
电网零序谐波电流抑制装置	刘志珍	电气学院	山东省经贸委项目	省经贸委	2004.10～2006.12	10	10
建设济南制造业基地研究	韩云鹏	机械学院	济南市项目	济南市发改委	2004.10～2005.3	4	4
数字天气预报	龚　斌	计算机学院	国际合作	Intel公司国际合作	2005.1～2006.12	20.7	20.7
优化生态—生产范式	郭卫华	生命学院	其他“973”计划	中科院植物所“973”	2005.1～2006.12	2	2
重要疾病的免疫基因治疗研究	张　建	药学院	其他“973”计划	四川大学“973”	2004.12～2006.12	27.2	27.2
极端嗜热古菌DNA修复与重组机理研究	申玉龙	生命学院	其他“973”计划	浙江大学“973”	2004.9～2009.8	95	47.5
省科技最高奖奖金科研经费	彭实戈	数学学院	山东省科技厅其他项目	省政府		40	40
微电子连接材料的研究	刘秀忠	材料学院	省内其他市	鲁龙公司、泰安市科技局	2005.1～2007.12	7	7
昆嵛山自然保护区生态服务价值评估与生态林工程关键技术研究	王仁卿	生命学院	山东省科技厅攻关计划	昆嵛山保护局省计划	2004.12～2006.12	5	5
产学研合作平台专项支持资金	贾　磊	科技处	济南市项目	济南科技局		10	10

（续表）

基于 CSCN 的协同工艺设计与管理系统研发	高　琦	机械学院	济南市项目	济南科技局	2005.1～2007.12	5	5
导航通信技术在城市智能交通诱导中的应用	邢建平	信息学院	济南市项目	济南科技局	2004.6～2006.5	4	4
可调度正弦波 PWM 高效光伏逆变器	张承慧	控制学院	济南市项目	济南科技局	2004.7～2007.7	4	4
强化混凝去除微污染地表水源水中有机污染物的研究	王曙光	环境学院	济南市项目	济南科技局	2004.9～2006.9	4	4
去污用火星聚合物体系的研制	石元昌	材料学院	济南市项目	济南科技局	2004.7～2006.7	4	4
贮库型付方替硝唑控释根管植入剂的开发研制	王　铎	口腔医学院	济南市项目	济南科技局	2004.1～2005.12	4	4
TRALL 与 IKR 联合治疗 HBV 相关性肝癌的研究与应用	韩丽辉	医学院	济南市项目	济南科技局	2004.12～2007.12	4	4
性激素替代疗法（HRT）新治疗方案开发研究	贺　红	齐鲁医院	济南市项目	济南科技局	2005.1～2007.12	5	5
制造业信息化过程中的实时协调控制与重构的方法与应用	刘战强	机械学院	省内其他厅	省科院自动化所	2005.1～2005.10	6	6
秸秆纤维素酶解过程	陈冠军	生命学院	其他“973”计划	中科院过程所“973”	2004.9～2008.9	60	28
秸秆纤维素酶解过程	高培基	生命学院	其他“973”计划	中科院过程所“973”	2004.9～2008.9	80	37
基础设施市场化运作模式及应用研究	李洪凯	管理学院	山东省科技厅其他项目	省科技厅软办	2004.12～2006.12	4	4
光波段具有负折射特性的特殊周期介质结构的研究	黄柏标	晶体所	其他“973”计划	浙江大学“973”	2004.9～2008.9	80	37.84
农村卫生适宜技术评估筛选研究	孟庆跃	卫管中心	科技部攻关计划	科技部“十五”攻关	2004.12～2006.12	360	160

（续表）

农村居民卫生适宜技术筛选过程与评价研究	成　刚	卫管中心	科技部攻关计划	科技部“十五”攻关	2004.12～2006.12	10	10
农村居民卫生适宜技术推广应用效果评价研究	王　健	卫管中心	科技部攻关计划	科技部“十五”攻关	2004.12～2006.12	10	10
农村居民卫生适宜技术推广应用及指导研究	曲江斌	卫管中心	科技部攻关计划	科技部“十五”攻关	2004.12～2006.12	10	10
卫生机构绩效评价	李士雪	卫管中心	国际合作	世界卫生组织	03.12～2005.12	23.1	23.1
抗毒性离子浸矿细菌的遗传特性及分子改造	林建群	生命学院	其他“973”计划	中南大学“973”	2004.9～2009.8	180	90
人类肝结构蛋白质组和蛋白质组新技术	张　建	药学院	其他“973”计划	大连物化所“973”	2004.12～2005.12	30	28.1
山东气象应用网格	栾峻峰	计算机学院	山东省科技厅其他项目	省气象所省重大专项	2005.1～2007.12	30	30
金属腐蚀机理	陈慎豪	化学学院	国家其他部委	中科院金属所	2005.1～2006.12	5	3.5
高速公路利用旧路的关键技术研究	崔新壮	土建学院	省内其他厅	省交通厅	2005.1～2006.6	50.4	30.24
	鲁在君	化学学院	国防科工委军品配套计划	四川大学军工	2005.1～2006.12	35	35
基于开放式结构的系列化教学机器人	马　昕	控制学院	济南市项目	济南市科技局	2005.1～2006.12	7	6
基于下一代互联网的知识管理与知识工程关键技术研究	葛连升	计算机学院	山东省教育厅项目	省教育厅	2005.1～2006.1	50	50
面向CNGI的网络监测与分析系统的研究已开发	肖宗水	计算机学院	山东省教育厅项目	省教育厅	2005.1～2006.1	10	10
基于CNGI的远程医疗关键技术研究	王德伟	网络中心	山东省教育厅项目	省教育厅	2005.1～2006.1	10	10

（续表）

面向CNGI计算机安全应急响应技术体系与管理机制研究	陈　军	网络中心	山东省教育厅项目	省教育厅	2005.1～2006.1	20	20
面向CNGI的网络安全关键技术研究	郭汝廷	网络中心	山东省教育厅项目	省教育厅	2005.1～2006.1	10	10
绳系结构系统动力学与控制	冯维明	土建学院	教育部其他	南京航空航天大学	2005.1～2007.1	2	2
先进的信道编码及高速信息传输新技术研究	袁东风	信息学院	科技部其他计划	西安电子科技大学	2005.1～2007.12	5	3
图形化定向生长ZnO纳米结构及电子场发射研究	郁　可	物理学院	教育部其他	武汉理工大学	2005.1～2006.12	5	3.5
德州市基本医疗保险运行状况评价及对策研究	王兴洲	公卫学院	省内其他市	德州市社保局	2005.4～2006.5	1.9	1.9
典型城区与矿区水—土—气界面污染过程及生态风险	侯万国	环境研究院	其他“973”计划	大连理工大学“973”	2005.1～2010.1	37.15	37.15
低聚半乳糖酶法合成及开发研究	肖　敏	生命学院	科技部攻关计划	科技部“十五”攻关	2004.1～2005.12	40	40
盲分离和盲反卷积方法及其在数字水印中的应用技术研究	刘　琚	信息学院	教育部留学基金	教育部留学基金	2005.2～2007.2	3	3
通过对PHA合成酶的蛋白质改造使之产生短链和中长链脂肪酸	祁庆生	生命学院	教育部留学基金	教育部留学基金	2005.2～2007.2	4	4
喹诺酮类抗生素免疫原的合成与试剂盒的开发	郗阳沫	化学学院	教育部留学基金	教育部留学基金	2005.2～2007.2	3	3
非线性系统自适应观测器和故障诊断与分离	徐爱平	经济学院	教育部留学基金	教育部留学基金	2005.2～2007.2	3	3
文昌鱼肌肉发育相关基因的研究	张燕君	生命学院	教育部留学基金	教育部留学基金	2005.2～2007.2	3	3

（续表）

由 SiO_2 制备碳官能有机硅化合物及聚合物的研究	周传健	材料学院	教育部留学基金	教育部留学基金	2005.2～2007.2	3	3
碳纳米管-纳米粒子/聚合物基多元复合吸波材料	孙康宁	材料学院	济南市项目	济南科技局	2005.4～2007.5	10	7
山东省科技创新如何为经济结构调整服务研究	张玉明	管理学院	山东省科技厅其他项目	省软办	2005.1～2006.12	4	4
促进社会可持续发展的科技先导战略	陶金珏	机械学院	山东省科技厅其他项目	省软办	2005.1～2006.12	3	3
山东半岛群发展战略研究	杨蕙馨	管理学院	山东省科技厅其他项目	省软办	2005.1～2006.12	2	2
山东省纳米技术创新平台运行机制及发展对策研究	张希华	校办党办	山东省科技厅其他项目	省软办	2005.1～2006.12	1	1
高新技术企业价值评估方法的创新研究	潘爱玲	管理学院	山东省科技厅其他项目	省软办	2005.1～2006.12	1	1
国际汽车产业重组与山东汽车制造业基地建设研究	张　宏	经济学院	山东省科技厅其他项目	省软办	2005.1～2006.12	1	1
山东省农业和农村经济结构战略性调整研究	于良春	经济学院	山东省科技厅其他项目	省软办	2005.1～2006.12	1.5	1.5
公务员的权利及其保障体系研究	董　鑫	科技处	山东省科技厅其他项目	省软办	2005.1～2006.12	5	5
面向创新和转化的科技项目绩效管理系统研究	丁荣贵	管理学院	山东省科技厅其他项目	省软办	2005.1～2006.12	1	1
山东省科技中介服务能力培植与组织建设研究	赵树宽	管理学院	山东省科技厅其他项目	省软办	2005.1～2006.12	1	1
企业信息资源整合与管理模式创新研究	戚桂杰	管理学院	山东省科技厅其他项目	省软办	2005.1～2006.12	6.6	6.6
科技进步路径、产业结构升级与就业问题研究	刘国亮	经济学院	山东省科技厅其他项目	省软办	2005.1～2006.12	1	1

（续表）

上市公司董事会治理评价系统研究	谢永珍	管理学院	山东省科技厅其他项目	省软办	2005.1～2006.12	5	5
应用于广域继电保护和安全自动控制系统的通信技术研究	潘贞存	电气学院	大型企业集团项目	中国电力企业联合会	2005.1～2006.12	10	10
山东省网络化制造研究	王　华	计算机学院	山东省科技厅其他项目	省软办	2005.1～2006.12	1	1
	焦秀玲	化学学院	国防科工委军品配套（额度）	国防科工委	2004.12～2006.12	80	80
	袁多荣	晶体所	国防科工委军品配套（额度）	国防科工委	2005.1～2006.12	100	100
	张玉军	材料学院	国防科工委军品配套（额度）	国防科工委	2005.1～2006.12	65	65
120mmX420mmKDP晶体生长、检测	许心光	晶体所	国防科工委军品配套（额度）	国防科工委	2005.1～2007.12	520	460
可重配置MIMO系统中的天线子集选择技术	刘　琚	信息学院	教育部其他	东南大学	2005.7～2006.12	3	1.5
“十五”攻关	王小云	数学学院	科技部攻关计划	国家密码局	2005.4～2006.12	6	6
菏泽市生态市建设规划	张治国	生命学院	省内其他市	菏泽市环保局	2005.4～2006.4	16	16
物理学立体化教材建设	张承琚	物理学院	外省政府部门	高等教育出版社	2005.1～2006.6	2	2
性激素替代疗法(HRT)新治疗方案探索研究	贺　红	齐鲁医院	教育部留学基金	卫生部国际合作司	2005.3～2006.3	0.5	0.5
大尺寸半导体SiC单晶衬底材料	徐现刚	晶体所	科技部“863”计划	科技部“863”	2005.3～2006.4	100	100
常州市北港生态小区可行性研究	刘　文	空间热科学中心	外省政府部门	东南大学	2005.1～2005.12	5.21	5.21
山东省水安全评价体系及对策研究	曹升乐	土建学院	山东省科技厅攻关计划	省科技厅	2005.1～2006.1	6	6

（续表）

脉冲激光沉积生物活性微晶玻璃薄膜种植体材料的研发	陈传忠	材料学院	济南市项目	济南市高新区科技发展局	2004.1～2006.12	4	4
树脂传递模塑过程的数值模拟	孙　胜	材料学院	其他“973”计划	长春应化所“973”	2005.3～08.12	20	11
顶部支架的设计制造	李剑峰	机械学院	国际合作	空间热科学（国际合作）	2005.6～08.12	2	2
生物物质的扫描电化学显微镜成像及定量测定	张晓丽	化学学院	国家其他部委	长春应化所	2005.6～2007.12	2	1
组合QM/MM计算方法及其在生物酶中的应用	刘成卜	化学学院	其他“973”计划	厦门大学“973”	2004.12～09.12	50	20
山东数字环保工程总体规划网络部分	邢建平	环境研究院	省内其他厅	省环保局	2005.6～2006.6	12	8
山东数字环保工程总体规划管理部分	刘春博	环境研究院	省内其他厅	省环保局	2005.6～2006.6	42	26
山东数字环保工程总体规划生态部分	戴九兰	环境研究院	省内其他厅	省环保局	2005.6～2006.6	3.2	3.2
山东数字环保工程总体规划经济分析部分	张　斌	环境研究院	省内其他厅	省环保局	2005.6～2006.6	2.8	2.8
MGB1412×500高精度外圆磨床动态性能分析及结构优化设计	张　松	机械学院	大型企业集团项目	济南四机数控机床	2005.6～2007.6	15.2	5
黄河下游土壤生物多样性及其作用研究	郭卫华	生命学院	国家其他部委	中国地质调查局	2005.7～2006.8	15	15
小清河上游段生态需水量及纳污能力研究	赵然杭	土建学院	省内其他厅	省水利科学研究院	2005.7～2007.10	3	2
化石燃料生物脱有机氮基因工程和技术研究	李福利	生命学院	科技部“863”计划	科技部“863”	2004.7～2006.2	20	20
最优解列与快速恢复辅助决策研究	刘玉田	电气学院	省内其他厅	省电力调度中心	2005.7～2006.3	59.8	59.8
农村卫生适宜技术评估筛选研究	孟庆跃	卫管中心	科技部攻关计划（额度）	科技部	2004.12～2006.12	200	200

（续表）

酵母细胞表面固定法生产环糊精的技术研究	祁庆生	生命学院	教育部重点科技计划	教育部	2005.1～2007.12	10	10
鲁北地区中全新世生态环境变迁与人类文化关系研究	靳桂云	东方考古中心	教育部重点科技计划	教育部	2005.1～2007.12	8	8
以阳离子 Gemini 型表面活性剂为模板制备二氧化硅介孔材料	韩书华	化学学院	教育部重点科技计划	教育部	2005.1～2007.12	8	8
立方液晶作为药物载体的研究	刘少杰	化学学院	其他“863”计划	中科院理化所“863”	2004.12～2007.12	10	10
小麦体细胞杂交创建新种质和新品种	夏光敏	生命学院	科技部“863”计划	科技部“863”	2005.4～2005.10	50	50
	闵光辉	材料学院	总装备部国防预研基金	哈工大军工	2005.4～2007.3	21	3.78
柴油生物脱硫技术研究	许　平	生命学院	国家其他部委	中石化	2005.4～2007.12	20	10
管道内壁等离子原位反应复合处理自动化生产线	田新诚	控制学院	其他“863”计划	山东科大“863”	2004.10～2005.10	20	11.47
中国资源生物技术	曲音波	生命学院	大型企业集团项目	河南天冠集团	2005.9～2006.12	15	15
全网优化分布控制式电压无功综合控制系统	厉吉文	电气学院	山东省科技厅攻关计划	枣庄电力局	2005.1～2005.12	31.5	31.5
护理教育现状分析及发展目标与策略研究	娄凤兰	护理学院	卫生部项目	卫生部	2005.1～2008.12	3	3
新型减阻聚合物合催化剂及催化工艺的研究	魏云鹤	化学学院	国家其他部委	中国石油	2005.1～2008.12	45	30
新型减阻聚合物减阻机理的研究	张冬菊	化学学院	国家其他部委	中国石油	2005.7～2007.7	10	5
烯烃聚合过程动力学研究	张长桥	化学学院	国家其他部委	中国石油	2005.7～08.12	45	15

（续表）

旧路等级改造设计控制指标与路面优化结构研究	姚占勇	土建学院	省内其他厅	济宁公路局	2005.5～2006.12	45	28
ICA在视频数字水印中的应用研究	刘　琚	信息学院	教育部其他	北邮大开放课题	2005.7～2007.7	3.2	1.28
胶济线铁路对电网影响分析及谐波治理研究	王　葵	电气学院	省内其他厅	济南供电公司	2005.6～2006.4	60	34
Fe-Al-Mg系层状混合金属氢氧化物超细粉体材料性能研究	刘少杰	化学学院	济南市项目	济南市科技局	2005.7～2008.7	5	5
三次采油废水回用技术开发	徐桂英	化学学院	科技部攻关计划（额度）	科技部	2004.12～2006.12	25	25
KABO晶体的生长研究	张承乾	晶体所	国家其他部委	中科院理化所	2005.9～2006.12	3	3
深海适冷蛋白酶的研究	陈秀兰	生命学院	科技部“863”计划	科技部“863”	2004.12～2005.12	38	38
经济型故障电流限制器的研究	李庆民	电气学院	省内其他厅	省电力研究院	2005.1～2006.12	185	185
执业药师继续教育大纲	邵瑞琪	药学院	国家其他部委	国家药监局	2005.1～2005.12	4.5	4.5
中国超大城市污染对区域大气环境影响	王文兴	环境研究院	国际合作	香港理工大学	2005.4～2005.12	13.1	13.1
微生物免疫增强剂	孔　健	生命学院	省内其他市	莱阳农学院	2005.1～2006.12	3	3
山东省合成洗涤工业水污染物排放标准	岳钦艳	环境学院	省内其他厅	省环保局	2005.1～2005.12	8	8
基于DSP的有源电力滤波器	李建明	山大华天公司	省内其他厅	省信息产业厅	2005.10～2007.10	20	20
基于ETXexpress标准的嵌入式数控平台研究与开发	张承瑞	机械学院	省内其他厅	省信息产业厅	2005.10～2007.10	20	20
基于中心城市的劳动力市场管理信息系统	孙　明	计算机学院	省内其他厅	省信息产业厅	2005.10～2007.10	35	35

(续表)

基于中间件技术的机器人化生产线管控系统	李贻斌	控制学院	省内其他厅	省信息产业厅	2005.10～2007.10	20	20
数字电视业务管理系统	李学庆	计算机学院	省内其他厅	省信息产业厅	2005.10～2007.10	15	15
铸造企业计算机辅助成本决策支持系统研发	田学雷	材料学院	省内其他厅	省信息产业厅	2005.10～2007.10	20	20
环路热管的性能分析及应用研究	程　林	空间热科学中心	国际合作	科技部	2005.9～2008.9	350	350
镁合金表面处理研究与真空压铸工艺开发	亓效刚	材料学院	济南市项目	济南科技局	2005.10～2007.10	4	4
分组密码算法的代数攻击	王美琴	数学学院	外省政府部门	北京邮电大学	2005.10～2007.10	1.5	0.56
	李　康	信息学院	国防其他计划	省泉清公司（军工）	2005.5～2007.12	50	25
	陈代荣	化学学院	总装备部国防预研基金	总装备部军工	2005.4～2007.3	4	4
吸毒人员结核病服务可及性与就医行为研究	李顺平	卫管中心	国际合作	瑞士	2005.11～2006.12	28.1	28.1
山东省优化发展电子信息产业战略研究	赵炳新	管理学院	省内其他厅	省信息产业厅	2005.9～2005.12	1	1
SiC单晶加工	胡小波	晶体所	其他“973”计划	中电子科技公司军工	2005.10～2007.12	5	5
智能注塑模自动化设计CAD系统	李凯岭	机械学院	济南市项目	济南科技局	2005.10～2007.10	5	5
大学课程在线	杨承磊	计算机学院	教育部其他	北京大学	2005.10～2007.12	10	5
数论与密码	刘建亚	数学学院	教育部重点计划（额度）	教育部	2005.10～2007.12	50	30
硼碳氮系列功能材料的研究	陶绪堂	晶体所	教育部重点计划（额度）	教育部	2005.10～2007.12	50	30

（续表）

平面无源光电器件并行时域 CAD 方法的研究	李　康	信息学院	教育部重点计划（额度）	教育部	2005.10～2007.12	10	10
模型驱动的 Web 应用软件开发平台	万建成	计算机学院	济南市项目	济南科技局	2005.1～07012	5	5
山东科技最高奖奖金	蒋民华	晶体所	山东省科技厅其他项目	省科技厅		50	50
基于中间件技术的机器人智能群控系统	周风余	控制学院	济南市项目	济南科技局	2005.1～2006.12	10	8
电气化铁路对淄博电网的影响及研究对策	王　葵	电气学院	省内其他市	淄博供电公司	2005.10～2006.12	72	21.6
环境生态分析数据测定	胡敬田	资产管理处	国家其他部委	中科院生态所	2005.10～2007.12	1.5	1.5
继电保护培训系统的研究	陈　青	电气学院	外省政府部门	南瑞继保电气公司	2005.7～2006.7	30	25
济南市纳污河道的污染治理与资源化技术应用研究	高宝玉	环境学院	济南市项目	亦南科技局	2005.9～2007.12	20	20
济南市城市饮用水安全保障技术研究	高宝玉	环境学院	济南市项目	济南市科技局	2005.11～2007.12	5	5
多功能电力监测网络仪表	李正军	控制学院	济南市项目	济南莱恩达公司	2005.12～2007.12	10	10
饮用水藻类酶活性定量分析研究	胡文容	环境工程中心	省内其他厅	省环保局	2004.7～2006.12	2	2
基于微结构光纤的光传输色散管理理论及技术创新	张　璐	信息学院	其他“973”计划	武汉光迅公司“973”	2005.7～2007.6	6	3
数据研究与服务中心	马　磊	山大鲁能	省内其他厅	省信息产业厅	2005.10～2007.12	40	40
幼儿营养调查	蔺新英	公卫学院	山东省卫生厅项目	省卫生厅	2005.11～2007.12	1	1
	吴晓娟	信息学院	国防科工委科研生产单位委托	空军航空医学所军工	2005.8～2008.8	8	2

（续表）

车辆线路优化方案研究与应用	吴耀华	控制学院	大型企业集团项目	山大俱进物流公司	2005.3～2006.12	10	10
基于烟草配送中心EIQ分析方法研究与应用	吴耀华	控制学院	大型企业集团项目	济南兰剑公司	2005.1～2006.12	18.6	18.6
电气化铁路对潍坊电网的影响及研究对策	王　葵	电气学院	省内其他市	潍坊供电公司	2005.9～2006.6	72	36
艾滋病神经病变的病理发生机制及其对抗药物的研发	李振中	医学院	济南市项目	济南科技局	2005.7～2006.6	5.25	5.25
抗旱耐盐转基因植物研究与新品种培育	夏光敏	生命学院	其他“863”计划	中国农大“863”	2005.8～2007.12	25	25
车路网一体化网络架构交通实时信息服务平台	邢建平	信息学院	省内其他厅	省信息产业厅	2005.6～2007.12	10	3
稀土合金化铝镁合金	边秀房	材料学院	济南市项目	济南科技局	2005.11～08.12	6.7	6.7
自动化实时信息网络传输的在线动态监测分析系统	万　芳	电气学院	外省政府部门	厦门电业局	2005.11～2006.6	18	18
无机—有机聚合物多孔固相萃取材料研制及其应用	薛庆斌	化学学院	济南市项目	济南科技局	2005.8～2006.12	6	5
复杂流动问题的高性能算法研究	羊丹平	数学学院	其他“973”计划	中科院大气所“973”	2005.12～2006.12	30	6
845厂任务	王青圃	信息学院	总装备部项目	国防科大（军工）	2005.1～2006.2	5	5
城市污水再生回用技术研究	高宝玉	环境学院	其他“863”计划	清华大学“863”	2004.12～2006.12	4.5	4.5
网络化仓储物流管理信息系统	吴耀华	控制学院	国家其他部委	国家外专局	2004.12～2006.12	20	20
天然气减阻剂催化合成工艺的研究	于　萍	化学学院	国家其他部委	中石油	2005.9～2008.12	15	2

（续表）

天然气减阻聚合物分子结构量化计算	吴　剑	化学学院	国家其他部委	中石油	2005.9～2008.12	10	2
天然气减阻剂测试环道设计及计算软件接口	周慎杰	机械学院	国家其他部委	中石油	2005.9～2008.12	20	2
	艾　兴	机械学院	国防科工委国防重点	成都飞机公司军工	2005.7～2007.12	40	30.3
	孙　杰	机械学院	国防科工委国防重点	成都飞机公司军工	2005.7～2007.12	39	25
农村居民卫生服务需求	孙　强	卫管中心	科技部攻关计划	科技部“十五”攻关	2004.12～2006.12	10	10

附表七　**2005年各学院横向科研情况**

院　所	合同数	合同额（万元）	当年到款数（万元）
物理学院	1	4	8
化学学院	28	443.0773	190.7
信息学院	12	152.4	203.4
管理学院	5	86.2	34.2
计算机学院	17	1033.5	1019.1
环境学院	139	989.88	824.9
材料学院	26	293.18	253.6
生命学院	8	139	94.1
数学学院	4	56	18
环研院	3	27.5	24
经济学院	1	0.5	0.5
空间热中心	2	87	87
可持续发展中心	13	24788	1021
科技及其他	16	752.65	685.3
能源学院	17	350	308.4
控制学院	16	700	568
土建学院	16	257	180.3

（续表）

岩土中心	10	219	271.3
环境中心	7	148	200
机械学院	46	1555.6	1010.7
电气学院	18	382.6	245.3
药学院	28	257.45	271
公卫学院	6	42.5	109.8
医学学院	6	19.5	140.3
口腔学院	1	1.7	1.7
合　计	446	32786.2373	7770.6

附表八

2005 年省部级以上获奖表

项目名称	主要完成人	主要完成单位	奖种名称	等级
粒子与光电材料相互作用的应用基础研究	王克明、王忠烈*、时伯荣、卢霏、胡卉	山东大学物理与微电子学院	国家自然科学奖	二
三维超声成像的方法学和临床应用研究	王新房*、张梅、谢明星*、王勇*、李治安*、张薇、吕清*、邢艳秋、陈汉荣*、季晓平	山东大学齐鲁医院、华中科技大学同济医学院附属协和医院	国家科技进步奖	二
草浆的生物预漂白和酶法改性技术	陈嘉川*、曲音波、杨桂花*、李昭成*、高培基、吕庚新*、李建华*、刘玉*、庞志强*	山东轻工业学院、山东大学生命科学学院、山东泰山纸业股份有限公司、华泰集团有限公司	国家科技进步奖	二
基因重组人白细胞介素-11 新工艺的研究与产业化	厉保秋、王革*、孙丽霞*、张苏闽*、李应全、潘怀明*、王克波*、王庆民*、刘克玲*、徐同文*	山东大学公共与卫生学院毒理学研究所、山东元隆生物技术有限公司、齐鲁制药有限公司	教育部提名国家科技进步奖	一
洞室群稳定性分析与支护优化研究及工程应用	朱维申、陈卫忠*、李术才、贾智伟*、高延法*、张强勇、苏枢*、王洪忠*、曹催晨*、柳俊仓*、李树忱、李晓静、谢冰*、杨为民、王汉鹏	山东大学岩土中心、中国科学院武汉岩土力学所、山西省引黄工程总公司、中国矿业大学、山东东山矿业公司古城煤矿	教育部提名国家科技进步奖	一

（续表）

盐酸丁咯地尔的应用推广	徐文方、邓树海、郑家清、李伯涛、张建礼、张明会	山东大学药学院	教育部提名国家科技进步奖	二
2型糖尿病患者脑功能的中西医结合临床研究	刘德山、张继东、陈克忠、高伟、田瑞振、陈秀杉	山东大学齐鲁医院	教育部提名国家科技进步奖	二
大起动转矩高效节能系列永磁同步电动机的研究与开发	王秀和、孙玲玲、刘华涛、杨玉波、姜京阳、李国建、朱常青、吕文杰	山东大学电气工程学院	教育部提名国家科技进步奖	二
树脂旧砂热法再生技术的研究	孙清洲*、孙学忠*、喻士宏、赵中魁*、张普庆*、曹典友*	山东建筑工程学院、青岛天工机械有限公司、山东大学	教育部提名国家科技进步奖	二
广义哈密顿控制系统理论及其应用	王玉振、张承慧、席在荣*、程代展*	山东大学控制科学与工程学院、中国科学院数学与系统科学研究院	教育部提名国家自然科学奖	二
I/CMC复合材料的设计理论、应用基础与承载条件下的声像特征	孙康宁、尹衍升*、范润华、张景德、李爱民、庞来学、王昕*、龚红宇、李嘉、毕见强	山东大学材料科学与工程学院、中国海洋大学	教育部提名国家自然科学奖	二
新型陶瓷刀具和陶瓷结构件设计方法与制造关键技术基础研究	黄传真、刘战强、许崇海、何林、刘含莲、王随莲、艾兴、孙静、张蕾、陈元春、王宝友、方斌、钮平章、王景海	山东大学机械工程学院	教育部提名国家自然科学奖	二
微机电力故障录波监测装置	梁军、张波、孟昭勇、李欣唐、车仁飞、范作程、贠志皓、孙怡	山东大学电气工程学院、山东山大电力技术有限公司	山东省科技奖科技进步奖	一
国道205线滨州黄河公路大桥工程综合技术研究	杨永顺*、张西斌*、高雪池*、孙献国*、黄晓明*、李惠*、叶见曙*、安长军*、石名磊*、石化冰*、宋修广、钟原*	山东省交通厅公路局、滨州市公路管理局、东南大学、哈尔滨工业大学、山东大学土建与水利学院、交通部公路科学研究所、山东省路桥集团有限公司、中交公路规划设计院、山东省公路工程总公司	山东省科技奖科技进步奖	一

（续表）

油田化学品产业化开发及应用示范（子课题"低温、快速原油破乳剂"）	徐桂英、张志庆、呼士峰*、邓洪銮*、陈贻建、王芳、关贤军*、贾天祥*、苑世领、谭业邦、李海丽*、郑立强	山东大学化学与化工学院、东营市华龙化工厂	山东省科技奖科技进步奖	一
门楼水库汛限水位研究	曹升乐、王艳玲、贠如安、郭广军*、胡岩、王志涛*、王淑艳*、杨青*、刘薇、王旭峰	山东大学土建与水利学院、山东省防汛抗旱指挥部办公室、门楼水库管理局	山东省科技奖科技进步奖	二
左心房结构、功能和血流动力学的基础与临床研究	张薇、张运、钟明、葛志明、崔琪琼、张供、郝恩魁、郑兆通、刘丹	山东大学齐鲁医院	山东省科技奖科技进步奖	二
脂膜微囊对鼠脑损伤区趋向性的实验研究	李新钢、李刚、郭媛、宫崧峰、王东海、张元鹏、何士钥、徐淑军	山东大学齐鲁医院	山东省科技奖科技进步奖	二
人类卵母细胞体外成熟与多囊卵巢综合征临床与基础系列研究	陈子江、李媛、赵力新、唐蓉*、盛燕*、高芹*、孙梅*、许成岩*、范秀玲*、马增香*、李梅、马水英、石玉华、颜军昊、耿玲*	山东省立医院、山东大学医学院	山东省科技奖科技进步奖	二
恶性肿瘤基因治疗系列探讨	孙学英、刘凤军、智绪亭、刘猛、王建立	山东大学齐鲁医院	山东省科技奖科技进步奖	二
流式细胞术对血细胞细胞生物学行为的研究	徐从高、张锑、张春青、纪春岩、秦雪梅、申容、董孝媛、张茂宏、任翠爱、刘晓丽	山东大学齐鲁医院	山东省科技奖科技进步奖	二
注射用葛根素	赵玉山*、娄红祥、王烙玉、马斌、李广、吴乃森、王子伟	山东瑞阳制药有限公司、山东大学药学院	山东省科技奖科技进步奖	二

（续表）

新型工业现场网络分布式测控系统	李正军、张希华、丁涛*、王松磊、张巍、宋晓庆、张强、刘剑峰*、阎新刚*、杨修文、李秋香*、董复昶*	山东大学控制科学与工程学院、济南莱恩达网络仪表科技有限公司、德州三和电器有限公司	山东省科技奖科技进步奖	二
企业控制网络与数据网络一体化应用研究	贾智平、韩芳溪、沈磊、王衍章、陈志勇	山东大学计算机科学与技术学院	山东省科技奖科技进步奖	二
基于完全文档驱动模型的分布式工作流平台	邢建平、孟令国、邱雪梅、蔡成森、邢梅萍*、程合彬、柏宝华、李娟*、赵林*、石晓晖*	济南卓信智能科技有限公司、山东大学信息科学与工程学院	山东省科技奖科技进步奖	二
物料配送监控及其管理调度系统	黄香亭*、李歧强、梁浩、丁然、孙瑞*、王圣亮、姜霞*、刘久君*、杨加敏、郭庆强	山东博硕电子有限公司、山东大学控制科学与工程学院	山东省科技奖科技进步奖	二
远程信息直报系统	王海洋、李晖、任国珍、何伟、孙明、董国庆、李保栋、张世栋	山东地纬计算机软件有限公司、山东大学计算机科学与技术学院	山东省科技奖科技进步奖	二
发电设备优化检修信息管理系统	田立军、蒋涛*、郭举修、徐继清*、王栎涛、颜声远*、秦英林	山东大学电气工程学院、山东山大智苑科技发展中心、济南聚友科技发展有限公司	山东省科技奖科技进步奖	二
城市供水变频驱动系统优化控制和调度关键技术研究	张承慧、杜春水、钟麦英、曹瑞基*、汪明*、李珂、马永庆*、刘兆伟、王鹏飞、李洪斌*	山东大学控制科学与工程学院	山东省科技奖科技进步奖	二
碳纤维增强橡胶复合材料及其应用研究	王成国、朱波、刘建军、王延相、王瑞华	山东大学材料科学与工程学院	山东省科技奖科技进步奖	二
供热系统动力学研究及远程网络监控系统研制	田茂诚、潘继红、罗永焕*、张冠敏、冷学礼、邱燕、林颐清、董建军*	山东大学能源与动力工程学院、济南开发区热力公司、山东龙口华龙热力工程有限公司	山东省科技奖科技进步奖	二

(续表)

高强度热镀铝锌合金镀层钢丝及耐蚀钢芯铝基合金绞线的研制与开发	于萍、王静、林秀丽、魏云鹤、主沉浮、任宏波、孙瑛、张长桥	山东大学化学与化工学院	山东省科技奖科技进步奖	二
富磷富碳中间合金的研究及其应用	刘相法、王振卿、刘相俊*、边秀房、柳延辉*、于丽娜、张作贵、杨华、乔进国、武玉英	山东大学材料科学与工程学院	山东省科技奖科技进步奖	二
铝合金熔体净化处理喷吹设备及熔剂研究	边秀房、孙益民、韩建德、白清华、胡丽娜、张均艳	山东大学材料科学与工程学院	山东省科技奖科技进步奖	二
绿色环保阻燃铸造镁铝合金的研究与开发	亓效刚、陈茂爱、耿浩然*、孙高祚*、张庆成*、陈俊华*、勾建勇*、刘峰*、郭启明*	山东大学材料科学与工程学院	山东省科技奖科技进步奖	二
产品模具分布式协同设计及快速开发系统	李兆前、赵国群、高琦、杨超英、张瑞先*、武军*、辛卫华*、崔焕勇、曹树坤、王广春、管延锦、姜兆亮	山东大学机械工程学院、山东山大华天软件有限公司、北汽福田汽车股份有限公司潍坊模具厂、日照市科学技术开发中心	山东省科技奖科技进步奖	二
生态工业园与区域循环经济模式及指标体系研究	张凯、崔兆杰、殷永泉、苏继新、谢锋、陈文晔、叶正、刘玉海、范昌伟、李小明、王艳、徐青艳	山东大学环境科学与工程学院	山东省科技奖科技进步奖	二
Video-EEG 在小儿发作性疾病中的临床应用研究	王纪文、李兴霞、郭庆辉、郭淑华、于振华、石秀玉、李保敏、雷格非、胡瑞梅、刘继玲	山东大学齐鲁医院	山东省科技奖科技进步奖	三
肿瘤相关抗原新编码基因 HCA520 相关功能研究	曲迅、曹秀玲、杨美香、闫实、李鹏、梁璐、邵倩倩、王景芝	山东大学齐鲁医院	山东省科技奖科技进步奖	三

（续表）

血小板微颗粒检测方法的建立及其在不同出凝血疾病中的应用研究	王传新、牛爱军、卢振铎、杨晓静、邹雄、王谦、闫先侠	山东大学齐鲁医院	山东省科技奖科技进步奖	三
血清大分子碱性磷酸酶同工酶测定对新生儿阻塞性黄疸早期诊断价值的研究	卢宪梅、尚晓红、冯丽、胡晓燕、李文、邓景惕、韩茹、任青、李晓莺	山东大学齐鲁医院	山东省科技奖科技进步奖	三
癫痫的基础与临床研究	迟兆富、刘学伍、赵秀鹤、刘素琴、尚伟、谢安木、曹丽丽、唐吉友、吴伟	山东大学齐鲁医院	山东省科技奖科技进步奖	三
卵巢恶性肿瘤的早期诊断及其相关分子生物学研究	张友忠、孔北华、李晓梅、姜洁、王肖力	山东大学齐鲁医院	山东省科技奖科技进步奖	三
氯丙烯中毒性周围神经病轴浆内神经丝变性机制的研究	谢克勤、赵丽、赵秀兰、厉保秋、于丽华、朱振平、张翠丽、段化伟、李岩、肖志峰	山东大学公共卫生学院	山东省科技奖科技进步奖	三
肿瘤坏死因子相关细胞凋亡诱导配体增强人卵巢癌治疗作用的实验研究	刘培淑、侯萍、董瑞英、王熙清、张培海、白琴、辛刚	山东大学齐鲁医院	山东省科技奖科技进步奖	三
白血病比较蛋白质组学和 CpG 基序生物学效应的研究	陈春燕、贾继辉、潘祥林、张琦、王涓冬、张荣梅	第二医院	山东省科技奖科技进步奖	三
二氧化碳气腹对老年胆石症病人心血管系统影响的临床研究	张建良、徐克森、傅勤烨、胡三元、王建新、李波、冯颢	第二医院	山东省科技奖科技进步奖	三
特殊类型颅内血肿的系列研究	刘玉光、江玉泉、刘猛、朱树干、李新钢、吴承远、刘福生	山东大学齐鲁医院	山东省科技奖科技进步奖	三

（续表）

山东省医疗费用过快增长的成因分析及控制对策研究	曹秀玲、耿磊、田庆印、刘向红、胡瑞梅、朱爱菊、邵保琴、高莉、郭刚、王守勇、梁爱菊、李吉华	山东大学齐鲁医院	山东省科技奖科技进步奖	三
复合 rhBMP-2 牙髓根尖周病治疗剂的研究	王铎、汪竹平、彭华光、石俊、丁伟山、王芹	山东大学口腔医学院	山东省科技奖科技进步奖	三
不同诱因脂肪肝发病机制及调脂药物干预的实验性研究	闫明、孟繁立、吕瑞娟、朱孔锡、王红娟、贾晓青	山东大学齐鲁医院	山东省科技奖科技进步奖	三
彩色室壁动态技术定量分析软件系统在冠心病诊治中的应用	邢艳秋、张运、季晓平、张梅、张文华、张薇、卜培莉、张园园、王勇、刘向群	山东大学齐鲁医院	山东省科技奖科技进步奖	三
更小剂量尿激酶合用阿司匹林、肝素治疗不稳定型心绞痛的临床研究	鹿庆华、蒋卫东、杜贻萌、隋树建、董兆强、王欣、姚桂华、徐冬玲、郝林、王树春	山东大学第二医院	山东省科技奖科技进步奖	三
细胞因子与老年心血管疾病的相关性研究	刘向群、陈焕芹、谭洪勇、刘传亮、肖云玲	山东大学齐鲁医院	山东省科技奖科技进步奖	三
祛瘀消斑胶囊消退动脉粥样硬化斑块的基础和临床研究	赵玉霞、刘运芳、张运、张梅、李鲁杨、张园园	山东大学齐鲁医院	山东省科技奖科技进步奖	三
糖肾宁对早期糖尿病肾病患者肾功能保护作用的研究	李红专*、钱秋海*、蒋玲、霍青*、隋在云*、冯乐燕*、庄慧魁*、潘晓霞*	济南市第四人民医院、山东中医药大学附属医院、山东大学齐鲁医院、山东省中医药研究院	山东省科技奖科技进步奖	三
盐酸丁咯地尔缓释片	邓树海、徐文方、朱连献*、常建辉*、赵雪坤*、李洁*	山东大学药学院、山东齐都药业有限公司	山东省科技奖科技进步奖	三

(续表)

制造业信息化设计管理软件的开发及应用集成	杨超英、高琦、房东、孙家坤、张博友*、田裕惠、屈亚宁、张峰、刘军、魏威、朱胜林、孙恒建	山东山大华天软件有限公司	山东省科技奖科技进步奖	三
电力营销与客户服务应用集成系统	洪晓光、任国珍、李晖、何伟、孙明、孔兰菊、李保栋、信丰波*、王海洋、李庆忠、闫中敏	山东大学计算机科学与工程学院、山东地纬计算机软件有限公司	山东省科技奖科技进步奖	三
高性能周边磨削加工计算机数控系统	田新诚、彭勃、张承慧、徐青、崔政敏、张东亮、常宏敏、左文泉、金作成	山东大学控制科学与工程学院	山东省科技奖科技进步奖	三
税控燃油加油机智能控制系统	袁东风、张瑞华、江铭炎、刁建春*、尹华、王凯*、张烁、梁泉泉、侯萌、崔文韬、徐加利、许玲玲	山东大学信息科学与工程学院、山东方大工业科技有限公司	山东省科技奖科技进步奖	三
基于J2EE规范的多层电力营销及供电规范化管理系统	李作峰*、马德俭*、贺业崇*、李常波*、盖晓光*、乔学明*、李保栋、邹庆丽、安锦风、李彤、林艳	威海供电公司、威海海源网络公司、山东大学计算机科学与工程学院	山东省科技奖科技进步奖	三
自动化物品及文档存取系统	季忠、刘韧、王红新*、王忠雷、田新诚、刘文亮	山东大学材料科学与工程学院、淄博博创仓储物流系统开发有限公司	山东省科技奖科技进步奖	三
液体型汽车加热器的研制	李国祥、毛华永、靳忠伟*、胡玉平、杨滨、马国强*	山东大学能源与动力工程学院、河北宏业机械股份有限公司	山东省科技奖科技进步奖	三
模具CAD系统知识库、推理机的研究开发	李凯岭、张锡霞、孙乃坤、李剑峰、袁涛、张月蓉、朱连富、沈楠、沈嘉琪、赵吉斌、郭建芬、黄雪梅	山东大学机械工程学院	山东省科技奖科技进步奖	三

（续表）

HDJ-01A型汽车发动机机油泵	毛华永、陈乐栋*、李国祥、陈峰*、肖立军*	山东大学能源与动力工程学院、山东弘德机械工业有限公司	山东省科技奖科技进步奖	三
山东省民营企业现状诊断与对策咨询——民营企业规模扩张与生命周期研究	杨蕙馨、徐凤增、王军、张鹏、王涛、王同庆、石建中、高培涛、张治军	山东大学管理学院	山东省科技奖科技进步奖	三
广义Hamilton实现理论及其在电力系统控制中的应用	王玉振、张承慧、席在荣*、程代展*	山东大学控制科学与工程学院、中国科学院数学与系统科学研究院	山东省科技奖自然科学奖	三
自由曲线曲面设计问题	张彩明、汪嘉业*、杨兴强、韩慧健*、纪秀花*	山东大学计算机科学与工程学院、山东经济学院	山东省科技奖自然科学奖	三
神经及体液因素对胆道运动调节	刘传勇、刘京璋、周建华、王瀚如、李自英	山东大学医学院	山东省科技奖自然科学奖	三
神经节与心肌联合培养中神经元的神经生物学行为研究	李振中、刘花香、黄飞、邢毅、张玉宝	山东大学医学院	山东省科技奖自然科学奖	三
钛酸盐类铁电薄膜的研究	王卓、杨长红、王民、秦连杰*	山东大学晶体材料国家重点实验室、烟台大学	山东省科技奖自然科学奖	三
三硼酸铋晶体的生长和非线性光学性能研究	滕冰*、王继扬、董胜明、王正平	青岛大学、山东大学材料科学与工程学院	山东省科技奖自然科学奖	三
新型纳米发光材料的制备、表征及发光机理的研究	吕孟凯、杨萍*、顾锋、王淑芬、宋春风*	山东大学晶体材料研究所、济南大学、北京化工大学	山东省科技奖自然科学奖	三
生态工业园与区域循环经济模式及指标体系研究	张凯、崔兆杰、殷永泉、苏继新、谢锋	山东大学环境科学与工程学院	国家环境保护科学技术奖	三
脑积水外科治疗方法的改进与临床应用	张庆林、江玉泉、孟庆海、孙金龙、贺红卫、刘玉光、刘延鹏、刘广存、窦以河	山东大学第二医院、山东大学齐鲁医院、青岛大学医学院附属医院	中华医学会科技奖	三

注：加星号者为校外参与人。

附表九

2005 年山东大学鉴定成果一览表

序号	成果名称	完成单位	任务来源	组织单位	成果水平	完成时间	主要研究人员
01	ATLAS 端盖 μ 触发 TGC（窄隙室）的研制	高能物理实验室	国家自然科学基金重大国际合作项目	省科技厅	国际先进	2005.1	祝成光、冯存峰、孙延生、何瑁、张乃健、李金玉、李婕、闫真
02	肿瘤抗原活化 DC 联合自杀基因增强 allo-BMT 疗效的研究	齐鲁医院	省卫生厅	省卫生厅	国际先进	2005.1 函审	刘新春、马道新、陈学良、孔北华、姜义荣、李湘新、倪淑琴、张茂宏、秦雪梅、孙婉玲
03	人类未成熟卵母细胞体外成熟培养及其生物学机制的初步研究	生殖医学研究中心 山东省立医院	省科技厅	省科技厅	国际先进	2005.1.29 函审	李媛、陈子江、赵力新、赵跃然、盛燕、马增香、姜晶晶、李梅、马水英、胡京美、高选、李春艳、耿玲
04	病毒感染对慢性阻塞性肺疾病急性加重期患者气道炎症的影响	第二医院	自选	省科技厅	国际先进	2005.2	徐少华、王伟、张霞、王道清、王辉、张颖、毕少杰、黄河
05	干扰素-α 诱导肝星状细胞凋亡的体内外研究	第二医院	自选	省科技厅	国际先进	2005.2	许伟华、车晓文、吕晓霞、郭建强、林森、刘斌、朱菊人
06	围手术期乳腺癌患者心理问题与心理干预的实验研究	医学院	省科技厅	省卫生厅	国内领先	2005.3 函审	潘芳、孙靖中、张红静、马榕、毛雪琴、于红鸾、汪虹
07	颞颌关节病的病因与心理社会因素相关性研究	医学院	省卫生厅	省卫生厅	国内领先	2005.3 函审	潘芳、汲平、张红静、江虹、刘德祥
08	经济全球化风险与山东省出口创汇持续增长研究	经济学院	软科学	省科技厅	国内领先	2005.3 函审	范爱军、王美玲、刘青、齐军领、于萍、于峰、李婷、王建、肖丹丹
09	经支气管动脉灌注丹参联合动脉化学栓塞术治疗中晚期肺癌的应用研究	山东大学第二医院 山东省医学科学院附属医院 山东省医学影像研究所	自选	省教育厅	国际先进	2005.3.10 函审	李玉亮、王永正、王玉梅、王媛、荆雪虹、张所林、邵广瑞

（续表）

10	面向对象的快速可重构生产线虚拟设计技术的研究与开发	机械工程学院	省科技厅	省科技厅	国内领先	2005.3.16	刘战强、周军、邓建新、艾兴、贾秀杰、张庆远、王洪祥、尚自河、崔刚、徐钦友
11	基于虚拟样机技术的机械产品结构设计系统的理论及其应用研究	机械工程学院	省科技厅	省科技厅	国内领先	2005.3.16	艾兴、王经坤、张进生、邓建新、刘战强、周军、王志、王兆辉、张松
12	山东省战略环境评价方法及实施对策研究	环境科学与工程学院	省环保局	省科技厅	国内领先	2005.3.19函审	张凯、任丽军、崔兆杰、苏继新、高灿柱、岳钦艳、袁学良、安强
13	经皮动脉导管蘑菇伞堵闭术的研究	第二医院	省卫生厅	省卫生厅	国内先进	2005.4函审	郝芳之、王一彪、王振先、隋树建、张兆华
14	大鼠移植肾组织CD40/CD40L表达与移植排斥的关系	第二医院	省卫生厅	省卫生厅	国内领先	2005.4函审	许纯孝、孟彦、张怀强、葛南、宋鸿彬、周广臣、关广聚、蒋晓刚
15	农产品深加工工业化设备研制	机械工程学院 青岛磐石容器制造有限公司 山东鲁南制药股份有限公司	省科技厅	省科技厅	国内先进	2005.4.12	王威强、刘燕、李爱菊、胡德栋、曲延鹏、陈中合、管从胜、杜爱玲、李夕军、杨德寿、李冠忠、苏瑞强、崔玉良、王杰、陈同蕾、肖克峰、赵永辉、王京军、魏绪芬、姜志新
16	中间件关键技术的研究及应用	山东大学	山东省科技发展计划项目	省科技厅	国际先进	2004.4.13	孟祥旭、刘士军、龚斌、徐延宁、李学庆、杨承磊、高大伟、佟业新、张宗霞、阮小宁、吕琳、孙义雯、张琴
17	特殊形貌氢氧化镁阻燃应用研究	化学与化工学院	省科技厅	省科技厅	国际先进	2005.4.17	孙思修、樊唯镏、刘少杰、俞海云、印志磊、宋新宇、杨延钊、刘华飞

（续表）

18	Semantic Web 环境下产品的虚拟制造技术	计算机科学与技术学院	省科技厅	省科技厅	国际先进	2005.4.21	龚斌、徐延宁、刘士军、杨承磊、李学庆、吕琳、任伟、王海军、刘伟伟、王剑波
19	zhe 虫制剂对实验性动脉粥样硬化的影响和作用机制研究	医学院	山东省中医药管理局	省卫生厅	国内外领先	2005.4.21	刘玉娥、王菊英、于燕、王立祥、娄海燕、刘继兰、徐红岩
20	Semantic Web 环境下产品的虚拟制造技术	山东大学	山东省科技发展计划项目	省科技厅	国际先进	2005.4.21	龚斌、徐延宁、刘示军、杨承磊、李学庆、吕琳、任伟、王海军、刘伟伟、王剑波
21	重组内皮抑素联合重组 IFN-α 抑制角膜新生血管生成的实验研究	医学院 济南市中心医院	省卫生厅	省卫生厅	国际先进	2005.4.22 函审	王晓燕、袁中芳、魏增涛、孙汶生、牟国营、赵东、张艳
22	联合培养与助孕技术的相关研究	医学院 山东省立医院	省卫生厅	省卫生厅	国内领先	2005.4.28 函审	李继俊、王伟、陈子江、李明江、孙梅、李媛
23	双流束无磁式户用热能表	临沂沂光热计量技术有限公司 能源与动力工程学院	临沂市科技局	省科技厅	国际先进	2005.4.30	杜广生、陈其越、李月国、刘正刚、林勤春、张明进、张传敬、李荣平
24	南水北调山东境内输水沿线底泥沉积物中重金属污染物存在形态及对水质的影响	山东大学 济宁市环境监测中心站	省科技厅	省环保局	国内先进	2005.5	冯素萍、冯正志、朱英、邹晓东、赵祥峰、梁亮、王燕华
25	酒精和肝炎病毒相互影响的实验与临床流行病学研究	齐鲁医院	省卫生厅	省卫生厅	国内领先	2005.5 函审	陈建、王敏、赵卫东、刘福国、孙建、李君曼、李延青
26	细胞因子在人脑胶质瘤发生与发展中的作用	齐鲁医院	自选	省教育厅	国际领先	2005.5 函审	李刚、胡永生、李新钢、孟庆海、陶荣杰、江玉泉、张建华、田志刚
27	支持知识共享和过程协同的产品全生命周期管理系统（PLM）的研发与产业化	山东山大华天软件有限公司	省科技厅	省科技厅	国内领先	2005.5.11	高琦、杨超英、李兆前、房东、王非、王保国、刘云录、魏松、岳亮、张峰、屈亚宁、张善辉、赵学军、赵新梅

（续表）

28	小麦体细胞杂交技术及其在育种中的应用	生命科学学院	省科技厅	省科技厅	国际领先	2005.5.15	夏光敏、陈惠民、向风宁、周爱芬、支大英、张其鲁、张坤普、陈穗云、赵双宜、陈凡国、权太勇
29	25吨双熔敷极焊条涂压机研制	材料科学与工程学院	省科技厅	省科技厅	国际领先	2005.5.21	邹增大、曲仕尧、王新洪、王育福、李德刚、刘伟强、张敏、张国玲
30	固定化细胞载体材料的研究开发	山东省环境科学工程技术研究中心	省科技厅	省科技厅	国内领先	2005.5.26	胡文容、裴海燕、何芳、杨波、王冠、母锐敏、祁峰、刘娟
31	肝细胞癌PCNA基因表达与亚段肝动脉栓塞疗效的相关关系研究	第二医院	省教育厅	省教育厅	国际先进	2005.5.30	李玉亮、张万明、杨玉海、赵素红、赵斌
32	加入WTO与山东省农业公共政策的调整研究	经济学院	省软办	省科技厅	国内领先	2005.6 函审	赵梦涵、范爱军、陈东、李晓嘉、贾海燕、余东华、李维林、綦建红、郁德伟
33	降纤酶对高脂高糖家兔脑梗死模型BDNF和Bax表达的影响	第二医院	自选	省教育厅	国际先进	2005.6 函审	许继平、齐宏顺、刘清、王敏忠、杨彩云、范金萍
34	等离子体喷涂法制备碳/碳复合材料表面羟基磷灰石涂层技术	材料科学与工程学院	省科技发展计划重点项目	省科技厅	国际领先	2005.6.6	李木森、马泉生、曹占东、吕宇鹏、隋金玲、宋云京、王峰、宿庆财、白允强、曹宁、姜庆辉、韩艳君
35	功能新型可降解聚酸酐、孔穴型聚酸酐及聚酸酐纳米微粒	化学与化工学院	省科技厅	省科技厅	国内领先	2005.6.25	郝爱友、申健、魏秀华、王树雷、张纪贵
36	水溶性强力控释、稳定新材料d-HPBCD的研制与开发	化学与化工学院	省科技厅	省科技厅	国内领先	2005.6.25	郝爱友、魏秀华、赵明刚、王树雷、张纪贵
37	腺病毒介导的鸟氨酸羧酶反义RNA防治前列腺癌的研究	医学院	省卫生厅	省卫生厅	国际先进	2005.7 函审	刘贤锡、张岩、张冰、胡海燕、刘传华、刘师莲、耿昭

(续表)

38	电力系统广域智能紧急控制方法研究	电气工程学院	国家电力公司科技项目	省科技厅	国际先进	2005.7.10	刘玉田、褚晓东、梁军、张大海、负志皓、肖驰、孙媛媛、李莉、王春义
39	大电网弱互联后的安全稳定运行	电气工程学院	国家电力公司科技项目	省科技厅	国内领先	2005.7.10	赵建国、王洪涛、张恒旭、刘炳旭、叶华、王亮、孔涛、安鹏
40	圆柱分度凸轮铣削加工数控系统关键技术研究与开发	控制科学与工程学院	省教育厅科技攻关计划	省科技厅	国内领先	2005.7.12	徐青、田新诚、彭勃、金作成、许传俊、刘夕兵、常宏敏
41	电子束光刻技术 MEMS 的研究	控制科学与工程学院	省教育厅科技计划项目	省科技厅	国内领先	2005.7.12	尹明、张玉林、孔祥东、孙晓军、魏守水、杨立才、胡咏梅
42	产权交易电子商务平台研究与典型示范	山东省产权交易中心有限公司 计算机科学与技术学院	山东省科技发展计划项目	省科技厅	国际先进	2005.8.7	孙宇清、祝伟东、潘鹏、刘辉、赵骞、徐秋亮、刘士军、尹芳、冯亮、苏永华、唐加农、王积富
43	减阻聚合物悬浮分散系统的研究与开发	化学与化工学院	中国石油	省科技厅	国际先进	2005.8.7	张长桥、魏云鹤、于萍、主沉浮
44	洞室群稳定性分析与支护优化研究及工程应用	岩土中心 中国科学院武汉岩土力学所 山西省引黄工程总公司 中国矿业大学 山东东山矿业公司古城煤矿	国家"九五"科技攻关、国电总局"十五"攻关、国家自然科学重点基金	省科技厅	国际领先	2005.8.26	朱维申、陈卫忠、李树才、贾伟智、高延法、曹催晨、张强勇、王洪忠、李树枕、柳俊仓、郭满金、谢冰、李晓静、杨为民、王汗鹏
45	全液压自拆装履带起重机	山东大学 山东鲁能光大重型机械设备有限公司	科技发展攻关计划项目	省科技厅	国际先进	2005.8.26	周慎杰、王令方、秦世铎、田复兴、宋宪纯、王凯、闫超、王锡平、曹晓芳、谢辉、金涛、罗宪君、张明昕、何涛、李志强、姚强、孔繁俊
46	数字化开发技术在农用车行业整体提升中的示范应用	山东大学 山东时风（集团）有限责任公司	科技发展攻关计划项目	省科技厅	国内领先	2005.8.26	周慎杰、林连华、王锡平、徐海港、孙刚、王凯、袁堂福、冯长顺

（续表）

47	血清 Leptin 水平与 2 型糖尿病血管并发症关系的研究	第二医院	自选	省教育厅	国际先进	2005.9 函审	陈诗鸿、陈丽、侯新国、倪一虹、宋慧玲、孙福敦、王殿辉、晋运玲
48	济南市“十一五”人才规划人才需求预测分析	数学与系统科学学院	济南市委组织部人事局	济南市科技局	国内领先	2005.9 函审	崔玉泉、宿洁、戎晓霞、史开泉、李振波、刘磊、徐亚鹏
49	基于无线 IP 的实时移动多媒体传输技术研究	信息科学与工程学院	山东省优秀中青年科学家科研奖励基金	省科技厅	国际先进	2005.9.3	刘琚、孙建德、李玉军、胥长彬、乔建苹、商延磊、赵立芬、闫华、牛晓莉
50	重组人生长激素与老年性有牙及无牙颌骨吸收相关性研究	口腔医院	省卫生厅	省卫生厅	国内领先	2005.9.3 函审	王旭霞、张君、徐欣、孙善珍、赵作勤、邢达源、卜涛
51	135MW 机组双循环流化床烟气悬浮脱硫技术	能源与动力工程学院 山东山大能源环境有限公司	省科技厅计划	省科技厅	国际先进	2005.9.27	马春元、董勇、徐夕仁、王文龙、陈莲芳、赖颜华
52	风疹病毒 JR23 株包膜糖蛋白的基因克隆、表达与功能分析	公共卫生学院	省自然科学基金	省卫生厅	国际先进	2005.10.12 函审	王志玉、温红玲、宋艳艳、姚苹、方朝凤、王小凡、许洪芝、薛永磊
53	纳米材料和器件的制造、表征及其应用	晶体材料国家重点实验室	省科技攻关计划	省科技厅	国际先进	2005.10.27	蒋民华、崔得良、徐红燕、刘秀琳、郝霄鹏、赵显、李梅、史桂霞
54	凝血因子ⅤⅡa 及其基因 MspI 多态性与高血压及其缺血性并发症的相关性研究	第二医院	计划外	省科技厅	国内领先	2005.11 函审	杜贻萌、鹿庆华、隋树建、董兆强、马天容、徐冬玲、秦爱琼
55	基因突变和淋巴引流规律与乳腺癌诊治的相关性研究	第二医院 齐鲁医院	山东省科委	省卫生厅	国际先进	2005.11 函审	余之刚、孙靖中、张强、高海东、李鹏宇、马榕、田兴松
56	急性脑外伤患者自主神经功能心律变异性的研究	第二医院	省卫生厅青年基金	省科技厅	国内先进	2005.11	孙金龙、刘广存、张庆林、崔庆柯、李猛、潘顺、刘军生、王文涛、刘华
57	卵巢恶性肿瘤多基因甲基化的研究	第二医院	自选	省科技厅	国际领先	2005.11	洪凡真、王波、李晓明、徐永萍、张庆慧、张华伟、翁占平、刘宗石

（续表）

58	七氟醚对钙离子敏化机制调节的血管平滑肌收缩反应的抑制作用	齐鲁医院	自选	省教育厅	国际领先	2005.11	于金贵、侯跃东、齐峰、王术芹、费建春、孙宝柱
59	电力变压器有载分接开关机械性能在线监测系统	电气工程学院	留学归国基金	省科技厅	国际领先	2005.11.12	李庆民、赵彤、张国强、娄杰、李清泉、王冠、王辉、肖茂友
60	网络运行监控系统	网络中心 山东地纬计算机软件有限公司	自选	省科技厅	国内领先	2005.11.22	肖宗水、葛连升、郑永清、何伟、任国珍、李庆忠、洪晓光、李晖
61	医疗应用集成平台	计算机科学与技术学院 山东地纬计算机软件有限公司 山东省立医院	省信息产业厅	省信息产业厅	国内领先	2005.11.22	李庆忠、秦成勇、马金龙、包国峰、于家臣、季克峰、何伟、张抗抗
62	劳动力市场管理信息系统	计算机科学与技术学院 山东地纬计算机软件有限公司	省信息产业厅	省信息产业厅	国内领先	2005.11.22	孙明、王新军、崔立真、张世栋、郑永清、洪晓光、董国庆、李晖
63	高速网络访问控制与计费系统	网络中心 山东地纬计算机软件有限公司	自选	省科技厅	国内领先	2005.11.25	张世栋、郑永清、任国珍、王新军、何伟、孙明、李晖、崔立真、董国庆、葛连升、肖宗水
64	数据库同步冗灾监控系统	计算机科学与技术学院 山东地纬计算机软件有限公司	自选	省科技厅	国内领先	2005.11.25	洪晓光、董国庆、李晖、张世栋、孙明崔立真、任国珍、李保栋、郭启晶、展广朋、刘毅、钱进
65	电网输电元件检修决策支持系统	电气学院	山东电力公司科技项目	省科技厅	国际先进	2005.11.26	孟昭勇、武鹏、查浩、韩学山、梁军韩力、王勇
66	发电厂运营决策支持系统	电气学院	省部计划项目	省科技厅	国际先进	2005.11.26	韩学山、黄大为、孟祥星、孙怡、孟昭勇、梁军、于大洋、王勇

（续表）

67	特发性血小板减少性紫癜分子免役学研究	齐鲁医院	国家自然科学基金	省科技厅	国际先进	2005.12	侯明、彭军、秦平、石艳、李丽珍、冀学斌
68	HA涂层纤维增强的高分子人工骨的研制及应用基础研究	第二医院 华北煤矿医学院	自选	省教育厅	国际先进	2005.12	杨加峰、蔡景龙、陶智潞、赵冬梅、丘丽萍、陈凌、薛爱英、韩梅
69	非综合征遗传性耳聋诊断学研究	齐鲁医院	自选	教育部	国际先进	2005.12 函审	陈瑛、李建瑞、高希宝、丁元萍、张寒冰
70	高能聚焦超声治疗腹腔、盆腔恶性肿瘤的基础和临床研究	齐鲁医院	自选	教育部	国际先进	2005.12	孙靖中、张秀国、车艳辞、刘玉强、王晓、徐克森、马道新、孔北华、张廷国、胡立宽、傅庆绍
71	球海绵体肌瓣解剖及修补女性复杂尿瘘的应用研究	齐鲁医院	自选	教育部	国际先进	2005.12	徐祇顺、傅强、史本康、边伟、沈洪勇、刘玉强
72	16层螺旋CT冠状动脉成像的扫描技术及临床应用研究	齐鲁医院	自选	教育部	国际先进	2005.12	马祥兴、王青、张放、李传福、李笃民、崔凤民、高进
73	血清饥饿、EGF、EGFR与人肝癌细胞VEGFmRNA、E-Cadherin mRNA表达相关性的研究	齐鲁医院	自选	教育部	国际先进	2005.12	高艳景、周涛、张义、邵红莲、袁孟彪、姜大磊、吕盈盈、辛华、靳大川、李延青
74	核酶和干扰RNA技术逆转乳腺癌多药耐药的研究	医学院	教育部博士点基金项目	省卫生厅	国际先进	2005.12	周庚寅、高鹏、李文通、喻芳、林晓燕、李丽、孙妍琳、马超、张晓芳
75	舒脉异型滴丸的研制	齐鲁医院	省中医药局	省卫生厅	国内领先	2005.12	陈浩、孙洪胜、曹秀玲、张秋红、刘向红、张继东、田景振、赵洁、闫滨
76	新型泪道探通引流装置的设计和临床应用研究	齐鲁医院	省科技厅	省卫生厅	国际先进	2005.12 函审	吴欣怡、张军和、张晓、王勤、杜立群
77	喉气管狭窄的手术治疗	齐鲁医院	自选	教育部	国内领先	2005.12	潘新良、刘大昱、栾信庸、许凤雷、雷大鹏、张立强、谢光、李梅

（续表）

78	米非司酮对胎儿影响的安全性评价	齐鲁医院	省计生委	省计生委	国际领先	2005.12 函审	董白桦、侯桂华、张月存、王国云、王凤玲、单体欣、吕小梅
79	椎板外冲击负荷对脊髓影响的实验研究	齐鲁医院	省卫生厅	省卫生厅	国内领先	2005.12 函审	陈允震、刘海春、闫琰、张剑峰、侯勇、杨子来
80	儿童靶控静脉输注麻醉的临床研究	齐鲁医院	自选	省教育厅	国际先进	2005.12 函审	类维富、杜俊章、吴琦、孟庆丽、王术芹、刘容国
81	急慢性肾损伤的尿酶学研究——尿绒毛膜试剂盒的研制及在糖尿病肾病早期诊断中的价值	第二医院	省科技厅	省科技厅	国际先进	2005.12	关广聚、曹娅丽、胡晓燕、柳刚、李龙凯、李学刚、文蓉珠
82	颅底中央区前侧方手术入路的显微解剖与临床应用研究	第二医院	自选	省教育厅	国际先进	2005.12	杨军、孙金龙、于春江、宋千、孟庆海、孙书勤、张庆林、王志刚、董浩、许兴、崔庆轲
83	NBCA和ONYX栓塞治疗脑动静脉畸形临床效果的对比研究	第二医院	自选	省教育厅	国内领先	2005.12	王志刚、丁璇、王成伟、翼勇、沈寻、张纪庆、潘顺、张庆林
84	缺血性脑血管疾病的介入治疗实验与临床研究	第二医院	自选	省教育厅	国内领先	2005.12	王志刚、孙鹏、丁璇、王成伟、彭军沈寻、张纪庆、翼勇、王建平、郝晓光、李卫国、张庆林
85	羟基磷灰石（HA）涂层纤维增强的高分子人工骨的研制及其应用基础研究	第二医院	自选	省教育厅	国际先进	2005.12	杨加峰、蔡景龙、陶智潞、赵冬梅、邱丽萍、陈凌、薛爱英、韩梅
86	基因突变和淋巴引流规律与乳腺癌诊治的相关性研究	第二医院	自选	省教育厅	国际先进	2005.12	余之刚、孙靖中、张强、高海东、李鹏宇、马榕、田兴松
87	安氟醚用于幕上肿瘤病人的颅内压、脑灌注压及动静脉氧压差影响	第二医院	省卫生厅	省卫生厅	国内先进	2005.12	王志刚、赵鑫、王晓雷、王舟、李大成、

（续表）

88	一期改良经肛 Soave 根治术治疗先天性巨结肠的临床研究	齐鲁医院	自选	教育部	国际先进	2005.12 函审	张文同、李爱武、崔新海、张蕾、段祥升、孙福涛、陈雨历
89	腹腔镜脾脏手术的基础与临床研究	齐鲁医院	自选	教育部	国际先进	2005.12	胡三元、王磊、刘庆、王可新、陈波、亓玉忠、王连臣、刘崇忠、王培林、于文滨、张光永、王建伟、李波、姜希宏
90	PIVAS——综合性医院新管理模式探讨	齐鲁医院	自选	教育部	国际先进	2005.12	高海青、刘新春、马亚兵、米文杰、王永成、杨敏、许玲
91	腺病毒介导的 BMP-2 基因转移促进牵张成骨的实验研究	齐鲁医院	国家自然科学基金	省教育厅	国际先进	2005.12	魏奉才、刘少华、孙善珍、王克涛、张东、王磊
92	线粒体呼吸链相关基因在癫痫发作神经元损伤：程序性细胞死亡机制中的作用研究	齐鲁医院	自选	省教育厅	国际领先	2005.12 函审	刘学伍、迟兆富、刘素琴、孙建英、吴伟、尚伟、赵秀鹤、王淑贞
93	古方槐角丸复方剂量配比优化与推注式给药研究	齐鲁医院	省卫生厅	省中医药局	国际领先	2005.12 函审	刘向红、刘安昌、翁志忠、周文、孙立明
94	高血压病心肌及胶原网络重构的基础与临床研究	齐鲁医院	省卫生厅	省卫生厅	国内领先	2005.12 函审	卜培莉、张运、钟明、曹春林、王濒贞、高莉、张薇、张梅、胡华、孙敬春
95	P15 基因基质金属蛋白酶在食管癌研究中的意义	齐鲁医院	省卫生厅	省卫生厅	国际先进	2005.12 函审	杨国涛、王德江、吴铭生、王善政
96	慢性乙肝患者氧化损伤与血流变研究	齐鲁医院	自选	省教育厅	国际先进	2005.12 函审	王凯、范晓鹏、王兵、杨燕、韩利岩

（续表）

97	螺旋CT肺动脉与静脉联合造影在肺栓塞及深静脉血栓诊断中的应用	齐鲁医院	省卫生厅	省卫生厅	国内领先	2005.12函审	王青、马祥兴、李传福、薛玉文、崔凤玉、李笃民
98	内皮素与胶原合成在左向右分流肺血管重构中作用的研究	齐鲁医院	省卫生厅	省卫生厅	国际先进	2005.12函审	赵翠芬、杨兴季、夏伟、宋光民、王玉玮、高莉、杨杰、孙若鹏、郭辰红、许复郁
99	肾素血管紧张素系统基因多态和2型糖尿病血管病变相关性研究	齐鲁医院	省卫生厅	省卫生厅	国际先进	2005.12函审	王德全、许玲、陈丽、马玉燕、任建民、王晖、南海荣、张丽
100	电视神经内窥镜在桥脑小脑角解剖与手术中的应用研究	齐鲁医院	省卫生厅	省卫生厅	国内领先	2005.12函审	刘玉光、吴承远、李新钢、朱树干、李刚
101	糖尿病神经病变病因学及发病机理研究	齐鲁医院	省卫生厅	省卫生厅	国际领先	2005.12函审	陈丽、冉祥凯、侯为开、唐宽晓、董明、侯新国、孙磊、郑冬梅、白秀燕、陈青、柳刚、尹国平、咸玉欣、陈诗鸿、倪一虹、孙福敦、牟忠卿
102	肝脏转移癌的基因治疗研究	齐鲁医院	省卫生厅	省卫生厅	国际先进	2005.12函审	孙学英、刘凤军、智绪亭、李杰、寿楠海
103	多胺高效液相色谱快速测定及临床应用研究	齐鲁医院	省卫生厅	省卫生厅	国际先进	2005.12函审	傅善基、高海青、于修平、邹雄
104	帕金森病的早期诊断及抗氧化干预的研究	齐鲁医院	省卫生厅	省卫生厅	国际先进	2005.12函审	刘艺鸣、袁静、王新玲、郭洪志、孙秀彬、肖志英、韩丹春、迟兆福
105	掺杂铬酸镧电热材料的低温致密化工艺	包头稀土研究院	山东省优秀中青年科学家科研奖励基金	省科技厅	国际领先	2005.12.3	李胜利、孙良成、敖青、刘伟明、李德辉、杨国平、李示刚、朱新德、张帮强、王峰、刘如伟、于作文
106	山东省外来种编目和数据库建立	生命科学院	山东省环保科技项目	省科技厅	国内领先	2005.12.3	郭卫华、张新时、王仁卿、刘恒、吴倩、刘建、杜宁、宋楠、徐伟红

（续表）

107	E4303电焊条产品的优化研究与开发	生命科学院	省科学技术发展计划	省科技厅	国际领先	2005.12.9	任登义、张元彬、王希保、李怀学
108	医学影像后处理和辅助诊断系统	控制学院	自选	教育部	国际先进	2005.12.11	刘常春、蔡春辉、杨立才、邓鹍、刘园园、杨晓琳、刘国庆、王艳华、俞梦孙
109	新型高温硫化硅胶的研究	材料学院	山东省科技攻关项目	省科技厅	国际先进	2005.12.11	赵示贵、周传健、陈国文、冯圣玉、张建明、王玮
110	大学生适应量表的编制及其应用研究	公共卫生学院	自选	省教育厅	国内领先	2005.12.12	缚茂笋、寇增强、郭启明、翟勇、秦芳、唐肇旭
111	大米草气、电、热三联供技术研究	山东大学 上海寿祺能源科技有限公司 济南百川同创实业有限公司 上海寿祺多糖食品研究所	自选	教育部	国际先进	2005.12.17	董玉平、彭武厚、黄寿祺、董磊、龙敏南、何祯祥、陆鑫
112	现代物流仓储智能优化监控管理调度系统	控制学院	自选	教育部	国际先进	2005.12.23	常发亮、李歧强、申垒、孟丽荣、王桂青、刘增晓、刘冬冬、辛征、张斌、张少杰、李宾虎、于东
113	山东省科技创新如何为经济结构调整服务	管理学院	山东省软科学办公室	省科技厅	国内先进	2005.12.27	张玉明、张娜、李娓娓、刘岗、刘冰、徐庆文、孟庆春、徐蓓蓓
114	胶东半岛制造业基地建设中的产业分工与金融一体化研究	管理学院	山东省软科学办公室	省科技厅	国内领先	2005.12.28	张玉明、张会丽、燕鹏、吴有红、孟庆春、刘冰、刘凤娟等
115	山东大学地下管网信息管理系统	山东大学	自选	省科技厅	国内领先	2005.12.28	田家泉、彭恒军、王登杰、张风兰、段琪庆、王哲、苏保玲、殷录民、王涛、郑延民、连伟、刘明培、陈涛、马岩、张勇、王滨
116	SGVHD发生的免疫机制和相应对策	医学院	国家自然科学基金	省教育厅	国际先进	2005.12.29	张利宁、王晓燕、王群、高立芬、石永玉、张蘋

（续表）

117	HBV对TRAIL诱导凋亡的调节分子机制及应用研究	医学院	国家自然科学基金	省科技厅	国际先进	2005.12.29	孙汶生、张利宁、马春红、韩丽辉、王振光、高立芬、石永玉、刘素侠、王晓燕、梁晓红
118	提高婴儿出生质量综合技术的研究开发与示范	山东大学 山东省立医院 山东省妇幼保健院 淄博市妇幼保健院 临沂市妇幼保健院	山东省政府	省科技厅	国内领先	2004.12.30 函审	郭亦寿、马沛然、马玉燕、何守森、赵仲堂、龚瑶琴、于修平、谷钦民、初兆荣、张艳丽、郭辰红、陈丙玺、高贵敏、张锡宇、周海斌

附表十

2005年山东大学专利申请一览表

序号	申请日	申请号	项目名称	发明人	类型	院（所）	代理机构（人）
1	05.1.17	200510042026.3	一种红藻和蓝藻完整藻胆体的稳定化技术	张玉忠等	发明	生命学院	于冠军
2	2005.1.17	200510042027.8	一种改装钝顶螺旋藻整藻胆体的方法	张玉忠等	发明	生命学院	于冠军
3	2005.1.17	200510042028.2	一种R-藻红蛋白的快速分离纯化方法	张玉忠等	发明	生命学院	于冠军
4	2005.1.17	200510042029.7	一种完整藻胆体的制备方法	张玉忠等	发明	生命学院	于冠军
5	2005.1.20	200510042037.1	纳米晶CoZnO紫外发光薄膜及其制备方法	颜世申等	发明	物理学院	于冠军
6	2005.1.27	200510042403.3	磁悬浮轴承监测、控制一体化装置	刘淑琴等	发明	电气学院	周慰曾
7	2005.2.3	200510042438.7	一种血管平滑肌的消化方法	邢毅等	发明	医学院	赵会祥
8	2005.3.9	200510042547.9	姜黄素自微乳化制剂及其制备方法	翟光喜等	发明	药学院	李宝成
9	2005.3.18	200510042569.5	沿110KV输电线自主行走的机器人及其工作方法	周风余等	发明	控制学院	于冠军
10	2005.3.18	200520080928.1	沿110KV输电线自主行走的机器人	周风余等	新型	控制学院	于冠军

（续表）

11	2005.3.22	200510042174.5	钛酸铋钠钾系非铅铁电压电单晶及其生长方法与设备	仪修杰等	发明	晶体所	李宝成
12	2005.3.23	200520080964.8	一种陶瓷材料辅助抛光装置	张建华等	新型	机械学院	周慰曾
13	2005.3.23	200520080965.2	一种制备无压烧结陶瓷坯体的模具	张希华等	新型	机械学院	周慰曾
14	2005.1.11	200520080114.8	一种多边形板式换热器片	张树生等	新型	热科学研究中心	郑华清
15	2005.1.11	200510042315.3	选频单载波分块传输系统中的功率控制方法	杜岩等	发明	信息学院	郑华清
16	2005.1.11	200520080112.9	多介质高效板式换热器	张树生等	新型	热科学研究中心	郑华清
17	2005.1.11	200520080113.3	带药片分割装置的药瓶	王建华等	新型	口腔学院	郑华清
18	2005.1.19	200510042339.9	多功能热防护用耐烧蚀粘结剂及其制备方法	冯圣玉等	发明	化学学院	郑华清
19	2005.1.19	200520079999.X	尿滴光电自动计数检测装置	马剑峰等	新型	医学院	郑华清
20	2005.1.28	200510042056.4	选频单载波分块传输系统中的比特加载方法	杜岩等	发明	信息学院	郑华清
21	2005.1.31	200510042064.9	利用液相化学法制备硫族化合物热电薄膜的方法	刘宏等	发明	晶体所	郑华清
22	2005.2.17	200510042502.1	税控燃油加油机脉冲计数方法	袁东风等	发明	信息学院	郑华清
23	2005.2.17	200520081503.2	税控燃油机智能控制装置	张瑞华等	新型	信息学院	郑华清
24	2005.2.21	200510042460.1	低聚乳酸基环糊精衍生物及其制备方法	郝爱友等	发明	化学学院	郑华清
25	2005.2.21	200510042461.6	羟丁基环糊精衍生物及其制备方法	郝爱友等	发明	化学学院	郑华清
26	2005.3.2	200510042529.0	一种铁三铝金属间化合物—碳纳粹管复合材料及其制备方法	孙康宁等	发明	材料学院	郑华清
27	2005.3.2	200510042530.3	一种碳化钛三基三元复合材料及其制备方法	孙康宁等	发明	材料学院	郑华清
28	2005.3.3	200530090610.7	键盘	梁军等	外观	电气学院	郑华清

（续表）

29	2005.3.3	200510042532.2	一种从大豆或豆粕中纯化制备抗肿瘤因子——组织蛋白酶B抑制因子的方法	赵小凡等	发明	生命学院	郑华清
30	2005.3.4	200510042542.6	高压超高压边疆固体物料萃取和灭菌装置	王威强等	发明	机械学院	郑华清
31	2005.3.11	200520080683.2	单刮油边螺旋撑簧油环	谢宗法	新型	机械学院	郑华清
32	2005.3.18	200520080926.2	一种新型生物膜废水处理设备	张成禄等	新型	环境学院	郑华清
33	2005.3.21	200510042572.7	用于合成含硼金刚石单晶的铁—镍—硼—碳系催化剂及其制备方法	李木森等	发明	材料学院	郑华清
34	2005.3.25	200510042592.4	一种多功能钻井液添加剂及其制备方法与应用	孙德军等	发明	化学学院	郑华清
35	2005.3.25	200510042591.X	一种镁与铝异种金属间熔焊方法	李亚江等	发明	材料学院	郑华清
36	2005.3.30	20052008814.9	环保全自动履带式多功能黑板	蒋奇等	新型	控制学院	郑华清
37	2005.3.30	200520081813.4	粉笔字迹自动清除装置	蒋奇等	新型	控制学院	郑华清
38	2005.4.4	200510043219.0	一种建立冬枣多倍体诱导体系的方法	谷晓峰等	发明	生命学院	郑华清
39	2005.4.7	200520082082.5	一种鼻孔成形保持装置	王建华等	新型	口腔学院	郑华清
40	2005.4.7	200510042269.7	一种梯度功能陶瓷水煤浆喷嘴的制备工艺	邓建新等	发明	机械学院	郑华清
41	2005.4.12	200520082139.1	电力电子技术同步分析盘	张庆范等	新型	控制学院	郑华清
42	2005.4.12	200510043233.0	同步分析肋及基于电压相量	张庆范等	发明	控制学院	郑华清
43	2005.4.12	200510043240.0	电力电子同步分析盘及同步分析方法	张庆范等	发明	控制学院	郑华清
44	2005.4.18	200510043246.8	一种高耐磨性碳纤维增强尼龙与橡胶复合的轮衬及其制造工艺	朱波等	发明	材料学院	郑华清
45	2005.4.18	200510043247.2	一种高温碳纤维复合材料炉管及其制造工艺	朱波等	发明	材料学院	郑华清

（续表）

46	2005.4.21	200510043259.5	新型聚丙烯腈原丝流态化预氧化炉	朱波等	发明	材料学院	郑华清
47	2005.4.21	200520082580.X	一种新型超声波清洗机	朱波等	新型	材料学院	郑华清
48	2005.4.27	200520083752.5	开环电控气动离合器	李洪斌等	新型	机械学院	郑华清
49	2005.4.27	200510043286.2	新型电控机械式自动变速器选换挡机构	李洪斌	发明	机械学院	郑华清
50	2005.4.27	200520083760.X	新型电控机械式自动变速器选换挡机构	李洪斌	新型	机械学院	郑华清
51	2005.5.13	200510043476.4	内外混式超临界流体纳微材料制备喷嘴	王威强等	发明	机械学院	郑华清、薛玉麟
52	2005.5.13	200510043511.2	马蔺液泡膜 Na^{+}/H^{+} 逆向转运蛋白2基因及应用	夏光敏等	发明	生命学院	郑华清
53	2005.5.13	200510043510.8	高冰草液泡膜 Na^{+}/H^{+} 逆向转运蛋白2基因及应用	夏光敏等	发明	生命学院	郑华清
54	2005.5.13	200510043509.5	高羊茅液泡膜 Na^{+}/H^{+} 逆向转运蛋白1基因及应用	夏光敏等	发明	生命学院	郑华清
55	2005.5.24	200510043573.3	α-β不饱和酮类化合物及其制备方法及其抑制 $GST\pi$ 的活性	赵桂森	发明	药学院	郑华清
56	2005.4.30	200510043407.3	一种测量材料电磁性质变化的装置及其方法	田学雷等	发明	材料学院	周慰曾
57	2005.5.8	200510043411.X	(Z)-5-［(3，5一二叔丁基)-4-羟基苯基］亚甲基-2-亚氨基-4-噻唑啉酮甲磺酸盐的制备方法	林吉茂等	发明	化学学院	朗彼得
58	2005.5.10	200520083130.2	直丝弓托槽定位器	刘东旭等	新型	口腔学院	宋永吉
59	2005.5.10	200510043469.4	直丝弓托槽定位器及其使用方法	刘东旭等	发明	口腔学院	宋永吉
60	2005.5.10	200510043470.7	小麦体细胞杂种类似13谷蛋白亚基基因的核酸序列及应用	夏光敏等	发明	生命学院	周慰曾
61	2005.5.18	200510043496.1	一种铝锌镁系合金及其制备工艺	边秀房等	发明	材料学院	周慰曾
62	2005.5.31	200510043682.5	一种液态铝合金净化设备	韩建德等	发明	材料学院	周慰曾

（续表）

63	2005.6.6	200510043665.1	选频单载波分块传输系统中的一种分块比特加载方法	杜岩等	发明	信息学院	王书刚
64	2005.6.6	200510043664.7	一种单载波分块传输系统中的定时跟踪方法	杜岩等	发明	信息学院	王书刚
65	2005.6.6	200510043663.2	利用固固共混法制备高 Alb 含量聚合氯化铝混凝剂	高宝玉	发明	环境学院	郑华清
66	2005.6.7	200510043704.8	一株可高产谷氨酰胺的谷氨酸棒杆菌	许平等	发明	生命学院	郑华清
67	2005.6.9	200510043803.6	一种添加活性中间合金扩散连接陶瓷与钢的方法	李亚江等	发明	材料学院	郑华清
68	2005.6.9	200510043802.1	聚合铁—二甲基二烯丙基氯化铵均聚物无机有机复合絮凝剂及其制备方法	高宝玉等	发明	环境学院	郑华清
69	2005.6.13	200520084086.7	实用型消毒柜	盛文化等	新型	校医院	郑华清
70	2005.6.21	200520084411.X	医学生理液滴红外光电自动计数检测装置	马剑峰等	新型	医学院	郑华清
71	2005.6.21	200510043872.7	一种卵磷脂分离纯化方法	吉爱国等	发明	威海分校国际生物研究中心	郑华清
72	2005.6.21	200510043870.8	一种生产光学纯手性扁桃酸的方法	吉爱国等	发明	威海分校国际生物研究中心	郑华清
73	2005.6.21	200510043871.2	地榆多糖制剂及其制备方法与应用	张莲英等	发明	医学院	郑华清
74	2005.6.21	200510043873.1	地榆多糖的分离纯化方法	张莲英等	发明	医学院	郑华清
75	2005.6.21	200510043869.5	一种颗粒稳定乳液体系及其制备方法与作为钻井液润滑剂的应用	孙德军等	发明	化学学院	郑华清
76	2005.6.24	200510043890.5	6-芳氧甲基-4-芳基-3-吗啉酮衍生物及其制备方法	赵宝祥等	发明	化学学院	郑华清
77	2005.6.24	200510043889.2	V-丁内酯衍生物及其制备方法	赵宝祥等	发明	化学学院	郑华清
78	2005.7.11	200510044005.5	一种可注射软组织生物直译材料的制备方法	曹成波等	发明	化学学院	郑华清

（续表）

79	2005.7.11	200510044063.8	沙拉沙星的偶联物及其制备方法与应用	郗日沫等	发明	化学学院	郑华清
80	2005.7.15	200510044072.7	以水滑石为前驱物制备的天然气部分氧化催化剂	苏继新等	发明	环境学院	郑华清
81	2005.7.18	200510044048.3	制备基因工程固定化酶N-糖酰胺酶的方法	祁庆生等	发明	生命学院	郑华清
82	2005.7.18	200510044079.9	利用酵母生产非N－糖基化蛋白的方法	祁庆生等	发明	生命学院	郑华清
83	2005.7.20	200520085466.2	人工湿床	张成禄等	新型	环境学院	郑华清
84	2005.7.20	200520085467.7	悬浮式水中绿篱	张成禄等	新型	环境学院	郑华清
85	2005.7.20	200520085468.1	厌氧好氧一体式水渣生物膜处理废水装置	张成禄等	新型	环境学院	郑华清
86	2005.7.21	200510044097.7	一种转糖基β-半乳糖苷酶产生菌	肖　敏	发明	生命学院	郑华清
87	2005.7.21	200510044096.2	一种转糖基β-半乳糖苷酶产生菌的筛选方法	肖　敏	发明	生命学院	郑华清
88	2005.7.21	200510044095.8	一种快速制备转糖基β-半乳糖苷酶的方法	肖　敏	发明	生命学院	郑华清
89	2005.06.3	200510043641.6	一种聚合氯化铝中纳米AL13形态及其分离纯化方法与应用	高宝玉等	发明	环境学院	宋永吉
90	2005.06.3	200510043640.1	非晶态高掺杂coxtil-xo2铁磁性半导体薄膜及其制备方法	颜世申等	发明	物理学院	宋永吉
91	2005.06.7	200510043708.6	一种铜基非晶合金及其制备工艺	边秀房等	发明	材料学院	周慰曾
92	2005.06.7	200510043709.0	一种黄芩总黄酮苷元提取物、黄芩单体黄酮苷元及其制备方法与应用	程秀民	发明	药学院	宋明正
93	2005.06.13	200520084089.0	新型碳管式高温烧结炉	常春等	新型	材料学院	宁钦亮
94	2005.06.13	200520084088.6	无水冷电极	常春等	新型	材料学院	宁钦亮
95	2005.06.21	200510043865.7	一种镓掺杂氧化锌透明导电膜的制备方法	马　瑾	发明	物理学院	宋永吉
96	2005.06.28	200510043957.5	一种降压变压器及其低压侧母线的继电保护方法	潘贞存等	发明	电气学院	周慰曾

（续表）

97	2005.06.29	200510043960.7	射频磁控溅射法制备 ZnO：Zr 透明导电薄膜的方法	韩圣浩等	发明	物理学院	李宝成
98	2005.07.08	200510043998.4	混杂纤维增强复合材料受电弓滑板及其制备方法	王成国等	发明	材料学院	周慰曾
99	2005.07.07	200510001190.x	一种大功率发动机排气管及其制造技术	张玉军等	发明	材料学院	宋永吉
100	2005.07.29	200510044323.1	一种用于液相反应、物相转变和制备多孔固化体的组合模具	崔得良等	发明	晶体所	周慰曾
101	2005.08.03	200510044362.1	一种铝硅铜镁系压铸铝合金及其制备工艺	边秀房等	发明	材料学院	周慰曾
102	2005.08.12	200510044249.3	一种氮化硅—碳化钛复合材料的制备方法	赵军等	发明	机械学院	周慰曾
103	2005.08.12	200510044248.9	厚涂层附着力检测方法及检测装置	王威强等	发明	机械学院	赵会祥
104	2005.08.18	200510044265.2	一种多孔介质筛护岸方法	王曙光等	发明	环境学院	宁钦亮
105	2005.08.18	200510044266.7	一种可用于多孔介质筛护岸的有机改性沸石及其制备方法	王曙光等	发明	环境学院	宁钦亮
106	2005.08.22	200510044288.3	氧化铝/透辉石陶瓷复合材料	张希华等	发明	材料学院	周慰曾
107	2005.08.25	200510044297.2	HIV-1 非核苷类逆转录酶抑制剂 N*-取代吡唑［4，5-e］［1，2，4］噻二嗪类衍生物、制备方法及其药物组	刘新泳等	发明	药学院	宋永吉
108	2005.8.2	200520085926.1	橄榄球形磨机磨球	常　春	新型	材料学院	王书刚
109	2005.8.2	200520085925.7	一种异型内腔结构的摆式球磨机磨罐	常　春	新型	材料学院	王书刚
110	2005.8.2	200510044361.7	一种铁、碳、钼、硼、二氧化锆金属材料及其制备工艺	常春等	发明	材料学院	郑华清
111	2005.8.2	200520085924.2	一种新型食用油油瓶	常　春	新型	材料学院	郑华清
112	2005.8.2	200520085923.8	带自放置护罩的迷你 USB 转接器	马　刚	新型	医学院	郑华清
113	2005.8.8	200510044393.7	导尿管固定牵引装置	马刚等	发明	医学院	郑华清

（续表）

114	2005.8.8	200520085972.1	导尿管固定牵引装置	马刚等	新型	医学院	郑华清
115	2005.8.24	200510044295.3	一种简便可靠的免疫荧光检测试剂及其制备方法与应用	吉爱国等	发明	威海分校国际生物研究中心	郑华清
116	2005.09.08	200510044556.1	一种改性酚醛树脂/石墨基导电复合材料及其制备方法	李爱菊等	发明	材料学院	赵会祥
117	2005.09.8	200510044557.8	利用两段式生物反应器实现污泥减量化的工艺	王曙光等	发明	环境学院	宁钦亮
118	2005.09.8	200520087243.X	膜生物反应器的液位自动控制装置	岳钦艳等	新型	环境学院	宁钦亮
119	2005.09.9	200520086738.0	一体化脱氮除磷生物滤池	王曙光等	新型	环境学院	宁钦亮
120	2005.09.13	200510044587.7	大直径 SiC 单晶的切割方法	徐现刚等	发明	晶体所	宁钦亮
121	2005.09.13	200510044590.9	软磁铁氧体高速永磁电体	王兴华等	发明	电气学院	赵会祥
122	2005.09.22	200510044750.X	混合稀土增韧补强氧化铝基陶瓷复合材料及其制备方法	张希华	发明	材料学院	周慰曾
123	2005.9.6	200510044626.3	药用碱式碳酸镁的清洁生产制备方法	高灿柱等	发明	环境学院	王书刚
124	2005.9.6	200510044625.9	高纯氧化镁的清洁生产制备方法	高灿柱等	发明	环境学院	郑华清
125	2005.9.6	200510044627.8	一种使铜铝接头结合强度高的扩散钎焊方法	李亚江等	发明	材料学院	郑华清

(续表)

126	2005.9.13	200510044585.8	中国对虾含单一乳清酸性蛋白结构域的抗菌肽基因及其所编码的抗菌肽与应用	王金星等	发明	生命学院	郑华清
127	2005.9.13	200510044586.2	中国对虾C-型凝集素基因及其编码的C-型凝集素多肽与应用	王金星等	发明	生命学院	郑华清
128	2005.9.14	200510044899.X	一株红平红球菌及其在原油脱硫中的应用	许平等	发明	生命学院	郑华清
129	2005.9.14	200510044600.9	一种数控车床的智能控制系统及其控制方法	张承瑞等	发明	控制学院	郑华清
130	2005.9.22	200510044789.1	转PIS基因改变植物抗逆性的应用	张举仁等	发明	生命学院	郑华清
131	2005.9.22	200510044790.4	一种通过多基因转化提高甜菜耐盐耐旱性和抗除草剂绿黄隆特性的方法及应用	杨爱芳等	发明	生命学院	郑华清
132	2005.9.22	200510044791.9	通过转基因聚合betA，NHX1，ppase基因提高小麦耐盐耐旱性的方法	张举仁等	发明	生命学院	郑华清
133	2005.9.22	200510044793.8	用于加工异型曲面孔的镗床	翟鹏等	发明	控制学院	郑华清
134	2005.9.26	200510044870.X	含有磺酰基二苯基乙烯桥化合物及其制法和药物应用	冉祥凯等	发明	药学院	郑华清
135	2005.9.28	200510044871.4	基于远程网络的煤矿地磅称重及售煤控制系统	蒋奇等	发明	控制学院	郑华清
136	2005.9.28	200510044827.3	一种铝、硅、磷中间合金的制备方法	刘相法等	发明	材料学院	郑华清
137	2005.9.30	200510044834.3	一种治疗头皮单纯糠疹的外用药物及其制备方法	李晓鲁等	发明	医学院	郑华清
138	2005.10.8	200510044842.8	磷酸镓晶体的助熔剂生长法	王继扬等	发明	晶体所	王书刚
139	2005.10.9	200520087691.X	两段式动态膜生物反应器	张建等	新型	环境学院	郑华清
140	2005.10.10	200520087864.8	一种新型木质素生物膜反应器	张成禄等	新型	环境学院	王书刚
141	2005.10.11	200510044898.3	一种转糖基α-半乳糖苷酶基因	肖　敏	发明	生命学院	郑华清

（续表）

142	2005.10.11	200510044897.9	一种高效转糖基β-半乳糖苷酶基因	肖敏等	发明	生命学院	郑华清
143	2005.10.17	200510104309.6	高效环保型三嗪基二苯乙烯类荧光增白剂	曹成波等	发明	材料学院	郑华清
144	2005.10.17	200510104308.1	与T细胞表面共刺激分子CD137结合的多肽及其应用	张利宁等	发明	医学院	郑华清
145	2005.10.21	200520088281.7	岛栅一体化生物净水装置	张成禄等	新型	环境学院	郑华清
146	2005.10.21	200520088280.2	一种植物笼处理生活污水装置	张成禄等	新型	环境学院	郑华清
147	2005.10.31	200510104389.5	一种采用液—液—液三相静态萃取高效液相色谱鉴别阿胶的方法	程秀民	发明	药学院	郑华清
148	2005.10.31	200510104390.8	二氧化钛纤维光催化功能材料的制备方法	包南等	发明	环境学院	王书刚
149	2005.10.11	200510104227.1	硅酸铝纤维/六钛酸钾晶须复合隔热材料及其制备方法	张玉军等	发明	材料学院	宋永吉
150	2005.10.18	200510044907.9	一种莫来石晶须的制备方法	张玉军等	发明	材料学院	郭群杰
151	2005.10.31	200510104386.1	反相乳液法制备制备两性聚合物的方法	谭业邦等	发明	化学学院	宁钦亮
152	2005.11.11	200510045072.9	一种废硅粉复活再生方法	刘少杰等	发明	化学学院	宁钦亮
153	2005.11.11	200510045073.3	一种高凝高粘原油开采输送剂的制备方法	刘少杰等	发明	化学学院	宁钦亮
154	2005.11.25	200510045207.1	利用酵母表达、生产及糖基化改造人干扰素-β的方法	陈敏等	发明	生命学院	鲍光明
155	2005.11.3	200510045014.6	氧化锆陶瓷连续纤维的制备方法	陈代荣等	发明	化学学院	郑华清
156	2005.11.3	200510045013.1	热障涂层用氧化锆纳米材料的制备方法	陈代荣等	发明	化学学院	郑华清
157	2005.11.15	200510104519.5	一种碳化硼基陶瓷喷砂嘴材料	邓建新等	发明	机械学院	郑华清
158	2005.11.18	200510104580.X	一种治疗牙周病的生物凝胶制剂及其制备方法	吉爱国等	发明	药学院	郑华清
159	2005.11.18	200510104579.7	一种羟基磷灰石－Ni*Al复合材料及其制备方法	孙康宁等	发明	材料学院	郑华清

（续表）

160	2005.11.23	200510045145.4	发电机实时功角监测装置	张大海等	发明	电气学院	王书刚
161	2005.11.23	200510045146.9	磷酸二氘钾晶体生长溶液的高温处理新工艺	段爱东等	发明	晶体所	王书刚
161	2005.11.23	200520124690.8	漂浮式植物坪	张成禄等	新型	环境学院	郑华清
162	2005.11.23	200520124921.5	浮水式生物蓬	张成禄等	新型	环境学院	王书刚
163	2005.11.23	200510104581.4	铁晶砂胶结岩土相似材料及其制备方法	张强勇等	发明	岩土中心	郑华清
164	2005.11.23	200510045150.5	组合式地质力学模型试验台架装置	张强勇等	发明	岩土中心	郑华清
165	2005.11.25	200510045208.6	集成内循环的双速流化床烟气悬浮脱硫技术	马春元等	发明	能源学院	郑华清
166	2005.11.30	200510045291.7	三维地质力学模型试验系统	李术才等	发明	岩土中心	郑华清
167	2005.11.30	200510045293.6	一种低温制备P25型纳米二氧化钛的方法	吕孟凯等	发明	晶体所	王书刚
168	2005.11.30	200520125077.8	拉丝模内孔型测量装置	王卫东等	新型	土建学院	王书刚
170	2005.11.30	200510045294.0	一种有机硅季铵盐杀菌剂的制备方法	刘少杰等	发明	化学学院	郑华清
171	2005.11.30	200510045295.5	一种单组分防霉阻燃有机硅机械密封剂及其制备方法	刘少杰等	发明	化学学院	郑华清
172	2005.12.1	200520125315.5	三维地质力学模型试验台架	李术才等	新型	岩土中心	郑华清
173	2005.12.2	200510045432.5	一种移动宽带信道中的自适应选频分块传输方法	杜岩等	发明	信息学院	王书刚
174	2005.12.5	200520125401.6	一种处理有机废水的微生物套筒	包南等	新型	环境学院	郑华清
175	2005.12.14	200510045575.6	一种β-氮化硅粉体材料的一步反应低温制备方法	白玉俊等	发明	材料学院	王书刚
176	2005.12.14	200520125283.9	一种等径角挤压模具	孙康宁等	新型	材料学院	王峻梅
177	2005.12.16	200520125936.3	条烟自动分拣装置	张勤河等	新型	机械学院	王书刚

（续表）

178	2005.12.16	200510045373.1	一种保健与运动型饮用水及其制备方法	曹吉超等	发明	药学院	郑华清
179			一种超临界氧化内燃循环系统	马春元等	发明	能源学院	郑华清
180	2005.12.20	2005.20126221.x	一种种植牙手术导向装置	王建华等	新型	口腔学院	王书刚
181	2005.12.20	200520126225.8	模具型腔内圆弧半径测量工具	王卫东等	新型	土建学院	王书刚
182	2005.12.20	200510045391.x	一种硫酸皮肤素及其衍生物的口服制剂处方和制备方法	姬胜利等	发明	药学院	郑华清
183	2005.12.20	200510045393.9	一种多硫酸化硫酸软骨素及其制备方法	姬胜利等	发明	药学院	郑华清
184			一种动态膜生物反应器的反冲洗运行方法	张建等	发明	环境学院	郑华清
185	2005.11.18	200510104547.7	胃肠造影剂用生物质的生物技术处理方法	辛益群	发明	生命学院	
186	2005.11.18	200510104544.3	衣物抑菌防臭剂	辛益群	发明	生命学院	
187	2005.11.18	200510104545.8	一种中医药复合方法	辛益群	发明	生命学院	
188	2005.11.18	200510104548.1	一种天然强化氟牛奶的生产方法	辛益群	发明	生命学院	
189	2005.11.18	200510104546.2	一种复合互补强化食品和方法	辛益群	发明	生命学院	
190	2005.12.06	200510045306.x	川芎酰基哌嗪衍生物、制备方法和药物组合物与应用	刘新泳等	发明	药学院	宁钦亮
191	2005.12.06	200510045307.4	川芎嗪烃基哌嗪类衍生物、制备方法和药物组合物与应用	刘新泳等	发明	药学院	宁钦亮
192	2005.12.14	200510045358.7	多功能益生菌制剂及其制备方法	孔健等	发明	生命学院	鲍光明
193	2005.12.20	200510045384.x	一种制备氮化硼纳米环、纳米管的方法	郝宵鹏等	发明	晶体所	宁钦亮
194	2005.12.5	200510129839.6	利用蛋白质组学技术筛选强心苷药物作用靶位的方法	高海青	发明	齐鲁医院	鲍光明
[illegible]	[illegible]04.08	200520082107.1	柴油机尾气微粒过滤器	杨　宾	新型	能源学院	曲志波
[illegible]	[illegible]	200520126603.2	三相活齿传动装置	苏树朋	新型	机械学院	闫晓燕

附表十一 **2005年授权专利**

序号	申请号	发明名称	授权公告日	类型	单位	发明人
1	1104428	一种转化大粒种子植物的方法及其应用	2005年3月23日	发明	生命学院	张举仁、张可炜、杨爱芳、权瑞党、张岳、尹小燕
2	2110068	一种提高埃博霉素A产量的发酵工艺方法	2005年7月27日	发明	生命学院	李越中、胡玮、刘新利、韩冠君
3	2110099	一种超氧化物歧化酶结合物及其制备方法	2005年7月13日	发明	药学院	王凤山、齐敬总、丁凤、南志新、宋允胜、曹吉超
4	2110152	大麻脱胶工业用酶制剂的制备方法及其应用	2005年2月9日	发明	生命学院	殷立德、刘自镕、周明琼、孙中爱、任建平、刘兴荣、朱林、孙培敏、周桂芬、魏守文、王侠、冯瑞良、金宗武、谢小济
5	2110326	一种用于镁合金的复合阻燃变质工艺	2005年6月29日	发明	材料学院	耿浩然、亓效刚
6	2135329	葛根素口服制剂及其制备方法	2005年6月15日	发明	药学院	娄红祥、翟光喜、孙隆儒
7	2135539	一种旋风分离器	2005年2月2日	发明	能动学院	马春元、黄盛珠、陈莲芳、董勇、李玉忠、刘军
8	2135573	一种治疗心脑血管系统疾病的总黄酮及其制备方法与应用	2005年11月23日	发明	药学院	娄红祥、任冬梅、翟光喜
9	2135768	棉铃虫蜕皮调节转录因子cDNA及其克隆方法与重组应用	2005年3月23日	发明	生命学院	赵小凡、王金星
10	2135982	一种掺钕钒酸钇/钛氧磷酸钾晶体组对的动态粘结方法	2005年2月9日	发明	信息学院	侯学元、孙渝明、李宇飞、陈爱明

（续表）

11	2135987	草类原料酶法制浆的方法	2005年2月23日	发明	生命学院	赵建、李雪芝、曲音波、高培基
12	2135989	川芎醇酯类衍生物及其制备方法和含有川芎醇酯类衍生物的药物组合物与应用	2005年1月12日	发明	药学院	刘新泳、徐文方、张蕊、李朝武
13	2151502	一种氮化物/氧化铝基复合陶瓷材料及其制备工艺	2005年7月6日	发明	材料学院	李爱菊、尹衍升、甄玉花、龚红宇、李春胜、赵天平
14	2151528	阳离子高分子驱油剂及其制备方法	2005年2月16日	发明	化学学院	朱维群、郭保雨、苏长明、付继彤、蒋莉、严波、张蕊、戴瑞斌
15	3111705	剪切纤维的陶瓷刀具材料及其制备工艺	2005年7月6日	发明	机械学院	黄传真、孙静、艾兴、何林、刘含莲、王随莲
16	3111724	一种在水热条件下多步原位反应合成氮化物微晶和体块晶体的方法	2005年8月24日	发明	晶体所	崔得良、于美燕、郝宵鹏、刘振刚、蒋民华
17	3111740	一种铝基非晶/纳米复相材料及其制备方法	2005年2月9日	发明	材料学院	王胜海、边秀房、司鹏超、贾玉波
18	3111756	M型铁酸钡纤维的制备方法	2005年6月15日	发明	化学学院	龚彩荣、陈代荣、焦秀玲
19	3111834	特殊切角的硼酸铋变频晶体器件	2005年5月4日	发明	晶体所	王正平、王继扬、滕冰、董胜明、许心光、邵宗书、翟仲军、杜晨林
20	3111900	一种以滤纸为唯一固体介质的粘细菌子实体规模制备方法	2005年7月27日	发明	生命学院	李越中、韩冠君、刘新利、胡玮、扈锡涛
21	3111911	衰减X射线的树脂纳米硫酸钡复合材料	2005年12月21日	发明		安骏、辛寅昌、齐卉

（续表）

22	3111967	一种铝基非晶合金及其制备方法	2005年7月6日	发明	材料学院	边秀房、贾玉波
23	3112039	硫脲基丙酸的环境友好制备方法	2005年6月15日	发明	环境学院	高灿柱、赵亮、张君
24	3112133	高纤排毒养颜胶囊及其制造方法	2005年11月16日	发明		张小葵、许腾波、许晋功
25	3112171	一种巨应力阻抗效应快淬薄带材料及其制备方法	2005年2月2日	发明	物理学院	胡季帆、秦宏伟
26	3112182	含生物质的胃肠造影剂	2005年5月25日	发明	生命学院	辛益群
27	3112194	热可塑性树脂组合物及其制品	2005年5月18日	发明	物理学院	张家良
28	3112234	含肝素类药物的脂质体软膏剂及其制备方法	2005年10月19日	发明	药学院	王凤山、俞淑文、翟光喜、姬胜利、崔慧斐、曹吉超、张天民
29	3112408	氧化锆连续纤维的制备方法及设备	2005年6月15日	发明	晶体所	许东、刘和义、侯宪钦、王彦玲、汪晨、吕孟凯、袁多荣、陈代荣、刘久荣、潘梅
30	3112434	硅橡胶/三元乙丙并用导电橡胶及其制备方法	2005年1月26日	发明	化学学院	张洁、冯圣玉
31	3112435	以纳米四氧化三钴为原料制备锂离子电池正极材料钴酸锂的方法	2005年8月17日	发明	化学学院	孙思修、张卫民、杨延钊、俞海云
32	3112443	高纯8-羟基喹啉铝类化合物及其制备方法与应用	2005年5月4日	发明	晶体所	陶绪堂、蒋民华

（续表）

33	3112444	一种合成4-取代氨基苄基鳞盐的方法	2005年7月20日	发明	晶体所	延云兴、陶绪堂、蒋民华、杨家祥
34	3112453	用于控制水热和溶剂热反应过程的高压反应釜	2005年3月30日	发明	晶体所	崔得良、蒋民华、郝霄鹏、于美燕
35	3112466	卤烃基化合物交联的高温硫化硅橡胶及其制备方法	2005年3月30日	发明	化学学院	冯圣玉、吴拥中、张洁、张圣友、李美江
36	3112467	异氰酸酯交联的高温硫化硅橡胶及其制备方法	2005年3月30日	发明	化学学院	吴拥中、冯圣玉、张圣友、朱庆增
37	3112473	一种材料电磁性质变化的测试方法及其装置	2005年7月6日	发明	材料学院	田学雷、秦敬玉、李守飞、侯纪新、国洪轩
38	3112480	异色满衍生物及其制备方法	2005年5月18日	发明	化学学院	赵宝祥
39	3138909	咖啡酰萘磺酰胺类化合物及其制备方法与抗 HIV 整合酶作用	2005年7月27日	发明	药学院	赵桂森、臧恒昌、徐玉文、李永淑、张林娜、袁玉梅
40	3138910	电子工业用玻璃清洗剂组合物	2005年5月18日	发明	物理学院	刘建强、李玉香、马洪磊、李强、宗福建、计峰、曹宝成
41	3139038	铜基复合电接触材料	2005年12月21日	发明	物理学院	陈延学、王成建、梅良模、栾开政、阎景贤、徐荣历
42	3145199	一种半导体纳米材料的应用	2005年6月1日	发明	晶体所	崔得良、徐现刚、高善民、殷永泉、黄柏标、潘教青、王继扬、蒋民华
43	200310105444	一种低熔点铜-磷基中间合金及其制备方法	2005年11月9日	发明	材料学院	刘相法、武玉英、刘相俊、乔进国、边秀房

（续表）

44	200310105445	含有 TiC 和 Al O 粒子的铝基合金的制备方法	2005 年 11 月 9 日	发明	材料学院	王振卿、刘相法、边秀房
45	200310105592	一种用于水处理的生物活性滤料及其焙制工艺	2005 年 9 月 28 日	发明	环境中心	胡文容、段明秀
46	200320106342	瓶装捆扎器或筒装捆扎器	2005 年 5 月 4 日	发明	化学学院	张树永、张睿哲、徐春霞
47	200410023472	一种新型二氮芳辛类化合物及其利用粘细菌发酵并提取的方法	2005 年 11 月 2 日	发明	生命学院	李越中、胡玮
48	200420038005	一种中频感应炉	2005 年 3 月 9 日	新型		夏思淝、党福祥
49	200420038025	一种汽车发动机用机油泵	2005 年 2 月 9 日	新型	机械学院	毛华永、陈乐栋、李国祥、陈峰、肖立军
50	200420038036	一种大鼠足垫炎症肿胀度测量器	2005 年 2 月 2 日	新型	药学院	曹吉超、徐红岩、王凤山、王爱军、金增祥
51	200420038425	一种故障电流限制器	2005 年 3 月 9 日	新型	电气学院	李庆民、钱家骊、关永刚、刘卫东
52	200420038426	一种故障电流限制器	2005 年 1 月 26 日	新型	电气学院	李庆民、钱家骊、关永刚、刘卫东
53	200420038936	太阳位置自动跟踪装置	2005 年 7 月 27 日	新型	机械学院	霍孟友、李方毅
54	200420039165	一种基于弧面分度凸轮机构的新型机电间歇传动装置	2005 年 3 月 30 日	新型	机械学院	唐伟、周以齐
55	200420039318	一种突发大火逃生应急门（窗）及专用梯	2005 年 4 月 27 日	新型	材料学院	耿贵立

（续表）

56	200420040491	铝液精炼除气装置	2005年5月11日	新型	材料学院	孙益民、边秀房
57	200420052078	一种有线电视信号实时监测装置	2005年5月25日	新型	信息学院	张有志、郑来波
58	200420053718	一种绘画颜料组合套装盒	2005年10月19日	新型	机械学院	李建中、李丹颖
59	200420053719	低噪音微型减速电机	2005年9月14日	新型	机械学院	王勇
60	200420053737	一种人工牙种植体	2005年11月16日	新型	口腔学院	王建华、吕宇鹏、马泉生、朱瑞富、史言利
61	200420053764	一种智能逆变电源	2005年9月7日	新型	控制学院	李正军
62	200420097201	新型户用热量表	2005年9月28日	新型	能动学院	杜广生、刘正刚、林勤春、王宁
63	200420097258	电灯自动开关装置	2005年12月7日	新型	教育中心	刘向群
64	200420097472	多波长旋光测试仪	2005年11月2日	新型	信息学院	魏爱俭
65	200420097475	一种腹腔镜手术训练仪	2005年11月23日	新型	齐鲁医院	胡三元、薛瑞华、霍志璞
66	200430089421	腹腔镜手术训练仪	2005年6月29日	新型	齐鲁医院	胡三元、霍志璞、薛瑞华
67	200530090610	键盘	2005年10月19日	外观	电气学院	梁军、张波、王振树、张高峰
合计	新型	19				
	外观	1				
	发明	47				

（罗　岗）

社会科学研究

2005年社科处积极贯彻《山东大学2005年党委工作要点及学术与行政工作要点任务分解详目》的指示精神并按照文件的有关要求和目标，做了如下工作：

1. 围绕教育部人文社科重点研究基地建设的五个目标，继续深化其科研体制改革，加强了现有4个重点研究基地的建设。同时在2004年组织论证哲学社会科学创新基地的基础上，协助“985工程”办公室规划了5个哲学社会科学创新基地的18个人文社科研究机构或研究方向，作为“985工程”二期的建设项目给以重点支持，启动了我校人文社科新一轮的建设。

2. 2004年我校人文社科承担的各类项目已达135项，其中教育部基地重大项目6项，国家社科基金14项，省部级项目65项，合作项目包括国际合作项目42项，到位科研经费首次突破1000万元，达1085.9万元。与往年相比，我校人文社科承担项目和研究经费有较大增加，较好地完成了年初学校制定的发展目标。在承担重大项目的研究上有较好的发展，除了承担了上面提到的6个基地重大项目外，我们还承担了多项能产生重大影响的大型项目，如国家文化工程主体项目——《清史·邦交志》(上卷)，经费45万元。该项目是《清史》工程中的“难度最大项目”，所涉及的国家众多，关系复杂，资料丰富但所涉及的语种甚多。该项目落户我校，使我校在中外关系史研究领域的优势得到进一步发展和提高的机会。山东省大型文化建设项目——《山东文献集成》，该项目将网罗历代山东人的著述以及少量外省人所撰山东史志，择取善本，汇编成一部山东的“四库全书”，成为认识山东、研究山东、开发山东的最丰富、最可靠的资料库，目前首批资金500万元已到位。在国际合作研究方面，由英国利物浦热带病学院、瑞典Karolinska学院、德国OAK社会保障研究所、山东大学、复旦大学、中国卫生部、越南卫生部、越南卫生体制研究所共同申请的欧洲联盟资助项目“中国、越南农村健康保障制度研究”中标。我校课题负责人为卫生管理与政策研究中心孟庆跃教授，资助经费200万元。此外欧盟项目已获准立项，资助经费300多万元。

2005年我们加强了各级各类项目的管理，先后对国家社科项目、教育部项目以及学校青年成长基金进行了检查，共有45项课题通过了鉴定。

3. 积极抓好精品成果产出。2005年我校人文社科成果数量有大幅度增加。据不完全统计，我校人文社科共发表论文1400余篇，出版著作200余部，成果的数量和质量都有较大提升。最近几年我们倡导“精品”意识，鼓励学术创新，效果显著。2005年我校共获得各级各类社科优秀成果奖励共62项：山东省社会科学优秀成果奖34项，其中一等奖5项；山东省高校优秀成果奖27项，其中一等奖5项。获孙冶芳经济学奖1项，4项国家社科基金项目成果被鉴定为“优秀”。特别值得提到的是，由美国约翰·邓普顿基金会资助、法国巴黎多学科综合大学与美国艾伦大学联合主办的“科学与信仰全球透视”国际研究奖励计划的项目奖励评审中，我校宗教、科学与社会问题研究所姜生教授荣获“道教与科学”(Daoism and Science)项目奖，奖励经费折合人民币35万元。这是国际学术界对中国的道教与科学研究学术水准的承认，标志着我国在本领域研究已取得的国际地位，将对该学术领域的发展产生重大推动作用，促进国际学术和思想界对于道教与科学关系的理解和对话研究，探讨道教文化精神对于人类科学发展的意义。

4. 学术期刊建设取得了突出的成绩。《文史哲》通过了教育部组织的名刊工程中期检查，在 2005 年 2 月揭晓的第三届国家期刊奖评比中，《文史哲》再次荣获“国家期刊奖银奖”。在 2005 年 11 月结束的山东省报刊质量评比活动中，《文史哲》连续五次获得优秀奖。《山东大学学报（哲社版）》入选了 CSSCI 来源期刊，提前完成学校制定的文科期刊建设目标。其他学术期刊继续保持其在学术界的影响，办刊成效显著。

5. 2005 年我校不断强化了学术交流的高端意识，加强了最前沿学术问题的交流。共举办高层次、能产生重大影响的、对学科建设至关重要的国际性和全国性学术会议 10 余次，如“儒学全球论坛”、“易学与儒学国际学术研讨会”、“当代生态文明视野中的美学与文学”、“21 世纪中国生命伦理学：医疗市场、医疗道德与传统文化资源”、“跨宗教对话：儒教、犹太教、基督教”等国际和全国性的学术会议。

6. 深入开展“三项学习教育”活动，加强对科研骨干人员的培训。为贯彻落实中共中央宣传部、教育部、中国社会科学院联合下发的《关于在高校社科系统和社科研究系统开展“三项学习教育”活动的通知》精神，2005 年下半年开始我们组织我校社科系统有关人员深入开展了“三项学习教育”活动，使我校的哲学社会科学教学与研究始终坚持正确的政治方向，不断增强政治意识、大局意识和责任意识，更加自觉地为党和国家工作大局服务；并始终牢固树立群众观点，带着对人民群众的深厚感情开展研究，在竭诚为人民服务的过程中实现自身的价值。同时组织 14 名科研骨干参加教育部、中宣部等五部委组织的为期 6 个月的哲学社会科学教学科研骨干培训工作。

7. 认真组织了教育部新世纪优秀人才（人文社科）的申报工作，积极参加了学校本科教学水平评估工作，为学校获得本科评估“优秀”作出了贡献。

附件一：2005年山东大学新批项目一览表

一、国家社会科学基金项目

序号	项目批号	项目名称	负责人	项目类别	所在单位	资助经费（万元）
1	05CTY004	国际体育法律制度专题研究——兼谈2008年北京奥运会之有关法律问题	黄世席	青年项目	法学院	5.50
2	05CJY029	解决县乡财政困难问题研究	李一花	青年项目	经济学院	6.00
3	05CZS011	华北乡村传统文化的近现代转型研究：以山东为例	赵兴胜	青年项目	历史文化学院	6.50
4	05BZW014	全魏晋南北朝赋评注	龚克昌	一般项目	《文史哲》编辑部	7.00
5	05BFX010	论宪法价值观在中国的萌芽与变迁	王德志	一般项目	法学院	6.50
6	05BSS013	西欧中世纪教俗经济思想与政府经济政策	顾銮斋	一般项目	历史文化学院	7.00
7	05BKG006	山东新泰出土周代陶文	任相宏	一般项目	历史文化学院	7.00
8	05BZX018	科学发展观视野中休闲文化创新研究	吴文新	一般项目	威海分校	7.00
9	05BZW008	儒、释、道的自然生态观与艺术价值观	陈　炎	一般项目	文学与新闻传播学院	7.00
10	05BSH053	中国慈善捐赠机制研究	高鉴国	一般项目	哲学与社会发展学院	7.00
11	05BGJ023	国家发展中的公平与效率关系问题研究——国际经验与教训	刘玉安	一般项目	政治学与公共管理学院	7.00
12	05BKS023	社会主义与资本主义两制关系研究	臧秀玲	一般项目	政治学与公共管理学院	6.00
13	05AZS003	中西文化比较视域下中国古代哲学范畴研究	曾振宇	重点项目	历史文化学院	9.00

二、教育部人文社会科学研究项目

1. 教育部人文社会科学重点研究基地重大项目

序号	项目批号	项目名称	负责人	项目类别	所在单位	资助经费（万元）
1		共产党与社民党的关系：历史、现状与发展趋势研究	王建民	基地重大	当代社会主义研究所	20.00
2	05JJD710130	欧洲社会民主党指导思想的演变	张世鹏	基地重大	当代社会主义研究所	20.00
3	05JJD750.11－44211	中国古典文艺美学的现代价值研究	蒋述卓	基地重大	文艺美学研究中心	20.00
4	05JJD750.11－44212	中国当代文化产业与审美文化发展现状与对策研究	曾繁仁	基地重大	文艺美学研究中心	20.00
5	05JJD720199	儒学与诠释学	景海峰	基地重大	易学与中国古代哲学研究中心	20.00
6	05JJD720198	儒家哲学与现代文明	王钧林	基地重大	易学与中国古代哲学研究中心	20.00

（续表）

7	05JJD730214	犹太教史	艾理克 傅有德	基地重大	犹太教与跨宗教研究中心	20.00
8	05JJD730213	反犹主义：历史与现实	徐　新	基地重大	犹太教与跨宗教研究中心	20.00

2. 教育部人文社会科学研究一般项目

序号	项目批号	项目名称	负责人	项目类别	所在单位	资助经费（万元）
1	05JA820018	国家人权机构研究	齐延平	规划基金项目	法学院	5.00
2	05JA820019	民法基本原则研究——在民法理念与民法规范之间	董学立	规划基金项目	威海分校	4.00
3	05JA630032	连续时间股票价值模型研究	袁明哲	规划基金项目	管理学院	4.00
4	05JA630033	公司治理与会计信息披露的互动：理论与实证研究	潘爱玲	规划基金项目	管理学院	5.00
5	05JA630035	混合型联合分析方法及其应用研究	赵炳新	规划基金项目	管理学院	4.00
6	05JA630034	基于服务行业的客户忠诚本土化研究	闫涛蔚	规划基金项目	威海分校	4.00
7	05JA790046	网络经济时代中间性组织的成长及运行机制研究	杨蕙馨	规划基金项目	管理学院	5.00
8	05JA750.11－44015	中国文学在二十世纪的语言选择	张艳华	规划基金项目	国际教育学院	3.00
9	05JA790047	垄断性行业收入规范与规制改革研究	于良春	规划基金项目	经济学院	4.00
10	05JA720017	为承认而斗争——霍耐特承认理论与法兰克福派批判理论最新发展趋势	王凤才	规划基金项目	马列教学部	5.00
11	05JAZH014	日本现存中国佚书——唐宋时期佛教灵验小说集的研究	李铭敬	规划基金项目	外国语学院	5.00
12	05JA750.11－44014	中国近代女性文学史论	郭延礼	规划基金项目	文学与新闻传播学院	5.00
13	05JA740018	翻译学词典研究	孙迎春	规划基金项目	威海分校	5.00
14	05JA760009	明清俗曲研究与整理	刘晓静	规划基金项目	艺术学院	5.00
15	05JA630031	城乡公用事业市场化中的风险防范与控制	曹现强	规划基金项目	政治学与公共管理学院	5.00
16	05JC630078	我国城市治理运行机制研究	王佃利	青年项目	政治学与公共管理学院	3.00
17	05JD630098	基于可持续发展的企业制度创新与技术创新联动模型	徐向艺	专项任务	管理学院	
18	05JD790128	产业集群发展中的核心企业创新研究	崔宇明	专项任务	威海分校	

三、国家级（部级）其他项目

序号	项目批号	项目名称	负责人	项目类别	所在单位	资助经费（万元）
1	200510120203031	清史邦交志	陈尚胜	国家清史纂修工程重大项目	历史文化学院	55.00
2	0539	二十五史艺文经籍志考补萃编	王承略	高校古委会重大项目	文史哲研究院	12.00
3		新时期高校学生党员先进性教育工作体系及机制研究	王韶兴	教育部重大委托项目	政治学与公共管理学院	8.00
4	05BA015	唐代艺术与唐诗关系研究	冯建国	全国艺术科学一般项目	艺术学院	6.00
5	DJA050156	职业定位在以就业为导向的职业教育中的应用价值研究	赵建华	全国教育科学重点课题	马列教学部	2.00
6	05SFB2003	奥运会法律问题研究	黄世席	司法部一般项目	法学院	4.00
7	05SFB3002	人权与人类和谐	齐延平	司法部中青年项目	法学院	4.00
8	05SFB5001	中国当代语境下的法律语言研究	田荔枝	司法部专项任务	法学院	
9	05SFB5005	构建和谐社会与优化行政执法环境	柳砚涛	司法部专项任务	法学院	

四、山东省哲学社会科学规划研究项目

1. 山东省社科研究基地项目

序号	项目批号	项目名称	负责人	项目类别	所在单位	资助经费（万元）
1	05JDJ18	我省世界自然、文化遗产的产权安排与可持续保护和开发研究	赵海怡	产权理论与制度变革研究基地重点	经济研究中心	1.00
2	05JDJ19	国有金融资产管理与国有商业银行改革问题研究	孙天琦	产权理论与制度变革研究基地重点	经济研究中心	1.00
3	05JDW01	传统文化与近代国家认同研究	徐　畅	东方文化研究基地重点	历史文化学院	2.00
4	05JDW04	马克思主义文艺美学观念对中国当代文艺学建设的影响研究	谭好哲	东方文化研究基地重点	研究生院	1.00
5	05JDF01	公民权利体系研究	范进学	法学研究基地重点	法学院	2.00
6	05JDF02	社会弱势群体权益保障研究	王丽萍	法学研究基地重点	法学院	2.00
7	05JDJ01	基于半岛制造业基地建设的山东企业竞争战略研究	杨蕙馨	经济管理研究基地重点	管理学院	1.00
8	05JDJ02	企业孵化器的项目管理平台建设研究	刘　岗	经济管理研究基地重点	管理学院	1.00
9	05JDW13	文化旅游产业与城市发展研究	宋振春	文化产业研究基地重点	管理学院	2.00
10	05JDW11	国家文化安全相关立法的规划问题研究	朱　伟	文化产业研究基地重点	历史文化学院	1.00

（续表）

11	05JDJ25	基于知识管理的企业技术创新机制研究	张　辉	基地重点	管理学院	1.00
12	05JDJY01	和谐社会建设与教育发展战略研究	王秀成	基地重点	校部机关	1.00
13	05JDW05	新世纪中国小说研究	张学军	基地重点	文学与新闻传播学院	1.00
14	05JDW09	网络文学研究	黄发有	基地重点	文学与新闻传播学院	2.00
15	05JDL05	齐国音乐研究	李笑梅	基地重点	艺术学院	1.00
16	05JDM01	树立新的科学的公平观问题研究	张锡恩	基地重点	政治学与公共管理学院	1.00
17	05JDJY04	文化与机制整合：中国大学转型时期人力资源管理研究	滕玉成	基地重点	政治学与公共管理学院	2.00

2. 山东省社科研究一般项目

序号	项目批号	项目名称	负责人	项目类别	所在单位	资助经费（万元）
1	05CFJ02	刑事犯罪与民事不法的分界	于改之	青年项目	法学院	2.00
2	05CJJ01	宏观经济周期模型与政策机制研究	陈昆亭	青年项目	经济研究中心	1.00
3	05CJJ02	城市治理与半岛城市群公共管理体制创新	王佃利	青年项目	政治学与公共管理学院	2.00
4	05BJJ21	国际资本流动环境下的我国房地产市场风险预警研究	焦继文	重点项目	管理学院	1.00
5	05BZJ11	东亚地区安全合作机制的目标与路径：一种文化的分析框架	刘永波	重点项目	国际合作与交流处	2.00
6	05BJJ04	山东省农业补贴问题研究	赵梦涵	重点项目	经济学院	2.00
7	05BSJ11	优化社区医疗卫生服务质量是建立和谐社会的重要途径	林云虹	重点项目	山东大学校医院	2.00
8	05BYJ06	明清小说与山东民俗	王　平	重点项目	文学与新闻传播学院	2.00
9	05BYJ12	山东出土文字文献综合性研究（陶文卷）	杨端志	重点项目	文学与新闻传播学院	2.00
10	05BYJ16	当代山东书法艺术研究	郑训佐	重点项目	文学与新闻传播学院	2.00
11	05BSJ08	阶层分化背景下的社会心态问题研究	马广海	重点项目	哲学与社会发展学院	1.00
12	05BZJ12	当代东亚民主政治发展及转型研究	杨鲁慧	重点项目	政治学与公共管理学院	2.00
13	05BJJ22	山东省城乡一体化进程中的政府治理研究	曹现强	重点项目	政治学与公共管理学院	2.00
14	05CJZ05	国企改革中国有股份最优比重问题研究	孟庆春	自筹青年	管理学院	0.00

（续表）

15	05CJZ07	山东省引进“研发型”外资的现状与对策研究	綦建红	自筹青年	经济学院	0.00
16	05CZZ06	俄罗斯联邦共产党的理论调整和实践变化	李亚洲	自筹青年	外国语学院	0.00
17	05CYZ02	当代城市审美文化与传统美学精神研究	周纪文	自筹青年	文史哲研究院	0.00
18	04BJZ46	企业信息化效能指标体系在山东省制造业应用的实证研究	戚桂杰	自筹重点	管理学院	0.00
19	05BJZ06	产业集群供应链的合作机制与策略研究：基于山东省产业集群供应链的分析	张东辉	自筹重点	经济学院	0.00
20	05BJZ11	山东省欠发达地区引进外资与产业结构调整研究	孔庆峰	自筹重点	经济学院	0.00
21	05BJZ21	山东省农村公共品供给制度创新的对策研究	陈　东	自筹重点	经济学院	0.00
22	05BJZ24	服务业FDI与山东现代服务业发展对策研究	刘庆林	自筹重点	经济学院	0.00
23	05BJZ57	义务教育的财政制度研究	周金玲	自筹重点	经济学院	0.00
24	05BYZ15	中国文学资源的利用与当代影视艺术及影视产业的发展	王同坤	自筹重点	文学与新闻传播学院	0.00
25	05BYZ18	山东现代戏剧研究	刘方政	自筹重点	文学与新闻传播学院	0.00
26	05BZZ10	政治农民与农民政治	吕连仁	自筹重点	政治学与公共管理学院	0.00

五、山东省教育厅人文社会科学研究项目

序号	项目批号	项目名称	负责人	项目类别	所在单位	资助经费（万元）
1	J05V57	证券市场的利益制衡与发展机制研究	董翠香	自筹一般	法学院	
2	J05T55	山东省高等学校分类发展与绩效评估理论研究	李卫东 王建国	自筹一般	高等教育研究中心	
3	J05X57	基于产业集群视角的区域国际竞争力形成机制研究——山东与浙江、广东等省的比较	王益民	自筹一般	管理学院	
4	J05W59	未来社会居民收入变化与消费行为变迁研究	王传仕	自筹一般	经济学院	
5	J05V58	市场环境下体育法制建设与体育道德建设研究	方　鸿	自筹一般	体育学院	
6	J05S56	跨文化跨学科视野中的闻一多研究	潘　皓	自筹一般	文学与新闻传播学院	
7	J05S55	陶渊明与中国文化	李剑锋	自筹一般	文学与新闻传播学院	
8	J05V59	九十年代以来大学生政治观状况及其走向研究	张　宇	自筹一般	学生工作部	

六、山东省艺术科学研究重点课题

序号	项目批号	项目名称	负责人	项目类别	所在单位	资助经费（万元）
1	200501005	中韩文化艺术交流历史与现状研究	韩　梅	自筹重点	外国语学院	
2	200506001	中国影视艺术在其发展历程中对文学资源的发掘和利用	王同坤	自筹重点	文学与新闻传播学院	
3	200507002	中西方鞍马绘画艺术比较研究	张乐毅	自筹重点	艺术学院	

七、国内（国际）合作项目

序号	项目批号	项目名称	负责人	项目类别	所在单位	资助经费（万元）
1		国际移民政策与世界银行工程移民	宋全成	合作项目	《文史哲》编辑部	14.50
2		国际移民理论与亚洲银行工程移民	宋全成	合作项目	《文史哲》编辑部	1.50
3		山东省政务公开课题研究	孔令栋	合作项目	出版社	30.00
4		新时期农村组织化建设	王建民 楚成亚	合作项目	当代社会主义研究所	5.00
5		知识产权诉讼研究证据规则	崔立红	合作项目	法学院	2.00
6		中国专利法及其实施细则中“专利实施”条款的评析和修改研究	贺晓霞	合作项目	法学院	1.80
7		行政执法与刑事执法衔接机制的立法完善	刘　远	合作项目	法学院	0.80
8		器官移植与脑死亡立法研究	肖金明	合作项目	法学院	44.00
9		卫生法规英文翻译研究	杨　平	合作项目	公共卫生学院	3.40
10		军用电子元器件型谱项目管理方法及体系研究	丁荣贵	合作项目	管理学院	10.00
11		山东省公路工程总公司人力资源项目	盖　勇	合作项目	管理学院	21.00
12		港基集团战略管理研究	胡正明	合作项目	管理学院	15.00
13		企业集团内部控制设计研究	刘海英	合作项目	管理学院	1.00
14		山东高速集团战略规划研究	徐向艺	合作项目	管理学院	20.00
15		济宁市旅游发展总体规划	许　峰	合作项目	管理学院	3.00
16		高科技产品投资风险研究	杨婷蓉	合作项目	管理学院	1.00
17		证券信息内幕操纵、股价冲击与监管控制	张玉明	合作项目	管理学院	2.50

（续表）

18		多校区办学财务管理体制及运行机制的研究	王剑敏	合作项目	计财处	0.30
19		交通规费票据管理系统	车　贵	合作项目	经济学院	1.00
20		完善社会保障制度与缩小收入分配差距问题研究	陈　东	合作项目	经济学院	5.00
21		就业与“三条保障线”之间关系及政策选择研究	李齐云	合作项目	经济学院	1.50
22		金融一体化环境下的金融中介与公司融资	秦凤鸣	合作项目	经济学院	2.50
23		国际证券交易所的会员席位	张道奎	合作项目	经济学院	2.50
24		山东省保险业人力资源状况与开发研究	赵尚梅	合作项目	经济学院	1.50
25		荣成市高新技术产业发展研究	黄少安	合作项目	经济研究中心	45.00
26		“十一五”服务业规划研究	李增刚	合作项目	经济研究中心	4.00
27		济南市“十一五”投资环境研究	王天义	合作项目	经济研究中心	6.00
28		山东省县域经济发展研究	魏　建	合作项目	经济研究中心	1.00
29		黄金资源税	肖洪生	合作项目	经济研究中心	6.00
30		双泊河流域环境与人类关系研究	靳桂云	合作项目	历史文化学院	0.30
31		三峡文物保护	栾丰实	合作项目	历史文化学院	35.34
32		澳门史研究	谭世宝	合作项目	历史文化学院	1.00
33		山东文化资源的整合、提升与文化产业的综合研究	王育济	合作项目	历史文化学院	28.00
34		市场环境中医患关系之诚信研究	陈晓阳	合作项目	人文医学研究中心	5.21
35		企业知识管理	马国臣	合作项目	山大鲁能	10.00
36		山东省卷烟营销战略研究	井海明	合作项目	校部机关	60.00
37		艾滋病策略应用性研究	成　刚	合作项目	卫生管理与政策研究中心	10.50
38		中国艾滋病筹资分配和利用研究	成　刚	合作项目	卫生管理与政策研究中心	6.00
39		公共卫生政策研究	孟庆跃	合作项目	卫生管理与政策研究中心	12..33
40		中国卫生人力发展研究	孟庆跃	合作项目	卫生管理与政策研究中心	70.00
41		艾滋病预防教育项目	孟庆跃	合作项目	卫生管理与政策研究中心	19.00

（续表）

42		社会经济与健康研究	孟庆跃	合作项目	卫生管理与政策研究中心	15.79
43		社区卫生服务评价研究	孟庆跃	合作项目	卫生管理与政策研究中心	10.00
44		监管人员结核病服务可及性研究	曲江斌	合作项目	卫生管理与政策研究中心	21.89
45		中国卫生政策与系统研究	孙　强	合作项目	卫生管理与政策研究中心	2.02
46		医院门诊患者分流的可行性研究	王　健	合作项目	卫生管理与政策研究中心	7.50
47		农村居民幸福感测量	王　健	合作项目	卫生管理与政策研究中心	2.61
48		加强中医药行政许可项目管理的研究	尹爱田	合作项目	卫生管理与政策研究中心	10.00
49		卫生机构管理者岗位胜任力研究	尹爱田	合作项目	卫生管理与政策研究中心	30.00
50		济南市旅游业发展研究	郑杰文	合作项目	文史哲研究院	2.00
51		都市文化原理教材	程相占	合作项目	文学与新闻传播学院	1.00
52		多媒体资源库	盛玉麒	合作项目	文学与新闻传播学院	8.30
53		明代诗歌史	孙学堂	合作项目	文学与新闻传播学院	1.20
54		中国诗歌通史	王小舒	合作项目	文学与新闻传播学院	2.00
55		胶辽官话图	张树铮	合作项目	文学与新闻传播学院	0.80
56		四门塔佛与山东佛教艺术研究	刘凤君	合作项目	艺术学院	2.41
57		山东省社会工作教育实习基地	高鉴国	合作项目	哲学与社会发展学院	1.50
58		中国农村公共服务研究	高鉴国	合作项目	哲学与社会发展学院	19.06
59		儒家哲学理论及其现代价值研究	苗润田	合作项目	哲学与社会发展学院	0.70
60		国有企业管理绩效考评机制研究——以中原油田为例	方　雷	合作项目	政治学与公共管理学院	5.00
61		济宁市公安局公共管理模型研究	姜　杰	合作项目	政治学与公共管理学院	6.10
62		宗教与科学	姜　生	合作项目	宗教、科学与社会问题研究所	30.55
63	HBK01-05/094	语言教育与经济发展的国际比较与借鉴	宁继鸣	合作项目	国际教育学院	3.00
64		“输出假设”在英语教学中的作用	王　颖	一般项目	外国语学院	0.50
65		社会公正与政府法制	肖金明	重大项目子课题	法学院	8.00

（续表）

66		马克思主义文艺理论中国化研究	陈　炎	重大项目子课题	文学与新闻传播学院	10.00
67		江南都市文化的历史源流及现代阐释	程相占	重大项目子课题	文学与新闻传播学院	3.00
68		大学生思想政治教育机制建设	夏晓虹	重大项目子课题	学生工作部	2.60
69		《儒藏》经部之周易	刘大钧 林忠军	重大项目子课题	易学与中国古代哲学研究中心	6.00
70		《儒藏》编纂与研究	董治安 郑杰文	重大项目子课题	文史哲研究院	6.20
71		政党执政理论体系研究	王韶兴	重点项目	政治学与公共管理学院	1.00
72		济南市城市集中供热管理体制再造研究	温德成	一般项目	管理学院	0.50
73		省会经济人才发展战略研究	刘　冰	一般项目	管理学院	0.50

附件二：　2005年人文社会科学成果获奖情况

1.2005年获山东省第20次社会科学优秀成果奖39项，其中一等奖4项，二等奖15项，三等奖20项。具体如下：

一等奖（4项）：

中国农村人力资本收益率研究　　侯风云
世纪中国近代文学研究学术史　　郭延礼
近五十年的中国历史学　　王学典
开放经济与中国产业组织研究　　杨蕙馨

二等奖（22项）：

法治行政的逻辑　　肖金明
物权体系论——中国物权法上的物权类型设计　　刘保玉
工人阶级政党文明问题探讨　　王韶兴
法学院法律解释困　　桑本谦
宪法解释主体　　范进学
法经济学：基础与比较　　魏　建　黄立君　李振宇
公司治理中的中小股东权益保护机制研究　　徐向艺　卞　江
建国以来我国对外贸易制度创新的路径分析　　刘庆林
预测型稳健回归模型及其实证分析　　王新军　黄守坤
什么造成了经济增长的波动，供给还是需求？　　陈昆亭　龚六堂　邹恒甫
西方思想界如何看待“中国有无哲学”的问题　　苗润田

中国和海外：20 世纪汉语文学史论 黄万华
从《聊斋志异》到《红楼梦》 马瑞芳
崛起与喧嚣——从朦胧诗到“第三代” 孙基林
方言研究中的几种辩证关系 钱曾怡
“五四”启蒙运动与文学变革关系新论 孔范今
博尔赫斯与中国当代先锋写作 张学军
传统经验与现代理想：南京国民政府时期的国营工业研究 赵兴胜
魏晋南北朝禁卫武官制度研究（上、下册） 张金龙
百衲本二十四史校勘记 王绍曾等
商周时期鲁北地区海盐业的考古学 方辉
对伯希和“Macao 说”误译误批之解析 谭世宝

三等奖（18 项）：

马克思主义视野中的全球化 徐艳玲等
当代资本主义新发展问题研究 臧秀玲
亲子法研究 王丽萍
全球化语境中的有组织犯罪 冯殿美
“激进”与“保守”·“左派”与“右派” 陈炎
假释本质研究——兼论假释权的性质及归属 柳忠卫
论物权变动中的善意、恶意 董学立
税收法治研究 樊丽明
经济学研究方法的变革与现代经济学发展 张东辉
非正规金融与小额信贷：一个理论述评 胡金焱
蒲松龄与《叠断桥》 刘晓静
杜诗释地 宋开玉
在畅想思维中感受电影“韩流” 宋乐永
论江州文学氛围对陶渊明创作的影响 李剑锋
先秦《诗》学观与《诗》学系统 郑杰文
秦制研究 张金光
燕山南北长城地带中全新世气候环境的演化及影响 靳桂云
东营市城乡居民住院服务利用及其影响因素分析 徐凌忠
经营遗产——齐文化开发与齐故城遗址公园建设研究 纪政文 王素洁 吉小青 王蔚 贾衍菊

以人为本 打造高校“大德育课程体系”教育与管理新平台 费利群

普通高校体育课程学习效果评价内容　闻　兰
公务员工作压力源问卷的初步编制　封丹珺
模块化、企业价值网络与企业边界变动　余东华　芮明杰
对质量会计准则研究进展的追踪与思考　刘慧凤　陈宏伟
智慧与恐惧：两种“存在的图”
——昆德拉与卡夫卡小说美学的比较研究　胡志明
厅堂说唱与汉乐府艺术特质探析　廖　群
文论巨典——《文心雕龙》与中国文化　戚良德
《同源字典》语音关系标注献疑　邵文利　杜丽荣
王维的儒道情怀佛性智慧与山水诗创作　张银堂
中国当代小说中的现代主义　张学军
文学修辞批评　张红军
倾听“响彻空谷的声音”
——阿尔都塞的认识论方法论及其文艺学意义　张志庆
汉语词义系统研究　王　军
陶渊明及其诗文渊源研究　李剑锋
人文博物馆·艺术卷　凌晨光
对我国体育教学目的论的梳理和评判
——自组织体育教学目的论的构建　邵桂华
全面认识科学方法应用的限度　马来平
企业集团内部控制框架的构建及其应用　潘爱玲　吴有红

2.2005 年获山东高等学校优秀科研成果奖 27 项，其中一等奖 5 项，二等奖 11 项，三等奖 11 项。具体如下：

一等奖（5 项）：

物权体系论——中国物权法上的物权类型设计　刘保玉
假释本质研究——兼论假释权的性质及归属　柳忠卫
江州文学氛围对陶渊明创作的影响　李剑锋
近五十年的中国历史学　王学典
交易成本对易货经济的影响　谢志平　黄少安

二等奖（11 项）：

法学导论　李道军
郭店楚简《老子》研究　聂中庆
中国和海外：20 世纪汉语文学史论　黄万华
魏晋南北朝禁卫武官制度研究　张金龙
税收法治研究　樊丽明　张　斌　李　文

	李　华　石绍宾
意识形态的合法性问题	李春明
越、老、朝、古四国经济改革比较	崔桂田
会话篇章中指称表达的选择与阐释	马　文
乏力的攀登——王安忆长篇小说创作的问题透视	姚晓雷
古知庄章声母在山东方言中的分化及其跟精见组的关系	钱曾怡
我国普通高校公共体育课程的创新性分析	王爱华

三等奖（11 项）：

无名即法性——天台宗止观思想研究	陈　坚
马克思主义视野中的全球化	徐艳玲　车美萍　费利群 赵　蕾　周金龙
从《聊斋志异》到《红楼梦》	马瑞芳
中国经典歌曲欣赏	李笑梅
杜诗释地	宋开玉
孔子故里著述考	周洪才
传统经验与现代理想：南京国民政府时期的国营工业研究	赵兴胜
高等学校教学质量监控体系研究	徐向艺　龙世立　丁荣贵 钟耕深　王宪华
东亚地区主义及其发展趋势——以“10＋3”合作机制为视角	臧秀玲
社会科学价值综论	王忠武
俄语口译课教材的设计与编写	丛亚平

（姜百健　王　涛　孙　强）

高等教育研究

2005 年，高等教育研究中心围绕学校的中心工作积极开展高等教育学学科建设、高等教育研究与评估等工作，并积极参与学校本科教学工作水平评估、“十一五”事业发展规划等重点工作，积极为学校及地方高等教育的决策和实践提供切实有效的服务。在学科建设、理论研究和教育评估等方面取得了较大进展，推动了山东大学的高等教育学科建设和研究水平，使山东大学的高等教育研究在全国有了一定的影响，高等教育研究中心被中国高等教育学会评为首届全国优秀高等教育研究机构。

一、学科建设和研究生培养

修订完善了高等教育学硕士研究生培养方案和课程体系；完成了招收高等教育学硕

士研究生招生阅卷和录取工作，共招收硕士研究生7人；为研究生开设“高等教育学”、“高等教育管理学”等9门课程，共计342学时；组织了“教育经济与管理”硕士学位点的申报工作；加强中心资料室的建设，增订了专业书籍和学术刊物，加强借阅管理。

二、编辑刊物与信息服务

编印《高教研究与探索（信息与动态)》共8期，约100万字，分送校领导、职能部门、直属单位和各院部领导，为学校的改革发展、科学管理和科学决策提供理论参考作用，并同全国部分高校进行交流。每周刊发1期《高校改革与发展动态》，共编辑39期，精选文章390余篇，以电子邮件形式发送给校领导、职能部门、直属单位和各学院主要负责人，信息及时，时效性、针对性较强，受到各级领导欢迎。将2004年高教信息与动态资料加以分类、整理，编辑了70余万字的文字材料，制成VCD光盘［《高等教育研究资料集锦（二)》］，送学校领导和各单位领导。编印《医学教育》内刊2期，刊发稿件100篇，约计20万字，同全国50余所医学院校进行了交流。

三、理论研究与学术交流

2005年共获3项省级项目立项：“山东省高等学校分类发展研究”、“高校精品课程质量保障、过程监控及评估体系的研究与探索”、“现代医学教育新进展”。参与2项省级项目立项：“开放式发展战略与校外办学资源拓展利用的研究与实践”、“和谐社会建设与教育发展战略研究”。

2005年度中心全体人员在全国核心期刊和一般期刊上发表高等教育研究论文近20篇。

积极参加全国学术会议，开展学术交流。2005年度参加了高校发展规划、院校发展研究、高教评估及评估机构协作、高等医学教育等内容的全国性学术会议，了解我国高等教育的新进展和改革情况，通过学术交流扩大了山东大学的影响。

四、高等教育评估工作

参加了学校的本科教学评估工作，完成了《山东大学定位与发展思路研究报告》和《山东大学办学思路研究报告》；选派专人参加了学校本科教学工作水平评估材料组工作；参与自评依据、自评报告的整理与撰写。完成了山东大学学术指标数据的收集、整理、分析等工作，对全校29个院部及20个直属科研机构的140余项指标、1万多个数据进行了汇总、统计、分析，学校于12月14日公布了其中的83项2003年、2004年院部和科研机构学术数据指标。根据专家反馈意见，修订了《学科评估指标体系》。在2003年院（部）工作状况主要指标的统计数据基础上，按照不同的数据来源，分别完成了2004年院部科研、对外交流综合评估工作。按照教育部本科教学评估指标体系的要求，修改了山东省高等医学院校教学医院（附属医院）评估指标体系。

五、积极参与学校的改革与发展，为学校决策提供咨询

抽调人员参加山东大学保持共产党员先进性教育活动领导小组秘书组工作，负责执笔撰写了《中共山东大学委员会保持共产党员先进性教育活动分析评议阶段工作总结》和《中共山东大学委员会保持共产党员先进性教育活动工作总结》以及有关转段请示报告或情况通报等文字材料30000余字。参加学校“十一五”事业发展规划的编制工作。在前期工作中，积极为校领导和各规划编制小组提供信息资料等服务，共编辑《山东大学“十一五”事业发展规划参考资料汇编》6期，计30余万字。

六、积极为地方高等教育发展服务

积极开展山东省高等教育评估中心工作，按时完成省教育厅交给的评估任务，如高职高专及成人高校人才培养水平评估、全省新上专业评估等工作。

暑期为省教育厅组织承办了山东省高职高专院（校）长研修班，到会院（校）长60余位。研修班的成功举办，扩大了我校的影响。受省卫生厅委托，组织承办了省医学会学术年会；根据山东省卫生厅要求，完成了12所临床教学基地的评估工作和对全省120个临床教学基地6项基本数据的统计、分析、汇总等工作。

抽调人员参加了省教育厅组织的“山东省高等教育规模、结构、质量、效益协调发展及高等学校学科专业结构调整”项目的调研工作。承担山东省高等教育学会秘书处工作。

（王建国　李卫东）

学科与实验室建设

学科建设与发展

1. 全面实施“985工程”二期建设。2005年，制定了《山东大学“985工程”二期建设管理办法》、《山东大学“985工程”二期专项资金管理办法》、《山东大学“985工程”仪器设备购置与管理办法》、《山东大学“985工程”二期对外交流与合作实施办法》等一系列制度法规，确立了“985工程”二期建设项目的运行模式和管理方式，使我校“985工程”二期建设有法可依，有章可循。编制了《山东大学“985工程”二期科技创新平台与哲学社会科学创新基地项目建设规划方案》、《科技创新平台与哲学社会科学创新基地建设项目计划任务书和年度计划书》。在《计划任务书》中，各项目确定了本项目学术骨干和项目组人员名单，拟定了国家级平台基地、国家重点学科、杰出人才造就引进、科学研究等方面的建设目标，制定了具体的建设措施和项目实施方案。在《年度计划书》中，各个项目确定了在设备购置、人才引进、科学研究等方面的年度建设计划任务，制定了项目年度建设的步骤和措施。

2. 圆满完成了2005年经费分配工作，为各项目的成功启动、顺利实施奠定了基础。4月初，学校安排本年度“985工程”建设经费9700万元，加上2004年底到位的“985工程”中央专项资金6000万元，学校2005年“985工程”实际可分配经费15700万元用于重点建设“985工程”二期创新平台和创新基地。同时，还启动实施了“国家重点学科培育计划”，规划国家重点学科培育对象31个。其中，凝聚态物理等22个学科纳入相应的平台、基地建设项目统筹规划建设。流行病与卫生统计学等9个平台基地以外的学科单独立项建设。“国家重点学科培育计划”投入总经费2800万元，2005年投入经费1648万元。

3. 5月17日，山东省教育厅组织专家对我校具有优势和实力的学科进行了实地考察和检查评审。此次评审，山东大学6个学科增补为山东省高等学校“十五”重点强化建设学科，分别为“药物化学”、“产业经济学”、“中国古代史”、“粒子物理与原子核物理”、“材料加工工程”和“电力系统及其自动化”。至此，我校已有17个学科进入山东省高等学校“十五”重点强化建设行列。

4. 5月25日，教育部“十五”、“211工程”检查组来我校检查工作，教育部“十五”、“211工程”抽查专家组成员有：组长、中山大学副校长许家瑞教授，同济大学研究生院常务副院长肖蕴诗教授，西安交通大学重点办主任王小力教授，教育部“211工程”部际协调领导小组办公室孙耀斌。王琪珑副校长向“211工程”抽查专家组汇报了我校“十五”、“211工程”建设进展情况。专家组最后一致认为，山东大学如果能充分利用自己的传统优势，谋划好未来的发展蓝图，一定能够实现山东大学的新发展，为中国的高等教育发展探索出有益的经验，同时也为实现建设世界一流大学的辉煌目标作出贡献。

5. 8月21日，教育部、山东省人民政府签署重点共建山东大学协议。教育部、山东省人民政府重点共建山东大学协议签字仪式在山东大厦会展中心日照厅举行。参加协议签字仪式的有教育部部长周济，教育部发展规划司司长韩进，国家直属高校工作办公室主任李志军，山东省委副书记、省长韩寓群，省人大常委会副主任、山东大学党委书记朱正昌，山东省副省长王军民，山东大学校长展涛等。仪式上，山东省人民政府副秘书长刘俭朴宣读了《教育部、山东省人民政府关于继续重点共建山东大学的决定》。决定指出，教育部、山东省除安排学校的经常性事业经费外，在2004～2008年期间，将以原则上不低于“985工程”一期的投入继续给予山东大学专项经费投入。其中教育部和山东省将分别给予山东大学经费投入人民币3亿元和5亿元。《决定》宣读完毕后，周济部长、韩寓群省长分别代表教育部和山东省人民政府签署了《教育部、山东省人民政府重点共建山东大学协议书》。

（房　瑞）

学术管理工作

1. 根据《山东大学学术委员会章程》制定了《山东大学学术委员会工作细则》。《工作细则》进一步完善和明确了学术委员会的会议议事规程，包括会议制度、工作程序、工作规范、考核制度等，进一步明确了学术委员会工作纪律、学术委员会秘书的工作职责。《工作细则》为学术委员会高效有序地工作，更好地发挥学术委员会的作用提供了重要制度保障。

2. 建立了校学术委员会常务委员会和学部学术委员会咨询委员制度，使学术委员会具有更广泛的学科代表性。咨询委员制度明确了校学术委员会常务委员会和学部学术委员会咨询委员的工作职责和权限，有效地保证了学术委员会会议的正常召开和会议决议的有效性。

3. 调整了学术委员会委员岗位津贴业绩补助。鉴于新一届学术委员会组织机构有重大变化，学术委员会承担的任务大幅度增加且学术委员会与学位委员会合并，学校在《山东大学岗位聘任和岗位津贴实施意见》的基础上适当提高了学术委员会委员岗位津贴和业绩补助，从而体现了学校对学术委员会委员辛勤劳动的充分肯定和明确认可。

4. 组建了“985工程”二期科技创新平台的学术委员会。这是我校“985工程”二期建设创新管理体制和运行机制的一项重要内容。这对加强我校“985工程”科技创新平台学术管理，使学术决策更加科学、规范，确保“985工程”二期科技创新平台建设成效具有深远意义。

5. 成立了本科教学指导委员会，制定了《山东大学本科教学指导委员会章程》，为提高本科教学质量和办学效益、推动本科教学改革和发展提供了组织上和制度上的保障。

6. 设立了学部学术委员会兼职秘书岗位，并明确了其工作职责和权限。这对于规范学部学术委员会的工作管理、保障学部学术委员会工作的顺利开展奠定了基础。

（房　瑞）

实验室与设备建设

2005年实验室建设本着“优化资源配置，调整结构布局，突出学科优势，提高管理水平，提高投资效益”的工作思路，在实验室建设中继续推行项目管理制度，加强了项目的前期论证、过程监控和后期验收。顺利完成2004年167项实验室建设软件项目验收工作。

完成了2005年实验室建设项目31项、专业课教学实验室52项和研究生实验平台建设项目29项的立项工作，对2004年实验室硬件项目进行了验收。在对2004年项目验收的基础上，对2005年申报的软件项目进行了立项评审，共立项241项，其中上报省教育厅58项，通过省教育厅专家评审立项50项。根据我校各院、部学科门类和招生专业的设置情况以及学校人才培养的总体目标，调查实验室工作综合数据信息，完成2003～2004年度实验室综合数据收集、整理工作。对学校10万元以上设备进行摸底调查，重新整理印制了《山东大学大型开放仪器设备名录》。

按照省教育厅的统一部署，组织化学、机械实验教学示范中心参加了山东省基础课实验教学示范中心的初评，我校化学实验教学示范中心被评为山东省高等学校实验教学示范中心，同时推荐到教育部参加国家级实验教学示范中心的评审。

完成了临床医学技能培训中心的一期建设。2005年3月，组织专家进行前期论证；6月正式启动了临床医学技能培训中心建设，确立在西校区教学四楼诊断学专业实验室基础上开始一期建设；7月，通过专家现场考察论证后，确定了一期建设的计划；8月，组织对教学四楼进行实验室环境改造，投入经费15万元；目前该中心一期建设已基本完成。

实行公开招聘竞争机制，充实提高实验室工作人员整体素质。配合人事处和有关院、部，以“公开、公平、公正”的方式向社会和应届毕业生招聘了13名本科以上学历的实验技术人员。

在监察、审计、计财等部门的参与、支持下，本着“公开、公平、公正”的原则，仪器设备、物资材料采购、实验室环境改造、大型设备维修、报废处置等工作都推行了招标或议标方式。2005年仪器设备招标采购57次，中标金额约4541.62万元人民币，资金节约率近20%，对于单台（件）超过10万元的设备或大宗金额的系统方案，组织大型综合设备论证会 25 次，论证金额 7065 万元人民币，论证设备 478 台（件、套、批），通过国际招标一次，中标金额 834 万元人民币。家具竞争性谈判 7 个项目 20 个品种，预算金额 700 多万元，合同金额 515.86 万元，节资率 25%。

完成 2004 年实验室建设 5000 万元项目的采购工作及 2005 年实验室建设和研究生教学 5000 万元项目采购工作。2004 年实验室建设项目的采购工作，截至年底完成率已达 97%。研究生教学部分截至年底完成收到登记相关购置计划 98%的采购任务。

执行“985 二期”学科建设项目购置计划 630 份，计划金额 3486.455 万元人民币，占收到购置计划的 90%。

截至 2005 年 12 月，共维修各类常规仪器 2139 台（件），支出常规教学仪器维修经费 62.5 万元。在总结 2004 年大型仪器设备维修工作经验的基础上，2005 年完成了全校科研、教学用待修大型设备统计，共申报设备 109 台，分校区进行了 4 次论证会，并根据论证结果进行了维修。

组织完成了全校射线装置环境评估工作，进一步理顺放射性实验材料管理和实验用有毒废物处置工作，制定了《山东大学放射工作管理办法（暂行）》和《山东大学实验用动物尸体管理暂行办法》。清查放射源 21 枚，报废 7 枚，环评放射装置 20 台。处置报废试剂、化学危险品 2.5 吨。

完成暑期学生公寓家具和教室家具的安装工作和南新区学生公寓家具安装突击性任务。

2005 年，配合济南海关对校本部和附属、临床教学医院免税进口设备进行了四次程度不同的稽查或突击检查。校本部每次都顺利通过海关检查，得到海关好评；同时，积极协助海关就相关附属、临床教学医院免税工作存在的问题进行了协调。

教育部于 2005 年 10 月 24 日《教育部简报》第 275 期以《山东大学大力加强实验室建设，为培养创新型人才搭建育人平台》为题，对我校五年来实验室建设取得的成绩和经验作了专门的介绍和报导。

（马　宁）

人事工作

一年来，人事处全体同志在学校党委和学校行政的领导下，积极参加保持共产党员先进性教育活动，认真学习邓小平理论和“三个代表”重要思想，不断提高自身素质，思想上始终与党中央保持一致，政治立场坚定。积极贯彻执行党的路线、方针、政策，自觉遵守党的纪律和学校的各项规章制度，廉洁自律。工作上立足本职，爱岗敬业，热情服务，团结同志，乐于助人。较好地完成了学校2005年初制定的各项工作任务。

一、杰出人才工作

（一）延揽海内外杰出人才

根据学科发展和学科梯队建设要求，在“985工程”二期总体队伍建设资金较少的情况下，增加资金投入，扩大对外宣传。同时加强学校相关部门与院部关系的协调，要求每个教学院部和独立科研机构以引进两院院士、“长江学者奖励计划”特聘教授、国家杰出青年基金获得者和人文社会科学学科的杰出人才作为工作重点，确定1～2名或多名重点引进对象。共有16个院所确定20余名重点攻关目标。2005年1月，我校引进的中国科学院院士钱逸泰教授到山大工作。

（二）为人才引进提供制度保障

1. 发挥学校学术委员会常务委员会在人才引进中的主导作用，先后有39名拟引进人才通过特别评审确定了教授、副教授职务。

2. 做好学校讲座教授的聘任工作，出台了《山东大学讲座教授聘任办法》。确定讲座教授17名（孙奉珠、王宏、李济晨、刘向阳、顾若川、秦泗钊、孟庆虎、王兴利、曹义海、陶文铨、刘向阳、刘传聚、石德利、丁毅力、王立秋、John Critser），上岗6名（孙奉珠、王宏、顾若川、王兴利、曹义海、陶文铨、王立秋）。

3. 全面启动“泰山学者”建设工程，学校先期设有“泰山学者”特聘教授岗位13个，数学与系统科学学院教授李国君等12人上岗（数学与系统科学学院“运筹学与控制论”岗位李国君，化学与化工学院“物理化学”岗位丁铁，物理与微电子学院“凝聚态物理”岗位解士杰，文学与新闻传播学院“文艺学”岗位陈炎，历史文化学院“中国古代史”岗位姜生，晶体材料研究所“材料学”岗位何京良，经济学院“产业经济学”岗位臧旭恒，医学院“内科学”岗位陈哲宇，控制科学与工程学院“控制理论与控制工程”岗位张焕水，能源与动力工程学院“热能工程”岗位程林，哲学与社会发展学院

“外国哲学”岗位傅有德，法学院“法学理论”岗位谢晖）。根据《山东省人民政府办公厅关于公布“泰山学者”岗位的通知》精神，齐鲁医院获准在“耳鼻咽喉科学”学科设置“泰山学者”建设工程岗位，我校“泰山学者”岗位增至14个。

4. 出台《山东大学新聘教师申请住房货币补贴暂行办法》，缓解了制约杰出人才引进的瓶颈效应。

5. 起草了《山东大学“985工程”队伍建设经费管理办法》，印发了《山东大学关于发布“985工程”科技创新平台和哲学社会科学创新基地人才招聘启事的通知》，面向海内外诚聘“985工程”科技创新平台首席科学家、学术带头人、学术骨干和哲学社会科学创新基地杰出学者、学术骨干。

（三）完善聘任办法，把智力引进工作落到实处

1. 下发了《关于认真做好兼职特聘（关键岗位）教授聘任工作的通知》。新增兼职特聘（关键岗位）教授5名（公共卫生学院郑玉新、信息学院阮秋琦、机械学院李鹤林院士、历史文化学院项楚、法学院何秉松），杰出人文学者1名（文史哲研究院庞朴）。

2. 注重聘期管理，强化跟踪服务，充分发挥兼职特聘（关键岗位）教授的作用。按照学校要求，对我校聘任的兼职特聘（关键岗位）教授进行考核，根据其考核情况落实相应待遇。

3. 申请聘任流动岗位工作。分三批确定了84人的流动岗位特聘教师人选，其中有49人来校工作，在校工作时间近50人月。

4. 创新用人制度，引进国外智力，对长期来校工作的外籍专家实行年薪制，签约聘任乐夫、康思奇、付礼军和谢文郁4名外籍专家来校工作。

（四）杰出人才的选拔与推荐

1. 做好2005年中国科学院、中国工程院院士候选人推荐和提名工作。12月16日，中科院公布彭实戈教授当选为中国科学院院士。

2. 推荐山东省“有突出贡献中青年专家”11人，列入省政府考察范围的有8人（谭好哲、袁东风、于良春、张薇、张玉军、张光先、邓建新、李术才）。

3. 2004年底推荐享受“国务院政府特殊津贴”人选12名无一落选（陈增敬、姜建壮、邓建新、李术才、王青圃、贾磊、侯明、刘陆鹏、周向军、陈绍著、杨丕山、马瑾）。

4. 确定张运、陈炎等15位专家为第八批济南专业技术拔尖人才。

二、人事调配工作

（一）机构设置及定编定岗政策制定。下文成立了山东大学干细胞研究所、对外汉语教育研究中心等6个教学、科研、管理、医疗机构，整合了卫生部耳鼻喉科学重点实验室等。起草了《山东大学编制管理规程》、《山东大学人员定编方案》、《山东大学“十一五”期间人员定编方案》等指导学校相关工作的政策文件。

（二）人员招聘、调配、学校内部岗位调整。改革传统做法，实行新进人员网上公开招聘、竞争上岗，于2005年1月、3月、4月分别将我校教师招聘计划、管理人员和辅导员招聘计划、实验技术人员招聘计划上网公布，并及时将招聘结果公示，同时将学

校内部调整的13个单位的37个岗位在办公信息网上进行了公开招聘，并得以落实29人。在人员招聘、毕业生接收工作中，根据历年经验，在《山东大学接收毕业生暂行规定》的基础上，对接收程序作了更进一步的规范：将规定要求、个人情况、评价等分类量化到调动申请表中，并严格教授推荐、签订岗位目标等规范性工作要求。根据我校实际并参照其他高校做法，对人员招聘来源提出明确要求，具体细化为毕业生、优秀学科带头人、中青年学术骨干、海外优秀留学人员、高层次人才，并提出各类人员在年度招聘中的大致比例。为保证学校公开招聘的效果，对用人单位的招聘信息、所有参聘人员资格进行了审核，并参与了部分招聘单位的考核、面试，确保招聘工作的规范、公开、公正。同时，对拟调出人员的协议、服务期、出国培训、国内进修培训等情况进行了认真审核，对31名违约人员作了368634元违约赔偿。完成了2005年218名毕业生接收（其中校本部接收的125名毕业生中博士53人、硕士34人、本科38人，两个医院接收的93名毕业生中博士24人、硕士43人、本科26人）及90名人员的引进、调入（校本部82人中博士31人、硕士16人、本科及以下35人，医院8人中博士3人、硕士2人、本科及以下3人）和69名人员的调离工作（校本部60人中博士24人、硕士10人、本科及以下26人，医院9人），校本部内部调整65人。

（三）年度考核。落实了连续两年考核不合格或未参加考核拟作自动离职处理人员42名，并对擅自离岗的1人进行了自动离职处理。布置了学校2006年年度考核，修订了考核要求，细化了考核等级的评定标准，根据学校与公务员管理的差异，对合校以来一直使用的公务员考核表进行了分类修改。

（四）奖惩工作。完成了财政部选拔和培养会计学术带头人后备人才1人、第九届中国青年科技奖候选人9名、山东省十大自主创新人选1人、援坦桑尼亚医疗队先进个人1人等推荐工作。对给予行政处分的3名违纪人员进行了处分期考核，按期解除2名到期人员的行政处分。

（五）落实军转安置任务。对选报我校的100余名军转干部的材料进行了审查，最终落实12人（10人报到），并妥善完成了6名复员退伍军人的接收、岗位安置工作。

（六）援疆援外工作。组织了7人次的援疆教师赴喀什师范学院、1人次的援坦桑尼亚、1人次的援疆医疗队赴新疆自治区肿瘤医院、2人次博士服务团赴重庆和西安的选派工作，并参与了省卫生厅服务基层医疗队工作。

（七）岗位津贴发放工作。完成了校内专业技术岗位、经费自筹单位人员岗贴的年度总额审核、控制，下半年停发了教学科研任务少的3个单位的岗贴；完成了经费切块单位的人员编制测算、经费划拨及发放数额的具体审定；做好机关一般管理岗位和管理辅助岗位人员50余人的新进、调出、工龄变化、岗位变化等情况的具体数额调整发放工作。完成2005年校聘关键岗发放政策调整后，第二个聘期新上岗、未上岗、上岗后从事管理岗位工作及其他特殊情况人员岗位津贴的审核、划拨工作。与计财处一起完成了2005年学校校内分配制度调整工作中基础数据、信息的调研工作，对学校现有人员、设岗情况、上岗状况、实际发放总额人均发放数额等进行了统计分析。在2005年岗贴发放中，加大与人员平时考勤的结合，尤其加大对院部科研所等业务部门人员的跟踪考核，将各单位人员名单与月发放岗贴人员名单进行对照比较，落实人员在岗状况，对各单位未报学校的不在岗人员，及时发现并按规定处理。

（八）落实新聘人员待遇。与计财处、房改办等部门一起对2002年以来引进人员协议、住房补贴、安家费、科研启动经费等进行了梳理，对已分房的10余名人员的住房补贴进行了清理，并实现了第一次上网公示，增加工作透明度。2002年有29位有博士学位人员、2004年有42位有博士学位人员享受租房8000元/年补助；2005年33位有博士学位人员享受10万元住房补贴，给予55位有博士学位人员2万～3万元科研启动经费，给予46位有博士学位人员1万元安家费。

（九）出国管理。目前出国已成为职工在岗流动的主要渠道，2005年共有403名职工短期因公出国，91名职工因私事自费出国。

（十）按期完成了上级部门布置的高等学校基层报表、国家机关事业单位统计报表及校内日常管理所需数据、报表几百份；完成了93名非教师系列职工的培训、继续教育、学历教育协议签订、学费的审报工作，31名职工探亲路费的核报工作。

三、师资培养工作

（一）高层次人才申报和推荐

组织了2005年度“长江学者”特聘教授、讲座教授和山东省“泰山学者”特聘教授的申报工作。推荐“长江学者”特聘教授、讲座人选8人，入选1人；推荐“泰山学者”特聘教授人选12人，全部通过评审并已上岗。

（二）以“三种经历”为主要内容的教师继续教育和培养

1. 鼓励在职教师做博士后研究，免交保证金。制定印发了《〈山东大学教师队伍建设实施方案〉补充规定》，对在国内校外博士后科研流动站在职做博士后研究的教师，每年给予1万元的科研经费补贴，2005年共计40人在职做博士后研究。

2. 鼓励年轻教师在职攻读博、硕士学位，为在职获得博士学位的教师给予每人1万元的科研启动经费。2005年有180人报考了在职博（硕）士研究生，其中考取博士研究生64人，考取硕士研究生20人。

3. 拓宽教师培养渠道，加大教师公派出国留学的力度。鼓励青年教师到国外名牌大学学习深造。印制了《山东大学2005年公派出国留学材料汇编》，召开了公派留学咨询会。2005年申报公派留学基金167人，比去年同期增长约3倍。2005年度我校共有31人被录取为国家留学基金委全额资助项目，居全国高校第一。根据2005年初我校与国家留学基金委签订的合作派出协议，有80人被录取为“青年骨干教师出国研修项目”出国人员，其中30人出国经费按1∶1配套，我校提供195万元人民币配套费，50人国家留学基金委提供国际旅费，我校提供400万元人民币作为留学费用。其他专项项目，如高校基础课教师出国研修项目、高教行政管理人员出国研修项目、赴新加坡南洋理工大学外语教师培训项目等共录取24人，获得国家资助为312万元。山东省自筹资金出国项目录取19人，获得山东省资助107.9万元。截至年底，我校共有154位教师被各类出国留学项目录取，创历史新高，共获得各类资助1038.4万元。

4. 教师的非学历教育。由于大力推进教师“三种经历”，越来越多的中青年教师将出国进修深造，但是他们面临的最大困难就是英语不过关。根据这种实际情况，我们将高层次英语培训班改为WSK英语辅导班，并且继续举办ESEC英语学习班，重点培训教师的英语实际运用能力及WSK考试成绩。2005年共举办了4个班40多人的ESEC英语学习班、4个班60人的WSK英语辅导班。

（三）关键岗位人员的考核及津贴发放

为全校179位校聘关键岗教授助手一一落实发放了2004年度关键岗教授助手津贴。

（四）教师资格认定和岗前培训

岗前培训主要以新分配、调入、补充到我校的青年教师为对象，参加岗前培训人员共计106人，为99人办理了岗前培训合格证。并为符合条件的教师，包括部分离退休教师申办了教师资格证书，共计办理82人。

四、专业技术职务评聘工作

（一）整理验收2004年专业技术职务评聘工作形成的材料，完善各级评审组织意见及学校聘任意见，并及时归入档案，计580人。

（二）为557名专业技术人员办理资格证书，为367人办理了聘书；为605名临床医学教师、31名兼职教授办理了聘任手续。

（三）组织我校2005年专业技术人员职务晋升外语考试报名、命题、考试及阅卷工作，共834人；组织2006年度我校教职工参加全国职称外语考试报名工作，计563人；组织了我校有关人员参加全国会计职业、资格考试的报名工作，计67人。

（四）为了合理配置教师资源，平衡教师的综合工作量，根据岗位任务和性质，修订了教师职务任职条件。新的教师职务任职条件分为教学为主、教学和科研并重、科研为主三种类型，每种类型任职条件根据人文社科、理、工、医及临床医学等不同学科分别在教学时数、教学质量、教学成果、科研项目及论文质量等方面，提出了明确要求，建立了针对不同学科的评价指标，强化了教学、科研的质量导向。

（五）从国外招聘教师申报高级职务39人，提交校学术委员会常务委员会评审通过教授14人，副教授19人，送校外同行专家评审的6人。

（六）根据国家关于全日制院校毕业生见习期满后认定任职资格的规定，对217名毕业生进行见习期满考核，并为他们确认了相应的专业技术职务。

（七）完成了2005年接收的研究生、军转干部、招聘人员的专业技术职务资格审查、确认与聘任工作，计102人。

（八）完成了2005年拟晋升专业技术职务人员花名册及数据统计工作，2005年拟晋升高级职务的2402人，其中教师系列808人（正高503人），工程（实验）系列298人（正高57人），卫生技术系列680人（正高158人），教育管理系列314人（正高132人）。

五、劳动工资和社会保障工作

（一）执行山东省工资政策，增发省直岗位津贴和节日补贴。根据山东省文件给全校在职职工和离退休人员增加了同城补贴和交通补贴，人均月增资300元，全年支付总额3600万元。11月份又增加了山东省岗位津贴和节日补贴，人均月增资701元，全年支付总额 8410 万元。两次增加补贴每年合计 12000 万元。其中离退休人员每年增加 4170 万元。

（二）工资管理。为 217 名新入校人员办理工资手续，为 82 名回国人员恢复核定工资。办理离校、出国等停发工资手续 244 人。为 650 名晋升职称职务人员晋升职务工资，为 580 名双年升级人员晋升工资档次，为 33 名见习人员转正定级。为全校在职人员发放了第十三个月工资，并发放了 2004、2005 两个年度的供暖补贴。为 700 多人调整了职务补贴。审核发放值班、加班、夜班费和特种岗位津贴 89 笔。加强考勤管理工作，对 61 名擅自离岗、私自出国、拖延离校手续、领取校内外双份工资的人员按规定停发和追缴工资，涉及金额 219 万元。

（三）社会保险。为 99 名合同制工人交纳养老保险 30 万元；为 225 名新聘人员做交纳养老保险的工作；为全校在职人员交纳失业保险 420 万元，其中，单位交纳 300 万元，个人交纳 120 万元。

（四）退休管理。为 185 名教职工按期办理退休手续。两次为离退休退职人员增加生活补贴，两次发放取暖补贴。

（五）劳动保护。加强对有毒有害特殊岗位的管理，建立人员数据库。为 43 名接触放射源的工作人员建立健康档案，定期培训，定期查体，持证上岗，通过了省卫生厅的检查。

（六）职工福利。慰问老弱病残职工，发放各种困难补助 167 笔。为 64 名去世教职工做好丧葬抚恤工作。为 338 名职工遗属和 246 名退职退养人员审核发放生活补助。

（七）技术工人考工定级报名。为 2005～2006 年度 150 名工人办理报名手续。

六、博士后管理工作

（一）组织完成人事部全国博士后管委会对 2002 年 12 月 31 日前设立的博士后流动站的工作评估工作，我校共有生物学、物理学、化学、数学、中国语言文学、材料科学与工程、机械工程、临床医学、基础医学等 9 个流动站参加了评估。

（二）加大宣传力度，将我校招收信息通过学校网站发布，利用人事部博士后制度建立二十周年成就展搭建的网络平台宣传我校博士后工作。

（三）与地方政府和企业博士后工作站取得联系，组织博士后和联系教授到企业、到地方开展科技行活动。6 月，与泰安市人事局联合组织了十余名博士后和专家教授到泰安市的四家有博士后工作站的企业开展科技行活动。9 月，组织博士后参加了潍坊市人事局组织的“海峡两岸人才与科技成果交流洽谈会暨百名博士潍坊行”活动。

（四）完善我校博士后工作的制度建设，规范博士后的入站、落户、出站等报批手续。第一次对我校进站一年的博士后进行了中期考核，并将考核结果与经费挂钩，考核合格者下发第二年经费。

（五）博士后招收。今年共招收 84 人，其中企业博士后 7 人，在站人数达到 171 人，完成了年初制定的本年度在站人数达到 150 人的目标。

（六）组织在站博士后参与第三十七批、三十八批中国博士后科学基金资助金的申报工作。我校共有 4 人得到二等奖资助，每人获资助人民币 2 万元；7 人获三等奖资助，每人获资助人民币1万元。

（七）组织我校教师申报人事部中国博士后科学基金会2005年度“中韩博士后交流计划”出国项目。中方共派出十人，我校教师向凤宁、刘志珍入选，并将于2006年初赴韩。

七、人事档案管理工作

（一）加强规章制度建设，规范档案管理，起草了《山东大学人事档案管理暂行办法（草稿）》。

（二）加强档案材料的收集与鉴别。一年来收集年度考核表、工资表、职称表等档案材料16000多份，对收集来的档案材料认真鉴别，发现手续不全的督促有关部门补办，缺少的档案材料限期补齐。对新获得学历、学位的档案材料，在手续不全的情况下一律不予更改学历，保证了学历、学位信息的真实性和可用性，变更学历300余人（仅东校区就有200多人）。

（三）做好信息采集、录入和审核。审核新入校人员信息表200余份，对5000多人的信息进行了修改、录入。

（四）档案的接收、整理和转递。接收档案190余卷，整理、装订人事档案200余卷，打印档案目录100多卷。转递、调出档案147卷，内部转递材料5126套（份）。

（五）提供利用人事档案。为组织、人事部门及其他单位干部考察与任免、干部竞争上岗、专业技术职务评聘等方面提供利用人事档案近600卷，为本科评估提供各类教职工数据、名册26本，借阅、查阅档案近5000人（卷），出具了大量的各类证明。全年审查教职工住房类申请、证明材料4000余份（含双职工），出具各类证明500多份。

（六）加强人事档案工作的交流与学习。2005年11月参加了中组部、人事部组织召开的第四次全国干部档案工作会议——各分会场视频会议。完成了《山东大学人事档案工作总结》5000余字的汇报材料，对合校以来在人事档案方面的基本情况、工作开展情况、存在的问题以及今后努力的方向进行了总结和展望。

（七）及时处理人事档案管理工作中出现的新问题、新情况。2005年收到部分同志参加部队院校成人教育的学历材料，经与教育部及时联系、确定，对上述情况及时作出了处理，维护、规范了我校对学历、学位管理的严肃性和公正性。

八、人才服务工作

（一）人事代理。完成了2005年我校事业编制新聘用人员百余人的人事代理工作，其中接收毕业生73人，通过济南市人才中心、济南市人事局办理人事调动手续的30多人。目前我校事业编制聘用人员实行人事代理人数200多人，校办产业聘用人员人事代理200余人。

（二）人事代理人员的人事档案管理。2005年整理档案100多卷，接待查（借）阅档案200多人次。接收人事档案100多份，收集档案材料400多份。

（三）临时用工管理。建立了临时用工数据库，摸清了我校临时用工的基本情况。完成了学校支付经费的用工单位临时用工的核查、清理、清退等工作。

（四）残疾职工管理。委托学校机械厂以合同制的形式与 4 名我校教职工的残疾子弟签订了协议，并为他们缴纳了各种社会保险金。因学校硅冠化学公司撤销，之前委托学校硅冠化学公司的 33 名我校教职工的残疾子弟须从新委托单位另签协议，又委托学校机械厂代学校每月为他们缴纳各种保险金，并为 37 人办理了社保卡。既为残疾子弟的家长解决了后顾之忧，又为学校增加了残疾人比例，节约了资金。为 47 名事业编残疾职工每人发放了 1000 元生活补贴及节日慰问品，为他们解决了实际困难。根据《山东省分散按比例安置残疾人就业规定》，我校应安置残疾人就业 107 人，少安置 1 人每年应向省残联缴纳残疾人福利基金 1.5 万元，共计需缴纳 160 万。我校为 37 名残疾子弟每月发生活费和缴纳各种保险金，一年支出 25 万；为事业编残疾职工每人发放了 1000 元生活补贴及节日慰问品，一年支出 6 万；现通过省残联验证的总共 84 人，向省残联缴纳残疾人福利基金 10 万；总计支出 41 万元。因此为学校节省资金 100 多万元。

（陈　峥）

国际合作与交流

山东大学国际合作与交流处（港澳台事务办公室）下设交流科、重点项目与校际合作科、综合科。设处长1人，副处长3人，刘永波教授任处长，共有工作人员16人。

一、基本情况

2005年，我校的国际学术合作与交流活动按照2004国际合作年确定的近几年的工作目标，巩固2004国际合作年的交流成果，落实2004年商讨的项目，继续加大了国际交流的力度和规模，提高层次，在校际合作、智力引进、科研合作、师生海外经历、管理人员境外培训、学生交流等方面，在国际合作年的基础上都有新的发展。

2005年，我校与美国俄亥俄州立大学、南洋理工大学、成功大学等12所知名大学签订了友好合作协议，签订项目协议13个，续签友好学校合作协议2个，新建友好关系学校的层次有较大提高。全年接待各类人员近2000人次。经国际处共接待来访团组共计104个，其中，18位校长、10位副校长率团来访。

2005年，我校主请短期专家118人，聘请国内外知名学者为我校流动特聘岗教授62人，客座教授和名誉教授21人；资助聘请来校讲学境外学者156人，40余名海外校友回母校开展讲座或进行学术交流。

2005年，长期在校工作的外教和专家共85人，分别来自美、英、法、日、韩等11个国家和地区。

2005年，校内举办和主办了包括“世界汉语大会——中华文明巡礼活动”在内的国际及海峡两岸学术会议及论坛15个；接待来访港澳台学者累计468人次；出国和赴港澳台参加会议和学术活动的师生人数达693名；继香港理工大学护理学院30人来我校学习五周后，又成功举办了第五届海峡两岸“孔孟故里寻根夏令营”。香港、澳门、台湾的若干团组来校访问并与学生交流，极大地活跃了我校的国际氛围。

2005年，校际合作派出长期学生123人，短期访学63人；接收长期交流生255人，短期访学288人；校际交流派出教师进修18人；派出教师出国任教7人；共派出出访团组22个。

2005年度，我校获得外籍专家经费405万元；有16个引智项目获得国家外专局或教育部资助，资助金额71.5万元；获得教育部30.56万元项目经费用于港澳台交流和参加国际学术会议。

2005 年，我校与巴黎法语联盟达成协议，在山东大学合作成立了山东法语联盟。

二、校际交流日趋活跃

1. 充分发挥校际友好学校的作用，在执行好已有协议的交流合作项目，使国际交流与合作更为实质的同时，开辟与新的、高水平大学的友好关系。2005 年，我校与美国俄亥俄州立大学、辛辛那提大学、南洋理工大学、成功大学等 12 所知名大学签订了友好合作协议，建立了合作关系，每一所新建立友好合作关系的学校都有实质性合作项目；签订项目协议共计 13 个，续签友好学校合作协议 2 个。新建友好关系学校的层次有了较大提升。

2. 2005 年经国际处共接待来访团组 104 个，累计 895 人，其中有 18 位校长、10 位副校长率团来访，包括韩国高丽大学校长鱼允大、日本神户大学校长野上智行、大东文化大学校长和田守、和歌山县立医科大学校长南条辉志男、美国辛辛那提大学校长 Zimpher 博士、荷兰莱顿大学校长 Douwe D. Breimer 教授、荷兰提尔堡大学 Frank van der Dyun Schouten 校长、瑞典皇家工学院 Anders Flodstrom 校长、丹麦罗斯基尔大学 Henrik Toft Jensen 校长、德国乌尔姆大学 K. J. Ebeling 校长等世界著名大学的校长。

全年共接待各类人员近 2000 人次。

3. 2005 年校际合作派出长期学生 123 人，短期访学 63 人；接收长期交流生 255 人，短期访学 288 人；校际交流派出教师进修 18 人；派出教师出国任教 7 人。

4. 为推动国际交流与合作，加强与友好学校的交流与交往，开拓合作关系，2005 年学校共派出了 22 个出访团组，其中校领导出访 15 人次。通过出访，提高了我校在国际上的影响，推动了校际合作向纵深发展。

三、名家学者参与浓厚学术氛围

2005 年，诺贝尔物理学奖获得者丁肇中教授、诺贝尔经济学奖获得者罗伯特·蒙代尔教授、我校名誉博士杜维明教授先后来校访问讲学；授予美国华盛顿大学 Michael Sherraden 教授、比利时和欧洲科学院院士 De Clercq 教授（鲁汶大学）、美国夏威夷大学成中英教授、韩国高等教育财团秘书长金在烈教授、瑞士日内瓦大学 Hostettmann 教授及美国学者姚期智教授等 6 名享誉国际的学者“山东大学名誉教授”的称号，授予 17 名客座教授并聘请其来校讲学。此外，学校还聘请和资助聘请了 62 名流动特聘岗教授和 156 名境外学者来校讲学，40 余名海外校友回校进行了学术交流。

四、长期专家聘任和引智工作成效卓著

2005 年全年共聘请长期外籍教师和专家 60 人，其中专业专家 20 人，长期在校外教和专家 85 人，分别来自于美、英、法、日、韩等 11 个国家。专家人数和层次较之以往具有明显的不同——人数更多，覆盖面更广，专家层次也更高。其中专业外教所占比例达 30%。语言教学覆盖所有院系的硕士和博士以及部分院系本科生，专业教学涵括哲学、生物、化学、物理、经济等多个学科。专业外籍专家比例有较大提高，外教和专家层次逐渐凸显。有 6 名外籍学者成为我校正式教师，长期在校工作。

2005 年，我校积极组织申报教育部和外专局各项引智项目，提高了专家的档次，取得了一批突出的引智成果，共有 17 名专家到校工作或进行合作研究。创立“985”学校引智专项，共资助 23 个项目，聘请了 25 名外国专家和学者。这些专家和外教对我校的学科建设、科研发展和人才培养都起了积极的作用。

五、国际科研合作成绩斐然

2005 年，我校有 16 个科研项目受教育部和外国专家局资助；学校资助了 23 个项目开展国际合作；我校参与的 AMS 实验重大国际合作项目和 ALTLAS 国际合作项目进展顺利；我校欧洲研究中心与英国巴斯大学合作申请欧盟项目获得批准；晶体材料研究所与新加坡国立大学开始启动共同建设生物微/纳米功能材料中心；我校与瑞典皇家工学院合作设立工业生态研究中心。

2005 年我校共举办了第五届亚欧国际等离子表面工程会议、易学与儒学国际学术研讨会、儒学全球化论坛、中国数学会 70 周年年会、计算机辅助工程国际学术研讨会、龙山时代与早期国家国际学术研讨会等 15 个国际/两岸学术会议，共有 300 多名境外学者参加了会议；承办了世界汉语大会的中华文明巡礼活动，有来自 40 个国家的 60 多名代表参加。

六、海外经历师生获益匪浅

1. 教师出境参加海外学习、国际学术会议和研修考察，开阔了自身的国际视野。2005 年共计 101 名教师出国进修学习或合作研究一年以上，420 名教工出国（境）参加国际学术会议、访问考察或进行合作研究。

2. 针对学生的海外经历项目和参加人数明显增多。2005 年通过校际交流、国际合作、联合培养等渠道派出海外留学和访学的学生人数共计 273 人，其中一个学期以上的 145 人。落实了与友好学校关于学生交流的项目协议，新增若干个学生交流项目。通过校际合作组织派出了 8 个学生团共 63 人分别赴韩国、日本、加拿大和我国香港、台湾地区进行访学，增长了学识，开阔了眼界。

3. 管理人员境外培训工作取得新进展，形成了参加由教育部等上级部门组织的培训、学校组团专题研修、学校组团培训、管理和学术“双肩挑”骨干出境研修的管理人员培训模式。2005 年，有 8 人参加了教育部组织的培训，有 6 人参加学校组织的出境专题研修，有 11 人参加了赴香港培训团，有 13 名“双肩挑”人员被选定出境研修。

七、学生国际交流丰富校园文化

境外学生来校访问交流，提高了我校学生的国际交流能力，丰富了学生的阅历，开阔了学生的眼界，活跃了学校的氛围。2005 年先后有 12 个境外学生团组来校交流。

2005 年我校举办的首届暑期国际学校，邀请了来自 9 个国家 18 个友好学校的 30 名学生前来参加为期 4 周的文化学习；美国俄亥俄大学东方文化研究中心 2005 年又有 6 名学生在我校学习 2 个月，同时我校有 6 名学生参加了该项目新闻学课程学习；香港城市大学中国传统文化课程学习班的 40 名学生在我校进行了为期半个月的关于中国传统文化课程的学习；香港理工大学护理学院 30 人来校学习 5 周；成功举办了第五届海峡两岸“孔孟故里寻根夏令营”，有 30 名来自台湾大学、成功大学、东吴大学等四所大学的师生及我校 30 名学生参加，为两岸高校的校际合作增添了实质性内容。此外，日本、德国、韩国的学生团以及我国香港、澳门、台湾的若干团组来校访问并与学生交流，极大地活跃了学校的国际气氛。

八、引资办学与经费争取硕果累累

1. 2005 年我校获得外籍专家经费累计 405 万元，比 2004 年增加了 108 万元；有 16 个引智项目获得国家外专局或教育部资助，资助金额共计 71.5 万元，比 2004 年增加了 27 万元；获得教育部 30.56 万元项目经费用于港澳台交流和参加国际学术会议。

2. 努力争取海外教育资源，通过海外基金或国际组织资助 18 名教师出国学习或研究；获得各类奖学金人民币共计 100.5 万元，其中韩国国际交流财团向我校研究生奖励奖学金 1 万美元，日本各类奖学金 4 项合计 8.8 万元人民币，港澳台地区团体机构捐赠 83.7 万元。

3. 通过国际合作获得国外经费共计人民币 688.8 万元。其中，我校欧洲研究中心获得中欧高教项目中心资助 34 万欧元；韩国财团资助研究项目 5000 美元；德国高能物理研究所 Rolf Muller 教授到我校物理与微电子学院工作，自带科研经费 300 万人民币；德国汉高公司支持化学院冯圣玉教授合作科研经费 5.6 万美元；等等。另外，我校卫生与政策研究中心与英国发展研究所、德国汉堡大学等五个单位共同申请欧盟项目，共获得资助 162 万欧元。接收赠书 1200 册。

（于晓风）

财务管理

2005年度，学校财务工作贯彻“公开透明，规范严格，科学配置，效益优先，服务学术”的财务基本方针，围绕学校党委和行政工作要点，严格执行各项规章制度，加强财务管理，提高服务水平，坚持为学科建设、教学科研一线服务，为改善师生员工的生活服务。全体财会人员与时俱进、扎实工作，圆满完成了年度各项任务，努力为学校各项事业的全面发展提供财力保障。

一、计划管理与国库集中支付工作

（一）合理编制2005年财务预算，收入支出完成学校要求的目标。2005年度计划财务处加强收入管理，实行责任制度和奖惩办法，收入实现13.28亿元，完成任务13亿元的102.15%；支出方面，强化校级专项的双签制，建立项目经费双签制和追踪问效制，2005年支出完成16.47亿元，控制在17亿元以内。实现财政拨款8.46亿元，完成任务7亿元的112.8%；各项教育收入完成4亿元，完成任务的100%；科技经费为2.08亿元，完成任务的104%，其中纵向科研经费为1.26亿元，横向科研经费为0.82亿元。

（二）本年度制定了威海分校的预算、决算报送总校审批的制度；规范了后勤预算的审批程序。

（三）本年度制定了“985工程”专项资金管理办法，组织编制上报了2005年“985工程”专项资金预算，配合做好专项经费预算的申请、立项，完善项目库管理，严格修缮项目、实验室建设项目的立项、预算执行和追踪问效的管理程序。

（四）迎接财政部、教育部修购专家组对我校修购基金的评估。经过核实资料、现场勘察、市场调研、测算，评定结果：我校2005年申报的修购项目符合立项要求的共45项，计10697万元（财政资金8559万元，自筹资金2138万元），其中，房屋修缮项目14项、设备购置项目19项、基础设施改造项目12项。

（五）正确处理学校加快发展与防范财务风险的关系，在分析我校财务状况、贷款情况的基础上，对我校的银行贷款风险程度进行分析，对未来拟贷款额度及用途安排、偿还计划进行预测、说明。严格按《山东大学银行贷款管理暂行办法》的规定决策程序进行贷款，本年新增贷款5.1亿元，贷款总额达到9.5亿元。

（六）圆满完成本科教学评估有关工作。认真核实2002～2004年的四项经费，对负责的主要观测点进行详细的说明，形成数字真实有据、支撑资料充实、齐全、装订成册的完整的资料，顺利地通过了专家的提问及审核，圆满完成了我处负责的本科评估工作。

（七）我校本年度财政国库管理制度改革资金的用款额度为44793.32万元，其中基本支出用款额度34935.32万元，项目支出用款额度9858万元。未支用的国库支付用款额度9351.37万元。

二、财务管理工作

（一）加强财务规章制度建设。2005年度制定了《山东大学关于依法理财，加强财经管理的若干意见》、《山东大学关于做好增收节支工作的意见》、《山东大学“985工程”专项资金管理办法》、《山东大学银行账户管理办法》等一批校内财务规章制度。汇编了《山东大学内部财务制度汇编（二）》。

（二）根据学校财经管理改革思路，在广泛调研的基础上，进一步修订完善了《山东大学创收收入管理分配暂行办法》，全年完成了学校68000万元各类创收收入的计提分配工作。

（三）经过认真分析论证，完善学校预算的岗位津贴经费的分配办法，分配划拨岗位津贴经费3500万元；本年度严格执行学校预算，全年核算教育经费72000万元，科研经费22600万元；加强往来款项管理，本年核销应收及暂付款66000万元。

（四）经过与主管部门协调，本年度理顺了校医院的药品出入库核算，核实了化学院、生命学院材料库的库存数，进行了账务处理。暑假期间核算部全体人员加班加点完成了本科教学评估四项经费2002～2004年三年的账务审核工作。12月份，按照《山东大学创收收入分配暂行办法》，根据各院部岗位津贴和奖福基金的开支情况，进行了基金调节。对结题的科研项目，严格审核，确保科研经费财务决算表的收支情况与学校财务账一致。

（五）在山东大学与中国银行济南分行签订的《配合国家助学贷款全面合作协议》、《国家助学贷款银校合作协议》和《关于全面合作的补充协议》框架内，坚持平稳推进、分步实施的原则，学校与中国银行稳步实施全面合作，完全按照协议规定和银行账户批复书办理银行账户的移交。2005年3月31日前，我校预算外账户、基建账户、外汇账户、贷款户、结算中心户已在中国银行开户并开办业务，在其他银行的上述账户同时撤销；并向教育部和山东省财政专员办及时办理了新开账户和撤户的备案手续，新开银行账户14个，同时撤销了15个原有银行账户，并完成了山东省财政专员办对我校银行账户的年检工作。2005年12月底学校和经办银行做好开立基本账户的准备。

（六）2005年上半年对审计署驻济南特派员办事处《关于山东大学财务收支等情况的审计调查报告》提出的意见，进行了全面落实整改，规范了校内的财务管理。

（七）严格按《教育部关于建立直属高校资金监控系统的通知》要求，每月及时通过中国教育经济信息网，上报我校资金收支情况，积极配合上级管理部门对我校资金流动的即时动态监控任务。

三、基本建设财务工作

（一）加强基本建设计划和财务的预算工作，提高预算工作的准确性、严肃性。2005年主管部门下达计划总投资57588万元，其中教育部28488万元，省发改委12350万元，结转省发改委职工住宅项目投资计划16750万元，是2004年计划总投资43463万元的132%。2005年基建财务预算56906万元，调整预算为41978万元，是2004年调整预算40333万元的104%。其中国拨经费908万元，发改委“211”专项经费200万元，银行贷款27226万元，学校自筹744万元，职工集资12900万元。严格按照基本建设程序，完善基建项目投资计划，进行了各项目建设资金测算，编制年度基本建设预算、调整预算、严格预算控制，保证了学校基本建设各项工作正常进行。

（二）年内协调各部门，顺利办理了西区号院改扩建工程、南区鲁能研发楼、南新区学生公寓1#～11#、南新区综合楼及讲堂群及东区五宿舍18#、20#、21#教工住宅等，共计建筑面积140581平方米、总投资22639万元的一大批建设项目的资产交付手续。

（三）继续做好国库集中支付的试点工作，总结、探索国库直接支付条件下的基建财务管理、会计核算程序、办法，解决实际工作中遇到的实际问题。2005年经多方协调，顺利完成西区教学实验楼908万元的国库直接支付任务，严格施工单位、建设部门、审计部门决算编制、决算审计的时间要求，及时办理了决算审计工作，提高了工作效率。

（四）召开有关职能部门召开工作座谈会，就工程变更手续、甲方供料扣款、材料转账、工程跟踪审计等问题，深入探讨达成共识，并落到实处，促进了工作的顺利开展。

（五）加强资金管理。继续加强大额资金管理，降低财务风险，完善支付程序。预付款、进度款的支付，严格按上级文件、按合同、按中标通知书审查，施工单位报量、监理审核、跟踪审计审核、建设方审查，经四位主管领导审核签字，后经财务部门各位主管领导签字批复后方可支付，层层把关，严格手续，降低了财务风险。加强了银行账户合并管理，基建财务、新区财务共用一个中国银行账户核算，项目经费统筹使用，提高了资金利用率。

（六）建立了新区基建材料账套核算体系。为了完成全年17775万元的建设资金、96个项目的财务核算工作及每个项目的材料明细账核算任务，利用现有的会计核算账套，经过反复研讨、斟酌，结合新区材料核算的实际情况，自行改制了一套材料明细核算的账套体系，设置4级明细科目100余个，进行材料明细核算。全年完成库存设备508万元、库存材料2710万元的出入库的明细核算工作，并作到了材料明细账与项目账的按月核对，达到了账账相符。

（七）全年共计审核新校区经济合同389份，合同总额9123万元。其中：工程设计、监理、招标代理合同23份，合同价款863万元；施工合同33份，合同价款5520万元；材料、购买合同333份，合同价款2740万元。为学校把了关，严格了合同手续。

四、后勤财务工作

（一）认真编制2004年后勤财务决算，全面分析了后勤经费在运行过程中存在的问题，对后勤经费的收入和支出情况进行了详细分析，为学校和后勤处各级领导加强后勤财务管理提供了可靠依据。同时，按学校新的要求编制了2005年后勤详细的财务收支预算，督促各中心严格执行预算，使后勤经费基本控制在可控范围内，完成了全年收入支出计划。

（二）深入各中心调研，掌握后勤发展规律，基本摸清了后勤水电暖、校园、物业和交通等中心的相关数据，配合学校完成供暖收费改革，并为水电、交通、物业收费制度改革打下了基础。

（三）完善后勤核算体系。根据后勤处安排和加强后勤成本核算的需要，后勤财务部深入调查研究，在对2004年财务状况详细分析基础上，根据会计原则的要求和各中心的不同类型，对各中心经费支出和经营支出的成本项目及支出内容进行了规定，建立了后勤成本核算体系；对各中心使用的会计科目，按会计原则的要求和后勤实际，进行了重新定义，同时增加明细科目，规定支出内容，进一步完善了后勤核算体系；根据2004年后勤各中心实际支出数进行了测试，通过测试，发现了在财务管理、成本控制、基础数据等诸方面的薄弱环节，为后勤加强财务管理提供依据。

五、人员经费管理工作

（一）申领新的《收费许可证》。山东省物价局向山东大学核发了新的《收费许可证》，原三所学校的收费项目首次实现规范整合。

（二）实现了研究生缴费的集中统一管理。2005年度所有全日制本科生、研究生的新、老生学费、住宿费全部纳入集中统一管理，特别是研究生住宿费由原来的学生公寓管理中心收取转为由计划财务处集中统一收取。至此，统招学生缴费实现了由手工缴费向“学生凭折（卡）存款，学校委托银行代扣”的新型缴费方式的转变。

（三）与教务处和研究生院建立了学生缴费、注册的日常联系和工作机制，开通统招本科生、研究生缴费情况网上即时查询业务。

（四）2005年度，根据山东省人事厅、财政厅《关于解决驻济省直机关与济南市同城待遇的通知》（鲁人发［2004］30号）、《关于妥善解决驻济省直机关与济南市同城待遇等问题的通知》（鲁人发［2005］13号）文件精神，我校为职工发放了省直岗贴、交通补贴和节日补贴，共计14705.93万元。

（五）我校依据《国家税务总局关于调整个人取得全年一次性奖金等计算征收个人所得税方法问题的通知》（国税发［2005］9号）文件精神，进行了纳税筹划，对岗位津贴业绩部分、在职离岗人员生活补贴的发放进行了调整，作为全年一次性奖金集中发放，达到了合理避税的目的。

（六）开通了离退休人员工资网上查询，为离退休提供了更加方便、快捷的服务。

六、招标管理工作

（一）全年共计采购项目511项，采购预算为49920.34万元，实际采购金额44384.41万元，节约资金5535.93万元，资金节约率达到11.09%。

1. 货物类采购项目422项，采购预算为24238.00万元，实际采购金额22150.81万元，节约资金2087.19万元，资金节约率达到8.61%。其中，实行政府统一采购的项目3项，采购金额为312万元。

2. 工程类采购项目67项，采购预算为24192.73万元，实际采购金额20982.68万元，节约资金3210.05万元，资金节约率达到13.27%。

3. 服务类采购项目22项，采购预算为1489.61万元，实际采购金额1250.92万元，节约资金238.69万元，资金节约率为16.02%。

（二）开展了2005年中文图书、外文图书、外文期刊的招标采购工作，使全校图书采购纳入规范化轨道。

（三）通过清理票据、催交收入等方式，进一步加强了招标经费的管理，使全校招标经费全部纳入财务处账户进行统一管理、统一核算。

七、其他工作

（一）10月份，组织学校248名会计人员进行为期2天的继续教育脱产培训，学习了“纳税筹划专题”、“民间非营利组织会计”等内容。

（二）发布2005年度统计公报，对我校的学生数字、教职工数字进行了发布。

（刘立军）

资产管理

2005 年，国有资产管理处紧紧围绕学校中心工作，认真落实学校党委和行政工作要点，按照“建设节约型校园”和“创建学习型机关”的要求，以科学发展观为指导，以“全力维权，挖潜增效，科学配置，规范管理”为中心，突出“发挥事业类资产最大办学效益”和“确保经营性资产保值增值”两个重点，切实履行国有资产管理职责，为学校发展提供了强有力的条件支撑。

一、落实 2005 学校行政工作要点

按照 2005 年学校行政工作要点要求，重点落实七项工作：

（一）完成新校、西区、南区北门土地使用权证办理

在学校领导的正确指导下，征得省、市、区政府及相关单位的全力支持，国资处工作人员经过 18 个月艰苦奋战，完成了新校、西区、南区北门土地确权登记，并领取土地证。土地证的办理成功，结束了我校“百年老校无土地合法使用权”的历史，确保了学校土地的安全完整，维护了学校的合法权益，解决了基本建设规划的后顾之忧，为学校的发展提供了有力的支撑。完成土地证包括：新校 503057 平方米（754.59 亩），西区 383352.8 平方米（575.03 亩），南区北门 1765.6 平方米（2.65 亩）。

（二）拆除旧房屋 28764 平方米，收回不合理占地 63.34 亩

为提高土地使用效益，确保学校基建规划的实施，经协调、谈判回收企业使用的学校土地 63.34 亩（建材加工厂 46.45 亩，金谛园 3.83 亩，晶体研发中心 3.43 亩，三星公司 8.13 亩，东区印刷厂 1.5 亩），回收山大鲁能使用 20 年使用期土地 3.99 亩，在规范学校公有房屋拆除办法的基础上，拆除旧房 28764 平方米。（金谛园 2939 平方米，晶体研发中心 1721 平方米，老校游泳池平房 500 平方米，西区印刷厂 1200 平方米，建材厂 12597 平方米，东区印刷厂 800 平方米、西区花房 1000 平方米，新校后勤办公楼 1200 平方米，五食堂 3207 平方米，微生物楼及东侧 2500 平方米平方米，危险品库 1100 平方米）。另外拆除南区 45 米烟筒 1 座。

（三）收取经营性资源占用费 35 万元

收取经营性资源占用费约 35 万元。原计划收取产业集团及后勤房屋资源费 50 万元，因各种原因难以收取。同时，其他预期收入大都抵消，此项工作没有足额完成。

（四）合理分配房产资源，完善科研用房管理办法

1. 合理分配了东校区多功能材料楼、南校区 8# 楼，保证了“985 工程”科技平台建设、社科基地用房和关键岗位教授用房。

2. 完成了南新区、南校区房屋调整方案，改造、启用了教学 1 号楼，各院部用房逐步调整到位。封闭了 7 号楼。

3. 对晶体所旧楼合理分配，解决了部分人才和学科用房急需。

4. 对新校新建综合楼 A、B 区进行了前期规划论证，做出方案。

5. 协调落实儒学中心、热学与空间动力学中心等单位用房。

6. 学校研究通过《房屋接管验收和建筑物账务处理办法》。

7. 因涉及公房改革问题，原拟制定的《山东大学科研用房管理办法》考虑归总到公房改革文件中。

（五）收回不合理占用房产 2755 平方米（使用面积）

经过艰苦工作，通过各种手段，收回多屏幕所 130 平方米、建安公司 42 平方米、全息生物所 115 平方米、病毒所 40 平方米、后勤企业 150 平方米、双语培训中心 300 平方米、万隆超市 578 平方米、西校区培训楼三至七层 1400 平方米。西校区药厂大楼基本腾空。

（六）建立教学科研单位资源使用效益评价体系

1. 完成 2005 年公房定额配置数据计算，数据调整汇总后可开始收取超定额费。

2. 督促并协助实验室与设备处完成了《仪器设备使用效益评价与奖惩办法》讨论稿的拟定。

3. 拟定了三个校区房屋长远使用规划，提交学校研究。

（七）对后勤所属企业及其他尚未进入产业集团的企业清产核资，理顺管理体制，对扭亏无望的 7 家企业实行关停并转

1. 完成后勤企业清产核资，提出理顺体制方案。成立了由学校领导、职能部门组成的清产核资领导小组和工作小组，完成了 9 家后勤企业的清产核资工作。经过筹备、部署、填报、培训、清产核资、总结、汇总和编写报告、提出理顺体制方案等八个阶段，完成了工作总报表和各个企业工作报告、报表，编写了后勤企业清产核资工作报告，对清产核资工作进行了全面总结分析，提出了理顺后勤企业管理体制实施意见和方案，并对负债大、历史遗留问题多的企业，提出了防范和控制经济和法律风险的意见，圆满完成了清产核资工作。

2. 清理整顿 5 家企业。(1) 按照国家的政策法规，对建材厂进行清算，清算进入尾声。(2) 按照法规，与建安公司经过签订协议、职工签字同意、律师出具法律意见、教育部批准，解除了隶属关系，变更了企业名称。(3) 瑞森华光的全部股权已划转产业集团。(4) 三星公司改制，股权划转产业集团，我方任务已完成。(5) 凯德中心全部产权转让给华天软件。(6) 化工公司已注销完毕。(7) 四高机电已办理税务注销。

3. 对国资处监管的 10 家企业进行清理整顿。经过反复磋商、谈判，对瑞兹机电、电气研究所、西格玛、中利、学府书店等企业形成了处置和产权转让的初步方案。对存在历史遗留问题的部分企业认真调查，包括查账、原始资料、工商登记材料、劳动合同，与企业负责人、职工协商，在征求济南市劳保局、我校法律事务室的意见后，形成

了解决历史遗留问题的解决方案。

二、2005年处内重点工作开展情况

（一）完善国资管理规章

为规范管理、科学使用国有资产，提升资产办学效益，制定了一系列规章：《山东大学国有资产管理办法（暂行）》、《山东大学国有资产管理委员会议事规则》、《山东大学经营性国有资产监督管理办法（暂行）》、《山东大学新建房屋及建筑物接管验收和账务管理办法》、《山东大学固定资产管理办法》、《山东大学无形资产管理办法（暂行）》。拟定了《山东大学投资管理办法》、《山东大学资产处置管理办法》、《经营性资产保值增值考核办法》、《企业国有资产清产核资管理办法》、《国有资产评估管理办法》、《科研用房管理办法》、《教室用房管理办法》、《重点学科和人才专用房管理办法》、《山东大学公有住房管理办法专用房管理办法》等文件的讨论稿。

（二）国有资产管理平台建设

组织相关人员论证管理系统功能，组织专家研究管理系统方案的技术可行性，完善并确定国有资产管理信息系统方案；7月，报教育部立项，并启动管理系统的软件制作；目前已完成系统软件，正在完善和修订，力争明年投入正式使用。

作为全国高校国资管理研究的唯一课题，教育部将该项目报财政部审批。目前，已获财政部立项批准，经费已划到学校账户。

（三）创新资产报表模式

从第一季度报表开始，改进并逐步完善资产季度报表的架构和内容。新的资产报表简洁、生动、直观、易懂，将繁杂、难记的各类资产数据以示图法表示，具有可视性、可读性和可比性，为学校资产配置提供科学决策依据。

（四）上报校办企业会计决算报表

根据教育部、财政部的文件，按时圆满完成教育部、财政部下达的校办企业会计决算报表的上报工作。

（五）换发产权证和产权管理

按照事业单位国有资产管理新体制，根据教育部、国家国资委的时间要求，完成企、事业单位产权年检、变更登记完成产权证的换发；按照法律程序，通过教育部、国家国资委注销了已解除隶属关系的建安公司的国有资产产权登记。

（六）经营性资产监管

按照学校企业国有资产管理体制，将已核实的没有进入集团三星公司、瑞森华光的股权划转产业集团统一经营。对产业集团、机械厂清产核资工作成果进行消化吸收和运用，落实了整改措施。

（七）经营性资产管理系统建设

与教育部有关部门协调，已启动经营性国有资产管理信息系统设计、功能论证和技术可行性分析，目前进入功能定位论证阶段，争取上级部门立项研究。结合经营性资产管理，争取建立学校经营性资产完整的管理平台，健全考核评价体系。

（八）大学科技园工作

1. 加强宣传工作，进一步完善科技园网站的建设，办好大学科技园网站。通过网站对宣传我校科技项目起到了很好的效果，全国已有十多个省、直辖市来电话咨询，有关项目的咨询已转至科技处开发部答复。5月，接受了韩国《朝鲜日报》社的专访，介绍了我校大学科技园成立以来所取得的成绩。准备印制的《山东大学科技园》宣传画册，材料的收集、排版已经完成。

2. 专题采访。配合《中国大学科技园》摄制组完成了对我校科技园前期的采访工作。3月30～31日，《中国大学科技园》摄制组陈琳等一行三人对我校国家级大学科技园进行了前期文学脚本采访，围绕我校大学科技园所经历的曲折、发展的阶段和取得的成就，分别组织召开了座谈会和对有关企业负责人的专题访问。通过座谈，介绍了我校大学科技园做强后再做大的办园思路，突出了我校科技园的办园特色。

3. 信息统计及日常工作。认真做好每年一次科技园信息的上报工作。按照科技部、省科技厅布置和要求，及时收集和整理入园企业的信息，由产业集团配合，完成了大学科技园所属企业的信息统计。

（九）其他工作

1. 以法律手段收回万隆超市使用的老校二宿舍578平方米。

2. 配合法律事务室解决了电子所与兖矿集团借款纠纷问题等。

3. 与山大鲁能签订协议，该企业放弃了学校提供4亩土地为其使用20年的要求，为学校争得千万元以上的利益。

4. 本科评估工作，绘制了教室、学生宿舍、基建工程等基本情况分项平面图册，提供了本科评估支撑材料；核算、分析了总校、威海分校、软件学院及教学医院的房屋、土地数据，全校生均教学行政用房、土地、学生宿舍面积及评估分析报告，圆满完成评估工作。

5. 协调与教会的房产争议，积极搜集有关历史资料，整理数万字的证据材料，依法保护学校合法权益；完成了老校西门围墙的建设。

6. 与出版社签订协议，在东区东南角建设出版大楼。

7. 根据教发司［2005］97号文件，组织、协调全校相关单位填报《普通高等学校情况调查表》，编写调查提纲，汇总全校基础数据。

8. 通过与计财处、设备处、后勤处三部门沟通、协调，解决了由于管理模式不协调而造成的后勤2658.2万元固定资产的重复记账问题，使学校资产的数据更加真实、准确。

9. 协助办理了康诺公司、天宇公司、济宁空调、凯德公司等4家企业重组改制、股权转让的各种批文及资产备案等工作。

（徐洪民）

审计工作

2005年，学校的内部审计工作坚持邓小平理论和“三个代表”重要思想，以科学发展观统领各项工作，围绕学校中心任务，坚持“全面审计，突出重点”的审计工作方针，认真履行审计职责，努力提高依法审计能力和审计工作质量，为学校的改革、稳定和发展服务。

2005年共完成审计项目503项，审计调查2项，审计资金总额60214.52万元，发现有问题资金4326.18万元（账务处理不当4075.56万元），促进增收节支4576.47万元。其中，财务类审计项目7个，审计资金34583.51万元，撰写审计报告7份，提出审计建议59条；工程类审计项目498项，审计资金25631.01万元，净审减额3786.57万元，净审减率14.77％。另外，审签各类科研资金结题项目96个，审签资金848.20万元；审核学校银行对账单302份，审核资金427268.39万元，提出审核建议19条。结合实际工作撰写并正式发表审计论文5篇，省内获奖1篇。年初，一人被评为“山东省内部审计先进个人”。

一、审计工作的主要成果

（一）开展内控评审，防范财务风险

内部控制审计是合校以来首次开展的审计项目，以山东大学口腔医院为试点，通过对该院的财务制度和核算程序等内部控制制度的健全性、有效性以及其2004年执行情况的审计，针对存在的薄弱环节提出九条审计建议，同时帮助医院理清了财务账目，找到并纠正了药房与财务部门出现的八万多元资金差错。另外，下半年在二级单位财务管理状况审计调查中探索性地进行了网络审计，通过计算机网络技术采集数据、分析数据，在审计方法上进行了创新。

（二）抓好关键环节控制，确保工程审计质量

全年共完成工程审计498项，审计金额25631.01万元，净审减额3786.57万元，净审减率14.77％。其中：完成修缮工程审计466项，审计金额6292.90万元，净审减额217.53万元，净审减率3.46％；完成委托基建工程竣工结算审计8项，审计金额3890.80万元，净审减额441.53万元，净审减率11.35％；完成委托基建工程全过程跟踪审计24项，审计金额15447.31万元，净审减额3127.51万元，净审减率20.25％。目前正在全过程跟踪审计中的工程项目共计65项，合同价款39082.44万元。

在2005年的工程审计中，把“抓好关键环节控制，确保工程审计质量”作为重中之重。一是进一步完善制度规范管理，在与工程管理部门反复沟通、磋商并达成共识的基础上，制定了《加强全过程跟踪审计的意见》，对全过程跟踪审计的各个环节提出控制要求。二是加强对社会审计队伍的管理，调集审计处工程审计人员的全部力量，合理分工、明确任务、责任到人，使学校每一项工程、每一支承担学校跟踪审计任务的社会审计队伍都有专人负责，加强动态管理，服务到位，监督到位。三是对社会审计队伍报送的每一份审计报告在社会审计队伍复核的基础上，再由审计处进行两次复核，一次是在正式签署定案表之前由学校的工程审计人员进行复核，另一次是由审计处分管副处长负责的终审复核，在两次复核无疑义的基础上再征求学校工程管理部门的意见，最后签署定案表出具正式审计报告。四是对完成的每一项基建工程进行平方造价分析，与同类工程造价进行比较，以便肯定成绩，发现问题，做到心中有数，确保工程审计质量。

（三）开展后续审计，探索内部审计结论落实机制

根据中国内审协会《内部审计基本准则》和《山东省审计结论落实工作暂行规定》的相关要求，对学校计财处、后勤集团、校办企业等13个单位2004年审计结论落实情况进行了检查，检查结果显示上述单位对审计提出问题的整改落实率为82.3%，对未落实部分均以书面报告的形式再次要求被审计单位抓紧落实。审计工作是一种较高层次的经济监督活动，而学校内部审计则直接服务于学校管理层和被审计单位，因此审计结论的落实工作绝不是只靠审计部门一家督促落实完成的事情，它从一个侧面反映学校管理机构的执政能力和工作效率，因此，要研究并致力于构建审计结论落实的工作机制，从而达到促进管理、防范风险、提高效益的目的。

（四）开展固定资产使用管理情况审计调查

此项审计调查全面覆盖了学校产业集团所属的37家企业。审计调查中，在对校办企业的固定资产管理制度建设和固定资产使用情况进行调查的同时，还对校办企业的固定资产进行了实地盘点。针对校办企业固定资产使用管理中存在的薄弱环节提出了五条审计建议，要求学校产业集团进一步按照现代企业的管理要求，完善固定资产管理制度，做好固定资产使用过程中的管理和控制，坚持固定资产定期盘点制度。同时规范企业行为，明晰产权关系，完善非经营性资产转经营性资产的手续，做好校企之间、企业与企业之间的资产界定。

（五）配合职能部门工作，履行监督与服务的审计职能

配合计划财务处执行教育部有关银行对账单的“双签”规定，通过审签建议，逐步规范学校银行对账单及余额调节表，使一些未达账项长期挂账现象大幅减少，使之更加真实地反映学校财务总体情况，切实防范学校资金风险。配合科技处进行科研课题结题经费的审签，通过审签了解和掌握科研资金的收支与管理情况，对存在的问题进行综合分析，提出合理化建议，帮助有关职能部门规范运作，不断提高科研资金管理水平。2005年还从产业审计科抽出一名审计人员参加学校国资处、后勤处对其下属七个公司的资产清理和财务清算工作，完成清资额4104.4万元，查出有问题资金1336.7万元，注销资金149.5万元，提出清查处理意见及建议27条。派出人员参加各类招标工作二百余次，内容涉及仪器设备、基建修缮、图书服装等方面，在工作中履行内部审计监督

职能，提出审计建议，与其他职能部门一起维护学校的经济利益。

二、审计队伍建设

（一）以保持共产党员先进性教育为契机，加强审计队伍思想建设

2005 年下半年学校开展了以实践“三个代表”重要思想为主要内容的保持共产党员先进性教育活动。审计部门的全体党员积极参加教育活动，深刻认识到，作为审计部门的共产党员在工作中保持先进性的重要内容，就是在新的历史时期要有正确的政治立场和观点，对党的宗旨、路线、纲领、方针、政策坚定不移，对党的事业、前途和社会主义有坚定的信念；认真履行审计职责，有奉献精神，实事求是、严谨细致，确保审计质量，遵守审计工作纪律，切实发挥共产党员的先锋模范作用。在先进性教育活动中，坚持“两不误，两促进”，紧密结合审计工作实际，从搞好学习入手，以正面教育、自我教育为主，边学边查边改，每一名党员都对照党章规定的党员标准，结合自身思想、作风、工作实际和具体审计工作岗位的特点，有针对性地找出存在的突出问题，通过学习、分析评议、广泛谈心和开展批评与自我批评，进一步增强宗旨观念，改进工作作风，密切党群干群关系。整改阶段则注意着眼于加强党的先进性建设的长期性，把先进性教育与审计队伍思想建设有机结合起来，保持审计队伍的生机和活力。紧密联系审计工作的实际，切实将学习成效体现在审计工作质量水平的提高上，重视研究当前各项管理和改革中的难点及制度漏洞，通过综合运用审计成果，为加强各项管理、弥补制度缺陷、逐步化解有关矛盾及时提出有价值的审计建议，以此实践“三个代表”重要思想和科学发展观，维护好学校和广大教职员工的经济利益，用审计工作的实际成绩体现共产党员先进性。

（二）规范审计行为，提升内部审计工作水平

中国内部审计协会先后制定和发布了《内部审计基本准则》、《内部审计具体准则(1～20 号)》，编写了《中国内部审计准则释义》。《准则》发布后，学校领导和审计部门高度重视，认为《准则》的发布与实施是内部审计工作法制化、规范化、现代化建设的重要举措，对于推动我校内部审计工作的发展具有深远的意义。据此，学校审计部门在积极利用校园网进行宣传的同时，把《准则》作为业务学习的主要内容，一方面组织审计人员在岗学习；另一方面派出人员参加上级主管部门举办的培训班，回来后在处内进行宣讲，在工作中贯彻执行。以《准则》为指导，结合内部审计工作实践，进一步规范审计行为，努力提升内部审计工作的水平；根据《准则》内容，探索开展新的审计项目，研究制订新的内部审计制度；按照《准则》要求，把加强审计项目管理、重视审前调查、防范审计风险作为重点，并通过完善审计复核程序，加强审计复核力量，保证审计工作质量，为学校全面建设高水平大学的总体目标服务。

（杨桂兰）

图书馆工作

2005年是山东大学图书加快发展步伐之年。图书馆紧紧围绕学校的发展目标和工作重点，以科学发展观统领全局，以争创全国高校图书馆一流水平为目标，围绕推进人才、全方位开放服务和业务创新“三大战略”，突出人才队伍培养与建设、服务意识与水平全面提高和制度建设“三个重点”，完成了预期目标。

一、为教学科研服务和业务创新

2005年12月1～28日开展了“山东大学图书馆2005文明服务与业务创新宣传月”活动，集中、全面地宣传了本馆近年来在为教学和科研服务及业务创新方面的新举措、新内容。

（一）建成CALIS山东省服务中心，保证了其技术支持和维护。建立健全了CALIS跟踪和建设工作体系，成为所有我馆认可项目的首批成员馆，并有好的业绩。

（二）实现电子资源跨数据库检索，在系统配置和实现技术方面，达到国内高校领先水平。

（三）“山大人书库”建设全面展开，完成征集与管理规章和构建框架体系设计，书库形成初级规模。

（四）采购印刷型文献22万册，新购电子图书35万种，使生均图书达到100册。引进数字教学参考书7000种。完成对6个院（部）资料室的回溯建库，图书加工4.3万余册。古籍大库家底理清完毕，数据库建设获得加入CALIS古籍组资格并参加了业务培训，回溯建库进入依卡录入阶段。完成海外图书专家选书系统的设置和培训。在学校招标办指导下完成了中外文书刊的招标（议标）和电子资源的CALIS、图工委价格随标。

（五）设立新书借书处，文理馆3月份开放，年借书量达16万册。医学分馆4月、政法分馆5月、工学分馆10月分别开通，全馆年外借新书25.7万册次。开通预约借书服务。阅览室应用校园一卡通系统进行身份认证管理。招标购买微机170台，全面调配、统一各业务站点微机型号，补充政法、南新两馆电子阅览室。

（六）开通“山东大学图书馆信息咨询中心”服务主页，建成信息咨询中心站点，针对11个院系（理科5个、文科6个）重点关键岗位人员设立了个性化服务档案库，开展以定题服务、信息分析服务、学术评价服务、数据库讲座、电子资源新闻通报为内容的个性化服务。

（七）出具教育部、卫生部、山东省科技厅科技查新报告 312 份，为校内外读者申报博士点出具查新和被 SCI、EI 等数据库收录或引证报告 386 份。整修功能材料科学技术、金融与数学、微生物学、汉语言文学、科学社会主义、流行病与卫生统计学六个重点学科导航库，补充完善部分新内容和新功能，传递文献请求量 4172 篇，排名全国高校第五，提交学位论文数据库 2305 篇，提交率 76.8%，合格率 94%。

（八）完成本科生、研究生、留学生文献检索类课程教学 3255 人，1914 课时。首次尝试对医学院硕士留学生开课。修订《新生读者图书馆利用教育指南》，统一教学大纲，采用多媒体手段开展新生教育。采取多种形式，加强电子资源培训和用户培训力度，举办讲座 43 场，配合数据库商家开展用户培训讲座 7 场，印发宣传资料 15 种，共 4.5 万余份。

二、制度建设与依法治馆

（一）完成《山东大学图书馆规章制度（行政管理篇）》。健全了集体领导下的分工负责制和《党委会议事规则》、《馆长办公会议议事规则》、《党政联席会（馆务会议）议事规则》等重要制度。推行了馆务公开制度，将“依法治馆”的准则贯穿到图书馆工作的全过程。健全了《山东大学文献资源建设管理条例》，并以此指导文献管理工作实践。制定了“985”二期工程规划和“十一五”发展规划。

（二）按照学校党委安排，分党委高度重视，认真组织保持共产党员先进性教育活动。坚持标准，严格要求，结合图书馆实际，推行目标责任制，通过落实考核、检查措施，支部工作与党的活动开展得富有成效，新党员发展稳步有序。

（三）党政联手做好干部教育、管理、培训和考核工作。坚持馆班子中心组学习和民主生活会制度，以团结和廉政作为教育重点。干部管理以推进决策目标、执行责任、监督考评三大体系建设为抓手，按照“服务学生，服务学者，服务学术”的宗旨和“敬业、务实、协作、创新”的要求，区分管理队伍中决策、管理、执行不同层次和不同人员的情况，对干部决策能力和领导水平进行培训，完善岗位职责，加强监督检查，使馆部两级班子成员的领导能力和管理水平得到较大提高。

（四）按照学校要求，认真抓好职工学习教育和素质提高，针对职工现状和创新发展要求，进行了爱岗敬业、全心全意为读者服务的教育，通过强化提高职工素质的若干措施，使职工队伍政治思想素质有了较大提高。采取多种形式，引导职工结合本职工作通过进修、深造、攻读学位等方式，提高业务素质和实际工作能力。深化人事管理制度改革，进行了第二次岗位竞聘，推进了以岗位管理为核心的聘任制。改善服务态度，延长服务时间，建立挂牌、投诉到人的管理机制，使服务态度及服务质量明显改善。

（五）根据工作需要，以规范的操作方式，通过参加学校统一招聘考试和我馆面试，选留了正规重点大学毕业研究生 1 名；校内招聘了工作人员 10 名。

加强财务管理，严格执行国家和学校各项财务制度和规定，图书经费按学校批准的年度预算管理使用，创收资金按收支两条线原则和规定管理使用。十万元以上项目通过招标实施，无需招标的经济事项通过三人以上工作小组实施。

（六）稳妥地完成了勤工助学岗位学生切换临时工工作，完善了助学、助研学生招聘和管理制度，建立了动态管理档案并将考评机制落实到了各助学岗位。

三、馆际交流与科学研究

（一）加大对国（境）外高校图书馆的交流与合作。接收 2 名国（境）外图书馆专家来馆访问交流。与 3 个国（境）外大学图书馆建立了文献和业务骨干交流协议。

（二）增强与国内高校图书馆的交流与合作。保持并发展与国内、省内高校馆，特别是与我校已建立实质性合作关系高校馆的交流与合作。参与驻济高校馆领导双月业务交流惯例。

（三）承办全国和省级图书馆业务或工作会议各 1 次。

（四）配合学校校地、校企、校研合作、校友工作和教育拓展工作，开展了必要的文献信息服务。

（五）职工撰写科研论文 73 篇。

（黄晓静）

档案工作

档案馆是档案信息存储和传播基地，档案工作的目的是为学校的教学、科研及社会服务，为学校中心工作服务，只有通过各项服务活动，才能体现出档案馆在学校发展中的地位和作用。2005 年，除了做好档案管理的正常工作之外，档案馆紧紧围绕学校中心工作，主动参与了本科教学评估、“世纪回响”山大知名人物系列纪念活动及合校五周年成就展等学校重大活动。

一、档案业务指导

2005 年，业务指导工作的重点是坚持部门立卷制度，保证档案材料收集的齐全完整。4 月 6 日，组织了对兼职档案人员的业务培训，提高了各立卷单位的专兼职档案人员的业务水平；同时修订和补充了各部门文件材料归档范围，为保证档案收集的齐全完整奠定了良好基础。在归档过程中，工作人员严格按照档案收整规范进行操作，坚持纸质文件材料和电子文件材料同时归档，扩大了档案收集范围，丰富了馆藏资源。本年度还重点加强了基建、外事类档案业务指导工作，最终解决了基建、外事类档案的历史遗留问题。到 12 月底，档案馆完成了各类档案的收集整理、编目及案卷级数据库录入和移交入库工作，共计卷 8853 卷盒，照片 4860 张。

二、档案信息管理与开发利用

2005 年，档案信息管理工作进一步加强，在原有规章制度基础上，对档案信息管理的有关制度和工作进行了改革完善，规范了档案馆借阅工作流程，确保馆藏档案万无一失。

本年度的档案查阅工作，仍呈上升趋势，业务量明显增加。本着“服务至上”的工作原则，档案馆工作人员认真接待了每一位来访者，并提供高质量、高水平的服务。截至年底，接待和利用档案累计达 4000 余人次以上，调阅档案 8294 卷次，复印档案资料 10 万张以上。特别是为本年度学校进行的本科教学评估提供了大量档案，受到有关部门好评。

学籍公证是档案查阅的重点，近年来一直占查阅总数的 90％以上。因此，提供快速准确的中英文制作和严格详尽的毕业证明，是体现优质服务的重要方面。本年度，共组织完成中英文成绩制作及毕业、学位证明 150 余份，审核、校对千余份次

2005年，档案馆继续进行档案信息的回溯建库工作，录入数据累计达到17410条。同时，组织人员对东校区档案馆藏进行了清查整理，做到馆藏档案繁而有序，方便查阅。

2005年，档案馆完成了原山东大学、原山东工业大学、原山东医科大学等9个全宗的全宗卷整理移交工作。对2005年补进的新中国成立后山东大学全宗中的财会档案507卷、外事档案82卷、基建档案21卷共计610卷遗留档案的20册档案目录、全宗卷目录进行了补充整理。本年度还改进了档案馆网站主页，设置了名人专题栏目，为萧涤非、刘先志、臧克家、蒋维崧、老舍、潘承洞、丁肇中、华岗等名人建立了专题网页。

三、档案编研工作

2005年，档案馆承担和完成了两项本科教学评估资料的准备，编辑出版了《我心目中的山东大学》、《奋起的脚步》两部书籍。两书共查阅档案3000余卷册，校报、校史资料5118期，各类书籍十余种；其中复印档案资料3702篇，校对文稿395篇，约996万字。另外，还汇编打印教学获奖成果和精品教材目录万余字。

四、为本科教学评估建言献力

2005年是山东大学本科教学评估年，本科教学评估是学校全年最重要的活动。学校档案馆依托自身资源优势，将评建工作作为全年档案工作的重中之重，不断完善档案管理体制，变被动服务为主动服务，为学校的教学发展发挥了积极作用。

为了配合学校做好评估工作，学校档案馆组织了专门小组，对三个校区的教学档案资料进行了查阅、收集，先后复印了13000多页，为各院系及有关部门提供优质服务。在评估期间，学校档案馆还举办了华岗、丁肇中、潘承洞、老舍、臧克家、束星北等知名人物大型展览，在济南和威海两地山东大学的七个校区进行巡回展出，深受广大师生的欢迎。早在2004年夏天，档案馆就向学校分管教学领导提议立专项进行“山东大学办学传统与特色”研究，同年10月学校正式立项，刘培平馆长撰写出8万多字的研究报告，得到校内外专家、学者的一致好评。在此研究基础上还开展了一系列编研工作，编辑出版了《战士　学者　诗人》、《我心目中的山东大学》、《奋进的脚步》等。其中，《我心目中的山东大学》和《奋进的脚步——山东大学本科教学资料选编》共180万字，并作为本科教学评估中指定送给专家的重要参考资料。

五、举办名人展览

2005年我们馆先后主持、参与了“走进老舍”展览、臧克家诞辰100周年系列纪念活动、山东大学合校五周年成果展览、蒋维崧教授90华诞暨从教66周年等一系列重大活动。用一位副校长的话说，“档案馆撑起了校园文化的一片天”。刘培平馆长撰写的《校园文化一片天》论文在《中国档案报》上发表。

4月22日，“世纪回响——山大知名人物系列图片展”之“走进老舍”图片展在西校区中心花园举行。校长展涛，中国博物馆学会副会长、原中国现代文学馆馆长、老舍先生长子舒乙及夫人于滨等一起观看了图片展。同时，第 32 期“小树林文化论坛”在西校区中心花园举行。作为“世纪回响——山东大学知名人物系列活动”纪念老舍先生的专场，此次论坛特邀老舍先生的长子舒乙先生及夫人于滨、北京老舍纪念馆馆长张文先生、原西校区管委会主任张衡、档案馆馆长刘培平等嘉宾参加。山东大学校长展涛也来到现场，与同学们共同缅怀“我们的老舍先生”。

10 月 8 日，是臧克家先生诞辰 100 周年纪念日。为了纪念这位中国文坛巨匠，由档案馆主持承办了系列纪念活动，主要包括：举办臧克家先生百年诞辰纪念大会暨学术思想研讨会和“臧克家先生与山东大学”图片展览，出版《臧克家先生诞辰 100 周年纪念文集》，撰写纪念臧克家先生诞辰 100 周年的文章，举行臧克家先生诗作朗诵音乐会，举办臧克家先生赠书展览等。

10 月，举办了山东大学师生书画展览，共展出作品 180 多幅，并结集出版了《山东大学师生书画集》。

11 月 19 日，是我国著名文字学家、书法家、篆刻家、山东大学特聘教授蒋维崧先生 90 华诞。中共山东省委宣传部、山东大学、山东省文联、山东省书法家协会联合举办了“蒋维崧教授九十华诞暨执教 66 周年学术研讨会”，来自全国各地的 60 多名书法界、书法理论界专家、学者出席了会议。档案馆承办了蒋维崧教授 90 华诞暨执教 66 周年图片展览。

六、设施设备和库房管理

2005 年，学校立项 58 万对档案馆东校区库房和货运电梯进行了维修改造；立项 19 万元重新改装档案馆防火防盗设施；一期投资 40 万元，启动了山东大学数字化档案馆的建设工程；库房新增教学档案用双面密集柜 48 组。

档案库房的管理是项经常性的工作，除对库房定期打扫、施放防虫剂、控制温度湿度外，还组织完成档案库房的调整工作，累计完成科研、出版、外事、基建等七大类、数万卷档案的移库调整工作。

（王玉平）

博物馆工作

2005年度博物馆配合学校的各项中心任务，将共产党员先进性教育活动的成效落实到日常工作之中，在以下几方面成就显著。

一、坚持以人为本，做到思想政治素质和业务知识素质双提高

博物馆始终注重发挥对外宣传山东大学形象的窗口作用，努力提高自身各方面素质，组织学习“三个代表”重要思想以及两会有关文件等。为提高业务水平，还组织全馆人员到国内水平较高的陕西省博物馆参观学习。通过一系列学习，接待参观服务质量明显提高，全年接待观众近三千人次，其中包括美国俄亥俄大学、新加坡教育部、德国乌尔姆大学、日本山口大学、瑞典皇家理工学院、韩国高丽大学等以及我国香港、台湾的团体和个人来访。并先后完成重点中学学生接待日、校友返校日、本科教学评估专家组等接待任务。

二、加强博物馆硬件建设，以优质的陈列展览面向全校师生

陈列展览是博物馆工作的基础与关键，2005年博物馆把提高展品质量作为工作重点，将所有需要进行除锈保护的青铜器处理完毕，共64件。对现有文物展进行调整，从考古系精选调入近年商代大辛庄遗址新出土的部分青铜器，替换原来的普通陶器。为配合书法作品展出，博物馆和山东大学书法艺术中心联合，由中华书局出版了《蒋维崧书法集》，共收录蒋维崧先生书法作品111幅。我校博物馆优质的展览设计和讲解服务，受到了本科教学评估专家组成员的一致好评。

三、凸显博物馆校园教育功能，步入全国高校博物馆前列

为配合2005年世界博物馆日的主题“博物馆——沟通文化的桥梁”，我们不仅通过校报连续发表一系列宣传博物馆基础知识和我校博物馆现状的文章，还在5月18日全天向全校师生开放，和考古系博物馆专业的学生共同接待，现场解答观众问题，并发放《山东大学博物馆观众调查问卷》，广泛征集我校师生的意见和建议，从而大大改进和完善了博物馆各项工作。在中山大学主办的第八届全国高校博物馆学术讨论会上，我馆李慧竹副研究员所提交的报告《大学博物馆校园教育功能探析》被选为大会主题发言，受到高校同行的关注和肯定。山东大学博物馆在发挥校园教育功能方面所取得的工作成绩，已步入全国高校博物馆前列。

（李慧竹）

安全保卫及人武工作

2005 年，在学校党委行政的领导下，在上级公安业务部门的指导下，全处同志以“三个代表”重要思想为指针，深入贯彻落实党的十六届五中全会精神，以创建“平安校园”、构建“和谐社会”为目标，结合保持共产党员先进性教育活动，积极开拓思路，拼搏创新，扎实努力，不断提高干警的整体素质，通过全处同志的共同努力，圆满地完成了工作任务。

一、结合保持共产党员先进性教育活动，不断提高队伍的政治理论水平

按照学校党委开展保持共产党员先进性教育活动的学习要求，结合我处工作实际，学以致用，以学习带工作，以工作促学习，注重学习实效。结合学校“三服务”活动，组织全体党员开展“党员争创岗位先锋”活动，进一步增强服务意识，提高工作效率，改进工作方法，更好地为师生提供优质服务。通过参观、学习，紧紧围绕学校改革发展的主题，把握建设高水平一流大学的灵魂，抓住学校战略重点的“三个提升”的精髓，狠抓学校治安综合治理工作的落实，用十六大精神统领公安保卫工作，坚持不懈地用“三个代表”重要思想武装广大干警的头脑，使广大干警在思想上、行动上与党中央保持高度一致。通过理论学习，使广大党员干部和职工，能够自觉地把“三个代表”重要思想转化为坚定的政治信仰，自觉地把“三个代表”重要思想转化为认识世界、改造世界的强大思想武器，自觉地把“三个代表”重要思想转化为立身做人的基本准则，有力地促进了各项工作的顺利进行。

二、加强治安防范和综合治理工作，维护校园正常的安全秩序

（一）加强信息调研工作。广辟信息来源，拓宽信息渠道，强化动态控制和情报信息收集工作。做到重要信息不等不靠、及时上报，为领导决策提供重要的参考。2005 年共收集信息 5000 余份、8000 余条，社会调查报告 100 余份；整理汇总上报各类信息 182 份，800 余条；撰写了《2005 年开学后学生思想动态及社会调查报告》、《暑假后学生思想状况调研报告》、《校园及周边不稳定因素排查报告》、《情报信息及稳定工作情况汇报》、《做好情报信息工作，努力维护学校稳定》等调研报告。

（二）做好户政服务工作。强化窗口意识，转变服务理念，全心全意为师生员工服务。2005 年共完成毕业生 5353 人次的户籍迁出工作，2005 级学生 7466 人次的户籍落

户工作，借还户籍卡 35700 人次，为师生员工提供户籍咨询服务 6000 余人次。

（三）加强校园“110”建设工作。校园“110”作为学校安全工作的生力军，在学校安全稳定工作中发挥了重要的作用。2005 年共接、处警 968 次，实施救助 245 次，调解民事纠纷 123 次，清除违章摊点 210 次，处置险情 60 次，发现治安隐患 78 次，处置交通事故 11 次，扑灭火情 7 次。

（四）切实做好消防安全工作。为提高师生员工消防安全防范意识，开展了一系列行之有效消防安全宣传活动，协助团委、学生会开展了“消防安全，从我做起”、“我的消防一日”等活动，发放防火常识书签 20000 余个。更新、维护消防器材 600 余具，在学生宿舍、教室安装疏散标志和应急照明灯 640 个，在全校开展安全检查 6 次。

（五）加强校园治安综合治理工作。针对师生员工反响较大的自行车被盗、入室盗窃等案件，协助当地公安机关成立反扒、守候小组，利用技防监控设施，进行了专项打击。5 月 26 日，协同历城公安分局破获了发生在学生宿舍内的系列入室盗窃案件，抓获犯罪嫌疑人田某某，破获案件 17 起，追回被盗的手机、照相机等物品一宗，总价值折合人民币 3 万余元。2005 年以来共抓获各类违法犯罪分子 176 名（其中，刑事拘留 10 人，治安拘留 60 人），比上年同期增长了 49%；破获各类案件 40 起，特别是 2005 年开展了打击盗窃自行车、电瓶车的专项斗争，抓获违法犯罪嫌疑人 137 人，有力地打击和震慑了违法犯罪。

（六）加强网络安全防控工作。开展了文明上网宣传活动，加强对学生的自律教育和相关法律法规教育，增强了上网学生的法治意识和安全意识，对网络进行全天候监控，及时发现删除各类有害信息，及时上报查封，为领导决策提供参考。

（七）加强安全防范宣传教育。通过宣传栏、网络等宣传媒介和专题讲座、图片展览等多种形式，在学生中开展道德、法制、安全以及维护学校和社会稳定的宣传教育，帮助他们增强法制观念，提高安全防范意识和自我保护能力。配合学生处、团委、学生会等部门在各学院、处室开展了以“安全进校园，知识进课堂”为内容的宣传活动，提高了师生的安全防范意识和能力。同时，及时向师生通报学校及周边地区的治安形势，有针对性地发布“安全提示”，提醒师生应注意的安全防范事项和自身应采取的防范措施。

（八）开展“平安校园”迎评工作。根据学校关于开展“平安校园”建设活动意见的要求，积极协调学校各部门做好“平安校园”迎评的准备工作。开展了“平安校园”的宣传发动、制定计划、组织实施等工作。

三、加强国防教育，做好人武工作

（一）做好对军烈属、伤残军人、复转军人的春节慰问准备工作。

（二）做好 2005 级新生军训武器弹药的保障工作。

（三）根据省人防办的要求，对校内人防坑道进行了检查、维护。

（四）做好 2005 年大学生的入伍工作。

（王　宾）

基建工作

一、基建直属党支部党的建设与思想政治工作

（一）认真开展以实践“三个代表”重要思想为主要内容的保持共产党员先进性教育活动

认真开展保持共产党员先进性教育活动，用“三个代表”重要思想武装党员干部头脑，充分发挥党员的先锋模范作用，把“三个代表”重要思想贯彻于基建的各项工作之中。一是制定周密的学习计划和学习内容，广泛发动和宣传，进行学习动员；通过观看录像、报告、外出参观、集中学习和自学等各种形式，确保工作、学习两不误。二是通过分析评议，认真查摆问题，制定整改措施，开展了党员与党员、干部与群众、党员与群众谈心活动，开展了保持共产党员先进性、创建节约型处室、构建节约型校园活动，同时开展了以征求意见表的形式面向全校各学院和部分机关部、处室征求意见的活动，征求意见，发现问题，切实改进和促进基建工作。三是认真制定整改措施，思想上切实提高觉悟，工作上提高效率和服务水平。

（二）坚持开展廉洁自律学习教育活动

加强领导，健全机制，全处上下树立正确的人生观、价值观，自觉筑起廉洁自律的思想防线，杜绝违规违纪现象的发生。把坚持反对和防止腐败作为重大政治任务来抓，强调领导的模范带头作用，加强党支部对廉政建设工作的统一领导，保证党风廉政建设责任制的落实。一是由支部书记牵头负责，提出具体目标和措施，并随时了解和掌握全处各个职工工作情况。二是处领导顾全大局，主动发挥模范带头作用，注重自身建设，做到清正廉洁、遵纪守法，在全处职工中树立良好的党员干部形象。三是坚持民主集中制原则，开好处级领导班子民主生活会，处领导勇于自查自纠，找问题，查原因，定措施，加强了班子团结，促进了凝聚力、战斗力的提高。四是严格落实各项管理制度，坚持基建处党政联席会制度和基建处科以上干部签订廉洁自律保证书制度，重大问题集体研究决定。凡是基建中的重大问题，比如基建计划、基建项目、投资效益、管理程序、基建质量等等，都要经过处党政联席会议集体研究决定，从制度上杜绝违规违纪现象的发生。五是把学习“三个代表”重要思想、加强廉政建设与全处各项工作相结合，同研究、同部署、同落实、同检查、同考核，最终促进各项工作的开展。

（三）进一步深化制度建设，不断加强党员队伍建设和机关作风建设

一是进一步完善原有的基建各项管理制度和行为规范，制定了工程现场施工管理守则，通过严格规范的管理制度，规范基建行为，使基建工作逐步规范化、制度化，并进一步提高了工作效率。二是狠抓作风建设，增强服务意识，实行人性化管理。在工程项目方案设计以及施工图设计过程中，多次主动上门征求使用单位意见，确保了使用功能的合理性，工程竣工后，对工程使用中发现的问题，耐心解释及时解决，并对使用单位进行回访，实行跟踪服务。三是建立党员受教育的长效机制和管理监督机制，使广大党员牢记党的宗旨，充分发挥先锋模范作用同时，注意做好发展对象的培养和教育工作，一年来，培养积极分子7人，发展党员5人。

二、学校基本建设工作

（一）完成了学校总体规划的调整、修改和完善工作

根据学校实际情况和事业发展要求，按照教育部学校发展的指标要求及济南市城市总体规划要求，重新调整、修改、完善了学校老校区总体规划。

（二）负责起草出台了《山东大学基本建设工程项目管理办法》

在充分调研的前提下，结合我校实际情况，由基建处组织起草并出台了《山东大学基本建设工程项目管理办法》。

（三）完成学校基建项目计划和可行性研究报告的报批工作

1.根据学校的发展规划和学校的总体规划，科学合理地编制并完成了扩建、续建和新建项目的教育部2005年基建投资计划及省计委自筹投资计划，并完成2006年基建投资建议计划的申报、编制和调整工作。

2.申报2005年计划新建项目（含南新区）共14项，合计194394平方米，计划总投资53385万元，其中包括老校区的生命学院教学楼、环境学院教学楼、东校区18号综合学生公寓、法学院教学楼等4个项目，南新区4个项目（综合实验楼、图书馆、工程训练中心、市政二期）及威海分校6个项目。

3.按照教育部主管部门要求，完成了生命学院教学楼、环境学院教学楼、18号综合学生公寓、东区运动场改造等项目可行性研究报告的编制工作，并协助新区办及威海分校办理项目可行性研究报告的上报审批工作，使上报的新建项目及调整项目顺利批复并列入2006年教育部直属高校基建投资建议计划。

4.2005年工程建设完成情况：

2005年基本建设合计建筑面积33.4032万平方米，其中：竣工工程建筑面积约6.4632万平方米，计划投资约1.594亿元；在建和即将开工建筑面积约26.94万平方米，计划投资7.21亿元。

2005年实际完成投资2.3772亿元，其中：2004年竣工结算项目0.6472亿元，2005年建筑项目完成工程量已投资1.02亿元，2005年新建项目已经完成投资0.71亿元。

（1）竣工工程建筑面积6.4632万平方米，已完成工程量投资1.594亿元（见下表）。

序号	工程名称	建筑面积（平方米）	投资（万元）	开工日期	竣工日期
1	东校区老校艺术楼	8284	2600	2004年12月	2005年12月
2	东校区风雨操场	3448	350	2005年7月	2005年11月
3	东校区南院并B住宅楼	3920	700	2005年4月	2005年12月
4	东校区五宿舍17号住宅楼	5652	900	2004年12月	2005年12月
5	东校区五宿舍19号住宅楼	5648	900	2005年3月	2005年12月
6	西校区口腔教学楼	5000	1250	2004年3月	2005年8月
7	西校区6号教学实验楼	9855	2000	2004年9月	2005年12月
8	西校区药学院实验楼	7639	2500	2004年10月	2005年12月
9	南校区博士后公寓	9653	3900	2004年9月	2005年12月
10	南校区电力楼加层	3360	600	2004年9月	2005年10月
11	南校区风雨操场	2173	240	2005年7月	2005年11月
12	合　计	64632	15940		

（2）在建、新建工程建筑面积约26.94万平方米，预计总投资7.21亿元，已完成投资约计0.71亿元（见下表）。

序号	工程名称	建筑面积（平方米）	投资（万元）	开工日期	竣工日期
1	东校区综合科研楼	121190	38001	2006年2月	2008年6月
2	东校区生命学院教学楼	10922	3000	2006年3月	2007年3月
3	东校区18号学生公寓	59801	12000	2006年1月	2007年9月
4	东校区南院3号高层住宅	24693	6300	2005年4月	2006年12月
5	西校区护理学院教学楼	6101	1800	2006年3月	2006年12月
6	西校区2号小高层住宅	8172	2000	2005年3月	2006年11月
7	西校区3号小高层住宅	8172	2000	2005年7月	2006年12月
8	南校区电力楼1～4层改造工程	4000	500	2005年11月	2006年8月
	东校区南院4号小高层住宅	12715	3100	2004年7月	2006年7月
	东校区南院5号小高层住宅	13624	3400	2005年4月	2006年7月
	合　计	269390	72101		

（3）完成2005年工程、监理和材料招标工作。

2005年工程施工、监理大型招标共5次7栋单体工程，总面积达到106134.5平方米，中标金额达13389.78万元，其中含监理招标150万元。先后共签订工程施工、监理合同15份。组织材料招标会30余次，其中大型设备邀请外聘评参加的招标会8次，招标项目共320项，其中完成钢材招标采购3000吨，木材2400立方米，大型设备26台套，共完成总金额为6500万元，完成共21个单体工程的材料供应工作。材料设备供应中的大型设备，2005年共采购电梯9部，中央空调设备6台套，一拖多空调设备31台套。采购零星材料200批次，总价值约500万元。2005年共签订材料设备供货合同467份，涉及金额6500万元，供应水泥16000吨。

5. 顺利完成总校与分校的基建投资计划合并工作。

根据教育部主管部门指示，自2005年调整计划开始，将总校与分校的基建投资计划合并下达。在学校有关领导的支持下，与分校基建处的有关人员一起通过细致的工作，使调整计划合并工作顺利完成并通过教育部审核。

6. 切实做好工程项目交接和维修服务工作。

鉴于教工住宅的特点，从2005年7月初开始，基建处在安排好其他工程正常施工的同时，把重点转向五宿舍教工住宅。对已竣工验收的五宿舍18、20、21号工程质量进行复查和整修，努力把质量问题降低到最低限度；室外各类管线全部到位，并制定了一套切实可行的住宅交接、维修程序。完成了西校区号院室外暖气管道的改造工作。对南校区鲁能研发楼进行了土建、强电、弱电等的改造工作。

7. 采取各种措施，合理利用政策，提高投资效益，为学校节约资金7400多万元。

(1) 根据济南市人民政府济政发［2003］3号文件《关于印发济南市城市建设综合配套费征收管理办法的通知》的要求，积极做好城市建设配套费和人防易地建设配套费的减免工作，分单项办理完成东校区南院B楼、3号高层住宅、护理学院教学楼、18号综合学生公寓、生命学院教学楼等项目计105439平方米的配套费减免工作，共减免人防异地建设费、配套费、水增容费等各类配套费6317余万元，为学校节约了建设资金。

(2) 完成决算初审6个工程项目，室外小型工程项目16项。共审减888.26万元，其中包括：土建622.60万元，安装工程265.66万元。其中功能材料楼共审减549.63万元，其中土建463万元，安装86.68万元。

(3) 签订合同直接供货的工作量与往年相比成倍增长，为学校节约了开支。部分材料由建设单位直接签订合同，供货商让利于建设单位，本年度仅此类产品价值约2000万元，为学校减少支出60万元；中标费等收入得到大幅度提高，本年度共收中标资料费50万元。

(4) 大型设备采取自主招标方式，节省了中标额的5%～10%的服务费。在本年度电梯设备招标共11部，设备价计356.40万元，基建处自己完成了电梯设备招标文件的编制，招、评标汇总资料整理，为学校节约了约30万元资金，提高了学校的资金利用率。

（周加强　夏存景）

后勤管理与服务

后勤党委工作

2005年，后勤党委在学校党委和行政的领导和支持下，以邓小平理论和“三个代表”重要思想为指导，以“保持共产党员先进性教育活动”为契机，用科学发展观统领后勤工作，紧跟学校办学思想和发展思路，着眼于后勤改革、发展与稳定，注重发挥后勤党委的政治核心作用、党支部的战斗堡垒作用和党员的先锋模范作用，充分调动后勤干部和职工的积极性、主动性和创造性，保证党的各项方针政策在后勤系统的贯彻执行，保证学校决策在后勤系统的顺利进行，进一步建立健全管理体系和服务规范，不断强化服务意识、提高管理质量、规范经营行为，服务学校发展大业，为学校全面提升学术竞争力、社会影响力和国际化水平，实现跨越式发展提供强有力的支撑保障作用，为师生员工的工作、学习和生活提供优质的服务。

（一）深入学习党的十六大、十六届四中全会精神，以邓小平理论和“三个代表”重要思想为指导思想，特别是在先进性教育活动期间，按照学校党委的部署，组织后勤党员干部认真学习、深刻领会“三个代表”重要思想，营造浓厚的学理论、学知识的氛围，提高了后勤党员干部的理论水平，共配发各类图书2000余册，刻录学习用光盘1280张。

（二）建立后勤各单位党、政班子的工作目标责任制和廉政目标责任制，完善对后勤干部的教育、管理和监督考核机制，认真落实“四大纪律”、“八项要求”等各项规定和教育部党组提出的“六个不准”要求；认真调查核实纪委转函和群众来函反映的内容，并实事求是地给予答复。

（三）转变工作作风，提高工作效率，加强工作协调与沟通。特别是开展保持共产党员先进性教育活动以来，通过分析评议，对部分工作环节进行了整改，进一步完善了后勤领导接访制度；健全了后勤党委委员联系支部等制度，充分发挥后勤信箱、监督电话的作用，畅通信息沟通反馈渠道，提高后勤工作的透明度，提升管理质量和服务水平；健全了咨询会制度，注意利用走访、座谈、听取汇报等不同形式，加强了与学校机关各部门和学院的沟通，听取群众意见和建议，及时发现和解决实际问题；以继续贯彻落实学校“九项制度”为重点，进一步梳理了工作流程，规范了办事程序，强化了岗位责任意识和服务意识，建立了效能投诉机制，完善了绩效考评体系；建立了职能部门联席会议制度，加大了综合协调力度，加强了后勤内部的协调和沟通，完善了工作会签制度。

（四）结合后勤工作特点，在后勤党员干部中开展以提高党的执政能力建设、增强党性修养为宗旨的一系列活动，后勤各党支部组织党员和入党积极分子到老区、革命圣地、烈士纪念馆等参观学习，进行革命传统教育；为纪念建党八十四周年，后勤党委按照校党委组织部关于“七一”前夕在全校基层党支部中开展“牢记使命，担承责任”主题党日活动的工作部署，于6月23日下午在邵馆报告厅举行党建知识竞赛活动，后勤15个党支部全部参加了竞赛，最终第一幼儿园党支部、饮食管理服务中心党支部和商贸服务中心党支部等六个党支部分获一、二、三等奖。这次竞赛活动的开展，在后勤产生了较大的影响，不仅引导和教育后勤党员自觉以“三个代表”重要思想武装头脑，坚定理想信念，坚持党的宗旨，发扬党的优良传统，立足岗位，勇于实践，锐意创新，做时代先锋；同时也使后勤的入党积极分子和广大职工进一步增进了对中国共产党路线、纲领、方针、政策、权利、义务、党规、党纪等基本知识的了解和掌握，更加相信和依靠党组织，激发其在工作中的积极性和创造性，为学校的建设和发展尽职尽责，多作贡献。

（五）建立两级干部队伍分工合作、协调配合的工作机制。按照决策、执行、监督相协调和责、权、利相统一的原则，建立了相对完善的管理机制。科学规范管理职能，加快理顺职能分工，建立权责明确、运转协调、公开透明的管理机制。

（六）切实做好后勤党员发展工作。加大对入党积极分子的培养教育和政治思想、工作业绩的考察和条件审查，加大发展工作的力度，提高党员发展质量，已有1名预备党员转正，15名入党积极分子发展为预备党员，9名入党积极分子报预审，15名积极分子通过党校考试。

（七）后勤党委科研工作取得了进步。后勤党委《关于基层党支部规范化建设》的研究项目已纳入学校党委组织部课题。

（八）发挥共青团、工会、女工委员会等群众团体的作用，推动后勤工作顺利开展。建立了后勤机关工间操制度，举行了庆“三八”女工跳绳比赛、登山活动、职工乒乓球赛、拓展训练、够级比赛等，后勤代表队在校教工踢毽子比赛中勇夺亚军，取得学校秋季运动会团体总分第五名，获得校乒乓球比赛单项第六名，并获得2005年度学校体育道德风尚奖。组织50名工会干部和积极分子赴淄博参观了焦裕禄同志纪念馆。在“慈心一日捐”和“爱心助学捐款”活动中，共有1115人次参加捐款，合计捐款金额29687元；振兴农村教育活动捐价值4000多元的物品。举办两次计生宣传员学习班，签订了《2005～2006年人口与计划生育目标管理责任书》。全年走访困难职工、家庭34户，看望患病的职工和家属62余人，上门发放学校慰问困难职工金21人。

（九）加强宣传载体建设，推进宣传工作上台阶。紧紧围绕后勤中心工作，加大对内对外的宣传力度，特别在集资建房分配、水电暖改革工作中均出台了《宣传提纲》，为集资建房分配、水电暖改革工作的顺利开展打下了基础。基本完成后勤各单位的14个子网页的建设；制定了后勤视觉形象标识系统初步方案；积极利用校园网、校报、后勤网等载体，在校园网发布山大综合新闻40余篇、每周信息37篇；后勤网登载各类信息425篇，其中新闻稿150余篇，通知97篇，图片81幅，会议纪要50篇，集资建房文件等图片104幅。

后勤管理处工作

2005年是后勤管理处巩固成果、稳步发展的一年，是全面完成年初确定的工作任务、收获颇丰的一年。一年来，后勤管理处在学校党委、行政的正确领导下，紧紧围绕学校的中心工作，按照《山东大学2005年党委工作要点及学术与行政工作要点任务分解详目》的要求，以发展为主线，不断完善工作规范，优化服务措施，提高管理水平，圆满完成了各项任务，成效明显，充分发挥了后勤保障支撑作用。

一、适应新形势，采取新举措，后勤工作再上新台阶

（一）思路清晰，措施到位。召开年度工作会议，对全年的工作进行了部署，并制定了详细的任务分解进度表，明确责任和完成时间，落实到人，保证了全年工作按计划、有步骤地顺利实施；实行双目标责任制，与相关单位签订了《经济目标责任书》和《廉政目标责任书》，保证了全年工作顺利完成；按照学校高起点、高规格、新模式、新机制的要求，全面接管了南新区后勤事务，实现了后勤管理职能的自然延伸。

（二）坚持按后勤规律办事，抓重点、热点，规范管理。开展了以“提高办事效率和效益，提高服务质量水平”为主题的“服务质量年”活动。3月份，制定了《关于在后勤系统开展“服务质量年”活动的意见》，就2004年后勤制定的一系列规章制度贯彻落实情况进行检查，进一步完善了后勤制度体系建设，明确了职责，规范了办事程序，增强服务意识，提高服务质量；采取变突击检查为常规检查、变被动应付为主动应对、变被动治理为主动防范、变不计成本为严格核算、变满足一般供给为安全经济运行、变不分学忙学闲为尽力减少扰学等措施，促进整体工作上台阶、上水平；坚持管理工作前移，实行水电暖设备网络春秋季清扫和保全巡修，切实加强以提高设备完好率、降低事故发生率为主要内容的运行管理，保证了学校的教学科研及师生日常服务需求。一年来，设备完好率达到99%，故障及时排除率达100%。

（三）后勤用工制度改革实现新突破。一是事业编制职工通过双向选择、择优录用的原则竞争上岗，进一步优化了人力资源配置。二是按照“按需设岗，平等竞争，择优聘用，严格考核，合同管理”的原则，通过公开招聘的形式，录用了30多名专业型管理和技术人才充实到后勤管理生产第一线。三是按照“减员增效”的要求，加强了临时用工管理，制定了《后勤管理处临时用工管理办法》，推行了日工、点工制度，临时用工人数较往年减少了16%，显著降低了后勤运行成本。四是积极拓展后勤学生勤工助学渠道，并将其作为后勤用工制度改革和后勤管理运作模式改革的重要措施之一。后勤现已录用90多名勤工助学学生。通过以上措施，强化了中心职能，降低管理重心，达到减少管理层次、减员增效、全面提高后勤服务保障能力的目的。

（四）资源节约型和绿色生态校园建设初见成效。在反复调研和充分论证的基础上，后勤管理处制定了《山东大学能源管理办法》，积极推进和实施水、电、供暖、交通等收费制改革；通过后勤网站举办了“节约箴言”征集活动，营造了“节约光荣，浪费可耻”的良好舆论环境，增强节约资源的责任感和紧迫感；积极采用新技术、新设备节约资源。在全校所有公共办公教学楼宇的卫生间内，安装红外线节水控制器750套；在学生宿舍楼的每层卫生间安装“小中水”装置。两套装置每年节水55万余立方，每年可节省水费140余万元；在全校公共教室安装红外线节电控制器4000余套，每年可节电50万度，每年可节省电费100余万元。

（五）圆满完成迎接本科教学水平评估后勤保障工作。根据学校工作部署，按照本科教学水平评估标准要求，在资金有限的情况下，重点对教学楼内的地面、门窗、厕所、盥洗间以及部分学生教室的黑板、讲台板等教学设施进行了维修改造；清理清除院中院及各院系施工场地遗留的垃圾大约2000余立方米，美化了校园环境，确保本科教学水平评估工作顺利通过。

（六）建立和完善了后勤工作规范体系、标准体系、考核和监管体系。在对以往制度体系进行梳理的同时，经反复讨论、修改，12月出台了《山东大学后勤管理处资金监管暂行办法》、《山东大学后勤管理处资产监管暂行条例》、《山东大学后勤服务保障运行监控管理暂行办法》、《山东大学后勤成本核算体系》、《山东大学修缮工程单元报价》，标志着后勤管理向规范化、科学化、法制化迈出了坚实的一步。

二、有计划地实施基础设施建设改造工程，增强保障能力，优化育人环境

2005年，在已有基础设施维修改造的基础上，坚持高起点、高标准、高水平地做好后勤基础设施和校园环境建设改造，有计划、有重点地实施了校舍环境和功能改造、水电暖基础设施建设改造等工程项目，进一步提高了保障能力，优化了育人环境。

（一）根据学校改革发展总体规划和年度工作部署，按照轻重缓急的原则，全面规划设计了学校校园建设和基础设施维修改造方案，完成了年度工程立项编制工作。全年工程立项149项，预算总额约2952万元。

（二）统筹协调，确保了基础设施的改造按期完成。

1. 南校区供热煤改气工程在后勤管理处和供热管理服务中心的精心组织下，克服了时间紧、任务重、手续繁琐等困难，按期完成了工程改造。并顺利通过调试验收，一次点火成功并网运行。

2. 完成了生命科学院北楼、档案馆、多功能材料楼地下室、国际教育学院及新校东部环境等维修改造项目。整修楼宇40余栋，维修校舍屋面3.4万平方米，整修主道路4400平方米，硬化人行道1500平方米，整修路牙石800米，维修院墙750米，新建和更新绿地3.9万平方米。

3. 完成了东校区老校七号、九号、南校区西苑等学生餐厅的改造工作。

4. 加强水电设施建设。完成了东校区功能材料楼双电源、南校区鲁能研发楼配电室、老校双电源、南校区教学一楼、学生楼水电改造等工程，增加供电容量20415kVA。

（三）加强工程管理，确保每项工程取得较好的投资效益。

1. 制定了《山东大学修缮工程管理办法》、《加强修缮工程管理的改革意见》等12项规章制度，进一步完善了修缮工程的管理制度体系，明确了修缮工程管理的程序。

2. 学习和引进现代管理技术和手段，采用新设备、新材料、新工艺，并抽调各类专业技术人员和管理骨干，组建工程管理平台，推行项目经理负责制。

3. 实行工程过程管理，切实加强以工程审计为主要内容的内部审计管理和监督，提高了资金的实用性，有效地保证了工程质量，降低了工程造价。

三、推行层级管理，按目标责任书的要求，统领全局，各单位的工作进展顺利，发展势头良好

2005年，后勤各单位全部完成了管理、服务、经营指标，实现了持续、稳定、健康发展。八个行业实体全部员工的奖酬金实现了自筹，经营服务实体员工的基本工资实现了自筹。后勤除了把水电暖回收3280万元，经营型资产条件费234万元，公益型和经营型服务人员返还基本工资285万元，全部抵支了学校后勤经费缺口外，还划出创收收入180万元用于弥补经费不足，减轻了学校负担，保证了后勤运行。

（一）饮食管理服务中心通过深化成本核算、劳动用工和采购供应三项制度改革，实现了校内服务、校外拓展和师生满意三大发展目标，推进了整体规范化、员工队伍和工程设备三方面建设，取得了伙食保障体系建设的新进展、经济效益和社会效益的新突破、安全保障能力的新提升，伙食管理服务工作保持健康、稳定、持续、和谐发展。中心实行契约式目标责任制管理，逐级签订了《目标管理责任书》和《安全管理责任书》，建立了责、权、利、义相一致的目标责任管理体制；组织开展“伙食质量和食品卫生安全月”活动，制定了主副食重量、价格、投料比等产品质量标准；在蔬菜价格持高不下的情况下，中心采取有力措施积极平抑物价上涨，并在各食堂原有低价菜基础上又增加了10个品种，确保了饭菜价格的相对稳定，学生就餐满意率和较满意率始终达到95%，投诉率较2004年下降25%；在迎接学校教代会代表巡视、省市卫生部门联合春季食品卫生联合检查和省政协委员食品卫生督察工作中，受到与会人员的好评。全年中心实现营业收入9500万元，增幅28%。

（二）水电管理服务中心积极配合学校做好资源节约工作，成功举办了山东大学节水宣传月活动，并不断完善计量和计费手段。在全校以院部为单位安装了预付费电表，基本做到了每单位一表或每室一表，为学校实施水、电收费制改革提供了科学的决策依据；针对天气持续高温，用电量大，配电室超负荷等情况，中心及时制定了《2005年夏季东校区用电高峰紧急预案》，保证了学校正常的教学、科研、生活用水用电。2005年完成水电费回收1500万元，较2004年增收91万元。

（三）供热管理服务中心坚持“辛苦我一人，温暖千万家”的服务宗旨，善始善终地完成了2005年春季供暖工作。由于准备充分，组织严密，措施到位，本采暖季设备完好率和系统的技术状况均达到了历年来最好水平，供暖质量较往年有了明显提升，职工投诉率大幅度下降。春季供暖结束后，中心及时制定了停暖后的维修保养计划，对校内所有锅炉、辅机等设备展开全面的维护和保养。南校区锅炉煤改气工程是2005年中心工作的重中之重，中心积极参与，配合协调，按期完工。冬季供暖针对西、南两校区

天然气气源供应不足，中心制定了应急方案，及时通报供暖情况并耐心做好解释工作，合理调整用气量，维护了学校的安全和稳定。

（四）校园管理服务中心开学初进行了内部运行机制和分配机制的改革，与各部门签订了《工作目标责任书》和《经费管理责任书》，明确责任，进一步理顺了工作关系，调动了职工的积极性，工作成效日益提高。中心采取多种措施，预防各类病虫害的发生，保证了乔木、灌木、草坪、草花在大旱高温之年正常生长；补种草坪3100平方米、乔木4152株、灌木17519株，修剪绿篱8905米、草坪204400平方米，清除枯枝、杂物60余车，养育草花45000余盆，接待各类会务服务120次，更换安装30套石桌石凳，清运生活垃圾6万余立方米。同时，做好日常40余万平方米的卫生保洁以及校内道路、围墙的管理和修整工作；圆满完成了2005届学生毕业典礼暨学位授予仪式的会场布置任务。

（五）楼宇管理服务中心以本科教学评估为契机，以评促建，不断完善内部制度和机制，加大教室管理和改造力度，效果显著。中心以"无盲点报修"、落实报修记录、执行巡查巡修制度为重点，积极开展服务室规范化管理达标活动，提升服务形象。教学设施、设备完好率100%，门值服务态度热情，保洁区域干净整齐，教学耗材供应和维修及时到位，为师生提供了良好的学习环境；完成新老校公教楼厕所隔断油漆粉刷、老校公教楼安装上下课电子铃、更换八角楼天花板和教室门等工程，保证了本科教学评估顺利进行。下半年，按照学校部署，顺利接管了东校区邵馆西楼、南校区教学一楼和教学八楼，并充分做好多媒体教室接管前的各项准备工作。

（六）交通服务中心担负着学校交通车、班车运行任务。中心从提高驾驶员整体素质入手，规范管理，积极开展优质服务活动。针对天气变化，中心坚持以人为本、人性化管理理念，采取多种措施，保证了车辆运行正点率达到95%以上，师生满意率显著提升；积极开展安全教育和警示教育活动，组织学生观看话剧《让生命不再哭泣》，增强了师生员工的交通安全意识；积极探索班车、交通车收费改革思路；圆满完成高考评卷、迎接新生、党代会等交通服务任务。2005年中心经营收入335万元，用于弥补运行经费不足。

（七）通讯服务中心加强网络通讯管理，重新修订了《山东大学通讯服务管理暂行条例》，有效地扼制住校内通讯市场不规范竞争和多头管理现象，保证了学校电讯畅通；中心进行内部机构改制，并顺利完成了全员竞岗工作，进一步调动了职工的积极性；中心统一形象标识，实行全员挂牌服务，提升了窗口服务形象和服务质量；4月份，成功举办了山东省通信专业委员会工作会议，取得较好效果；暑假期间，完成了毕业生2000部电话回收和新生宿舍3700部电话配备和安装工作；完成了经管楼东侧架空电缆落地、锅炉房南侧电缆入地以及东校区南院地下通信管道改造等工作，美化了校园环境，提高了通讯保障能力。

（八）商贸服务中心不断强化经营意识，更新经营理念，完善管理制度，积极开拓市场，收到了较好的经济效益和社会效益。中心以劳动分配和人事制度改革为突破口，实行经营目标管理，相继制定了《公开选拔实体负责人办法》和《中心2005年劳动分配办法》，形成良好的激励机制；完善经济合同管理，确保资产增值保值，全年协议金额达96万元，较去年增长20%；积极开拓校外经营服务市场，提高中心的竞争力和造血功能；做好后勤法人企业的清产核资工作以及建材厂的拆迁工作，截至12月底，中心完成经营收入960万元，较2004年同期增长17%，中心盈利能力进一步提高。

（九）根据国家和山东省房改文件精神，按照学校改革发展的要求，积极推进房改工作，积极探索房改办职能转换的新思路；加强住房管理，建立了全校住房信息数据库，充分发挥了住房资源的管理效益。4月份，制定了《山东大学集资建房分配方案》、《山东大学集资建房工作方案》和《宣传提纲》等文件，顺利完成了1144套集资房的分配工作；完成了西校区4号高层住户入住、收取腾空旧房钥匙工作；完成了舜湖一期二批住户购房款收取工作；制订《山东大学离退休教职工一次性住房资金补偿挂账兑现办法》，做好挂账兑现准备工作。

（十）爱卫会办公室在卫生制度建设、卫生检查、群众性爱国卫生运动、“四害”控制等方面发挥了应有的管理和监督作用，取得了较好的成绩。3月份对全校6400多个房间、55座学生宿舍进行了地毯式喷雾灭蟑，据济南市疾病预防控制中心进行的灭蟑效果检测表明，蟑螂密度降低95%以上；加大灭鼠力度，在南外环新校区建立了500多个室外鼠饵站，并在其他四个校区进行了鼠药投放；购买和分发了4000多个气雾罐、3000多把苍蝇拍，为食堂购买了灭蚊蝇久效威杀虫剂200公斤。同时利用学校宣传栏、网页等多种媒体，以“创城”、世界卫生日、世界无烟日、预防禽流感等活动为契机，积极开展爱国卫生宣传，进一步增强了师生员工的卫生意识。

（十一）家属区管理办公室以家属区环境改善为重点，积极探索家属区物业管理改革的思路，家属区面貌有了较大改观。2月份，成功地对西校区四号高层实施物业管理，为我校家属区实施物业管理开了一个好头；5月份开展了南外环新教职工宿舍区楼长推选工作，并选举产生了业主委员会。全年对宿舍楼楼道杂物和家属区枯枝进行清理，运出生活垃圾92车，枯树枝47车，有效地改善了家属区的整体环境；同时利用多种媒体，大力宣传国家的法律法规，协助街道办事处、派出所等地方政府部门做好计划生育、调解纠纷、拥军优属、征兵等大量的行政管理工作。

（十二）幼儿园坚持“一切为了孩子的健康和发展”的服务理念，按照“以德从教，科研兴教，创新施教，质量立教”的要求，全面实施素质教育，寓教于乐；坚持认真贯彻执行卫生保健制度和幼儿一日生活常规活动，用各种技术指标和膳食结构培养和发展儿童，定期召开家长会，举办家长开放日活动，聘请专家、学者讲授幼儿发展专题讲座，为幼儿的健康教育打下了良好的基础；继续推进“德育为首，教学为中心”和“全面发展加特长”的特色办学指导思想，加强教师队伍管理，坚持请进来送出去，教师的教学水平和服务意识有很大提高。

2005年我处获得“全国高校后勤工作先进单位”称号；南外环新区荣获“市级卫生先进单位”称号；饮食管理服务中心2名同志被山东省卫生厅评为“卫生工作先进个人”；第一幼儿园荣获“省级十五重点课题全园互动式区域活动优秀实验单位”和“山东省艺术教育特色先进单位”称号，并被中国人才研究会评为“全国科研兴教示范基地”。

（杨汝元）

校办产业

一、企业改制、管理与发展

（一）产业基本概况

2005年校办产业按照“积极发展，规范管理，改革创新”的要求，着力培育、建立适应现代企业制度要求的运营机制；不断促进骨干企业主业调整，保持企业稳步发展，增强产业整体盈利能力；优化产业结构，重点对长期亏损企业和部分前景不好的产业化转化项目公司进行清理整顿；加强企业管理，完善考核办法，保护和调动企业员工特别是企业主要负责人的创业积极性；加强财务管理和审计监督，严肃财经纪律，防范并化解经营风险；加强资源整合力度，促进股权流动；落实国有资产保值增值考核措施，增加学校投资回报等。使产业集团的经营规模不断扩大，盈利能力持续攀升，运营质量稳步提高，呈现出良好的发展势头。

截至2005年底，校办企业共有33家，其中独资企业11家，控股企业17家，参股企业5家，从业人员2325人，其中学校事业编制人员225人，企业编制人员2100人。2005年校办产业实现销售收入8.11亿元，比上年增长1.23亿元，增幅17.9%；实现利润总额7242万元，比上年增长1925万元，增幅36.2%；实现净利润2777万元，比上年增长825万元，增幅42.3%；上缴学校利润800万元，向学校返还学校事业编制产业人员工资530万元。

（二）落实经营责任目标，全面提升经营效益

2005年3月召开了“强化守土有责回报学校意识，建立优胜劣汰鼓励发展机制”为主题的产业工作会议，参加会议的主要是产业集团董事、监事、校办企业主要负责人和企业党总支（支部）书记等50余人。产业党委书记马国臣和产业集团总经理张兆亮分别代表产业党委和产业集团作了“坚持求真务实不断改革创新，加强和改进产业集团党的建设”和“强化守土有责回报股东意识，建立优胜劣汰鼓励发展机制，以崭新的工作状态创造产业发展的崭新局面”的工作报告。会议总结了工作，交流了经验，表彰了先进，明确了2006年产业工作的思路，分解了目标，签订了年度经营管理目标责任书。张永兵副校长到会并作了“振奋精神，担承责任，推进我校产业健康快速发展”重要讲话。为推动经营目标完成和加速企业的发展，8月上旬举办了校办产业高级管理人员培训班暨产业发展研讨会，对上半年的产业工作进行了总结分析，特别就企业财务运行中

存在的问题和改进措施提出了意见，部分企业负责人作了大会发言交流，张永兵副校长作了题为“勤勉尽责，不辱使命，为振兴山大校办产业而奋斗”的讲话，对校办产业的发展提出了明确要求。培训班上，对企业管理人员进行了管理知识培训，收到较好的效果。

（三）深化企业改制，规范运行机制

一年来，认真贯彻落实全国高校科技产业工作会议精神，加快校办企业规范化建设步伐。根据年度工作计划，进一步推进企业的撤并、重组与改制工作。山东山大集团有限公司变更为山东山大产业集团有限公司，规范了产业集团名称；华天公司的股权由科技集团划转至产业集团，进一步理顺了集团内部的产权关系；上半年先后完成了天宇公司和济宁空调公司的合并改制，成立济南山大天宇空调有限公司；关闭了学校医学印刷厂，对该厂职工进行了安置分流；清理注销了硅冠公司，解散了康联医药公司和飞科公司；与寿光海惠生物化工有限公司合作，对亚星公司进行了重组改制；理顺了与医药科技、计算机研究所、方智管理咨询中心和意达医药公司管理关系。下半年，分别与三庆集团公司、将军投资公司协作，实施了对山大置业公司和联润公司的重组，产业集团减持了在山大置业公司 10％的股权，变现资金 300 万元；将军投资公司对联润公司增资 290 万元，个人增资 10 万元，减持了在能源环境公司 10％的股权，变现资金 50 万元；完成了对泰克公司资产重组，吸引外部资金 140 万元，使注册资本增加到 200 万元。通过上述工作，不仅及时化解了企业面临的运营风险，改善了产业结构不合理的状况，维护了学校利益，而且也为校办企业今后发展创造了条件。截至 2005 年底，产业集团所属企业中已完成改制任务的企业净资产占集团净资产的 96％。

2005 年 10 月完成了济南高新开发区大学科技园产业园 120 亩土地证的办理工作，为入园企业的发展积极创造了条件。

（四）强化审计监管，防范运营风险

随着校办企业改制工作的推进和运行机制的完善，从 2005 年起，产业集团的工作重心转移到对企业的监督管理和提高企业运营质量上来。一年来，产业集团坚持以内部审计为先导，以强化企业监督管理、促进企业运行机制转变、提高企业的运营质量、维护股东权益为目标，先后对集团控股的 17 家企业近三年以来的财务收支、经营效益等进行了内部审计，重点关注和着力解决股东的权益保护、运营机制转变、工资及费用的非正常增长、经营效益低下、利用关联交易转移利润、亏损企业等方面的问题。针对审计过程发现的问题，及时与被审企业进行了交流，制定整改措施，并全过程地实施追踪落实。在外部审计方面，为了规范集团的年度报表审计工作，根据教育部、财政部对产权年检的要求，自 2005 年起，除上市公司山大华特外，校办企业的年度报表审计实行由产业集团通过招标的方式统一委托中介审计机构承担，从根本上解决了长期存在的多头委托审计、审计标准不统一、审计收费不合理、审计质量不能保证的问题，使校办企业的年度报表审计工作纳入规范化、程序化的良性运行轨道。

（五）强化产业结构调整，促进骨干企业健康发展

随着市场经济的激烈竞争，校办企业发展面临严峻的考验，一年来，校办各企业根据各自的实际，经过产业结构的调整，促进了企业蓬勃发展。山大华特上市公司 2005

年实施了“适度调整，瘦身增效，突出主业，稳健经营，促进发展”的发展战略，果断退出了水务项目及成人教育项目，转让了不利企业发展的参股股权，进一步整合了沂南部分资产。同时，大幅度精简机构，裁减冗员，严格控制各项费用开支，效果明显。山大鲁能公司在加强现有产品更新换代的同时，不断探索进军医疗科技产业领域，并取得明显的经济效益，促进了企业的稳步发展。山大华天公司在原主营业务受到冲击的情况下，加大科研开发力度，自主开发的 EPS 应急电源已经成为公司的主导产品。山大地纬公司继续保持优质、高效、良性运转的势头，公司荣获“山东省优秀软件企业”称号。山大环保水业公司面对困难，不等不靠，抢抓机遇，经过艰苦努力奋斗，由一个不见经传的“小字辈”迅速发展成为山东省水处理行业排头兵，并在国内水处理行业中占有一席之地，2005 年取得了骄人的业绩，公司注册资本由 300 万元增至 800 万元。在章丘开发区的新厂区已经启用，8 月上旬新厂区建成并实现了生产大转移，使该公司的销售收入、净利润大幅度增长。学术交流中心坚持为学校和师生服务，在圆满完成学校各项接待服务工作的同时，承接了经济学院学景酒店的经营管理工作，10 月份对坐落山大南校区的学府酒店进行了装修改造，使中心经营运转稳定发展。

（六）完善激励约束机制，为企业健康发展提供动力

为适应校办企业管理工作需要，编印下发了《山东大学产业集团管理手册》。按照《企业国有资产保值增值考核暂行办法》，2005 年初对企业负责人 2004 年度的经营绩效进行了认真的考核，考核结果与薪酬、奖惩密切挂钩。在考核实施过程中，既注意到调动企业经营者改善经营管理，提升经营效益，增加对学校回报的积极性，又有效防范个别企业不计效益、乱发工资、侵蚀企业利益的问题。对个别企业存在的问题，提出了整改意见，收到较好的效果。

（七）科技成果及产品获奖情况

1. 山大鲁能公司“基于 MOS 系列多功能堵卡一体机的考试信息综合管理系统”获国家科技进步二等奖（教育部）。

2. 山大鲁能公司“烟叶综合管理系统”获 2005 年国家火炬计划项目（教育部）。

3. 山大鲁能公司“MOS200 多功能读卡一体机”获国家重点新产品称号（科技部）。

4. 山大华天公司“华天电源”获山东名牌奖（山东省质量技术监督检查局）。

5. 山大华天公司“支持数字化企业的 cad/cap/pdm 应用集成系统”获山东省计算机应用优秀成果奖（山东省信息产业厅）。

6. 山大电力公司“微机电力故障录波检测装置”获山东省科技进步一等奖（山东省科学技术进步奖评审委员会）。

7. 地纬公司“远红外集中抄表系统”获山东省计算机应用优秀成果一等奖（山东省信息产业厅）。

8. 地纬公司“城市居民最低生活保障信息管理系统”获山东省计算机应用优秀成果一等奖（山东省信息产业厅）。

9. 地纬公司“数据库在线自动备份系统”获山东省计算机应用优秀成果一等奖（山东省信息产业厅）。

10. 地纬公司“数据仓库与数据挖掘关键技术及远程信息直报系统”获山东省科学技术进步奖二等奖（山东省科学技术进步奖评审委员会）。

11. 地纬公司“电力营销与客户服务应用集成系统”获山东省科学技术进步奖三等奖（山东省科学技术进步奖评审委员会）。

12. 山大吕美公司“富磷富碳中间合金的研究及其应用”山东省科技进步二等奖（山东省科学技术进步奖评审委员会）。

2005 年获得国家政府各种科研支持资金约 700 万元。

山大地纬公司董事长王海洋获 2005 年山东省软件企业十大领军人物。

二、产业党建工作

（一）认真抓好保持共产党员先进性教育活动

开展保持共产党员先进性教育活动是全党的一件大事，也是产业党建工作的主要内容，按照校党委统一部署，下半年产业党委集中抓了保持共产党员先进性教育活动的落实工作。认真完成了学习动员、分析评议和整改提高三个阶段的各项工作，在先进性教育活动中，产业各级党组织以高度的政治责任感和历史使命感，把先进性教育活动作为年度重要的政治任务摆在突出位置来抓。根据学校《关于开展保持共产党员先进性教育活动实施方案》，结合产业实际，制定了产业党委先进性教育活动总体实施方案和每个阶段的具体工作计划，较好地完成了每一阶段的工作。

（二）围绕产业中心工作抓党建，适应产业工作新形势

一年来，产业党委紧紧围绕强化股东回报、规范企业管理、提升企业业绩、加大宣传力度等产业集团中心工作，把解决问题、推动工作、服从学校、服务于生产经营和企业发展作为产业党建工作的出发点和落脚点。根据企业重组改制后的变化，适时调整、理顺党的组织机构，保证了企业党组织工作的连续性。企业各党组织按照上级党组织的要求，联系本单位的实际，以加强党建工作为己任，时刻注意加强对入党积极分子的培养与考察，加强对党员的教育与管理。在企业生产经营中充分发挥了党支部战斗堡垒作用和党员的先锋模范带头作用。

（三）针对企业特点坚持思想教育，着力加强党风廉政建设

一是积极组织产业党员干部参加学校党风廉政建设的学习教育活动。二是根据产业实际，建立了完善的监督机制，进一步强化党内监督、经营班子内部监督和群众监督的三级监督机制，使党员领导干部随时受到严格的党内纪律约束。三是抓了《中国共产党党内监督条例》和《中国共产党纪律处分条例》、《山东大学关于落实党风廉政建设责任制实施办法》以及教育部党组对高校领导干部提出的“六个不准”的学习贯彻，一年来，未发生党员和领导干部违法违纪现象，确保了校办产业健康发展。

（四）坚持以人为本，不断深化思想政治工作

一年来，产业党委在加强和改进企业思想政治工作方面进行了不断研究和探索，在企业改革发展中发挥重要作用。一是将思想政治工作融入企业经营管理之中。在部署年度工作时，把思想政治工作与企业管理工作同部署、同安排，把落实目标同考核、奖惩结合起来。二是与企业文化建设相结合。在企业中积极倡导员工爱岗敬业、无私奉献的

精神，引导产业职工树立为学校、为产业集团发展献策献力的价值观。三是关心职工生活，圆满地解决了中天公司志愿兵多次上访的问题，在企业内部营造一个和谐团结向上的氛围。继续做好法轮功练习者的思想转化工作。

（五）提倡奉献精神，增强企业凝聚力

积极组织职工参加捐助慈善事业和奉献爱心活动，培养员工的社会责任感，在“慈心一日捐”活动和学校开展的爱心助学活动中产业职工捐款 25230 元，在“真心奉献，真情传递”振兴农村教育捐赠活动中捐赠了大量的学习用具和体育用品，体现了广大产业职工良好的道德风尚。结合产业实际，积极组织开展了丰富多彩的文体活动，在学校首届体育文化节活动中，产业工会被学校组委会授予“优秀组织奖”；田径运动会，获得团体第六名。2005 年产业工会被学校评为工会工作先进集体。

附件：　　2005 年山东大学校办企业一览表

序号	企业名称	法定代表人	经营范围
1	山东山大产业集团有限公司	张永兵	投资与高新技术产业、服务业、房地产业及资产管理；机械电子设备、环保设备、化工（不含化学危险品）的销售；计算机软硬件的开发、销售及网络安装；环保产品的开发及技术服务；企业形象策划等
2	山东山大科技集团公司	张永兵	机械、材料、计算机、电力、电子、节能、环保暖通空调技术及产品的设计开发、生产、销售、成果转让、设备安装；科技培训、楼宇自动控制综合布线，办公自动化及通信设备、自控设备的设计安装、技术服务
3	山大鲁能信息科技有限公司	马国臣	光学标记阅读机；彩票一体化投注机系列产品；晶体材料及晶体器件产品；烟草收购计算机系统
4	山东山大华特科技股份有限公司	张兆亮	学校周边房地产开发、服务、物业管理；工业自动化产品的开发、制造和销售；通信产品的技术改造，复合型的氧化氯发生器、纯二氧化氯发生器、稳定性二氧化氯发生器、稳定性二氧化氯水溶液、大型二氧化氯发生器；计算机软硬件开发销售、培训、咨询服务
5	山东山大华天科技股份有限公司	李宇兵	补偿式交流稳压电源、智能化不间断电源系统；逆变式 S/ST 型弧焊电源；WDGI/TY 型电力系统继电保护及自动化装置、互补相控电源；高频 PWM 补偿式电力综合调节电源

（续表）

6	山东山大科技开发总公司	张兆亮	科技开发、新产品研制、电子信息、机械电子设备、生物制品、新材料、化工、医疗器械生产销售；人才培训；电子仪器、计算机及配件、建筑材料、办公机械销售等
7	山东山大科技园发展有限公司	张永兵	电力、电子、机械、化工、环保、计算机、节能技术及产品的开发、技术服务、技术咨询、人才培训
8	山东地纬计算机软件有限公司	王海洋	计算机软件硬件产品
9	山东山大泰克信息科技有限公司	马国臣	工业自动化过程中计算机检测、控制系统
10	山东大学学术交流中心	刘玉柱	住宿、餐饮、文化服务
11	山东长城电子清洗科技有限公司	朱效平	液晶系列专用清洗剂；印制电路板系列专用清洗剂；精密金属零件专用清洗剂
12	济南意达医药有限公司	李承俊	医疗器械、中药品、生物工程药品、滋补保健品、化学试剂、玻璃制品、计划生育用品、卫生材料、医药包装材料、制药设备等销售（批发零售）
13	济南开发区山东大学大工科技实业公司	张振中	办公自动化、通信器材、金属切削具及新技术的开发研制、销售，金属材料、仪器仪表、机电产品、音响设备的批发、零售
14	山东华泰标牌有限公司	朱效平	各种车辆牌照、交通标志、广告牌及设备标牌等
15	山东山大方智管理咨询中心	车　贵	企业策划、软件开发、经营战略设计、区域经济规划、资料翻译
16	山东大学计算机科学技术研究所	孟祥旭	计算机软件硬件产品
17	山东山大医药科技开发公司	邵　伟	化学药品、中药制剂、生化药品和保健食品的开发
18	济南山大天宇空调有限公司	吴承科	TBFC系列空调风纪变频控制器；SUC2000系列中央空调单元控制器；TTC系列中央空调温控制器；TDF（S）系列低噪声离心通信机

（续表）

19	山东山大中天信息产业有限公司	郑　波	计算机软硬件、局域网建设、校园网建设、因特网多媒体教室、智能通信电源监控模块、智能蓄电池监测仪；陶瓷镀膜技术设备；沃根211系列液面肥、冲施肥；弹壳衣架、拐杖、笔架；人造绢花等工艺品
20	山东山大环保水业有限公司	吴承科	水处理设备的开发、生产、销售及技术服务；水处理设备配件、五金交电、日用百货的销售
21	山东山大热处理厂	王维倜	铝合金除渣除气剂、精炼剂、细化剂、热处理用盐
22	济南山大有色金属铸造有限公司	朱效平	金属材料铸造、铸造模具制造
23	山东山大智苑科技发展中心	郭举修	工业机械、电力产品、电子产品、计算机软硬件、热工设备、环保产品、自动化控制产品的开发、销售及技术应用与服务
24	山东山大科苑印刷厂	王　敏	书刊、报纸、资料和教材的印刷
25	山东山大吕美熔体技术有限公司	边秀房	有色金属的合金材料、金属熔炼辅助材料、熔炼及精炼除气设备的生产、销售及技术服务
26	山东山大威德焊业有限公司	邹增大	焊接设备、焊接辅机与工具、焊接材料的设计、生产、销售；焊接技术服务
27	山东实成精细高分子材料有限公司	郑　波	精细化工技术开发、技术咨询、人员培训；印染增调剂的生产、销售
28	山东山大液压气动有限公司	朱效平	液压气动、自动化器件及设计、制造及相关技术咨询服务
29	山东亚星有限公司*	李冠庆	杀菌剂、杀虫剂、除草剂、复合肥料等
30	山东山大能源有限公司*	马春元	能源环境技术及产品的开发、设计、技术服务；环保专项工程设计及环保设备生产、销售
31	山东山大联润信息科技有限公司*	于　波	计算机软件及网络技术的研究开发、信息系统集成、新材料的开发
32	山东山大置业有限公司*	吴立春	经济适用房的开发建设
33	山东山大俱进物流有限公司*	张克强	货物仓储、装卸、包装及相关信息咨询服务、计算机软硬件开发、生产及销售

备注：*代表参股企业。

（郭思东）

医疗保健工作

2005年，我处以科学发展观为指导，在校党委、校行政的正确领导下，按照2005年学校行政工作要点提出的目标和要求，坚决落实“以人为本，以学术为指导”的管理观念，坚持为学生服务，为学者服务，为学术服务，求真务实，真抓实干，使我校医院与卫生管理工作与学校的发展相适应，与实现“三个提升”的目标相符合，努力提高师生员工的健康素质，维护师生员工的健康安全，基本完成了2005年工作计划中提出的任务目标。

一、预防保健工作

（一）认真做好教职工健康保健工作，加强重大疾病的防治

1. 根据《山东大学健康保健工作实施意见》提出的建立教职工正常查体制度的要求，本年度组织了学校学术骨干（院士、博士生导师、校聘关键岗位）、管理骨干、离休干部、退休保健人员、在职正高级专业技术职务人员等各类人员的健康查体，总查体人数为2000多人；对在查体中发现需要复查或进一步检查的教师，我们积极联系医院，解决困难，协调做好复查工作，做好重大疾病的“早发现，早诊断，早治疗”；及时反馈查体结果，随时解答查体人员有关咨询并提供咨询建议。

2. 加强疾病预防知识的健康教育。根据查体结果，邀请有关专家对教职工进行常见病、多发病如高血压、高血脂、糖尿病、脂肪肝等的预防知识讲座，共开展教职工健康教育讲座5次，参加人数800余人，通过讲座，达到了普及健康知识、避免慢性疾病的发生或慢性疾病的恶性发展的效果。

3. 积极探索保健服务模式，提高个性化医疗保健服务水平。为学校部分离休干部、老专家提供上门保健巡诊服务；为方便特殊病种病人的用药，起草了《山东大学关于特殊病种病人校内门诊取药的暂行规定》。

（二）认真做好学生预防保健工作，加强传染病疾病的防治与管理

1. 严把新生准入关。严格按照教育部、卫生部关于新生入学查体规定，组织10492名学新生进行了入学查体。

2. 做好学校传染病的监测和日常管理。为保障学生健康和加强学校传染病控制，制定了《山东大学结核病防治管理办法》、《山东大学关于加强传染病防治管理工作的若干意见》，已形成学校、院、班级三级学生卫生保健和传染病预防和控制管理工作体系，

有效地保障了在校学生的身体健康；开展了学校学生夏、秋季腹泻的监测与预防工作。

3. 积极开展健康教育讲座。邀请有关专家对学生进行有关常见病、多发病、传染病及健康和营养知识讲座并根据传染病的发病季节，有计划地进行有关传染病的流行规律和预防治疗知识的宣传，2005 年共组织 11 次健康讲座活动，参加学生 3000 多人次，提高了在校学生的健康观念和健康意识。

4. 做好传染病疫苗的预防接种工作。按照国务院颁布的《疫苗流通和预防接种管理条例》，积极与上级卫生行政主管部门联系，做好学生疫苗接种的宣传、组织、准备工作。

二、加强对学校餐饮场所及公共场所的卫生监管工作

1. 制定并落实卫生监管的各项规章制度。根据国家相关卫生法规和条例及教育部、卫生部的有关规定，制定了《山东大学饮食卫生管理暂行办法》、《山东大学公共场所卫生管理办法》、《山东大学卫生工作条例》等规章制度，并认真组织贯彻落实。

2. 加强饮食卫生安全监督检查工作。结合学校工作实际和季节变化特点，定期对学校食堂的饮食卫生安全进行检查，分别于 2 月、6 月、9 月、11 月邀请山东省卫生监督所专家对学校食堂、幼儿园进行全面的卫生安全大检查，消除了食品卫生安全隐患，保障了学校师生员工的饮食安全。

3. 开展学校公共场所的卫生安全检查，6 月份对学校图书馆电子阅览室、5 个计算机中心等公共场所卫生状况进行了集中检查，对检查中发现的问题进行了整改，学校公共场所卫生状况得到改善。

4. 加强对个体餐馆、小食品摊点的管理。对校园内所有个体餐馆、小食品摊点进行登记建档，摸清房屋出租单位及经营负责人，检查从业证件及卫生安全责任制落实情况，提供给相关责任部门。

三、加强公费医疗管理，提高公费医疗经费使用效率

1. 完善了学校公费医疗管理规定，结合学校实际制定了《关于对学校教职工和离退休人员公费医疗管理的补充规定》，自 2005 年 3 月起，对所有住院病人一律实行住院费用审计。

2. 加强住院费审计工作，杜绝不合理支出。2005 年共审计住院病历 1066 份，审计金额 2404 万元，审减不合理支出 440 万元，比去年审减额增加 195 万元。

3. 认真做好学校公费医疗政策的咨询和解释、宣传工作。耐心细致地为住院病人解释学校公费医疗政策，指导住院病人合理用药，避免盲目使用自费药，减少病人的支出负担。

4. 加强对校医院公费医疗管理的监督检查。多次对校区医院进行门诊处方、药品使用、校外门诊报销、住院费审计后报销等情况的检查，对检查中发现的问题，要求及时整改，严格执行学校公费医疗政策。

5. 进一步完善药品采购与管理。制定了《山东大学医用物资管理暂行规定》，加强药品采购计划和药品准入管理、药品出入库管理和账目管理；按照校医院药品采购计划

及时购药并按照国家政策进行调整药品价格，保障学校教职工用药需要和个人利益；在组织招标过程中严格按招标纪律进行工作，严格自律，切实做到公开、公正、公平。2005 年医用物资采购金额 852.3 万元，做到不错、不漏、供应及时，确保了学校教职工用药需要。

6. 加强学生医疗保险管理。加强与保险公司的沟通，积极做好学生医疗报销理赔工作，提高保险效益，2005 年索赔案件 707 件，理赔金额 171 万元，赔付率为 158%，减少公费医疗支出。

四、加强校医院管理，全面提升医疗技术水平和服务水平

1. 加强制度建设，规范校医院服务行为。对《山东大学校医院规章制度》集中进行了审订，增加了对校医院提高服务质量、保障医疗安全、提高服务水平的具体要求，并印刷成册，下发到校医院每一个工作人员手中，有力地促进了校医院制度化、规范化建设。

2. 在校医院开展“加强质量管理，创建师生满意医院”活动。为提高校医院服务质量，满足师生医疗卫生保健需求，在校医院开展了“加强质量管理，创建师生满意医院”活动。及时对校医院开展的活动进行检查、评估，对检查中发现的问题及时反馈给校医院并责令限期整改。通过年底满意度调查情况看，这项活动的开展确实对提高校医院服务质量、服务水平起到促进作用。

3. 加强对校医院服务监督。建立学院、部（处）、监督员三级监督网，定期召开座谈会、听证会，把校医院医疗服务工作置于师生员工的监督之中，广泛听取意见，及时改进工作。

4. 加强业务培训，培养技术骨干。针对校医院工作实际邀请山东省胸科医院、山东省疾病控制中心的专家对校医院医务人员开展业务知识培训，更新医务人员的专业知识，优化诊治技术，提高医务人员的临床技能和医疗水平。

五、做好学校突发公共卫生事件的应急处理工作

1. 2005 年 1 月南校区出现部分学生结核病集中发病的情况，我处立即按学校的要求启动突发公共卫生事件应急处理预案，组织开展结核病普查、结核病预防知识宣传、发病学生的隔离治疗、生活环境的消毒、结核菌素实验等工作，共普查学生 7200 人，结核菌素实验 3180 人，有效控制了结核病在校园内传播。

2. 学校禽流感防控工作。

今年，禽流感在全球出现迅速蔓延的态势和我国部分省市报告禽流感疫情发生后，我处高度重视，并向学校提出禽流感防控建议，完成了以下工作：

（1）制定了《山东大学预防禽流感工作方案》、《山东大学关于加强禽鸟养殖管理和死亡禽鸟处理工作的通知》，规范处理校园内两起禽鸟死亡事件。

（2）对学校医务人员、学生管理人员、饮食卫生管理人员、饮食从业人员 1000 多人进行了六次禽流感预防知识的培训。

（3）对校医院实行发热病人的零报告制度；对校园内学生餐厅、校医院、幼儿园进

行了预防禽流感的专项检查。

六、加强附属医院医政管理的调研，充分发挥纽带、桥梁作用

根据卫生部出台的《医院评价指南》和卫生部医院管理年检查组对附属医院检查中发现的问题，有针对性地进行了调研，加强与卫生行政主管部门的联系、沟通，草拟了《山东大学关于加强附属医院管理的几点意见》和《山东大学关于医院行业作风建设及医务人员职业道德建设暂行规定》，为下一步加强对附属医院的管理做了准备工作。

七、积极筹划，认真落实，圆满完成卫生部下达的支援西部地区农村卫生工作

1. 精心组织，认真策划，组织省内60多名外科专家，对西部地区30名外科医生进行了为期一个月的专题培训。

2. 认真选拔我校附属医院8名政治素质高、业务技术好的医学专家组成医疗队，到宁夏回族自治区县级医院支援当地卫生工作，得到了当地群众的高度评价。

3. 接收来自宁夏回族自治区12名临床医师到我校附属医院进行为期一年的学习、进修。

以上工作得到了卫生部的充分肯定。

八、大力开展红十字工作，弘扬红十字运动精神

1. 积极宣传，为海啸受灾地区灾民捐款。2004年12月26日印度洋海域发生灾情后，校红十字会号召广大师生捐款救灾，得到全校师生员工的积极响应，共募集善款46542.11元，捐款通过省红十字会转交给中国红十字总会并送抵受灾国，省红十字会向我校颁发了捐赠证书和感谢状。

2. 完成港澳政协委员助学基金的发放。经过层层选拔，20名品学兼优的学生获得了港澳政协委员助学基金。

3. 组织卫生救护培训，为预防夏季游泳事故的发生，2005年8月13～14日省红十字会对南区游泳队100多人进行了为期两天的急救培训。

4. 开展“5·8”“世界红十字日”宣传活动，服务社区、服务居民，扩大红十字会的影响。在“5·8”“世界红十字日”期间，组织护理学院2003级英护班急救救护员为泺文路社区居民讲解并演示急救常识和急救操作，向居民免费发放了老年预防保健、急救知识以及结核病、艾滋病预防等方面的书籍和材料，为居民提供了免费测量血压和基本医疗咨询服务，受到小区居民的热烈欢迎，扩大了我校红十字会的影响。

5. 继续做好预防艾滋病“青年同伴行”项目，2005年顺利举办了8期YPE培训班，瑞典红十字会负责人在10月中旬到我校考察“同伴教育”实施情况时，对我校红十字会的组织工作给予很高的评价。

九、加大管理措施，提高人口与计划生育工作服务水平

2005年是新中国成立以来山东省第四次人口出生高峰，山东省对峰值年的计划生育工作提出了明确要求，计划生育办公室加强了对计生干部的培训，提高了各级领导干

部对计划生育工作重要性的认识；抓好避孕、节育、生殖保健等服务工作；本着“以人为本”的原则，规范了在校学生的婚育管理，确保我校计划生育政策落实率达到了100％；计划生育各校区派出办公室均被评为所在地计划生育工作先进单位。

（成　荣）

校友工作

校友工作办公室2005年紧紧围绕学校中心工作，服务学校全方位开放式发展战略，夯实校友工作基础，加强办公室自身建设，促进各地校友的融合，建立健全校友联络、服务、合作的工作网络，充分挖掘和利用校友资源，注重实效，进一步探索市场经济条件下体现时代特征和山大特色的校友工作新模式。

一、积极筹备成立山东大学教育基金会

为充分利用校友和社会资源为学校发展积极筹措资金，校友办根据学校要求认真开展了基金会工作调研，在此基础上提出了《国内高校建立教育基金会情况的调研报告》和《我校筹建教育基金会有关问题的建议》，起草了《关于筹备建立山东大学教育基金会的报告》，拟定了《山东大学教育基金会章程》和《基金奖励办法》，积极与省民政厅社团管理局联系咨询有关成立基金会的程序、手续等问题，并与学校有关职能部门进行沟通和商讨，积极搞好各项筹备工作。

二、广泛筹措校友基金

充分利用校友资源，设立校友基金项目，广开筹资渠道，广泛宣传动员，积极寻找突破点。由我校校友企业家俱乐部倡议发起募集校友基金，以资助品学兼优的家庭困难的大学生，在部分企业家校友的积极支持下，首期募集到200万元校友基金，并利用今年的增值部分10万元，奖励了100名品学兼优的家庭困难学生。为培养应届毕业生的母校情结，校友办协助部分毕业生筹划了毕业生告别母校系列活动，通过这一活动，山东电视台捐赠15万元用于给毕业生购置文化衫，《齐鲁晚报》社、将军集团、学校出版社、华天集团对这一活动的开展都给予了资金和物品的捐助。校友办组织实施了山东大学和中国建设银行合作发行的中国名校卡“山大龙卡”，将国际流行的信用消费意识引入高等学府，将具备国际标准的信用卡提供给我校的师生和校友。通过持有山大龙卡，以提升校友对母校的自豪感和认同感。同时，随着山大龙卡的使用，将有消费金额千分之一的资金捐赠给我校。中国建设银行为我校设立了5万美金龙卡基金，用于学校的建设和发展。

三、服务校友，搞好校友企业家俱乐部的各项工作

校友企业家俱乐部成立一年来，校友办本着“以交流促合作，以合作求发展，以发展谋共赢”的发展理念，先后组织企业家校友走访了山东省的10余个地市，会员之间加强联系，俱乐部利用品牌优势、资源优势和信用优势，与兴业银行济南分行签署战略协议。通过这一平台实现了校银、校企、银企合作。校友办与经济学院举办了校友企业家俱乐部MBA课程班，不仅为众多的校友提供了一个学习深造的机会，更在很大程度上加深了校友对学校的感情，为校友企业家的事业提供了新的发展空间。山东大学校友卡的推出、校友俱乐部指定消费单位的设立将学校、社会、校友企业家紧密地结合在一起，学校搭建了平台，商户赢得客源，校友得到实惠，实现了三方共赢。俱乐部与东营市河口区签署了合作协议，实现了校友的企业与河口辖区内企业的对接。俱乐部还出版了俱乐部会刊，宣传俱乐部工作和校友企业。

四、搞好对校友的宣传工作

加强校友宣传阵地建设，积极挖掘校友资源，为学校的人才培养、科学研究工作提供服务。为加强母校与校友之间、校友与校友之间的信息沟通，扩大我校对外宣传的力度，校友办以体现山东大学文化精髓的“山之魂，海之韵”而命名的《山之魂　海之韵——天南地北山大人》第一辑、第二辑正式出版发行。通过该书向广大校友提供母校信息，反馈校友活动情况，宣传知名校友的事迹和思想，交流各地校友会的活动经验，传递校友之间的情谊。该书出版后获得来自各方校友的好评，同时建立了《山之魂　海之韵》网站，扩大该书的宣传效果。为配合今年本科教学评估工作的开展，校友办还出版了《山之魂　海之韵——山东大学校友创业风采录》第一辑，该书宣扬了改革开放以来我校杰出校友创业业绩，展示了校友人生风采，传播了山大精神。同时借该书的出版发行校友办举办了“山东大学首届校友创业论坛”和该书的首发式，邀请了收录该书的知名校友为应届毕业生作“创业与成材”的报告与对话，受到了应届毕业生的广泛关注。另外，积极协助学校有关部门搞好北京医学校友回访母校活动、“世纪回响”老舍先生纪念活动，同时为老舍先生故居、老舍先生纪念馆的筹建、老舍美文纪念碑和齐鲁大学遗址纪念碑的设立开展了认真的调研和申报工作。

五、搞好2005年校友返校日活动

校友办认真制定2005年校友返校日活动方案，确定了2005年校友返校日活动主题：“母校，我们共同的家园。”今年全校共有20个学院的61个毕业班级3000余名校友返校参加各项返校日活动。他们有毕业10年、20年、30年、40年、50年的校友。年龄最小的已过而立之年，最大的已过九旬。在校友返校的集中时间里学校举办了“我的山大情缘”小树林论坛校友返校日专场，9位来自全国各地的返校校友做客小树林论坛，和展涛校长及师生代表一起回忆大学生活，畅谈返校体会。返校日期间，校友们在各校区参观，并参观了校史展、书画展和文物展。同时校友办还开展了校友基金捐资活动和“我为母校进一言”活动。校友们积极响应，踊跃捐赠，截至目前共有来自10个学院20个班级和齐鲁大学校友会的共997名校友向母校捐资两万元，中文81级校友捐赠闻一多先生塑像一尊，医学80级、口腔80级和预防80级校友向母校捐赠银杏树意表纪念，齐鲁大学校友会在其原址设立纪念碑，用以展示山东大学的悠悠岁月。校友们还为母校的发展献言献策，表达了对母校的热爱和关注。

六、广泛联络校友，积极筹备召开新一届校友代表大会

校友办重视联络山东大学各地校友会和各地校友，拓展学校与校友及社会各界合作的渠道，校友办先后走访了北京、天津、河南、南京、临沂、青岛、济宁、菏泽等地的校友，协助搞好山东大学地方校友会的融合、筹建工作。为召开新一届校友代表大会做好各项筹备工作。

七、加强校友信息资料库建设

结合学校本科教学评估工作，校友办加大了校友通讯录、校友捐赠的统计和知名校友典型事迹的搜集整理工作。并注意协调返校校友的有关活动，及时收集校友信息，充实校友信息资料库，可联络校友数量在原有基础上有了明显增长。

（于德宁）

国内合作工作

2005 年，国内合作办公室按照“山东大学 2005 年党委工作要点及学术与行政工作要点任务分解详目”的要求，在全方位开放式发展战略框架下，紧紧围绕“三个提升”的目标，以推动校际、校研、校企、校地深度合作为工作主线，积极落实《山东大学服务山东行动方案》，集成学校优质资源，狠抓工作落实，推动了我校国内合作各项工作的开展，成效显著。国内合作工作由此成为山东大学对外开放工作的重要组成部分。

一、服务地方工作

2005 年的服务地方工作，以加强校企合作、校地合作为重点，积极协调有关职能部门，集成学校优质人才与科技资源，进一步完善服务地方公共服务平台，推动了我校服务地方项目的顺利开展。

（一）构建校地合作平台，校地合作成效显著

1. 启动《山东大学服务山东行动方案项目基金管理办法（试行）》

项目基金管理办法的启动，将配合《山东大学服务山东行动方案》的实施，推动人才培养、重点技术推广、咨询服务等领域的项目全面开展。

2. 服务省会济南工作进入一个新阶段

（1）围绕省会经济发展，校地联手开展省会经济课题研究。2005 年 8 月，济南市委宣传部委托我校开展省会经济重大课题委托项目研究，首批 7 项研究课题顺利启动（见下表）。

序号	负责人	课题名称
1	魏　建	省会经济的科学定位与战略构架研究
2	李增刚	济南市投资环境现状及存在问题研究
3	胡金焱	济南市金融发展问题研究
4	杨蕙馨	济南市产业集群战略研究
5	臧旭恒	济南都市经济圈与县域经济、区域经济研究
6	王兴元	济南市品牌发展战略研究
7	张友臣	济南市文化资源整合提升与文化产业综合研究

（2）大学生走进社区，服务人民。为推进社区文化建设，提高大学生社会责任感和综合素质，实现实践育人，学校积极引导青年学生走进社区、服务人民。2005 年 3 月与济南团市委联合启动学生服务济南社区行动，制订《山东大学学生服务济南社区行动实施方案》。按照“学以致用，供需结合，就近就便，力所能及”的原则，发挥人才、学科优势，重点开展政策宣讲与热点调研、科普宣传与技能培训、专业援助与咨询服务、公益服务与社区建设等特色服务项目。目前，学校已与济南市 60 多个社区居委会完成学生志愿服务项目对接，建立起 80 多个服务站，10000 余名学生深入社区开展了志愿服务，既提高了学生实践能力，又促进了社区文化建设与发展。

3. 加强与政府之间的合作，校局合作成效显著

（1）与省环保局的合作不断深入。3 月初举行的“山东大学—山东省环境保护局 2005 年全面合作座谈会”，确定了 2005 年校局合作主要工作。按照“一学院，一研究院，一中心”的开放式大环境学科思路，加强校局合作。重点从科学研究、标准建设、清洁生产、人才培养、生态省建设、筹建重点实验室、基地合作等七个方面加强合作，为生态省建设、发展循环经济作出我们的贡献。

（2）与省卫生厅的合作进入了一个新的阶段。8 月底，省卫生厅王天瑞厅长率团来校调研，双方肯定了前期的合作成绩，进一步明确了服务山东的思路。强调建立畅通的沟通渠道，建立医疗和科研服务平台、卫生政策和战略研究平台、在职教育培训平台、医学教育研究平台、社区卫生服务平台等五个合作平台。

（3）与省教育厅的合作进一步推向深入。9 月份，省教育厅齐涛厅长率团来校调研，就推动落实《山东大学服务山东行动方案》，促进山东高等教育事业的发展进行探讨，重点开展人才培养、教师培训、科学研究等合作与交流项目，探索人才培养、教师资源共享的实现途径与方式，带动全省高等教育水平的提高。

（二）打造校企合作平台，探索新的产学合作机制

1. 与原有合作伙伴的合作领域得到拓展，效益不断提高

（1）5 月 8 日、11 月 19 日分别在青岛、济南举行“山东大学海信研究院春季论坛”、“山东大学海信研究院秋季论坛”，搭建沟通互动平台

——企业关键或前沿技术研发项目合作成效明显，并取得延伸成果。经 2004 年秋季论坛的项目对接，双方首先启动了“AVS 视频解码及 DSP 实现”等 4 个与海信集团发展密切相关的电子信息类企业关键或前沿技术研发合作项目（项目总经费 51 万元）。截至目前，首批项目进展顺利，基本上能够按照进度如期结题。在首批的合作项目中，“多功能机顶盒流媒体播放技术”、“AVS 视频解码及 DSP 实现”、“基于 IGRS 的协议栈平台开发”等 3 个项目在研发过程中，还产生出 5 项专利、1 项版权和软件登记。另外，向辉副教授还为主申请了 2005 年山东省科技厅重大科技专项——“具有自主知识产权的嵌入式系统研究及开发”，获资助经费 50 万元。

——拓展了合作领域。在原有电子信息领域的基础上，今年双方的合作将拓展至模具、新材料、家电技术等领域；海信集团新追加投资 100 万元，使山大海信研究院经费总额达 300 万元。

——加强人才培养，探索依托企业联合培养工程类高层次人才的新途径。山大海信

研究院与信息工程学院合办的首批工程硕士班已于 2005 年 9 月开课。该研究生班有 38 名工程硕士在读（其中，海信集团研发人员 20 名）。同时，海信集团 2005 年还接收我校齐鲁软件学院 9 名软件专业本科生实习或进行毕业设计。

——海信集团将其“十一五”规划中涉及我校学科领域的项目切块给我校。

——依托山东大学海信研究院这一开放平台，双方积极准备有关材料，2006 年共同申报信息工程类国家重点实验室。

（2）继续推动潍柴合作模式

——启动了“6160 柴油机强化机型结构强度分析与方案设计”等一批新的合作项目，涉及经费 80 余万元。

——协调落实了 2005 年潍柴动力奖学金发放工作，400 名本科生、研究生获奖，资助金额 50 万。

——在确定首批 8 名订单式硕士研究生的基础上，今年又确定了 8 名订单式硕士研究生。

（3）积极推动与济钢集团、兖矿集团的合作

一年来，先后组织 3 批次学者共 20 余人次赴济钢集团、兖矿集团进行项目对接，在能源、环境、材料、电力、控制、机械、管理等学科领域加深了了解，取得了共识，为下一步的全面合作奠定了很好的基础。

（4）继续推动与其他原有合作伙伴的合作

继续加强与鲁南制药、将军集团、淄博兴亚公司、塔里木油田等的合作。其中将军集团继续在我校设立奖/助学金 70 万元，资助 480 名本科生、研究生。

2. 积极拓展合作领域，新增加 5 个合作伙伴

（1）推动与山东移动的合作。3 月 2 日，校长展涛与山东移动总经理刘爱力签署校企合作协议，副省长王军民出席签字仪式。2005 年山东移动在我校设立优秀奖学金 50 万元，资助研究生、本科生 310 名。

（2）推动与山东烟草的合作。4 月 1 日，双方签署共建“山东省卷烟营销战略研究中心”协议书，开展课题研究，首批到位经费 30 万元。10 月 22 日，副校长王琪珑与山东烟草副总经理武梅华共同为该中心揭牌。11 月，烟草公司机关全体党员捐款 3 万元设立贫困生助学金。

（3）推动与新汶矿业集团的合作。4 月 10 日，副校长张永兵与新汶矿业集团董事长朗庆田签署校企合作框架协议。8 月 24 日，副校长王琪珑与新汶矿业集团副总经理吴刚签署联合培养订单式学生协议。目前已有 36 名我校本科生报名参加新汶矿业集团订单式培养。

（4）推动与中国重汽的合作。6 月 28 日，副校长王琪珑与中国重汽总经济师童金签署校企合作框架协议与联合举办工商管理硕士（MBA）学位研究生班协议。副省长王军民、校长展涛与中国重汽党委书记、董事长马纯济出席。12 月 12 日，山东大学—中国重汽工商管理硕士（MBA）学位研究生班开班。

（5）推动了与临沂市人民医院的合作。12 月 28 日，副校长娄红祥与临沂市人民医院书记兼院长尹传贵签署校企合作框架协议。设立“山东大学教学实践基地”，并合作

共建非赢利性妇产医院。

3. 校企合作经济效益显著

通过与上述企业的合作，以推动资源共享、提高合作效益为目的，不断探索新的产学研合作机制，推动了校企合作双赢。同时，在校企合作过程中，我校也获得了经济收益。本年度，先后协调各类企业到学校账户经费共计740余万元。

（三）担承社会责任，推动帮扶和对口支援工作

1. 帮扶费县。为费县开展的《费县旅游发展总体规划》、《费县蒙山自然保护区、大青山红色旅游区详细规划》（印刷稿）已完成，进入征求意见与评审阶段。同时，确定了首批3名研究生在费县一中和薛庄镇中学支教一年。

2. 对口支援新疆昌吉学院。根据教育部《关于实施“援疆学科建设计划”的通知》、《关于全面实施对口支援新疆、西藏本科高等学校有关事宜的通知》的文件精神，6月23日，副校长王琪珑与昌吉学院院长李再江签署《山东大学对口支援昌吉学院学科建设协议书》。9月30日，双方签署补充协议，将对口支援学科建设上升为全方位支援。

二、校际、校研合作

2005年，校际合作、校研合作工作按照2005年学校党委、行政工作要点，继续以开放与创新为主线，全面推进实施全方位开放式发展战略，积极拓宽校际合作领域，以学生访学项目为载体，寻求在科研合作、高层次人才培养等方面的合作点，建立合作互动机制，搭建校际合作的发展平台，实现共同发展和互利双赢。

（一）校际、校研合作规模进一步扩大，新增4个合作伙伴

2005年1月18日，校长展涛与中国海洋大学校长管华诗签署校际合作协议。1月20日，我校与山东轻工业学院签署校际合作协议。8月30日，我校与中国科学院研究生院签署全面合作框架协议。10月16日，校长展涛与中国政法大学校长徐显明签署校际合作协议。迄今为止，我校的校际合作伙伴已达16个。

（二）“第二校园经历”成为校际合作的范例与我校本科人才培养模式的重要特色和亮点之一，得到了教育部本科评估专家的高度评价。

截至2005年底，我校已派出本科访学学生914人，研究生访学学生26人；接收本科访学学生1227人，研究生访学学生10人。

（三）高层互访与学术交流频繁

本年度共派出12个代表团、120余人次到12所合作高校进行高层访问与学术交流，接待8个代表团、100余人次来我校访问和学术交流。

（四）校际合作经济效益明显

通过单向接收访学学生，本年度我校获访学经济收益270余万元。

（五）通过校际合作，活跃了校园文化，推动了校园文化的多元化

完善和规范了访学学生联谊会组织，通过组织不同高校的多校园图片展、访学学生体育比赛、访学学生欢送会等活动，活跃了校园文化氛围，丰富了校园多元文化的内涵。

（罗桂花）

信息化工作

2005年度，信息化工作办公室以邓小平理论和“三个代表”重要思想为指导，牢固树立和全面落实科学发展观，按照学校党委和行政的总体部署，坚持以人为本、服务师生的原则，加强制度建设，不断拓展校园卡系统的功能，确保了校园卡系统的稳定可靠运行和办公自动化系统的畅通，积极稳妥地做好数字化校园二期工程建设规划，为稳步推进数字化校园建设二期工程奠定了良好的基础。

一、加强政治理论学习，认真开展保持共产党员先进性教育活动

按照学校党委和机关党委的要求，不断加强政治理论学习，努力提高工作人员贯彻执行党的路线方针政策的自觉性。信息办党支部在2005年下半年，按照学校保持共产党员先进性教育活动的整体部署，对办公室全体党员开展了保持共产党员先进性教育活动。全体党员积极参加教育活动，认真做读书笔记，交流心得体会，深刻剖析自己，查找问题和不足，制定切实可行的整改措施并落实到位。通过此次先进性教育活动，全体党员的党性觉悟和思想水平都有了较大进步。

二、加强制度建设，规范校园卡管理行为，确保系统稳定可靠运行

校园卡系统的安全稳定运行事关学校稳定的大局。信息办工作人员恪尽职守，完善服务，把“以人为本，服务师生”的理念落到实处，加强制度建设，规范校园卡管理行为，做好校园卡系统的运行维护工作，确保系统稳定可靠运行，做到让师生员工满意，让学校满意。

（一）建立健全各项管理制度，使校园卡管理行为更加规范有序。在学习、借鉴兄弟院校信息化建设成功经验的基础上，制定了《山东大学校园卡管理暂行规定》、《山东大学校园卡商务系统设备管理暂行规定》，建立了《山东大学信息化管理员制度》，制定了校园卡系统中心机房管理、校园卡系统资产设备等一系列管理制度；与后勤集团等校园卡系统设备使用单位签订了设备管理责任书，规范了校园卡系统的设备管理、维护等使用行为。工作中坚持“以人为本，服务第一”的理念，全年完成现金充值6000余万元，发放补助20万人次，补助金额1400万元，实现了结算和内部财务管理的电算化。

（二）顺利完成2005年迎新和毕业生离校工作。在相关部门的大力支持下，信息办组织专门力量完成了2005级新生的信息和照片整理工作，确保了新生入校后及时领取

正式校园卡，既方便了学生的学习和生活，又为学校节约购买临时卡资金10多万元。在毕业生离校手续办理过程中，本着方便学生，简化流程的原则，制定了详细的毕业生离校工作预案，为毕业生集中销户提供方便，在较短的时间内完成了近万名离校学生校园卡销户工作，确保了毕业生按时离校。

（三）加强队伍建设，提高人员素质。针对工作人员的知识结构和信息化工作的实际情况，不断加强队伍的岗位知识培训，组织工作人员学习校园卡系统知识，提高业务素质；办公室还组织党员群众参加各种群体活动和党员教育活动，增强了队伍的凝聚力和战斗力，2005年被评为机关先进基层工会。

三、积极拓展校园卡系统的功能，提高数字化校园的建设水平

（一）完成校园卡系统合作银行的招商工作。在学校计财处等部门的大力支持下，完成了校园卡系统合作银行的招商工作。12月28日，学校与中国银行济南分行签署了合作共建山东大学校园卡系统协议，中国银行出资的1000万元已经到位，确保了校园卡系统的建设资金需求。校园卡系统与中国银行的对接技术方案如通讯协议、接口方式、接口软件的开发等正在进行中。

（二）加强对校园卡系统的研究与研发，积极拓展校园卡系统的应用范围。一年来，先后完成与图书馆、校医院的平滑对接，实现了学校部分院部资料室与图书馆校园卡认证功能，开通了机房上机收费系统、铁通电话计费系统、学生补助发放系统，进一步增强了校园卡功能，拓展了校园卡的应用范围。目前，基于校园卡的实验室考勤与管理系统、会议签到与统计系统、大学生身体素质智能测试与管理系统等应用已开发完毕，正在安装调试和试用；班车管理、重点实验室门禁管理等系统的建设已形成成熟的技术方案，由于受客观条件的限制，工程实施还未进行。为加强校园卡系统的安全管理，自主开发了中心机房的监控及记录系统、结算中心工作状态记录监控系统等，提高了校园卡系统管理效率，降低了管理成本。

（三）完成校园卡系统项目（一期工程）的整体验收工作。12月24日，学校组织了由学校各有关职能部门负责人和中国银行代表组成的验收组，对校园卡系统进行验收。验收组认为山东大学校园卡系统项目（一期工程）完成了预期目标，运行良好，提高了学校的信息应用水平，取得了良好的经济效益，在校园卡系统建设和应用方面居国内领先水平，一致同意通过验收。

四、积极稳妥地做好数字化校园建设二期工程规划

（一）加强组织领导，健全组织机构，积极推进数字化校园建设。今年出台了《山东大学关于进一步加强和推进信息化工作的意见》（山大字［2005］14号），并成立了学校信息化工作领导小组和专家组，以加强对学校信息化工作的组织领导，对数字化校园建设规划和建设思路进行论证、审核。

（二）通过对国内兄弟高校数字化校园建设情况的调研，结合我校数字化校园建设的实际，按照积极稳妥的原则，提出了我校数字化校园二期工程建设的基本思路，即制定学校信息化建设标准，构建学校统一的身份认证平台、统一门户和统一的数据平台，

确保学校的所有信息互通和资源共享。二期工程建设思路已经校内有关专家论证，二期工程建设招标工作即将实施。

五、做好办公自动化系统的升级改造，更新维护办公信息网系统

（一）与教育部办公厅文件交换系统的管理和维护

完成学校与教育部文件交换系统的升级。2004 年，根据《教育部办公厅关于开展电子政务试点工程建设的通知》精神，我们办公室主持起草了《山东大学关于申报教育部电子政务试点工程建设单位的请示》（山大综字［2004］34 号），报送教育部办公厅。经教育部组织专家审查，2005 年 6 月，批准了我们的申请报告。我们已经根据教育部《电子文件交换系统升级安排的通知》要求，对原有系统软硬件进行了彻底的升级和改造，各项工作进展顺利，目前正在试验运行阶段。

（二）学校办公自动化系统的管理和维护

1. 服务器的管理与维护。办公自动化系统在学校的日常管理中起着非常重要的作用，为保证服务器 7×24 小时安全运行，建立了服务器管理制度，对系统定期备份，使用防火墙实现了内外计算机系统的隔离，增强网络的安全性能，防止非法用户侵入。

2. 办公自动化系统的管理和维护。定期对办公系统网页进行改版，做到重点突出，主次分明，易于浏览。在办公信息网上添加了教育部简报等专栏，使教职工能够浏览教育部简报，了解教育部有关政治活动和文件精神。加强学校各职能部门办公系统管理员的安全使用和维护培训，根据使用功能的不同，设置了不同的发文权限。

（三）校园网外用户访问办公信息网站服务系统的开发应用

信息化工作办公室开发了校园网外用户访问我校办公信息网站服务系统，解决了校园网外教职工上网访问办公信息的问题，进一步完善了办公自动化系统，实现了与威海分校、齐鲁医院、第二医院的文件上网和资源共享，使我校教职工了解掌握学校信息的渠道更加畅通，极大地方便了我校教职工浏览查阅学校文件和有关办公信息，真正做到了全方位和人性化服务。

（李永在）

网络与现代教育技术工作

网络与现代教育中心的工作始终坚持与时俱进、开拓创新，做到了识大局、顾大体。结合开展保持共产党员先进性教育活动，强化岗位责任制，围绕学校 2005 年党政工作要点，特别是本科教学工作水平评估工作，积极主动开展工作，取得了可喜的成绩，较好地完成了 2005 年网络与现代教育技术中心工作计划。

一、网络中心主要工作

（一）积极组织参加国家重大工程“中国下一代互联网 CNGI 示范工程”研究试验、开发与产业化项目的招标，在科技处的支持下，网络中心组织参与的 7 个项目有 5 个项目入围，目前已经有 2 个入围的项目正式签约，我校承担和参与两个项目中的 4 个子课题，国拨项目经费 40 万元。2004 年 12 月 20 日，包括济南节点在内，连接 20 个城市，世界上最大的纯 IP V6 互联网——中国下一代互联网 CNGI 核心网 CERNET 2 开通，我校作为 CERNET 2 的 20 个核心节点之一，积极参与建设，承担并完成了各项工作。2005 年 12 月正式启动了 CNGI 驻地网的建设，将于近期完成。

（二）经过 2002 年南区园区网重建、2002 年骨干网升级改造、2004 年校园网核心网建设与升级等三次校园网升级改造和新建，学校校园网延伸到学校教学、科研、办公和学生宿舍的每一座楼宇、每个房间，成为连接济南、威海两地 7 个校园高速、可靠的大型计算机网络系统，实现了统一网络管理。2005 年网络设备开始进入更新换代时期，网络服务得到进一步完善。

截至 2004 年 12 月 31 日，我校校园网光纤总长度超过 130 多缆公里，学校投资建设的计算机网络综合布线信息点 50000 多个，其中学生宿舍 32000 多个，入网计算机接近 30000 多台（学生宿舍超过 10000 台），我校访问互联网的流量连续三年在清华、北大之后排第三位。

（三）根据学校安排，在学校计划财务处、实验室与设备管理处的领导和参与下，统筹规划购置学校各部门的服务器、服务器集群及网络存储系统，进一步完善了学校数据中心环境建设，为学校应用建设、资源建设和科研合作提供了良好的数据服务平台和环境。投资近 400 万元购置安装 SUN 服务器和存储系统，解决了原教务系统主机的单一故障问题，目前该系统运行本科综合教务管理、教学评估、学生信息管理、研究生学位与研究生管理等应用系统，为下一步学校基本数据库建设和信息集成平台建设奠定了基础。投资 150 万元购置服务器和服务器集群，完成了学校网站系统的升级改造，协助宣传部完善网上直播/转播系统建设，协助学生就业指导中心完善就业信息系统和职前辅导系统建设，协助《山东大学学报》（哲社、自然科学）编辑部完成学报期刊稿件网络编辑处理系统建设，协助档案馆启动了数字化档案馆建设等，校园网网络应用进一步普及，网络应用水平已经达到国内同类院校的水平。

（四）进一步完善了校园网网络传输服务。通过虚拟专用网服务，进一步优化了校区医院业务联网、电力室网上监控、校园电视视频监控联网等；进一步完善了校园网上视频会议系统建设，并提供服务，如护理学院与香港理工大学护理学院的网上相互授课和校内文化素质课程的网上授课等；初步完成电子邮件系统的升级改造，进一步完善了邮件服务；检索服务、主机服务等网上服务系统得到进一步测试和完善，目前虚拟主机总数已经超过 200 个；校园网网络传输服务与虚拟主机服务的实施和部署节省了大量人力和经费，仅虚拟主机一项平均每年为学校节省经费投入上百万元，取得了很好的经济和社会效益。

（五）校园网、CERNET 国家骨干网地区节点与山东省网主干网运行管理和服务的规范化、制度化和流程化进一步得到完善，校园网的管理更加严格，校园网的服务质量得到提高，校园网骨干网接入与服务系统和 CERNET 地区节点及省网主干网的网络运行服务质量达到了较好的电信级服务水准，有力保障了 2005 年高考与成人网上招生等重大网络应用的顺利开展，有关工作得到省教育厅、CERNET 国家中心的肯定，2005 年我校再次被评为网络运行管理先进单位，受到 CERNET 管委会的表彰。

（六）校园网管理与服务体制进一步得到完善，形成了各部门、各单位通力合作、齐抓共管的良好局面，各项工作均取得了突出的成绩。宣传部负责网站的审批、备案等工作，实现了学校对外网上宣传与教育的全面管理；公安处负责网络安全事件的侦查和有害信息监控等工作，组织实施网络安全教育等工作，有关工作得到省教育厅、省公安厅的肯定；学生工作部（处）负责学生宿舍网的管理及学生在线网站群的建设管理、运行维护等工作，开展以学生为主要对象的校园网络文化建设，受到国家有关部门的高度关注；教务处、研究生院、学生工作部、计划财务处等部门管理信息系统建设均有序进行并取得进步，为学校基本数据库建设和管理现代化打下了坚实基础；各部处、各院部很好地完成了本单位的网站建设和维护及本单位局域网的建设和维护等工作；后勤管理处负责家属区网络管理和市场准入等工作；网络中心负责校园网骨干网规划建设、运行管理及公共服务平台建设和技术支持等工作。

（七）结合山东大学华为网络技术授权培训中心建设，计算机网络技术实验室和山东大学华为技术支持中心建设得到完善，面向学校学生提供免费培训，并开设第二期暑期网络学校，再一次被学校评为精品课程。计划与华为建设联合开放实验室，为研究开发和创新教育提供环境和设备条件。

（八）作为中国教育和科研计算机网 CERNET 骨干网地区节点网络中心、山东网络中心，山东省教育和科研计算机网专家委员会、山东省现代远程教育专家委员会、山东省教育信息网网络管理中心、山东省教育信息化工作委员会、山东省互联网协会理事长单位及学术委员会等挂靠单位承担了大量公益性工作，目前我校作为国家下一代互联网 CNGI 核心节点，已经启动 CNGI 驻地网的建设，并圆满完成了 2005 年 CERNET 2 有关运行管理和技术服务工作。

二、现代教育技术中心主要工作

（一）拍摄制作教学片 9 部，其中一部教学片获 2005 年中华医学会一等奖，两部教学片分别获 2005 年山东省影视教育专业委员会一、二等奖，同时获 2005 年最佳编辑奖。

（二）精品课件汇报片 15 部。

（王新军　葛连升）

出版工作

本年度，出版社始终坚持大学出版社为高等学校的教学、科研服务的办社宗旨，把图书的社会效益放在首位，努力寻求社会效益和经济效益的最佳结合，为我国的科技文化教育事业服务，为社会主义精神文明建设作出自己的贡献。

一、坚持先进文化的前进方向，全面正确地理解和贯彻党的出版方针，提高社会效益

出版社在出版工作中旗帜鲜明地坚持马克思主义的指导地位，一如既往地坚持“两为”方向和“双百”方针，坚持四项基本原则和改革开放的方针政策，树立政治意识、大局意识和责任意识；坚守宣传科学理论、传播先进文化、塑造美好心灵的阵地，唱响主旋律，为营造健康、繁荣、有序的出版物市场作出了应有的贡献。

本年度，共出版图书412种，其中新版图书201种，重印图书211种，总印数537万册，总印张92406千印张，出版总金额达1.08亿元，首次实现了出版码洋过亿元。其中“十五”国家重点图书出版规划项目1种，有11种图书获省级以上大奖。1月出版的《岁月有情》获“第四届全国优秀妇女读物”荣誉称号。

优化图书结构，提高图书质量。在编辑加工方面，出版社拥有一支政治素质高、业务能力强的编辑队伍。编辑人员定期学习国家的出版方针、政策，定期进行编辑业务探讨和学习。编辑加工的图书从未有过一本违反国家选题管理规定，也未有一种有政治问题或格调低下、内容不健康的图书出版。贯彻执行新闻出版法规规定的“三审制”，对于重点图书还进行“印前审读”和“专家审读”，切实提高图书的编校质量。在2005年出版的新版图书中，优质品达到16.7%，良好品达到29.2%，其余的54.1%也全部都合格，基本上达到了国家标准。印装质量也得到了大幅度提高，2005年度山东大学出版社出版的图书获全国印刷出版物优质品铜奖，在全国700多家出版社中名列第17位。

二、实施精品工程，调整出书结构，努力扩大市场份额，实现社会效益和经济效益的双增长

不断强化自己的优势，利用大学的丰富资源，出版高校教材、教学参考书和一系列高等职业教育教材。出版和修订了《世界通史教程》、《中国通史教程》、《体育与健康》等一大批高校精品课程图书。加强高等职业教育教材和各级各类培训教材等方面的出版，初步形成了以工程类、机械类、旅游类、财务类等为品牌特色的高等职业教育系列教材。

在继续保持和巩固出版社在学术专著、译著，高校教材、教学参考书、高等职业教育教材、各级各类培训教材等方面出版和发行的优势的同时，面向市场，树立品牌意识，着力打造精品出版物。在这一思想指导下，出版社面向社会推出了一系列人文社科精品图书，出书品种和图书结构都得到了较大改善，对提高出版物的市场占有率和经济效益起到了明显的促进作用。如《人文前沿丛书》、《环境政治学译丛》、《汉译犹太文化名著系列》、《文艺学前沿理论研究书系》、《文史经典系列》、《山东大学文史书系》等，逐步形成了山东大学出版社在专业学术专著出版方面的优势与特长，得到了社会各界读者广泛公认与好评。

针对存在的一些突出问题，以发展的新思路、改革的新突破、管理的新举措，来积极应对全新的形势变化，尽快打开各项工作的新局面。多次组织全社人员认真学习有关文件，深入认识大学出版社的特点和面临的形势，重新进行战略选择，逐步形成了一个以教材和学术著作为基础，积极面向市场，走出大学校园，参与市场竞争，通过市场竞争促进内涵式发展的自我扩张战略。并在出版“走出去”上，从国外引进了《绿色政治思想》、《后现代与历史学——中西比较》、《知识的不确定性》等一批在学术上很有影响的专著。这些高质量、高水平的图书的出版，在社会上产生了较大的影响，受到了广大读者的好评。同时，利用自己的优势，争取最大限度地把介绍中国传统文化的学术专著打入国际图书文化市场。

这一战略选择得到了山东大学校领导的支持，通过一年的实践，已经收到了明显的成效。2003 年以前山东大学出版社的出版码洋一直徘徊在 2000 万元左右，2005 年首次超过亿元，达到 1.08 亿元，经济效益取得了很大的提高。

为了进一步提高出版水平，成立了出版科学研究所，采取有力措施，加强和鼓励出版科学研究，特别是研究出版业的发展趋势和改革对策，研究编辑、出版、发行等各项工作的业务技巧，增强全社的科研氛围，树立崇尚科研的良好风气。2005 年全社共发表科研论文 50 余篇。学校还拿出专门指标，在出版社招收出版专业硕士研究生，以加强后备力量的培养。2005 年 8 月，出版社还取得了音像出版权的资格，成立了山东大学音像出版社。

附：

2005 年新版图书目录

《儒家道德哲学研究》

《走进中国哲学殿堂》

《走进中国文学殿堂》

《走进中国民俗殿堂》

《庞朴文集》（全四册）

《赫鲁晓夫传》

《自然与环保教师教学用书》（七、八、九年级）

《西方环境运动：地方、国家和全球向度》

《欧洲执政绿党》

《生态社会主义：从深生态学到社会正义》
《绿色政治思想》
《加拿大商务文化》
《公众政治论》
《文化县：从山东邹平的乡村学校看二十世纪的中国》
《在“模范殖民地”胶州湾的统治与抵抗》
《机械设计基础》（高职）
《中国当代小说中的现代主义》
《兵法经典新解》
《新课程与创新学习》
《常见疾病康复治疗指南》
《伴你学习新课程·生物学·七年级》下册
《新课标互动同步·生物·七年级》下册
《新课标互动同步·生物·八年级》下册
《新课标互动同步·地理·七年级》下册
《新课标互动同步·地理·八年级》下册
《新课标互动同步·语文·九年级》下册
《新课标互动同步·物理·八年级》下册
《新课标互动同步·数学·九年级》下册
《新课标互动同步·化学·九年级》下册
《新课标互动同步·历史·九年级》下册
《科学养生与保健》
《山之魂　海之韵》
《功能食品与功能因子》
《内科学学习指南》
《山东省高等院校（专业）概览》
《亚太发展研究》第 3 卷
《茌平耕地》
《高中新课程·学习探究与评价》（高三）
《山东省教师资格认定教育学、教育心理学学习指导·中学部分》
《山东省教师资格认定教育学、教育心理学学习指导·小学部分》
《李克用评传》
《管理信息系统》
《高职院校校园文化建设概论》
《寒亭耕地》
《谁与争锋：多极世界与中国》
《单位犯罪关系论》
《锻造竞争力》

《电工电子技术实验教程》
《生药学》
《高等教育理论与实践》
《结构力学》
《结构设计原理》
《中国近代社会文化思潮研究通览》
《日照民间故事选编》
《高等学校教育教学评估》
《道路出行随身读》
《英语·专科》第4册
《英语·本科》第4册
《走进中国科技殿堂》
《县域经济理论与实践》
《中华民族精神新论》
《汉语言专业、汉语言文学专业教学现代化建设研究与实践》
《计算机辅助电路分析》
《现代管理理论与实践》(上、下卷)
《学道·探究与互动(高三)》(共九册)
《威海军事史(1200～1949.10)》
《饮酒与保健179问》
《走进中国政治殿堂》
《走进中国艺术殿堂》
《电路基础实验教程》
《国家公务员录用面试试题精选与解析》
《人本社会论:当代社会主义、资本主义发展前景》
《抗感染药物合理应用新编》
《危重病急救医学》
《登州港与中韩交流国际学术讨论会论文集》
《形态实验学教程》
《大学生就业指导》(修订版)
《山东经济社会发展和改革政策研究》
《现代教育技术实用教程》
《习拳心语》
《近代转型社会中的集团与人物》
《经营遗产》
《教育拓展的理论与实践》
《信息系统理论、方法与技术应用》
《英语写作认知心理研究》

《旅游饭店餐饮管理》
《青春·奥运·梦》
《交通安全新童谣》
《旅行社经营管理》
《旅游饭店前厅客房服务与管理》
《实变函数与泛函分析》
《见证永恒：西方哲学经典命题拾零》
《山东省政务公开指南》
《课堂·新坐标考点金卷》
《机械设计基础实验教程》
《高校基本建设管理概论》
《外科学学习指南》
《病理学学习指南》
《生物化学学习指南》
《儿科学学习指南》
《医学影像学学习指南》
《实用临床男科学》
《伴你学习新课程·生物学·八年级》上册
《法理学视野中的权利》
《关于性、婚姻、生育、家庭的研究》
《电子综合设计实验教程》
《精神文明发展规律论》
《计算机绘图应用教程》
《艺术与人的解放：现代马克思主义美学的主题学研究》
《史述和史论：战时中国文学研究》
《二战后欧美史学的新发展》
《英语自学参考·专科》（1～4 册）
《英语自学参考·本科》（1～4 册）
《道路建筑材料》
《小学知识速记歌诀·英语》
《小学知识速记歌诀·语文》
《小学知识速记歌诀·社会、自然、数学》
《工程力学》
《体育与健康》
《基础教育：政策与制度热点》
《漫漫自由路》
《活动建构教学体系下多维互动学模式探索》
《民事诉讼法学》

《沂蒙七十二崮诗韵》
《现代管理学——知识经济背景下的管理理论》
《液压与气压传动》(高职)
《中国城市卫生服务公平与效率评价研究》
《企业环境会计基础理论及其应用研究》
《电工电子技术实践教程》
《肥胖与疾病》
《见证 2004》(全四册)
《客户关系管理》
《物流管理学》
《新编大学英语同步辅导》第 1 册
《中外广告史》
《大学英语听力·强化、提高分册》
《自然辩证法概论》
《马克思主义经典著作精选与导读》
《概率论与数理统计》
《基础会计与财务会计习题集》(高职)
《机械设计与制造实训教程》(上、下册)(高职)
《生物化学与分子生物学实验技术》
《当代世界经济与政治》
《新闻英语》
《小学语文有效教学策略》
《新世纪教学论丛》第 3 辑(上、下册)
《数据库与程序设计》
《中华健身秧歌》
《医学化学实验教程》
《大学德育教程》
《医用物理学实验》
《现代行政法治理念》
《学习·探索·实践——优秀政工论文选编》
《儒林》第 1 辑
《大学生心理健康教育探讨》
《打开心结——与大学生谈如何面对挫折》
《实用日本语文型》
《电子设计自动化(EDA)技术实验教程》
《概率论与数理统计》
《中韩人文社会科学研究》第 1 辑
《中国传统文化教程》

《大学速读训练教程》
《20 世纪中国文学思想与知识分子人格精神》
《常健文选》
《心灵的年轮》
《城市空间数据挖掘方法与应用》
《机械制图实验教程》
《我心目中的山东大学》
《山东省益都卫生学校志》
《跨越百年时空——山东省益都卫生学校 120 年校庆文集》
《现代教育理论与实践》
《呼吸机临床应用指南》
《高校工会工作概论》
《战士·学者·诗人》
《山之魂　海之韵——天南地北山大人》第 2 辑
《山之魂　海之韵——山东大学校友创业风采录》
《高中新课程·学习探究与评价》（高一）
《高中新课程·学习探究与评价》（高二）
《国家公务员制度教程新编》
《山东大学师生书画作品集》
《大学教学管理与教学研究》
《行政科学与公务员制度》
《女性体检与健康指导》
《大学后勤社会化进程研究与探索》
《妇产科学学习指南》
《奋进的脚步》
《人文述林》第 8 辑
《清代山东方言语音研究》
《望岳文库：中国前现代文学的转型》
《传统的回归与守护——无形文化遗产研究文集》
《交通工程概论》
《山东省“十五”制造业信息化工程应用案例》
《山东大学年鉴（2003）》
《望岳文库：陶渊明及其诗文渊源研究》
《骨科临床护理学》
《山东工会年鉴（2005 年卷）》
《向综合性大学转型中的思考与探索》
《心血管急症治疗学》
《两宋文化与诗词发展论略》

《中级财务会计》（高职）
《人体解剖学学习指南》
《假释制度比较研究》
《电子技术实验教程》
《山东省城市酸沉降及控制研究》
《山东省“十一五”经济社会发展战略研究》
《高校思想政治教育创新论》
《单病种体检与健康指导》
《高考诗词鉴赏》
《文化足球——关于鲁能足球的思考与探索》
《比较与借鉴：东西方社会主义的理论与实践》
《英文科技杂志论文写作指南》
《农村合作金融新论》
《微观经济学》

（陈海伟）

《文史哲》编辑部

2005年是实施教育部“名刊工程”建设方案的第二个年头。暑期，教育部组织有关专家对《文史哲》“名刊工程”建设方案的实施情况进行了中期检查。专家组对《文史哲》实施名刊工程建设工程以来所取得的成绩给予了很高的评价。教育部近期下达的评估报告认为：“《文史哲》自入选名刊工程以来，各方面工作取得了明显进展，社会影响力进一步扩大。”

据陕西师范大学图书馆2005年统计资料，2004年，《文史哲》被《新华文摘》、《中国社会科学文摘》、《高校文科学报文摘》三大文摘的转载率，在全国高校学报中据第2位，在全国综合性社会科学期刊中居第4位。

据中南财经政法大学图书馆期刊信息检索中心2005年统计，2004年，《文史哲》被摘转文章121篇次，在综合性社会科学期刊中居第6位。其中，被《新华文摘》转载量排第1位，被《中国社会科学文摘》转载量排第7位，被《高等学校文科学术文摘》转载量排第11位。

《文史哲》始终坚持质量面前人人平等的择稿原则，严把学术质量关。2005年伊始，又在“三审会商”的基础上，正式增加了“双向匿名审稿制”，形成了更为严格的“三审一匿一会商”的审稿程序和机制，期刊的学术质量有了更加可靠的制度保证。在2005年2月揭晓的第三届国家期刊奖评比中，《文史哲》再次荣获“国家期刊奖银奖”。在2005年11月结束的山东省报刊质量评比活动中，《文史哲》连续第五次获得优秀奖。

（刘京希）

山东大学学报（哲学社会科学版）

重新入选 CSSCI 来源期刊的《山东大学学报（哲社版）》第 1 期刊登了 2005 年重点选题计划，共有“当代西方新思潮新理论迻译”、“近十年中国学术发展状况的学术批评”等 26 项重点选题。

2005 年出版各期学报主要栏目有“本刊特稿”、“资产建设与社会福利研究”、“民间法研究”、“诠释学与经典诠释研究”、“国际政治研究”、“劳动价值论新探”、“魏晋南北朝文化研究”、“外国文学与比较文学研究”、“秦汉史研究”、“学术专论”、“先秦诸子研究”、“史学研究”、“哲学研究”、“经济学研究”、“管理学与社会学研究”、“唐宋文学研究”、“文史研究”、“伦理学研究”、“法学研究”、“政治学研究”、“纪念臧克家诞辰 100 周年”、“法律方法”、“西方哲学与宗教”、“语言学研究”、“经济与管理”、“公共行政与社会发展”、“编辑与出版”、“儒道研究”、“环境哲学与环境政治”、“国际贸易研究”、“企业管理”等，其中“本刊特稿”、“民间法研究”、“诠释学与经典诠释研究”及经济学研究类等栏目学术强势和特色优势趋于凸显。全年共编辑出版正刊 6 期，刊载论文 154 篇，约 198 万字；编辑出版增刊 1 期，刊发论文 92 篇，约 40 万字。

2005 年重点推进了信息化建设和文献载体网络化工作，以往文科学报网站仅刊登各期论文目录及摘要，自本年起印刷版学报出版后电子版同时上网，并将近年学报电子版全部上网。编辑部还与华艺数位艺术股份有限公司和重庆维普中文科技期刊数据库签订了全文上网协议。从北京玛格泰克科技发展有限公司引入网上编辑处理系统，这是期刊编辑模式的一次革新与质变。

在山东省新闻出版局组织专家评委会对全省 131 种社科类期刊进行的第五届社科类期刊出版质量综合评估中，本刊再次被评为“优秀级期刊”。《山东大学学报（哲社版）》是首批入选 CSSCI 来源期刊的高校文科学报之一。11 月，中国社会科学研究评价中心指导委员会在深圳举行工作会议，对原有 CSSCI 来源期刊进行了遴选调整，主要依据近五年期刊影响因子等指标确定，本刊榜上有名，重新进入了中文社会科学引文索引（CSSCI）来源期刊。

应学校征集臧克家文物文献的通知，编辑部将臧克家于 1987 年为《山东医科大学学报（社会科学版）》创刊而题写的手迹原件移交学校档案馆。全文如下：

山东医科大学，前身是齐鲁大学，驰名中外，现在成为重点大学之一，受到重视。创办医学社会科学刊物，研讨医学理论，交流经验，对于医学的发展一定会起到推动作用。请接受我的祝贺！

臧克家

丁卯之夏　时年八十又二

全文以宣纸毛笔书写，尺幅 23×34 厘米。

（牟　进）

山东大学学报（自然科学版）

在学校的正确领导下，在全校师生员工的大力支持下，经过编辑部全体同志的共同努力，特别是经过2003年、2004年的稳定、融合工作，2005年学报的各项事业都呈现出了崭新的局面，取得了较大的进步，同时为下一步的工作打下了良好的基础。

一、更新观念，加快发展

2005年是学报合并的第三年，各项工作逐渐步入了正轨。通过不断认真学习，进一步统一了思想。更新观念、加快发展一直是整个思想建设的主线。

二、坚持“以法治部”，制度建设进一步完善

所有制度的制定与实施紧紧围绕“以人为本，以期刊质量为中心，以法治部”为主要原则。逐步完善了一系列对内对外的规章制度。通过制度建设，使学报的稿件采用及内部管理逐步走向公正、公开。制度是基础，是保证，如何使制度要求变成人们的自觉行动，将是我们学报人更高的追求。

三、期刊引证数据不断提高

质量是学报的生命，是学报生存和发展的基础，学术质量的提高需要长期乃至几代人不懈的努力。引证数据是评价期刊地位和水平的重要依据，是衡量期刊学术质量、社会影响力和国际化水平的标尺。据科技部中信所最新公布的2005版《中国科技期刊引证报告》显示，学报引证数据在稳定提高（见下表）。

项目 时间	理学版			医学版			工学版		
	总被引频次	影响因子	他引总引比	总被引频次	影响因子	他引总引比	总被引频次	影响因子	他引总引比
2002年	80	0.066	0.80	178	0.120	0.85	165	0.311	0.27
2003年	112	0.136	0.91	250	0.174	0.90	155	0.210	0.56
2004年	183	0.239	0.83	225	0.138	0.91	117	0.092	0.83

注：数据来源中信所2003年、2004年、2005年《中国科技期刊引证报告》。

四、发展成为主旋律

经过 2003 年、2004 年的稳定、融合工作，2005 年学报的各项事业都呈现出了崭新的发展势头，取得了一定成绩：

（一）克服了人手少，经费不足等困难，2005 年医学版改月刊后运转正常。

（二）2005 年 6 月，在《耳鼻喉学报》的要求下，按照学校的安排，主动承担了《山东大学耳鼻喉学报》的编辑出版任务，《耳鼻喉学报》并入编辑部，进一步的融合与发展将稳步进行。

（三）克服阻力和困难，2005 年 9 月建立内部文印室（试运转），承担编排工作，为进一步提高排版印刷质量、节约印刷成本、降低劳动强度打下基础。

（四）2005 年 11 月上编辑管理软件，将实现办公及远程投稿、审稿、查询、编排网络化（试运转），为期刊超常规发展打下一定基础。

（五）四个版的编委会建设进入实质操作阶段，将在 2006 年 1 月成立并投入正常运转。

五、圆满完成学报出版等任务

（一）理学版：全年共收稿件 249 篇，已退稿 48 篇，退稿率 20％以上；发稿 152 篇，其中基金项目资助论文 102 篇，基金论文比达到 67.1％，发表时滞缩短为 269 天。

（二）医学版：全年共收稿件 546 篇，已退稿 110 篇，退稿率 20％以上；发稿件 333 篇，其中基金项目资助论文 155 篇，基金论文比达到 46.5％；博士论文和正教授论文 163 篇，占 48.9％，博士论文和正教授论文占 50％以上，文章的整体水平有了一定提高；信息密度为 0.28（333/1200）。

（三）工学版：全年共收稿件 258 篇，已退稿 43 篇，退稿率 17％以上；发稿 164 篇，其中基金项目资助论文 85 篇，基金论文比达到 52％。

（四）耳鼻喉学报：全年共收稿件 320 篇，发稿 240 篇，其中论著和综述 153 篇。

（五）编辑学研究：在《编辑学报》、《中国科技期刊研究》、《情报科学》、《科技管理研究》等多种核心、非核心期刊发表近 20 篇编辑学论文。

2005 年学报工作取得了一定发展，总结成绩可使我们增强凝聚力和战斗力，增强发展的信心；找出不足又可使我们冷静思考，不至于自满。成绩的取得是编辑部全体人员共同努力的结果，更得益于学校、编委及广大师生的大力支持。我们期待着学报得到大家更多的关心，并由此而使《山东大学学报》有更快、更好的发展。

（陈　斌）

·工程训练中心

2005年是工程训练中心加速发展的一年，在校党委、校行政的领导下，以学校党委、行政的工作要点为指导，紧紧围绕创建“全国一流的工程训练示范中心”这个大目标，带领中心教职员工，同心同德，努力工作，完成了学校交给的各项任务。教育部简报［2005］第157期以《山东大学四项措施强化大学生实践创新训练》为题，对工程训练中心的实践教学进行了专题报道。

工程训练中心现设主任1人，副主任2人，党总支设书记1人，副书记1人，全中心现有教职工131人，其中正高级职称2人，副高级职称7人，中级职称19人，初级职称24人，中高级教学指导教师70人。中心下设实践教学部、培训部、财务部和办公室，其中实践教学部又设切削加工技术、材料成形技术、先进制造技术、电工电子及创新五个训练部。中心现有仪器设备600余台，主要有立式加工中心、数控铣床、数控车床、电火花机床、线切割机床、数控转塔冲床、数控折弯机、数控剪板机、注塑机、常规金属切削加工设备及锻压、焊接、热处理等设备。

一、党政工作

工程训练中心严格按照中央精神和学校党委的部署开展保持共产党员先进性教育活动。在保持共产党员先进性活动中，全体党员都能按照党委的要求认真参加学习，撰写读书笔记，每一阶段都作出认真总结。个人党性分析材料深刻到位，民主生活会准备充分，组织严密，每个党员同志都能本着实事求是、客观公正的态度，充分肯定成绩，明确指出不足，提出整改方案。整改提高阶段注重实效，在认真整改的同时，以保持共产党员先进性教育为契机，建立了长效机制，为中心的进一步发展奠定了思想基础。通过保持共产党员先进性教育增强了支部活力和战斗力，党建工作进一步加强；强化了党员的宗旨观念和党性观念，党员意识进一步增强；深化了领导班子对“三个代表”重要思想的理解和认识；找到了中心工作中存在的主要问题，制定了系列措施，为中心长期稳定发展奠定了基础；探索了保持党员先进性长效机制，为加强支部党员队伍建设、充分发挥党员先锋模范带头作用积累了宝贵经验；坚持了“两不误，两促进”；教育活动期间，中心在本科评估、平台建设、学科发展、电子设计大赛等方面取得了优异成绩。经民主测评，工程训练中心保持共产党员先进性教育各阶段党员群众的满意度均达到了100％。

二、本科评估

2005年是山东大学的教学质量年，以优异成绩为学校的本科教学评估作贡献是工程训练中心的一件头等大事。由于中心刚刚完成从机械厂到工程训练中心的转化，与全国同类高校相比，实践教学条件还有很大的差距，教学场地严重不足，师资力量极度匮乏，软件建设刚刚起步，教学文件很不规范，硬件建设还存在着很大的缺口。在2004年学校组织的本科评优复评工作中，学校的评估专家组提出了一大堆问题。从复评中近乎不合格，到最终在本科评估中取得优异成绩，不到一年的时间里，中心的发展和变化可谓日新月异。回首工程训练中心迎评的那些日子，我们感受最深的就是全体职工强大的凝聚力，从干部到职工，每个人都有一种重任在肩的感觉，生怕出现一点纰漏。教学课件改了又改，操作技能练了又练，机床擦了又擦，评估资料修改了一遍又一遍……“人心齐，泰山移。”经过中心全体职工的共同努力，这次本科评估工作取得了圆满成功，得到了专家组成员很高的评价：工程训练中心整合了工程培训、电子实习、陶艺等项目，并且成为学生创新基地，在电子设计竞赛、机器人大赛中都取得了很好的成绩。山东大学在综合考虑各学科人才培养需要方面对工程训练中心的发展作出了科学规划，希望坚持并完善，争取将其办成全国一流的工程训练中心。

三、实践教学

（一）以本科评估为契机，加强教学管理，强化了实践教学规范化建设。

1. 对指导教师的教学工作实行了规范化管理，制定了《工程训练指导教师守则》、《教学人员工作量考核办法》、《指导教师教学工作质量考核办法》等一系列的管理规定，使教学管理工作更加有序、科学。

2. 按照本科评估的要求，重新整理、修订了《工程训练教学大纲》、《工程训练教案》、《工程训练指导书》、《工程训练教学管理文件汇编》等教学文件。

3. 通过进行讲课示范点评，制订《多媒体课堂教学规范》、《现场实践教学规范》，通过全体指导教师的示范讲课，全面规范了课堂教学。

4. 由各工种指导教师参与，汇总整理了各训练项目技能操作规范，对技能操作提出了规范化的要求。

5. 通过制定《工程训练学生守则》、《工程训练成绩考核办法》、《工程训练成绩考核评分细则表》等教学文件，使对学生工程训练成绩的评定科学合理；同时建立了工程训练理论考试试题库，并完全按照教务处的要求，实现了考试以及试卷管理的规范化。

（二）多渠道开发生源，提高教学资源利用率。

在今年实习学生人数不足的情况下，除正常开出电子实习外，本学期首次承接各个学院的认识实习、毕业实习、课程设计等教学环节；此外，承接了山东科技大学、山东农业大学、山东工艺美院、山东交通学院、山东英才学院等八所省内高校的金工实习、认识实习、毕业实习及数控加工培训等教学任务；2005年共计接受实习各类学生4284人，31297人天。

（三）加强师资培训，提高师资水平。举办了为期一年的师资培训班，对生产转岗人员进行了机电一体化课程培训。将数控板料成形、注塑、陶艺等新上训练项目指导教师派往企业及高校学习，并积极开发实习产品。

（四）加强教学模块建设，逐步向菜单化模块化迈进。在保持原有的金工及电子实习的基础上，本年度为学生开出了毕业实习（模具专业）、生产实习（控制）、暑期学校（陶艺）、表面贴装等多项新的训练模块，丰富了中心的实践教学内容。

（五）充分利用现有设备资源，开放实验室由原来的 8 个增加到 16 个。

（六）加强教学研究，以科研促教学。

1. 争取到了教育部科技委战略研究重大专项软课题项目，题目为“强化工程教育，构建嵌入式工程实践训练模式”。

2. 学校实验室软件建设项目立项 13 项，省级软课题立项 2 项，省教改立项 1 项。

3. 指导学生创新实践团队共申报山东大学大学生科技创新立项项目 11 个。

4. 组织召开了全省范围的工程训练研讨会。

（七）牢固树立安全第一的思想，在 2005 年的实习教学工作中教师与学生无一人发生安全事故。同时，加强设备安全管理，实行挂牌管理，责任到人，教学设备完好率达到 95%以上，保证了实习训练的正常进行。

四、创新训练

创新训练教学已成为我校工程训练中心的特色与亮点。

（一）成功搭建创新训练平台，配合教务处成功举办了山东大学第一届大学生科技创新大赛。参赛团队 53 个，200 多名学生参加，大部分作品都来自于工程训练中心的科技创新平台。专业面涵盖了控制学院、信息学院、物理学院、计算机学院、电气学院、材料学院、机械学院、能源学院、齐鲁软件学院、生命科学学院等。本次大赛提交的科技创新作品多种多样，有机器人、声控汽车、晶体管参数及特性曲线测试仪、智能化照明管理系统、音控电子书、机械手、智能语音声控插座、水温监控系统的设计等。

（二）组队参加全国 CCTV 大学生机器人大赛，取得优秀成绩。从 2005 年 1 月开始至 2005 年 8 月，组织学生制作参赛机器人。在 8 月 23 日第四届全国大学生机器人电视大赛上，我校大学生机器人团队虽然是第一次参加此项赛事，但我校机器人在比赛中表现出色，进入十六强，荣获大赛优秀奖，为学校赢得了荣誉。

（三）组队参加暑期学校和全国大学生电子设计大赛。为了迎接 2005 年 9 月进行的全国大学生电子设计竞赛，利用暑期两个月时间开办了电子大赛培训暑期学校，在创新实验室对参赛学生进行了强化训练。在 2005 年全国大学生电子设计竞赛评比中，我中心 10 个队获全国一等奖一个，全国二等奖两个，省一等奖两个，省二等奖一个。有 9 名参赛学生已被保送为研究生。据统计，在获得省二等奖以上 17 个队中，有 15 个队的成员都在我们的创新实验室进行过科技创新训练，这些大学生组成的参赛团队，荣获全国一等奖两个，全国二等奖四个，省一等奖七个，省二等奖两个。取得了我校参加全国大学生电子设计竞赛有史以来最好的成绩。

（四）创新训练室面向全校学生全方位全天候开放。开放时间长，无论节假日还是星期天，只要实验室里有一个学生，就有老师为他们提供服务。晚上有时开放到 11 点。

经实验室与设备管理处考察，认为我们的创新训练室是全校开放最好的实验室，资料最全，效果最好，值得向全校推广。

（五）运用实践创新教学平台，首次尝试在全校开设实践创新选修课。“16位单片机系统设计与应用”、“科技创新与制作（基础班）”、“科技创新与制作（高级班）”，现已基本结束。利用开放的实践创新平台开设选修课是中心的一项实践教学改革，理论与实践密切结合的课程深受学生的欢迎，收到了良好的教学效果。开放实验室在开出选修课的同时，接受学院的课程设计，全方位为学员服务。首次接受了信息学院电信工程2002级120人“16位单片机课程设计”的课程实验课，能源学院交通工程2002级“16位单片机课程试验”40人的试验箱实践教学。

五、落实“服务山东计划”，多渠道开展社会培训服务

（一）山东大学与济南军区装备部首期士官计算机培训班，历时45天，34人。全部取得国家劳动部计算机职业资格证书。

（二）对济南监狱犯人进行职业技能培训，首期开了三个专业：文秘、电工、焊工。培训人数166人。

（三）为山东宁阳联合机械制造有限公司培训数控技术工人42人。

（四）为中国人民财产保险股份有限公司山东省分公司举办了二期县区公司经理培训班，培训人数135人。

（五）为省人事厅计算机职称培训两期，培训人数450人次。

（六）同学生工作部合作，以提高贫困生职业技能为切入点，开办“网页制作和网络维护培训班”，其中有13名贫困生已拿到职业资格证书。

六、工会工作

工程训练中心坚持以工会为依托，实施凝聚工程。

（一）坚持以人为本，规范中心工会各项管理制度。树立全面、协调、可持续的科学发展观和全局意识，牢记为人民服务的宗旨，以促进中心的建设和发展、维护职工的合法权益、创造和谐稳定的工作秩序和生活环境为己任，努力做好工会工作。

（二）实行了工会会员业绩量化指标考核。通过工会会员业绩量化指标考核，鼓励和鞭策会员积极踊跃地参加工会组织的各项活动，并在活动中争创优异成绩，提高了会员的积极性和参与意识，增强了民主管理的自觉性，使工会工作顺利开展。

（三）形成了党总支、工会、离退休工作三位一体的互动机制。党总支、工会、离退休工作三者相辅相成，形成互相促进、互相结合的互动工作机制。例如，由中心工会负责组织开展的“我为工程训练中心建设与发展献计献策”提合理化建议活动收集了来自各个方面的建议66条，在保持共产党员先进性教育活动分析评议阶段，在离退休职工中广泛征求意见与建议，参加人数166人，占中心离退休职工总数80%。

（四）加大宣传力度，营造文化建设氛围。针对过去工程训练中心宣传报道工作比较薄弱的问题，建设了工程训练中心网站，强化了中心的宣传报道工作。一年来，网站建设运行正常，内容更新及时，在校内外取得了良好的效果。在山大新闻网发表新闻稿

件80余篇，先锋网30余篇，工会网12篇，并在山大校报出专刊一期，在中心的内部增设了宣传栏，对工作中涌现出来的先进事迹等及时进行宣传和表彰。被学校评为信息报道先进单位。

（五）丰富职工业余文化生活，培养团队精神。2005年我们中心在学校组织的各类比赛中，均取得了较好的成绩。在首届体育文化节中荣获“群众体育先进单位”称号，校田径运动会教工团体总分第四名，乒乓球团体赛第三名和男子乒乓球单打第一名，女教职工踢毽子比赛一等奖，组织参加了学校举办的师生书画展。除参加学校组织的活动外，我们还根据自己的工作特点开展活动，如：与省环保设计院篮球比赛，与山东宁阳联合机械制造有限公司的“山宁杯”篮球友谊赛，与实习学生共同开展的“师生象棋”友谊赛，组织离退休职工开展“登高望远，强身健体”登山活动等。

（六）在校工会组织的“爱心捐助贫困生”活动中，捐款人民币1827元；在“慈心一日捐”活动中，捐款人民币3715元；在“真心奉献，真情传递”振兴农村教育活动中，捐助图书348本，音像制品75盘，还有其他学习用具。

（七）做好离退休工作，创造和谐稳定氛围。我们中心一向非常重视离退休工作，每年坚持开座谈会和举办离退休职工活动，日常工作中坚持走访、慰问和送温暖，为70岁以上老同志祝寿。我们以关心、热心、耐心服务的态度，认真做好每项工作。深受职工和离退休职工的好评，为中心的建设和发展创造了和谐稳定的氛围。

工程训练中心以本科教学评估为契机，加快了中心的建设与发展步伐，成功地借鉴了全国其他先进高校建设工程训练中心的成功经验，结合我校实际，以机电一体的大工程背景为条件，以贴近现代工程实际进行新知识、新技能综合素质的全面训练为手段，以培养学生的大工程意识、创新精神和工程实践能力为目标，为工程训练中心的教学改革与发展注入了新的活力，向创建全国一流的工程示范中心迈出了关键的一步。

（李筱石　洪新伟）

第一附属中学

2005年，山大一附中以邓小平理论和“三个代表”重要思想为指导，深入贯彻党的十六大和十六届三中、四中、五中全会精神，坚持以人为本，牢固树立和全面落实科学发展观，坚持“巩固、深化、提高、发展”的方针，全面贯彻党的教育方针，全面实施素质教育，积极推进《山大附中关于教育初步现代化方案》的实施。树立“让每一个学生成人、成功、成才，对学生终身发展负责”的办学理念；以办成“省内一流，国内知名的高水平中学”为目标，突出“依托山大，资源共享；联合共建，优势互补；因材施教，发展特长”的办学特色。加强党建工作，高标准开展保持共产党员先进性教育活动；加强领导班子和教师队伍建设，努力提高教师队伍的整体素质；坚持科学、民主、规范、人文化的管理，努力提高管理水平；坚持德育为首，教学为中心，全面发展，突出特长的办学思想，努力提高教育教学质量；加大名师名教培养力度，进一步加强对外交流与合作，使教育教学上层次，上水平；进一步改善办学条件，加强校园文化建设，营造优美、和谐的育人环境，让更多的孩子接受更好的教育。

一、学校概况

学校现有24个教学班，1529名学生，93名教职工，在编教职工76名，聘任教师17名，其中专职教师65名。学校有在职特级教师1名，高级教师26名，省级教学能手2名，区级教学能手1名，市学科带头人2名，历下区名师3名。具有本科以上学历的教师占教师总人数的95%以上，10名教师在职攻读硕士学位，已获得硕士学位的教师1名，获得研究生课程结业证的教师1名。2005年山大人事处为一附中调入1名教师，另有1名教师退休，1名教师因考上研究生而解聘。

二、党政管理

（一）加强党建工作，高标准开展保持共产党员先进性教育活动

根据《中共中央关于在全党开展以实践“三个代表”重要思想为主要内容的保持共产党员先进性教育活动的意见》精神，按照山大党委开展保持共产党员先进性教育活动的具体部署安排，31名党员全部参加了先进性教育活动。党总支成立了先进性教育领导小组、工作小组，制定了《保持共产党员先进性教育活动实施方案》和《保持共产党员先进性教育活动学习计划》，做到每个阶段有动员、有部署、有检查、有落实，并组

织了“一名党员一面旗”、“教好课，带好班，服好务，树面旗”为主题的实践活动。党总支就群众反映的近40个问题进行整改，提出了具体整改措施，形成并完善了一套运转协调、规范有序的工作运行机制。全面落实《义务教育法》、《教师职业道德规范》，进一步强化了教职工的师德师风建设，把师德师风建设纳入了管理工作日程，建立了对教职工职业道德规范的考评与平时评优直接挂钩的考核评价体系，已形成制度化。

（二）加强领导班子和教师队伍建设，努力提高干部、教师队伍的整体素质

1. 牢固树立“以教师发展为本”的科学发展观，努力构建科研型、学者型的高素质教师队伍是学校发展的关键。附中结合校园文化建设、平安校园建设、党员先进性教育活动，以师德建设、依法治校、转变教育理念及新课改为重点，组织教职工进行了“以人为本，展现个性”、“服务社会，服务学生，服务家长”的新观念大学习。在学习过程中，与“以人为本”的科学发展观、正确的政绩观、科学的人才观、正确的群众观紧密结合起来。为了提高教职工对形势的认识，在教职工中我们组织了“如何认识中日关系，保持国内稳定团结”的学习活动，为纪念建党84周年和抗日战争胜利60周年，对党员进行革命传统和党性教育，6月18～19日党总支组织全体党员赴《地道战》遗址——河北冉庄参观，并参观了《小兵张嘎》电影拍摄地——白洋淀抗战遗址。

2. 有计划、分期分批地组织领导班子成员赴省内外参加各种学习考察和培训活动。派赵勇、庄晓迎副校长参加了为期一个月的“济南市中学校长提高班”培训；黄琳娜校长、庄晓迎副校长、总支干事申桂华赴北京参加了“第一届基础教育论坛”；赵平文书记、黄校长参加了北京四中和北京师范大学联合举办的“养成教育研讨会”；赵勇副校长赴北京参加了“第一届中国教育大会”等。

3. 深化人事制度改革，优化教师队伍。为提高教师的学历层次，鼓励教师参加高层次学历进修，制定了《山大附中关于教师在职攻读硕（博）士学位的规定》；完善教师聘任制度，制定了《山大附中聘期期满考核人员工作实施意见》和《山大附中聘期期满教师考核办法》，并对2005年聘期期满人员进行了考核。

4. 改革了中考奖励政策，使中考奖励办法更加公平、公正、合理。

5. 建立健全教师继续教育制度。制定了《山大附中关于2005～2008年新一轮中小学教师全员培训的计划方案》，并组织实施。为每位教师购买了《当代教育新理念》、《新课程与教学改革》、《新课程与教师素质发展》、《教师校本研究与专业成长》、《陶行知教育名篇》、《给教师的建议》等学习教材。

6. 采用“走出去，请进来”的方式，加大对青年教师的培养力度。本年度，组织教师赴上海、青岛、南京、合肥、衡水等地参加学习培训的达近百人次；请北京师范大学王民教授来校作了“课改与教师发展”的专题报告；请中国管理科学院思维科学研究所家庭教育研究中心主任熊华堂教授作了“走进学生心灵，与学生一起成长”的专题报告，请道真英语学院院长、心理教育专家孙毅女士为全体教师举办了“建立全新的理念做老师”的专题讲座。济南市教研室地理学科科研课题结题会，市区音乐评优课，济南市综合实验评优活动，市区数学、语文、地理、化学、美术等多种学科的公开课和集体备课活动等均在附中进行。学校暑期还在日照举办了由中层以上领导、班主任、教研组长、年级组长等参加的暑期培训班等。

7. 加强对外交流，提高教师的开放意识。本年度，承担了山东大学扶贫县——山西灵丘县第二批教师培训团一行10人为期一个月的培训任务和对山大研究生支教团的培训任务。与山大二附中、山师大二附中领导班子成员对学校教育教学及学校管理方面的有关问题进行了交流与探讨并制定了具体的合作交流计划；与24中、济钢一中、历元学校、历城六中、东方双语学校、燕山学校等兄弟学校进行了听课交流活动，还与部分学校的教务主任、教科室主任进行了座谈交流等。3月份，遵照济南市教育局《关于开展“百校牵手，对口帮扶”活动实施意见》，与章丘垛庄中学结成了“对口帮扶友好学校”关系，双方学校的领导班子成员进行了互访和交流。垛庄中学的教师多次来我校听课，参加教研活动，并参加学校的教学年会，进行教育教学研讨；垛庄镇领导也来附中进行了视察和指导。在帮扶活动中附中向垛庄中学捐赠课桌200张，课凳100张，捐赠图书3860余册。此外，我们还向省贫困县泗水县教育局捐赠31套投影仪、屏幕及仪器橱等，帮助贫困地区学校改善办学条件。

（三）坚持“德育为首，育人为本”，加强和改进德育工作，全面推进素质教育

学校进一步落实《中共中央国务院关于进一步加强和改进未成年人思想道德建设的若干意见》，坚持“育人为本，德育为首，注重实效”的基本观点，提倡“赏识、激励、参与、期待”八字方针，坚持以自主为主线，突出学生的自我教育，为学生的继续发展着想，为学生的终身发展负责。结合纪念抗日战争胜利60周年，开展了“弘扬民族精神，爱国主义教育月”活动，组织了专家报告会，举办了“日军侵华暴行展”，观看了抗日战争题材影片，组织了爱国主义教育主题班会。在初一学生入学教育中，除加强集体观念和纪律教育及军训外，增加了“如何跨过小学到初中的台阶”的心理辅导和学习方法指导。本年度安排了10次主题班会，有针对性地对学生进行教育；利用多媒体设备，作“青少年违法犯罪案例介绍”，对学生进行法制教育。改善后进生帮教方式，注重情感投入，组织了有学生、家长、老师共同参与的“成长心连心”大型活动。请优秀毕业生吕正同学家长向全体家长作了“如何当好家长”的报告。鼓励学生积极参加社会实践活动，组织初一初二年级的49名同学赴青岛进行社会调查、生存体验活动；组织初二年级全体同学进行了徒步30公里远足鹊山活动。《齐鲁晚报》以《中学生自讨苦吃感悟多》为题进行了报道，政教处编印了《旅程——享受成长》刊物。

充分发挥山东大学资源优势。请中国物理学会理事、山东省物理学会理事长、山东大学物理与微电子学院院长、博士生导师解士杰教授为我校师生作了“物理年学物理”的专题报告，在校园内举办了由中国科学技术协会等六部委携手推出的“推动人类文明与进步的物理学——2005世界物理年”大型图片展。请山东大学文学院教授、博士生导师、山东大学书法艺术中心主任徐超教授作附中第八届艺术节书法比赛的评委，亲临现场指导。11月初，接待了瑞典隆德大学环境经济学专家劳斯汉森教授来访，与我校师生进行了座谈交流，并为学生开设了专题讲座。

开展多种形式的课外活动，丰富校园文化生活，提高学生的文化素养，发挥学生的特长，培养学生的能力。2005年学校举办了第八届文化艺术节、第四届体育节，组织了“书香校园”百日读书节，春、秋季田径运动会，迎新年大型文艺演出等活动。

改革了班级评价制度，鼓励班级管理抓出特色，完善了对学生的评价改革，使学生

评价工作适应现代社会的特点，体现对学生成长中的过程评价。加强了对学生的卫生教育和安全教育，开展学生心理健康咨询与辅导，促进学生和谐发展，健康成长。

（四）坚持科研兴校，把教科研工作推向深入

学校加大教科研力度，健全制度，落实措施，深化科研课题的研究。组织教科研骨干教师参加了各种教科研课题研讨会、开题会、结题会等。教务主任陈立军和数学组张敦迎老师赴合肥参加了“Z＋Z 超级画版高级研讨班”；陈静老师参加了“省综合实践活动课程研究与实验”课题工作会；语文教研组长李淑斌和教师赵克芳、史伟、夏悦红赴泰安参加了语文“以学为主”课题结题会等。市教研室地理学科“十五”重点课题“基于网络环境下的地理教学”开题会、教育部“十五”规划重点课题“课程资源开发和利用的研究”结题会均在我校进行。目前，附中各科立项的课题有语文组“以学为主”教学研究、数学组“尝试教学”研究、“促进教师发展与学生成长的评价研究”、“Z＋Z 智能教育平台运用于国家数学课程改革的实验研究”等，而且语文组参与的“以学为主”课题研究和地理组参与的教育部“十五”规划重点课题“课程资源开发和利用的研究”的子课题“生活中的地理”研究已经通过鉴定并结题。2005 年附中被审定为“山东省教育教学规划重点课题中小学综合实践活动课程研究实验基地”。学校教科室主办的《科研通讯》出版了两期；语文组主办并编印了《“以学为主”课题实验通讯》，政教处编印了班主任文集——《培养有进步的人》等刊物和文集，这些刊物为教师和校本教研提供了展示教科研成果和交流的平台。

（五）进一步改善办学条件，优化育人环境

1. 附中投资 30 余万元新安装了配有 65 台微机的第四微机室，目前学校微机室已达四个，配备微机已达 271 台，内部联网并接入校园网，其中两个微机室安装了多媒体网络教学系统。微机室利用率高，学校成立了信息技术兴趣小组，每年均有多名学生在省、市级信息技术大赛中获奖。

2. 投资 80 余万元改造了教学楼。

3. 投资 5.6 万元布置教室内的宣传展板并更新了窗帘。

4. 投资 3.5 万元进一步绿化、美化了校园环境。

5. 投资 70 余万元为每位教职工配备了一台笔记本电脑，大大改善了教职工的学习和办公条件。

三、取得的成绩

1. 2005 年教师教育教学成绩突出，在优质课、优秀课件、教学设计、撰写论文、指导学生学科竞赛等各类评比中获全国奖的 24 人次，省级奖 16 人次，市级奖 22 人次，区级奖 22 人次，合计 84 人次。学校工会被评为山东大学先进部门工会并荣获 2005 年山东大学女教工踢毽子比赛一等奖及“体育道德风尚奖”。我校学生在参加全国“中国学生情感日记”作文大赛中，初三·一班钟睿同学写的参赛作文，引起了中央电视台 10 频道“当代教育”栏目组的高度重视，专门来校采访了钟睿同学和他的指导教师姜荣奎老师，并以《相互支撑的爱》为题，在中央电视台 10 频道播出，在社会上引起了很大反响。

2. 学生在 2005 年的中考成绩和各科竞赛中获奖的人数和级别继续在济南市名列前茅，中考成绩再创佳绩，我校 473 名应届毕业生中达到实验中学统招线（640 分）的 62 人，占毕业生人数的 13.1%，正式录取 25 人；达到山师附中统招线（633 分）的 86 人，占毕业生人数的 18.2%，正式录取 52 人；达到济南一中统招线（570 分）的 246 人，占毕业生人数的 52.01%；济南市前十名中我校有 1 人。600 分以上的学生共 188 名，达到一批次学校录取线（512 分）的学生共 338 名，占毕业生人数的 71.5%。总平均分 545.94 分，超出济南市平均分 94.82 分，其中数学平均分 98.82 分，超出济南市平均分 20.15 分；优秀率 70.49%，超出优秀率 33 个百分点；及格率 90.45%，超出及格率 23.65 个百分点。中考总平均分、优秀率、及格率、数学、语文、文综单科平均分均在历下区名列第一名。

3. 在数、理、化、生物、英语等各科竞赛中，获奖的学生人数和级别均名列济南市前茅。2005 年全国学科竞赛中，获全国奖的 57 人次，省级奖的 78 人次，市级奖的 19 人次，区级奖的 18 人次，合计 172 人次。

4. 我校被评为济南市首批义务教育课程改革先进学校、济南市绿色学校、历下区首批校本培训示范学校并获校本培训成果展示一等奖；在全国生物竞赛中获 2005 年全国中学生生物奥林匹克竞赛“优胜学校”称号，截至 2005 年，我校在全国生物竞赛中已连续三年获“优秀学校”称号；我校被批准为“中国特色教育示范基地”和“全国首批科研兴校示范基地”。由于教育教学成绩突出，我校连续 15 年被评为历下区优秀学校和教书育人先进单位。

（黄琳娜）

第二附属中学

2005年我校在大学党委领导下，以党的十六大精神和“三个代表”重要思想为指导，坚持以人为本，以情感凝聚人心，以目标激励人气，以制度规范人行。加强学校管理，提升教育理念，提高教师素质，强化质量意识，提高学校品位，使学校的各项工作又上了一个新的台阶。今年我校在历下区综合管理评估中获一类学校、历下区师德教风建设先进单位、全国校园春节联欢晚会节目征集评选活动二等奖、山东省文明健康责任征文优秀组织奖、山东省成长杯寒假征文优秀组织奖、历下区中小学生交通安全书画大赛优秀组织奖、历下区中小学生书画比赛美术画团体二等奖、历下区中小学生书画比赛硬笔书法团体二等奖、历下区中小学生书画比赛硬笔书法团体二等奖、历下区中小学生书画比赛卡通画团体二等奖、纪念抗日战争胜利六十周年历下区中小学生书画比赛英语书法团体一等奖、历下区第六届全民运动会羽毛球比赛一等奖、山东大学女教职工踢毽比赛、山东大学首届体育文化节“优秀组织奖”。

一、党建工作

我校党总支由5位成员组成，直属大学党委领导，下设一附小、二附小、二附中三个党支部，现有正式党员34名，预备党员2名。今年通过开展保持共产党员先进性教育活动，学校党总支加强党风廉政建设，严格执行党内民主生活会制度，坚持“三会一课”，积极开展内容丰富、形式多样、富有实效的教育活动，加强政治学习，撰写读书笔记人均2万字以上，学习心得人均2篇以上。党政领导班子和全体党员思想理论素质不断提高，党性观念和宗旨意识明显增强。党支部的战斗堡垒作用和党员的先锋模范作用，在教育教学中得到了较好的发挥。

学校设有8个行政小组，坚持教代会例会制度、报告制度，重大问题均由教代会讨论通过后实施。校工会积极配合校行政开展各种教育教学活动，重视发挥“教代会”的作用，制定和完善关系学校发展的重要的规章制度，发挥党联系群众的桥梁和纽带作用，为学校的发展出谋划策。坚持校务公开，通过宣传橱窗、会议座谈、通知文件、校园网站等多种形式途径，及时地将学校发展变化中的最新信息、收费公示、财务法规、财产管理等作及时的报道与公布，增加学校教育教学及管理的透明度，虚心接受来自各方的意见和建议，使广大教师成为教书育人的主人，成为学校管理的主人。团总支、学生会、少先队成员紧紧围绕学校的中心工作，开展丰富多彩的思想教育活动，积极做好入团积极分子的培养、组织发展、团干部培训、学生会等工作，并取得了优异成绩，学校设有《山东青年报》记者站、山东省少年通讯社记者站、山东省青少年工作研究基地，与千佛山派出所、济空通讯总站、历下交警千佛山中队是文明共建单位，经常开展各种活动，取得了较好成绩。

二、学校管理

（一）加强领导班子建设

我校有校级领导干部 4 名，中层领导干部 12 名（包括一附小 3 名）。在干部队伍建设上，我们要求全体干部不断加强理论学习，更新教育观念，严于律己，率先垂范，在实践中增长才干，在自律中提升品位，努力实现“三有”目标［即：（1）思想上要有活力。要善于学习，善于钻研。追求先进的教育思想与理念。把学校办学理念作为每一位成员的工作目标，帮助教师物化教育思想，使学校教育焕发出生命的活力。（2）工作上要有创新力。要勇于思考，善于思考，形成创新的意识。要善于虚心学他人之长，补已之短，勤反思，求创新，努力形成自已的教育思想和工作特色。要理清思路，求真务实，大胆探索，不断进行创新实践，取得创造性的业绩。（3）管理上要有凝聚力。既要有自身崇高的人格魅力，又要有自已的学术权威，还要善于挖掘教师的潜能，扬起教师理想的风帆，真正调动教师的积极性和创造性，形成全校师生心往一处想，劲往一处使的良好局面］，全体干部的“四种作用”（表率作用、服务作用、人格作用、沟通协调作用）得到了加强，形成了一个与时俱进、开拓创新、团结奋进、务实高效的领导集体。

班子成员之间通过每周的理论学习、工作研讨，定期举行民主生活会、相互之间开展谈心活动等，使我校拥有了一支作风优良、善于管理、素质高、业务专的干部队伍。党政主要负责同志作风民主、协调决策能力强，班子成员分工合理、配合默契、互相支持、互相帮助，较好地发挥了群体优势。

（二）加强师资队伍建设

首先，狠抓师德教风建设，组织教师观看全国优秀教师风采展示录像、聆听教育专家、优秀教师的报告，学习先进的教育教学理论，用先进的理论统一教师的思想，规范教师在教育教学中的行为举止和态度，树立服务意识。采用自评、教师之间互评的形式，定期对教师进行师德评价，并计入教师教学档案。第二，加强对教师的业务培训，切实提高教师的业务水平，促进教师整体素质的优化。为了确保新课程标准的顺利实施，保证教师能尽快适应新课标的要求，学校除组织全校老师认真按时参加市、区组织的新课程标准的学习、培训、备课之外，我们在校内分别以集体学习、教研组研讨、个人学习相结合的方式，认真学习《基础教育课程改革纲要》、课程标准解读，开办形式多样的讲座、外出学习兄弟学校的成功经验、与专家座谈等，让全体老师在理论上把握新课程标准的实质，为教学实践打下良好的基础。实行“拜师制”让青年教师拜骨干教师、学科带头人为师。开展各种形式的比赛活动，如说课、讲课、评课等比赛，提高教师素质。加强集体备课，发挥群体优势。支持、鼓励教师参加各种形式的进修和培训，开阔教师视野，使我校拥有了一只专业基础扎实、知识视野开阔、理论研究深刻、学科结构合理的优秀教师队伍。2005 年我校有 3 名教师被评为历下区优秀教师，3 名教师被评为区师德先进个人，有35人次的教师在省、市、区组织的优质课比赛、课件评比、演讲比赛、优秀教学设计、撰写论文和教学随笔获得一、二等奖。

（三）强化管理制度。几年来，学校在实践中探索，在探索中完善，先后修改制定了一系列管理制度，以制度形成机制，以机制规范管理，事事有标准，事事有评价。在行政管理上，推行分层管理制度，从校级领导、中层干部、年级组长和教研组长、教师和班主任四个层面上分别加强领导，每一个层面既要自主合作创造性地开展好各自的工作，又要为下一层做好服务与指导；在业务管理上，推行考核奖惩制度，根据教职工不同的岗位从管理育人工作、教书育人工作、服务育人工作等方面提出岗位目标要求，期中和期末进行有序的全面的检查与考核，坚持“多劳多酬，优劳多酬”，充分调动全校教职工的积极性。坚持人文管理，学校注重努力关注、关心、尊重每一位教师的工作、生活与发展成长，积极为每一位教师营造自身发展的空间，搭建施展才华的舞台，激发广大教师教书育人的积极性，坚持在政治上引导人，在思想上教育人，在业务上锤炼人，在体制上激活人，在生活上关心人，使学校真正做到事业留人、感情留人、待遇留人，将教师的发展与学生的发展、学校的发展紧密地联系在一起。规范的管理有力地保障了学校各项工作的顺利开展，初步实现了由经验管理向科学管理的转变。

三、德育工作

以人为本，全方位育人，让每一个学生都能成功、成人、成才，是我校德育工作的目标。为加强对学生的管理与教育，我校努力构建“五四三二一”教育模式。即：(1) 发挥“五种育人渠道”（课堂主渠道、班级与团队、各种宣传媒体、开办家长学校、学生自我锻造）的作用。(2) 设立由校级领导、中层干部、教师和学生会参加的“四级值勤制度”，形成分管副校长、政教主任、年级组长、班主任和任课教师等分工合作、层层管理、逐级负责的德育工作网络，加大每天监督、检查、评比的力度。(3) 德育教育“方式多样化，内容系列化，渠道主体化”。(4) 定期召开年级组长、班主任“两个例会”，加强班主任队伍的建设与管理。(5) 营造“一种”独具特色的校园文化氛围。身处大学校园，校中校的优势无与伦比。我们充分利用优质教育资源，制定了“知荣辱，树新风”从我做起30条，大力弘扬社会主义荣辱观。建成了诚信教育长廊、安全教育长廊、古典文化长廊、科技之窗、健康之窗、礼仪之窗，学生的优秀字画装裱上墙，体现了学校丰厚的文化底蕴，展示了学生良好的艺术才华，让学生时时处处受到多种文化的熏陶。积极开展心理咨询活动，加强对学生的心理疏导，培养学生健全的人格和心理。聘请有关专家和我校优秀毕业生来校作专题报告，观看禁毒、法制教育的资料片，指导、帮助学生培养良好的道德品质和行为习惯，了解有关法律常识，提高法制观念。学生们通过参加文艺演出、书画比赛、诗歌朗诵、各类体育比赛等，提高了能力，陶冶了情操，锻炼了身体，发展了特长。

四、教科研工作

在教学管理中，我校认真落实济南市教学管理规定，建立了分管校长、教导主任、教研组长、备课组长领导、研究、落实、推进教学工作的运营系统，建立健全了一系列的教学管理制度和教学评价办法，加强对教师的备课、上课、作业批改、单元检测、课后辅导等常规环节的监督、检查、指导、调控，严格管理，讲求实效，采用量化评比办法，对各个教学环节进行量化检查，结果计入教学档案，期末分一至四等进行教学质量的评定。做到工作落实、责任落实、检查落实、总结落实，对存在的关键性问题抓准、抓住、抓实、抓经常、抓反复，既看教学工作的终端效果，又看教学的全过程。架起了教学管理常规化、制度化、规范化的桥梁。学校重视校本教研活动的开展，各教研组每周坚持集体教研活动一次，各年级备课组坚持集体备课，统一目标要求，统一进度，统一资料，统一测试内容、研究教法、研究学法，进行合作学习、研究性学习的探索，让学生感受、理解知识产生发展的过程。

在2005年的中考中，我校取得了优异的成绩，达到一批次最低录取分数线的学生占考生总数的70.2%，2名学生被保送进入山师大附中。总分平均分在区名列第三，优秀率名列第二。在各级各类比赛中，学生们取得了优异的成绩。今年在各科竞赛中，我校共有100余人次获国家级、省级、市、区级奖励，获奖率名列市、区前茅。

加强课题研究，用科研提升学校的教育水平。几年来，我校非常重视科研工作，成立了教科室，由专人分管学校的科研工作，每学年制定科研计划，建立了科研管理制度和课题管理办法。我校现有科研课题："尝试教学与创新教育"、"计算机与各科课程整合"、"'Z+Z'智能教育平台运用于国家数学教学"。由于课题组老师的积极努力，使我校在课题研究方面取得了显著的效果。学校荣获"全国尝试教学先进单位"、"历下区教育科研先进单位"。仅一年我校就有34人次教师获得国家、省、市、区级奖励，有4名学生运用"Z+Z"技术作品创作获市一等奖。

五、体卫艺工作

我们在面向全体的基础上，积极创造条件让有天赋、有特长的学生脱颖而出。通过艺术节、运动会及其他多种形式的比赛、汇报展示等活动，既使校园生活充满了阳光，也促进了学生个性特长的发展。在校生体质健康达标率在99%以上，优秀率在40%以上，学生的身体形态指标、机能指标和素质指标均远超市均值以上，绝大部分学生都养成了良好的卫生习惯。我校是山东省体育传统项目学校，游泳队2005年获得了济南市初中组的第二名，并为高一级学校输送了一大批优秀的游泳人才。绝大部分学生具有较高的艺术素养，从穿着打扮、举手投足，到教室布置都力求体现出学生的审美情趣、审美意识和审美标准。全体学生都具备了一定的劳动观念和劳动技能，热爱劳动并能注意效率和效益。我校每年在全国、省、市、区组织的各类艺术体育比赛中成绩突出，学校合唱团在济南市比赛中获得一等奖，2005年我校主办了历下区第八届艺术节，并获得优秀组织奖。学校有规范的卫生管理制度，把健康教育列入教学计划，并认真实施。制定了预防禽流感应急预案，定期为公共场所进行杀菌消毒，以预防流行性传染病。

六、总务工作

总务后勤本着为教学服务、为师生服务的原则，努力给师生创造良好的工作学习环境，净化、绿化、美化校园环境，积极营造校园文化氛围，保证学校教育教学工作的顺利进行。总务处的同志们认真贯彻教育行政部门颁发的管理制度，建立并认真实施学校财务管理制度，经费支出比例合理，收费项目及其标准公开，无乱收费项目。财产设备、校舍场地管理制度健全，落实到位。学校有安全防卫措施和安全检查制度，将安全教育列入学校的重要议事日程，利用大小会议、集体外出、节假日前夕对师生进行安全教育，无安全责任事故发生。

（王春玲）

哲学与社会发展学院

哲学与社会发展学院有哲学、宗教学、社会学、社会工作4个系及本科专业，拥有“易学与中国古代哲学中心”和“犹太教与跨宗教研究中心”2个教育部人文社会科学重点研究基地，哲学一级学科博士点，哲学一级学科博士后科研流动站，马克思主义哲学、中国哲学、外国哲学、科技哲学、宗教学、伦理学、社会学、社会保障8个硕士点，另有诠释学研究中心、儒学研究所、宗教研究中心、社会发展研究所、社区研究所、现代传播研究所等科研机构。

学院设院长1人，副院长3人；院党委书记1人，副书记2人。现任院长为博士生导师傅有德教授，书记为郭立梅副研究员。全院现有教职工60人，其中教授22人（含2名外籍教授），副教授19人，博士研究生导师11人，已获博士学位教师23人，获博士学位者17人，在读博士学位者7人，占教师人数的63.8%，教师学历层次较高，学术水平突出。其中1人为教育部跨世纪人才计划入选者，1人获得山东省首批“泰山学者”称号，3人享受国务院特殊津贴，3人被评为山东省拔尖人才，2人为山东大学杰出青年奖励基金获得者。2005年有5人获山东大学青年成长基金，2人获山东大学杰出学者基金。学院的管理队伍在2005年学校各项工作中取得了巨大成绩，多次获得学校有关部门的赞扬和奖励。现有在校本科生、研究生725人，继续教育学生813人。

一、学科建设与教学工作

2005年我院学科建设工作取得了非常大的质的跳跃，教学工作也在不断步入规范和完善。主要体现在以下方面：

1. 我院自1999年取得的“中国哲学”专业博士学位授予点，于2003年批准为一级学科博士后流动站，2005年我院哲学一级学科博士点又以全票通过获准顺利通过专家组评议。一级学科博士学位授予点的取得使我院学术地位得到很大提高，实现了本学科完整的人才培养结构建设，并对今后的学科建设起到关键性作用。

2. 2005年，山东省首批“泰山学者”建设工程率先在高校实施，我院傅有德教授在全省142名竞聘者中脱颖而出，首批竞聘上岗。

3. 完成了8个硕士学位专业的研究生教育培养计划的修订和补充，并将学科专业建设同社会需要相结合，服务于社会。

4. 2005年，学校顺利通过了教育部本科评估工作，学院迎接教育部本科评估工作顺利圆满完成。

5. 为了适应教学科研的需要，本年度依据学科建设规划，购置了各类中外文专业图书1050本册，接受香港中文大学捐助中外文专业图书400余册，价值12万元。

6. 在不断完善新学科的同时，提高原有基础学科的质量和规模，使之得到长足发展。

二、人才培养建设工作

我院一贯高度重视人才的培养和建设。2005年我们克服各种诸如地域、专业、待遇等现状的局限性造成的负面影响，有计划地引进博士毕业生2名、硕士毕业生1名，并同有一定影响的专家达成引进意向2人，完成了年度进人计划。同时，2005年我们尝试以各种方法和形式，吸引国内外专家来院，借助他们的有形或无形资源弥补我们人才培养的种种不足，取得一定成绩。

1. 加强国际间多种形式的学术互访和交流。2005年，我院教师一次获准教育部留学基金委批准列入出国计划的5人，其中全额资助2人，配套资助2人，提供旅费资助1人。

2. 2005年，引进国外博士学者1人，外籍工作人员1人，博士毕业生1人，博士后入站8人。

3. 采取灵活的教学方式，2005年继续聘请了中国社会科学院吴云贵、周燮藩、李培林研究员兼职教授进行课程教学，联合培养研究生人才，合作开展学术活动，借助他们的学术影响和力量，达到人才培养的目标和专业建设，提高和发展我们自己。

4. 与香港中文大学宗教研究的学术及人才培养的合作，得到他们很大的支持，2005年免费为我们提供2名研究生赴港学习一学期的机会；继前4年，该研究所继续为宗教学专业5位研究生提供“道风”奖学金，鼓励他们的专业学习。

5. 与加拿大社会工作专家黄智雄先生合作，加强人才培养建设。他多次来院讲学，受到学生欢迎，并以个人名义继续出资设立“社会工作专业‘关怀’奖助学金”，专款用于社会工作专业的人才培养和专业建设方面。并实施了第三届“关怀”奖学金的颁奖，有多名社会工作专业学生获得奖学金。

6. 响应和落实教育部西部建设计划，2005年，我院根据学校和教育部的统一安排，选派自然辩证法专业教师高奇副教授赴新疆喀什任教，受到好评。

三、学术交流、科研工作

2005年，来自美国、英国、加拿大、德国、以色列、丹麦等著名专家学者和港澳台著名学者30人次来我院进行短期讲学和学术访问，各类短期来访和学术交流学生23人，长期专家讲学2人，流动岗位特聘教授讲学4人，共计59人次，对学院的学术交流和学术研究起到了积极的推动作用。

专家们讲学内容深刻严谨，诸多专业领域的研究各具特色，充分体现了他们多年海外教学的研究成果和丰富的教学模式，令人耳目一新又肃然起敬。讲学不仅吸引了我院的众多师生，也有许多外院的师生参加，都为专家们深厚的语言功底和坚实的学术素养所折服。更为重要的是，他们对文本的把握、精心拟定的讲课提纲、分析概念和文本的方式和方法对听课师生启发良多，让我们看到了一个可以为之努力的教学和治学方式，赢得了大家一致好评。广泛的学术讲座给同学们的思想和精神以启迪，极大地激发了学生学习的热情，这些都对我们创建一流大学起到了极大的作用。

2005 年，成功举办了 2 个国际会议，1 个全国性会议。2005 年 5 月 30～31 日，山东大学犹太教与跨宗教研究中心在山东大学东校区的邵逸夫科学馆二楼报告厅举办了题为“跨宗教对话：儒教　犹太教　基督教”的国际研讨会。来自以色列，美国波士顿大学、纽约州立大学、哥伦比亚大学，澳大利亚悉尼大学，加拿大不列颠哥伦比亚大学，德国奥格斯堡大学和北京大学、北京师范大学、天津师范大学、武汉大学、山东大学、南京大学、中国社会科学院、上海社会科学院等国内外 20 多所高校和研究机构的近 40 名犹太文化与跨宗教研究方面的专家、学者齐聚于此，共商学术。

2005 年 9 月 5～6 日，在济南召开“哲学与社会科学之互动”学术研讨会。

2005 年 8 月 6～8 日，由中国现代外国哲学学会和中华全国外国哲学史学会在威海召开的“哲学、宗教和科学：传统与现代的视野”学术研讨会，与会 72 人，众多著名专家齐聚共商学术，会议受到《世界哲学》、《文史哲》、《山东大学学报》、上海译文出版社、《威海日报》、威海电视台等媒体的高度关注。

本年度我院科研工作继续保持着良好发展势头，在目前承担国家基金和省部级科研项目、国际合作项目 13 项，研究经费近百万的基础上，2005 年又增加国家基金项目 1 项。2005 年，我院教师潜心致力学术研究，发表学术文章 105 篇（其中核心期刊 52 篇），学术著作 30 部，获奖成果 4 项，继续保持着全校文科科研位居前列的位置。

四、党政管理工作

2005 年，我院党政管理工作围绕为教学科研创造一个良好的学术环境，完善教学科研的硬件配套设施，改善教学科研管理条件，保障教学科研工作正常运行，做了大量工作，主要有：

1. 本年度党委开展保持共产党员先进性教育活动取得较大成绩，何中华教授被学校党委树为全校党员学习的典型，赵杰老师被评为“三八”红旗手。加强机关人员工作作风建设，树立服务意识，爱岗勤政，注重自身修养，提高工作效率，实现全体人员的办公现代化智能化建设。

2. 完善政务公开制度，坚持教学、科研、行政、财务等工作的公开透明原则。实现财务工作的制度规范化管理，严格执行财务纪律。完成了财务自查和迎检工作。

本年度学院的财务工作有条不紊，明确分工负责，严格财务管理，严格按照学校规定办理每项账目审核和结算，严格规范报销手续。2005 年是我院的财务开支大年，本科教学评估，哲学、社会学两大学科分别申报一级学科博士点和二级学科博士点工作的全面展开，学院财务压力和创收压力十分大，在创收举步维艰的情况下，2005 年各项经费开支严格按照预算进行，基本做到了各项经费的收支平衡，保证了学院的正常运转和学科建设发展的需要。

3. 完善岗位津贴的发放办法，依据学校有关规定，对岗位津贴做到按时发放。努力建构机会均等的发展平台，使每一个人取得公正的教学、科研、行政绩效与之相符的经济效益，实现多劳多得的奖酬金发放原则。

4. 圆满完成了 2005 年各系列专业技术职称评聘工作，做到了公正透明。

5. 积极筹措教学科研资金，搞好各类创收，保证学院岗位津贴和部分奖酬金的发放。

五、学生工作

本年度，哲学与社会发展学院学生工作在学生处、院分党委及院行政的正确领导和指引下，思想政治教育、科技创新与校园文化活动、社会实践、团的建设和学生社团等工作均取得了较大的成绩。全年共发展学生党员 67 名。总之，2005 年我院在学校的正确领导和大力支持下，在全院教职工的积极配合和共同努力下，各项工作取得了很大的成绩，圆满地完成了本年度的工作计划，实现了预期目标。我院确定了更高的发展目标，仍将需要我们齐心协力付出更大的努力去拼搏，去实现。

（陈　媛）

经济学院

学院设有经济学系、财政学系、金融学系、国际经济与贸易学系、风险管理与保险系五个系，设消费与发展研究所、产业经济学研究所、政治经济学研究所、财政税收研究所、金融研究所、国际贸易研究所、西方经济学研究所、国民经济学研究所、数量经济学研究所、区域经济学研究所、劳动经济学研究所、世界经济学研究所和国际经济研究中心等研究机构；此外，还设有山大方智管理咨询中心和《产业经济评论》编辑部。

学院共有教职工 93 人，其中教授 17 人，副教授 27 人，博士生导师 13 人（含兼职 1 人），硕士生导师 48 人（含兼职 11 人）。教师队伍结构合理，具有较高的学历层次和水平，学缘结构呈多元化。具有硕士及以上学位的教师有 67 名，占教师队伍的 95.7％，具有博士学位的教师有 41 人，在职攻读博士学位的教师有 16 人，两者合计占教师队伍比例为 77％。臧旭恒教授、樊丽明教授、于良春教授和范爱军教授为校级关键岗位教授，均享受国务院特殊津贴。学院设院长 1 人，副院长 3 人，党委书记 1 人，副书记 2 人。院长由臧旭恒教授担任，党委书记由于良春教授担任。

一、党政管理

（一）坚持民主集中制，定期召开党政联席会，坚持重大事项集体讨论决定的原则。领导干部带头坚持学校和学院的各项规章制度，减少工作决策中的随意性和盲目性。

（二）加强干部队伍建设，重视领导班子团队精神的培养；加强对领导班子成员的民主考核和评议工作；领导班子成员坚持参加双层民主生活会制度；领导班子成员之间经常交流思想和工作经验。

（三）实行政务公开和党务公开的制度，规范办事程序，增强学院内重大事项决策的透明度，加强民主管理和民主监督。按照相应的决策程序，分别通过全体教职工大会、党政联席会、学术委员会和学位评定委员会等通报相关院务情况。

（四）加强党风廉政建设，落实党风廉政建设责任制。领导班子成员带头严格遵守中央和学校的有关规定，以身作则，廉洁自律，起表率作用；认真开展批评和自我批评，针对存在的问题，制定整改措施，并检查整改措施的落实情况。

2005 年，学院党委按照山东省委和学校党委的统一部署，扎扎实实地开展保持共产党员先进性教育活动。利用集中学习和自学等方式，组织党员学习相关文献资料；组织党员参观了孔繁森纪念馆、济南战役纪念馆和济南市党史博物馆等教育场所，学习先进模范人物事迹；召开民主生活会和党内外群众座谈会广泛征求意见，积极开展批评与自我批评，撰写剖析材料，制定切实可行的整改措施。

二、教学工作

学院形成了“学士—硕士—博士”完整的人才培养体系。学院现有经济学、财政学、金融学、金融工程、国际经济与贸易、保险学等六个本科专业，设有政治经济学（山东省重点学科）、西方经济学、财政学、金融学、产业经济学、国际贸易学、国民经济学、区域经济学、劳动经济学、世界经济学和数量经济学等11个硕士专业以及产业经济学、财政学、国民经济学和政治经济学等4个博士专业以及应用经济学博士后流动站。

2005年，学院进一步完善了按照经济学学科门类招生的教学计划，强化了平台课程建设，并巩固了暑期学校，组织多名博士生导师为本科生作专题学术报告；举办了数学课程的强化培训班；通过“名校名家论坛”的形式，聘请5位复旦大学的博士生导师为本科生开设学术讲座；开设了“金融学”专业和“国际经济与贸易”专业两个第二学位班，人数达到200余人，且该项目获得2005年暑期学校优秀项目一等奖。

继续加强和完善专业实验室建设。重点加强了语言教学实验室建设，建立了面向全校开放的商务英语数字语音教学系统；增添了有关实验教学软件、数据库、电子期刊，使学院财经专业实验室硬、软件条件得到了进一步完善。

强化院系领导听课制度，落实责任，及时发现问题，及时进行指导；严格毕业论文写作，毕业论文实行导师负责制，实行全过程指导，严格答辩程序和过程。加强精品课程建设、教改立项以及国家“十一五”教材立项规划工作。于良春教授主持的“政治经济学”课程先后获得校级、省级以及国家级精品课程，学院获得学校和省级教学改革立项课题1项，已申报国家“十一五”教材立项规划项目6项。

2005年本科毕业生毕业率达到95%，学位授予率达到93%，一次性就业率为86.45%；研究生毕业率和学位授予率均为100%，一次性就业率为93.51%。春季完成论文答辩博士10人、硕士148人，秋季完成硕士论文答辩71人。接收163名社会在职人员的硕士学位申请，接受61名高等学校教师在职攻读硕士学位。

三、科研工作与学科建设

申报应用经济学一级学科博士授予权工作取得成功，产业经济学被评定为山东省“十五”强化建设省级重点学科。产业经济学申报“泰山学者”设岗学科工作取得成功，臧旭恒教授被聘任为第一批“泰山学者”特聘教授。2005年，学院教师申请到国家级科研课题1项，省部级科研课题13项，包括7项省规划办课题和6项省软科学课题。学院教师出版著作、教材10余部，发表论文100余篇。获省部级优秀社科成果奖多项，其中包括省社联一等奖1项。学院出版基金拨款2.5万元资助5部学术著作和急需教材的出版。于良春教授被评为社科类首位“有突出贡献中青年专家”。

学院订阅期刊186种，其中外文期刊31种；共有藏书39840册。年内新增图书396册，包括中文图书357册、外文图书39册。

四、学术交流与合作

2005 年，共接待来自法国雷恩一大、泰国国家发展管理学院等 8 个国家 16 所大学的来访学术团体或专家，其中美国的蒙代尔教授、张贤旺教授，瑞典的拉斯汉森教授都是其专业领域中世界著名的学者。学院派出访问学者 5 人，出访国外大学和参加国际学术会议达 12 人次。2005 年，学院邀请国内外专家学者为学生作学术报告达 92 场。

与国外一些知名大学的合作取得了新进展。与荷兰蒂尔堡大学确定互派教师和学生访学，扩大学生访学规模，将学生的单向访学变为双向访学，蒂尔堡大学将挑选学生来我院进修专业课程；与澳大利亚昆士兰大学联合建立了 SDU-UQ 亚太经济研究中心。聘请国内外著名专家学者 20 余人次来我院讲学，其中聘请加拿大卡尔顿大学的副教授张健康博士来讲学一年，给博士和硕士研究生系统讲授高级微观经济学、计量经济学、金融经济学等，聘请瑞典隆德大学 Lars 教授来我院为本科生开设“环境经济学”课程。

2005 年，学院共接收国内高校的交流访学学生 23 人；并积极输送优秀的学生赴国内外知名高校进行交流和访学，其中，共有 27 名本科生赴中国人民大学、厦门大学、中山大学和武汉大学交流学习，有 7 名本科生赴韩国昌原大学和香港科技大学访学，有 1 名在读硕士研究生赴荷兰蒂尔堡大学攻读硕士学位。

2005 年我院组织四次高层次的学术会议、五期“经济学家论坛”、三期“名校名家论坛”，促进了与国内外学术界的交流，同时也展现了学院的学术水平，并拓展了学生的学术视野。

（一）学术会议

3 月 13 日，由山东大学消费与发展研究所、山东大学经济学院主办的“消费需求与产业发展”学术研讨会在经管楼三楼经济学院会议室隆重召开。此次研讨会以“‘十一五’期间中国消费需求与产业发展及相关问题”为主题。

4 月 23 日上午，由中国社会科学院经济研究所和山东大学经济学院联合主办的第七届全国政治经济学研讨会在山东大学东区新校邵逸夫科技馆一楼报告厅内召开。此次会议的主题为“中国现阶段的三农问题研究”，内容涉及人力资本投资、土地制度改革、农民财产权益保护、农村税负改革、农村剩余劳动力转移、土地产权制度改革等诸多方面。

5 月 14 日，由山东大学经济学院和山东大学产业经济学研究所共同主办的产业集群与区域发展国际学术研讨会在邵逸夫科技馆第二会议厅举行。邀请国内外著名高校 20 余名学者与教授参加。会议讨论的主题为“民营经济的发展问题，分工与产业集群的发展，区域发展与制造业中心形成”。

11 月 5 日，由山东大学经济学院和日本神户大学经济学部联合举办的第四届国际学术研讨会在山东大学新校邵逸夫科技馆举行。本次研讨会为期一天共四个阶段的学术交流，讨论主题为“中日经贸关系及东亚经济一体化”，内容涉及山东省利用日本 FDI 的技术溢出效应、中日两国股份制企业形成过程、中国与日韩贸易互补性、中国现行货币政策框架有效性等诸多方面的分析。

（二）经济学家论坛

3月22日，中国人民大学经济学院教授、博士生导师黄泰岩教授应邀作为首期经济学家论坛的嘉宾作了"'刘易斯二元经济理论'的批判"报告会。4月5日，第二期经济学家论坛邀请教育部首届人文社科长江学者特聘教授、孙治方经济科学奖获得者、南开大学国际商学院院长李维安教授作了"中国公司治理——现状与评价"的报告会。4月21日，第三期经济学家论坛邀请台湾东吴大学经济学系教授、商学院院长邱永和博士作了一场题为"风险与绩效评估——以银行为例"的精彩讲座。4月29日，第四期"经济学家论坛"邀请复旦大学经济学博士、教授、博士生导师、著名经济学家张军作了题为"中国经济——为增长而竞争"的演讲。5月28日，第五期经济学家论坛邀请到了中国人民大学教授、博士生导师、中国税务学会副会长安体富教授和中央财经大学教授、博士生导师、中国税务学会常务理事汤贡亮教授为师生们举行讲座。安体富教授讲述了他在"科学发展观与税制理念、政策的调整"方面的最新研究成果，汤贡亮教授就"中国税法监督问题研究"进行了精彩的阐述。

（三）名校名家论坛

3月12日，山东大学经济学院在山东大学东区新校邵逸夫科学馆一楼报告厅成功举办首期名校名家论坛。此次论坛由山东大学经济学院院长臧旭恒教授主持，山东大学副校长王琪珑应邀参加论坛的开幕式并致词。此次论坛以"中国宏观经济走势与资本市场"为主题，邀请到了南开大学副校长、博士生导师、教育部全国人文社科重点研究基地南开大学政治经济学研究中心主任逄锦聚教授，南开大学泰达学院院长、博士生导师、国务院学位委员会理论经济学学科评议组成员冼国明教授，南开大学经济研究所所长、博士生导师、南开大学政治经济学研究中心副主任柳欣教授，南开大学虚拟经济研究中心主任、博士生导师、孙冶方经济科学奖获得者刘骏民教授。4月22日下午，第二期名校名家论坛"当前若干经济热点问题的透析"在邵馆一楼的学术报告厅举行。此次论坛邀请的是清华大学和香港大学的四位学者，他们分别是：哈佛大学经济学博士、UCSD数学博士、清华大学经济系主任白重恩教授，南开大学经济学博士、清华大学人文社科学院经济学教授、全国政协委员、民进中央常委蔡继明教授，美国俄亥俄州立大学经济学博士、香港大学中国金融研究中心主任宋敏教授，美国Pittsburgh大学经济学博士、香港大学中国金融研究中心研究员张俊喜。7月15日，第三期名校名家论坛"中国金融改革与金融发展"在邵馆一楼的学术报告厅举行。邀请复旦大学金融研究院副院长、教授、博导陈学彬，复旦大学金融研究院教授、博导刘红忠、许少强、张金清等学者参加。

五、学生工作

截至2005年9月，学院有全日制在校学生1944人，其中博士研究生89人，硕士研究生376人，本科生1278人，高职生97人，外国留学生104人；招收新生544人，其中博士研究生27人，硕士研究生123人，本科生286人，留学生11人，专科生97人；毕业学生368人，其中高职生147人，本科生314人，硕士研究生64人。学院重视学生党建工作，2005年共发展党员153人。

2005 年，在学生党员中认真开展保持共产党员先进性教育活动，继续深入开展“忠心献给祖国，爱心献给社会，关心献给他人，孝心献给父母，信心留给自己”的“五心”主题教育活动。加强辅导员培养，促进辅导员队伍的专业化。注重培养学生工作人员在网络建设、心理咨询、就业和职业指导、活动组织和思想教育方面的才干。充分利用校内外培训机会，提高学生工作人员的工作水平。举办心理健康教育讲座，建立健全辅导室值班制度。

加强对毕业生的教育和指导。对毕业生开展深入细致的教育工作，帮助其树立正确的择业观；举办了学生就业经验交流会和职业生涯规划报告会；将毕业生的信息上网，在学院服务器中设立专门网页，及时发布需求信息，向用人单位推荐优秀毕业生。

学院团委获得校“五四红旗团委”称号、宣传调研先进集体、暑期大学生社会实践先进集体、科技创新先进集体、青年志愿者活动工作先进集体；学院荣获“成才杯”学习竞赛团体总分第一，第六次蝉联“成才杯”，获得“优秀组织单位”称号；获得校运动会男子第一，女子第六的好成绩；先后编辑出版了两期经济学院院刊《基石》杂志；参加学校首届学生创新成果展，有 13 项作品入选；在校团委与教务处联合设立的科技创新基金立项中，12 个项目获得立项支持。开展社会实践和大学生志愿服务济南社区等活动，学院被评为 2005 年度暑期社会实践活动优秀组织单位。学院获得校网络新闻宣传优秀组织单位、宣传栏评比一等奖和共青团宣传调研工作先进集体等荣誉称号。

（马　燕）

政治学与公共管理学院

2005年，学院机构建制平稳，领导班子健全，师资队伍稳定。在职人员63人，其中教学人员47人。教授13人，其中博士生导师7人；副教授23人。全院具有博士学位者和在读博士学位的教师29人，占教师总数的61%。

全院共有全日制本科生629人，硕士生296人，博士生60人。MPA学员110人。本年度毕业本科生138人，硕士生32人，博士生14人。招收本科生154人，硕士生114人，博士生16人。全院自考、函授、夜大共有13个班，学生631人。毕业学生共223人。

一、管理工作

党政管理工作进一步规范有序。本年度上半年进行了政治学一级学科的组织申报工作，并顺利通过评审；下半年重点组织开展了党员先进性教育活动，在教育活动中顺利完成了各阶段的学习教育任务，并结合学院实际开展了多项有特色的活动。先后组织党员和教工参观西柏坡，游览房干村，组织老干部游览红叶谷等。工会组织教工参加学校文体比赛，被评为山东大学先进工会。

二、教学工作

2005年10月，在学校部署下，全院师生精心准备，迎接本科教学评估。教育部专家组来学院检查指导工作后，对本科教学工作给予较好评价。全院师生共同努力，顺利地完成学校本科教学评估工作，并以此为契机，促进学院本科教学管理的规范化和有序化建设。加大本科教学管理力度，教学改革不断深入。

重新讨论修订了本科教学方案，不断更新教学内容。对几个本科专业的课程设置进行了认真讨论设定，使课程建设更规范、完善。加强教师和教辅人员的业务培训，先后对14名职工进行了心理学、教育学的专题培训，促进了教师业务能力的提高和教学方法的改进。

加大投入力度，改善办学条件。学院配套投入16万元，学校投入60万元完成综合试验室的建设；装修改建办公室，新购办公用具，为教师配备教学设备（移动硬盘、打印机），改善教学办公条件和手段，提高办公效率。

加强教学研究，设立本科教学课程组，以加强相关课程任课教师们的相互交流沟通，提高教研水平，促进教学。

三、学科建设与科研工作

2005 年 10 月，政治学一级学科顺利通过评审，学院的学科建设跨上大台阶。

2005 年 4 月，招收 MPA 第一届学员 110 人，山东省副省长林廷生同志出席开学典礼并作重要讲话。MPA 教育发展规划不断清晰规范，课程建设不断完善。学院注重师资队伍的建设，注重学生培养质量。在学生生源的组织和学位教育多层次培训上也做了大量工作，与青岛海关、枣庄人事局、中铁四局、省环保局、济南市委组织部的合作取得实效。

2005 年 11 月，“985 工程”二期科研项目全面展开，全院教师科研积极性大大增强。科研项目和获奖情况比去年同期有所增长，全院发表论文 57 篇，出版著作教材 9 部，获省社科三等奖以上 4 项。新增科研项目 9 项。

在学术交流中，2005 年共邀请著名学者金泳台等 8 人次来院讲学，其中海外人士 4 人。院内有 5 人在国外访学交流，另有 5 人获留学资格。

四、学生管理与思想政治工作

制定和规范了学生工作有关制度，如《政治学与公共管理学院本科学生综合素质测评实施细则》、《政治学与公共管理学院大学生科技创新基金申报办法》、《政治学与公共管理学院宿舍卫生检查管理规定》等。立足专业特色，探索思想政治工作新方法，取得新成效。制定了《政治学与公共管理学院 2005 年学生思想政治教育工作实施计划》，邀请学院知名专家教授重点针对研究生的思想政治教育、日常生活和如何做学问三个方面举办了专题讲座。

创新宣传手段，加大宣传力度，构建网络化、全方位的宣传平台。树立学院新形象，更新了学院主页。本年度院各类活动被“青春山大”、“研究生之家”等网络报道 54 次。积极培育学术品牌，营造浓厚学术气氛，组织“读书月”、“斯多葛讲坛”、“模拟联合国”、“畅言”沙龙、“新百家论坛”各类报告讲座共 36 场。“挑战杯”大学生创业大赛和系列科技创新活动有 5 人分别获学校特等奖及一、二、三等奖。社会实践活动稳步展开，内外交流平台基本形成。组织了暑期“三下乡”社会实践活动，建立了 4 个大学生实践基地。

做好学生党建工作，继续加大学生党员发展和教育工作。制定了《政治学与公共管理学院推荐优秀团员作党的重点培养对象工作实施细则》，《政治学与公共管理学院发展学生党员工作程序及要求》，使党员发展工作更加规范。本年度对学生党支部书记进行培训一次，共发展学生党员 90 名。

本年度有 2 人获得校长奖学金，2 人被评为省级优秀学生，2 人被评为省级优秀学生干部，9 人被评为省级优秀毕业生。院团委 2005 年获得山东大学先进团委称号。

（高　山）

法学院

一、总体情况

山东大学法学院有全职教师和行政管理人员 69 人，其中专职教师 53 人，教授 12 人，副教授 22 人，已获得或正在攻读博士学位的 22 人，具有硕士学位的 39 人，有海外访问、进修经历的 18 人。有多名教授在国家级和省级学会中担任会长、副会长等职务。另有国内外知名学者和法律实务界人士 30 人在法学院兼任教授。法学院在校生规模近 2000 人，其中博士研究生、法学和法律硕士研究生 1200 余人，本科生 750 余人。学院现有法学一级学科硕士点和理论法学、宪法学与行政法学、民商法学三个博士点。

二、学术工作

通过举办国际和全国性学术会议、邀请海内外的知名专家在名师论坛上发表学术演讲，极大地调动了学生的学习积极性，开拓了教学内容的深度，促使学生勇于和善于思考，有利于培养思想型的法律专业人才。2005 年举办学术报告会近 100 场。承办“人体器官移植立法研讨会”、“社会弱势群体权利保护”学术研讨会、“人体器官移植立法论证会”、“全国金融担保法理论与实践学术研讨会”、“全国金融犯罪与金融刑法理论研讨会”、“中国法学会宪法学研究会 2005 年年会暨成立 20 周年纪念大会”和“人权的宪法保障”学术研讨会、“行政执法与刑事执法衔接机制理论研讨会”等 7 次全国性学术会议。

三、对外交流与合作

致力于实践开放式办学理念，召开“中日公法学课题与展望国际学术研讨会”、“第二届刑法犯罪理论体系国际学术研讨会”等 2 次国际学术会议，相继有来自美国、日本、韩国、法国、荷兰、意大利、澳大利亚、俄罗斯和中国香港、台湾的 25 次共计 38 位海外专家学术访问和短期讲学，以及 13 位教师海外访学和 15 位本科生与研究生的海外经历，大大拓宽了师生的学术视野，提升了他们的国际化水平。

四、学生工作

在第九届“挑战杯”全国大学生课外学术科技作品竞赛终审决赛中，于佳佳同学的哲学社会科学类学术论文《期待可能性在我国刑事司法中适用范围的限定》荣获一等奖。在JESSUP国际法模拟法庭辩论大赛（中国赛区）中获第五名。在第三届全国高校“理律杯”模拟法庭竞赛中夺得冠军奖杯。

（刘　红）

文学与新闻传播学院

2005年，文学与新闻传播学院党政领导班子有新的变化和调整，即：原文学与新闻传播学院院长陈炎同志被教育部任命为山东大学副校长，文学与新闻传播学院党政工作由郑春书记负责主持。一年来，领导班子全体成员团结协作，思想统一，服从安排，勇挑重担，始终做到严于律已，尽职尽责地做好本职工作，并努力完成领导交给的各项任务。学院师生思想稳定，团结和谐，各项工作井然有序，进展顺利。

本年度学院正式在编教工为99人，其中在职专任教师79人，教授31人，占专任教师总数的39%。博导18人，占正高职称人员的58%。副高职称以下人员48人，占专任教师总数的60.75%。行政、教辅人员共计20人，占专任教学人员的25.3%。本年度是学院离退休人员相对比较集中的一年，共有7人退离教学岗位（博导4人，教授2人，副教授1人）。4月，学院著名俗文学、敦煌学和满学专家、教授、博导关德栋因病去世（关德栋系2004年学校返聘博导）。经统计，截至2005年12月底学院离退休人员为37人。离退休人员正在逐年增多，目前已占在职人员的37.37%。

本年度学院在校生总计1583人，其中本科生1003人，研究生459人，国际留学生56人（含本科生），国内交流生65人。国际留学生和国内交流生与2004年相比增长幅度较大。本科生比2004年增长13.7%，研究生比2004年增长了7.24%。2005年在校师生的比例为1∶20（师资人员未包含外聘教授）。

一、党政管理

2005年，学院遵照中央、省委在高校进一步开展保持共产党员先进性教育活动的指示精神，在学校党委统一部署领导下，于8月下旬组织全体党员积极认真地开展保持共产党员先进性教育活动，并将这一活动摆在学院党建工作的首位，作为学院党委的中心工作抓紧、抓实、抓好，以促进本科教学评估、全国博士生论坛、学科建设、人才培养、学生工作、创收和机关管理服务。

本年度学院在党政管理工作中进一步突出“制度化、民主化、信息化、科学化”这一主导思想，强化领导干部的岗位意识和责任意识，并结合保持共产党员先进性教育活动的开展，进一步加强了党政领导干部的思想建设、组织建设和作风建设，增强了政治责任感和使命感，党政领导班子的整体素质得到了很大提高，并在教学、科研、教学评估等各项重大活动中发挥了模范带头作用，为广大师生做出了表率。

针对本年保持共产党员先进性教育活动，学院党委作了充分的动员和发动，是历年来党员教育活动规模最大、最广泛、最深入的一次。据统计，学院 7 个教工党支部、6 个学生党支部共计 285 名党员全部积极认真地参加了这一活动。在活动的学习阶段平均每人写读书笔记 1 万 5 千字，并配合宣传，向学校先锋网、新闻网、学生在线投稿 20 多篇，制作展板 8 块。在分析评议阶段，学院党委利用多种渠道和各种形式广泛征求群众意见，覆盖面在 95%以上。在整改阶段各支部党员认真进行思想剖析，查找不足，结合个人思想工作实际提出整改措施近 1700 条。在此基础上，学院提出制约自身发展的七项具体整改措施：(1) 进一步强化理论学习，大力提升政治学习的效果和质量，改进思想教育方式方法，充分发挥党员作用，使全院师生思想统一到科学发展、和谐发展上来。(2) 加强制度建设，强化管理的规范化。(3) 深化教学改革，提高教学水平。(4) 开阔视野，加大力度，优化师资队伍。(5) 加强学科建设，巩固强势学科优势，提升新兴学科的竞争力。(6) 强化服务意识，改进机关作风，不断提高宗旨意识。(7) 进一步加强学生教育管理，推动学生健康成长、成才。保持共产党员先进性教育活动的开展，使学院党员队伍的整体素质进一步得到加强和提高，使基层党支部更加具有凝聚力、创造力、战斗力，同时也为加强党的建设、改进党的工作提供了成功的经验。学院正在进一步地探索研究并逐步建立和完善以下各方面长效机制：领导班子定期学习机制、重大事项民主商议机制、人才培养和引进机制、机关后勤有效工作机制、学生工作特色创新机制、保持党员先进性机制。

二、教学工作

2005 年是学校以优秀成绩通过教育部本科教学水平评估的一年，也是学院对本科教学进行全面检测整改的一年。学院紧紧抓住这一环节，自上而下和自下而上反反复复做了大量扎实有效的工作。首先根据评估大会文件要求，具体落实自评自建工作。严格按照评估体系要求的 8 大项一级指标、19 项二级指标，每一项参照具体指标积极准备，有条不紊地运作分解实施。通过自评，学院领导进一步明确本科教学在全院工作中的地位，明确办学指导思想，把本科生的培养作为重中之重，本科教学水平的提高在我院整体建设中处于极其重要的地位。以雄厚的科研实力构筑教学的质量基础，以社会服务和文化交流激活教学的时代特色，带领全体教工端正工作态度，整顿教学秩序，按照评估指标，调动一切可以调动的力量，整理补充试卷、毕业论文、实习报告等教学档案材料二千余份。10 月，在教学评估检查中学院本科教学工作得到教育部专家组的肯定，12 项指标中有 9 项为“优”。

借教学评估工作的东风，进一步加强办学的基础设施尤其是办学硬件设施的建设，共投入实验设备经费 46 万元（其中学校投入 40 万元，学院投入 6 万元），加强对新兴学科实验室的建设，增添新闻专业非线编实验室设备 21 套。重新修订了教学计划，特别是新闻学、广告学计划更趋于合理。陆续建立了一系列教学和管理方面的规章制度，使办学管理的科学性得到了加强，更好地保证了人才培养的质量和水平。为配合本科教学，开拓学生学术视野，为学生举办了各类学术讲座，特别是“新杏坛”讲座，深受广大同学欢迎，迄今已成功举办了 38 期，听讲人数已超过 5000 人次。针对基地班人才的培养，学院加强了管理力度和培养措施，即：管理专职化、学术研讨多样化和制度化。对基地班人才的培养，又向前迈出了新的一步。

学院一贯坚持把人才培养和科学研究紧密结合起来，充分发挥在学科建设和科学研究方面的优势。本年度在教学研究、教材建设方面又有新的突破：

1. 盛玉麒教授研制的“现代汉语”网络课件 2005 年获得了教育部优秀教学成果二等奖。

2. 王小舒教授、戴友夫副教授带头的“传统文学修养”课与历史文化学院的“中华民族精神概论”课已作为省精品课程申报了国家级精品课程评选。

3. 曾繁仁教授主持完成了教育部面向 21 世纪教材《二十世纪欧美文学研究》。

4. 郭延礼教授编著出版了教育部推荐教材《中国近代文学发展史》。

5. 曾繁仁教授主持国家“十五”规划教材立项《文艺美学教程》。

6. 陈炎教授主持承担了教育部面向 21 世纪教材《中国审美文化史》。

7. 盛玉麒教授主持承担了国家“十五”规划教材立项《语言文字信息处理》。

三、研究生工作

2005 年，研究生工作在做好常规工作的基础上，本着保持原有优势，创新、发展、提高的原则，积极配合学校，高层次人才培养开展了以下工作：

1. 成功主办全国博士生学术论坛（“两岸三地”——文、史、哲、药领域）——中国语言文学分论坛学术活动。此次活动以“新学术视野中的中国语言学文学研究”为主题，于 9 月 10～11 日分别举行了三场报告会，围绕生态文明视野下的文学与美学、不同文化语境下的文学与艺术、古典文学研究与当代文化建设等专题展开探讨研究，来自内地、香港、台湾及日本的近七十位博士生代表和学者参加了论坛，大家就各自的学术观点展开热烈的研讨，再现了百花齐放、百家争鸣的浓厚学术气氛。这一活动有力促进了国内外高等学校研究生之间的互动交流，扩大了学校的学术影响力，对引导博士生创建“知识—能力—素质—问题”的培养模式，造就基础扎实、知识丰富、能力强、素质高的研究型专门人才起到重要作用。

2. 加强新兴学科发展，一级学科下自主设置博士点。根据教育部的有关文件精神，在学校研究生院的支持下，本年度学院在中国语言文学一级学科下，在原七个博士点的基础上，又设置了审美文化学和文学与艺术传播学两个博士点。这两个博士点带有明显的跨学科性质，它可以借助文艺学这一传统的强势学科，带动新闻学、传播学、广告学等新学科的发展。

3. 强化答辩程序，改进管理方法。2005 年研究生学位论文答辩，在遵循教育部及学校有关部门规定的前提下，学院对此项工作的落实更加细化，使之严谨无懈。在各学科中均配备了秘书，全程跟踪答辩，确保答辩水平质量及其严密性。此外，在研究生院的指导下对博士生论文答辩增加了预答辩环节，对博士生论文全部实行匿名评审。这些举措的实施，弥补了以前制度不健全造成的疏漏，加强了对研究生的整体培养和管理。

经统计，2005 年博士生就业率为 100%，硕士生考博率为 22%，就业率为 73.3%。

四、师资队伍建设与人才引进

学院重视加强师资队伍建设和人才的引进与培养。制定相关政策积极鼓励中青年教师到国内外知名高校学习深造，进一步提高学历专业水平。2005 年学院专任教师中已获取博士学位人员 36 人，正在攻读博士学位人员 6 人。具有博士学位人员已占专任教师的 45.56%。学院还相继派出 2 名青年教师到校外做博士后研究（其中 1 名在北京，1 名在美国），外校学者到我院做博士后研究人员已达 25 人。并引进英国拉夫堡大学新闻硕士毕业生 1 人，接收国内本科交流生 65 人，国外留学生 56 人（含本科生）。这种互动交流，为人才的发展培养搭建了良好的平台，一批中青年学科带头人和学术骨干崭露头角，是学院办学的资本和财富。

五、科研与学术交流

2005 年，学院对科研工作进一步进行了统一规范化管理，建立了学术档案管理制度，即：为每位从事教学科研工作人员历年出版的学术著作、发表的论文、获得的奖励、承担的项目、参加学术会议的情况进行编录，实行电子化和动态管理，使科研工作逐步走向规范管理。2005 年学院科研规划《望岳文库》二期工程启动（《望岳文库》是一部大型的学术著作，学院共投入经费 90 万元），该文库拟为每位教授出版一部学术专著，共计 40 部。本年度上报课题 14 项，其中 3 部著作已出版发行，其余选题也陆续交稿，即将出版。

本年度学院科研成果更加厚重扎实，论文发表的层次和质量均有了很大提高，获奖成果尤为突出。经统计，2005 年发表论文共 330 余篇，其中在 CSSCI 来源期刊发文 74 篇；出版著作 44 部。科研成果获奖共 20 项，其中：国家教材二等奖 2 项，山东省社科二等奖 1 项、三等奖 2 项，山东省教学成果一等奖 2 项，山东省委宣传部刘勰奖 10 项，第十四届中国图书奖 1 项，山东省齐鲁文学奖 1 项，山东省高校科研二等奖 1 项。以上科研成果在 2005 年山东大学人文社会科学研究工作年报排名中显示，我院发表论文总量、CSSCI 发文总量、成果获奖总量在全校文科院系中均名列第一，是学院近年来科研学术水平发展提升最快的一年。实践证明，合校五年来，学院科研工作的整体实力水平不断得到提升，已经引起国内外同行专家的极大关注。

2005 年继续举办“新杏坛”讲座 23 期，积极开展中外学术交流，共接待境外来访学者 17 人次，国内来访学者 50 余人次。与境外 5 所大学建立了长期合作交流关系。

六、学生工作

2005 年，学生工作紧扣展涛校长提出的山东大学人格培养体系建设的目标要求，以突出“服务学生”为主题，着力推进学生班级建设加强系列工作。立足文学院深厚传统，结合本院学生实际，倡导并执行“学生工作与文院传统相结合，与专业特色相结合，与社会实践相结合”的方针；以党团建设为龙头，以社团建设为载体，以品牌活动作亮点，锐意拓新，务求实效。

（一）加强班级建设，突出服务学生的主题，使各项学生工作落到实处

2005 年是学院强化学生管理、加强班级建设、健全班组规章制度、抓好学生干部队伍、建立优良学风的一年。在班级建设中，学院充分发挥"辅导员、班主任、学生助理"三位一体的管理模式，在班级档案信息化管理、班级量化考核等方面进行了积极的改革和创新，力争实现"零投诉、零曝光、零违纪、零淘汰"的目标。制度建设是大学班级建设的重要内容和根本保证，经充分酝酿讨论，建立健全了一系列班级建设方面的规章制度，内容涉及班级会议、行为规范、民主参与、骨干培养、考评奖惩等各个方面。1 月，学院出台《关于加强班级建设实施意见》，主要有四个部分：（1）班级管理，实行班务公开；（2）班级建设和基础文明建设；（3）学风考风建设；（4）安全教育和贫困生问题。以上规章制度的建立实施，为学生工作、为人才的建设培养提供了有力保障。

在班级管理工作中，首次提出了"实施'快乐'管理，共建融洽集体"的理念。强调辅导员、班主任、班主任助理在学习生活各方面春风化雨般的贴心服务、细心指导、快乐化管理。着重氛围营造，以鼓励支持促建设，以引导带动求发展，真诚参与学生成长。师生共同努力，共同策划开展了丰富多彩的主题班会和班级活动。2003 级广告班"新朋友、心朋友"主题班会，2004 级中文班"把握现在，成就未来"主题班会，2005 级"大学、成长"主题班会均邀请了知名学者、教授参加，与同学进行面对面的交流、指导，收到了很好的效果。快乐管理理念的推行，有效地提升了班级自我建设、自主管理的主观能动性，极大地激发了学生的责任意识，使思想教育活动和班级活动令同学们喜闻乐见，以熏陶取代了强制灌输，教育效果更加深入人心，是学院学生管理工作的一个创新。

（二）学生活动突出学院特色，这已成为学院学生工作的一大优势

1. 党团活动起龙头作用，结合本年度保持共产党员先进性教育活动的开展，对学生党员在理论学习和凸显党员作用方面加大了力度。以学习促思想，促行动，各学生党支部充分发挥学生党员的积极性、创造性，深入群众开展形式多样的专题活动。本科生第一党支部发起"创建节约型校园——党员在行动"主题活动，联合公布了"党员电子信箱"，回答解决同学们提出的具体问题。通过一系列整改措施强化了党员意识，学生党员被推荐为免试研究生、获得各种奖学金及各项学生活动中的骨干的比例明显提高。

2. 社区服务充分发挥学院优势。本年度学院与济南东兴等多个社区签订共建协议，让文化教育直接服务社会，服务人民群众，为社会主义精神文明建设和文化建设作出了应有贡献，在社会上反响较大。同时，暑期"沿先进党员足迹，共建和谐社区"和"先进在我身边"等社区新闻采访也充分显示了学院和学科优势，在帮助社区进行先进宣传的同时也使学生在社区服务中锻炼了自己的能力，接受了先进人物、事迹的教育。用我们的先进文化和知识推动了"社会主义和谐"社会的建设和发展。

3. 社团建设——全面拓展学生素质。文学院注重在学生社团活动中开掘学生潜能，以发展特长为切入点，以学生某一方面的发展带动其全面发展。通过对学生精神、心理、追求等方面的全面调整和引导，增强学生判断是非、分析、选择的能力，让学生根据自己的爱好和特长去参与校园生活、学习，培养学生"有岗位，负责任，长才干"的

健康心态。

5月份，玩家剧社举办了“人间四月天”话剧公演。4～6月，文学与新闻传播学生记者团精心策划组织“纪念中国电影诞辰一百周年”系列活动，并承办由山东大学学生宿舍管理中心主办的“我的宿舍情怀，我的青春记忆”大型宿舍征文活动。7～9月，承办由山东大学团委主办的“纪念诗翁臧克家”大型征文活动。2005年暑假，组织学生230余人参加“服务济南社区”实践活动。8月，制作“文学与新闻传播学院保持共产党员先进性教育活动”主题网站。9～10月，举办文学与新闻传播记者团迎新活动，其中包括“新闻速写暨记者团纳新笔试”活动、“新闻眼看山大”新闻摄影比赛等活动。11月，组织和制作“王震支教”专题，并配合文学院学生会的“你我奉献一点点 温暖支教一片天”系列活动的报道宣传工作，并为此项活动进行募捐义卖，共捐款1093余元，衣物近1000件，义卖款667元，全部用于支教事业。12月4日，山东大学文学与新闻传播学院学生会与山大附中及山师附中联合举办的高中“山大行”活动在东区新校举行。此次“山大行”活动加强了山东大学与驻济高中的友谊，更展现山东大学及文学院的风采，是学院本年度品牌活动的又一创新。

积极蓬勃的社团活动、品牌活动搭建了拓展学生素质的平台，使人才培养更加适应社会的发展和需求。2005年本科生考研率为47.1%，就业率为38.4%（其中机关、事业、高校占14%，新闻媒体占15.1%，集团、公司占9.3%）。学生就业层次较高，受到社会各界的欢迎。

七、其　他

2005年，学院继续教育工作本着广开财源、找米下锅的原则，积极认真调查研究，加大宣传力度，多方寻求，招揽生源，使自学考试助考班、高校教师在职攻读硕士学位招生出现较好的势头，这两类招生均比2004年有明显增长。2005年自考招生为95人，本年新增高校在职硕士生76人、现当代文学作家班30人，均取得了较好的经济效益。

（王永革）

艺术学院

学院下设音乐系、美术系两个系和书法、摄影两个教研室。学院现有音乐学、美术学两个本科专业，有艺术学、设计艺术学、音乐学、美术学等四个硕士专业，并于2004年开始招收民艺学、美术考古学等方向的博士研究生，成为山东省唯一具有从学士、硕士到博士的完整的人才培养体系的艺术学科，初步实现了学院的跨越式发展。

学院现有教职工41人，其中专任教师30人，有博士学位的5人。专任教师中有教授7人，其中校聘关键岗位教授2人，副教授9人，占专任教师的53%。学院设院长1人，副院长2人；李晓峰任院长，刘钊任分党委书记。

2005年，学院共招收本科生120人，研究生18人。截至2005年12月，学院有全日制在校本科学生共371人，研究生26人。

一、管理工作

学院党政领导班子坚持民主集中制，实行党政联席会议制度，充分发挥集体的智慧，调动教职工的积极性，使学院的各项工作健康有序地进行。进一步加强了学院领导班子建设，完善决策目标、执行责任、考核监督三个体系，为学校改革发展提供了坚实的组织制度保证；以迎接本科教学评估检查工作为契机，大力加强教学管理工作，提高教学质量，努力接近培养中国最优秀的艺术类本科生的目标；以学校“985工程”二期建设为契机，构建学科发展平台，不断提升学术竞争力；广揽英才，选育并重，建设了一只优秀的专兼职艺术教师队伍。学校投资建设的8000多平方米的艺术教学楼也于12月份竣工。

二、教学科研工作

学院高度重视教学工作，坚持“以学生为主体，以教学和科研为中心”的原则，以培养学生创新意识和德智体综合能力为目标，积极开展教学改革与教学研究，修订教学大纲，完善教学计划，发挥学校多学科优势，培养厚基础、宽口径的艺术人才。学院实行学年论文制度，要求每名同学每学年都要写一篇学术论文，以此来培养学生的理论水平。学院积极准备迎本科评估工作，为学校顺利通过教育部本科评估贡献了自己的力量。学院先后多次举办学生书画展，主办了二十余次学生文艺演出，促进了校园文化建设，提升了学生的艺术素养。在2005年国际顶级钢琴赛事——肖邦国际钢琴比赛北京赛区的比赛中我院学生郭闻乐获得第五名，并夺得最佳音乐表现奖。在 2005 年 9 月的山东省首届高校艺术院校器乐比赛中，我院学生参赛节目的数量不到全省二十分之一，却夺得了全省三分之一的一等奖，在山东省艺术教育界引起强烈反响。

科研方面，学院注重发挥山大多学科优势，整合校内外资源，承担了多项纵向横向科研项目，取得了多项科研成果。

三、学生工作

在学生教育管理工作中，学院先后出台了一系列规章制度，形成了一整套管理体制和一支高素质的政工队伍。学院注重培养学生的综合能力，培养学生的各方面素质，先后组织了多种丰富多彩的活动，取得了多项荣誉，其中赵明明、王婷婷、张凯、郭东波四人被评为 2005 年度山东省优秀毕业生，孔南被评为 2005 年度“山东省大中专学生‘三下乡’社会实践活动优秀学生”，崔炳利被评为 2005 年度“山东省优秀学生”，刘琳、张晓慧荣获 2005 年度山东大学校长奖学金。结合专业特点，学院开展了一系列特色活动，如“青春漫步”周末音乐会、“朱雀演绎”南新区艺术月、“心连心”校园巡演、“执手相看”送别毕业生系列活动等逐渐成为知名品牌，在校内外引起强烈反响。学院注重对学生工作的规律性进行总结思考，提倡结合实际的创新，有多篇学生工作研讨文章发表并获奖。

（李海燕）

历史文化学院

历史文化学院下设历史学系、考古学系、档案管理学系和文化产业管理学系；全院共有教职工 71 人，博导 23 人、兼职博导 10 人，关键岗教授 13 人；学院共有 1 个一级学科，8 个二级学科，9 个博士点。王育济教授任院长，于海广教授为党委书记，学院设副院长 3 人，副书记 1 人。

一、科研与学科建设

1. 2005 年，我院的国家、省部级课题的申请，发表论文、著作的数量等，均保持或超过 2004 年的水平。

2. 以国家重点学科的标准建设专门史、中国古代史和考古学三个专业。

2005 年确定了下列专业方向为重点建设的专门史学科：姜生教授的道教科技史研究，路遥、刘平教授的中国民间信仰研究，陈尚胜教授的史外关系史研究，张金光、刘玉峰教授的中国经济史研究。中国古代史和考古学是我院传统优势学科，各断代史的研究领域中均有知名学者，中青年学者的实力尤为齐整。目前 7 位教师中有 5 位正教授，其中 4 位是关键岗教授。

以上三个学科均具备了申报国家重点学科的条件。

3. 以教育部社科研究基地的标准，对中国道教科技史国际学术团队，中国传统对外关系研究中心，周秦汉唐研究中心，民间文化与中国乡村社会研究中心，文化资源、文化产业与中国文化安全研究中心，西方宪政民主制的起源与演变研究中心等七个研究方向（机构、团队）进行建设。以上七个团队或中心，或已形成固定而完备的组织形式，或已形成完整而实力可观的学术梯队，或依托国家重大攻关项目，或属国内学术界首创，并关系当前国家政治与文化发展战略或学科建设的结构性突破，已经达到或经过三五年建设后均可达到教育部人文社科研究基地的水平。

另从国内外著名学者中新增校聘兼职关键岗教授数人，如马克尧、钱乘旦、马大正、朱诚如、罗志田、胡正荣、胡惠林等教授。

二、本科教学

1. 以优秀成绩通过了 2005 年本科评优。

2. 2005 年 2 月 15 日，中央电视台“新闻联播”节目报道了我院开设“中华民族的历史与精神”课程的工作。

3.《以“文史见长”的学科优势，构筑大学公共政治教育的新平台》，获山东大学、山东省优秀教学成果一等奖，获国家优秀教学成果二等奖。

4. 继续探索“文史哲”校内基础班的管理和建设模式。在“文史哲”基地班中，明确提倡传承中国传统文化的责任感，提倡专业学习上的“冒尖”意识和“成名成家”的观念，依托我校文史见长的优势，形成科学、先进的人才培养方案和教学管理办法，培养出真正的国学尖子人才，进一步扩大“文史哲”基地班的社会影响。

5. 文化产业管理专业的建设取得初步成效。文化产业管理学系成立。山东省委宣传部的工作指导网站山东文化产业网设立在学院。

三、研究生工作

1. 2005 年度，我院研究生教育工作稳步发展。研究生招生保持稳定，共招收硕士研究生 91 人、博士研究生 29 人。一级学科下的所有八个二级学科博士点和新报批的第九个博士点都开始招生。目前，我院是学校拥有现职博士导师最多的院系，获准 2005 年招生的博导共 33 人，其中本校 23 人，外聘导师 10 人。导师力量可谓雄厚。

2. 申报设立了文化产业管理专业管理学硕士点。

3. 实行双导师制，进一步聘请校外、海外著名学者兼任我院博导、硕导，与我院教师共同培养博士、硕士研究生。同时，严格校内博导的招生资格的审查，经费不足者将停止其招生资格。

4. 研究生教育质量保持稳定，谭景玉的博士论文《宋代乡村行政组织及其运转研究》被评为山东省优秀博士学位论文。

5. 研究生在职教育取得突破性进展，共招收高校教师在职攻读硕士学位研究生 498 人，这不但是山东大学也是国内高校同类专业所罕见。该批学生于 2005 年 4 月份入学，并开始了研究生课程的学习。

6. 2005 年 9 月，成功承办了由国务院学位委员会主办的“全国博士研究生论坛·历史学博士研究生论坛”，王育济教授为历史学论坛学术委员会主席。来自两岸三地 20 余所著名高校和科研院所的 60 余位博士研究生与会。会议还邀请了步平、郭世佑、赵文洪、韩升以及本校的姜生、王学典、栾丰实、胡新生、周晓瑜、陈尚胜、张金龙等一批国内著名的中青年学者担任论坛学术嘉宾。

四、国际交流及外事工作

2005 年 3 月 20 日，山东大学东方考古研究中心与日本国九州大学 21 世纪 COE“东亚与日本：交流与变容”研究据点签订学术交流协议书。根据协议书，双方的合作主要包括师生的互访与交流，合作研究的开展，学术研讨会的联合召开，以及学术出版物的交换等。10 月 11 日，山东大学历史文化学院与日本九州大学文学部·人文科学府·人文科学研究院签订学术交流协议书。就教师和学生互访，交换学术资料等达成一致协议。2005 年 10 月 25～27 日，山东大学东方考古研究中心与日照市政府在山东省日照市联合主办了以"龙山文化与早期国家"为主题的国际学术研讨会。来自中国、日本、韩国、美国等国家的大学或科研机构派代表参加了会议。

2005年9月，姜生教授应邀参加第20届国际历史科学大会并向大会发表学术论文，这是国际历史学界规模和影响最大、规格最高的学术会议，这也是山东大学历史学科学者首次被选入中国历史学家代表团出席国际历史科学大会。同年，由美、法两国学者联合主持的GPSS（科学与信仰全球透视）国际研究计划发布项目奖励评审结果，姜生教授荣获“道教与科学”项目奖，奖励经费折合人民币35万元。2005年11月10～11日，姜生教授应邀出席由联合国教科文组织、中国社会科学院、北京大学、政协河南省委员会共同主办的“弘扬老子文化国际研讨会”。

2005年11月3～5日，陈尚胜教授应邀参加由韩国晋州市政府主办的纪念壬辰御倭战争（1592～1598年）胜利的国际学术研讨会，并在会上作学术报告。

2005年11月6～8日，由山东大学美国考古研究所和诸城市人民政府共同发起主办的“中国北朝佛教造像及其传播国际学术研讨会”在诸城市举行，来自中国内地、台湾省和韩国、日本的65名中外专家学者出席了会议。

2005年历史文化学院还有一批中青年学者赴哈佛等世界一流大学访学、交流。

五、党建、行政、学生工作

根据学校党委、纪委和组织部、宣传部、学工部2005年工作的部署，除做好常规工作外，还结合学院和学科特点，着重抓好了以下四件事情：

1. 围绕着山东大学党员代表大会和党员先进性教育，发挥学科优势和“党史研究会”（学生2004年自发成立的组织）的作用，启动“山东大学老共产党员（60岁以上）口述史资料库”的建设工作。

2. 以院研究生会、学生会为主体，结合抗日战争胜利60周年，在山东省大学生中开展相关征文活动。

3. 在教师中开展“民族精神课程建设与党风廉政建设、师德师风建设”的活动。继续组织学生开展“山东省大中小学生民族精神认知状况调查”活动（2004年已开始），使师生在活动中达到提升境界、增强业务、注重实践、关心社会的多重目的。

4. 尝试在各种评聘中实施完全意义上的"阳光评审"（2004年院职称评聘时已基本实行），营造公正、和谐的工作氛围。

（薛辰兵）

外国语学院

2005 年，学院共有教职工 276 人，其中教授 27 人，副教授 91 人，具有博士学位者和在读博士 53 人，具有硕士学位者 75 人。副教授以上教师的平均年龄为 45 岁。90％以上的青年教师具有硕士学位，80％的教师曾在国外进修、学习过。多数教授教学科研成绩突出，是国内或省内本专业研究方向的带头人，有的已成为国内知名学者。各专业常年聘请外籍专家任教。学院设院长 1 人，副院长 4 人，郭继德教授任院长；分党委设书记 1 人，副书记 2 人，谢萍研究员任书记。

2005 年，学院共招收本科生 329 人，硕士生 91 人，博士生 13 人。截至 2005 年 9 月底，学院有全日制在校学生 1382 人，其中本科生 1122 人，硕士研究生 315 人，博士研究生 45 人。

一、学科与实验室建设

学院现设有七个系、一个教学部和七个研究所（室），即英语系、应用英语系、俄语系、日语系、朝语系、法语系和德语系，大学英语教学部（设有办公室、研究生教研室、3 个本科生教研室和大学英语教育研训中心、实验中心，承担着全校研究生、本专科生、网络生和成教生的全部公共英语教学任务），美国现代文学研究所、俄罗斯文学研究中心、外国文学研究所、日本研究中心、应用外语与翻译研究所、东亚文化研究所、大学英语教学研究所，承担英、俄、日、朝、法、德、世界语七个语种的教学、科研和交流工作。此外，还有英语语言文学博士点和五个硕士点（英语语言文学、外国语言文学和应用语言学、俄语语言文学、日语语言文学和亚非语语言文学）。

学院专业电教馆设有 5 个语言实验室、2 个多媒体教室和 1 个微机室。大学英语部有 8 个语言实验室、4 个多媒体教室和 1 个微机室供大学英语公共教学使用。

学院共有图书 7 万余册，资料室订阅国内常用外语核心期刊和外文学刊物 100 余种。

二、教学工作

重视教学工作是外语学院一贯的思想，把“培养 21 世纪需要的，外语语言基础扎实、知识面宽、能力强、素质高的高级外语专门人才”始终放在首位，把教学工作作为经常性的中心工作，强调专业基础课的重要性，突出科研在教学中的渗透作用，把业务培养与素质教育融为一体，把知识传授与能力培养融为一体，把教学与科研融为一体，提高人才培养质量。以高水平、研究型学院的标准作为奋斗目标，外语学院研究生培养实现了跨越式发展，2005 年录取研究生 91 人，在规模上处于国内同类院校的前列。研究生的生源不断拓宽，来此攻读硕士、博士学位的学生大多来自国内著名大学。在扩大招生规模的同时，强化研究生培养管理措施，2005 年研究生的学位论文全部寄送省外重点大学匿名评审，对提高研究生的质量起到了有力的促进作用。

学院承担英、俄、日、朝、法、德、世界语七个语种和英、法双学位、英语和国际政治双学位的教学任务。

三、科研工作

外国语学院始终坚持教育与科研相结合，大力倡导学术研究的精品和创新意识，完善竞争激励机制。积极承担国家和区域重大研究课题，在相关学术领域寻求突破点，求新、求变，努力向前沿的纵深和未知领域推进，使科学研究成果更具有原创性和开拓性，为国家的开放和先进文化的传播作出重要贡献。科研水平不断提高，学术成果较为显著。2005 年，学院主持或参与 4 项国家社科基金项目，11 项教育部项目，3 项国家其他部门项目，7 项地方政府项目，10 项山东大学项目。

2005 年共发表论文 130 篇，出版专著 8 部，编著、译著、教材 15 部。

四、学术交流

外语学院十分重视学术交流工作，全院上下形成了浓厚的学术氛围。

1 月 4 日，著名语言学家、英国雷丁大学教授黄衍博士来我院作了题为“Anaphora，Generative Grammar，and Neo-Gricean Pragmatics”的学术报告，并就语言学领域的最新发展和研究趋势与部分教师及研究生进行了研讨。

3 月 11 日，德国奥格斯堡大学师生代表团一行 16 人前来我院与德语专业学生进行交流。

5 月 15 日，德国慕尼黑语言与翻译学院院长麦耶尔博士来我院为德语专业学生作了“计算机在翻译教学中的运用”的讲座。

5 月，北京外国语大学日本研究中心闫安生教授作了“中日文学比较”讲座，东京大学竹内信夫教授作了“中日文学比较”、“日本学研究中心概况”讲座。

9 月 5 日，日本关西学院大学教授于康为我院师生作了“日本语言学专题”的讲座。

9 月 10 日，韩国著名小说家李文烈作了“韩国近代文学的起源”的讲座。

9 月 22 日，著名语言学家、英国雷丁大学教授黄衍博士来我院访问，分别作了学术报告和学术研讨，我院部分英语教师、博硕士研究生和一些驻济高校的教师参加了学术报告和学术研讨。

10 月 12 日，澳大利亚阿德雷德大学的 Peter White 博士应邀来我院作了“功能语言学与评价理论”的学术报告，并与我院的研究生和青年教师就功能语言学和评价理论的有关问题进行了座谈。

11 月 4～6 日，英国东安吉列大学教授来我院作了“批评语篇分析：问题与思考”的学术报告。

11 月 7～13 日，美国加利福尼亚州立大学（东湾）邹科教授来我院讲学。邹科教授围绕以下几个主题对当前的语言学研究作了系统的阐述：(1) 美国文化与变化中的美国英语；(2) 英语语言学和汉语语言学研究在美国；(3) 英语语法教学的假设测试手段；(4) 英语 wh-关系词和 that 引导的定语从句。

五、学生工作

外语学院一贯重视学生工作，良好的教学质量和规范化的教学管理大大地激发了学生的学习兴趣，学习上的竞争意识、紧迫感与良好的学术氛围使优秀学生脱颖而出。院里有 5 个学生社团：艺术团、英语协会、青年志愿者协会、演讲主持协会和学生翻译社。积极组织开展丰富多彩的活动，每学期的活动均有近 30 项。举办英语角和别开生面的各种外语大赛，踊跃参加国内各种大型竞赛活动，均取得了优良的成绩；踊跃参与校外的翻译实践活动，在《走向世界》等刊物上发表大量论文及翻译文章，均有多人获奖；精神风貌良好，积极参加各种社会公益活动和迎亚足赛创文明城市活动，在建鑫社区开展老年英语角、少儿英语班、义务家教等活动，给“希望工程”和阳谷失学儿童捐款，在阳谷县十五里园中心小学建立了外院社会实习和社会实践基地。

2005 年，本科生报考研究生约占毕业生总数的 70%，而录取率占毕业生总数的 27%，考入名牌大学达 80 多人。外院本科生毕业率达 99%，获学位率达 100%，体育合格率超过 98%，无一人因健康原因被淘汰，毕业生对就业情况满意程度高达 95%以上。外院 2001 级毕业生一次就业率过 93%，在全校位居第一。2005 年，学院有 38 人获校级三好学生，32 人获校级优秀学生干部，47 人获校级优秀团员称号，并有多人获取山东大学校长奖学金、光华奖学金、校园建设创意大赛二等奖等奖项，另有 151 人在校级各项文化活动中获奖。

（朱光祥）

数学与系统科学学院

2005年，对我院来讲，是极其不平凡的一年。在这一年里，我们面对许多新情况，任务特别繁重，但在学校党委和行政的正确领导下，经过全体师生员工共同努力，我们克服了一个又一个困难，较好地完成了年度工作任务，取得了丰硕成果，学院全面建设有了突破性的进展。2005年的形势可以用15个字概括："工作特别难，压力特别大，成绩特别好。"

一、主要工作成绩及存在的问题

（一）强化"主题"意识，加强政治建设，保证了党员先进性教育活动的效果

"保持共产党员先进性教育活动"是学院下半年工作的"主题"。学院保持共产党员先进性领导小组高度重视，精心组织，周密安排，全院党员积极参与，推动了教育活动健康发展，取得了明显效果。一是通过学习动员阶段广泛深入的学习，使广大师生坚定了理想信念，提高了政治理论水平。在这一阶段，按照学校的统一部署，集体组织学习了一些重要文献，观看了很多资料片；为了及时交流学习情况，建起了专题网页；9月上旬，院里组织党员教工到西柏坡进行了以"弘扬西柏坡精神，保持共产党员先进本色"为主题的教育活动；期间出了2期宣传展板。二是通过分析评议阶段严肃认真的思想剖析和评议，党员普遍受到了一次深刻的党性教育和锻炼，增强了党员意识和宗旨观念。在这一阶段，党员联系实际，深入地进行了党性分析；认真听取群众意见；广开渠道，开展了征求意见和谈心活动；党组织的民主生活会开得严肃、诚恳。三是通过整改阶段务实的边查边改，增强了党员的先锋模范作用和党组织的凝聚力和战斗力。在这一阶段，党员和党组织制定了切实可行的整改措施，工作作风明显改观，鼓舞了全院师生建设高水平大学的信心和决心。

（二）强化"质量"意识，加强教学工作，人才培养健康发展

2005年是我校"教学质量年"，教学工作是全年工作的"重头戏"。一年来，广大师生员工在这方面倾注了较多的心血。一是按照学校的统一部署，认真组织了本科教学水平评估工作。以本科教学水平评估为导向，本着"以评促建，以评促改，以评促管，评建结合，重在建设"的指导思想，完成了新教学计划的修订，对教学秩序、教学质量、毕业论文、教学改革等众多环节做了大量基础性的工作。二是健全了学院新的教学指导委员会组织，制定了章程，加强了教学督导。三是设立"数学基地建设教研基金"，拿出10万元，对24个教改项目进行资助。四是加大了图书投入，2005年用于购买各类图书的经费达80多万元。五是加强校园文化建设，下大力气营造良好育人环境。服

务社区、服务社会工作蓬勃开展，文体、参观活动丰富多彩，“数学彩虹”系列学术报告持续进行，科技创新活动深入开展。

由于思想重视，措施得力，教学工作秩序正常稳定，教师的教学水平和责任心进一步提高，教学改革不断深入，学生学习的积极性更加高涨，教学管理的各个环节更加规范。教学和人才培养工作取得突出成绩，本科教学水平评估，数学学科受到教育部专家组和学校领导的高度评价，“大学数学课程体系改革与立体化教材建设”项目获得山东省一等奖，获得高等教育国家级教学成果二等奖（全校5项），“运筹学”和“线性代数”入选省精品课程（全校16门），《运筹学》还入选国家精品课程，数学建模竞赛获得4项全国一等奖。本科生获5项大学生科技创新立项，本科生研究生录取率达60%，就业率达93%，研究生就业率达100%。

（三）强化“大师”意识，加强师资队伍建设，学术竞争力大大提高

一年来，我们着眼于提高学术竞争力，切实把师资队伍建设摆在中心位置来抓。《山东大学教师队伍建设方案》（山大人字［2005］43号）出台后，我们进行了认真的学习和研究。为了早出人才，多出人才，出大人才，确定了新的人才建设目标，制定了具体措施。一是加大了对优秀人才的支持力度，骨干教师队伍不断壮大。上半年，评出学院“面上科研基金”6项，“专项青年基金”5项，给予11人共计30万元的资助。二是鼓励和支持年青教师在职攻读学位。2005年，有3位教师获博士学位，2位获硕士学位，专任教师中有博士学位的比例达到54%。

2005年是我院人才队伍建设大丰收的一年。彭实戈教授当选中科院院士，王小云教授获“杰出青年基金”，李国君教授获“泰山学者岗位”。一年产生这么多“大师”级人物，“绝后”不敢讲，“空前”是肯定的。这是他们长期努力工作的结果。

由于师资队伍实力增强，学术竞争力大大提高。据统计，2005年，科研立项省部级以上14项，其中，国家自然科学基金重点项目1项，教育部“长江学者和创新团队发展计划”创新团队项目1项（我校1项），教育部科学技术研究重大项目1项（全国12项，我校2项），国家自然科学基金杰出青年基金1项，国家自然科学基金面上项目3项，教育部新世纪优秀人才支持计划2项，国家自然科学国际合作交流基金2项，教育部留学人员科研基金2项，教育部高等学校博士学科点专项基金1项。王小云教授又成功破解SHA-1，在国内外再次引起强烈反响。刚刚出来的数据，2004年发表SCI论文43篇，名列全国高校前茅，2005年据初步统计分析，要远远超过这个数字。

（四）强化“开放”意识，加强交流与合作，学院的影响力增强

成功承办“中国数学会成立七十周年年会”。承办“中国数学会成立七十周年年会”是一项光荣的任务，是中国数学会对我们的信任，从学校领导和有关部门到我们学院都非常重视。“年会”规格高，来宾多，会期长，给会务工作提出了很高的要求，但我们还是克服困难，取得了会议的圆满成功，受到中国数学会和与会学者的高度评价。中国数学会在《给山东大学并展涛校长的感谢信》中说：“这是我国数学界的一次盛会，是国内外数学家高水平学术交流的一次盛会，会议规模之大，学术报告水平之高，为中国数学会史上少见。为确保会议圆满成功，你们投入了巨大努力，进行了充分筹划和周密安排，上上下下，同心同德，使这次会议在2005年夏的威海大放光彩，在中国数学会

的历史上，也在全国数学工作者的心中，写下了辉煌的一页。”9月27日，中国数学会理事长、中科院院士、北京大学文兰教授和中国数学会秘书长、中科院应用数学所所长巩馥洲教授还专程来为我院授“与数学共辉煌”牌匾。

其他学术交流活动丰富。一是9月18～20日，我们在威海国际学术中心举办了以“交流，合作，发展”为主题的山东大学—吉林大学数学研讨会。此次会议是在两院互访，并就两院的合作达成合作协议的基础上进行的，协议就博士后培养、青年教师互派、每年举办一次双方教师参加的学术会议、定期定额双方互派专家讲学等作了详细约定。此次会议是两院实质性合作的开端。二是10月28～30日，举办了山东大学—韩国昌原大学第五次学术研讨会，两校之间的交流进一步深入。三是12月20～22日，举办了“数论及其应用——纪念潘承洞院士诞辰71周年国际学术会议”。四是学者交流频繁。据不完全统计，2005年除了专门会议来的专家外，还有40多位来自国内外的专家来院讲学，作学术报告50多场，出国(境)访问研究、参加学术会议的教师达32人次。

(五)强化“效率”意识，加强管理协调，工作落实到位

围绕教学、科研中心工作，积极开展各项工作，及时发现和解决出现的各种问题，为培养高质量人才、出高水平的科研成果创造了良好的条件。一是院党政领导注重了抓大事，抓重点工作。二是发挥学术委员会的作用。职务晋升、岗贴评定、人事调动、基金申报等工作顺利进行。三是充分调动院部机关的积极性。工作人员以“教师为根本，以学生为主体”的管理理念进一步确立，想师生之所想，解师生之所难，服务意识更强，工作更规范，效率更高。

在肯定成绩的同时，必须清醒地看到学院建设中存在的问题。主要有三点：一是引进人才力度不够。二是教学工作，特别是公共教学中，还存有一些不规范的地方。三是公共数学教学压力过大，影响学院学术水平提升。上述问题，我们院党政班子负有领导责任，在新的一年里，我们一定要下大力加以克服。

二、突出的几点体会

回顾一年来的工作，我们认为成绩真的是来之不易，有成功的经验，也有值得吸取的教训，认真总结这些经验教训，对于抓好新年度的工作乃至学院长远建设，应该是十分有益的。突出的体会有以下几点：

(一)“众人拾柴火焰高”，只有团结一心，才能做成几件像样的事

数学院有许多好的文化传统，其中最重要的一点就是做事比较齐心。这是老前辈打下的好基础，这个传统现在也得到了很好的保持和发扬。一是党政班子成员讲干事创业，不争个人高低；讲豁达大度，不计较小事；讲长短互补，不互相拆台，“一班人”的凝聚力和战斗力增强，得到师生员工的拥护。二是教工队伍顾大局，识大体，事业心、责任心很强。三是学生集体荣誉感特别强，朴实无华，做事踏实。

师生员工的这种精神风尚，平时显现不出什么，但在关键时刻，在大事面前，就汇聚成了一股强大力量。这一点在承办中国数学会成立七十周年年会中，在迎接教育部专家组对我校进行教学水平评估中，在2004年的全国研究生暑期学校和“基地”评估中，都表现得尤为突出。比如中国数学年会，在完全没有承办如此规模大会的经验，问题和

情况又不断出现的情形下，我们就是凭一股勇气，凭着集体的智慧，凭着认真负责的态度，圆满地完成了任务。在威海会议期间，党政领导既有分工，又紧密合作，工作起来没日没夜，到会服务的教师和研究生吃苦耐劳，毫无怨言，大家就一个心思——不能出纰漏。现在反过来看，如果大家不能齐心协力，好事也可能会办砸，会给数学院和山东大学造成长久的不利影响。

（二）“十年磨一剑”，只有潜心学术、锲而不舍，才能取得骄人的成绩

数学院的教师在治学态度上有着良好的传统，是我们赖以发展的精神基石，也是我们要继续大力倡导的。这种精神在彭实戈、刘建亚、陈增敬、王小云、李国君等教授身上得到充分体现。他们的成功，至少可以给我们三点启示：一是做事要敬业。随着世态的变化，整个学术环境比较浮躁，要静下心来做学问的确不容易，要克服许多干扰。这对我们做基础学科的影响更大。但上述几位学者却执著追求数学事业，“咬定青山不放松”，最终取得成功。二是治学要严谨。要有科学的精神，不能有私心，否则，就不会有大的突破。三是遇难要耐心。意志和毅力与人才成长及其贡献大小有着密切的关系。古往今来，几乎所有在科学事业上有建树的人，他们之所以成功，不仅仅是因为他们的聪明才智，还在于他们有坚忍的意志和顽强的毅力，并且，他们的聪明才智往往是在克服困难、战胜失败的过程中才得以充分运用和发展的。彭实戈、刘建亚、陈增敬、王小云、李国君教授他们的事业也不是一帆风顺的，经历了许多曲折和坎坷，但他们从不言放弃，默默耕耘，表现出过人的耐心和勇气。

（三）“山不厌高，海不厌深”，只有拥有一支高水平的人才队伍才能有一席之地

我们常听到讲，大学的关键不在“大楼”，而在“大师”，虽然我们不是不需要大楼，但更需要大师。展涛校长在很多场合多次强调：“制约我们发展的瓶颈是人才。”这一点，我们近年来体会越来越深。很多时候，我们就是因为没有“人”，做起事来特别困难，相应的，我们取得的许多成绩，不论是学科上的发展，还是教学、科研上取得的成果，都是因为有“人”。我们清楚地看到，我们与世界一流大学最大的差距就是教师队伍的差距。国内外一流大学为什么都把主要精力放在造就和吸引一流人才尤其是顶尖的一流人才上，就是因为有人才学科才发展起来，经费有了，成果出来了，实力自然快速提升。所以，在今后工作中，我们一定要坚定不移地建设教师队伍，把队伍建设摆在“重中之重”的位置，全心全意地依靠教师队伍，一定要抓好领军人物的造就与引进，一定要充分调动教师的积极性，一定要为激发他们的聪明才智创造良好的环境和条件。

（四）“逆水行舟，不进则退”，只有与时俱进，才能实现学院整体提升

由于国家“211工程”和“985工程”的实施，大学进入一个快速发展时期，在给我们提供良好机遇的同时，也提出了严峻挑战。抓住机遇，敢于挑战，就能快速发展，反之，如果裹足不前，不进则退。从近几年做成的几件事和产生的效果来看，我们认为，要实现学院整体水平的提升，一是要有紧迫感。不能吃老本，要看到自身的差距，要高起点，向国际高标准看齐。二是要有眼光。想问题、办事情、抓工作应着眼长远建设，多做扎扎实实打基础的工作；要有大思路，有国际视野。三是要有胆识。要敢于承担责任，敢于做前人不敢做的事，敢于做别人不敢做的事。

（徐长平）

物理与微电子学院

2005年，学院党委、行政积极配合学校的发展战略，紧紧围绕党建工作、学科建设、师资队伍以及教学科研和人才培养等各项中心工作，落实“三个代表”重要思想，进一步解放思想，加强了院内部的管理机制和制度化建设，强化了“人才”观念和创新意识，取得了显著成绩。学院下设物理学系、应用物理学系、微电子学系以及理论物理研究中心、粒子物理研究所、纳米技术研究所、光电材料与器件研究所、测试计量技术研究所等研究机构。

我院是国家理科基础科学研究与教学人才培养基地，现拥有国家重点学科、国家重点实验室、物理学一级学科博士点（含8个物理学二级学科博士点）及材料物理与化学博士点、微电子学与固体电子学博士点、测试计量技术与仪器硕士点。凝聚态物理研究方向设有博士后流动站，粒子物理、低维材料物理、功能材料物理研究方向设有国家“长江学者奖励计划”特聘教授岗位，并被列为国家“211工程”首批重点建设项目。

学院现有教职工150人，专任教师115人。其中博士生导师26人、教授50人，具有博士学位的教师40人，校聘关键岗教授11人。本年度新招本科生172人、硕士生57人、博士生26人。截至2005年9月，在校本科生759人，专科生60人，硕士研究生178人，博士研究生75人。学院拥有国家级有突出贡献的专家1人，山东省专业技术拔尖人才9人，享受国务院政府特殊津贴的教授14人，入选国家“百千万人才”工程的青年学者2人，杰出人才基金获得者1人，泰山学者特聘教授1人，新世纪人才3人。

一、党建工作

学院党委首先重点抓好学院党政班子建设，维护班子的团结和统一。一是坚持了党政班子联席会制度，每周一开碰头会，讨论教学科研中存在的问题，交换意见，从而增进了沟通，消除了误解；二是认真落实了院务公开制度，重大事情及时公示，做到公正无私、公开透明；三是加强党政班子成员廉政建设，制定了物理与微电子学院一系列规章制度；四是加强民主集中制建设，规范议事规则，并使之制度化，增强了全体干部廉洁从政的意识。

进一步抓好党建工作。特别注重发挥党委委员和支部书记的先锋模范作用，一年来共召开党委会10余次，积极探讨如何抓好基层支部建设和党员的管理教育，认真抓好支部的组织生活、党员学习和新党员的发展以及积极分子的培养教育等工作。积极做好新党员的发展工作，坚持标准，保证质量，特别注重青年教工入党积极分子的培养教育和发展工作。2005 年，发展了 1 名教工党员，对要发展的教工党员派专人负责全面培养，给他们锻炼机会，让他们快速成长；同时加大对学生党员发展工作的力度，克服存在的各种困难，在保证质量的前提下 2005 年发展学生党员 62 名，转正 29 名，学生积极分子有 260 人，申请入党的有 287 人，占学生总数的 46%。

认真搞好保持共产党员先进性教育活动。自 2005 年 8 月 22 日校党委召开全校保持共产党员先进性教育动员大会开始，我院党委对此次党员先进性教育活动高度重视，根据校党委下发的教育活动总体安排要求，对这次教育活动的指导思想、基本原则和目标要求有了比较清楚的认识，统一了思想，深化了对开展先进性教育活动必要性和重要性的认识，完善了组织机构。成立了由院党委委员和支部书记组成的先进性教育活动领导小组和工作小组，确定了联络员、宣传员，并讨论了我院的学习安排计划。及时制定了详细的教育活动实施方案，取得了较好的效果。

二、教学工作

在全院教职工的共同努力下顺利通过了本科教学水平评估，学院本年度启动了第三期教研项目，设立了由本科生参加的科研训练项目，设立了实验教学仪器研发项目，资助额度总计为 22.9 万元；召开 3 次本科教学研讨会；本科生“计算物理”英语讲授，“电磁学”、“原子物理”、“普通物理”双语授课。“电磁学”、“固体物理”、“大学物理”被评为山东大学 2005 度精品建设课程，同时“电磁学”也被评为教育部基地名牌课程项目。《大学物理课程建设与改革》荣获山东大学教学成果一等奖，《大学物理课程建设与改革》荣获山东省高等教育教学成果二等奖。解士杰编著的《低维量子物理》、王蕴珊编著的《测试理论》获得研究生院教材出版基金资助。

学院为每位博士生均设立助研岗位，数目达到 70 余个，为所有进入课题的硕士生提供助研岗位，约计 120 余个。与中科院微电子中心合作联合培养研究生近 10 名，2005 年又有 2 名微电子专业研究生到中科院微电子中心进行毕业设计；所有博士学位论文均采取了校外匿名评审，全部顺利通过；徐庆华的学位论文获得山东省优秀博士论文及全国优秀博士论文提名。坚持研究生学术讨论班制度，网上每周公布各专业讨论班的时间、地点。2005 年学院成功举办了首届研究生学术论坛，43 人参加，大会提交学术论文 20 余篇。

三、学科及师资队伍建设

学科建设是学院的工作重点。“985 工程”一期以学科建设为核心，学院获得建设经费 1500 万元，其中凝聚态物理重点学科 1000 万元，物理相关学科 500 万元，现已顺利完成项目提出的各项指标；“985 工程”二期以平台和重点学科培育计划为核心，获得建设经费 1900 万元，其中 1600 万元用于与晶体所共建功能材料科技平台，300 万元作为粒子物理与原子核物理的重点学科培育计划；另外，胡季帆教授作为功能材料创新团队主要人员，获得 200 万元发展经费。

另外，学院还召开了春秋两次“凝聚态物理学术与学科发展”研讨会及“粒子物理”学科发展研讨会，老师们对学科今后的进一步发展、开展的研究方向进行了深入研讨，提出了学院进一步发展的规划。

学院重视学科队伍和师资队伍的建设，努力培养拔尖人才。2005 年，梁作堂获得国家杰出青年基金，解士杰被聘为“泰山学者”特聘教授；7 位教师出国学习、交流；3 位教师在职取得博士学位；我院成功引进 Rolf Meuller 教授、郑雨军教授；我院特聘教授张泽院士两次来讲学，并在我院举办全国“纳米科学技术”讲习班。流动岗位特聘教师 2 人，兼职教授 1 人。流动岗位特聘教师马建平教授、张瑞勤教授两次来我院讲学。

四、科研工作

2005 年，我院获得国家理论物理重大研究计划重点项目 1 项，获国家自然科学基金 7 项，山东省基金 3 项，山东省优秀中青年科学家基金 1 项，引进外籍教师 Rolf Meuller 的欧盟项目，总经费 343 万元；全年共发表各类学术论文 220 余篇，其中 SCI 论文 152 篇，EI 论文 59 篇。王克明教授课题组的研究成果获得 2005 年度国家自然科学二等奖（一等奖空缺）。我院设立教学/科研基金，每年从发展基金中划拨 15 万元，用于院内老师的教学科研立项工作。2005 年，我们又专门划拨 5 万元用于教学仪器研发立项，提高教师们的科研能力，活跃学术氛围。

五、国内外合作与交流

2005 年，学院聘请了 7 名海外专家前来讲学，有 16 人次出国短期访问和开会。继续与英国曼彻斯特大学保持合作。与香港的张瑞勤，英国的宋爱民、李济晨，美国的王新年校友等继续保持合作。2005 年派出 1 名本科生到德国 ULM 大学学习，1 名研究生到英国 UMIST 大学联合培养，并继续保持与英国曼彻斯特大学的联系。2003 年至今共有 9 人次通过合作项目赴英国 UMIST、德国 ULM 大学学习，其中程晓阳、胡雪松已考入剑桥大学攻读博士学位。目前，有 8 名学生在海外深造。另外，2005 年学院还承办了 2 个国际学术会议。

学院与中科院物理所、中科院半导体所、中科院微电子中心、北京钢铁研究院、复旦大学等单位有着长期的科研合作，我们的研究生每年到这些单位进行合作实验和学习，共同发表学术成果。2005 年有 50 名本科生到中科院半导体所、中科院微电子中心参观实习，2 名研究生进行为期二年的毕业设计。

2005 年，我院共有 8 名学生赴兰州大学、吉林大学进行校际交流，另有来自厦门大学、中山大学、兰州大学、武汉大学、天津大学和威海分校等高校的 11 名学生到我院学习。

六、学生工作

加强大学生思想政治教育。通过组织班会、承办“小树林文化论坛”等多种形式进一步开展“五心”教育活动，学院注重对学生党员的先进性教育，学生党员有 10 余人参加了服务社区活动，起到了先锋模范带头作用；2005 年获得校长奖学金的 3 名本科生、研究生均为学生党员。

2005 年我院共发放学校提供的国家助学金 43500 元，将军助学金、移动助学金、二附院助学金、济南市人民政府助学金、优秀特困生助学金等社会助学金 6600 元。此外，我院积极努力自筹多项贫困生助学金。为 2 名本科生提供了资料室勤工助学岗位，每月提供 300～400 元勤工助学费用。为 6 名 2005 级新生发放 1 万元“心光校友助学金”。与博兴的澳博厨具集团联系，为我院 3 名 2005 级新生发放了 6000 元“澳博助学金”。

我院 2005 届本科毕业生 133 人，总体就业率为 94.74％。其中考取研究生 62 人，占 46.62％；科研单位 7 人，占 5.26％；各类企业 49 人，占 36.84％；其他 8 人，占 6.02％。我院 2005 年的就业形势较好，社会需求量较大，需求与供给比大约为 2.5∶1。我院 2005 届本科优秀毕业生有 7 人。我院毕业研究生共 49 人，其中，博士生 12 人、硕士生 37 人，就业率 91.84％。

2005 年，我院大学生在科技创新中也取得优异成绩：“数学建模大赛”获得了全国一等奖 1 项，山东省一等奖 1 项；第九届全国“挑战杯”大学生课外科技学术作品竞赛获山东大学一等奖 1 项；2005 年度“索尼杯”全国大学生电子设计竞赛中，获国家二等奖 1 项，省一等奖 2 项。

（于新好）

化学与化工学院

2005年，化学与化工学院各项工作稳步向前发展，取得了良好的成绩。学院现有教职员工194人，教授60人（包括外聘院士4人），其中博士生导师37人（包括兼职博士生导师7人），副教授49人。姜建壮教授任院长，张大庆研究员任书记。本年度姜建壮教授入选教育部长江学者特聘教授，实现了学院长江学者零的突破。学院引进中科院院士1名，引进泰山学者1名，新增1名教育部新世纪优秀人才。

一、党政工作

2005年，学院党委深入贯彻党的十六大和十六届三中、四中、五中全会精神，紧密围绕学校党政提出的各项任务，坚持以马列主义、毛泽东思想、邓小平理论和“三个代表”重要思想为指导，不断加强领导班子和干部队伍建设，充分发挥院党委的核心作用和党员干部的先锋模范作用，为学院的改革、发展和稳定提供了可靠的政治保障和组织保障。全院共有23个基层党支部，其中教职工支部14个，学生支部9个，教职工党员94名，学生党员240名。

在我校保持共产党员先进性教育活动中，学院党委按照学校党委的部署，顺利完成了学习动员、分析评议、整改提高三个阶段十三个环节的各项任务。学院党员参与率达百分之百，学院向“山大先锋网”提供稿件录用率达到百分之百，学院党委从永葆党员先进性入手，精心设计组织了三个主题教育活动（即：让教师党员的先进性体现在学科建设中，让教师党员的先进性体现在教书育人中，让教师党员的先进性体现在学术创新中），并以此为载体，扎实推进先进性教育活动，收到了良好效果。2005年8月31日，由山东省委高校工委组织的高校先进性教育活动观摩会在山东大学举行。山东省委派驻省委高校督导组组长、省委统战部副部长孙传宏等省领导及驻济21所高校60余人到学院实地参观考察并听取了学院的经验介绍。10月28日下午，山东省委常委、组织部长，省委先进性教育活动领导小组副组长、办公室主任刘伟同志一行来到山东大学就先进性教育活动进展情况进行调研时，考察了化学与化工学院开展先进性教育活动的情况，对化学与化工学院开展先进性教育活动给予了充分肯定。

本年度学院行政管理日益完善，学院领导始终坚持围绕“凝练学科方向，汇集学科队伍，构筑学科平台，培养优秀人才，创造标志性成果，提高管理水平的目标”开展工作。继续实行党政联席会制度，民主决策，推行院务公开，进一步完善基层学术委员会参与学院重大决策的职能。学院不断促进日常管理的规范化、制度化，继续推行安全防火、治安责任制。从制度、管理、服务等方面，保障了学院教学、科研、学科建设等工作的顺利进行。

二、本科教学工作

2005 年是学院本科教学工作取得重要进展的一年。学院教学指导委员会根据学校的相关部署，制订了《2005 年本科教学工作规划》，重点开展了教学评估、国家级实验示范中心申报、省级教学研究课题申报、国家“十一五”规划教材申报等阶段性工作，并积极进行推进学院课程建设、基地建设。本年度招收本科新生 243 人，截至 2005 年底，在校本科生达到 964 人。2005 年毕业本科生 211 人，有 90 人考取研究生，考研率达到 42.6%，学位授予率 99.5%，一次就业率 91%。

4 月 10～12 日，学院承办了“教育部高等学校化学与化工学科教学指导委员会化学类专业教学指导分委员会”组织的、有来自全国 20 所高校的 30 位代表参加的“化学教学质量评估体系专题研讨会”，提高了学院的地位与影响。2005 年学院启动“山东大学化学基地班”建设，首届招收 36 名学生，这标志着学院人才基地建设进入了一个新时期。本年 4 月，学院组织了第一届“趣味化学竞赛”和第三届“开放创新课题”的申报，取得了很好的效果。为继续推进教学实验中心建设，2005 年从学校得到 150 万元的经费支持，完善了综合化学实验、开放化学实验室的建设，为进行国家级实验示范中心申报打下良好基础。

2005 年是“山东大学本科教学质量年”，也是山东大学迎接教育部“本科教学工作水平评估”的评估年。学院本着以评促建的原则，以积极的态度、扎实的作风开展了本科教学评估的迎评工作，并做出了突出成绩，学校先后于 3 月 23 日和 9 月 30 日在学院召开“本科教学评估工作观摩交流会”和“文化氛围建设现场会”，积极推广学院的做法和经验。在 10 月 20～28 日，学院作为重点推荐单位参与了教育部本科教学评估，先后接待了全体评估专家的参观，接受了试卷和毕业论文的抽查、听课、教师和学生座谈会等全面的评估，专家对学院教学管理、教学建设、开放实验等给予了高度评价。

在教学建设方面，学院先后投资购置了“高等学校化学资源库”，升级了全部试题库。本年度学院有 2 项教学改革课题分别获得省级、校级立项。学院共有 5 本教材参加了国家“十一五”规划教材的申报。本年度学院先后派出 18 人次参加了全国化学教学研讨会等国家级教学研究活动，学院教学工作的地位和影响得到不断提升。

三、研究生培养

2005 年，学院认真落实学校提出的关于《山东大学研究生教育创新计划》。改革培养机制，探索与国内外高校、科研院所进行研究生联合培养途径；加大宣传力度，拓展优秀生源；加强导师队伍建设，规范研究生管理，促进专业设置、课程体系的改革，严格论文答辩程序，确保研究生培养质量；完善导师负责制，提高研究生就业率，为社会提供更优秀的建设人才。2005 年继续推进研究生培养平台的建设，为进一步提升研究生的学术研究能力和学术水平提供良好的平台条件。本年度招收硕士研究生 125 人，博士研究生 51 人，博士后入站人员 8 人。2005 年在校硕士研究生 319 人，博士研究生 144 人，博士后在站人员 12 人。2005 年研究生就业率为 96.8%。2005 年研究生培养工作取得了可喜成果，1 名博士生作为我国优秀博士生代表赴德国参加第 55 届诺贝尔奖获得者大会；1 人荣获第 2 届“中国青少年科技创新奖”，2 人荣获山东省 2004 年度优秀博士论文奖，1 人荣获山东省 2004 年度优秀硕士论文奖，1 人入围 2005 年度全国百篇优秀博士学位论文提名论文名单，1 人荣获“山东省优秀学生”称号。2005 年，学院继续开展多种形式的在职教育，为社会工作人员提供了更多的深造机会。

四、学科建设

2005 年，学院聚集体化学科技创新平台建设顺利进行，购进价值 730 余万元共 5 台套大型仪器设备并当年投入使用，充实了学院大型科研仪器平台，提高了仪器中心的服务条件和水平，对学院学科建设起到促进作用；学院拥有完整的人才培养体系，化学学科拥有博士后流动站、一级学科博士点、8 个博士生招生方向、8 个硕士生招生方向，化工学科拥有 3 个硕士点，学院继续保持两大一级学科的平衡发展。师资队伍建设一直是学院的工作重点之一，学院始终坚持人才引进与培养相结合的原则，目前凝聚了一批学科带头人和中青年骨干，建立起了一支由优秀中青年骨干教师为主体的创新学术团队。2005 年，我们不断促进胶体与界面化学教育部重点实验室的建设，积极开展物理化学申报国家重点学科的准备工作，力争在未来国家重点实验室和国家重点学科的申报中提高竞争力。

五、科研工作与学术交流

2005 年，学院继续发扬化学基础领域研究的特长，重视科技创新能力的提高，科研实力不断增强。目前学院承担和参与“863”、“973”、“攀登计划”、“国家自然科学基金”和国家、省、部级攻关项目等近百项，到账科研经费达 1286 万元；本年度批准立项的国家自然科学基金项目 16 项，总经费 400 多万元，项目总数排全校首位，经费排第二，是历年来最多的一年。学院 2005 年发表的科研论文被 SCI 收录 219 篇，IF 3.0 以上 33 篇，始终排在全校的首位；2005 年共获得两项省级奖励，其中省科技进步一等奖、二等奖各 1 项。

学院十分重视学术交流，不断派出学者参加各种学术会议，2005 年参加海外国际学术会议共计 14 人次；积极邀请国内外知名学者来访讲学，2005 年共邀请 3 位流动岗位教师、8 位海外短期学术交流学者及众多国内学者来学院进行学术交流，对学科建设、学术发展起到了促进作用。

六、学生工作

2005 年，学生工作在院党委的领导下，以推进大学生思想政治教育、培养大学生的创新能力、提高学生在社会上的竞争力为目的，结合学院实际情况，以组织建设为基础，整合资源，发挥优势，打造学院学生工作平台。在班级、团支部建设方面，充分发挥基层班级、团支部在学生教育、管理等方面的作用，实行班主任助理、主要班干部责任制。同时，以学期为单位，创立班级、团支部“五四三二一”工作思路，即：“五”——“五个一”活动：一个特色体育活动，一个特色文艺活动，一场知识竞赛，一次社会实践活动，一次团支部工作宣传报道；“四”——组织同学参加至少四场次的院、校的学术报告；“三”——召开三次主题团课；“二”——组织两次贴近学生的意见、建议调查；“一”——组织同学开展一封家书活动。加强学生会建设，通过人员、制度两个杠杆，促进班级、团支部与学院学生会的联系，发挥学生会在学生自我管理、自我发展、自我完善中的作用。以学校保持党员先进性教育活动为契机，开展加强团员意识教育活动。配合学院做好迎接本科评估工作，在学生中广泛宣传本科评估的意义和要求，明确责任，具体到人，注重发挥基层组织的战斗堡垒作用，使学生工作为学院顺利通过本科评估作出了突出贡献。发挥学院资源优势，通过举办“化”时代学术讲座等系列活动形成大学生科技创新梯队。2005 年学院团委被评为山东大学先进团委、山东大学社会实践优秀组织单位、山东大学科技创新活动先进组织单位。应用化学 2003 班被评为山东省先进班集体，学院博士生科技服务团队被评为山东大学社会实践优秀团队，学院学生在第九届“挑战杯”学生课外学术科技作品竞赛中获国家二等奖 1 项，省特等奖 1 项，校一等奖 1 项，校二等奖 1 项。学院学生在 2005 年度“五四”学生学术论文评比中获特等奖 1 名，一等奖 1 名，二等奖 2 名，三等奖 2 名。学院通过开展学生运动会、体育健身周、迎新晚会等多种丰富多彩的文化活动，提供人文关怀；通过举办 10 场次学术沙龙，成功举办“晨曦杯”学术论文评比大赛，设“烟台万华”奖学金，开展各种奖学金评比活动，营造浓厚的学术氛围；学院通过实施“爱心助学基金”、“帮困扶贫 1+1 计划”，导师继续为硕士研究生发放生活补贴等，帮助学生完成学业，促进学生身心的健康发展。

（彭　彤）

生命科学学院

生命科学学院按教学体系下设生物科学系、生物技术系、生态学系、生物工程系，一个本科实验教学中心和国家生物科学与技术人才培养基地。科研机构设五个研究所：微生物学研究所、发育生物学研究所、细胞与遗传学研究所、生物化学与分子生物学研究所、生态学与生物多样性研究所。另有微生物技术国家重点实验室、发育机构与基因调控山东省高校重点实验室和生态学与生物多样性山东大学重点实验室。

学院领导班子在2005年5月份重新进行了调整。由曲音波教授继续担任院长，并兼任学院党委书记。陈冠军教授调威海分校任副校长，不再担任生命科学学院党委书记、副院长职务。夏光敏教授、林建群副教授继续担任副院长，新增张治国副教授为副院长。李本智、郑晓健同志继续担任党委副书记职务。截至2005年底，学院在职教职工152人，其中教授33人（博士生导师27人），应用研究员1人，副教授32人，讲师26人，高级工程师7人，高级实验师3人。教师中享受政府特殊津贴的6人，受聘学校关键岗位15人，长江计划学者特聘教授1人。专任教师中具有博士学位者76人，除2位青年教师外，所有中青年教师都已经具有或正在攻读博士学位。有一年以上国外学习经历的专任教师37人，教育部青年骨干教师培养计划入选者1人，入选新世纪人才计划5人，2005年接受和引进博士9人。

学院拥有两幢教学科研大楼，总建筑面积约16000平方米。随着科研规模的不断扩大，自2004年起又租赁鲁能科技大厦B座六层1040平方米、产业集团所属原科贝尔公司中试车间约1000平方米，作为科研实验室之用。为缓解教学科研用房紧张局面，2005年学校决定在北楼东侧扩建10000平方米新实验大楼。目前学院拥有10万元以上的仪器40余台（套），设备总值约5千万元。另外拥有较完备的图书资料、中外期刊、动植物标本等。学院还多方筹措资金30多万元，为教室、会议室安装了10套多媒体设备，极大地改善了教学办公条件。

一、管理工作

2005年，学院认真组织并积极参加了学校下半年开展的保持共产党员先进性教育活动。做好党员发展工作，重点做好学生党员特别是本科低年级学生党员的发展工作。做好安全稳定工作，及时化解各类矛盾，消除安全隐患，为全院师生创造优美和谐的工作学习环境。5月20日，学校一届三次教代会召开，我院8名代表共提交有效提案13

份，表明了我院教职工对学校及学院建设与发展事业的关心。10 月 11 日，组织离退休老同志到济南郊区水帘峡风景区参观游览，欢度“九九”重阳节。

在院务工作中坚持民主集中制原则，施行党政分工、协调配合的工作运行机制，不断提高我院领导班子的凝聚力和战斗力。在工作中注意发挥了我院学术委员会和教授会议在学院管理工作中的作用，努力提高科学决策和民主决策的能力和水平。认真履行了我院《山东大学处级单位领导班子任期目标责任书》，在班子内强化责任意识，抓好责任落实。

对全院师生在网上公布了院长信箱，对来访信件都给予回复。组织实施了集资建房工作。完成了 2004 年度公房定额配置收费工作。组织了“爱心捐助”等募捐工作。完成了学校工会布置的各项工作。利用暑假期间对北楼进行了装修改造，并为 4～6 层重点实验室配备了实验台等家具。对鲁能大厦 B 座六层部分实验室以及原晶体所北楼一层房间进行了装修改造，组织了重点实验室部分课题组搬迁安置工作。与基建处多次商讨落实北楼扩建工程设计方案，于本年年底开始筹备在北楼东侧为生命学院扩建一栋建筑面积达 10000 多平方米的新实验楼，计划于 2007 年投入使用，届时学院科研用房紧张的局面将得到缓解。

二、教学工作

开展教学质量年活动，做好各项教学评估工作。2005 年，通过组织教师督导、领导听课、学生评价等措施，提高了教师的责任心和教学水平。为了配合学校搞好本科教学评估，我院开展了积极的工作。学院充实了教学指导委员会和教学督导委员会，规范了工作程序。对本科生五年来近 60000 份考试试卷进行了全面复核，整理了近 1000 份本科毕业论文，编写了生命学院本科教学评估自评报告和自评依据，营造了学术文化氛围。4 月下旬至 5 月中旬，对我院新办生物工程专业进行了评估。5 月中旬，山东省教育厅对我校成人教育进行水平评估，生命学院在学生管理、教学组织与学生评价等方面的经验作为学校的范例接受了评估专家组的评审，并获得一致好评。

加强本科教学管理与改革。在修订本科教学计划过程中，我们注重学生素质的培养，搭建宽厚的专业基础平台，突出研究型人才能力的培养。积极开展精品课程、精品教材与教学名师的培育工作。细胞生物学、微生物学、生物化学成为山东大学精品课程建设项目。新增教学名师 1 人、青年教学能手 1 人。获得省级教学成果一等奖 1 项，校级一等奖 3 项，校级二等奖 1 项，校级优秀奖 4 项。完成了 2004 年教学软件项目 11 项，经费 6 万元，组织以上各项目通过专家验收。完成了 2004 年本科教学实验中心及专业实验室建设项目，投入经费 200 万元。2005 年实验室立项经费 180 万元，组织申报了 2006 年度教学改革立项工作。对教学材料的购置进行了改革，实行了招标的办法。

加强了国家生命科学与技术人才培养基地的建设。组建了 2005 级生命科学与技术基地班。9 月 21～30 日，国家生命科学与技术人才培养基地组织承办了“全国微生物技术青年骨干教师培训班”。来自全国 14 所院校的 23 位教师参加了本次研修班。

研究生教育与培养。2005 年硕士生招生专业 9 个，硕士生在校 293 人，硕士生招生 112 人，硕士生毕业 77 人（含 20 名同等学力人员）。另外录取了 7 名同等学力申请硕士学位人员和4名高校教师在职攻读硕士学位。博士招生专业数10个，博士生在校163人，博士生招生50人，博士生毕业31人（含1名同等学力人员）。2005年新增博士生导师1人：祁庆生教授；新增冯力骏教授为硕士生导师。2003级硕士研究生除35名直博生外，71名研究生全部通过了中期筛选。有5名博士研究生经审批通过成为首批中外联合培养研究生；赵静等16名博士研究生、蒋德明等10名硕士研究生获得2004～2005学年度研究生奖学金。

本年度我院获得山东省优秀博士论文2篇，优秀硕士论文1篇。马翠卿《生物催化法生产丙酮酸（盐）的研究》以及权瑞党《农杆菌介导的玉米转化技术的改进及转betA基因玉米抗逆性分析》两篇博士论文获2005年度优秀博士论文奖，其导师许平教授、张举仁教授获"优秀博士学位论文指导奖"。

为了使研究生更好地了解国际前沿研究进展，提高博士、硕士论文设计水平和应用最先进的实验方法，提高研究能力，截至12月底，我院本学年共邀请了11名长江学者、杰出青年基金获得者和中科院百人计划引进者等全国知名教授，来我院给硕士生和博士生讲授学位课"生命科学前沿进展"，开拓了学生视野，取得很好效果。

三、师资队伍建设

学院拥有微生物学国家重点学科、微生物技术国家重点实验室、生物学一级学科博士授权点、生物学博士后流动站。发酵工程学为山东省重点学科。2005年主要做了以下工作：(1) 加强对中青年骨干教师的扶持帮助。学院通过多种途径培养中青年学术骨干。支持中青年教师参加国内外重要的学术会议，促进学术交流；选派中青年学术骨干到国外进修、培训或合作研究，提高教师的业务素质与水平；对刚毕业选留的青年教师，学院积极支持他们申请国家自然科学基金，胡玮、李福利等青年博士初试就获得了成功。(2) 积极引进优秀青年教师。根据我院学科发展的需要，积极引进优秀人才。刚从美国爱因斯坦医学院引进的冯力骏博士已到位并开展工作，正在办理的还有美国普林斯顿大学的谷立川、许素娟夫妇，他们的到来将会充实我院新兴学科和交叉学科（生物物理学和结构生物学）的发展。实行校内外公开招聘的方法，精选了6位优秀博士毕业生或博士后出站人员充实了我院师资队伍。

2005年度人事变动情况：(1) 任命：林建群副院长兼任微生物技术国家重点实验室副主任，李越中教授担任微生物研究所所长、生物技术系系主任职务。(2) 新进人员：何海伦、林浴霜、盛多红、王书宁、黄刚良、梅新娅、刘红、任学贞、冯力骏。(3) 职称确定人员：马翠卿、冯力骏被评聘为教授，何海伦、林浴霜、盛多红、王书宁被评聘为讲师。(4) 博士学位人员：何海伦、林浴霜、盛多红、王书宁、黄刚良、刘红、任学贞、冯力骏、季明杰、田海滨、郑长英、肖毅。(5) 入站博士后研究人员：黄刚良、郑长英、肖毅。(6) 博士后出站人员：刘红、张玉凤、杨亲正。(7) 聘任流动岗位特聘教师：丛英姿、石德利、毛炳宇。(8) 出国人员：权太勇、张华、张玉忠、倪金凤、孔德新、李福利。(9) 回国人员：侯炳凯、马翠卿、孔维华。(10) 退休人员：陈永喆。(11) 内退人员：任红卫。(12) 调出人员：陈冠军、姚博。(13) 自动离职人员：陈穗云、孙林。(14) 苏升章、黄浙先生逝世。

四、实验室建设

为搞好 2006 年 3 月份微生物技术国家重点实验室的评估工作，争取好成绩，我院在实验室内部进行了多次动员，学院各部门加强协作，积极准备评估材料和薄弱环节的整改。针对工作中的实际，我们主要做了以下工作：

强化实验室学术委员会的指导作用。实验室于 2005 年 7 月召开了第三届学术委员会第四次会议，实验室主任曲音波教授向学术委员会汇报了工作，实验室学术骨干向专家们汇报了研究进展情况，学术委员会对实验室工作进行了检查，对实验室的发展方向提出了指导性意见。同时，实验室邀请 3 位专家作了 4 场学术报告。增补了中科院武汉病毒所张先恩研究员和山东大学长江学者王鹏教授担任实验室学术委员会委员。

加强实验室基层组织建设，突出首席科学家作用。近年来，实验室注意了突出发挥首席科学家的作用，积极创造条件，由成绩比较突出的中青年学术骨干为主组织多个学术团队。通过几年努力，几位主要的学术带头人都分别形成了 3～6 人组成、年龄结构和知识结构比较合理、实验室人员和经费使用统一调配、能够联合攻关的创新学术团队，使实验室承担国家级重大科研课题的能力大大增强。加强实验室内外的学术交流，推动科研交流合作。木质纤维素的微生物降解转化是实验室的优势研究领域，有 10 多位教师从事相关研究。近几年来，每年都获得多项自然科学基金项目资助。为加强大家相互之间合作，实验室组织成立了木质纤维素微生物降解转化课题协作组，合作完成获得的两项国家“973”项目课题，为争取获得更大研究成果奠定了良好基础。

由中国微生物学会基础微生物学专业委员会主办、山东大学微生物技术国家重点实验室和山东微生物学会联合承办的“中国资源生物技术与糖工程学术研讨会”于 2005 年 7 月 7～9 日在山东大学召开。参加本次全国会议的正式代表有 135 人，分别来自全国二十多个省、市自治区和直辖市。大会收到应征论文 143 篇。内容包括三个方面：生物质资源转化技术、糖工程技术、应用微生物技术等。出席此次会议的知名专家曹竹安教授、邓子新教授、张义正教授、黄日波教授、高培基教授、谭仁祥教授、王鹏教授等 10 余人在大会上作了特邀学术报告。会后，国家重点实验室同山东大学药学院、山东省生物药物研究院协商，决定联合申报国家糖工程技术研究中心。

积极申报国家级科研奖励。通过大量承担国家级科研课题，使实验室的研究水平有了明显的提高。特别是在基础研究方面，实验室发表的 SCI 论文数明显增加。实验室在上一个评估期中 SCI 检出的论文只有 27 篇，而本次评估期检出的 SCI 论文达到了 142 篇，而且刊出刊物的影响因子和他引次数也都有了明显的提高。针对上次评估专家组对实验室“国家奖显得不足”的意见，我们在造纸生物技术获得了 3 项省级奖励的基础上，加强了与原实验室博士后、开放课题负责人、现任山东轻工业学院院长的陈嘉川教授的合作，进一步改进了他在实验室期间研究开发出的生物漂白和酶法改性技术，并成功地在多家造纸企业进行了推广，获得良好效果和较高的经济、社会效益。该成果获得 2005 年国家科技进步二等奖，填补了实验室获国家级奖励的空白。

按时完成了“985”二期第一年度的预算编制和建设任务。我们认真调研了学院目前的发展态势和未来几年的发展方向，编制出了切实可行的预算执行方案。在计划执行期间，对欲购设备进行了充分的市场调研和功能分析，做了大量论证工作，保证了经费的使用效益。同时，抓紧一切时间完成了仪器购置材料的编制，超额完成了2005年的仪器购置和实验平台建设任务。

认真做好仪器管理工作。为加强公用仪器的管理和维护工作，我们从院外调入了有丰富国内外仪器使用和管理经验的任学贞老师，专门负责仪器设备的管理使用工作，组建了学院大型公用仪器管理中心，完成了《生命学院仪器管理条例（草案）》和大型精密仪器收费标准，拟于2006年度下发执行。组织了10余次技术讲座，提高了老师和研究生使用新仪器的技能。

五、科研与科技开发

我院的科研项目申报工作近几年一直在学校名列前茅，学院采取有效措施，鼓励、支持我院教师申报各类科研项目，申报专利和发表高水平学术论文，巩固了我院在学校科研工作中的领先或先进地位。

获得科研课题：2005年新上项目45项，其中国家级项目27项，含国家自然科学基金立项15项（包括承担一项重点项目和参加一项重大项目），总经费为490万元。本年度我院实到科研经费总额1224.95万元，其中国家自然科学基金471.45万元，“973”、“863”等国家级项目经费527.2万元。实到横向科研经费85万元。

科研获奖情况：(1)“麦草浆的生物漂白和酶法改性”获2005年国家科学技术进步二等奖。(2)通过成果鉴定4项，通过“863”、国家攻关等成果验收10多项。(3)申请国家发明专利17项，获得发明专利证书7项。

发表论文：本年度我院发表论文198篇，其中SCI、EI论文102篇。IF 3.0以上10多篇，IF 2.0以上10多篇。

服务山东：建立了《青州生态市建设规划》、《菏泽生态市总体规划》。现正在为淄博市博山区做生态建设工程四项规划工作。现正在为科技部和山东省准备《开展纤维资源生物炼制的研究》战略发展报告，并计划在山东禹城组织纤维素酒精生产的重大攻关项目。

六、学术交流与合作

学院注重学术交流与合作工作，加强与国内外兄弟院校、科研单位及厂矿企业之间的联系，邀请与本学科相关的国内外知名教授、学者来院讲学，鼓励和支持本院教师积极参加国内外相关领域的学术会议及合作交流活动。

2005年度海内外学者来我院访问、交流、举办学术讲座及商讨合作事宜的有：美国耶鲁大学迟洪波博士，加拿大McGill大学岑山博士，澳大利亚麦克理大学伊丽莎白·蒂恩教授，英国Jine Innes Center高级科学家Dr. Robert Korber，荷兰国际植物中心高级科学家刘春明博士，美国East Tennssee State University尹德领博士，美国阿拉巴马大学医学院丛英姿教授，美国St. Jude儿童研究医院高健刚博士，美国得克萨斯大学医学院谢经武教授，法国国家研究中心研究员石德利博士，中科院上海有机所李祖义研究员，国家海洋局第三海洋研究所方永强研究员，中科院微生物研究所刘双江教授，中科院遗传研究所研究员李传友博士、傅向东博士、杨维才教授、王秀杰教授，中科院昆明动物研究所研究员毛炳宇博士，中国农业植物生物学院院长巩志忠教授，上海交通大学邓子新教授，南京农业大学周燮教授，中国农业大学副校长孙其信教授，云南师范大学汪旭教授，农业部环境保护研究所生态室主任张壬午教授，中国工程院院士尹伟伦教授，中国科学院院士张新时教授，美国 Accelrys 公司生命科学部专家黄红卫博士，日本 Nikon 显微镜技术工程师薛志红、范高业、金齐平先生，美国微量热公司 William Gelb 博士，贝克曼公司游东升、余荣修博士，中科院生化所离心机部主任余兴明先生，东胜创新生物科技有限公司应用工程师郝旸，天津瑞美公司张向阳工程师，Bio-Rad 公司工程技术人员等。

2005 年，资源和工业生物技术在国内外受到了广泛重视，生命科学学学院院长、国家重点实验室主任曲音波教授先后连续七次受邀，分别在亚太生化工程学术研讨会、国际生物经济高层论坛、天津泰达生物技术论坛、国际生物燃料会议、中国生物工程学会四大、中国工业微生物学术研讨会、全国微生物学教学及科研成果研讨会作了资源微生物技术相关的特邀报告，获得了良好反响。10 月 28～31 日，微生物技术国家重点实验室组织部分师生参加了在大连举行的“2005 年中国微生物学会学术年会”，我院硕士研究生李金华同学的学术报告获年会学术报告二等奖。

七、学生工作

学生工作遵循“以人为本”的理念，着重培养具有扎实的基础理论知识、较强的动手能力、广泛的适应性、健全的个性和人格的创新型高素质人才。2005 年全日制在校学生 2015 人，其中本科生 1434 人，高职生 125 人，在校硕士研究生 293 人，博士研究生 163 人。招收新生 744 人，其中本科生 582 人（含本院四个专业学生 201 人，接受我校临床医学 248 人，首都医科大学学生 133 人），硕士研究生招生 112 人，博士研究生 50 人。毕业学生 383 人，其中本科生 285 人，硕士研究生 77 人（含 20 名同等学力人员），博士研究生 21 人（含 1 名同等学力人员）。

本科生管理和思想工作：(1) 努力提高大学生的全面素质。我院的“赴青海生态调查实践服务团”被评为 2005 年山东省暑期社会实践优秀服务队，郑晓健副书记和姜扬老师分别被评为优秀指导教师和优秀指导者。3 月，我院在山大北路区直东社区建立第一个社区服务站；11 月，在济南市紫荆花聋哑儿童康复中心设立了手牵手学生志愿者服务站。(2) 科技创新成果显著。截至年底，我院连续 5 年荣获山东大学学生科技创新“优胜杯”和学生科技创新优秀组织奖。在第九届“挑战杯”竞赛中，我院学生获省级三等奖 1 项，校特等奖 1 项，校级一等奖 3 项，二等奖 6 项，三等奖 9 项。(3) 抓好安全稳定工作。院学工办多次召开安全工作专题会议，大力加强学生的安全教育管理。采取果断措施，迅速处置影响学院稳定的学生伤亡事件和学生重大安全稳定事件。我院严格执行《山东大学学生心理危机干预实施方案》，建立学生心理健康档案，及时疏导学生的负面心理情绪，给他们提供心理帮助。(4) 加强学风建设，努力提高初次就业率。2005 年，我院本科毕业生共 248 名，其中报考研究生的同学 217 名，录取人数为 121 名，升研率达 48.8%。在评优活动中，获省级优秀学生 1 人，省级优秀学生干部 1 人，校级优秀学生45人，校级优秀学生干部29人；2人荣获校长奖学金，1人荣获中科院奖学金。王玉涛同学被评选为国家级优秀学生干部。加强毕业生就业指导和咨询工作，切实有效地为毕业生服务。本科生就业率达到95.9%（含灵活就业）。(5) 努力做好家庭经济困难学生的资助工作。为159名家庭经济困难学生办理了国家助学贷款。有四位教师已同四位特困生结成对子。

研究生管理和思想工作：组织研究生党员积极参加山东大学保持共产党员先进性教育活动，加强我院“海归论坛”和“校长奖学金论坛”两个学术品牌的建设，邀请我院归国的老师讲国外前沿进展情况，在国外工作学习的体会、见闻，邀请我院校长奖学金获得者谈学习经验、学习方法，邀请国内外到院访问的专家学者作专题学术报告，开阔研究生的视野，营造交流的氛围，邀请学院知名教授作学术道德建设的报告。积极组织学生参加山东省及学校组织的人才招聘会。通过各种渠道联系用人单位，为研究生提供就业信息。

根据学校的要求，对我院2005级162名研究生进行了心理素质测评。积极开展多种形式的文体活动，丰富研究生的文化生活，增强同学们的身体素质，加深相互之间的友谊和了解，加强了研究生工作的凝聚力。将我院开展的各项研究生工作，及时、准确、快捷地在院网站、研究生院网站及学校网站等编发各类稿件50余篇次，向全校宣传了我院研究生工作情况，展现了我院师生的风采。

（李永晓）

信息科学与工程学院

信息学院下设电子工程系、通信工程系、光学工程系，各系下设电子自动化研究所、计算机与网络技术研究所、微波技术研究所、现代通信技术研究所、信号处理与计算机视觉研究所、图象处理与模式识别技术研究所、红外遥感技术研究所、信息光学研究所、光通信技术研究所、光电技术研究所及院实验中心。另设有山东省半导体光电子研究中心、山东省激光工程技术研究中心、ASIC设计与通信系统仿真研究中心、孟尧微电子研发中心等教学和科研机构。学院拥有各种大型精密仪器价值达1100万元，承担各种研究课题40项，本年度在国内外重要学术期刊及IEEE所属重要国际会议上发表论文366余篇。学院现有中外文图书和期刊4万余册。其中，中外文图书2万余册，中外文期刊2万余册，包括中文期刊300余种，外文期刊350余种。

学院共有教职工172人，其中教授41人、副教授45人、高级工程师23人、博士生导师17人。在校博士生78人、硕士生331人、本科生2055人。学院设院长1人，副院长4人，袁东风教授（博导）任院长。院党委设书记1人，副书记2人，李清德教授任书记。

一、教学工作

2005年，我院申报的专用集成电路设计专业获教育部批准，并开始招生，成为我校2005年唯一新增专业，使我院本科专业总数达到6个。以优异的成绩通过教育部本科教学质量评估，并获优秀奖。评审通过并启动了27项院教学研究立项，已启动支持27人。新修改的本科专业教学计划开始执行。分别获省级、校级教学改革立项各1项，省级精品课程两门。

在研究生教学方面，实行研究生招生人数与导师科研经费挂钩，可支配经费不足三千元的导师不能招收研究生。推进和加强了研究生双语教学。修订硕士、博士、硕博连读共15套培养方案，严格执行学院提出的加强研究生管理、提高创新与培养质量的相关规定。申报一级学科下自主设立二级学科“光信息科学与技术”获得批准。

二、科研工作

2005年，学院承担各类纵横科研项目45项，承担国家级科研项目2项。其中，国家自然科学基金项目2项，国防其他计划2项。承担省级科研项目7项，其中省自然科学基金 3 项、教育部博士点基金项目 2 项、省中青年奖励基金项目 1 项。学院还承担了企业委托开发的应用课题共 25 项。本年度学院经费总额为 425.7 万元。全院共发表论文 366 篇，其中 SCI 收录 29 篇，EI 收录 32 篇，ISTP 收录 40 篇。本年度出版 2 部学术专著。

2005 年，学院制定了争取重大课题来带动重大学科发展和促进科技研究工作的政策。学院加大力量对相关的重大研究课题进行了调研，制定了相应的方案。加强了包括和海信集团在内的企业的合作研究工作，并取得了大量有应用价值的研究成果。学院还积极争取参与国际合作课题，在承担国防相关的研究课题方面有了较大的进展，新增了两项与国防相关的研究课题。在学校服务于山东的战略指导下，学院组织教师积极参与到地方的经济建设中。加强了与校内其他学院的合作，加强了交叉学科的发展，在生物医学工程研究方面，整合了相关的力量，研究工作有了进一步拓展。

2005 年，继续聘请清华大学金国藩院士和北京邮电大学周炯磐院士为我院学术委员会委员。聘请清华大学金国藩院士、中国科学院物理研究所薛其坤教授、北京交通大学阮秋琪教授、上海交通大学刘允才教授作为我院的“特聘兼职岗位教授”。薛其坤教授于 2005 年被选为中国科学院院士。

三、学生工作

2005 年，我院坚持以德育工作为首位，切实加强和改进大学生思想政治工作。加强学术道德教育，推进学风建设，让学生认识到学术方面的虚假行为是学术道德败坏的表现形式。营造良好的学习氛围，形成正常的竞争环境和建立学习一帮一的学习制度。

强化日常教育管理，确保学生工作正常进行。加强了班级宿舍建设，做好贫困生的帮扶工作。加强大学生的安全纪律教育、心理健康教育。全面落实新的《山东大学本科生学生综合素质测评办法》。积极主动适应市场，做好毕业生就业工作。针对本届毕业生“学生多、任务重和采用了新的毕业生就业管理系统”等特点，我院克服困难，采取了扎实有效的措施，使本科生一次性就业率达到 90%以上，研究生一次性就业率达到 100%。认真做好迎新和入学教育工作，安排了一系列教育活动，包括适应大学生活、山东大学的时代责任、穿越百年历史感受山大精神、熟悉专业前景、树立学业志向和科学精神等内容。提高工作能力和素养，加强学生政工人员建设。2003 级光信息获省“先进班集体”称号，电子信息科学类 2004 级 2 班、6 班分获校“先进班集体”称号，2003 级电信科、光信息、电子信息科学类 2004 级 2 班、电子信息科学类 2004 级 6 班获校“先进团支部”称号。

四、国际交流与合作

2005 年聘请海外 3 位流动岗位特聘教授来学院为研究生英语授课，并进行合作科学研究，他们是挪威 Agder 大学 Pätzold 教授、台湾交通大学陈永富教授、西班牙 Universidad Politecnica de Catalunya 的 Ana Pérez Neira 教授。聘请 9 名国外学者和 10 名国内著名学者来我院进行短期访问和学术交流，还协助学校接待海外考察团 4 个。成功举办了“2005 年中国电子学会第十一届全国青年年会”。

（闫　玫）

计算机科学与技术学院

计算机科学与技术学院下设 4 个系：计算机科学与技术系、电子商务系、软件工程与理论系、数字多媒体系；4 个研究所：计算机及应用研究所、软件与理论研究所、计算机系统结构研究所、电子商务研究所，研究所下设 9 个研究室；1 个基础教学部，2 个中心（计算中心、高性能计算中心）。计算中心分布在山大各校区，承担着全校的计算机公共课实验以及计算机软、硬件和电子商务专业实验的任务，高性能计算中心位于软件学院（济南市高新技术开发区），用于全校高性能计算及服务于山东省。学院设院长 1 人，副院长 3 人，孟祥旭教授任院长，副院长由曾广周教授、王海洋教授、徐秋亮教授担任。学院设党委书记 1 人，副书记 2 人，汤晋立研究员任书记，副书记由石冰教授、贺平副教授担任。曲青高级工程师担任院办公室主任、工会主席。

2005 年新设四个系主任，分别由张华忠教授任计算机科学与技术系主任，孙宇清副教授任电子商务系主任，卢雷副教授任软件工程与理论系主任，屠长河副教授任数字多媒体系主任。本年度，孟祥旭院长被评为山东省十大自主创新人物，王海洋副院长再次当选山东省“软件企业十大领军人物”和山东大学 2005 年十大新闻人物。在中共山东大学十二届一次全会上，院党委书记汤晋立当选中共山东大学纪律检查委员会委员。

学院有教职工 155 人，其中：博士生导师 10 人，教授 20 人，研究员 1 人，副高职称 67 人。具有博士和在读博士学位 45 人，特聘教授 2 人。孟祥旭教授、王海洋教授、张彩明教授三人被聘为学校关键岗。

学院有博士后科研人员 7 人，在校博士生 81 人，硕士生 780 人（包括工程硕士 200 人），本科生 1882 人，夜大、函授本、专科生 1800 人。

一、学科建设

经过几年努力，2005 年经国务院学位委员会批准我院为博士学位授权一级学科点。学院现设有计算机科学与技术博士后流动站、计算机软件与理论博士点、计算机应用技术博士点、计算机软件与理论硕士点、计算机应用技术硕士点、计算机系统结构硕士点。

2005 年，学院紧紧围绕一级学科点建设全面展开工作，对学科建设进行了新的部署，调整拓宽了学术研究方向。建立健全学术梯队，把一批年富力强的中青年教师推到一线，从而使学术委员会和学位委员会更加年轻化。按照“整体跟进，重点突破，强化创新”的工作思路，在广泛吸收国内外各知名大学在学科方向、学术结构、学术队伍等各个方面的先进经验，设立了10个学术梯队，加强软件工程重点实验室建设，有效地整合各个实验室，制定了重点实验室发展目标。配合学校部署，积极准备国家重点实验室的申报工作。

深化人事分配制度改革，调整了学科基金的分配办法，调整了岗位津贴的分配办法，加大了对青年人才的培养力度，鼓励青年教师在职攻读博士学位。并在2005年推出“计算机学院青年科研基金”二期工程，为青年学术人才脱颖而出创建良好的环境。学院专门建立了人才引进基金，加大高层次人才的引进力度。

为了加强合作与人才交流，学院先后派出十几位教师外出培训、学习和考察。聘请国外、香港等地知名学者作学术报告或短期授课，发挥流动岗特聘教授在研究生培养中的作用。邀请国内外学者作学术报告17人次。扩大与国外及香港地区知名大学的合作培养，启动双导师制，与香港大学、香港科技大学建立了规范的、长久性的合作培养机制。

根据山东经济建设和社会发展的需要，通过提供智力支持、人才保障、产学研合作和形成终身教育体系等方式，构建了为山东经济和社会发展服务的平台。我院负责建设的山东省高性能计算中心已安全运行两周年，为山东省提供了大量的高性能计算并向全校开放服务。通过合作、交流拓宽了我们的发展空间，争取到了更多的教育资源，提升了我院的社会影响力和国际化程度。

2005年成功主办和协办了“教育部2005年计算机科学与技术专业教学指导委员会工作会议”和“全国第九届计算机工程与工艺学术年会”。

二、教学工作

为了完善我院本科教学体系，优化课程设置与教学大纲内容，实现教学管理的规范化，学院就课程的设置、知识点、学分设置、相互之间的内容衔接等内容与国内外著名高校的相关课程开设情况作比较（至少包括国外2所，国内3所），对IEEE/ACM CC 2001以及CCC 2002的知识点吻合情况等问题进行研究探讨，督促主讲教师工作，使课程群教研组在新一轮教学计划修订中起到重要作用。

在本科教学评估工作中积极遵照学校的要求，共整理出近300篇文件，经校专家组检查给予了充分肯定。确立了本科教学的核心地位，制定了培养高素质的优秀本科学生的目标。

实行多项实践教学改革，采取理论与实践相结合的措施。采取课程实习、课程设计、认证课程、自由实习和实践课程等多种形式，鼓励学生依托实验室和校外实践基地进行创业实践。强化学生创新能力的培养，组织学生参加各种课外科技活动和科技竞赛。鼓励学生探索课外知识，培养学生独立获取知识的能力，使学生的个性得以充分发挥，将传统教学的“授人以鱼”变成“授人以渔”。

坚持“以人为本”，致力于师资队伍结构的优化和整体素质的提高，为此特别制定了“科学系统的师资队伍建设长远规划和近期目标”。为促进师资队伍整体水平的提高，建立教学质量评估体系，根据每门课程教师的教学情况进行综合考察，通过统计分析对课程及其任课教师进行评估，促进课程建设，提高教学质量。

2005 年实验室完成了 150 万元建设计划。更新了部分旧设备，使教学与科研环境得到改善，建立起实验教学开放、舒适、安全的环境。

三、科研工作

2005 年新增项目 8 项，其中国家级科研项目 5 项，省部级科研项目 3 项。目前进行中的国家级科研项目 24 项，其中“863”项目 3 项，“十五攻关”1 项，“自然科学基金”11 项，其他 9 项。省级科研项目 23 项，其中“重大课题”2 项，“攻关项目”8 项，“省自然科学基金”5 项，其他 8 项。2005 年新鉴定项目十余项，有多项达到国内外先进水平。

2005 年，学院荣获山东省科技进步二等奖两项，荣获山东省科技进步三等奖两项。完成“863 项目”1 项，“国家自然科学基金”2 项，省、部级科研项目 8 项。

2005 年我院在各类核心刊物上共发表论文 106 篇，其中国内外核心期刊论文 67 篇，国内外会议论文 39 篇，专著 4 部。有 13 篇论文被 EI 光盘版收录，2 篇被 ISTP 收录。

四、继续教育

在党委直接领导下，学院对成人教育严格执行学校规章制度，确保教学质量，维护学校声誉。我院成人教育包括本、专科夜大教育和本、专科函授教育。2005 年在校生 1800 人。组织全省计算机应用、计算机信息管理专业的自学考试和全国计算机等级考试。学院还承担全省计算机应用和计算机信息管理两个专业本、专科自学考试。本院为全国计算机等级考试的山东省中心考点，并且负责阅卷和评分等管理工作。2005 年学院被评为山东大学成人教育先进单位。

五、学生工作

在校党委、学生工作部及学院党委的领导下，充分发挥了学生党支部的政治核心和战斗堡垒作用，发挥了党员的先锋模范作用，认真实施《山东大学 2004～2006 年发展学生党员工作规划》，重点做好学生党员的发展工作。本年度我院共发展学生党员 132 人，转正 96 人。加大了对学生党员的管理和教育力度，提高了广大党员的自律意识，加大对学生党员的监督力度。发挥入党积极分子培训班的作用，认真做好入党积极分子培养工作。本年度入党积极分子重点培养计划 162 人，都参加了学习培训，考试合格率达到 90％。

学院注重培养学生的创新精神及个性化学习能力和理论联系实际的能力。积极组织学生参加省、国家、国际大学生计算机科技竞赛活动，成立了“博创”科技团队并参加 2 项国家级大赛，取得了优异成绩，位居全国同类高校前列。为了推进“大学生素质拓展计划”，成功组织了“NEC Soft”杯大学生程序设计大赛。大力支持学生参加和教师指导数学建模大赛、电子设计大赛、“挑战杯”竞赛。获得全国数学建模大赛二等奖 1 项，省级一等奖 3 项，省级二等奖 6 项。在 2005 年全国电子设计大赛中获得全国二等奖 2 项。获山东大学科技创新一等奖、“挑战杯”二等奖，并有 1 人获得 2005 年惠普奖学金 1 万元人民币。

进一步加强以国家助学贷款为主体、其他综合措施为补充的多元化贫困学生资助体系建设。吸引省科技厅、美国 Infor 公司、日本 Necsoft 公司、北方电信公司等社会各界来学院设立奖、助学金 10 余万元，社会奖、助学金规模持续增长。推进以贫困学生自强自立为主要形式的勤工助学活动，帮助贫困学生顺利完成学业。加强学涯规划和就业指导，落实学生就业责任制，2005 届本科毕业生一次性就业率达到 95.17%，研究生一次性就业率达到 97%，均位于全校前列。

（曲　青）

材料科学与工程学院

学院下设晶体材料研究所、材料科学系、材料工程系、信息功能材料系、包装工程系、材料液态结构及其遗传性教育部重点实验室、新材料研究中心、碳纤维工程技术研究中心、模具工程技术研究中心、微纳中心等单位，并新增山东省超硬材料工程技术研究中心。

学院设院长 1 人，常务副院长 1 人，副院长 4 人，王琪珑副校长兼任院长，李木森教授任常务副院长。学院党委设书记 1 人，副书记 2 人，王同海教授任书记。学院有教工 233 人，其中中科院院士 1 人，“长江学者奖励计划”特聘教授 2 人，国家杰出青年科学基金获得者 3 人，博士生导师 38 人（含兼职博导），教授 62 人，有博士学位的青年教师 94 人，国家有突出贡献的中青年专家 10 人，享受国务院政府特殊津贴专家 54 人。蒋民华等 15 位教授受聘学校关键岗位。

学院有博士后研究人员 9 人，在校博士研究生 171 人，硕士研究生 355 人（含同等学力和工程硕士），本科生 1292 人。

一、党政管理

学院领导班子实行党政联席会制度，坚持民主集中制原则，注重调动教职工的积极性，全面推进学院各项工作的稳步发展。在关系到学院改革发展的重大问题上，充分发挥院学术委员会、教学指导委员会及教代会的作用，逐步形成了学院管理工作的制度化、规范化、程序化。7 月 3 日，作为学校二级教代会试点单位，学院召开了首届一次教代会，听取并讨论了院长工作报告，审议通过了《教学管理工作条例》等 10 项规章制度，充分发挥了教职工民主决策、民主管理、民主监督的作用。

学院党委下设 19 个党支部，其中教工党支部 7 个，学生党支部 12 个。学院党委努力发挥政治核心作用，重视师生员工的思想政治工作，坚持教工政治理论学习制度，注重理论联系实际。加强党员学习与教育，全院 357 名党员干部参加了保持共产党员先进性教育活动，党员的理想信念、宗旨观念、组织纪律明显增强，党支部的战斗堡垒作用进一步发挥。加强党员队伍建设，本年度共发展党员 103 名。高度重视安全稳定工作，院、系、中心、所、室各级单位实行责任制度，确保本单位的安全与稳定。

二、科学研究工作

本年度，学院实到科研经费总计2379.68万元，其中国家自然科学基金、山东省自然科学基金等基金类项目经费668.5万元，“863”、“973”、国家科技攻关和高技术计划项目经费1457.58万元，横向经费253.6万元。获批准的国家及省部级科研项目因经费未到位，未作统计。

本年度，学院完成省部级以上科研项目6项。独立承担的国家自然科学基金重点项目及国家自然科学基金重大项目子课题在中期检查中均获优秀。晶体材料研究所承担的“大尺寸KTP/DKTP晶体生长与加工工艺研究”课题已正式列入国家“十一五”计划中的16项重大科技攻关项目。功能材料与器件学科获国家外国专家局“111计划”的第一批国家创新引智基地建设项目。

2005年，学院获教育部二等奖3项，山东省科技进步二等奖7项。申报国家专利41项，其中授权发明专利18项。出版论著17部，560万字。发表学术论文418篇，其中，中文核心期刊143篇，SCI收录224篇，EI收录206篇，ISTP收录2篇。本年度在国际著名学术刊物 *Nature-Materials*、*Advanced Materials* 和 *Journal of American Chemistry Society* 发表高水平论文7篇。获得全国百篇优秀博士学位论文1篇、山东省优秀博士学位论文2篇、山东省优秀硕士学位论文2篇。何京良教授应聘为我院泰山学者“材料学”岗位第一位特聘教授。张玉军教授被评为山东省有突出贡献的中青年专家。胡晓波博士、尹龙卫博士入选教育部“新世纪优秀人才支持计划”。

完成了以我院为主承建的“功能材料科技创新平台”和“新结构材料与智能化加工技术科技创新平台”年度计划和财务预算。完成了山东省“十五”重点学科“材料加工工程”强化建设项目申报，并获得批准，为申报“材料加工工程”国家重点学科打下了良好的基础。学院成功举办了第三届亚洲晶体生长与技术会议，并举办全国学术会议3次。晶体材料国家重点实验室和新加坡国立大学（NUS）生物物理及微纳米结构实验室的合作协议已正式签字，并启动生物微纳研究基地的建设。

三、教学工作

2005年，学院根据学校统一部署，精心准备迎接教育部对我校的教学质量评估，积极配合评估专家做好学院工作汇报、试卷与毕业论文抽查等工作。学院的目标定位、人才培养模式、办学特色等方面获得专家好评。

12月，学院在学校“教学研究周”期间举办了“第二届教学活动周”。此次教学活动周以“青年教师教学问题及促进交流”为主题，通过“观摩授课会”、“青年教师授课交流会”和“教学管理与评价研讨会”等学院主会场活动和各系举办的分会场活动，重点从课程建设、双语教学和多媒体教学等方面提高青年教师的教学质量。活动期间，有4位教师进行了示范授课，4位教师作了多媒体教学技术的专题报告，13位青年教师进行了现场授课。初步讨论了学院教学指导委员会和教学督导组的人员组成，建立了以一级学科课程为主的课程组。教学活动周内容丰富，注重实效，受益面广，得到学院教师的一致好评。

本年度，学院实践教学基地建设步伐进一步加快。8～9 月，学院分别与泰安山口锻压有限公司、山东明水汽车配件厂签署共建实践教学基地协议。10 月份，向山东汇丰集团公司铸造厂、泰安华鲁锻压机床有限公司提出申请并进行了考察。至此，材料学院可利用的校级实践教学基地 4 个，院级将达到 10 个，这为更好地开展实践教学，服务山东经济建设，培养学生的实际动手能力，扩大学校学院的学术影响提供了良好的条件。

本年度，许本枢教授负责的“院系教学管理研究与实践”获山东省省级教学成果三等奖，吕宇鹏教授负责的“材料科学基础”课程被评为山东大学精品课程和山东省省级精品课程，张国强副教授负责的教研项目“搭建计算机技术在材料工程学科中的应用平台　培养研究型与实践型相结合的本科生”获山东大学 2005 年教学改革立项，栾贻国教授主编的教材《材料加工中的计算机应用技术》和齐宝森教授主编的教材《机械工程材料》（第 2 版）入选“十五”国家重点图书。本年度，学院教师在《高等理科教育》等刊物发表教学研究论文 16 篇。

2005 年，在我院 2004 级学生中成立了第二届“材料科学与工程”校级人才培养基地班。

四、实验室建设工作

建立了《材料科学与工程学院实验室管理工作条例》，使实验室管理工作逐步走向科学化、规范化、标准化。加强综合性实验教学，强化宽口径培养学生的实验教学思路，进一步提高了实验教学水平。制定了大型精密仪器设备的管理制度，进一步提高大型仪器设备的利用率。明确责任，挖掘潜力，进一步加强了仪器设备及实验室用房和档案管理。加强了实验室与系、所和科研机构间的业务联系，保证教师和科研人员必要的实验工作条件。积极吸收科研和教学的新成果，开设了一系列创新性实验项目，积极创造条件向教师与学生开放实验室。

本年度我院专业实验室建设获得经费 210 万元，其中材料成型加工工程实验室 8 万元，高分子材料实验室 8 万元，金属材料实验室 20 万元，包装工程实验室 8 万元，无机材料实验室 8 万元，材料物理与化学实验室 20 万元。“构建培养材料科学与工程类研究生创新能力的综合实验平台”项目列入研究生公共实验教学平台建设重点支持项目，获经费 63 万元。实验室软件建设项目 10 项列入学校计划，2 项列入山东省教育厅计划项目，获经费 5.4 万元。

五、学生工作

2005 年，学生科技创新活动再创佳绩。李现祥博士的作品“高质量、大尺寸晶体”荣获全国“挑战杯”大学生课余科技作品大赛二等奖，至此学院连续 5 年在全国“挑战杯”大赛中获奖。在 5 月份山东大学首届创新成果展中，学院总成绩名列全校第一，获 4 项特等奖，并荣获校“优秀组织单位”称号。材料 2004 级 1 班学生周度在科技创新活动中获 4 项专利。学院出台了科技创新项目立项条例，有 20 项学生科技作品获得学院资助。

本年暑期社会实践活动中，学院被校团委评为“怀念诗翁臧克家征文比赛优秀组织单位”、“大学生三下乡活动”和“山东大学2005年暑期社会实践活动优秀组织单位”。学院组织的山东大学赴东北老工业基地社会实践服务团被评为“山东省2005年暑期社会实践优秀服务队”。其中1名指导教师被评为“山东省2005年暑期社会实践优秀指导者”，3名指导教师被评为“山东大学2005年暑期社会实践优秀指导教师”。

本年度，学院学生获全国大学生电子设计竞赛“国家二等奖”1人、“山东省优秀学生”1人、“山东省优秀学生干部”1人、山东大学校长奖学金2人、中科院奖学金1人、山东大学优秀国防生1人。材料2003级1班和2004级4班被评为“山东大学先进团支部”，材料2003级1班被评为“山东大学志愿者先进班级”。2002级铸造班获“山东大学校级先进班集体”称号。

本年度，学院加大南新区学术和文化氛围建设，在南新区学生宿舍楼建立了两个材料学院学生活动中心，组织了10场“每周学术沙龙”，共有3000余人次听取报告。组织了7场“材料的未来”系列讲座，有2000余人次听取了报告。

2005年学院本科生一次就业率为83%，硕士研究生考取率占毕业生人数的35.02%。硕士、博士生毕业率为100%。毕业生素质得到用人单位的广泛赞誉和好评。

（孙　洵　吕宇鹏　王丽君）

机械工程学院

2005年，学院下设制造工程系、设计工程系、车辆工程系、工业设计系、装备与控制工程系5个系，机械制造及其自动化、CAD/CAM、机电工程、车辆工程、过程装备与控制工程、现代工业设计、机械设计与理论、工程图学8个研究所，一个实验中心和高效精密制造技术与装备、CAD两个省级重点实验室，山东省CAD工程技术研究中心、山东省石材工程技术研究中心、山东省冶金设备与工艺数字化工程技术研究中心、山东省生物质能源工程技术研究中心四个省级工程技术研究中心等单位。

学院设院长1人，副院长3人，李剑峰教授任院长。学院党委设书记1人，副书记2人，秦惠芳教授任书记。学院在职教职工161人，其中中国工程院院士1人，博士生导师24人，教授45人，副教授43人，应用研究员1人，高级工程师、高级实验师5人；教职工中具有博士学位和正在攻读博士学位的65人、具有硕士学位的65人。

截至2005年底，学院在站博士后科研人员6人，在校博士研究生130人，硕士研究生295人，工程硕士80人，本、专科生1524人。其中2005年进站博士后2人，招收博士研究生41人，硕士研究生127人，工程硕士11人，本科生386人。

一、党建工作

2005年，学院党建工作的一项重要内容是按照学校党委的部署要求，开展以实践“三个代表”重要思想为主要内容的保持共产党员先进性教育活动。学院党委为搞好教育活动，上半年通过调研，根据各党支部和党员的思想状况，围绕提高认识，抓了党委成员、支部书记和党员对开展教育活动重要意义的学习，开展了“牢记使命，担承责任——重温入党誓词”的主题教育活动，为下半年全面开展先进性教育奠定思想基础。

在下半年的教育活动中，结合学院的实际，认真贯彻实施学校党委的部署和要求，针对先进性教育要达到的目标、解决的问题，分别制定了学院总体实施方案及每一阶段的具体工作日程，建立了相应的学习、例会等项制度，要求党员进一步提高认识，在做好本职工作的同时，积极参加教育活动，确实做到“两不误，两促进”。在教育活动的各阶段，按照要求，适时组织学习交流、读书笔记展评、知识竞赛、演讲比赛、参观及开展“三比一创”、“保持党员先进性，成长成材做先锋”等活动，推进每个阶段关键性的工作，达到了坚定党员的理想信念，增强其宗旨观念和党性意识，发挥党员、党支部和学院党委作用的目的，使教育活动取得了实效。在各阶段进行的党内外师生民主测评中，基本满意和满意率达到了100%。同时已着手建立党建和党员管理教育的长效机制，巩固教育活动的成效。

二、学科及师资队伍建设

学院设有“机械工程”博士后流动工作站1个，“机械工程”一级学科博士点1个，“机械制造及其自动化”、“机械设计及理论”、“机械电子工程”、“车辆工程”4个二级学科博士点，新增“制造系统信息工程”、“机电产品创新设计与虚拟制造”、“过程装备工程”3个自设学科博士点。二级学科中有“机械制造及其自动化”、“机械电子工程”、“机械设计及理论”、“车辆工程”、“过程装备与控制工程”、“设计艺术学”、“制造系统信息工程”7个硕士点和“机械工程”、“工业工程”2个工程硕士点。设“机械设计制造及其自动化”、“车辆工程”、“过程装备与控制工程”、“工业设计”4个本科专业。

2005年，顺利通过“985”一期学科建设项目检查验收，组织了“十五”、“211工程”中期检查，组织力量整合撰写了国家级重点学科申报材料。在“211工程”、“985”一期建设的基础上，坚持“优化结构，突出重点，系统推进，以人为本，促进交叉，强化创新”的思想，组织了学院“985”二期建设规划论证和实施。申报的“高效精密制造技术与装备”学科建设平台获得批准，总建设经费2800万元人民币。凝练出平台建设的三个优先发展方向：(1) 高效精密微细加工技术及装备，主要包括高速切削加工技术、高性能工具材料研究开发及其应用、精密微细加工技术、摩擦磨损润滑理论及应用技术。(2) 机电集成控制技术及装备，主要包括机电液集成系统研究、开放式数控系统、生物机械电子技术、运动系统智能控制、节能设备。(3) 机械制造数字化技术，主要包括机械产品创新设计自动化理论研究及应用、工艺设计数字化工具开发、产品绿色设计和绿色制造技术、制造系统数字化集成技术、虚拟工程、制造过程物流技术。

在师资队伍建设方面，学院的重点是做好学术带头人、学科带头人培养、引进工作，并认真组织学术梯队建设，提出整合目前较分散的科研力量，相对集中地组建科研创新团队的思路，为组织承接重大、重点项目做好组织准备。2005年引进“长江学者”1人，新增博士教师1人。在积极联系引进高层次人才的同时，通过鼓励青年教师攻读硕士、博士学位，进一步提高现有师资队伍水平。学院全年有22名教师分别在清华大学等学校攻读博士学位，并派出7名教师去美国、英国、德国、加拿大、澳大利亚、香港进行合作研究。

三、教学工作

2005年是教学质量年，概括起来三句话：教学质量明显提高，教学管理更加规范，科技创新成绩斐然，圆满完成了年初提出教学质量年要完成的目标。

1. 全院上下共同努力，圆满完成评估任务

2005年的本科评估工作是统一思想，制定规划，件件落实。为了提高对本科教学评估重要性的认识，召开了五次大型会议，全院统一了思想，制定了提高本科教学质量年的系列活动规划，并且全部实施。通过本科评估，总结并提炼了学院的办学特色，梳

理了存在的问题，制定了学院2005～2007教育创新计划。学院获得学校颁发的“教学质量与评估优秀奖”。

2. 注重创新能力培养，实施科技素质拓展

课内实践注重内容方法的更新。将学生创新能力的培养作为教学组织的重要目标，在基础课程中进行实验课试点，实施开放式综合性实验；在专业课程中以教师科研成果为产品案例进行设计，并尝试了团队教学法。毕业设计中采用随机抽签方式确定大组答辩人选的做法得到了学校的认可，由教务处加了“编者按”在校园网上宣传。课外实践注重动手能力的提高。在全国第九届“挑战杯”竞赛中，学院获得国家级三等奖和省级特等奖。2005年承办了山东省教育厅主办的“山东省大学生机电产品创新设计竞赛”决赛，我院获得省教育厅颁发的两个一等奖、三个二等奖和三个优秀奖，代表学校获得“优秀组织单位奖”，张承瑞等指导教师荣获“优秀指导教师奖”。暑期学校项目获得2005年度学校评比二等奖。

3. 组织各类教学活动，着力培养后备队伍

开展了群众性的教学质量检查评比活动。举办了青年教师教学竞赛，参赛人数占学院教师人数的1/4。在学校“教学活动周”中结合竞赛召开了教学名师和教学经验丰富的老教师与青年教师座谈会，并对教学竞赛中9位获奖教师进行了奖励。针对近年来学校的引进人才学历较高但实践比较欠缺的现状，经全院教师研讨制定了新的青年教师培养计划，旨在引导青年教师积极主动进行课程改革、实验改革、双语教学、教材建设，逐渐成为学院教学改革主力军。

4. 教学改革注重内涵，精品建设卓有成效

修订了《机械学院教研项目立项及管理办法》，结合研究型教学新立了8项院级教学研究项目，并争取到省级重点项目1项，校级项目1项，共新增教研项目10项。“工程制图”和“机械设计”两门课程被省教育厅确定为省级精品课程；“现代产品设计”为校级精品建设课程。一项合作的教研项目获省级优秀教学成果三等奖。2005年度教学研究及奖励经费增加，我院各类教学奖励合计约15万元，发表教学研究论文20余篇，出版教材9部。2005年由出版社支持我院共申报了13部国家“十一五”规划教材，申报数列学校前三名。

5. 教学管理进一步规范，规章制度不断完善

完善了“学院教学指导委员会→专业建设小组→课程负责人→教师”的教学管理体系。建立了科学、规范的教学管理制度，重要决策和教学规划及目标的制定、评审和论证，要经教指委和教师讨论及专家论证。制定了宽口径、厚基础、重实践的新培养方案，审定了主干课程大纲。进行了教学项目和教学成果的评审。课程负责人按照实施办法认真履行职责，年底考核作课程建设总结。修订了学院教学竞赛实施办法、教学研究立项及管理办法、青年教师教学水平全面提升方案、教学会议资助办法等教学管理文件。对实习环节进行了管理改革。学院教学质量监督体系也逐步得到完善。

四、科研工作与学术交流

2005年，我院科研工作取得了较大突破。全院当年新增课题101项（军工项目3

项，国家级 8 项，省部级 30 项，其他 27 项，横向 33 项），新增经费约 1360.0 万元。本年度，获奖 4 项，其中教育部提名国家自然科学二等奖 2 项，省科技进步二等奖 1 项，省科技进步三等奖 1 项。共鉴定科技成果 7 项。申报专利 18 项，其中国家发明 8 项。共发表论文 329 篇，其中在国际杂志发表 69 篇，被 SCI 收录 44 篇，被 EI 收录 51 篇，被 ISTP 收录 4 篇。出版著作 5 部。

组织申报国家工程技术研究中心；起草和实施学院科研用房有偿使用办法；积极协助学科带头人联系横向课题（先后联系 5 个地市，十几个企业，达成合作意向课题 30 余项）；检查第一批学院青年科研基金（9 项），启动第二批学院青年科研基金（8 项）；举办学术报告会 15 次，其中校内专家报告会 9 次，国外专家报告会 6 次。

2005 年学院积极组织国际合作和交流，编印了新版学院中英文画册，邀请了澳大利亚、英国、日本学者来学院讲学，共接待国际来访专家 8 人次，并组织制定了学院中短期专家访问计划。

五、研究生培养

2005 年，学院编印了研究生招生宣传材料，加大了宣传力度。共招收硕士研究生 127 人、博士研究生 41 人和 11 名工程硕士、30 名高校教师、4 名同等学力研究生。2005 年共有博士研究生 11 人、工学硕士研究生 117 人（其中有 13 名同等学力研究生）、工程硕士研究生 1 人通过了学位论文答辩，已经毕业。

本年度，我院研究生共获得 2 项学位论文奖励。其中，黄传真教授指导的博士生何琳的博士论文《新型陶瓷轴承套圈的研制及其应用基础研究》获省级优秀博士学位论文奖，李剑峰教授指导的博士研究生丁泽良的博士论文《新型组合式陶瓷水煤浆喷嘴的设计开发及其损坏机理研究》获山东大学优秀博士论文奖。

我院机械工程领域和工业工程领域的工程硕士学位点参加了全校范围内的工程硕士学位点自评估工作，在资料整理、规范教学、科学管理和注重研究生培养质量等方面做了大量的工作，评估结果名列全校前茅。

根据博士学位授权一级学科范围内自主设置学科、专业的规定，我院申报的“制造系统信息工程”、“机电产品创新设计与虚拟制造”和“过程装备工程”三个可招收硕士和博士研究生的自主设置学科、专业获得批准，计划在 2006 年正式开始招收硕士、博士生。本年度申请立项了“数字化设计与制造实验平台建设”项目，到位经费 63 万元，目前正在实施。

六、实验室建设

为迎接教育部“本科生教学水平评估”工作，实验室进行了评估材料准备、文化氛围建设、创新开放实验项目开发等工作，完成了实验室评估工作。

2005 年，完成实验示范中心及过程控制专业实验室建设经费 300 万元；实验室软件建设立项项目 4 项通过验收；机械实验教学示范中心和专业实验室建设立项到位经费 89 万元；新增实验室软件建设立项项目共 12 项，其中省级 3 项，到位经费 5.4 万元。

本年度进行了实验室搬迁与整合工作。结合教学八楼的启用，将具备条件的实验室、实验教学人员进行了整合，成立了学院实验中心。学院实验中心承担了 2005 级本科生的认知实习工作。

组织申报“高效精密制造技术与装备”省级强化建设重点实验室，并获得批准。

七、学生工作

2005 年，学院在校本科生 1440 人，高职生 84 人。本科生的教育和管理坚持以邓小平理论和“三个代表”重要思想为指导，以育人为中心，以培养学生高度的社会责任心和国际视野、过硬的社会竞争力与创造力、个性与人格的健全发展为目标，紧紧抓住党的建设、学风建设、制度建设和学生政工干部队伍建设四个重点，为学生全面发展搭建平台。

按照学生工作的目标，根据学生的实际需求，制定了《机械工程学院 2005 年学生思想教育活动方案》、《机械工程学院加强学风建设的实施意见》，落实了《机械工程学院关于开展师生互动活动的实施计划》，组织了“本科学生导师制”、“名师报告会”、“志愿者服务”、“师生对抗赛”等活动；加强学生中党的建设工作，建立 8 个本科学生党支部，发展本科学生党员 103 名；按照《机械工程学院关于配备本科学生兼职班主任的实施办法》和《机械工程学院本科学生兼职班主任助理的管理办法》的要求，完成班级建制，配备 26 名兼职班主任和 34 名班主任助理，进一步理顺学生工作管理体制；进一步完善学院本科学生教育和管理的各种规章制度，严格执行每周一次的本科学生工作例会和辅导员集体学习制度，加强工作研究，使学生政工干部在科研状态下工作，2005 年完成了学校立项的 2 个课题的研究；利用暑期学校，举办学生骨干素质拓展培训班；以活动为载体，在本科学生中开展“大学生科技创新活动”、“社会实践活动”、“校园文化活动”、“青年志愿者服务活动”和“勤工助学活动”；坚持“抓住重点，关注热点，突破难点”的工作要求，关注和解决学生的专业思想问题、贫困生问题、就业问题、心理健康问题、学生诚信问题等思想问题，建立《学生工作系统事件应急处理机制》，层层签订学生安全稳定责任书，确保学院学生的安全、稳定和健康成长。

本年度，学院被评为学生就业工作先进单位，团委荣获校先进团委、科技创新活动先进集体、社区服务活动先进集体、社会实践活动先进集体、宣传调研活动先进集体等荣誉称号。在第九届“挑战杯”全国大学生课外学术科技作品竞赛活动中，我院参赛作品获国家级三等奖 1 项，省特等奖 2 项，并获山东大学“挑战杯”竞赛“优胜杯”；荣获全国数学建模大赛二等奖 1 项，省特等奖 1 项；荣获山东省机电产品设计大赛一等奖 2 项。2005 年有 1 个班级获省级优秀班集体荣誉称号，2 个班级获校级先进班集体荣誉称号，1 个团支部被评为校十佳团支部，6 个团支部荣获校级先进团支部。有 10 人获山东大学 2005 年学生科技创新活动先进个人标兵，14 人获山东大学 2005 年学生科技创新活动先进个人；12 人被评为社会实践积极分子。2 人获省级优秀学生干部称号，2 人获省级优秀学生称号；1 人获校十大杰出青年称号，3 人获校长奖学金，1 人获全面发展标兵，2 人获中科院奖学金，1 人获校十佳优秀团员。96 人被评为校、院优秀学生干部，259 人获校优秀学生奖学金，60 人获各类单项奖学金。2005 年毕业本科生 405 人，考研录取率为 30.12%，就业率为 97.64%。

2005年，学院共有统招研究生425人，其中党员172人，占总人数的40%。有14个研究生党支部。学院党委定期召开党支部书记例会，加强对党支部工作的协调与指导，严格组织生活。开展了多项主题实践活动和丰富多彩、寓教于乐的教育活动，全面加强研究生的思想政治教育工作。按照学校学院党委要求认真组织保持共产党员先进性教育活动，组织广大党员观看《张思德》、《世界执政党兴衰史鉴》等教育影片；举办了"学习张思德，保持共产党员先进性"主题演讲活动；召开研究生党员骨干党性分析专题组织生活会等。修订了《机械工程学院研究生（硕士、博士）德育考核细则》，本年度共有267名同学进行德育考核，81名同学德育考核为"优"，占考核总数的30%，德育考核优良比例达到100%，德育工作取得了良好的效果。

组织研究生参加学校和学院举办的各类学术前沿讲座。主办了山东大学第九期"海右"博士生学术论坛。有8篇论文入选全国博士生论坛，另有5名研究生的论文参加了校"五四论文评比"并获奖。举办了研究生创新活动交流报告会。组织研究生深入企业参加暑期社会实践。参加了"挑战杯"科技作品大赛。纳新改选了学院第四届研究生会。组织了研究生迎新晚会和系列文体比赛。积极参与学校研究生会组织的"研究生才艺大赛"、篮球联赛、乒乓球赛等比赛。组织了两次大型调研、两次年级调研活动。对2005级研究生进行了心理测试。本年度我院研究生有29人在十大类别奖学金中获奖，总获奖金额达66000元，其中1人获得校长奖学金。有5名同学被评为山东大学优秀学生干部，1人被评为省级优秀学生干部。2005年毕业研究生109人（硕士103人，博士6人），就业率为98.2%。

（王中豫）

控制科学与工程学院

控制科学与工程学院下设自动化工程系、测控技术与仪器系、生物医学工程系和物流工程系 4 个本科教学系，设自动控制研究所、过程控制研究所、生物医学工程研究所、电子新技术应用研究所、自动化研究所、电子束研究所 6 个研究所。另外还设有控制学院实验中心、现代物流研究中心、机器人研究中心、自动化工程中心和工程系统控制省级重点实验室。控制学院现有控制理论与控制工程、生物医学工程、检测技术与自动化装置、电力电子与电气传动 4 个博士学位授权点，控制理论与控制工程、电力电子与电力传动、检测技术与自动化装置、系统工程、模式识别与智能系统、生物医学工程 6 个硕士学位授权点，还有 4 个工程硕士学位授权点和 4 个教育硕士学位授权点。

学院设院长 1 人，副院长 4 人，贾磊教授任院长；学院党委设书记 1 人，副书记 2 人，李玲教授任党委书记。学院共有教职工 147 人，其中教授 36 人，博士生导师 17 人，外校博士生导师在本单位兼职 5 人，硕士研究生导师 58 人，副教授 44 人。有博士学位的教师 36 人，有硕士学位的教师 28 人，公派到境外进修 3 人，在职攻读博士学位的教师 9 人，引进高层次人才 1 人。学院共有在校生 2008 人，其中本科生 1623 人，硕士研究生 321 人，博士研究生 64 人。

一、党政管理

学院以提高素质、改进工作、增强团结为重点，不断加强班子成员的政治理论、管理技术以及法律法规等方面知识的学习，进一步完善了班子成员的知识结构，增强了适应新形势、迎接新挑战的能力，为学院快速发展打下良好的组织基础。加强制度建设，认真落实好党风廉政建设责任制，结合“保持共产党员先进性教育活动”研究制定了“财务签字规范”和“招待费会签制度”。进一步完善监督制约机制，认真落实好党风廉政建设责任制，遵守“三重一大”问题集体讨论决定的制度，努力从源头上治理和预防腐败。规范了例会制度，如每周一下午党政联席会，每月上旬周四上午的党委会，双周四下午教工政治学习、党员组织生活，学期末学院班子、党支部民主生活会等。制定了各项工作规则，加强民主、科学决策。进一步明确各委员会的职能，坚持重大事项集体讨论决定的原则，并自觉接受监督。制定并完善了学院工作文件，先后完善了《教工周四政治学习内容的确定与考勤制度》、《控制学院党委关于支部组织生活会的规定》、《控制学院党委组织发展制度》、《关于接收推免研究生工作的规定》。新建立了《控制科学与工程学院教学工作整改方案》、《控制学院教学改革立项管理条例》、《控制学院应届本科生推荐免试硕士研究生工作实施办法》、《控制科学与工程学院科研管理条例》、《引进人才和新进人员的程序规范》等制度，使工作做到了有章可循，提高了工作效率。

认真开展保持共产党员先进性教育活动。学院党委结合学院工作实际，分别制定了集中学习制度、读书笔记制度、学习纪律、考勤制度、补课制度以及检查验收制度。党支部书记作为直接责任人及时对党员进行检查督促。学院党委于 9 月 10 日组织全体教工党员赴寿光，实地考察学习当地先进性教育活动的先进经验。为了更好地促进理论学习的深入，各党支部还根据工作实际开展了多种多样的主题实践活动。按照“两不误，两促进”和取得实效的目标要求，学习教育活动与学院发展、中心工作相结合，在博士点申报后续工作、新学期教学工作、2005 级迎新工作、国际合作与交流、本科评估工作等方面学院均取得满意成绩。

按照“坚持标准，保证质量，改善结构，慎重发展”的方针，加大培养工作力度，学院重视对入党积极分子的培训工作和组织发展工作。2005 年共有 306 名同学参加了党的基本知识学习班，共有 1 名教师和 121 名同学加入了党组织。

加强高层次人才队伍建设，坚持不懈地做好长江学者奖励计划、“特聘教授”、“国家杰出青年科学基金获得者”的培养和引进工作，做好“泰山学者”上岗工作。加大青年骨干教师的培养力度，提高招聘教师质量，落实教师的“三种经历”。研究落实了博士后挂靠招收工作。对师资力量相对薄弱的学科做好人才引进和教师培训工作。其中，1 人获“山东省有突出贡献的中青年专家”称号，1 人获得国务院政府津贴。2005 年出国交流的教师有 6 人次，并有 7 人获出国进修资格，通过人才培养和人才引进，在专职教师队伍中博士和在读博士已达 47 人，建立起学历结构、职称结构、年龄结构合理的学术梯队。学院专职教师中博士、硕士学历层次已上升至 80%以上。继续开展“兼职特聘教授”的聘任工作，通过各种方式进行实质性合作。一年来先后聘请美国 Texas 大学讲座教授 Joe S. Qin 博士、香港中文大学教授 Max Meng 博士担任我院讲座教授，选聘了浙江大学何湘宁教授、新加坡南洋理工大学蔡文剑博士为兼职教授，与崔洪亮教授、蔡文剑教授密切合作进行实验室建设和科研工作，通过各种方式进行实质性合作。

二、教学与实验室建设

学院非常重视教学工作，针对本科教学评估中存在的弱项重点抓了教授上课率问题、本科双语教学问题、教师多媒体授课问题、教学实践基地问题、骨干课的试题库建设问题以及教学文件的完善工作，扎实开展了新建专业的评估准备工作和本科教学工作水平评估工作，

学院以《山东大学教师教学工作手册》为指导，制定了《控制科学与工程学院本科教学工作整改方案》，使学院的教学规范化和科学化。启动课程、专业、学院多层次质量评估，加强学生评教和学院教学督导，完善教学质量评估信息公布与应用制度，实行评估结果与岗位津贴和职称评聘挂钩，建立健全教学正常运行机制、教学质量监控机制和教学的激励约束机制。同时制定了《山东大学控制学院教学改革立项管理条例》，实

行学院资助立项；“山东省教学改革试点专业——自动化专业”和“山东省教学改革试点课程——电子技术基础”顺利通过验收和鉴定，并获得与会专家的高度评价。

结合学院招生的新情况，学院进一步修订了各专业的教学计划和招生简章，取得了比较好的招生效果。2005年本科招生382人，其中生物医学工程专业单独招生83人，自动化、检测技术与仪器、物流工程3个专业按自动化类合并招生299人。支持学生“三种经历”；切实办好“暑期学校”，在学校暑期评比中被评为先进组织单位。

将本科生、研究生教学和科研实验室资源有机结合，实现资源共享。提高综合性设计性实验课程比例，增加开放创新实验项目。加强创新基金的使用评估，实行创新学分。完善综合测评体系，推进“大学生素质拓展计划”。加大力度支持学生参与和教师指导数学建模、电子设计竞赛和“挑战杯”竞赛，搞好假期及课余社会实践活动，提高学生的实践能力和创新能力。

严格博士研究生论文评审、中期筛选与淘汰和各种奖励评定等学术评价标准，逐步实施国外同行专家评审制度，规范学术委员会的学术评价机制。全面推进和实施《山东大学研究生教育创新计划》。完善研究生培养的导师资助制和负责制，推行助研、助教和助管岗位制，博士生招生与导师科研经费、设立助研岗位挂钩。调整和完善研究生培养的弹性学制，提高硕士研究生培养效率。

开拓创新，自学考试工作实现新的突破。2005年新增机电一体化工程和工商管理专业。本年总计有在校继续教育生610人，其中，自考生546人，在校函授生64人。

实验室建设不断完善。完成了2004年专业实验室建设项目4项。学校投入建设经费180万元，学院匹配建设资金176万元，完善建设了自动化专业实验室、物流工程专业实验室、生物医学专业实验室、测控技术与仪器专业实验室。尤其是生物医学专业实验室得到了根本改善，在某些方面达到了国内领先水平。2005年完成了实验室建设项目申报、立项工作，并进行了建设和实施，本年度建设项目5项，学校投入建设经费147万元，学院匹配80万元，主要包括基础教学实验室、生物医学专业实验室、物流专业实验室、测控技术与仪器专业实验室、研究生公共平台建设。积极争取吸引社会资金进行实验室共建。2005年，奥地利B&R公司投资100余万元，建设了“全方案自动化系统”实验室；三维力控投资87万元，建设了山东大学—三维力控组态软件实验室；与摩托罗拉签署了合作建设嵌入式系统实验平台的协议。

为迎接2005本科教学评优，建立了各个实验室的实验设备、器材及实验教师信息库；建设了控制学院实验中心网站；加强实验室环境和文化氛围的建设，使实验室面貌焕然一新；编制了实验记录本、实验室开放记录本等，对实验人员进行定量考核和本科实验教学的规范化管理；规划了南新区的实验室用房；完成了2004年的实验室软件建设项目9项，总经费4.4万元，并全部通过了学校专家组的验收；组织和申报2005年实验室软件建设项目32项，其中获得省教育厅立项3项，学校立项14项，总经费6.8万元。

三、科学研究与学科建设

2005年制定了学院科研管理条例，提高了教师参与科研的积极性，进一步明确了

“十一五”期间科技发展的大方向；建立了“光纤传感实验室”，确立了光纤传感器的研究方向；建立了“空调优化实验室”，确立了建筑空调优化的新方向；承担国家级项目3项，省部级项目1项。其中1项国家自然科学基金，2项博士基金，1项山东省信息产业厅专项。另外还有企业委托项目多项。一年来，学院在科研方面共荣获山东省科技进步二等奖2项，山东省科技进步三等奖1项。科研论文的质量和数量比2004年大有提高，其中SCI、EI、ISTP和MEDLINE共28篇。

2005年，成功申报了“控制科学与工程”一级学科博士点，并在“控制理论与控制工程”博士后流动站建设方面做了积极的工作，形成了以控制科学与工程为龙头，以电力电子与电气传动、生物医学工程等博士点学科为基础，以物流工程、光纤检测等新学科为生长点的学科布局，学科间优势互补、共同发展的势态基本形成。完成了“控制理论与控制工程”、“泰山学者”岗位特聘教授的聘任工作。进一步加强了控制理论方向的实力，形成了位列国内前茅的控制理论与控制工程研究集体。“控制理论与控制工程”获山东大学国家重点学科培育计划资助，目前正在进行中。

研究和实验条件不断完善。通过“985”和“211”重点建设，进一步完善了研究平台，特别是在学校的支持下，立专项建设了光纤检测技术研究平台，成为我院新的技术增长点。

本年度学院先后与美国Texas大学、英国利物浦大学、加拿大阿尔伯特大学、加拿大滑铁卢大学、德国Duisburg大学、香港大学、香港中文大学、香港城市大学、新加坡南洋理工大学等十几所大学建立合作关系。

四、学生工作

一年来，学院紧紧围绕育人这个中心，全面落实《山东大学关于进一步加强和改进大学生思想政治教育的实施意见》，加强形势与政策教育，深化“五心”主题教育活动。强化导师在学生德育工作中的作用，继续做好思想政治工作进网络、进公寓、进社团工作，大力推进以服务社区为重点的大学生社会实践活动，增强思想政治教育的针对性和实效性。

认真抓好学生中的党建工作。一年来，学院始终把党建工作作为学生工作的龙头来抓，认真落实全国和全省党建工作会议精神，做好在学生中发展党员工作。按照“坚持标准，保证质量，改善结构，慎重发展”的方针，加大培养工作力度，提高发展党员质量，改善党员队伍结构，突出培养教育，狠抓学生党员队伍建设，本科学生党员比例达到8%，研究生党员比例达到40%。

加强学风和科技活动。在2005年，学院在本科学生中开展了“学风建设年”活动，主要组织实施了“诚信、勤奋、成才”系列教育活动、“我看学风建设”系列活动、“学生学涯设计”系列活动、“控院与我——控院成立五周年回顾与展望”系列活动，加强学生科技活动的开展。在过去的一年中，学生参加的各项科技活动中获得国家一等奖1项、二等奖1项，山东省一等奖4项，学生的科技意识明显地增强。

做好学生资助和就业服务工作。一年来，学院进一步加强以国家助学贷款为主体、其他综合措施为补充的多元化贫困学生资助体系建设，吸引社会各界来校设立奖助学金，社会奖助学金规模持续增长。推进“助管、助教、助研”为主要形式的勤工助学活动，增强对贫困生的帮扶力度、针对性和有效性，确保贫困学生顺利完成学业。加强学涯规划和就业指导，完善校院两级就业管理体制，毕业生就业率达到97.42%，被评为“山东大学就业工作先进单位”。

2005年，学院继续做好研究生工作的制度建设，完善管理体系，使管理更加科学、规范、高效。加强与导师的联系，注重发挥导师在育人中的作用；加强就业指导工作，落实措施，确保顺利完成研究生就业工作，一次就业率达到98%。2005年我院共有24名学生获各类奖学金，其中2人获校长奖学金，优秀研究生奖学金3人，科研奖学金1人，其他各类社会奖学金18人次。在2005年全国研究生数学建模大赛中，我院有3人次获一等奖，1人次获二等奖，为学校和学院争得了荣誉。为了加强学术交流，我们还组织研究生参加了全国的博士论坛，承办了学校海佑博士论坛。重视在职研究生教育，努力做好在职研究生工作。本年度共招收各类在职研究生共计50余人，其中同等学力人员申请硕士学位新入学两人，开题5人，工程硕士25人，高校教师22人。学院2005年新增物流工程专业，重新制定了工程硕士培养方案，学校还对工程硕士进行了评估。本年度在职研究生宣传工作卓有成效，通过学院领导和老师的努力，工程硕士报名106人，拟录取61人，取得了非常好的社会效益和经济效益。

丰富学生的业余文化生活。一年来，学生社团活动蓬勃发展，全院近一半的学生参加到社团之中。各级团组织和学生会也积极开展丰富多彩的文化体育活动，较好地丰富了学生的业余文化生活。在学校体育文化节中荣获优秀组织奖并获得其他单项奖励8项。

（辛　帅）

能源与动力工程学院

学院下设热能与动力工程系，设热科学、能源与环境、热能工程、内燃机、制冷与低温工程、热工与流体、交通运输、清洁能源与燃料电池技术 8 个研究所和热能与动力工程实验中心。

截至 2005 年底，全院在职教职工 76 人，其中博士生导师 10 人，硕士生导师 29 人，教授 19 人，副教授及相应职称专业技术人员 23 人。师资队伍具有较高的学历层次和学术水平，有 20 人具有博士学位，正在攻读博士学位的教师 16 人，国家级有突出贡献的中青年专家 1 人，入选国家百千万人才工程 2 人，入选教育部新世纪优秀人才支持计划 2 人，山东省首批泰山学者奖励计划特聘教授 1 人，山东省有突出贡献的中青年专家 1 人，山东省十大杰出中青年科技专家 1 人，山东省优秀专业技术人员 1 人，山东省专业技术拔尖人才 5 人，享受国务院政府特殊津贴的专家 5 人。获校聘关键岗位 3 人，校聘重要岗位 10 人。学院设院长 1 人，副院长 3 人，潘继红教授任院长；院党委设书记 1 人，副书记 1 人，潘国栋同志任书记。

中国科学院院士、国家“973”计划首席科学家、清华大学过增元教授任能源与动力工程学院名誉院长。

截至 2005 年 12 月，学院有在读博士、硕士研究生 138 人，在读工程硕士生 59 人，全日制本科生 1124 人，高职生 33 人。

一、学科建设

（一）以我院程林教授为首席专家的热系统学术团队，加盟诺贝尔奖获得者、世界著名物理学家丁肇中教授主持的世界最尖端科研项目之一的 AMS 太空实验计划，研究工作进展顺利，多次受到丁肇中教授的好评。

（二）“热能工程”成为全省首批泰山学者奖励计划特聘教授设岗学科，程林教授当选首批泰山学者。

（三）制定完善了校级创新学术团队建设规划，加快了团队建设步伐，较好地发挥了对本学科的辐射和带动作用，推动了学科整体水平的提升。

（四）学校“985”学科建设项目“热能与动力工程”的建设工作基本完成。所购置的一批大型实验仪器设备，大大改善了学院的科研条件，增强了学科的整体实力。

二、教学工作

（一）坚持以评促建，以评促改，以评促管的原则，认真做好本科教学工作水平评估工作。对近几年来的教学工作进行了全面系统的总结，肯定成绩和进步，重点查找问题与不足，统一了教职工的思想，强化了整改措施。通过本次评估，在师资队伍建设、教授和副教授上课率、新专业建设、省级优秀课程评建等诸方面，都有了明显进步。

（二）强化师德教风建设和日常教学管理工作，教学秩序明显改善，全年未出现任何教学事故。学生的学习风气和考风考纪也有了明显改善，全年未出现考试违纪、作弊现象。

（三）2005 年招收本科生 281 人，专业志愿报考率比往年有明显提高，达 75.4%。2005 届本科毕业生 248 人，毕业率 96.9%，授工学学士学位 242 人，授学位率 94.5%，毕业生质量有所提高。坚持公正、公平、公开原则，顺利完成推荐免试硕士研究生工作，18 人获本校推荐免试资格，4 人获校外推荐免试资格。

（四）认真总结校际交流学生培养方式的经验，继续积极稳妥地开展与国内知名高校的学生交流，向天津大学和哈尔滨工业大学派出 7 名访学学生。

（五）加强学生的实践能力和专业技能培养，完成教学实验建设项目 4 项（建设资金 161 万），教学实验软件建设项目 5 项（资金 2.5 万）。新增教学实验建设项目 2 项（资金 35 万），教学实验软件建设项目 6 项（资金 3.3 万）。

（六）新建的内燃机实验室，顺利完成设备搬迁、安装、调试等工作，实验台陆续投入使用，为改善教学和科研实验条件、提高学科建设水平奠定了坚实的基础。新的内燃机实验室建设水准达到了国内高校先进水平。

三、科研工作

（一）进一步完善了科研工作的激励机制，拓展了与社会多个领域的广泛合作。2005 年到位科研经费 1000 多万元，保持了良好的发展势头。

（二）取得一批重要科技成果，获得省部级以上科研奖励 3 项。其中，田茂诚教授主持完成的“供热系统动力学研究及远程网络监控系统研制”获山东省科技进步二等奖，李国祥教授主持完成的“液体型汽车加热器及可燃气体测控台”获山东省科技进步三等奖，毛华永研究员主持完成的“HDJ-01A 型汽车发动机机油泵”获山东省科技进步三等奖。

（三）学院继续实施专利申报奖励政策，极大地促进了科研成果向现实生产力的转化。现已申报专利近 40 项，在全校名列前茅。

（四）在国家级学报发表的高水平论文数量大幅增加，EI 收录论文达 10 余篇。

（五）在科技成果转化和落实服务山东计划方面成绩显著。2005 年有 9 项科技成果投入工业应用。与大型企业潍坊柴油机动力股份有限公司科技合作取得了重要进展，2005 年到位科技合作经费近百万元。

四、研究生培养

（一）2005 年共招收博士生 15 人、硕士生 41 人、工程硕士生 18 人。截至 2005 年底，在校研究生共 138 人，在校工程硕士生共 59 人。2005 年毕业硕士生 34 人，考取博士生 12 人，考博率为 35%，其余全部就业。

（二）为进一步提高研究生培养质量，学院修订了研究生培养方案等一系列规章制度，新出台了《山东大学能源与动力工程学院研究生德育考核细则》、《山东大学能源与动力工程学院研究生奖学金评比办法》等 4 项规章制度。

（三）完善教学管理工作，加强档案管理。根据学校关于研究生档案管理条例的要求，学院对博士、硕士、专业学位的档案管理进行了认真的整改，为研究生教学质量评估打下良好基础。

（四）强化了对研究生创新意识和创造能力的培养。2005 年学院邀请国内外知名专家以“能动论坛”形式举行了十几场前沿讲座，开阔了研究生的眼界。

五、对外合作交流

（一）继续聘请过增元、岑可法、秦裕琨三位院士担任我院兼职特聘教授，聘请香港大学王立秋博士为我院兼职关键岗位教授，对带动学院整体学术水平的提高发挥了重要作用。

（二）与瑞典皇家工学院能源系签订了联合培养国际硕士研究生协议，起步工作进展顺利。

（三）聘请英国布鲁内尔大学赵华教授为我院流动岗位特聘教授。赵华教授按计划到我院进行了访问和讲学。

（四）继续加强与国内名牌大学的强强联合，与清华大学、浙江大学、东南大学能源与动力工程学科建立了稳定的实质性合作关系，开展了多种形式的合作。

（五）与潍坊柴油机动力股份有限公司建立了全面合作关系，在人才培养、产品研发与优化试验研究等方面实行了全方位的合作。

六、学生工作

（一）强化服务意识，实施品牌战略，共青团工作的创造力和竞争力得到进一步提升。院团委被学校评为红旗团委，并成为参评山东省“十佳百优”基层团组织的校内唯一候选单位。所开辟的谈话类品牌活动“开心晚茶”报送团省委参评 2005 年度大学生思想政治工作创新奖。院团委还获得山东大学首届创新成果展优秀组织奖、山东大学社会实践优秀组织单位、山东大学首届体育文化节优秀组织奖。

（二）以制度建设为先导，以宿舍建设为阵地，夯实学生管理基础，提升管理工作水平。我院宿舍管理工作继续走在全校前列。热能 2003 级 3 班获省级先进班集体、校十佳团支部称号。

（三）拓展思路、拓宽渠道，努力做好学生就业工作。先后与沂水团县委、潍柴动力股份有限公司、淄博热电股份有限公司、滨州渤海活塞股份有限公司、胜利油田动力机械集团等企业建立了就业实践协议，为确保就业工作的连续性奠定了良好的基础。2005 年本科生就业率达 99.23％。

（四）积极推进研究生管理工作，发挥研究生在科技创新和校园文化建设中的骨干作用。我院在“挑战杯”、“五四”论文评比中取得了优异成绩，博士生韩奎华同学获特等奖和一等奖各一项，并获得校长奖学金。

（潘国栋）

电气工程学院

学院下设电力工程系、电机与电气技术系 2 个系，设电力系统研究所、继电保护研究所、电机电器研究所、电力电子研究所、电工理论研究所等 5 个研究所和电气工程实验中心、电力系统动态模拟与仿真省级重点实验室、高电压与绝缘技术研究室。

现有教职工 128 人，其中长江学者奖励计划特聘教授 1 人，博士研究生导师 12 人，硕士研究生导师 38 人，教授 25 人，副高级职称 49 人，教师中 23 人具有博士学位，48 人具有硕士学位，13 人享受国务院政府特殊津贴。教师队伍中进入“国家百千万人才工程”第一、二层次 1 人，教育部新世纪优秀人才 1 人，省级有突出贡献的中青年专家 3 人，教育部本科教学指导委员会委员 1 人，中国电力企业联合会教学指导委员会委员 4 人，校聘关键岗位 5 人，校聘重要岗位 7 人。学院设院长 1 人，副院长 3 人，赵建国教授任院长；党委设书记 1 人，副书记 2 人，张世敏教授任书记。

2005 年学院现有在校博士、硕士研究生 301 人，本科学生 1117 人。

一、管理工作

学院认真开展了保持共产党员先进性教育活动。在学习阶段，围绕“深入发动，严格制度，抓好学习，提高素养”组织了各项学习活动；在分析评议阶段，制定了“深入、认真、广泛、结合”的工作思路；在整改阶段，提出了“个人整改要细，领导班子整改要实，长效机制建设要深”的要求。学院认真总结活动经验，制定了《电气工程学院关于建立保持共产党员先进性长效机制的意见》。

学院加强了党员教育管理和入党积极分子的培养考察。在上半年进行了党员民主评议活动，在下半年，结合先进性教育活动，在全院党员中开展了“党员就是一面旗帜”主题实践活动。学院在低年级学生中开展了关于党的基础知识的讲座和座谈，建立健全了入党积极分子、重点培养对象、近期发展对象三类档案，完善了培养、考察措施。2005 年共发展党员 105 名，其中，研究生党员 28 名，本科学生党员 77 名。

学院积极做好离退休老同志的工作，年初组织了离退休老同志春游，召开了两次征求意见座谈会，听取了他们对学院各项工作的意见和建议。注意发挥工会、共青团联系群众的桥梁、纽带作用和在学院发展中的重要作用。院工会在学校组织的女工踢毽子比赛中均获得二等奖，在乒乓球比赛中也取得了良好成绩。共青团工作在理论学习、组织建设、校园文化、素质教育、社会实践、社团管理等多个方面都做了大量的工作并取得了较好的成绩。

2005 年，学院获得了“教学质量评估优秀奖”、“就业工作先进单位”、“先进基层工会”、“校先进团委”等多项荣誉。

二、教学工作

2005 年，学院修订和完善了教学计划，根据电气工程学科特点，修订了 2006 级课程、设计、实习、实验类的教学大纲，完善了专业模块的设置；加强了新专业的建设，在 2003 级按电力工程与管理专业方向组建 39 人的班级，运转情况良好。

4 月 11～18 日，开展了“教育、教学研究周”活动，聘请清华大学孙宏斌博士作了教育教学工作的经验介绍，包括教学研讨、高校教学改革专题报告、青年教师授课大赛、教学点评、观摩、交流会等内容，取得了很好的效果。

学院做了大量的迎接教学评估准备工作，在评估前学校组织的三次检查中受到专家的认可和学校的表扬。在评估期间，专家到学院进行了检查，听取了院长的汇报，参观了相关实验室，对学院工作给予了充分的肯定。在年终学校召开的评估总结表彰会上，学院获得了“教学质量评估优秀奖”。

2005 年，我院教学改革取得了突破性进展：获重点校级立项项目一项，校精品课程两门（自动控制理论和电机学），山东省精品课程一门（自动控制理论），实现了精品课程零的突破；在校大学生科技立项中获批 10 个项目，获得资助经费一万元以上；获大学生“挑战杯”全国三等奖一项，山东省特等奖一项，山东大学特等奖一项，一、二等奖三项。

三、学科与师资队伍建设

学院认真建设电气工程一级学科博士点，集中精力，重点建设“电力系统及其自动化”二级学科，使“电力系统及其自动化”学科获得山东省重点学科强化立项。结合山东大学国家重点学科培育计划和“电能质量与电力系统安全经济运行”创新学术团队建设，围绕创建教育部重点实验室的目标，“电力系统动态模拟与仿真”、“山东省强化重点实验室建设”、“电力系统全数字实时仿真”、“电力系统动态监控与广域保护”、“配电系统模拟与分布式发电技术”、“电力系统调度模拟”等子项目通过了方案和设备论证，各项工作逐步深入开展。

学院鼓励青年教师攻读硕士、博士学位，2005 年有 17 位在职教师在职攻读博士学位。支持教师出国进修或学术交流，2005 年有 6 名教师分别作为访问学者出访美国、英国和德国等国家，1 名教师赴美国做博士后研究；3 名教授出访英国、日本和香港参加 3 个大型国际学术会议。学院重视对青年教师的培养，在教学科研上积极给予扶持，为了培植青年科研力量，设立了“电气学院青年教学基金”和“电气学院青年科研基金”，用于资助、激励青年教师开展教学、科研创新。

四、科研工作与学术交流

2005年，我院实到纵横向科研经费大幅度提高，达到980多万元。获得国家自然科学基金资助1项，教育部博士点基金1项，山东省中青年科学家奖励基金2项。学术研究成果数量全面稳步提升，获山东省科技进步一、二等奖各1项，教育部提名国家奖二等奖1项，被SCI、EI、ISTP收录论文达30多篇。

我院电力公司在高新技术开发区兴建的5700平方米的生产制造大楼已竣工并投入使用，很好地促进了公司的条件和形象。公司进一步完善管理制度，积极促进科技成果的转化，使之成为学院产、学、研的实验基地和科技成果的孵化器，加快新产品的开发和市场营销，创造了良好的经济效益和社会效益。在市场竞争日趋激烈的情况下，较好地开拓了省外市场，产值利润比去年有所增长。

国内外合作与交流逐步拓宽和加强，本年度接收法国里昂高等工程师学院留学生一名，在我院的教授指导下实习2个月，获得对方认可。邀请国内外知名专家来我院参观、访问和学术讲座20多人次。接待加拿大艾伯塔大学、英国女王大学代表团来访，进行了学术座谈与合作意向交流。逐步稳固和扩大与英国巴斯大学等国外高校的合作成果。

五、实验室建设

实验室建设规范提升，实验室人员克服电力楼改造带来的困难，认真负责，加强巡视，发现问题及时处理，保证了实验室及设备的安全。2005年进行了磁悬浮轴承实验室的装修和建设，对动模实验室进行了双回线、发电机励磁调速系统及监控系统的调试和建设。制定了各种试验卡片，建立了实验中心网站。积极抓好实验室软件项目建设，提高了实验室及实验人员的业务水平，从学校申请的10个实验室软件建设项目（共46000元）全部通过了学校专家组的检查验收，并受到了专家的好评。另外，电力实验楼加层工程完成，五、六层已投入使用，正在进行一至四层的改造工程。

六、学生工作

学院不断创新学生管理机制，积极探索试行年级目标管理制度，通过实施导师制和班主任工作制，提高了师生互动的积极性。学院积极鼓励学生参加了全国数学建模大赛、电子建模大赛、山东省“繁星计划”社会调研活动、“挑战杯”创业计划竞赛活动等。指导研究生开展了“经纬韵”学术论坛，活跃了学院学术氛围。学生课外科技活动喜获丰收，七个奖项获得了校级以上奖励，其中一项获得了国家三等奖，学院获得了“科技活动优秀组织单位”称号。

积极开展社会实践活动，在立足省内的基础上，首次组建了省外（南北）两个分队。社区服务活动中，与济南市千佛山办事处棋盘街小区开展共建活动，采取了到基层社区挂职党支部副书记（按组织程序）、担当“科技大使”、开展科普活动等有实效的做法。

积极开展毕业生的就业指导工作，开展就业指导讲座十余场，积极落实毕业生教育工作，就业率达98.05％，被评为“就业工作先进单位”；学院高度重视、积极开展心理健康教育工作，组织开展了以各班级骨干人员参加的“心理健康教育团体辅导”培训活动；扎实做好贫困生工作，积极做好贫困生的普查、建档、助帮等工作，努力帮助贫困学生克服解决实际问题；新设南新区学生在线网站，开展了行之有效的宣传交流工作。

（魏鲁鸿）

土建与水利学院

土建与水利学院现设有5个系、6个研究所、2个研究中心、1个实验中心，即土木工程系（含建筑工程专业方向、交通工程专业方向）、水利工程系、建筑学系、城市地下空间工程系和工程力学系，水工结构研究所、水资源研究所、结构工程研究所、道路与桥梁研究所、岩土工程研究所和工程力学研究所，岩土与结构工程研究中心、岩土工程技术开发中心，土建水利实验中心（含力学实验室）。有工程力学、岩土工程2个博士学位授权点，力学、建筑学、土木工程和水利工程等4个一级硕士学位授权点，水文学及水资源、水力学及河流动力学、水工结构工程、水利水电工程、港口、海岸及近海工程、岩土工程、结构工程、市政工程、供热、供燃气、通风及空调工程、防灾减灾工程及防护工程、桥梁与隧道工程、建筑历史与理论、建筑设计及其理论、城市规划与设计（含风景园林规划与设计）、一般力学与力学基础（固体力学、流体力学和工程力学）等18个二级硕士学位授权点（分布在力学、建筑学、水利工程、土木工程四个一级学科中）。

学院设院长1人，副院长3人，曹升乐教授任院长。分党委书记1人，副书记1人，秦承涛副教授任书记。学院共有在职教工117人，其中专职教师87人（教授17人，副教授37人），博士生导师3人，具有博士学位的教师16人，在读博士学位的教师22人，在读硕士学位的教职工8人，研究员1人，副研究员4人，高级工程师（含高级实验师）8人。学院有教工党支部9个，中共党员65人。

截至2005年12月31日，学院有在校硕士生148人（其中硕士生党员75人，当年发展硕士生党员8人），工程硕士73人，高校教师7人，应届硕士毕业生27人；在校本科生1160人（当年招收全日制本科学生308人），应届本科毕业生300人。有学生党支部3个，共有学生党员125人（其中本科学生党员50人，当年发展学生党员28人）；2005年学院成人教育在校生314人，应届成人教育毕业生84人。

学院有教学用房1500平方米，教学实习、实验、科研等用房5312.88平方米；本年度购置图书335册，购置各种期刊88册，图书资料室共藏书7273册，各种期刊1510册。

一、党建工作

学院党委努力改进工作方法，拓展工作思路，从根本上不断提高学院教职工的思想政治素质。以良好的精神状态，成功进行了保持共产党员先进性教育活动。

（一）自2005年8月22日起，开展了土建与水利学院保持共产党员先进性教育活动，在中央精神的指引下和学校党委的领导下，院党委和全院15个党支部紧紧抓住“三个代表”重要思想这条主线，突出保持共产党员先进性这个主题，时刻把握“关键在领导，基础在支部，落实靠党员”的原则，切实承担起先进性教育活动的组织工作；62名教工党员、122名学生党员、7名流动党员按计划认真学习规定的文章，撰写读书笔记，深刻自我剖析，积极开展评议，制订整改计划，落实整改行动。党员的思想和精神面貌不同程度地发生有益的变化，党支部战斗力进一步增强，为土建学院今后的党建工作和整个学院各项事业的发展提供了有力的思想基础和组织保证。

在保持共产党员先进性教育活动中，认真总结活动中的一些有效做法和成功经验，结合党组织以往的实践，健全完善了党内生活、党员管理、党员学习、党员教育、党内民主参与、密切党群关系等方面的机制，保持先进性的长效机制，以达到“党员长期受教育，永葆先进性”的根本目的。进一步健全发展党员工作的各项制度，把握好各个关键环节，保质保量做好党员发展工作。2005年共发展本科生、研究生学生党员53名。还加强了对高学历教师的培养工作。

（二）以保持党员先进性教育活动为先导，把学习“三个代表”重要思想活动不断引向深入。2005年，学院党委紧紧围绕“坚持以‘三个代表’重要思想为指导”这一核心，在巩固原有学习成果的基础上，制定周密学习计划，认真组织教职工学习了《“三个代表”重要思想学习纲要》和《江泽民论加强和改进执政党建设》以及《理论热点18题》等重要内容。下半年以保持共产党员先进性教育活动党员集中学习为先导，带动全院教职工学习政治理论，从而将认真学习邓小平理论和“三个代表”重要思想活动进一步引向深入，从根本上不断提高教职工的思想政治素质。以建党节、国庆节等重大节日和“神舟六号”载人航天飞船发射成功等重大事件为契机，在广大教职工中深入进行了形势政策教育。进一步普及相关法律法规，进一步提高师生员工的法律意识和法律素质，为实现依法治校打下坚实的思想基础。

（三）全院开展了师德教育主题活动，以师德建设为主线，以本科生导师制为依托，进一步加强和改进思想政治教育。我院以中央16号文件精神、全国加强和改进大学生思想政治教育工作会议精神为指导，以优秀师德示范岗评选为契机，加强师德建设工作。进一步提高了广大教职工对做好大学生思想政治教育工作重要性的认识，广大教职工牢固树立“育人为本，德育为先”的思想观念，提高了做好教书育人、服务育人、管理育人工作的自觉性。

按照《山东大学土建学院优秀师德标兵、山东大学土建学院优秀师德示范岗评选办法》进行了“山东大学土建学院优秀师德示范岗”的评比活动，以评比活动为契机，以教育活动为主体，以实际教学行政工作为检验，在全院创造了良好的师德氛围。

（四）学院领导班子坚持民主集中制原则，实行党政联席会制度和院务工作公开制度，充分发挥集体的智慧，凝聚和调动教职工的积极性。在重大事情方面注重听取学术委员会专家和教职工的意见，使教职工和学术委员会能参与学院的管理及决策。

二、教学工作

（一）在专业建设和课程建设上，为顺应土建水利科技发展的趋势，以社会需求为导向，以实践为手段，以工程师为培养目标，以工程设计教育为核心，致力于培养一流的土建水利类本科生为宗旨修订完成了5个专业的教学计划，进一步优化和完善了设计类课程体系，组建了土建类工程设计课程平台，在不同的专业上又架构了各具特色的设计类课程体系。

（二）教材建设：组织申报“十五”规划教材3本，全院自编出版教材5本。

（三）实践教学：针对土建水利学生实践性强的特点，学院十分重视实践环节，着重培养工程素质和实践能力，建立实践教育体系，将工程素质和实践能力培养寓于教学全过程。(1) 加强实践教学基地建设。新建实习基地3个，使学院的教学实践基地达到22个。(2) 加强实习教学过程的管理。如土木工程专业毕业实习场所由原来3个地点增加到2005年的9个地点，且实习地点均为重点工程，真正达到了预期目的。(3) 全院聘请国内外知名专家学者为学生讲授工程实践知识达34人次。

（四）教学管理：(1) 制定教学质量系数确定办法。修改了工作量计算办法，充分体现“教学为本，质量第一”的原则。(2) 聘请教学督导员听课50余门次，院系领导听课、教师观摩听课68人次，教师的教学水平有了很大提高。(3) 教授全部为本科生上课，教授、副教授上课率100%。(4) 组织了学院自立的12项教学项目进行成果汇报验收，全部项目验收通过，其中山东大学研究生培养管理系统研究等5个项目获得优秀成绩。

（五）本科评优工作：学院高度重视本科教学水平评估工作，按照学校要求，认真整改，全体教职工为本科教学评优工作付出了艰苦的劳动，取得了明显的成绩。教育部专家对我院的本科教学工作给予了高度评价，其中毕业设计论文、试卷等项目完全符合评估要求，抽查到的3名教师全部获得优秀成绩，配合学校顺利通过了本科教学工作水平评估。

一年来，全体教职工为迎接本科教学评估工作做出的主要工作有：(1) 加强教学管理，严格执行教学计划，严肃课堂教学纪律。院系领导、教学督导员多次到课堂听课，狠抓教学秩序，督导员帮助年轻教师改进教学方法，进一步提高教学质量。(2) 组织教师对毕业设计（实习）反复整改，补充完善实习大纲、实习笔记、成绩考核、实习基地协议书的资料，加强了实践教学环节的质量监控。(3) 对近3年的教学试卷、教学执行计划、新办专业材料进行了认真整改、准备，达到了评估优秀的标准。(4) 加强了本科教学评估工作的宣传动员工作，营造了浓厚的文化氛围。制作完成了南新区、南区展板。(5) 认真准备完成了汇报材料、自评报告、教学数据统计工作。(6) 加强学风建设，严肃课堂纪律。

（六）函授教学工作：扩大了招生规模，招生人数增加了32%，提高了办学效益，配合学校以优秀成绩通过了函授夜大教学评估。学院获得山东大学本科教学评估与质量优秀奖、山东大学成人教育先进单位。

三、科研工作与学术交流

学院承担国家、部省及有关厅局级重点纵、横向科研项目 46 项，2005 年到账科研经费计 686 万元，鉴定科研项目 9 项，部分成果在国内处于领先水平，获得教育部一等奖 1 项，山东省科技进步二等奖 1 项。在国内外发表学术论文 110 篇，其中 EI 收录论文 11 篇，SCI 收录论文 1 篇，国内核心期刊论文 96 篇；出版专著 9 部。

2005 年 3 月 University of Duisburg-Essen（德国埃森大学）Department of Urban Water Managemente Professor Dr. Ing W. F. Geiger 来访，2005 年 4 月 24 日至 5 月 2 日院党委书记秦承涛同志和院长曹升乐教授赴台友好访问，访问了台湾大学和台湾成功大学，与台湾成功大学讨论了两校教师互派进修、学生互相交流及科技协作等事宜。2004 年 10 月～2005 年 1 月宁夏大学土木与水利工程学院副院长张晓天同志在山东大学土建与水利学院挂职锻炼一学期。

四、师资队伍与实验室建设

学院非常重视师资队伍建设。在保持稳定、加速发展的方针指导下，努力开展工作，加大高层次人才的培养力度，通过各种渠道联系和吸引高层次人才来院工作和学术交流，利用“送出去”（在职培养）和“请进来”的办法，提高师资队伍的整体素质。2005 年，学院在读博士教师 22 人，在读硕士学位的教职工 8 人，聘请国内外客座教授和兼职教授各 1 人，引进教授、博士 4 人。

2005 年实验室建设经费 96 万元，其中建筑学专业实验室 18 万元，水工与水资源专业实验室 18 万元，基础实验室 60 万元。软件建设 6 项，经费 3 万元，通过学校专家组验收，编写实验指导教材 5 部，发表论文 10 篇。新购仪器设备 100 多台套，价值 90 万元。实验中心承担着全院本科生和研究生基础课和专业课 200 多学时的教学实验。参与了山东省及河北省多条高速公路的试验检测工作。

五、学生工作

学生工作创新发展，兼顾全面，取得优异成绩。2005 年有在校本科生 1119 人，学生党支部 3 个，共有学生党员 57 人（其中当年发展学生党员 25 人）。2005 年被评为山东大学暑期社会实践活动优秀组织单位、学生服务济南社区行动先进集体、共青团网络建设和宣传调研工作先进集体、就业工作先进单位，获山东省暑期社会实践优秀服务队 1 个、山东省暑期社会实践优秀学生 1 人、山东省先进班集体 1 个、省优秀学生 1 人，山东大学暑期社会实践优秀指导者 1 名、优秀学生 2 名、优秀调查报告一等奖 1 篇，山东大学校级先进班集体 2 个，校长奖学金 2 人。2005 年学校运动会获女子第三名、男子第五名、团体第五名，2005 年“山大杯”篮球赛、足球赛获亚军。

学院非常重视学生的思想政治工作，在 2005 年进行的“保持共产党员先进性教育”活动中，学生党员在院党委的统一领导下有计划地开展学习，认真学习理论知识。广大学生党员在保持共产党员先进性教育活动的各个阶段及时撰写学习活动情况汇报、日程安排、学习总结、支部党性分析材料，根据收集意见，制定了有效的支部整改措施。全体党员按要求撰写了个人的学习心得、小结、个人党性材料，提出整改意见，制定了有效的整改措施并取得切实成效。

学院注重培养学生扎实的专业基本功和较强的科技创新能力，学习风气及学术氛围浓厚。组织学生积极参加各类知识竞赛、能力竞赛，在第五届“挑战杯”创业大赛上我院三个创业小组获得校三等奖。学院重视学生英语、计算机能力的提高，毕业生英语四级通过率近100%，六级通过率达25%；考研比例逐年增加，考研录取率30%以上；一次性就业率99%。学院还重视学生的社会实践和工作能力的培养，学院在2005年与两个社区建立了共建关系，让同学们深入社区、服务社区。我院还利用暑期社会实践鼓励同学们走出校园，深入实际，结合自己的所学积极进行考察和调研，大大提高了学生的各项技能。

（李希培）

环境科学与工程学院

学院下设环境工程系、环境科学系 2 个系，设环境工程研究所、环境科学研究所、现代分析测试研究所 3 个研究所和 1 个中心实验室。拥有环境科学与工程一级学科博士学位授予权。

学院在职教工 56 人，其中中国工程院院士 1 人，教授 11 人，副教授 20 人，博士生导师 8 人，硕士生导师 18 人。另有 7 名国内外知名学者为学院兼职教授。教师队伍中具有博士学位和硕士学位者，分别占教师总数的 42%和 38%。学院设院长 1 人，副院长 3 人，高宝玉教授任院长；学院党委设书记 1 人，副书记 2 人，刘会杰研究员任书记。

学院有全日制在校本科生 486 人，博士、硕士研究生 128 人。2005 年招生 165 人，其中本科生 110 人，博士、硕士研究生 42 人；毕业学生 156 人，其中本科生 120 人，研究生 26 人。

一、党政管理

2005 年，院党委重点抓了三项工作：一是重点抓好保持共产党员先进性教育活动，在教育活动中，按照校党委的统一要求，认真落实山大党字［2005］21 号、山大先组字［2005］1 号等文件精神，首先认真组织宣传发动工作，召开党委会，提高党委一班人的认识，把思想统一到中央精神上来，然后召开全院党员大会，进行思想发动，制定教育活动的计划安排，并建立了教育活动的宣传组，开设了教育活动的专题网站，在教育中做到了人员、时间、内容的三落实。按照学校每个阶段的计划安排，做到理论联系实际，边整边改，取得了很好的教育效果，得到了全院师生的认可和学校领导的好评。二是抓好班子和党支部建设，结合先进性教育活动，狠抓了党委班子和党支部的思想建设、组织建设和作风建设，认真抓了学习制度、组织生活会制度、谈心制度的落实，使大家在各自的岗位上充分发挥了党员干部的先锋模范作用。三是抓好党员的培养发展工作。对列入发展培养的同志，指定专人负责，按照党员发展的工作细则，严格要求，认真做好每个阶段的工作，同时我们重视抓好在工作中的发展培养工作，本年度我们已培养发展 3 名教工党员，目前已有 2 人被发展为预备党员，全年学院共发展党员 55 名。由于工作抓得紧、做得细，确保了党员的发展质量。

在全院师生的思想政治教育工作方面，根据校党委和宣传部、学工部的要求，结合学院的实际情况，狠抓了师生的思想政治教育工作，每个学期我们都制定了政治理论学习计划。一年来，我们突出了四个方面的教育内容：一是重点抓好十六届五中全会文件的学习；二是结合共产党员先进性教育活动，组织全院师生员工及时学习有关文件，抓好形势政策教育；三是抓好高等教育法和师德教育；四是抓好学生经常性的思想教育，并且做到有针对性地做好个别人的思想政治教育工作。由于教育针对性强，工作细致，充分调动了全院师生学习工作的积极性。

二、学科建设

在国家第十批博士点增列工作中，顺利获得环境科学与工程一级学科博士学位授予权。在2005年山东省高等学校重点实验室申报评审中，学院申报的“环境模拟与污染控制实验室”获得了批准，成为山东省高等学校“十五”重点建设的实验室。

学院重视师资队伍建设，围绕学院的发展目标，坚持引进和培养并举的人才战略，人才工程建设取得明显成效。专任教师队伍中具有博士学位教师的比例已达42%，具有博士和硕士学位的教师比例已达80%。目前，学院教师队伍的学历结构、年龄结构和知识结构都得到了明显的改善，教师队伍得到了加强。2005年，学院从美国引进了1名具有博士学位的高水平青年教师，从美国Iowa State University聘请了1名校级讲座教授，从香港科技大学聘请了1名流动岗位教授。有1名青年教师入选教育部2005年度“新世纪优秀人才支持计划”。1名青年教师获得了博士学位，另有5名青年教师在职攻读博士学位。2名青年教师赴国外做博士后和进行合作研究，1名青年教师获得了国家留学基金委的留学资助名额。现已拥有一支年龄结构和学历结构较为合理、学术思想活跃、在国内外学术界有一定影响的学术队伍。

三、教学工作

本科教学和培养工作方面：准备、接受并顺利通过了教育部对山东大学本科教学水平评估工作，成绩优秀；按照学校教务处的安排，修订了学院两个本科专业的教学计划以及主要实验课程教学的实验内容，为切实提高学院本科教学质量奠定了一个较好的基础；根据学校教学质量年的统一安排，针对学院本科教学中存在的问题进行分专题研讨，为进一步提高本科教学质量奠定基础。在广泛征求学院老师意见的基础上，汲取国内外大学实验室管理的经验，制定了学院教学实验室使用管理暂行规定以及学院大型仪器设备学生培养分析测试收费标准，对提高学院大型仪器设备的利用率，提高学院学生的培养质量具有一定的促进作用。实验教学工作取得了一定的进展。2005年毕业的本科生一次就业率高达90%以上。

研究生教学和培养工作方面：为了进一步提高研究生的培养质量，优化教学内容，拓宽知识和专业领域，对博士研究生和硕士研究生的教学计划进行了重新修订，邀请国内外的专家和教授用英语讲授了2门专业选修课，定期举办一系列高水平的专题讲座，提高了研究生对科学研究前沿的了解。

四、科研工作

2005 年，学院的科研工作实现了新跨越。目前，学院共承担了 3 项国家“863”子课题、4 项国家自然科学基金、30 余项省部级和地市级科研项目、100 余项横向科研和科技开发与服务项目。学院实到科技经费总额为 1033 万元（其中纵向科研经费 351 万元，横向科研经费 682 万元），年增长率为 33.20%。专任教师人均科研经费为 34.62 万元，位列学校前茅。2005 年，学院教师共发表论文 52 篇，其中 SCI、EI 共收录 12 篇。申请专利 25 项，出版著作 3 部。

在环境影响评价管理方面，严格落实山东大学环境影响专用章制度和环境评价管理补充规定。有 7 名教师顺利通过环境评价工程师考试。

在测试服务工作中，完成了质量认证的复审工作，获得了“中华人民共和国计量认证合格证书”，建立了大型仪器管理体系及各种规章制度，改造了部分大型仪器，扩大了测试服务的范围。

五、学生工作

2005 年，在学院领导的关心支持下，学生工作以实践“三个代表”重要思想为指导，结合学院专业特点，在思想政治教育、组织建设、科技创新、社会实践、校园文化等方面开展一系列相应的特色活动。建立了学院网络期刊《绿色风》，让全院同学及时了解和掌握学院、学科、社会动态，教育引导青年学生成长成材。

由环境学院党委、百花社区的居委会组织，环保志愿者协会承办的党员下社区活动在百花社区举行。活动内容有张贴宣传“家庭节约小技巧”的海报，摆放展板，向居民发放“居民室内环境权益”、“室内空气污染”、“秋季饮食健康”等各式传单。组织新老生学习、生活经验交流会；学院举办了“乐海扬帆”迎新晚会；举行了以健康和文化为主题的系列活动——健康文化周，该系列包括三大板块：系列之一：口腔健康讲座；系列之二：“创建节约型社会”节约意识调查及签名活动；系列之三：宿舍风采大赛。

为配合教学评估，学院成立了由学生组成的自律会组织，负责对上课出勤、课堂纪律和宿舍卫生的检查和监督，树立了良好的学风和舍风；举办“感受山大，感受环院”演讲比赛。首次承办两年一次的开斋节晚会。

院学生会组织别具特色的厨艺大赛，同一屋檐下不同地域的同学通过品尝各地的风味，了解他乡的文化；环保青年志愿者协会在全校范围内开展了“携手共创节约山大”活动，为建设环境友好型社会贡献了一份力量。

获山东大学第九届全国“挑战杯”学术科技作品竞赛校级二等奖 1 项。

（李玉江）

口腔医学院

2005年，口腔医学院共有在职职工105人，其中教授11人，主任医师2人，副教授28人，副主任医师5人，高级实验师3人，副主任护师1人。共有全日制在校学生493人，其中博士研究生10人，硕士研究生85人，五年制本科生273人，七年制本科生104人，高职专科生21人。2005年毕业学生共83人，其中全日制硕士研究生22人，同等学力硕士学位生10人，本科生51人。学院共有成人教育教学点4个（包括校本部1个），成教学生507人，2005年有58名（2001级）口腔医学专科继续教育学生毕业。

2005年，口腔医学院坚持科学发展观，用“以人为本，以学术为主导”的管理理念，加强人才队伍建设，优化师资队伍结构，全面提高教学质量，拓展学院发展空间，加强基础设施及后勤保障系统建设，使学院的各项工作在新的一年得到了全面的发展。

一、行政管理工作

2005年，学院紧紧围绕医教研中心工作，从加强岗位责任制度建设入手，以改善机关工作作风，提升医院管理水平为重点，制定了一系列的规章制度，进一步明确了行政后勤人员的工作程序和岗位职责，切实提高了行政后勤人员的服务意识，提高了工作效率，规范了工作行为，为一线工作人员提供了更加方便、到位的服务。

根据学院制度建设总体规划，2005年底重点完成了《考勤暂行条例》、《教职工请假暂行规定》、《财务管理制度》、《职工外出从事医疗活动或其他有收入活动的管理办法》、《资产管理制度》、《物资采购管理办法》、《维修管理条例》、《医疗质量控制管理条例》、《临床科室综合目标管理与绩效评价》、《医院控制感染工作条例》、《医疗差错或医疗纠纷处理办法》、《医院药品管理制度》、《进修生管理条例》、《教学工作管理条例》、《科研工作管理条例》等重要措施的制订、实施。并继续实行院务公开、问责制度，进一步完善了目标、责任和考评体系。

二、人才队伍建设与对内外合作交流

2005年，学院共接收博士4名，在职攻读博士学位人员5名，使学院具有博士学位的职工达15名，具有博士学位的教师占全体专任教师的25%，进一步改善了我院师资队伍结构。有 4 名青年教师从国外知名院校进修学成回国，2 名青年教师在国内知名院校进修，其中 1 名已经结束进修。

2005 年，学院通过杰出校友回访、短期专家交流及聘请境外学者来院上课、指导研究生、传授临床新技术、联合申请课题等多种方式，加强了学院的对外合作交流，把学院置身于国际、国内科技发展合作竞争中。本年度学院引进国外智力项目专项 1 项，由学校出资聘请境外短期专家来院讲学 2 次，自筹资金聘请境外专家来院讲学 2 次。

2005 年，口腔医院也进一步加强了对内外的技术合作。与德国、山大鲁能合作的中德义齿加工中心已投入运营，可向山东地区人民群众提供高品质的义齿加工服务，增加了医院的社会效益和经济效益。与济南军区总医院、山东省高等医学专科学校也建立了合作关系，进一步扩大了医院规模和医疗服务范围。

三、教学工作

2005 年，学院的教学工作围绕学校“教学质量年”的部署，以本科教学评估为切入点，重点抓好了提高教学质量的各项工作。

（一）围绕本科评估工作，全年召开 4 次全体教师大会。会议传达了教育部周济部长的讲话，布置了本科评估工作任务，使广大教师充分认识到教学工作的重点。又根据本科评估工作的阶段性进展情况，进一步动员和部署了迎评工作，使大家充分认识到“以评促建，以评促改”的重要意义。教学评估工作结束之后召开了全体教师评估总结大会，总结了迎评工作取得的成绩和存在的不足，提出了今后整改措施。学院将“迎评促建”工作贯穿全年，较好地促进了教学档案、教学管理、教学秩序、教学评估、实验室建设以及实习实践教学。学院还对教学规章制度进行了梳理和修订，改进了教学评估方法体系。

（二）2005 年，学院召开了 8 次教学委员会会议。组织全体教委会委员集中进行了一次听课和对课堂授课情况的评议；调整了教委会成员，组成了新的教学指导委员会；商讨教学工作中出现的问题和重要举措，充分发挥了教学委员会的作用。为了学习名校先进的教学工作经验，学院派出教师到名校参观学习访问 28 人次。分别参加了武汉大学的 PBL 教学培训班，学习了广州中山大学的临床实习教学经验，学习参观了南京医科大学本科评估档案材料筹备工作等。

（三）2005 年，学院开展了丰富多彩的暑期教学活动。在暑期的第一周，开展了以 2001 级七年制为试点班、由全院教师参与的为期 4 天的 PBL 教学模式尝试活动，此活动获得了良好的效果，引起了师生们的关注和兴趣。同期，学院从各专业选拔出 5 名英语水平较高的年轻教师为 2001 级七年制开展了专业英语系列讲座——双语教学的推进与探索，其他教师进行了现场观摩，这次讲座获得了师生的一致好评。学院还对 2001 级 53 名学生进行了医德、心理素质、医患交往技巧等方面的理论培训和综合技能培训，并召开了各个实习基地负责同志参加的座谈会。为了加强某些基础课与临床课之间的衔接，强化教学中的薄弱环节，学院对“牙解牙合生理”这门学生们较难掌握的重点课程进行了为时一周的强化辅导，得到了学生们的欢迎。学院的暑期教学活动得到了学校的奖励。

（四）研究生培养工作：与材料学院联合开课，举行齐鲁口腔论坛活动，首次对博士生进行中期考核等。

（五）教学研究成果：2005 年学院获省级教学成果奖 1 项，校级奖 3 项，发表教研论文 2 篇，立项研究课题 3 项。

（六）高职教育和继续教育：2002 级口腔医学高职班 36 名学生毕业，其中 14 人升入本科学习。2005 年招收口腔医学专科学生 36 人，专升本学生 47 人。

四、医疗工作

2005 年是“医院管理年”，医院紧紧围绕这个主题开展了如下工作。

（一）提高全体职工对加强医院管理工作重要性的认识。医院管理年活动伊始，医院专门召开动员会，制定了医院管理年及医疗质量管理效益年活动方案，进一步明确了指导思想、目的要求、主要内容和工作要求。为了逐步扎实地把医院管理年活动开展起来，先后召开了由全体中层干部以上人员参加的“院医疗服务质量评价工作座谈会”、由全体党员参加的“院医疗服务质量研讨会”、由全体科主任和院领导参加的“院医疗工作座谈会”。这些工作不仅提高了大家的认识，而且有力地推动了“医院管理年”活动的开展，促进了医院管理工作的步步深入。

（二）以医疗质量为核心，狠抓医院内涵建设。

1. 深入开展医疗服务质量评价工作。为使医疗服务质量评价工作有章可循，医院专门出台了《口腔医院医疗服务质量评价工作指导意见》，提出了明确的目标要求和工作方法，并首次把医疗服务质量考核与奖金分配挂钩，在此基础上各科室制定了适合本科室特点的医疗服务质量评价标准。医院还实行了医疗服务质量管理委员会例会制度，专门听取各科室就上月份科室医疗服务质量评价工作的汇报，交流经验，布置下一个月的工作。院医疗服务质量管理委员会还组成质量检查小组，深入科室检查指导工作。在检查中针对各科室的特点，研究质量评价的方法、效果，探索医疗服务质量保障机制，即从重点环节入手，着眼全程质量控制，使医院的医疗服务质量及病历书写管理工作都得到有效的强化，全院医护人员的质量意识有了明显的提高。

2. 扎实地做好医院感染控制工作。2005 年，医院感染管理控制工作逐步走向规范化管理。各项检查指标量化到科室、个人，医院感染控制委员会每月进行一次全院范围的院感检查，检查结果直接与科室奖金挂钩。针对手机消毒的重点问题，在管理中设立了手机消毒率的统计指标，使医院基本达到“一人一机”的要求。

3. 加强药事管理。在医院管理年活动中，药品管理是其中的重要内容。2005 年，医院调整了药事管理委员会，制定了一系列药房、药库管理制度。针对工作中出现的重点问题，从人员到工作任务都作了较大的调整。医院药事管理委员会定期开会，从药品采购的源头上把关，做到主渠道进药。在处方的管理、抗生素的合理使用方面，医院也做了相应的工作。

（三）以服务病人为中心，促进和谐医院建设。医院加强了导医台的工作，为病人就医提供详尽的服务。在暑期就诊高峰期，导医台还设立了院领导值班岗位，强化门诊服务工作。医院继续推行病人选医生的就诊模式，把病人就医的选择权交给病人，和谐了医患关系，优化了就诊秩序，使医生为病人服务的责任心增强，医患纠纷的发生量下降。医院执行了医疗服务承诺制度和医院医疗服务价格公开制度，增加病人对医院的信任度，让患者明明白白消费。医院按月对就诊病人进行满意度调查，调查结果在全院公布，促进了各科室不断做好医疗服务的改进工作。为了更好地适应新形势下医院发展的需要，提升医疗卫生工作人员的职业道德水平和服务意识，树立医院良好的社会信誉和行业形象，学院下发了《医德医风建设实施方案》和《山东大学口腔医院工作人员职业道德规范》。医院还不断加强医院文化建设，利用网络、媒体等平台不断宣传医院，扩大医院影响，营造浓郁的文化氛围，促进了和谐医院的建设。

（四）进一步完善了医疗保险工作，并顺利完成了 2005 年山东省执业医师（口腔类）实践技能考试工作。

五、科研工作与实验室建设

学院的科研工作依托学科建设规划，构建学科发展的新平台，使我院的科研水平再上了一个新台阶。2005 年认真组织了各级课题的申报工作，利用齐鲁口腔论坛，多次组织有关人员对申报课题的设计进行讨论，提高了申报表述的质量。本年度获得国家自然科学基金项目 2 项，山东省科技攻关项目 1 项，山东省卫生厅科研项目 6 项，到位科研经费 19 万元。2005 年在各种期刊发表论文 70 篇，其中核心 A 类 7 篇，核心 B 类 34 篇。

实验室建设。获得学校建设经费 29 万元，用于购买模拟临床实习系统及窝洞形成技能形成评价系统。

六、学生工作

针对学生的自我约束能力和自我管理能力越来越薄弱的倾向，为培养其职业责任感和提升自我控制能力，引导学生认识树立良好学风的重要意义，开展了学风教育讲座活动。该活动在不同的年级，针对学生关注的热点问题和班级存在的主要问题举行了不同的讲座，并充分发挥了兼职班主任的作用，使学生在宽松而活跃的气氛中受到教育。

为了引导学生自己主动地思考问题，让学生提出问题，探讨问题，解决问题，对问题建立更深刻更正确的认识，学院举行了“焦点纵横”论坛活动，主要内容包括人生职业规划、诚信教育和“学子新风”论坛。为扩展医学生的视野，传播人文科技知识，使学生向文理兼通、博采广识的复合人才方向发展，同时开展视窗讲坛活动，主要内容有邀请党校办公室主任武传春作了“理性、理智、理想”讲座，邀请雅芳部门经理作了美容知识讲座，邀请山东师范大学文学院教授作了文学讲座，邀请信息学院刘孝贤教授作了“中国传统文化”讲座。为进一步加强学生的责任心教育和爱国教育，学院还开展了组织新生扫墓、组织新生成人礼仪式、组织医学生宣誓，强化职业责任感和使命感，召开了“青春在召唤”主题团日，举办“纪念一二·九”诗词朗诵会等一系列活动。

完善学生管理各项制度建设。增设了《口腔医学院学生综合测评细则》等 5 个文件，重新规范了考勤制度、查卫生制度、实习管理制度，成立各班综合素质测评中心，改革学生发展性素质计分办法，使学生管理更规范更系统。

认真做好就业各项工作，在学院网站上开设就业信息专栏，在班级中设置就业信息员，保证就业信息的畅通。加强就业指导各项工作。本科生就业率达到 91%，研究生就业率达到 100%，顺利完成就业工作任务。

（吕艾芹　张志华）

公共卫生学院

2005 年，公共卫生学院根据学校党委、学校行政的总体部署，按照年初确定的基本思路，坚持贯彻人才兴院、团结兴院、创新兴院、实干兴院、依法兴院的方针，较好地完成了工作任务，基本实现了预计的工作目标。

一、学科建设

申报一级学科博士授权点是 2005 年学院学科建设的重点。年初，学院按照“内整资源，外树形象”的方针，组成工作班子，一方面积极整合本院以及卫生政策与管理研究中心的力量，充分准备申报材料；另一方面通过多种渠道加强外联，宣传近几年学院在学科建设方面取得成就，争取赢得国内同行特别是本学科学位委员会专家的认可和支持。在学位点申报过程中，对申报材料多次研究，广集智慧，数易其稿，先后邀请十几位评审专家和国内同行学者来学院访问，并于函评之前出访了 10 所国内高水平的公共卫生学院，介绍学院的实力和发展，为学科申报奠定了良好基础。通过以上努力，我院的卫生毒理学二级学科博士点以第一名的成绩申报成功，公共卫生与预防医学一级学科博士点也顺利通过了答辩。

博士后流动站建设实现了零的突破，有 3 位博士进站工作。

二、师资队伍建设

人才是学院发展的根本，也是当前制约我们快速发展的一大瓶颈。2005 年我院新进教师 4 人，退休教师 1 人，从而使我院在职教职工人数达到了 81 人。2005 年继续贯彻“一手抓引进，一手抓培养”的方针，从外校引进高水平教师 1 人，选派出国或在国内高水平大学进修学习的教师 6 人，其中在国外学习的 5 人，是我院同期派出国外学习人数最多的年份。与此同时，我们本着“不求为我所有，但可为我所用”的思路，聘客座教授 1 人，并通过积极沟通，认真筛选，呈报校学术委员会特聘兼职博导 4 人，使我院的流动师资队伍进一步壮大。

三、教学与人才培养

2005 年，我院共招收全日制本科生 106 名，招收各类研究生 125 名，其中 MPH 研究生51名，博士生8名，统招硕士研究生44名，高校教师22名；招收成人教育学生近200名。

2005年是学校的教育质量年，学院以迎接本科教学评估为契机，高度重视本科教学评估工作，按照“以评促建，以评促改，以评促管，评建结合，重在建设”的原则，狠抓教学质量，狠抓教材建设，狠抓规范管理，狠抓教改研究。学院成立了迎评工作领导小组和工作小组，并多次召开会议，广泛宣传动员，统一思想，整理资料，总结办学特色，不断整改推进，圆满完成了本科教学评估任务，受到了教育部评估专家的高度评价。

为进一步适应实验教学和科研工作的需要，2005年我院对实验室管理体制进行了改革。在原来5个相对独立实验室建设的基础上，成立了实验室管理中心，重新整合设备资源和人力资源，明确实验室管理中心的职能，实行统一管理，取得了初步成效。

成功地承办了卫生部规划教材编写会议，主编、副主编教材3部，编写教材6部，提升了学院的知名度和影响力，赢得了与会代表的广泛好评。

在2004年申报开设卫生事业管理新专业的基础上，2005年又作了进一步的论证，并顺利通过了学校专家组的论证。

2005年申报教研项目2项，新上实验室建设项目5项、软件建设项目4项，新投入实验室建设经费95万元。

四、科研与社会服务

2005年，我院成功申报国家自然基金项目1项，世界卫生组织课题1项，其他纵向课题10余项，横向课题10项，实现到位经费230多万元，其中纵向课题经费120多万元，横向课题经费110多万元；发表学术论文100多篇，其中SCI文章9篇，比上一年度增加4篇；到位经费比上一年度的106万元翻了一番。

充分发挥我院的人才优势和技术优势，发挥院卫生分析测试中心、职业卫生分析测试评价中心的作用，坚定不移地推进服务山东和对外技术服务计划。2004年，卫生分析测试中心、职业卫生分析测试评价中心分别通过评估，获得了资质认证，2005年对2个中心的管理体制和内部运行机制的改革作了进一步的探索，并为卫生分析测试中心配备了专职人员；2个中心共承接、完成对外服务项目收入110多万元。11月，国家营养协会营养师培训基地又获准通过，并开始了培训工作。

五、对外交流与合作

在巩固2004年国际合作年工作的基础上，我院在以下五个方面取得了进展：一是与瑞典卡洛琳斯卡医学院联合举办的网络课程班进展顺利，并派出一名教师去该校进修；二是先后邀请波士顿华埠社区中心Lilla Rhys Gardiner女士、美国辛辛那提大学Patrick Tso教授、我国台湾义守大学医务管理学系应纯哲博士以及海外知名校友张杰博士、张治平博士、吴铁坚博士、王耀兵博士等访问公共卫生学院，开展学术交流；三是先后选派6名教师去国外进修学习，或在国内高水平大学的博士后流动站工作，其中，4名教师在国外进修学习时间在一年以上；四是进一步加强了和世界卫生组织的联系与合作，并获得世界卫生组织的研究课题 1 项；五是在国内校际交流方面，学院领导先后出访 10 余所兄弟院校的公共卫生学院，并接待国内来访专家学者 20 余人次。通过以上工作，加强了沟通，交流了经验，开阔了视野，在国内外合作的深度和广度上都取得了新的进展。

六、学生工作

2005 年，学生工作坚持贯彻全方位育人、全员育人、全过程育人的思想，继续落实完善兼职班主任制度、院领导联系学生班级制度，主要是围绕着加强党团建设与思想政治工作，开展社区服务，拓展学生素质，规范班级管理，创建平安校园，积极搭建平台强化就业指导，关注特困生问题和学生心理问题，突出个性化服务等方面的工作。一年中，组织学生开展了迎接本科教学评估、建设平安校园和新生入学教育等一系列专题教育活动，举办了公共卫生学院首届体育运动会、“新生杯”篮球赛、排球赛、“12·9”拔河比赛、师生元旦晚会等丰富多彩的校园文化活动；修订、制定了《本科生综合测评办法加分细则》、《综合测评减分细则》、《辅导员（班主任）工作规范》、《优秀实习生评比办法》、《推免研究生工作程序》、《学生党员发展程序与细则》、《安全卫生评比制度》等规章制度，实现了年初提出的“三个确保，四个提高”的目标。考研录取率达到 54%，比 2004 年提高 4 个百分点；本科就业率达到了 94.7%，比 2004 年提高 2.7 个百分点，研究生就业率 100%；学生违纪率降低为零。我院组织的暑期社会实践队被列为校骨干队。在学校科技创新活动获校二等奖，在“成材杯”知识竞赛活动中获优秀组织奖。

七、继续教育工作

2005 年，招收公共卫生硕士班 54 人，高校教师在职攻读硕士班 22 人，同等学力新注册 17 人；招收函大学员 200 人。针对继续教育生源萎缩的问题，学院一方面在充分论证的基础上申报了网络教育专业，并制定了详细的教学计划和招生筹备工作；另一方面加大对目前开设的函授教育和 MPH 学位班的宣传力度，先后到临沂、菏泽和通辽市等地组织生源，并分别组织了 MPH 和函大考前辅导班。

八、行政管理与工会、老干部工作

完成了研究所、中心的换届调整工作，制定了新一届研究所、中心负责人目标责任书，成立了研究生工作办公室，配备了专职人员，加强了继续教育办公室的力量，成立了实验室管理中心，对实验室管理体制进行了改革。

加强对工会工作的领导，充分发挥工会组织在参政议政、建设发展、凝聚人心和创建和谐学院中的作用。2005 年发展新会员 3 名，组织开展了“爱心助学”、“慈心一日捐”、“真心奉献，真情传递”振兴农村教育等爱心捐助活动，累计捐款 9200 多元，捐赠图书 1000 余册；组织了全院教职工去临沂地区蒙山的参观考察活动，组织参加了学校举办的 2005 届运动会，校工会举办的乒乓球比赛，校妇委会举办的跳绳、踢毽子比赛等群众性文化体育活动，并取得了较好成绩。

学院重视离退休老干部工作，关心离退休人员生活，注重发挥离退休人员的作用。进一步建立和完善了向离退休人员通报学院工作的制度、重大节日走访慰问制度、老干部患病探望制度等一系列规章制度，及时把组织的关心送到老干部身边，并悉心听取老同志对学院建设发展的意见和建议。

九、党的建设与思想政治工作

保持共产党员先进性教育活动扎实有效。按照学校党委的总体部署，2005 年下半年集中开展了保持共产党员先进性教育活动，整个活动宣传发动深入广泛，措施安排落实到位，党员群众态度认真，教育活动成效显著。围绕这一活动的开展，学院党委向全体党员提出了“树形象，促发展”的要求，在全体党员中开展了“创建和谐学院，党员带头争先”主题实践活动，在全体学生党员中开展了“倡导节约，反对浪费”主题实践活动，召开全体党员大会 8 次，集中学习时间均在 48 学时以上，邀请省高校工委田建国书记为全体党员作了辅导报告，并组织了全体教职工党员和部分学生党员代表参加的西柏坡考察学习活动，广大党员认真学习指定的学习材料，认真撰写读书笔记，深入开展谈心活动，广泛听取大家的意见和建议，绝大多数党员的党性剖析材料问题找得准、原因分析透、努力方向明、整改措施实，党员之间批评与自我批评态度诚恳。在已经结束的学习动员和分析评议阶段的民主测评中，党员群众的满意和基本满意率都达到了 100％。为了真正使保持共产党员先进性教育活动成为党员群众的满意工程，更好地集中大家的智慧，促进学院的发展，在整改提高阶段召开了学院改革发展研讨会，针对学院目前存在的问题提出了整改方案，目前的整改工作已经取得了部分成果，受到了广大师生的好评。通过这一活动的开展，党组织的创造力、凝聚力、战斗力明显增强，党员的先锋模范作用更加突出。

2005 年的工作取得了很大成绩，但也存在着许多问题和不足。其主要表现在以下几个方面：一是人才建设没有取得明显突破，顶尖人才缺乏依然是困扰我们发展的关键因素；二是学科建设依然面临着较大压力，特别是面临明年重点学科评估的形势，我们还没有足够的把握；三是在科学研究的重大课题、重大项目方面还没有重大的突破，科研成果的转化率和对经济社会发展支持的力度不够；四是本专科成人教育生源萎缩的趋势明显加快；五是办学的房舍资源条件与迅速发展学科建设、研究生招生数量不断扩大的矛盾更加突出等等。在以上诸多问题中，人才问题和资源条件问题最为突出。

（李士保）

护理学院

2005 年，护理学院专业和建制不变，党政领导班子由 7 人组成。娄凤兰同志任院长，周德元同志任党委书记。

学院在职人员 52 人。专任教师 26 人，其中教授 2 人，副教授 10 人，硕士生导师 6 人，兼职博士生导师 1 人。2005 年学院招生 160 人，其中博士生 1 人，硕士生 6 人，本科生 93 人，专升本 60 人。2005 年应届毕业生 137 人，其中硕士生 5 人，本科生 82 人，高职生 50 人，一次就业率达到 95.6%，位居学校前列。截至 9 月底，学院全日制在校生 856 人，继续教育在校生 2137 人。

一、党政管理

2005 年，护理学院党政领导班子以实现“三个提升”和“三大战略”为发展目标，围绕“教学质量年”这一主题，以保持共产党员先进性教育活动为动力，扎实、有效地开展各项工作。通过保持共产党员先进教育活动，提高理论水平，强化党员意识，坚定宗旨观念，发挥模范作用，增强了党组织的凝聚力和战斗力，提高了党政领导班子成员的领导水平、管理水平、自律能力、决策能力，促进了学院各项制度建设，使教学、科研、行政管理更加科学化、规范化。

二、学科建设

学院重视优秀人才的培养和引进工作。2005 年，学院派出到国外、境外访问学者 3 人；现有教师中已获博士、硕士学位人员占 64.5%，比 2004 年同期提高了 8.5%，正在攻读博士、硕士学位的教师达到 38.7%；1 名教师首次进入学校出国留学进修计划，整体师资队伍学历结构、年龄结构、学缘结构得到进一步优化。特聘流动岗教师瑞典卡罗琳斯卡医学院徐大为博士来院短期工作，继续指导筹建健康与衰老研究实验室，建立荧克量 pck 测定端粒长度的方法，指导研究生在学科建设上发挥了重要作用。

2005 年，学院承担在研课题 12 项，其中国家自然科学基金课题 1 项，省自然科学基金课题 1 项，省教育厅教研课题 2 项，科研课题 1 项，省卫生厅科研课题 3 项。发表核心期刊文章达到（教师）人均 1.5 篇，在数量和质量上逐年提高。

2005 年，学院争取和落实实验室建设经费 90 万元。其中，落实 2004 年实验室建设项目60万元，健康与衰老实验室建设经费20万元，研究生公共实验教学平台建设项目10万元。承担省级实验室研究课题2项。编写并出版《护理学基础实验教程》1部，主编、副主编基础护理操作技能视听教材4部、国家职业医师实施技能视听教材1部。基础护理操作技能视听教材获山东省教育学会影像教育专业委员会网络教学成果二等奖。

三、教学工作

2005年，我院围绕着致力于培养中国最优秀本科生的目标，抓住"教学质量年"这一主题，以本科教学水平评估工作为契机，坚持评建结合、巩固优势、凝结特色、找出不足、全面建设。完善教学管理制度，规范教学管理环节，制定了《护理学院本科教学管理工作规程》、《护理学院教师开设新课程的规定》、《护理学院本科实习管理工作程序》等10项教学管理规定和制度。实施了督导组听课、任课老师填写教学记录表、学生填写教室日志等教学质量监控措施。拓展学生"三种经历"的交流渠道，2005年暑期同香港理工大学护理学院进行了第三批学生互派交流学习，经过为期六周的学习，两院32名学生感受到了不同的教学理念、教学风格和教学方法，开拓了学生的视野，收到了良好的效果。选送部分学生到北京、上海、青岛等五所综合大医院实习，并同学生就业相衔接，效果显著，受到学生和用人单位的赞扬。开拓了社区实习基地，强化了学生社会实践能力，提高了学生服务社区的职业责任感。在专升本毕业学生中进行实习改革，开辟血液净化专科护理技能实习，获省医学会血液净化职业委员颁发的《血液净化专业护理技能证书》，为学生就业提供了更多优势。2005年被评为本科教学评估档案资料整理示范学院。主编（副主编）全国统编教材5部，在教材建设上取得一定成绩。

四、学生工作

学院加强学生工作队伍建设，配备责任心强、热爱学生工作的教师和管理人员兼做班主任工作，形成了一支专兼职高素质的学生工作队伍，努力构建一支研究、创新型的辅导员团队。为提高就业竞争力，推进大学生素质拓展计划进行，学院协同残疾人联合会举办了手语培训班；举办了首届"庆5·12"护理技能操作大赛；创建组织"5·12论坛"学术文化活动等多类教育活动和培训班，全年举办了21场讲座。在第九届"挑战杯"活动中获一等奖1项、二等奖3项。首届学生创新成果展获优秀组织单位奖。2005年度暑期社会实践获省级暑期社会实践活动优秀指导者1人、社会实践优秀学生1人，获学校暑期社会实践活动优秀服务队1支，优秀调查报告一等奖1篇、二等奖2篇、三等奖6篇。2005年获国家奖学金8人，校长奖学金1人，优秀学生一等奖学金20人。全年学生获各类奖学金近24万元。应届毕业生就业率达到96.41%，获"山东大学学生就业指导先进单位"称号。

五、对外交流

2005年，学院对外交流合作取得新进展，同美国华盛顿大学护理学院就学术交流和教师互访达成协议；同香港理工大学护理学院实施学生互访并建立了网上视频授课系统，开设了“健康咨询”、“中医疗法”两门课程；同瑞典卡罗琳斯卡大学进行学者互访，瑞方 2 名学者来我院为期 10 天的交流加强了了解和友谊；瑞典卡罗琳斯卡医学研究中心的明雨博士应我院邀请进行了为期一周的讲学。美国佛罗里达大学终身教授刘臣博士来我院进行为期 5 天的学者访问，就科研合作达成初步合作计划。英国苏格兰 GCU 大学的 Barbara A. Parfitt 教授、世界卫生组织护理协作中心总干事，应邀来我院进行了为期一周的访问考察，对护理研究的医学模式、护理国际合作的焦点、社区护理的发展、护理师资培养等方面进行了研讨。2005 年，学院接待来自 4 个国家 1 个地区的学者、专家、学生 69 人次，进行学术讲座 18 场次，组织医院参观 15 次，会谈 11 次，座谈会 12 次。通过交流建立了友谊，加强了合作，促进了发展。

（王建平）

医学院

2005年，医学院坚持以邓小平理论和“三个代表”重要思想为指导，以科学发展观统领工作全局，把本科教学工作水平评估和保持共产党员先进性教育活动作为全院工作的重心，各项工作卓有成效地开展。

一、教学工作

（一）本科教学

2005年是我校的教学质量年，迎接教育部本科教学评估是本年度本科教学的中心工作。为此，医学院成立了以张运院长为组长的医学院教学质量年领导小组，认真开展各项迎评准备工作。在教学管理工作中，医学院对原有规章制度进行了梳理，针对各教学环节修订和新制定了20余项规章制度，修订了基础医学和临床医学课程的教学大纲，按教育部本科评估要求整理和充实了医学院教学档案。医学院先后制定了《山东大学医学院本科教学水平评估研究所（室）指标体系》、《山东大学医学院研究所（室）教学档案整理基本要求》、《山东大学医学院试卷整改基本要求》、《山东大学医学院教案基本要求》和《山东大学医学院研究所（室）网站建设基本标准》等文件，要求各研究所（室）按标准进行建设，以加强教学建设和教学管理。医学院组织院内专家对各研究所（室）的上述内容进行了三次大检查，既有力配合了本科教学评估，也加强了各研究所（室）的教学管理工作。

继续大力推进临床教学改革。健全临床教学基层组织，对齐鲁医院、省立医院、第二医院、千佛山医院、济南市中心医院、省精神卫生中心和济南市传染病医院的各学科教研室进行了调整和充实，重新任命了教研室主任、副主任。在此基础上，按研究生培养的二级学科，建立了内科学、外科学、妇产科学、儿科学等10个临床二级学科研究所，选举产生了所长和副所长，以加强各医院间统一教学标准、统一出题及统一阅卷等教学问题，同时负责学科建设和研究生工作。加强临床师资队伍建设，2005年，医学院与受聘的临床教师签订了责任书，对部分教师进行了教学培训。进一步深化齐鲁医院试行的整体化临床教学改革。整体化临床教学改革将理论课、见习和实习同时进行，增加了学生接触临床的机会，强化了临床思维，纠正了理论与实践脱节的弊端。同时有效地缓解了考研和就业对临床实习的冲击，提高了临床教学质量。建设现代化的临床技能培训中心。2005年学校和两个附属医院共投入1400万元经费分别在西校区和第二医院建设了两个临床技能培训中心，面积共1170平方米，可满足对现有医学生进行临床思维训练和临床基本技能培训的需求。引进标准化病人。标准化病人是指经过训练可恒定、准确地表现病人临床症状的健康人。由于标准化病人集演员、评分员和教员三种功能于一体，非常有利于训练学生的医患沟通能力、问诊能力和体格检查能力，在临床实践教学中发挥着重要作用。经自愿报名、培训和考核，医学院聘任了54名志愿者为临床教学标准化病人，并举行了聘任典礼。进一步提升山东大学第二医院的教学水平。2005年在对第二医院的教学管理和教学条件建设进行了三次督促检查的基础上，将一个班的六年制临床医学专业的学生派往第二医院实习。

进一步加强双语教学。学院出台了《山东大学医学院关于加强本科生双语教学工作的实施意见》，举办了"第四届青年教师英语讲课比赛"。在基础医学课程中，各学科普遍开展了双语教学，全面选用了英文教材，其中80%的为英文原版教材，部分学科自编并正式出版了英文教材。在齐鲁医院和省立医院，内、外、妇、儿科等临床教师采用了英文查房，医学院为齐鲁医院和省立医院的15门临床课程配备了英文原版教材。济南市中心医院积极推进英语查房，开展了"海尔杯"英语查房比赛。2005年医学院已有20门主干课程达到了双语教学的要求，占学院开设课程总数的44%。

加强精品课程和教材建设，2005年，"诊断学"成为国家级精品课程，"妇产科学"成为山东省精品课程。在全国医药教材建设研究会2005年学术年会上，我院教师主编的《诊断学》和《组织学与胚胎学》被卫生部教材办公室授予全国优秀医学教材奖。

教学改革成绩显著。2005年，于修平等完成的"基础医学融合性实验教学课程体系改革"获国家级教学成果二等奖，于修平等完成的"基础医学融合性实验教学课程体系改革"、高英茂等完成的"组织学与胚胎学多层次立体化教材建设的探索和实践"获山东省教学成果一等奖。

（二）研究生教育

加强学位点建设，临床医学一级学科博士点申报成功。至此，医学院所属的基础医学、临床医学、生物学（Ⅲ）、生物医学工程4个一级学科全部成为博士学位授权点。

提高研究生毕业论文质量。2004年推荐的论文中有1篇获全国优秀博士学位论文奖，实现我校医学学科全国优秀博士学位论文奖"零"的突破。4篇博士生论文获山东省优秀博士论文奖，5篇获山东省优秀硕士生论文奖。2005年度评审、推荐了42篇博士、硕士研究生学位论文参加全国、省及校级优秀学位论文的评选（包括参评全国优秀博士论文3篇，山东省优秀博士论文14篇，山东省优秀硕士论文13篇，山东大学优秀博士学位论文12篇），其中4篇博士论文获山东大学优秀博士学位论文奖。

认真做好研究生招生、毕业工作。2005年医学院188人获博士学位，其中统招博士153人，在职申请临床医学博士专业学位及同等学力人员博士学位人员35人。526人获硕士学位，包括统招硕士310人，七年制20人，同等学力申请硕士学位人员196人。2005年，医学院录取硕士研究生435名、博士研究生177名。

提高研究生培养质量，全面落实《山东大学研究生教育创新计划》。完善研究生培养的导师资助制和负责制，推行助研、助教和助管岗位制，博士生招生与导师科研经费、设立助研岗位挂钩。深化招生和选拔制度改革，增加硕—博士连续培养数量。调整和完善研究生培养的弹性学制，提高硕士研究生培养效率。推进与科研机构和国内外友好高校的合作，研究生访学、访研数量明显增加。为博士生开设“生物医学论文英文写作”课程，提高学生用英语写作科研论文的能力。

加强研究生在职教育工作。2005 年有 165 名同等学力申请硕士学位人员、40 名申请临床医学硕士专业学位人员通过资格审核并注册。在临沂市委党校和新汶矿业集团联合开设了 2 个研究生课程进修班，分别有 74 人和 61 人入学。

（三）留学生教育和成人教育

加强留学生教学管理工作，继续扩大英语医学留学生规模。修订留学生教学管理规定和教学计划，完善了考勤、考试、学籍、实习等各项规章制度，确保留学生教学正规化、有序化。2005 年，医学院共招收留学生 52 人，2005 年底我院留学生人数达到 177 人。

2005 年成人教育毕业学生 1483 人，其中脱产班 450 人，业余班 1033 人。完成自学考试实验环节 4329 人次的生理、生化、药理、病理学考核考试工作。

申请山东省执业医师培训中心获得批准。第一期培训班开学，招收学生 63 人。

二、科研工作

2005 年，医学院获得国家自然科学基金项目 4 项，山东省中青年科学家项目 3 项，山东省中医药科技计划项目 8 项，山东省医药卫生科技发展计划项目 8 项、青年基金项目 8 项，国家外专局和教育部聘请外国专家重点项目资助 3 项，山东大学“985 工程”引进国外智力专项项目资助 3 项。刘传勇、郝爱军获得“第二批山东省卫生系统杰出学科带头人和中青年重点科技人才”称号，并获得资助。中青年教师获得资助力度明显增加。

2005 年，医学院教师获山东省科技进步三等奖 2 项，山东省软科学优秀成果一等奖 1 项。8 项课题通过专家鉴定，7 项专利获得批准。

2005 年，医学院发表 SCI 论文 35 篇，EI 论文 2 篇。

三、学科与实验室建设

2005 年是“985”二期工程全面启动和进行基础建设的重要一年，本年度主要工作是进一步凝练科研思路，根据计划和预算进行了大型仪器设备的论证、招标和采购工作。

成功组织并顺利通过教育部对“实验畸形学教育部重点实验室”的中期评估，评估结果为“良好”。

医学影像学专业是我院的新办专业，为加强建设，制定了《山东大学医学院医学影像学专业发展规划》，投资 350 余万元建立了实验核医学教学实验室。

组织教学实验室，申报 2005 年实验室建设项目 16 项，获得建设经费 278.75 万元；软件项目 54 项，获得经费 30.4 万元。

四、师资队伍建设

2005 年新进职工 7 人，其中博士 2 人，硕士 1 人，本科 2 人，保留资格研究生 2 人；引进内科学岗位“泰山学者”陈哲宇教授 1 人。

加大青年骨干教师培养力度，积极推进青年教师“三种经历”。2005 年，国家留学基金委及其他出国研修项目录取医学院各类出国人员 16 名，其中国家留学基金委全额资助人员 2 名，高校基础课项目 3 名，青年骨干教师出国研修项目 9 名，省自筹经费项目 2 名，肯塔基交换项目 2 名。

进一步加强博士后流动站建设。2005 年在站博士后人员达到 35 人。

五、国内外交流与合作

美国 Baylor 医学院对我院进行了高层访问，双方就合作事宜进行了会谈，并签订了合作备忘录。美国 Kentucky 访学生在医学院进行了为期 3 周的学习和生活，为两校学生互访营造了一个良好开端。

2005 年来访我院的海外学者 54 人，组织学术讲座（研究生前沿讲座）60 场，累计 2 万人次参加了学术讲座；海外教授为我院本科生或研究生上课 90 余学时，并开展了指导研究生及青年教师课题设计，参加研究生答辩等工作。

成功组织“生命伦理学国际学术研讨会”。组团赴香港地区参加了“第八届海峡两岸暨香港地区医学教育研讨会”。

六、党建和学生教育管理工作

按照学校党委的统一部署，医学院党委精心准备，细致筹划，扎扎实实地开展了保持共产党员先进性教育活动。党员参学率高，党员和群众满意率和基本满意率百分之百，实现了提高党员素质、加强基层组织、服务师生员工、促进各项工作的目标要求。开展了医学院第二届“优秀教师”、“优秀青年教师”和“优秀带教教师”评选活动，表彰了荣获“山东高校十大优秀教师”称号的孙汶生教授及获得医学院第二届“优秀教师”、“优秀青年教师”和“优秀带教教师”称号的 20 名教师。认真贯彻落实《中共山东大学委员会关于进一步加强和改进大学生思想政治教育的实施意见》，为 28 个学生班级配备了兼职班主任。深化“五心”教育活动，做好经济困难学生的资助工作。医学院统筹规划国家奖学金、国家助学金、国家无息贷款、教育部伙食补助、减免学费、各类社会奖助学金以及各项学生临时困难补助的分配和发放，把好审核和公示关，共为近 2000 人次贫困生发放各类勤、贷、救助款项 200 余万元。高度重视学生的心理健康教育工作。加强毕业生就业指导，确保毕业生初次就业率达到 90%。2005 年有 5 名学生获得“山东省优秀学生”称号，1 名学生获得“山东省优秀学生干部”称号。

（赵福昌　芦宗玉）

药学院

药学院设有药学、制药工程和临床药学 3 个系，下设 6 个研究所（药物化学研究所、药物制剂研究所、新药药理研究所、药物分析研究所、生药学研究所、生化与生物技术研究所）、6 个中心（山东省糖工程中心、山东省中药标准工程中心、药物分析测试中心、山东大学执业药师培训中心、新药安全评价中心、山大医药科技研发中心）、1 个学术创新团队以及卫生部临床药师培训基地和药物化学山东省重点学科。其中，山东省糖工程中心和卫生部临床药师培训基地为 2005 年新上机构。

学院设院长 1 人、副院长 3 人，副校长娄红祥教授兼任院长，分党委设书记 1 人，副书记 1 人，侯庆全研究员任书记。学院现有教职工 111 人，其中教授 31 人，副教授 27 人，博士生导师 8 人。教师中具有博士学位和在读博士学位人员达 60%以上。有国家级突出贡献的中青年专家 1 名，享受国务院政府特殊津贴专家 7 名。

学院拥有药学博士后科研流动站，药学学科一级博士点，覆盖了药学的全部（6 个）二级学科，拥有药学、制药工程、临床药学 3 个专业。

一、教学工作

（一）本科教学工作

2005 年是我校教学工作质量年，也是迎接教育部本科教学评估的关键年。学院紧紧围绕提高教学质量这一主题，深化教学改革，突出办学特色，不断提升教学质量和办学水平。

一年中，在全院师生共同努力下，不仅以优异的成绩顺利通过教育部本科教学工作水平评估，而且先后建立健全了一系列教学管理规章制度，重点加强了课堂教学、实验教学和毕业论文、实习等培养过程的质量监管与质量保障体系建设；积极推进七年制临床药学专业实施双语教学，拨出专项经费 2 万元培育院级精品课程；大力加强教材建设，对七年制临床药学专业《内科及药物治疗学》等系列教材进行定稿，并全面修订了各专业新版教学大纲、实验教学大纲和教学计划；举办青年教师讲课比赛，促进教师教学水平和质量的提高；大力推进专业素质教育，全年开设药学大讲堂和暑期学校系列讲座 25 场，新拓展实践基地 3 处。这些改革措施，极大地推动了学院素质教育的发展和教学质量的提高。

2005 年，学院不仅完成了已经立项的 281 万元实验室建设任务，而且新申请到位 161.1 万元实验建设经费，其中，基础教学实验室 78.1 万元，专业教学实验室 85 万元。设立开放创新实验项目 80 余项；获得学校实验室软件建设项目 12 项，到位经费 8.8 万元，其中 4 项被列为省级实验教学研究课题；成功开发出制药工程仿真模拟片剂车间的实验操作软件。获得学校教学成果奖 6 项，其中，一等奖 1 项，二等奖 3 项，优秀奖 2 项。另外，我院承担的药学专业省级教学改革试点专业项目，通过省教育厅验收鉴定，并获山东省教学成果三等奖。

2005 年，学院在校本科生 543 人，招收本科生 144 人，毕业本科生 170 人，本科生一次毕业率 100％，考研率 49.41％，学位授予率 96.05％。

（二）研究生教育

认真执行新的研究生培养方案，加强全日制研究生培养教育。先后有 7 名硕士研究生获得了不同层次的奖学金，2 名博士研究生获得校长奖学金；有 1 篇硕士论文和 1 篇博士论文被推荐为省级优秀论文。2005 年学院在校研究生 190 人，其中硕士 159 人，博士 31 人；招收硕士生 55 人，博士生 18 人（含直博生 6 人）；毕业硕士 26 人，博士 1 人。

在在职研究生培养过程中，学院根据全国制药工程硕士培养要求，重新修订了制药工程硕士培养方案；对制药工程硕士培养实行双导师制，制定了兼职工程硕士导师聘任办法，评聘了 7 名兼职工程硕士导师。2005 年招收制药工程硕士 60 人，高校教师硕士 2 人；新开研究生课程班 3 个，学生 71 人，其中鲁南 30 人，合肥 20 人，济南 21 人；与齐鲁石化医院集团签订了合办研究生课程班的协议并开班。2005 年在职研究生培养共收入 114.7 万元。

（三）继续教育工作

2005 年，药学函授招生 797 名，其中本科生 196 名，专科生 601 名；毕业 906 名，其中本科生 255 名，专科生 651 名。完成执业药师继续教育培训 1800 余人；与济南市食品药品监督管理局联合承办执业药师考前辅导 200 人。在青岛卫校、莱阳卫校、临沂卫校、枣庄卫校增设药学本科函授并开始招生。组织筹建的“山东大学临床药师培训基地”获准招生。顺利通过山东省成人高等教育评估工作。全年创收收入 400 万元，其中函授收入 360 万元，执业药师培训 40 万元。

二、科学研究与学术交流

2005 年，学院承担各类科研课题共计 102 项，实到科研经费共计 701.27 万元。其中在研纵向科研项目 69 项（其中：国家自然基金 18 项，国家“973”子课题项目 2 项，国际合作重点项目 1 项，省部级重点科研项目 4 项，省部课题 16 项，厅局级、校级课题 28 项），实到科研经费 209.2 万元。2005 年度新上纵向科研项目 40 项（其中：国家自然基金 4 项，国家“973”子课题项目 2 项，省部级科研项目 5 项，其他科研项目 29 项），科研合同经费 358.5 万元。承担各类横向课题共计 33 项，实到横向科研经费 132.07 万元，分析测试中心技术服务 50 万元，新药安评中心技术开发与服务 260 万元，药物研发中心技术开发 50 万元，合计经费：492.07 万元。

2005年，学院共发表学术论文123篇。其中SCI收录论文46篇（其中非第一单位14篇），EI收录论文7篇，核心期刊论文70篇。主编著作与教材2部，参编6部。获得国家发明专利7项（申请专利10余项）。

2005年，学院先后与英国Bath大学、瑞士日内瓦大学、日本和歌山大学、日本东京大学、比利时鲁汶大学等药学学科建立了实质性科研合作、教师和研究生的互访交流。邀请国内外知名学者、专家来药学院作学术报告和交流15人次。圆满完成“山东大学全国博士生学术论坛药学分论坛”会议的组织工作。

三、学科与师资队伍建设

学院成功申报和获准成立“山东省糖技术工程中心”，获得50万元经费资助。成功申报“山东省药物化学重点学科”为首批增列山东省高等学校“十五”重点强化建设学科。

学院按照自身培养与人才引进并重的原则，进一步强化师资队伍建设与管理，采取一系列措施，加快提高教师的全面素质和学术水平。共接收新进人员7人，其中从国外引进人才4名。有2名青年教师出国学习，2名青年教师获得博士学位，9名青年教师正在攻读博士学位。新进博士后人员3人，在站博士后人数达到6人。

四、学生工作

学院围绕学生培养目标，全方位提升学生综合素质，使学生工作取得了显著成绩。

在学校组织的“五四”学术论文评比、大学生科技成果竞赛、“挑战杯”创业计划竞赛等活动中，获特等奖、一等奖及其他奖10余项。在山东省“繁星调研计划”中，药学院学生成绩突出，获省委宣传部等部门表彰的一等奖2名（全校共4名），二等奖2名。在青年志愿者活动中，学院组织的“服务山东菏泽行”博士科技服务团成绩显著，山东电视台、《菏泽日报》等新闻媒体均给予了报道。

在其他方面，学院的学生工作也取得累累硕果：药学院暑假社会实践服务队获得“山东省优秀社会实践服务队”称号；2003级七年制临床药学班先后被评为“山东省优秀班集体”、山东大学十佳团支部、优秀班集体；1人被评为“山东省社会实践活动优秀指导者”，马淑涛、张典瑞、李雨嘉被评为校级优秀指导者；1人获“山东大学大学生科技创新活动优秀指导者”称号。学生个人获国家奖学金8人次，16人次获得“山东省优秀学生”、“优秀毕业生”等称号，2人获校长奖学金，231人获山东大学优秀学生奖学金及其他荣誉称号。

（徐　东）

管理学院

2005 年，学院设有工商管理系、市场营销系、会计学系、旅游管理系、管理科学与工程系和信息管理系 6 个系，内含工商管理、国际商务、市场营销、人力资源管理、会计学、旅游管理、信息管理与信息系统、电子商务、物流管理、管理科学、工业工程、工程管理和图书馆学 13 个本科专业；拥有企业管理和管理科学与工程（本年新增）两个博士点，三个一级学科，还有工商管理硕士（MBA）、工程硕士两个专业硕士点。

学院设院长 1 人，副院长 3 人，徐向艺教授任院长。院党委设书记 1 人，副书记 2 人，左金朝研究员任书记。本院有教职工 165 人，其中教授 26 人，副教授 67 人，其他高级职称 4 人。

截至 2005 年底学院有博士研究生、硕士研究生、本科生以及各类继续教育学生 7000 余人，其中博士研究生 80 余人，硕士研究生 415 人，工商管理硕士普通 MBA 357 人，EMBA 322 人，本科生 3000 余人。

一、教学工作

学院致力于教学改革和学科建设，以教学评估为主线，加强本科和继续教育教学建设和教学管理，全面提升了教学质量。

2005 年是山东大学教学质量年和本科教学水平工作评估年。为加强本科教学评估组织工作，学院成立了本科教学评估领导小组、专家组和工作小组，对全院教师、学生进行了广泛动员与宣传。学院组织了 10 个课堂教学检查小组，检查了 30 多门课程的教学，全面整理了教学管理文件和教学档案，先后三次接受了学校专家组内部评估。教育部专家组进校后，抽查了我院 100 多份论文，抽查了 2 门课程的授课情况，听取了学院本科教学工作汇报，考察了我院实验中心，检查了学院教学档案，专家组对我院本科教学工作给予了高度评价，为学校顺利通过本科教学评估作出了贡献。

在课程建设方面，学院拨出专项经费，建立管理学院精品课程体系。学院投入近 40 万元，以立项形式资助 36 门课程进行精品课程建设，成立专门的工作小组进行了验收，初步形成了管理学院的精品课程体系，并取得较好成绩。

2005 年，本院完成了教育部教学改革项目“工商管理专业基础课、专业基础课和其他相关课程研究”课题，并通过了教育部专家组的验收；完成了山东省教学改革试点专业“工商管理专业教学改革实践与探索研究”课题，并通过了山东省教育厅专家鉴定验收，被评为国内领先水平；我院教学研究成果获得了山东省优秀教学成果一等奖、二等奖各12项。还有一项成果获山东大学教学成果一等奖；有两门课程（网络营销、计算机网络技术）获“山东省精品课程”称号，有三门课程获“山东大学精品课程”称号；获得了一项省教育厅教学研究立项项目和山东大学教学研究重大资助项目，与教务处、国际合作交流处联合获得了一项山东省教学研究重大立项项目和山东大学教学研究资助项目。

在教材建设方面，继续与山东人民出版社合作，出版“21世纪管理系列教材”，2005年已出版8门，2006年计划出版6门。学院组织力量积极申报国家“十一五”规划教材，共有8门课程参与申报。

继续教育持续发展。在函授教育方面，为配合迎接山东省教育厅的函授教学评估，对各类教学文件进行了整理、归类、存档，进一步完善了规章制度。在教学评估中，作为被检查的重点学院，获得了省教育厅专家组的好评。在自考工作方面，2005年招生160名，使在校自考生达310名。对自考教育加大了管理力度，注重教育质量和规范化管理，使自考教育工作持续稳定发展。

二、研究生工作

学院召开了研究生工作会议，加强研究生导师业务研讨与培训，强化了学生对教师教学质量和教师指导工作的评估，坚持对全部学位论文进行双向匿名评审工作，强化对论文答辩过程的规范化管理，使研究生培养质量有显著提高。我院博士、硕士生共有45人次获得了各类奖学金。2005年，全日制硕士研究生共有85人毕业并获硕士学位；博士研究生有2人参加毕业答辩并获博士学位；MBA有171人参加毕业答辩，有139人通过并获硕士学位。研究生中有3人获得资助出国访学。承担了学校研究生2项教材立项。学院2005年招收录取博士研究生23人，硕士研究生139人，全国统考MBA 151人，经贸MBA 102人。完成了2005年硕士生免试推荐接收工作，共计接收免试推荐研究生48人。在职研究生教育共招生694人，其中工业工程硕士26人，高校教师攻读硕士学位人员65人，MBA研修班和研究生课程班603人。

修订和完善研究生培养管理制度。修订和制订的管理制度有《研究生经费使用办法》、《研究生教学评估与导师职责》、《MBA培养方案》、《MBA任课教师基本要求》等，这些管理文件的制定与执行，进一步促进了研究生管理工作的规范化。

三、师资队伍建设与学科建设

学院改善人才成长环境，采取多种措施，进一步优化吸引人才、留住人才、用好人才的用人机制。全年招聘了4名具有博士学位的青年教师。在职教师中有3位青年教师考取攻读博士学位，使我院在职攻读博士学位教师达28人。有7名教师通过各种途径赴英国、美国、加拿大等国家访学或攻读博士学位。聘请了济钢集团总经理李长顺等七人为第二批MBA兼职导师。

加强师资队伍和管理队伍培训。2005年派出参加各类培训班和教学观摩的教师10

人次。举办了研究生导师培训班，有 60 多位研究生导师参加了培训。机关管理人员有 6 人次赴上海交通大学、复旦大学、浙江大学三所高校进行考察学习，促进了机关人员管理水平的提高。

学院加强学科建设卓有成效。学院优化学术团队，整合学科资源，成功申报了“管理科学与工程”一级学科博士点并获得批准。我院“985”二期学科建设立项现代企业管理创新研究基地获得学校 50 万元、学院配套 50 万元共 100 万元的经费资助，“985”二期重点项目“现代企业管理创新研究丛书”正式启动，已出版学术专著 2 部。

四、学术交流和科研工作

在学术交流活动方面。全年邀请了国内外知名专家和企业家举办 46 场高水平学术报告，境外学者举办学术报告 5 人次。有 45 人次受学院资助或其他途径参加国内重要学术会议。举办了第三届“山大·将军高级管理论坛”，论坛邀请了国家国资委信息中心主任助理王绪君博士、国内著名的企业家（济南钢铁集团总公司党委书记李长顺总经理、海信集团有限公司董事长周厚健总裁等）和国内知名的学者分别就“国有企业改革的进展与展望”、“技术创新与人才成长”、“循环经济——可持续发展的必由之路”和“上市公司利润操纵政策引导”的专题作了内容丰富的报告。承办了“全国信息管理与信息系统高级研修班”，山东大学管理学院院长徐向艺教授，中国信息经济学会理事长、中国人民大学信息学院陈禹教授，清华大学经济管理学院常务副院长陈国青教授及研修班各位代表出席了此次活动。研修班对于信息管理与信息系统专业的发展与学科建设的提高具有重要意义。承办了“全国市场学会年会暨学术讨论会”，联合承办了“山东省经营管理研究会 2005 年年会暨学术研讨会”，主办了“全国创新管理理论研讨会”，承办了四省高校案例教学研讨会。

科研成果和水平持续攀升。通过建立激励机制，推动了学院科研工作开展和水平的提升。学院教师在 A 类学术刊物发表学术论文 9 篇，B 类 39 篇，CSSCI 8 篇；出版学术专著 12 部；新增省级以上纵向科研项目 20 项，其中获教育部人文社科基金项目 5 项；编辑并公开出版了我院教师撰写的《现代企业管理理论与方法》专集；组织编辑并出版《21 世纪管理类专业教材丛书》共 10 部，其他教材及出版物总计 22 部。获山东省软科学优秀成果一等奖 1 项，山东省优秀社会科学成果二等奖 2 项。

五、国际合作与交流

2005 年，学院国际合作与交流工作全面开展。学院与韩国观光产业学会在山东省威海市共同举办了“中韩 2005 年第三届国际旅游学术大会”；经过与澳大利亚科廷大学和省内有关部门进一步洽谈，硕士课程班的举办资格取得一定进展；台湾高雄大学黄英忠校长一行访问我院，并确定从 2006 年开始两校的实质性合作；荷兰屯特大学的昭瑟芬·凯瑟博士访问了我院，初步商谈了双方交流的领域；启动了与英国 Lanar 公司的合作项目；英国霍德斯菲尔德大学计算机工程学院院长和系主任朱丽叶·威科松女士访问我院，洽谈成人教育（物流专业、电子商务专业）合作办学项目，目前正在深入探讨之中。全年通过学院资助或其他途径有 15 人次赴境外参加学术会议或交流。

国内合作与为地方服务工作取得新的进展。为加强实践教学环节，学院与海信集团、山东电力集团、济钢集团、浪潮集团等11家国内大型企业签订了合作共建实践教学基地的协议，为培养高质量应用型管理人才奠定了基础。在为地方政府与企业服务方面，承担政府和企业委托课题30余项。为临沂矿务局、山东航空公司、重汽集团、临沂工商局等开设MBA研修班、研究生课程共8个，学员总计603人。

六、实验中心建设

学院实验中心按照“大平台、模块化综合实验平台”的思路设计、规划、建设而成，现有资产700余万元。中心的硬件环境包括：(1) 国内首套可参与式、灵活组合与控制的“实习工厂”环境，拥有全自动立体仓库、数控切削中心、机器人、AGV等现代化工业设备。(2) 由三层交换、服务器、视频设备和286台微机构成的网络环境，具有模拟广域多元网络运行的实验教学功能。(3) 国内首套由COSMD便携式运动心肺测试仪和高精度专用跑台构成的工作能量消耗测试系统。软件环境包括BOSS2004企业运营模拟系统、德意通电子商务平台、之通人力资源测评系统、浪潮ERP企业版软件、用友管理体验系统、工商管理虚拟实验平台等20余种教学软件，形成了虚实互动的面向多专业的管理学科综合实验教学体系。

管理学院实验中心下设工商管理基础实验室、管理科学与工程基础实验室、人力资源开发与管理专业实验室、工业工程与工程管理专业实验室、多媒体综合教学实验室、管理体验开放创新实验室、决策模拟开放创新实验室和人力资源管理开放创新实验室等8个实验室，总面积740平方米，承担着管理学院13个专业、近2550名本科生、31门课程总计211个实验项目的实验教学任务。

实验中心建成以来一直致力于走合作共建之路。2005年与企业合作共建的实验室有：与赛尔公司共建的赛尔实验室、与浪潮通软公司共建的ERP&EC实验室和企业信息化工程研究中心、与上海新奥托公司共建的“微型工厂”、与用友公司共建的管理体验环境。中心将继续坚持开放式、共建式的建设思路，探索国际化合作模式，营造研究型、创新型实验环境，为全面提升学生的综合素质和创新能力奠定坚实的实践基础。

七、学生工作

2005年，管理学院党委围绕学生党团组织建设、思想政治教育、班风学风建设、学生社团建设、学院品牌文化活动建设、就业教育与指导、心理健康教育等深入开展学生工作，帮助学生树立正确的人生观、价值观，解决学生关心、关注的问题，引导学生注重专业学习与素质全面发展相结合。以建立学习型工作团队为目标，不断加强学生政工干部队伍建设，进一步建立完善学生管理的各项规章制度，促进学生工作的规范化、科学化、制度化。以“挑战杯”大学生课外学术科技作品大赛为龙头，广泛开展科技创新、社会实践、学术讲坛、文艺体育等各项文化品牌活动，积极推进大学生进社区等青年志愿者活动，不断拓展大学生素质教育渠道。成功举办了山东大学首届创业技能大赛、管理学院二十周年院庆晚会等大型活动；多次承办小树林论坛、人文纵横学术讲坛等学校文化活动；积极组织多项学习竞赛及文体比赛活动；创建学院学术讲坛“管理学院周末论坛”及“博锐学术论坛”，邀请校内外专家学者、企业家、政府官员作专题学术报告；承担了“大学生学涯规划”立项课题的研究工作。

经过一年的努力，学生工作取得了可喜的成绩。学院团委荣获校红旗团委、大学生素质拓展工作先进集体、共青团网络建设和宣传调研工作先进集体、青年志愿者服务先进集体、科技创新活动先进集体、暑期社会实践优秀活动单位、首届学生创新成果暨第九届“挑战杯”学生课外科技作品展优秀组织单位等荣誉称号；获第九届“挑战杯”山东大学学生课外科技竞赛特等奖1项、一等奖2项、二等奖4项；26个项目列为山东大学本科生科技创新基金立项项目；获山东大学首届体育文化艺术优秀组织奖及校运动会团体总分第1名；获校先进班集体2个、校十佳团支部1个、校先进团支部6个；1人获山东大学第二届优秀知识分子，4人获省优秀学生，1人获省优秀学生干部，1人获校十佳优秀团员；4人获校长奖学金，120人获各类社会奖助学金，593人获优秀学生奖学金，80人获单项奖学金；119人被评为校、院优秀学生干部，96人被评为校优秀团员。2005年毕业本科生1209人，就业率83.24%；毕业研究生155人，就业率97.62%。

八、院庆工作

2005年5月20～30日，管理学院成功举办了建院二十周年系列庆典活动。

5月21日上午10点，在济南东郊饭店礼堂成功举行“山东大学管理学院建院二十周年庆典”大会，展涛校长发表了热情洋溢的讲话。到会者2000余人，大会场面壮观，气氛热烈，安全有序。在全校和社会上引起了强烈反响。院庆期间，管理学院邀请了省、市、高校各级领导和国内著名学者、海内外知名校友、社会各界人士600余人出席建院二十周年庆典大会和有关科技学术交流等活动，累计共有8千余人次参加各类庆祝活动与学术交流活动。其中山东省人大、省教育厅等单位的领导同志参加了院庆二十年庆典大会，来自北京大学、清华大学、复旦大学等省内外30余所知名高校管理学院院长和著名学者、10余名省内外著名企业家代表应邀参加了庆典活动和有关学术交流活动，来自全国各地的400余名校友专程回校参加各类庆祝活动。收到国家经贸委等贺信贺电十余封。

院庆活动期间，学院共举办院庆庆典大会、师生联欢庆祝晚会、全国管理学院院长高峰论坛、第三届山大·将军高级管理论坛、全国信息管理与信息系统专业骨干教师高级研修班主题报告会、MBA联合会常务理事会、名师专场报告会等系列庆祝活动和学术交流活动10场（次）；在开展全院性活动的同时，各系（所）、研究生会、学生会、MBA联合会也组织了丰富多彩、层次较高的学术交流活动和科技文化活动10场。中央人民广播电台、山东卫视等24家国家和省内主要媒体对院庆的系列活动进行了36篇（次）报道。

（王惠兰）

马列教学部

马列教学部有教职工 68 人，其中教师 61 人，教辅 3 人，管理人员 4 人；教授 13 人，副教授 34 人，讲师 14 人，副研究馆员 1 人，馆员 2 人，副研究员 2 人，助理研究员 1 人，研究实习员 1 人；博士生导师 3 人，硕士生导师 17 人；具有博士学位的 7 人，具有硕士学位的 34 人，在读博士学位的 7 人，在读硕士学位的 2 人，在职做博士后研究的 2 人。马列部设有马克思主义哲学教研室、政治经济学教研室、中国马克思主义教研室、道德与法律教研室、研究生公共课教研室。设有马克思主义理论与思想政治教育研究所，下设马克思主义哲学研究室、政治经济学研究室、中国马克思主义研究室、道德与法律研究室。教辅机构设有多媒体综合教学实验室、期刊阅览室、图书室。

马列部现主要承担全校本科生、硕士研究生和博士研究生的思想政治理论课的教学任务。为本科生开设：马克思主义哲学、马克思主义政治经济学、邓小平理论和“三个代表”重要思想概论、毛泽东思想概论、思想道德修养与法律基础、当代世界经济与政治（文科学生）、自然辩证法（七年制学生）。为硕士研究生开设：马克思主义理论，其中为文科研究生开设科学社会主义理论与实践、马克思主义经典著作选读，为理科研究生开设科学社会主义理论与实践、自然辩证法概论。为博士研究生开设：现代科学技术革命与马克思主义（理科研究生）、马克思主义与当代社会思潮（文科研究生）。另外还承担部分本科生选修课的教学任务：美学原理与医学关系、行政管理学、企业文化与领导力等。

马列部现有博士点 1 个：马克思主义理论与思想政治教育，设有 3 个研究方向：马克思主义及其中国化、马克思主义与当代社会发展、马克思主义与中国传统文化。有硕士点 2 个：（1）伦理学，设有 2 个研究方向：伦理学原理与应用伦理学、中西伦理思想研究；（2）马克思主义理论与思想政治教育，设有 6 个研究方向：马克思主义哲学与当代社会发展、马克思主义政治经济学与社会主义市场经济、马克思主义中国化的理论与实践、中国传统文化与社会主义思想文化建设、思想政治教育与法制教育的理论与实践、马克思主义与现代领导科学。

截至 2005 年年底，马列部共有在校学生 73 人，其中硕士研究生 64 人，博士研究生 9 人。

一、教学工作

（一）本科教学。2005年是我校的教学质量年，为了提高全校政治理论课的教学质量，迎接教育部对我校的本科评估，我们主要做了以下几项工作：（1）进一步完善教学工作的各项规章制度，新制定了《关于推荐校教学名师和青年教学能手工作的办法》、《关于期末考试阅卷的规定》、《关于本科生思想政治理论课考试改革方案》，这样，我部本科教学管理工作的各项规章制度已达到13项，使我部的教学工作更加科学化、规范化。（2）重新修订了7门公共课程的教学大纲，计有：马克思主义哲学原理、马克思主义政治经济学原理、毛泽东思想概论、思想道德修养概论、法律基础和当代世界经济与政治。（3）举办了马列部首届“教学课件制作大赛”，并由6名一等奖获得者在全体教师大会上演示了自己制作的课件，教师反映很受启发。（4）举办了马列部第二届“青年教师讲课大赛”，教务处长王仁卿亲临现场，对提高青年教师讲课水平的这一做法给予充分肯定。同时，组织部分教师现场观摩学习。（5）召开教研室主任、副主任会议，研究贯彻中宣部、教育部《关于进一步加强和改进高等学校思想政治理论课的意见》以及实施方案，为下一步思想政治理论课较大幅度的改革统一了思想，提高了认识。

（二）研究生教学。（1）组织任课教师编写了研究生公共理论课系列教材：《马克思主义经典著作选读》、《自然辩证法概论》、《高等教育理论与实践》。（2）经过努力，博士研究生的公共理论课授课形式已基本实现全部由专家进行专题讲座的目标，并在给博士研究生和硕士研究生的公共理论课的授课中除了加入社会考察环节外，还初步尝试引进辩论赛的形式。（3）重点加强了本部研究生学术能力的培养，除了改革教学内容和方法外，还请专家给研究生举办了系列专题学术讲座，受到学生的好评。2005年毕业的硕士研究生就业率达到100%。

二、学科与师资队伍建设

5月份，周向军主任起草了《关于抢抓机遇，超常规发展我校马克思主义一级学科的报告》，提出了超常规发展马克思主义一级学科的主要措施建议，其中包括：成立山东大学马克思主义学研究中心；在原有基础上，适当增加马克思主义一级学科建设经费，使其年均经费不少于50万元；为“马克思主义学研究中心”提供必要的办公用房，增添必要的设备；在学校指导下，广泛征求专家意见，集思广益，制定马克思主义一级学科建设计划，提出切实可行的建设目标，并实行目标建设责任制，使学科建设经费发挥最大的经济和社会效益；打破长期形成的分门别类、各自为战的研究模式，突出整体性、系统性研究马克思主义的特色，整合力量，群体攻关，组织和启动“马克思主义学研究工程”，争取在3～5年的时间内出版代表学术前沿水平的系列学术专著；采取强有力措施，培养和吸引马克思主义学科的杰出人才，等等。12月份，按照国务院学位办关于设立马克思主义理论一级学科的要求，在周向军主任的带领下，高质量地完成了马克思主义中国化、国外马克思主义研究等二级学科博士点申报材料和马克思主义一级学科博士点和硕士点申报材料。申报一级学科博士点获得成功，在学科建设上取得突破，我部全体教工为之欢欣鼓舞。

按照学科建设要求，完成了“985 工程”一期学科建设项目的总结报告。论证和启动了“985 工程”二期学科建设项目，购置了专业图书 430 册，支持教师外出参加重要学术会议 18 人次。

为了提高教师的素质，经过充分调研和论证，起草了《关于设立思想政治理论课教师国内外考察专项经费的报告》，得到了学校的批准，获得每年 15 万元的经费支持。利用此项经费，组织全体教职工到庐山会议旧址、“八一”南昌起义旧址和井冈山参观考察，使教职工对马克思主义中国化的理论和实践、中国革命的历史获得了更多的感性认识；由部领导、教研室主任和骨干教师组成三个考察组，分三路到上海、杭州、武汉、南昌、北京等地区的高校，考察本科生、研究生思想政治理论课教育教学改革、学科建设、教师队伍培养的情况，并写出了详细的考察报告，以便在我们的工作中加以借鉴。按照教育部等部委关于举办高校哲学社会科学教学科研骨干研修班的要求，我部先后派出 3 位骨干教师参加了在中央党校为期一个月的培训。

三、科研工作

2005 年，我部的科研工作与往年相比，无论是教师的积极性还是研究成果的水平都有了较大幅度的提高。全年共申报科研课题 15 项，其中获准教育部课题 1 项；发表论文 93 篇，其中 A 类 5 篇，B 类 19 篇；出版学术专著 6 部。为进一步提高教师的学术水平，聘请山东省社科联副主席包心鉴教授来我部作关于科学发展观的学术报告。根据需要，制定并实施了《关于进一步加强科研管理工作的意见》，讨论并制定了《马列部“十一五”社科发展规划》。在我部网站“主义与问题”栏目的建设中，教师们共提交文章 30 余篇，文章质量越来越高，栏目逐渐向专题化方向发展。在社科处的指导下，申报了教育部 2005 年度哲学人文社会科学重大招标项目的投标，并参加了在北京的投标答辩，虽未获得成功，但从中找出了差距，总结了经验。

四、管理工作

为了全面推进我部工作的进一步发展，根据党和国家关于进一步加强思想政治理论课教育教学的有关文件，经过详细的调查研究，广泛征求意见，充分论证，形成了给学校党政领导联席会议汇报的材料《关于马列部进一步发展问题的汇报提纲》。同时，起草了 5 个论证材料，即《关于在马列部基础上建立“马克思主义学院”的报告》、《关于设立思想政治理论课教育教学工作领导小组的报告》、《关于抢抓机遇，超常规发展我校马克思主义一级学科的报告》、《关于设立思想政治理论课教师国内外考察专项经费的报告》、《关于与省教育厅联合建立“山东省高校思想政治理论课教学与研究基地”的报告》。由于学校的大力支持和我们的努力工作，以上经过科学论证的 5 项工作目前已实现和落实 2 项。

2005 年，我部新制定和修订了《关于加强创收工作的意见》、《马列教学部第二聘期管理岗位津贴实施细则》、《关于职工福利费管理使用补充规定》、《关于马列教学部党政联席会议事规则》、《关于逝世人员丧事办理的有关规定》5 项规章制度，为我部管理工作进一步规范化打下了良好的基础。

下半年，按照学校党委的安排，认真组织开展了保持共产党员先进性教育活动，收到了良好的成效。3位教师参加了山东省保持共产党员先进性长效机制研讨会论文征集工作，并分别被《推进新的伟大工程》、《高校思想政治教育创新论》收录，其中1篇被推荐参加山东省党的先进性建设理论研讨会。党组织和工会的活动丰富多彩，组织去西柏坡参观学习，收看教育片《井冈丰碑》，举行春节联欢晚会，举办春季趣味运动会、慈善捐款等。重视学生思想政治教育工作和组织建设工作，新建研究生党支部1个，5名研究生入党，4名研究生转为正式党员。

（王海莉）

体育学院

体育学院现有教职工135人，其中教授8人，副教授51人。2005年9月学院招收了第四届社会体育本科专业学生80人，体育人文社会学硕士点招收第二届学生10人。体育学院管理的高水平运动员246人，共管理各类学生近450人，建有田径队、男女篮球队、男女排球队、男子足球队、游泳队、乒乓球队、定向越野队。为加强体育场馆的管理，本年学校两次校内招聘18名工人。

一、管理工作

学院领导班子实行党政联席会制度，坚持民主集中制。围绕学校的中心工作，结合学校对体育工作的要求，制定修改了体育学院的各项管理规章制度，团结全院教职工，发挥了党组织的战斗堡垒作用；抓好教职工的思想教育和师资队伍建设及业务提高。在保持共产党员先进性教育活动中，学院党委坚持不断总结以往工作经验和教育活动的良好做法，探索建立健全长效机制的方法和途径，逐步从制度和机制上把保持党的先进性转化为党员的自觉意识，落实到工作岗位上，体现在实际行动中，切实发挥院党委的政治核心作用、党支部的战斗堡垒作用和党员的先锋模范作用，有力地促进学院各项工作的开展。2005年获“学校体育工作突出贡献奖”、“工会工作先进单位”等荣誉称号。

二、教学、科研工作

学院重视教学科研工作和学科建设，不断深化教学改革，加强课程建设，严格教学管理。认真执行新修订的公共体育课教学大纲，收到了较好的教学效果。大学生群众体育活动蓬勃开展，举办了全校性的学生篮球、排球、足球等比赛；我校召开合校五年来的首次山东大学体育工作会议。会上展涛校长对合校5年来我校体育工作所取得的成绩给予了高度评价，并就未来学校体育工作发表了重要讲话；同时举行了山东大学与泰山体育器材集团联合建立“山大泰山体育研究开发中心”及泰山体育器材集团赞助山大男子足球队的签字、揭牌仪式。学校授予体育学院“学校体育工作突出贡献奖”。10月20日～11月5日成功地举办了学校体育文化节，使体育不仅成为一种锻炼身体、增强体质的手段，更是一种享受、一种快乐、一种体验。用这种热烈而激情的文化氛围来吸引更多的师生关注、支持、参与体育运动。让师生们树立新的体育理念，学习科学的健身方法，养成终身锻炼的习惯，使体育成为我校师生健康的生活方式，本次体育文化节口号：每天锻炼一小时，健康工作五十年。

出版各种教材、著作 18 部；获各种成果奖励 8 项；在国家正式刊物上发表科研论文 39 篇，其中 7 篇发表在核心期刊上。学校投资 1800 多万元，新建近 1 万平方米风雨操场 3 个，大大改善了学校体育教学环境和条件。

三、运动训练及竞赛工作

不断加强运动训练及竞赛工作，引入竞争机制，努力做好教练员和运动队的管理，运动竞技水平显著提高。先后获得 3 项世锦赛好成绩，10 多个全国冠军，多人入选国家队，多个项目取得历史性突破。

我校男、女排球队在全国首届中国大学生沙滩排球比赛中，双双夺得冠军；在澳大利亚的伯斯举行的泛太平洋地区大学生运动会上，代表中国大学生出战的我校女子排球队勇夺冠军；2005 中国大学生排球锦标赛上，我校代表队取得了男子排球亚军、女子排球季军的好成绩。

我校足球队夺得“2005 飞利浦中国大学生足球联赛东区决赛”冠军，主教练缪伟舰老师获得了最佳教练员，队长杜弋获得最佳球员，守门员杨振峰获得最佳守门员。在总决赛中我校足球队最终获得第六名的历史最好成绩，同时在“2005 年李宁杯中国大学生五人制足球联赛全国总决赛”中获得第六名的好成绩。

在第十届世界田径锦标赛上，我校奥运冠军邢慧娜取得了女子 10000 米的第四名和 5000 米的第五名，黄潇潇获得女子 400 米栏第五名，实现了亚洲选手和中国选手在这个项目上的历史性突破。在第十六届亚洲田径锦标赛上，我校黄潇潇同学在女子 400 米栏发挥出色，赢得一块金牌，并同时打破了由她自己保持的亚锦赛纪录；张世宝同学获得一枚铜牌。在第十届全国大学生田径锦标赛上，我校田径队发挥出色，获得了团体总分第三名的好成绩。

我校学生在第十届全国运会上取得了五金、四银、一铜的好成绩，为山东人民争了光，为山东大学争了光。黄潇潇同学获女子 400 米、400 米栏两枚金牌，邢慧娜同学获女子 10000 米、5000 米两枚金牌，窦兆波同学获 1500 米金牌。为弘扬体育健儿刻苦训练、顽强拼搏、勇创佳绩的精神，省政府决定，对获金牌的运动员、教练员及有关单位进行了表彰奖励。黄潇潇同学被授予“山东省先进工作者”荣誉称号，邢慧娜同学和窦兆波同学记一等功奖励。

第十届全国运动会期间，国家体育总局对全国群众体育先进单位和个人予以表彰，胡锦涛总书记出席本次会议并发奖。其中，我校被授予“全国群众体育先进单位”荣誉称号。获此殊荣是对我校开展群众体育工作的充分肯定。

男子篮球队参加了中国大学生男子篮球超级联赛，获得体育道德风尚奖；在“CBA 全国三人篮球赛”上获得冠军，王朕同学发挥出色，获得了“最佳球员”称号；校男子篮球队还代表学校出访了日本天理大学。定向越野队在“2005 年全国大学生定向越野锦标赛”中获得团体总成绩第三名，男子团体第六名，女子团体第三名，获得体育道德风尚奖；并代表中国参加了在俄罗斯举办的远东地区定向比赛。乒乓球队在

"'乒协杯'山东省高校组乒乓球比赛"中，取得女子团体、女子单打、女子双打三项冠军和男子团体亚军的好成绩。

四、学生工作

学院十分重视学生工作。积极响应学校"致力于培养中国最优秀的本科生"的号召，全面贯彻学校关于加强本科教育的工作精神，以人为本，认真落实校党委《关于进一步加强和改进大学生思想政治教育的实施意见》。在全党开展保持共产党员先进性教育活动中，学生党员的党性修养和宗旨意识得到了进一步加强。组织开展增强团员意识主题教育活动，增强团员青年的政治意识、组织意识和模范意识。同时，对学生进行时事政治教育和爱国主义教育，组织学生瞻仰英雄山烈士陵园，参观济南战役纪念馆，深入沂蒙革命老区，参观孟良崮战役遗址、著名的"中华抗日第一村"等等。这些活动极大地增强了学生的爱国主义观念。根据社会形势发展现状和学生关注的热点问题，继续深入开展"五心"教育活动，调动广大学生的积极性，贴近学生，增强学生的紧迫感、使命感和高度的社会责任感。

针对体育生组织纪律性不强、文化课基础偏低的情况，各班展开"如何定位体育生"的主题讨论，教育学生正视自己的缺点和存在的问题，培养学生的自律性和自觉性，重塑形象从自身做起。教育他们刻苦训练，培养集体荣誉感，为学校争光。与教练员共同做好运动员学生的思想工作，2005 年学校体育竞赛成绩再创新高，学生工作取得了很大的进步，获得了优异的成绩。其中，2004 级社会体育班获得"山东省先进班集体"荣誉称号，暑期社会实践小分队获得"山东省社会实践先进集体"，1 人获"山东省社会实践优秀指导教师"，1 人评为"山东省社会实践先进个人"，1 人荣获"山东省优秀学生干部"称号，1 人荣获"山东省优秀学生"称号，为学校争得了荣誉。重视学生党建工作，发展新党员 27 名，举办了两期党课学习班，90%以上的学生写了入党申请书。在学生中已经形成了努力学习、刻苦训练、积极上进的好风气。

（薛应平）

齐鲁软件学院

2005年，在山东大学党委的领导下和学校机关的指导下，齐鲁软件学院以邓小平理论和“三个代表”重要思想为指导，全面贯彻党的十六届三中、四中和五中全会精神，开展了保持共产党员先进性教育活动，广大师生牢固树立和全面落实科学发展观，秉承“团结、勤奋、求实、创新”的校风，以社会需求为导向，以培养高层次、工程型、国际化软件人才为目标，以提高教育教学质量为生命线，推动了以教师学生为中心，以学术为主导的各项工作的落实。全年招收软件工程专业本科生225人，招收软件工程硕士研究生165人。送走2001级本科毕业生479人，有162名软件工程硕士研究生通过了毕业论文答辩拿到了学位证书。

一、教学工作

（一）调整教学组织架构，完善教师梯队建设。2005年教学质量年活动开展以来，软件学院认真分析了教学组织架构和教师梯队的现状，成立了软件工程系和数字媒体系。软件工程系由系主任卢雷等20名教师组成，数字媒体系由系主任屠长河等10名教师组成。组织架构和师资力量的调整与充实，稳定了软件学院的师资队伍，形成了“学校教师占1/3，国外聘任教师占1/3，企业聘任教师占1/3”的师资结构，为实现“高层次、工程型、国际化”的软件人才培养目标奠定了良好的基础。

（二）以本科评估为契机促进教学质量的提高。我校教学质量年恰逢教育部进行本科教学质量评估，软件学院狠抓了各项教学基础工作的落实。第一，落实学院领导听课和学生评教制度。将学院本科所有课程全部列入听课计划，院级领导、各所正副所长、各单位的支部书记都参与听课，听课完成质量列入年度考核。学生评教工作采取了新的方式，本科班级的正副班长和学习委员作为评教的基本队伍，每月上报一次，内容包括综合分数和分析评价。学院将领导听课和学生评教结果及时与教师见面并在全院大会上通报。第二，开展观摩教学。本学期集中全院45岁以下的青年教师，听取了老教师刘捷的汇编语言课，收到很好的效果。第三，建章立制形成规范。学院制定了《山东大学软件学院教学管理规范》、《实训基地管理规范》、《教师聘用、管理、考核办法》、《外聘教师管理规定》、《校外导师聘任管理办法》等，加强了教师聘任与考核管理。第四，完善档案资料。按学校的统一要求，我院整理了近300份教学档案资料。评估工作促进了各项教学工作的开展，也带动了与教学有关的支撑体系上了一个新台阶，达到了“以评促改，以评促建”的目的。

（三）确立与国际接轨的课程体系。注重软件系统分析、开发、测试、生产等工程实践，采用国外知名大学的原版教材，主要专业课程中双语授课与外文原版教材的使用率超过 50%，聘请国外高水平的教授授课，加强外语教学，提高交流能力，加强实验课程、课程设计、案例教学的比例，将企业的部分培训课程纳入学院课程体系，加强业界主流软件系统的学习和应用。加强国际、国家标准的学习，将软件开发规范、流程及行业标准纳入学院课程体系，增加法律法规知识的学习。在教学内容上重视认证课程的教育，使学生知识体系更接近当前的技术发展水平。全年开设的认证类课程考试，IBM AIX 通过率为 79%，IBM XML 通过率为 80%，IBM DB2 通过率为 92%，IBM WAS 通过率为 93%，均为历年最好成绩。为面向软件外包的特色人才培养，引入国外著名 IT 人才培训课程体系，包括网络解决方案、Oracle 课程、Java 语言、Solaris/Linux 系统、Web 解决方案、商业技能课程、CMM、IS9000、标准日本语等，并加强案例教学和实战模拟训练。从学生反馈的评教意见看，满意率逐学期提高。从各科统考成绩看，平均成绩有质的变化。

（四）在软件工程硕士研究生的培养方面，建立和完善了各种培养教学制度和规范，加强了对脱产班、周末班学习和集中授课班级的教学管理，开展教学质量监控。抓住了毕业论文这个重要环节，本年度在学位预审和学位管理系统的支持下，对论文中期检查、论文预审、毕业答辩和学位授予等工作进行规范的管理和严格控制，保证了论文质量，上半年通过答辩 106 人，下半年通过答辩 56 人。为了提高专业学位教育的质量，使专业学位教育步入科学化和规范化的轨道，配合研究生院对培养方案和计划进行了修订，在培养计划的制定和修订过程中尤其重视对工程实践能力的培养，以保证专业学位教育的规模与质量的协调发展。同时加强数字媒体技术、电子政务和电子商务方向建设。根据研究生院有关评估工作要求，认真开展各项评估前的准备工作，整理了 2002～2005 年度招生、教学、考试试卷、学位授予及各种管理材料，顺利通过了 11 月份学校专家组对我院软件工程硕士的评估，评估专家组对我院软件工程硕士培养工作的办学指导思想明确、按需定制式培养、聘请国内外专家授课、实训基地建设特色、过程管理科学化规范化等，给予了高度的评价。

二、实训基地建设

实训工作是学院工程型人才培养的重要环节，为此学院专门成立了实训中心，用于校外实训基地的拓展、校内实训基地的建设以及职业素质的培训等工作。

第一，积极开展了毕业实训。2005 年是 2002 级本科生和 2004 级工程硕士进行全年实习的年份，共有 78 名脱产工程硕士和 52 名本科生申请校外实习。实训中心先后共联系校外实训基地 20 余家，共安排 76 名硕士和 48 名本科生去基地实习。除个别学生因个人能力无法达到企业的要求而转为校内实习外，绝大多数学生都顺利进入了企业实习。针对实训过程中出现的问题，加强了实训过程的规范管理，编写了《软件学院实训基地管理办法》、《学生校内实习（上机）管理办法》、《工程硕士实习鉴定》、《本科实习鉴定》等相关文件，并启用实训管理系统对整个实训过程进行了监控和追踪。

第二，加强校内实训基地建设与管理。校内实训基地的建设是整个实训中心建设的重要组成部分，作为连接学院和企业的一个纽带，在工程型人才培养过程中起着举足轻重的作用。学院在高性能计算机中心3层建立了9个联合技术实验室作为校内实训基地，实验室目前主要承担教师的科研项目和学生的毕业实训工作，共接纳2002级校内实习学生40余人，各年级工程硕士30人。

第三，进行了职业培训。为了更好地满足IT市场的人才需要，结合学院培养“高层次、工程型、国际化”的育人目标，学院将培训工作提高到“作为学校教学环节和实训乃至就业环节的有益补充”的全新高度。学院实训中心根据在历年举办的培训和实训过程中总结的经验和教训，自行组织了“对日软件外包培训”，为了解决学生上岗前普遍缺乏的基本技能，学院组织开设了“暑期短期技能培训”。培训开始前，学院实训中心分别对与学院有合作关系的主要对日企业，如NEC软件、东软集团、上海微创、北京NTT、北京新思、北京富士通等六家公司提供了学院初步制定的培训课程体系草案及培训班介绍，同时调查、征求相关企业的课程要求、用人需求，了解各企业专业课程体系、可投入的教育资源（如师资、案例、实战项目、行业规范、企业文化等）。在充分调研的基础上，7月4日，两个培训班如期开班，对日培训班主要针对2002级申请校外全年实习的本科生，共培训学生24人，短期技能培训班一期共培训学生64人。目前对日培训班中已经有90％的学生与NEC、北京新思等公司签订了实习协议，培训结束时的培训效果调查显示，80％以上的同学认为课程设置比较合理、培训效果良好，短期培训达到了预期的目标。

第四，开展了年度学术交流活动。为了更好地加强与校外实训基地的联系和沟通，加强学生之间的交流，2月份举办了一年一度的学术交流活动周，有20家企业参加了我们的人才培养交流会，会上参会的企业领导对软件人才培养提出了很多宝贵的建议，对毕业实训模式给予了充分的肯定，并对毕业实训过程中出现的问题进行了深入的探讨。校外基地的人力资源部门提出了本年度的毕业实训的需求信息，其中有多家企业举办了实习学生招聘会。活动周期间邀请省内外专家举办了四场关于计算机新技术、软件人才培养及市场需求和就业指导等专题报告会，参加校外实训的同学把他们从企业学到的新技术、新工具、新的管理模式和企业文化，以及个人的经验以报告会和座谈的形式与低年级的学生进行了交流，同时还举办了丰富多彩的主题活动。

三、对外交流与合作

面向国际、国内IT行业对软件人才的需求，我院采取了开放式的办学模式，积极开展对外合作与交流。2005年，软件学院主要开展了以下对外合作工作：

第一，聘请外籍教师直接开设口语课程。2005年，学院聘请了美国的“戴维”、南非的“多梅尼克”、英国的“杰瑞”和“浦尔”四名专职口语外教。2004～2005学年第二学期有2002级、2003级和2004级的195位同学和2004级工程硕士40位同学选修了口语课程，2005～2006学年第一学期共有2003级、2004级和2005级的97位同学2005级工程硕士62位同学选修了口语课程。通过与外教面对面的交流，同学们的英语表达和交流能力得到了锻炼和提高。

第二，聘请国内外专家教授来我院授课。2005 年我院共聘请 6 位国内外专家来我院授课。围绕 2005 年《嵌入式计算系统设计问题研究》引资项目，我院邀请美国得克萨斯州大学计算机科学系沙行勉教授来学院讲座。由于沙行勉教授有很高的学术造诣，我院特聘沙教授为学院的客座教授。我院还邀请了香港大学电子商业科技研究所副所长黄哲学博士、香港大学计算机科学系王卓立教授和北京大学信息科学技术学院查红彬教授、英国金斯顿大学计算与信息系统学院 Makris 博士及 IBM Linux 技术中心 Linux 核心文件系统组负责人曹明明等专家开设讲座。

第三，与国内外大学的合作。在原来开展的与 Illinois Institute of Technology、State University of New York Brockport、Towson University、University of Regina、San Jose State University、University of Washington、新加坡南洋理工大学等高校合作的基础上，2005 年又有多所国外大学与我院联系，希望能开展学生交换、教师互访及合作科研等多方面的合作。我院继续与加拿大里加纳大学开展计算机科学专业（本科）联合培养学位项目，2002 级一位同学正在里加纳大学学习，里加纳大学副校长艾伦·卡洪博士率领的加拿大里加纳大学代表团 2005 年三次访问我院，与学院领导就进一步的合作展开会谈。韩国暻园大学 IT 教育学院院长金龙洙教授和计算机工程系黄大勋教授 4 月份来访我院，与学院三位申请去暻园大学攻读硕士研究生学位的同学进行了交流。韩国暻园大学有意招收更多的我院学生去攻读硕士学位。英国金斯敦大学计算机、信息系统和数学学院副院长 Anne Rapley 女士和王新珩博士 7 月份来访我院，与学院领导进行了会谈，并向我院学生详细介绍了英国金斯敦大学的情况。希望可以开展合作交流项目，吸收我院学生去英国金斯敦大学攻读硕士和博士学位。另外与我院积极探求合作的还有美国纽约州立大学布鲁克堡分校、英国伍尔弗汉普顿大学和瑞典皇家理工学院等国外高校。

第四，与国内外公司合作建立校外实训基地。我们先后与 Intel、神州数码、上海微创软件、E5 System、海信、浪潮齐鲁软件产业有限公司、浪潮通用软件有限公司、山东中创软件工程股份有限公司、山大鲁能信息科技有限公司、山东地纬软件有限公司、北京名立信软件公司、山东省农村信息化研发推广基地、海信集团等 30 余家规模较大，在计算机软件、系统开发、项目管理等方面具有相当实力的 IT 企业建立了校外实践基地，并聘请这些实践基地中兼备实践经验和理论知识的高级系统分析、系统设计和项目管理专家作为校外指导教师。学生在这些基地进行毕业实习，参加实际项目的开发，熟悉企业的生产流程和软件市场，不仅提高了学生的软件开发和项目管理的实际能力，也为就业打下良好的基础。

2005 年 4 月，IBM 大学合作部大中华区总经理邱晓萍女士一行来访我院，与学院领导进行了座谈。双方希望在专业技术认证、师资培训、校园科技活动、联合研究开发、奖学、奖教、奖研等多个方面开展进一步的合作。我院作为“IBM 专业认证项目一级合作学校”，2005 年开设的认证课程主要有 AIX（232、190）、WebSphere（340）、DB2（700、701）、XML（141）、Lotus（610）、e-Biz（815）。2005 年共有 9 位老师参加了 IBM 提供的师资培训，主要有 XML、Workplace、Rational Application Developer、ECLIPSE 开发平台等。我院有四名同学报名参加了 2005 第二届“IBM 杯”高校校园创新设计大赛。2002 级的三名同学获得了 2005 年 IBM 奖学金。刘辉老师获得 2005 年 IBM 奖教金。

2005 年 4 月，微软中国开发合作部的三位专家在我院开设了“产品周期模型”课程。这是微软首次在国内高校开设此门课程，课程的开设对象是 2004 级软件工程硕士及 2001、2002 级本科生。此次课程的开设取得了很好的效果，它不仅丰富了学院的课程设置，同时也使同学们有机会面对面地与微软的专家进行交流，学习来自 IT 行业的知识及软件的开发方法。

2005 年 5 月，我院邀请了美国网络财富公司总裁管锋先生来学院作专题讲座，并聘任管锋先生为客座教授。同年 6 月，山东大学齐鲁软件学院与 Infor 中国公司、山东山大华天软件有限公司签署了设立奖学金及全面合作备忘录。我院与 Infor 公司开展合作主要包括：双方联合在山东大学齐鲁软件学院建立“山东大学 Infor ERP 实验室”，用于开展学院 ERP 的教学、实训工作；在山东大学齐鲁软件学院设立 Infor 奖学金，用于奖励齐鲁软件学院全日制在校本科生、研究生中对制造业信息化有一定研究或取得较好成绩的学生；聘请 Infor 公司副总裁兼亚太区总经理伍家铭先生为山东大学齐鲁软件学院客座教授，伍家铭先生将定期为齐鲁软件学院学生举办专题讲座；双方还将为学生创造实训的机会，Infor 公司将会选择部分软件学院的本科生或研究生到 Infor 公司实习锻炼，实际参与项目实施或软件二次开发等，在实际项目中提高动手能力。

另外，REDHAT 全球教育总监 Page Gravely 先生和 REDHAT 中国区总经理陈实先生于 5 月份来访，希望与学院在 Linux 教学方面开展合作。我院还与齐鲁软件园电力软件企业联盟签订了在我院本科生中设立电力软件专业方向的协议。

四、学生工作

软件学院学生工作在进行“五心”教育、诚信教育、保持党员先进性教育等教育活动的基础上，注重学生创新能力的培养。山大搏创是山东大学齐鲁软件学院团委直属的唯一科技创新型学生组织，下设科技创新事业部、培训事业部、网络事业部和软件产品事业部等四个部门以及秘书处。其中科技创新事业部成功组织了各种国际国内大赛数十次，包括挑战杯、创新杯、ACM 国际大学生程序设计大赛和 IBM LINUX 电子商务应用设计大赛等，并取得了优异的成绩。有 1 人获得 2005 惠普奖学金 10000 元人民币，3 人获得 IBM 奖学金，1 人获得惠普奖学金。

2005 年，学院成立了 SS 数学建模俱乐部。通过组织部分学生参与数学建模俱乐部活动，在 2004 年取得可喜成绩的基础上再次获得优异成绩。全国数学建模大赛一等奖 3 人，二等奖 1 人，省级一等奖 1 人，省级二等奖 3 人。

2005 年，2004 级软件三班获得省级优秀班集体，2003 级软件工程专业本科生路亮获得香港思源奖助学金、省级优秀学生和校长奖学金，2002 级软件工程专业本科生樊明明、2003 级计算机软件与理论工学硕士张宏伟获得软件学院首届院长奖学金 10000 元人民币。

五、管理工作

第一，管理服务。学院充分利用独立的人事管理体制，对招聘人员进行合同管理，严格落实岗位工作责任制，建立和实行了月度和年度考核制度，每月考核结果与工资挂钩，年底考核结果与奖励挂钩，并对年度考核不合格的工作人员作辞退处理。灵活的用人机制、规范的管理考核办法，调动了大家的积极性，工作人员的服务意识普遍增强，工作效率大大提高，形成了良好的人文氛围。2005 年在完成正常的教学服务性工作基础上，学院承担了山东省高考语文试卷网上评卷的服务与保障工作，受到省教委和学校领导的肯定，在承担教育部计算机高执委工作会议的服务与保障工作中，受到教育部 30 余名与会专家的高度评价。

第二，信息化服务。2005 年是学院信息化建设全面启动的一年，完成并启用的系统包括研究生综合教务系统、实训管理和资源管理系统、论文预审和学位管理系统、招生和注册系统，其中注册系统在 7 月份的新生注册时大大提高了工作效率，论文预审系统的启动保证了论文管理的规范和公平。一期工程开发已经完成，进入全面整合的阶段。研究生培养的各个环节基本实现信息化管理。学院充分利用信息化建设平台积极开展了宣传报道工作，学院网站主页发表重大新闻 70 余条，学校新闻网页采用信息 50 余条，有 70 余条信息被学校办公信息栏目采用，我院的信息化工作受到了学校的通报表扬。

第三，营造校园文化氛围。2005 年我院认真贯彻落实学校宣传部《关于进一步加强全校教学环境文化氛围营造工作的通知》，在软件学院校区悬挂校训，设置文化长廊，制作草坪文明标牌，利用电话亭张贴校区风景图片和丰富宣传报栏内容等，营造和丰富了校区的文化氛围。

第四，后勤服务。学院对后勤工作实行了全面的物业化管理服务，物业公司把超前的服务理念应用到学院的各项后勤服务工作之中，承担了学院的环境保洁绿化、教室和宿舍管理、家具维修、水电暖和食堂管理、保安消防工作等，收到良好的效果，学生对公司服务满意率达到 87%以上。

（于　水）

科研机构

文史哲研究院

《山东大学文史哲研究院专刊》第二辑专著6种，由上海古籍出版社出版。这6部专著是：董治安《两汉文献与两汉文学》、孟祥才《秦汉人物散论》、雷戈《秦汉之际的政治思想与皇权主义》、戚良德《文心雕龙学分类索引》、张富祥《宋代文献学研究》、邓声国《清代仪礼文献研究》。本年度出版的主要著作还有：戚良德《文论巨典——文心雕龙与中国文化》、董治安主编《经部要籍概述》、张忠纲《杜甫诗选》、王承略《毛诗名物图说》、马来平《默顿命题：争论焦点与理论意义》和《科学日记》、孟祥才《细论王莽》、周纪文《中华审美文化通史——明清卷》、张富祥《齐鲁文化通史——远古至西周卷》、孟祥才《杀尽不平方太平——农民战争与反腐败》、李浩《生肖鼠》、徐传武《中国历代文献学家论考》。由王学典教授主持申报的大型古籍整理出版项目《山东文献集成》获山东省政府批准，开始组织实施，经费500万元。曹峰作为引进人才被聘为教授，来院工作。陈峰博士留院工作，刁统菊博士来院工作。

为适应教学、科研和学科建设以及对外合作交流长远发展的需要，本院完成了二级建制工作，撤销研究室，成立了八个研究所，即古典文献研究所、简帛学研究所、汉语史研究所、汉唐文学研究所、文心雕龙与中国美学研究所、史学理论研究所、科技哲学研究所和民俗学研究所。

协助山东大学儒学研究中心筹备并于9月15～18日在山东大学成功举办了“儒学全球论坛（2005）暨山东大学儒学研究中心成立大会”，在国内外产生了较大反响。

（王炳福）

经济研究院

山东大学经济研究院有专职研究人员21人。院长黄少安教授。主要职能：开展科学研究；培养硕士、博士研究生等高素质人才；通过举办全国及国际会议推进学术交流；加强省级重点学科、重点文科基地的建设。

一、本年度科研课题

(1) 陈昆亭博士主持研究山东省社会科学基金项目“宏观经济周期模型与政策机制研究”，项目批准号为：05CJJ01。(2) 孙天琦主持研究山东省社会科学规划办研究项目“国有金融资产管理与国有商业银行改革研究”，项目批准号为：05JDJ19。(3) 赵海怡主持研究山东省社会科学规划办研究项目“我省世界自然、文化遗产的产权安排与可持续保护和开发研究”，项目批准号为：05JDJ18。(4) 魏建教授受济南市委宣传部的委托，立项了“省会经济的科学内涵与战略框架”研究课题。(5) 陈昆亭博士、肖洪生博士分别获得山东大学青年成长基金项目的立项。(6) 陈昆亭博士主持省自然科学基金项目“大型宏观经济周期模型与系统政策管理工程”，项目批准号为：Y2005H08。

2005年度完成国家自然科学基金应急项目1项，省软科办重大项目1项，省级其他课题2项，横向课题多项。

二、科研成果

1. 出版著作5部。

2. 2005年度中心科研人员总共发表论文50余篇，其中《中国社会科学》1篇，《经济研究》1篇，《金融研究》1篇，《南开经济研究》、《统计研究》等其他经济类核心期刊40余篇。

3. 获奖情况：(1) 黄少安教授的论文《关于制度变迁的三个假说及其验证》(发表于《中国社会科学》2000年第4期) 荣获第十一届孙冶方经济学奖。(2) 黄少安教授被评为“2005年山东大学十大新闻人物”。(3) 黄少安教授、谢志平博士的论文《交易成本对易货经济的影响》(发表于《经济研究》2004年第4期) 荣获山东省教育厅经济学一等奖。(4) 李振宇的硕士毕业论文《法经济学的历史分析》获得2004年山东省优秀硕士论文。

三、学科建设

1. 博士授权点的增设。2005 年，博士点申报工作取得重大成绩，获得了理论经济学一级学科博士学位授予权和金融学、数量经济学两个应用经济学二级学科博士授予权。博士授权点的增设极大地推进了学科建设，为进一步培养高层次人才奠定了基础。

2. 师资队伍建设。2005 年度，中心成功引进了王金利教授和王新军教授，使金融学专业的学术梯队不断完善。

3. “985 工程”建设。经济研究中心顺利通过了“985”二期的申报工作，二期建设正在积极进行中。

4.《制度经济学研究》。为了提高学术水平，加强学术交流，由中心主任黄少安教授主编的《制度经济学研究》（季刊）杂志按期出版发行，学术水平不断提高，受到了同行的一致好评；目前该刊已经出版发行至第十辑。

四、学术交流与合作

1. 举办或承办的学术会议：（1）2005 年 9 月 26 日在山东大学组织召开了“产权理论与中国产权制度改革”研讨会。来自厦门大学、北京师范大学、西南财经大学和中国社会科学院等的十余位专家学者参加了研讨会。（2）2003 年由经济研究院首次承办的“中国法经济学论坛”2005 年度在哈尔滨商业大学进行。

2. 学术活动：2005 年 11 月，应新加坡一些重点大学的邀请，黄少安教授出访了新加坡，加强了与新加坡一些大学的学术交流。魏建教授、陈昆亭博士、谢志平博士已经获得国家留学基金委青年骨干教师出国研修项目的资助，将于明年赴美国等国家一些知名大学进行学术交流。另外，在学校有关职能部门的支持和单位领导的努力下，我们派出了 2003 级的两名硕士研究生（许有淑、赵国昌）前去厦门大学进行为期一年的学习和交流。

3. 山大经济学讲坛。2005 年度，山大经济学讲坛继续开讲，邀请了一批有实力、有学术水平的国内外知名学者前来讲学，如中国社会科学院的张卓元教授、厦门大学的吴宣恭教授、北京师范大学的高明华教授等，加强了中心师生与其他高等院校学者之间的交流与合作。

4. 中心的老师，如黄少安教授、魏建教授等也被邀请讲学达 40 多人次，参加国内外学术会议达 50 人次之多，有效地加强了与全国高等院校及其他相关科研单位的合作与交流。

五、研究生培养

1. 继续优化研究生生源。经济研究中心扎实的科研实力吸引了全国许多重点大学的本科生生源。2005 年录取的硕士研究生中，省外生源 35 位，占总数的 61.4%；2005 年所录取的 28 名推荐免试研究生，均来自南开大学、南京理工大学、吉林大学等全国重点大学。

2. 在研究生培养方面不断创新。按照学校有关研究生培养创新的有关精神，在学校的大力支持下，中心肖洪生博士主编的教材《金融投资学：综合＋模糊的分析法》获得山东大学研究生教材建设专项资金项目的资助；王凤荣博士、徐晓曼博士联合申报的课题也获得了山东大学研究生专项基金的资助。

3. 坚持研究生每两周一次学术讨论会，而且每次均有中心的老师或外单位专家参评，加强了师生之间、不同年级的学生之间的学术交流。

4. 引导研究生从事科研活动。2005 年度，有 60 多位研究生参加了导师组织的课题研究，取得了一定的成果。在《中国社会科学》发表论文 1 篇，《南开经济研究》2 篇，《山东社会科学》1 篇，其他核心期刊和报纸类刊物上发表论文 10 余篇。

5. 研究生获奖情况：2005 年度研究生获得学校的各项奖学金 10 余项。其中校长奖学金 2 名（孙圣民、王盛），优秀研究生奖学金 3 名（郭艳茹、钟卫东、张昕鹏），浦东发展奖学金 2 名（赵海怡、胥晞），光华奖学金 2 名（黄凯南、徐丽），将军集团奖学金 1 名（杜卫亮），潍柴动力奖学金 1 名（王海兰），小松奖学金 1 名（刘达），鲁光奖学金 3 名（孙圣民、李靖、王盛）。

6. 毕业生去向：6 月份毕业的研究生 35 人中 3 人考取了全国重点大学的博士生，其余同学的工作也比较满意。

（石　莹）

宗教、科学与社会问题研究所

2005年，我所在科研工作、师资学科建设、学术交流、学生培养等方面取得了显著成绩，现分析总结如下：

一、科研工作

突出表现是姜生所长获得国际研究计划项目“科学与信仰全球透视”奖，奖励他和他的学术团队在“科学与道教”研究领域的成绩。2月15日，美国约翰·邓普顿基金会（the John Templeton Foundation）资助、美法两国学者联合主持的GPSS（The Global Perspectives on Science and Spirituality，科学与信仰全球透视）国际研究计划正式发布项目奖励评审结果，我所姜生教授荣获“道教与科学”（Daoism and Science）项目奖，奖励经费折合人民币35万元。这是国际学术界对中国的道教与科学研究学术水准的承认，标志着我国在本研究领域已取得的国际地位，将对该学术领域的发展产生重大推动作用，促进国际学术和思想界对于道教与科学关系的理解和对话研究，探讨道教文化精神对于人类科学发展的意义。

该奖项是美国约翰·邓普顿基金会资助、法国巴黎多学科综合大学与美国艾伦大学联合主办的“科学与信仰全球透视”国际研究奖励计划［The Global Perspectives on Science and Spirituality Award from the University Interdisciplinaire de Pairs and Elon University with funding provided by the John Templeton Foundation（USA)］。该研究计划通过国际竞争奖励方式，设立对世界不同文明中科学与信仰对话和研究项目奖励，以奖励和推动产生该领域高水准的国际化研究成果。

据悉，本次各国申报竞争项目共160多个，其中中国学者数十项。经过两轮角逐，最终产生获奖项目18个，分布于10个国家：中国（含香港）4项，捷克2项，匈牙利1项，印度3项，日本2项，韩国1项，波兰1项，罗马尼亚1项，俄罗斯2项，斯洛伐克1项。按GPSS计划，获奖项目的完成者将有资格申报美国约翰·邓普顿基金会提供的至少30万美元的奖励项目。

在这次的国际学术竞争和评审过程中，中国学者在道教与科学研究领域的学术水准和成绩得到充分认可，在两轮评审中均获得一致赞成，为中国学术争得了荣誉。特别是国际评委会惊讶于中国国内对于宗教科学与科学对话研究的大力支持，惊讶于中国学者在此研究领域事实上已取得的国际领先地位。

这次获奖在国内学术界产生了广泛影响，《光明日报》（2005 年 2 月 25 日）、山大视点（2005 年 2 月 26 日）、中国高校人文科学信息网（2005 年 3 月 1 日）、《中国教育报》（2005 年 3 月 2 日）、《山东大学报》（2005 年 3 月 2 日）、中国高校报网（2005 年 3 月 4 日）等媒体先后予以报道或转载。

本年度我所继续推进“中国道教科学技术史”、“中国思想史”、“齐鲁商贾传统”、“道教与唐宋思想文化的转型”、“山东道教遗迹调查”等国家和省部级课题的研究工作，并在《文史哲》、《史学月刊》、《中国历史地理集刊》等刊物发表多篇学术论文。6 月 29 日，我所主办召开“当代中国社会问题”学术研讨会，姜生教授主持会议，参加者为来自我校历史文化学院、法学院、管理学院等以及山东师范大学的部分专家学者。这标志着省社科重点课题“当代中国社会问题研究”正式启动。自春季起，在原有调查基础上，姜生所长组织力量继续对沂源、蒙阴等地沂河两岸道教遗迹进行考察。9 月 4 日，姜生教授一行 7 人和济南市考古所副所长李铭一同应邀前往济南长清区，对新近发现的马山一处道教遗址进行实地考察，并采集有关研究资料。考察组受到马山镇镇长翟贵祥、镇副书记方宝军等当地官员的热情接待。

本年度姜生所长凭其学术、科研专长，在校内外作了多场次学术报告。3 月 10 日晚，姜生教授作客山东大学“人文纵横”报告会，为来自全校各校区的 300 多名同学作了题为“文化气质、精神世界与科学发展”的学术报告。有关媒体报道说：“姜生教授从文化气质、精神世界与科学发展的关系着手，深刻地剖析了科学发展的文化基础，揭示了道家文化的精神核心，并提出了寻找民族文化生存依据的观点：‘我们要想使一种文化存在，要想使一个文明不断延续和发展，必须在学习外来文化的同时，从自己的传统中汲取生命资源，找到我们的精神世界同我们的科学技术未来发展的内在联系，找到文化生存和发展的内在依据，这样一个民族才能回答‘我是谁’的哲学命题，获得自己的意义。’围绕文化气质、精神世界与科学发展的内在联系，姜生教授娓娓道来，引导同学们进入思索的海洋，睿智和幽默如行云流水，透出一个历史学家的深邃和哲人的敏锐。”

4 月 19 日，姜生教授作客山东大学空间热科学研究中心“感动 2005”学生论坛，作了一场题为“人性与科学之本质”的精彩报告。报告中，姜生教授与大家一起探讨通过对科学本质的思考来看人性，提出了“一切科学都是人性的外化”这一论断。

应青岛市委统战部、青岛市宗教局和青岛市道教协会的邀请，姜生教授于 5 月 11～13 日在青岛为道众讲学，并出席崂山道教文化研究座谈会。姜生教授应邀讲授了道教的修行问题。通过对古今道教修行的各方面内容的讨论，姜生教授论述了道教作为一种生活方式，今天道众所应有的修行内涵，以及对当今社会和世俗人们的健康生活可能提供的有益启迪。他关于道教要以自己的“生命关切”传统服务社会、倡导“绿色生命”的主张，深受各方面与会人士关注。崂山道教文化研讨会由青岛市宗教局和道教协会及青岛大学联合主办，旨在探讨如何保存并发扬崂山地区的道教文化传统。姜生教授在会上作重要发言，提出要解决好当代道教建设与文化遗产继承的关系问题，注重提高道士文化素质与新一代道教人才建设问题，关于道教仪式、节日与民俗问题，以及加强崂山与中外学术界及其他地区同道的合作与交流等，引起与会专家学者和有关部门的共鸣和重视。

二、师资学科建设

本年度是我所师资学科建设取得长足发展的一年。7月，张金岭教授、容志毅博士、宇汝松博士先后任职我所，9月，谭景玉博士又加盟。这显著壮大了我所师资队伍，极大丰富了所掌握学科的门类和内容。

8月，来自美国的康思奇（Louis Komjathy）博士任职我所，成为我所第一位全职外籍教师。康思奇获美国波士顿大学宗教学博士学位，曾任职于美国太平洋卢斯兰大学宗教学系、美国西雅图道教研究所等机构。主要从事中国道教特别是比较宗教学视域中的早期全真道研究。本年度第二学期为我所研究生用英文开设“西方道教研究”等课程。

本年度我所师资建设方面的一个突出成绩是，所长姜生教授获山东省政府所设首批“泰山学者”特聘教授岗位。10月25日下午，山东省委、省政府在南郊宾馆隆重举行“泰山学者”特聘教授暨岗位设置发布会，公布并表彰了“泰山学者”首批特聘教授，姜生教授同另外35名学者一起获此殊职。“泰山学者”建设工程率先在山东省高校实施，首批36名“泰山学者”是从全省142名竞聘者中脱颖而出的，平均年龄43岁。“泰山学者”的岗位设置期一般为5年。期间，省财政每年给予每名“泰山学者”特聘教授10万元、所带科研团队5万元岗位津贴，每年为每名“泰山学者”提供5万元科研补助经费。设岗单位原则上要每年给予每个“泰山学者”特聘教授所带科研团队5万元的岗位津贴配套经费，每年为每名自然科学类特聘教授提供15万元、人文社科类特聘教授5万元科研配套经费。

1月25日，我所陶磊副教授以高级访问学者身份赴美国哈佛燕京学社访问学习一年（2005～2006），这对于提升我所科研水平、加强同海外学术团体的科研交流等都有着重要意义。

在做好科研教学工作的同时，我所教师还利用多种形式，积极承担社会责任。2005年1月16日上午，中国人民政治协商会议第九届山东省委员会第三次会议在山东会堂隆重开幕，姜生教授出席会议，并列席山东省十届人大三次会议第二次全体会议。按照教育部要求和学校安排，3月1日，我所教师葛焕礼博士同我校另两位教师一起，赴新疆喀什师范学院支教一学期，主要向中国少数民族语言文学专业研究生讲授英语和2004级历史学专业本科班“世界古代史”、“历史科学概论”等课程。

三、学术交流

本年度我所在学术交流方面也做出了突出成绩。在国内学术交流方面，我所先后邀请了多名著名学者来我所作学术报告和讲学。3月，我所邀请中国社会科学院世界宗教研究所道教与民间宗教研究室主任、博士生导师马西沙研究员，日本东海大学教授浅井纪教授前来作学术交流，并于21日晚为全校300余名师生作了主题为“民间信仰与中国的精神世界”的学术报告。

6月1日，国际著名天文学家、科技史学家、中国科学院院士席泽宗先生，著名历史学家、国务院学位委员会委员、原中国社会科学院近代史研究所所长张海鹏先生和华东师范大学宗教文化中心主任、中国宗教学会理事刘仲宇教授，应邀来到我所参加2005年博士学位论文答辩会，并于晚上8点在文史楼三楼会议室与我所全体研究生及历史文化学院部分同学举行座谈。座谈由姜生教授主持。

11月10～11日，以“自然·和谐·发展”为主题的“弘扬老子文化国际研讨会”在道家学派创始人老子故里河南周口市鹿邑县举行，姜生教授应邀出席。本次老子研讨会是由联合国教科文组织、中国社会科学院、北京大学、政协河南省委员会共同主办的。会议规模大、层次高，云集了大陆地区、港澳台及国外研究老子道学的专家学者共130多人。姜生教授在研讨会上发言。他着重从圣人理想看儒道两家的根本关系，认为儒道乃共源于中国上古对“圣人之道”的追求，老子强调由修道来达到圣人境界，而孔子强调由修身来达到圣人境界。儒道两家是“所述”不同，而“所据”则同；不应只看到儒道两家的分野，而且要看到它们的内在联系和内在共同性。他在发言中分析了郭店楚简和马王堆帛书《老子》文本同河上公章句等传本《老子》的某些重要差异，提出汉武帝时期淮南之狱后道家政治地位的重大变迁与道家经典文本变化之可能关系问题。姜生教授的学术新见引起与会代表的高度关注与共鸣，许多海内外学者同姜生教授进行了更加深入的交流和讨论。

2005年7月29日，姜生所长应邀出席在北京友谊宾馆召开的第22届国际科学史大会。会上，由印度学者比德尔·素巴拉亚帕（Bidare V. Subbarayappa）和法国巴黎综合大学副校长、科学哲学教授让·斯陶那（Jean Staune）担任召集人的“科学与宗教的对话：过去与现在”专题讨论会格外引人注目。研讨会所在的友谊宾馆会议室的坐席和地毯上挤满了很多学者，约翰·邓普顿基金会“全球视野下的科学与精神”项目奖首席执行主任保罗·华森（Paul K. Wason）博士等来自美、法、中、印、韩、日、澳等国的12位本领域国际知名学者应邀发表学术论文，探讨古今世界主要宗教与科学之间的关系。发表论文的中国学者为山东大学宗教、科学与社会问题研究所所长姜生教授，他宣读的《中国古代的道教与科学》引起中外学者的热烈反响。一百多年前，从西方到东方，科学与宗教被视为水火不相容的关系，然而随着20世纪人类科学的深度发展，科学发展与人类精神世界的关系受到愈来愈多的关注，不同民族传统、不同文化不仅不再成为落后的象征，而且成为未来科学文明的文化资源而受到重视、保护和发掘。这是具有“科学史的奥林匹克”之称的国际科学史大会首次在中国举行。在这样的国际学术背景下，在具有五千年连续传统的中国，国际学界顶级学者聚论未来科学发展对精神资源的多样化诉求，不仅备受学界瞩目，而且似乎预兆着中国传统对后现代科学文明之到来所具有的不可忽视的意义。

在海外学术交流方面，成绩尤为突出。除却成功聘任外籍教师康思奇博士、继续同港台等地学术机构保持密切学术联系外，姜生所长还在本年度应邀赴国外出席了几个重要的国际学术会议。2005年7月3～9日，第20届国际历史科学大会在澳大利亚悉尼举行。这是国际历史学界规模和影响最大、规格最高的学术会议。姜生教授应邀出席会议，作了关于道教科学技术史研究的学术报告，并与各国学者进行了深入的学术交流。

这是山东大学历史学科学者首次被选入中国历史学家代表团出席国际历史科学大会。

7月12～18日，姜生教授应邀出席了在法国巴黎举行的GPSS（The Global Perspectives on Science and Spirituality）国际会议，并作了学术报告，同来自其他国家的获奖者进行了学术交流。教授夫人李书文教授也同时受邀与会，并在埃菲尔铁塔、罗浮宫、巴黎圣母院、塞纳河畔、近郊森林城堡等地举行的会议系列活动中受到热情接待。2005年2月，姜生教授荣获GPSS研究计划道教与科学研究奖。会议最后在巴黎近郊的国王行宫进行了隆重的授奖仪式，与会学者受到极大鼓舞。

2005年8月15～20日，姜生教授应邀出席在德国慕尼黑德意志博物馆举行的第11届东亚科学史国际会议。他向会议所作题为“道教与科学：历史的回顾”的学术报告受到与会学者关注。会议期间，学者们参观了德意志博物馆，先后受到博物馆和巴伐利亚州政府的款待，会议主席、德国著名中医史学者Paul U. Unschuld教授还特地组织与会学者赴Berchtesgaden and Bad Reichenhall考察了历史上的地下盐井，并到Aying小镇品尝了闻名于世的慕尼黑啤酒。

四、学生培养

本年度我所在这方面也有着不俗的表现。在总结以往学生培养经验的基础上，我所推出了新的研究生培养举措，成功举行研究生学术创新报告会并颁发“研究生学术创新奖”。

我所师生二十余人于5月19日在文史楼举行了一场别开生面的学术创新报告会。此次报告会与一般学术会议不同，更有别于一般意义上的课堂教学。这种形式在研究生培养工作中首次出现，具有很强的创新性。此次学术创新报告会历时一天，在姜生教授的带领下，本所在读在校的三届二十名博士、硕士研究生共聚一堂，就大家正在进行和最为关注的学术前沿问题、每个人在学位论文选题和参与科研项目取得的创造性新进展，进行了深入的探讨。同学们向导师递交创新进展报告，然后逐个汇报论文、课题进展与创新内容，并交换意见、互相启发，共享读书和研究心得，所讨论的范围非常广泛。严肃的气氛、热烈而富有成果的讨论贯穿整场学术创新报告会的始终。即将进行学位论文答辩的毕业班博士、硕士研究生，还向大家报告了他们在学位论文研撰过程中的切身体会和宝贵经验，并特别讲述了自己在学位论文以外的学术发现，和毕业后各自的学术发展计划。导师姜生教授除了在分别汇报中发表高屋建瓴的具体评论和指导意见外，并在最后对本次创新报告会的每个报告作精辟、严格而中肯的点评。作为“研究生学术创新报告会”的表彰形式，姜生教授用自己的科研经费，每学期在举行“研究生学术创新报告会”的同时奖励在学习过程中取得重要成果的研究生（奖励名称为“宗教研究所研究生学术创新奖”）。本次最高奖励的获得者为一名二年级硕士生，论文发表在中国科学院国际知名刊物，文稿受到中科院专家的高度评价。

6月1日，宗教所第三届（2005）博士毕业生答辩会在校文史楼考古会议室举行，此次共有4名博士生参加答辩，最后顺利通过。至此，我所共有9名博士研究生取得了博士学位。4名博士及其论文题目分别为：

蔡林波：《内在化：中古道教丹术转型的文化阐释》

容志毅：《六朝道教炼丹与化学研究》

马忠庚：《汉唐佛教与科学——基于佛藏文献的研究》

白才儒：《汉魏晋南北朝道教生态思想研究》

出席此次答辩会的专家学者有席泽宗、张海鹏、刘仲宇、崔大庸、丁原明、胡新生、曾振宇、刘玉峰、谭世宝。

在读研究生在学习、科研方面也取得了优异的成绩。本年度，我所两名研究生获校级奖学金，其中2003级博士生刘绍云同学获得校长奖学金，2003级硕士生韩吉绍同学获得浦东发展银行奖学金。

总之，2005年度是我所各项事业取得显著发展成绩的一年，在历史文化学院所作“十个月来我院教学科研取得的十项重要进展”的总结中，我所就占据了其中的两项（分别是姜生教授获得“科学与信仰全球透视”（GPSS）国际研究奖励计划项目和姜生教授获得山东省委、省政府在山东大学设立的泰山学者“中国古代史专业”特聘教授岗位），这是我所本年度所取得的优异成绩的体现，也是对这一成绩的肯定。

（葛焕礼）

易学与中国古代哲学研究中心

易学与中国古代哲学研究中心有专职研究人员12人。主任刘大钧，副主任林忠军、刘玉建。主要职能：开展科学研究；培养硕士、博士研究生等高素质人才；通过举办全国及国际会议推进学术交流；开展中国哲学特别是易学专业图书资料建设；加强基地学术网站的建设；深化科研体制改革。

一、科研课题

本年度基地科研人员获2项教育部人文社会科学重点研究基地重大项目，科研经费40万元。新到“985工程”项目经费130万元，自主设置“985”重大项目2项。

二、科研成果

1. 出版著作3部：

刘大钧教授《今帛竹书〈周易〉综考》，上海古籍出版社2005年8月。

林忠军教授《周易郑氏学阐微》，上海古籍出版社2005年8月。

张文智《周易集解导读》，齐鲁书社2005年12月。

2. 在各类学术期刊发表论文40余篇，其中核心期刊20余篇。内容涉及今本《周易》经传解读与研究、简帛易学、易学史、易学哲学、易学与儒学的现代化问题、儒家哲学、道家哲学、佛学等中国哲学方面的众多内容，既研究了许多传统问题，也探讨了许多前沿性问题，在学术界产生较大影响。尤其是在易学研究方面，在发挥传统象数易学的特色研究优势的基础上，更加注重易学哲学以及易学现代价值的挖掘，注重易学研究与当代社会人生与文化的结合，发掘易学深邃的人文思想，在易学研究领域发挥着重要作用。

3. 出版《周易研究》（中文版）6期，《周易研究》增刊（英文版）1期。

4. 基地承担由北京大学汤一介教授主持的《儒藏》工程之《儒藏精华·周易精华》部分的校点工作，刘大钧教授任主编，林忠军教授任副主编。基地召开专门会议部署校点具体工作规划，分配校点任务，商讨校点注意事宜，校点工作全面启动。

三、学术交流

1. 2005年8月本中心与青岛市崂山风景区管理委员会在青岛联合举办了规模较大的“易学与儒学国际学术研讨会”，海内外150多位专家学者与会。大会共收到论文100余篇，会议围绕“易学与儒学”这一主题，就简帛易学与周易经传研究、易学哲学与易学史研究、易学与儒释道、易学与自然科学及易学现代价值研究、简帛儒学与先秦儒学研究、宋明清儒学研究、现代儒学研究等方面展开了深入的交流和探讨。会议取得了圆满成功，在国内外产生了很大影响。

2. 9月，中心主任刘大钧教授等受邀参加由欧盟对外联络部等在比利时欧盟总部举办的“中华文化高峰会议”，刘大钧教授受邀担任大会执行主席及学术委员会主席，并在大会致开幕词。

（张文智）

卫生部耳鼻喉科学重点实验室

实验室深入开展学习党的十六大及十六届五中全会的精神，全面贯彻“三个代表”重要思想，以科学发展观指导实验室的科研、治疗教学与管理，发扬重点学科的优势，深入开展了睡眠呼吸障碍性疾病的研究。

本年度在研的课题有“一氧化氮在变应性鼻炎发病中的作用”、“阻塞性睡眠呼吸暂停综合征口腔病变的多因素分析和分类研究”、“鼻通气手术治疗阻塞性睡眠呼吸暂停综合征的研究”、“阻塞性睡眠呼吸暂停综合征患者脑血流变化及血管活性物质的相关性研究”。完成的课题有“粘附分子在阻塞性睡眠呼吸暂停低通气综合征合并高血压发病中的作用”、“阻塞性睡眠呼吸暂停低通气综合征合并高血压患者睡眠结构分析及血清内皮质—1 的测定”、“女性阻塞性睡眠低通气综合征患者特点的研究”，论文分别发表在《中华耳鼻喉科杂志》、《中华结核和呼吸杂志》与《山东大学学报（医学版）》；并由山东科学技术出版社出版了由李延忠教授主编、王廷础教授主审的专著《睡眠呼吸障碍性疾病》。

4 月初，实验室举办了全国性睡眠呼吸暂停培训班，由北京协和医院睡眠呼吸疾患中心黄席珍教授、郭兮恒教授，山东大学耳鼻喉科学卫生部重点实验室李延忠教授、王卫之教授到培训班授课，受到了与会同志的热烈欢迎。在培训班举办的同时，《山东大学基础医学院学报》举行了编委会，到会编委就如何办好刊物提出了很好的建议。7 月下旬，由国家新闻出版署批准，将《山东大学基础医学院学报》改名为《山东大学耳鼻喉眼学报》，为加强管理，由学校决定本刊合并到山东大学自然科学学报编辑部。

本年度招收硕士研究生 4 人，已完成基础学科学业的硕士研究生 3 人进入实验室。

（姜水强）

儒学研究中心

山东大学儒学研究中心于2005年9月16日正式成立，是一所学术性、专业性、开放性的研究实体。它直属山东大学，有自己的独立编制。山东大学聘请著名学者、中国社会科学院庞朴研究员任中心主任，聘请著名学者、美国哈佛大学燕京学社社长杜维明先生任名誉主任。

山东大学决定成立山东大学儒学研究中心，目的就是继承山东大学的学术血脉，凝聚全校研究力量，整合儒学研究资源，进一步深化儒学文化研究，传承和发展儒学优秀文化。山东大学党委书记朱正昌在儒学中心成立大会上希望儒学研究中心在著名思想史家庞朴先生的带领下，利用山东大学人文学者众多的优势，承载山东大学丰厚的人文底蕴，立足山东，面向全国，放眼世界，坚持高起点、高标准运作，把继承、开放和创新作为重要的学术研究理念，不断扩大研究视野，拓展研究领域，创新研究方法，培养一支优秀的研究团队，形成一大批有分量的研究成果。力争用三到五年的时间，办成一所在国内外有重要影响的集儒学学术研究、学术交流和人才培养为一体的重要基地，为发展优秀传统文化、弘扬中华民族精神作出应有的贡献。

一、成功举办三次国际学术会议

(1) 2005年9月16～19日，全球儒学论坛（2005）暨山东大学儒学研究中心成立大会在山东大学召开，就儒学研究如何深入和拓展问题进行探讨。来自美国、日本、韩国、中国内地、中国香港、中国台湾等地的学者100余人出席了会议，在儒学界引起较大反响。

(2) 2005年10月27日，山东大学儒学研究中心与美国哈佛大学燕京学社、中国北京大学哲学系在北京举办了“郭店竹简与思孟学派研究座谈会”，来自中国、美国的20多位学者参加了会议。

(3) 2005年11月5～7日，山东大学儒学研究中心与中国孔子基金会、韩国国际退溪学会联合举办了孔学与退溪学国际学术研讨会，来自中国内地、中国台湾、韩国、日本等地的50余学者出席会议。

二、出版《儒林》杂志并开通儒学研究网站

（1）2005年初，山东大学儒学研究中心的网站“儒学研究”（http：//rxyj.org）以国际域名开通，网站分“儒学源流”、“儒理今诠”、“儒门人物”、“儒家经籍”、“儒风四海”、“儒与现代”、“儒教探索”、“儒研动态”八个栏目。网站开通后，受到学术界的普遍关注。

（2）2005年9月，《儒林》杂志第一辑创刊，发表文章16篇，笔谈1组。该刊计划每年2期，分别于5月、10月由山东大学出版社出版。

三、确立儒学研究方向并构建中心整体框架

（1）中心成立之初，就确定了本中心发展的两个方向，拟在3～5年内将这两个方向发展成为中心的特色。一是以孟子为中心，以儒家的简帛文献为重点，系统研究孔孟之间的儒学传承。这也为本中心发挥区位文化优势，确立学术特色，提供了绝好的机遇。由于地下简帛文献的出土，为学术界厘定孔孟之间的学术传承提供了新的证据，为我们确立中心的学术特色树立了信心。庞朴先生在此领域的研究在全国高校处于领先水平。二是儒学与现代文明研究。儒学只有关心社会，社会才会需要儒学；只有给现代社会提供思想资源，社会才会给儒学研究提供支持。

（2）中心设立儒学原理、儒学历史和儒学文献三个研究室。并成立了学术委员会。

四、启动一批学术研究项目

（1）2005年4月，中心（筹）研究并确定了编纂先秦儒家学案的工作，邀请中国社会科学院历史所、清华大学历史系、山东大学文史哲研究院、曲阜师范大学孔子文化学院的有关教授承担学案的具体工作。2005年9月，两汉、魏晋南北朝、隋唐儒家学案的编纂工作亦提上日程，同时对学案的进度、质量、写作体例进行了探讨。

（2）2005年10月，儒学与现代文明对话项目启动，该项目包括《儒家的天下观与全球化》、《儒家伦理与普世伦理》、《儒家中和与“文明冲突”论》、《儒家生死观与现代生命伦理》、《儒家天人观与现代生态伦理》、《儒家的修身与网络文明》、《儒家人学与人本管理》、《性善与自由》、《德治与民主》、《20世纪的孔教运动》。

（3）儒学研究中心设立儒林文库，收罗高质量的研究儒学的著作，协助其出版推广。目前已有数项儒学研究成果（如：王其俊《中国孟学史》、梁涛《出土简帛的思想史意义》、苗润田《儒学原理》、俞志慧《解经文丛》、王达三《儒家史论通说》、廖名春等《慎独的新考察》等）可供“儒林文库”筛选。

五、学术交流

（1）山东大学儒学研究中心已与美国哈佛大学燕京学社、日本大东文化大学、香港中文大学、韩国成均馆大学、韩国国学振兴研究院、北京大学儒学研究中心等国内外相关研究机构达成了合作意向和交流愿望。

（2）2005年先后有多位学者前来本中心进行学术访问，中心先后接待杜维明教授、

黄俊杰教授等多位海内外知名学者。

（3）庞朴教授先后作客山东大学“大家讲坛”、华东师范大学“大夏讲坛”、中国人民大学“国学论坛”等。本中心先后有15人次出席在北京、济南等地举办的各种学术会议。

六、出版专著

（1）2005年1月，山东大学出版社出版四卷本《庞朴文集》。

（2）2005年1月，山东人民出版社出版颜炳罡《心归何处——儒家与基督教在近代中国》。

（3）2005年4月，山东友谊出版社出版颜炳罡《生命的底色》。

（徐庆东）

全日制毕业生名单

山东大学2005届全日制毕业生名单

博士毕业生名单

比较文学与世界文学

赵艳花

病理学与病理生理学

范秀珍　林晓燕　张翠娟

病原生物学

任桂杰

材料学

毕见强　边　洁　董　捷　杜　伟　顾　锋　何东新　胡德栋　李春芳　李　霞
刘和义　刘秀琳　刘　燕　马洪涛　孙海清　谭训彦　王　峰　魏慧英　吴莉莉
杨雪娜　仪修杰　张海光　赵　萍　朱海涛　朱晓丽　邹文国

财政学

李　文

产业经济学

樊　锐　李　琳　林　琳　王　齐　杨学兵　尹　莉　余东华

电力系统及其自动化

曹立霞　丛　伟　李可军　王　宾　王洪涛

动物学

梁永利

儿科学

黄　磊　李义召　刘星霞　刘艺鸣　尚　伟　王纪文　吴　伟　于永慧　赵　飞
赵红洋

耳鼻咽喉科学

杜晓东　冯红云　高　静　吕正华　吴　昊　于　刚　岳志勇　张红萍

发育生物学

陈静华　黄向炜　林浴霜　马晓丽　田海滨

法学理论

纪建文　焦宝乾　李道刚　李　军　马建红　桑本谦　孙新强　吴丙新

分析化学

孙长侠　夏方诠

妇产科学

车艳辞　陈　洁　葛　玲　洪凡真　姜景岩　金　平　刘　敏　鹿　群　祁　澜
王黎明　王利红　王忠民　韦德英

概率论与数理统计

白　山　江　龙　张　慧

高分子化学与物理

侯昭升　靳丽强　王庆昭

光学工程

黄博达　刘　青　王玉荣　杨　菁　张　璐

国际政治

崔树义　李少琳　沈洪波　孙浩然　王钟伟　杨民刚

汉语言文字学

陈长书　鲁　六　王　彦　张晓明

环境工程

初永宝

机械设计及理论

陈洪武 王 凯 杨 波

机械制造及其自动化

曹同坤 李 丽 刘含莲 吕志杰 孙 静 唐委校 王随莲 张希华

基础数学

陈燕来 李红玉 李志龙

计算机软件与理论

崔立真 潘荣江 杨兴强

计算数学

常 洛 高夫征 龚 斌 宋怀玲 杨 旻

考古学及博物馆学

钱益汇 石荣传 王建华 臧丽娜

科学社会主义与国际共产主义运动

付立华 李春明 李亚洲 刘 赟 王海燕 许 可 张东华

控制理论与控制工程

常发亮 陈桂友 崔纳新 孔祥东 夏东伟 杨立才 周卫东

粒子物理与原子核物理

马丽娜

流行病与卫生统计学

毕振强 李士雪 刘 静 吕 明 王志萍 薛付忠 郑国华

免疫学

姚成芳 张 秋

内科学

褚瑞海 高艳玲 郭文彬 韩国庆 冀学斌 靳长俊 黎 莉 李建平 梁 军

刘长虹 刘成霞 柳 刚 马天容 孟 玫 苗 雅 牟忠卿 潘正论 宋振梅
孙玉萍 完 强 王 刚 王建春 王克玉 王淑芳 王晓军 王 燕 魏军民
谢英慧 许冬梅 姚桂华 尹晓燕 张 峰 张 丽 张鹏飞 张 燕 赵 芳
钟 霞 仲 琳 周世庆 朱贵月

凝聚态物理

冯维存 付 刚 季燕菊 李 峰 李士玲 苏文斌 展 杰 张大成

企业管理

陈振华 李宇兵

人体解剖与组织胚胎学

林祥涛 刘晓萍 芦志红 孟海伟 王 越 于 丽 张晓丽

生理学

柴 强 李育娴 魏 然 张天亮 赵秀兰 李 明 刘 建 齐鑫山 王 清

生物化学与分子生物学

高雪芹 贺美兰 胡海燕 杨晓梅 苑辉卿 张 岩

通信与信息系统

江铭炎 罗 骥 马丕明 孙建德 王英龙 许宏吉 仲英济

外科学

陈修德 段伟宏 冯立民 付庆林 公 伟 郭小玲 蒋绍博 雷印胜 李朝阳
李守林 李卫国 刘广存 刘海春 刘洪智 刘鲁祁 刘仍利 刘 毅 马 榕
孟凡刚 齐 战 苏忠学 孙金辉 孙卫山 王东海 王 刚 王建立 王 健
王克涛 王绍勇 王松刚 王先泉 王勇杰 魏开斌 乌新林 肖 虎 许孝新
张丙杰 张凤伟 张海洲 张宏伟 赵东波 赵 旭

微电子学与固体电子学

宗福建

微生物学

何海伦 季明杰 孔 扬 李 强 李清心 刘玉庆 栾兴社 潘 军 裴海燕
沈 煜 孙昌魁 王书宁 杨炜华 张禹清

文艺学

范爱贤 高金岭 高迎刚 胡庆龄 庞 飞 孙丽君 于林立

无机化学

边永忠　樊唯镏　何　涛　刘元俊　卢启芳　谭学杰　朱沛华

物理化学

戴肖南　高　军　高艳安　何茂霞　金志琳　孙明波　孙孝敏　王庐岩　王仲妮　张志庆

系统理论

刘华文

细胞生物学

王兆玉　薛哲勇　翟淑梅　张永生　赵启韬　赵云峰

眼科学

李　运　曲　毅　申家泉　王　红

药理学

刘慧青　娄海燕　贺艳丽

遗传学

刘奇迹　吕　萍

应用数学

邢育红

英语语言文学

黄希玲　王丽丽　王　勇　张延君　邹惠玲

影像医学与核医学

李振家　梁长虎　林征宇　刘　强　刘　影　邵广瑞　王光彬　王洪波　王锡明　张　凯　张　琰

语言学及应用语言学

张　莉

原子与分子物理

王德华

运筹学与控制论

卞秋菊　韩　强　李乐学　李　霞　戎晓霞　王骁力　许明宇　张宪福　赵培忻
朱淑倩　左连翠

政治经济学

李和森　刘　伟　谢志平

中国古代史

白才儒　蔡林波　陈　峰　李　森　李扬眉　刘岐梅　马忠庚　齐秀生　容志毅
谭景玉　王　珏　王志胜

中国古代文学

赫广霖　黄　洽　姜玉芳　梁桂芳　刘化兵　朋　星　韦春喜　夏　薇　易小平
于志鹏　张廷兴

中国古典文献学

陈修亮　王公山　杨永军　张　兵

中国现当代文学

董　燕　高　娟　黄　轶　李永东　刘　岩　刘永春　卢　军　石秋仙　田广文
汪　洁　徐彦利　翟永明

中国哲学

陈京伟　郭建洲　郭振香　李延仓　王　春　王　广　谢桂山

硕士毕业生名单

比较文学与世界文学

陈海燕　李　军　刘　薇　陆晓芳　薛　璐

病理学与病理生理学

蔡　莉　宋春红　宋军华　田桂红　杨会杰　喻　芳　原银萍

病原生物学

刘　莹　邵春红　王志宇　杨婷婷　张晓梅　周怀瑜

材料加工工程

初冠南　崔　峰　戴家辉　董安平　段晓宁　冯　刚　侯晓霞　华　鹏　李金锋
李　玲　李永刚　刘会刚　刘文亮　刘兴龙　卢　霄　吕云飞　乔进国　孙建俊
孙金平　王春茂　王　芳　王怀刚　王旭波　王延庆　王岩山　杨洪树　尹奎波
张渤涛　张　超　张存生　张　鹏　张行河　张妍宁　张　莹　张召铎　甄洪栋
周建坤

材料学

崔洪梅　葛文伟　韩艳君　贾文杰　李江田　李云南　刘爱云　刘　冰　刘　强
卢　瑶　栾彩娜　马来鹏　潘冬英　邱子凤　宋化龙　孙家涛　孙学勤　田晓峰
王　磊　王晓霞　王雪明　修志亮　尹　磊　张邦强　张　亮　张　强　赵相金

财政学

丛　杰　高立昌　郭　慧　郭　健　刘　建　刘　铭　孙　林　唐　娟　杨晓黎
尹　奥　于振善　张　丽　宗　斌

测试计量技术及仪器

崔晓军　郭长明　李　健　王文成

产业经济学

冷雪梅　李　飞　李伟平　刘　峰　任志鹏　吴炜峰　赵　前

车辆工程

何立淮　刘树军　王　敏　张竹林

道路与铁道工程

崔晓燕　任宪勇

电磁场与微波技术

陈　川　王海松

电工理论与新技术

董　霞　惠　杰

电机与电器

安　琳　顿月芹　冀　溥　赖豪杰　马传霞　史朝晖　宋　伟　孙金宝　续艳珍

电力电子与电力传动

郭茂峰　胡顺全　孔德杰　孔维涛　李　兵　刘莫尘　刘兆伟　邵春涛　宋　平
宋新新　王金亮　王　兰　魏利伟　肖　冰　张凌云　朱文杰　崔　冉　董雪静
杜晓平　付承桂　付连强　高　峰　韩　力　黄　宽　李长云　李法兴　李　璟
李　涛　李晓华　李艳丽　李　阳　李元龙　林　霞　刘洪军　刘思华　刘勇超
刘增训　芦洪涛　倪　剑　裴　健　沙志成　申东滨　沈洪涛　孙　华　孙晓明
孙燕辉　王长善　王　静　王　瑞　王新宽　王　鑫　魏本刚　魏　然　肖　驰
徐　超　徐有栋　阎振坤　杨光亚　杨延勇　于永进　臧家义　战　杰　张　桦
张　黎　郑桂兴　周春生

电路与系统

常　锋　范圣韬　高　超　李春雷　李　玲　李秀媛　马　震　王建功　徐功文
徐　辉　徐　俐　赵　凯

动力机械及工程

白书战　李中泰　梁海波　刘海涛　么丽婷　陶建忠　姚章涛　张雷鸣

动物学

董杜鹃　郭建东　薛剑峰

俄语语言文学

侯秀然　李　昆　王会珍

儿科学

毕玫荣　郭庆辉　姜宏磊　李瑞峰　刘明花　张晓莉　赵丽丽

耳鼻咽喉科学

李大建　李秀国　李　玉　刘　昉　石国华　王晓彬　夏　明　张海令

发酵工程

刘常龙

发育生物学

陈小鹏　吕艳杰　张元鑫

法律硕士

白广亮　白广勇　班凤欣　蔡元元　昌希灿　陈亚芹　成志宇　程　坤　程志刚

崔　维　崔艳芳　丁相丽　董战山　窦　飒　杜春生　段会亮　段亚伟　樊　锐
房　坤　付宗义　高金娣　高　宁　高玉琦　郭永强　韩　超　何　冰　贺艳红
黄承凯　姬志茹　姜福东　姜　澍　李　超　李冠林　李国才　李海英　李今龙
李巧英　李晓琦　李晓荣　李绪金　李彦红　梁　玮　刘宝璋　刘　明　刘　涛
刘文科　栾立枫　马　飞　马海燕　马全才　马　伟　潘　虹　潘　贞　裴　斐
彭增田　任海伦　任晓刚　沈冰玉　石化东　宋冬梅　宋　寒　孙海艳　孙梅娟
唐彦涛　田志国　万慧泽　汪东丽　王柏青　王　彬　王传国　王　倩　王晓莉
王学东　王延政　王业松　王义国　王　勇　王　玥　魏玉峰　徐　伟　徐新合
徐之涛　闫建功　严业福　杨世峰　杨　永　殷成洁　殷学厚　于东亮　余　祥
袁淑娟　苑晓辉　张爱新　张秉建　张　峰　张海涛　张建忠　张军权　张立刚
张　明　张　明　张明磊　张文彬　张兴华　张秀娟　张　莹　张玉霞　赵　菁
赵沁芳　赵　冉　赵秀莉　赵雪莲　赵治国　朱　磊　朱运涛

法学理论

高　峰　侯学勇　胡敏敏　马得华　秦　强　孙　晔　王茂庆

分析化学

贾文志　李建业　刘彩霞　刘　静　刘淑芳　彭学伟　许　光　赵明辉　朱兰兰

妇产科学

陈儒新　窦晓青　杜雪莲　高　嵘　巩梅丽　韩秋峪　洪淑惠　姜海洋　李　波
李慧荣　刘凤英　宋　敏　王　飞　王梅梅　王　珊　王　巍　王　燕　王燕芸
辛　刚　闫　莉　殷冬梅　张　珂　张梅娟　张庆霞　张　霞　周　军　周黎光

概率论与数理统计

包国豪　蔡　亮　邓　伟　韩宝燕　黄常青　马　冲　王广军　温建洪　肖　华
杨广仁　张林言

高分子化学与物理

韩玉贵　黄艳华　黄玉玲　张　翼

工程力学

田萌

工程热物理

陈守燕　陈　岩　崔　琳　郭秀键　李　强　曲　燕　孙　平　王　宁

工商管理硕士

巴明芳　毕国器　边　江　薄晓东　步　超　陈光鹏　陈洪岐　陈效珍　成冬梅

段好勇　方　涛　傅　薇　高井生　高　旭　葛家伟　郭　锐　韩　静　郝　磊
黄乃璋　黄　巍　季光辉　江　波　井　颖　孔海涛　李　峰　李　莉　李树成
李　霞　李正杰　梁　雷　梁　青　廖天明　林　华　刘宝良　刘东芳　刘　明
刘　宁　刘天光　刘　伟　刘祥军　刘亚涛　龙　经　吕福胜　马东满　马　军
苗爱华　母　鹏　倪国锋　牛占岭　潘光杰　潘　科　潘清涛　綦联声　曲荣珍
邵海英　邵珠瑞　申永华　沈　辉　石　磊　孙　峰　孙　群　孙晓东　唐洪胜
王砥凡　王海成　王　军　王儒娟　王　通　王　鑫　王秀江　王　旭　王学超
王亚卓　王玉芳　王玉华　魏相永　温　涛　吴　斌　吴　鹏　武　涛　徐国民
徐　珂　徐　萌　杨淑萍　杨玉生　伊　秀　尹文洁　于　芃　虞亚男　曾爱琴
张大明　张　国　张慧勇　张　健　张　磊　张慕勇　张守峰　张　伟　张　宇
张振栋　赵建立　赵　琳　赵凌云　赵子坤　郑国勤　朱　虹　庄　锴

固体力学

安　国　杜　烨　杨学英　张瑞霞

管理科学与工程

曹洪峰　蒋　琳　李卫灵　刘向东　宁维巍　韦有臣　辛群涛　徐　峰　徐隶群
徐　敏　杨延村　游　琨　张　宏　张井梅　张　宁　张志强　赵　林

光学工程

冯　霞　何　源　赫明钊　李昀初　祁海峰　王　静　徐　鹏　张瑞锋　张婷婷

国际法学

褚晓琳　王　萍

国际贸易学

陈哲娟　丛　静　韩忠先　刘　涛　刘祥霞　曲艳雁　魏　巍　徐　舫　于增成
张　健　邹晓琴

国际政治

白云真　丁　蕾　李　萍　宋小霞　王金珍　王青山　杨晓燕　张　琦　张欣辉
赵光磊

汉语言文字学

高光新　果　娜　贺芳芳　洪　静　李　军　刘　勇　亓文香　任双平　王美雨
徐蔚然　许　芃　于　萍　于相风　张文科　张　铉　张　云　郑　媛　邹　新

护理学

李文慧　吴　雪　闫春梅

化工过程机械

崔玉良　段少丽　冀翠莲　吕书臣　孙明新　吴化勇　肖克峰　赵永辉

化学工艺

崔　凤　崔　巍　郭晓斐　韩红滨　李广武　李　剑　牟大建　潘光民　王　芳
王蕾蕾　王明锋　王小虎

环境工程

曹大勇　曹　楠　曹先艳　高　健　郝欣欣　李　勇　马桂霞　母锐敏　聂玉伦
潘建强　乔　梁　曲　玮　隗　娜　姚　利　袁　东　张　华　张彦丽　张子健

环境科学

安　强　崔　琳　侯华华　牟　真　宋运涛　袁学良　赵旭丽　朱　英

会计学

陈　艳　郭媛媛　李香梅　栗晓燕　刘　国　全红坡　王芳云　王松涛　徐国庆
张　佳　张　倩　朱　磊

机械电子工程

陈　宏　陈宁宁　付振山　高　峰　胡立明　胡晓鹏　胡　岩　黄宝香　贾存栋
姜娉娉　李春玲　李海涛　李建心　李　龙　李　泉　李秀勇　李悦安　刘　剑
刘　杰　刘宪伟　刘　焱　马永力　曲丽丽　尚新娟　孙　伟　田　峰　王　涛
吴　健　闫法义　杨天雪　仪　维　于军华　于文鹏　张光远　张立文　张新杰
张延波　张　莹　张　营　赵　华　赵家博　周　锐　朱新军

机械设计及理论

蔡红英　晁鲁强　程方启　高仲科　韩玉铭　李长江　刘剑平　苗中华　沈学会
时维元　苏树朋　孙安锋　孙启新　田　蕴　王丽丽　王　珉　徐秀花　于奎刚
张卫锋　张玉伟　周智峰

机械制造及其自动化

蔡兰蓉　陈　东　戴海宏　丁代存　杜宏伟　郜　勇　李宏祥　李　杨　李作丽
刘军华　孟　辉　孟艳华　彭修广　滕以生　王　慧　王学礼　肖海峰　徐立强
薛德余　姚淑卿　张　超　张芒国　赵敬伟　甄希金

基础数学

郭世燕　吕志伟　任国静　王　怡　杨国萍

急诊医学

司　敏　孙　祎

计算机软件与理论

白广奇　鲍洪庆　陈　波　程　震　董恩强　董　蒙　段　雷　高大伟　关　锋
郭　伟　郭祥法　郭小涛　侯方明　胡　强　贾海涛　贾忠田　孔祥龙　李　斌
李德生　李继豪　李　敏　李明宇　李　宁　李　强　李婷婷　李秀芳　林　磊
刘海香　刘乃丽　刘　伟　卢　汉　吕　琳　马自谦　牟　鑫　彭　琨　钱　斌
任　磊　任　涛　任　伟　邵　锐　孙　瑾　孙玉红　王　波　王辰龙　王澄澄
王海军　王　石　王素青　王　伟　王向辉　王小会　王雅哲　王彦荣　魏　强
魏书军　吴　强　徐　俊　许丰娟　许连华　闫淑英　于　飞　于　庚　俞华峰
曾　薇　张海英　张洪福　张兰华　张　琴　张　瑞　张旭峰　张　璇　张　燕
张宗霞　赵　宁　赵淑海　赵　彦　郑东飞　钟　丽　周　波　周　颖　朱玉敏
祝翠玲

计算机系统结构

白雪涛　陈宝基　陈红军　胡宝刚　李力强　刘晓兰　刘　峥　岐　山　乔新晓
曲鲁平　孙　鹏　孙雨婷　王　琳　王　欣　颜菲菲　姚玉欣　衣英楠　原变青
张　琳　赵　静　赵　亮　赵瑞峰

计算机应用技术

毕鲁雁　曹鲁慧　常　戈　程玉松　褚大伟　董贝贝　高珊珊　管素清　吉海颖
蒋　瀚　靳贤清　李德峰　李　锋　李　舒　李　真　梁　昇　凌霄燕　刘成志
刘理争　刘学波　刘　阳　刘　颖　柳　楠　柳　欣　吕新杰　马福强　马　莉
莫笑丽　彭海涛　彭　珍　尚久庆　苏　玮　孙宝军　孙玉海　王　婧　尉秀梅
许艳美　杨　刚　姚鹤龄　衣俊艳　衣振萍　尹江会　张　峰　张国华　张　楠
张维勇　张　莹　张　誌　张　忠　章　义　赵　洁　周冬生　周锋波　周元峰
宗子良　邹　静

计算数学

邓灵芝　李世龙　宋丽叶　苏　园　孙国栋　王景明

技术经济及管理

高玉亮　李　辉　李庆梅　刘海宽　苏　萍　孙　华　杨瑞建

检测技术与自动化装置

陈文峰　丁　新　杜　洋　刘金鹏　罗运辉　秦伟刚　邱卫卫　宋瑞福　孙　清

韦　斌　张立东

结构工程

陈玉广　侯洲波　刘红霞　刘　晓　孟　健　席爱斌　周贵宝

金融学

曹燕妮　陈宗义　丁昌锋　丁淑娟　董　芹　冯　凯　高丽华　韩　冬　韩　萍
黄幼芳　李　晶　卢立香　卢　璐　吕　宁　马红磊　石　珍　史丽媛　孙黎娟
孙朋军　孙　涛　王　景　吴健飞　吴　鹏　吴晓芳　徐以军　杨淑杰　于永信
余振武　张彬彬　张　乐　张　磊　赵国靖　赵　洁　周玉坤

精神病与精神卫生学

纪孝伟　王　刚

考古学及博物馆学

高继习　李春华　刘允东　史本恒　宋爱平　王　强　尹锋超　赵春暖　赵　颖

科学技术哲学

李传实　刘　冰　刘新刚　潘　睿　王硕鹏

科学社会主义与国际共产主义运动

常　辉　顾伟毅　韩　慧　宋小伟　杨　萍　张广远　张　亚　赵　端　赵　倩
周葆华　周吉鹏

控制理论与控制工程

别负远　程金路　程丽平　杜培宇　段京东　方汉学　高　鹤　何付志　何　宁
胡冠山　孔繁伟　李　建　李咏沙　李志坤　梁丽桢　刘　涛　刘伟洲　刘　毅
罗永刚　马　宾　闵建成　申　斌　苏岳龙　孙丰涛　孙秀云　王朝霞　王　红
王鹏飞　王瑞海　王松涛　王晓鹏　王　颖　魏　刚　熊晨阳　杨　洁　杨仁弟
袁向荣　张　栋　张国强　张　磊　张黎明　张其武　张　强　张　伟　张　曦
赵　芳　赵　莹

口腔基础医学

王　霞

口腔临床医学

陈安威　范丰燕　林庆杰　刘　浩　刘利苹　刘振华　路　丽　潘克清　孙继军
王　梁　王明臻　吴　迪　英敏霞　张　军　张　磊　张丽萍　赵艳红　周荣娥

朱　鲲　左志彬

劳动卫生与环境卫生学

陈鸣岳　董怀军　寇　琰　夏　强　于淑江　张海东

老年医学

毕　铁　陈　睿　黄　冰　刘相菊　沈　琳　谭洪勇　张秀洲

理论物理

邓维天　周　剑

粒子物理与原子核物理

王所杰

临床检验诊断学

庞英杰　秦绪珍

临床医学

陈　军　陈　星　董　浩　郭　鹏　胡乃文　刘泉萌　刘小宁　栾德恒　马先祯
任　伟　孙　岩　王建龙　吴　洁　徐延田　殷翠萍　于光圣　张　辉　张　军
赵改霞　赵　亮　朱　磊

流行病与卫生统计学

苗　颂　宋绍霞　王淑康　张　华

旅游管理

黄　洁　刘爱静　田　磊　于春玲　于　伟　臧德霞　张　彦

麻醉学

姜　涛　李明颖　刘爱杰　王珺楠　张立功　张孟元

马克思主义理论与思想政治教育

陈永智　丁　涛　何茂涛　侯国亮　刘建梅　刘文杰　桑立恒　施秀莉　宋绪富
王　珍　尉　浩　徐向周　张育贤　朱　莉

马克思主义哲学

崔　凯　高永贵　李正义　马　勇　孟　凯　盛卫国

免疫学

刘　华　刘军莉　杨咏梅

民商法学

董玉鹏　葛洪涛　林浴虹　刘　彦　刘　燕　刘　源　秦艳慧　沈思言　孙　静
王立争　王　倩　王　群　王晓刚　王　毅　吴春岐　许晓芳　张　建

民俗学

秦荣艳　辛灵美

模式识别与智能系统

刁伟忠　韩明军　胡晓珊　姜栋献　李　慧　刘怀泉　刘　静　尚玉莲　王　伟
许媛媛　赵　峰　朱鹏飞

内科学

陈　萍　褚衍彪　丛衍群　单　容　董兆强　都　勇　杜文军　杜以明　冯国安
公茂磊　谷　燕　郭士金　郭　英　韩　波　韩改玲　侯志强　黄芳芳　姜冬青
姜玉杰　康英秀　孔德晓　李　爱　李家利　李　军　李　坤　李　莉　李　敏
梁翠格　刘长江　刘　慧　刘　娜　刘伟伟　刘希会　刘彦霞　刘志荣　乔卫卫
石　焕　宋兆峰　孙丽娟　孙巧玲　孙　妍　唐国栋　王海滨　王洪超　王　晖
王晓花　王晓梅　王英田　王永静　王志杰　王尊松　吴春玲　邢姗姗　徐瀚峰
徐景涛　薛　梅　颜默磊　杨秀成　杨　燕　杨兆辉　尹国平　尹　佳　于海英
于清霞　袁海鹏　岳　峰　岳　萌　臧金萍　张丽萍　张　敏　张　琦　朱竹先

凝聚态物理

侯　智　马丽丽　亓　鹏　王晓颖　尹妍妍

皮肤病与性病学

蔡大幸　李圆圆　刘晨帆　任　军　张友灿

企业管理

陈要立　陈英华　单成华　冯文娜　付宜强　高贵成　郭　涛　韩　磊　侯　薇
孔玲玲　李　鑫　刘寿先　刘　涛　逯明明　路　伟　屈寰昕　孙文平　陶金元
王本东　王俊韡　王小平　王新军　王彦红　王治超　吴晓翠　夏咏冰　辛　杰
邢晓妍　徐成刚　姚　丹　叶礼樯　于本江　于　宁　于艳红　袁荣华　张　建
张立武　张　敏　张咏梅　周　巍　邹仲海

热能工程

冯玉滨　侯庆伟　孔德浩　雷声辉　李英杰　梁建民　刘长振　刘汉涛　刘　杰
刘永芹　鹿洪泉　曲　宁　杨文娟　张　凯　赵元宾

人体解剖与组织胚胎学

梁翠宏　秦　迎

日语语言文学

张　坤

设计艺术学

程云华　顾宗磊　李普红　史慧丽

社会学

傅艺娜　高功敬　耿　婕　姜玉贞　李　婵　李学迎　林瑜胜　刘翠霞　马桂芬
满新英　宋鸿学　王美琴　薛立勇　闫文秀　张　倩　张　银　赵　静

社会医学与卫生事业管理

邱亭林　孙晓杰　张伟燕

神经病学

毕延萍　陈　雯　陈耀民　林晓英　刘　磊　刘新云　齐宏顺　齐　新　孙会祥
王勤周　王胜军　闫志慧　杨红霞　张永庆　张忠波　朱海英

神经生物学

高　薇　邢三丽

生理学

崔　鹤　邵淑红　唐　棣　王　霞　吴　江　姚云云　于宏华　于　璐

生态学

谢　骏　赵娟娟

生物化学与分子生物学

郭　敏　李尊岭　时　平　田　峰　张慧娜　张新昌　张玉宝　张之勇　钟　华

生物医学工程

曹佃国　姜安宝　亓　慧　曲新亮　汪　莉　王　雷　王　鹏　肖长歌　张艳丽

赵　敬

史学理论及史学史

公茂宏　韩　华　李　霞　刘贵军　刘　娟　宋新影　王海涛　王孔敬

世界史

陈素娟　马永军　逄媛宁　齐　丽

水工结构工程

侯　仟

水文学及水资源

刘国香　刘　薇　王旭峰　周　飞　朱文心

通信与信息系统

巴本冬　高新颖　高有军　郝晓冉　黄素贞　李　晨　李春明　李国刚　李　建
李　静　李　军　李　谦　刘进志　刘　钰　路　淼　吕光平　吕京元　罗　超
牛芳芳　亓中瑞　齐志峰　秦绍华　宋　嵩　宋伟光　孙守亮　孙天一　孙文燕
王端芳　王　飞　王化宗　王　坤　王　磊　王秋瑾　王树华　王伟伟　王新征
王秀妮　王　岩　魏慧玲　吴　华　武　斌　许　峰　许国平　尹庆奇　张国栋
张进秋　张文胜　张曦林　张永生　赵　浩　赵立芬　赵彦玲　赵　毅　赵永新
赵子健　钟凌惠

外国哲学

吉国宾　王宝霞　王旭凤　张春丽

外科学

安　纲　毕晓峰　陈　波　丁　璇　董长军　董宏朋　董志刚　杜嘉慧　杜　伟
冯　铭　高胜利　高学军　郭　森　韩安勤　韩增篪　何晓鹏　江立玉　姜永胜
李殿国　李　亮　李　亮　李　猛　李　远　梁传栋　梁　勇　刘方军　刘庆胜
刘双德　刘照睿　柳翔云　牛　虎　沙　林　尚兴红　司　萌　宋　伟　宋亚林
孙广智　孙文东　谭守刚　汪建军　王　呈　王　辉　王　俊　王　林　王韶光
王　岩　魏　冬　萧　畔　辛　涛　徐宗珍　许　浩　轩诗进　薛瑞华　杨　强
杨子来　于胜强　展如才　张　帆　张　杰　张　凯　张寿涛　张　涛　张云峰
赵公金　赵海锋　赵恒贻　赵　辉　赵建平　赵　鹏　赵　强　郑善光　仲江波
周　勇　朱　勇

微电子学与固体电子学

冯玉波　贺利军　王　强　王玉恒　姚　军　余旭浒

微生物学

边　疆　车程川　陈建宏　龚　勋　何　潇　华国强　黄　琰　李　兵　李海军
李　鹏　刘　倜　邱建华　史文龙　宋晓飞　苏移山　孙汉鹏　孙红启　孙　磊
孙　琦　王光远　王　敏　王勤鹏　辛　玮　颜　震　张东华　张　曦　张晓东
张晓元　赵　清　赵　勇　郑　媛

微生物与生化药学

陈亮珍　唐金宝　杨盛林　张建国　张　琳　郑雪凌

卫生毒理学

崔　宁　韩晓英　李闪霞

文艺学

蔡　玲　崔海英　付晓青　高　波　胡晓锐　贾银花　刘绍静　刘小磊　苏　斌
孙　民　万克领　王　丽　王　艳　王卓斐　吴峰敏　肖　寒

无机化学

马明国　马明亮　毛立娟　盛　宁

无线电物理

屈庆春　史晓新　张大伟

物理电子学

李洪津　张　娜

物理化学

陈贻建　董凤兰　郝明途　侯万荣　焦永利　孔　燕　李俊娥　李　欣　刘　军
牟英迪　王小菊　王志宁　郁灵娟　张　虎　张　鹏

西方经济学

董华超　郝延伟　黄瑞宝　李　勇　卢庆华　吕　强　王明昊　薛欣欣　杨依山
张建强　张　元

系统工程

陈　健　杜晓东　隋首钢　王　珂　于金鹏　赵　巍　朱亚朋　吴春妹

细胞生物学

单晓昳　胡孝瑞　姜素云　李子东　罗　振　孟　辉

宪法学与行政法学

高　飞　高洪波　梁　敏　刘奇耀　沈秀芹　王　芳　王敬锋　薛　梅　于立强　于明娟　张冬立　周子愈　朱恒顺

新闻学

房　芳　黄　进　康　庆　李明慧　宁兆洋　王爱伟　杨　智　翟　真

信号与信息处理

蔡成森　常新华　丛春涛　崔国辉　韩　民　郝丽丽　胡慧博　姜　巍　李　静　李　娜　李士锋　孟庆芳　牟文英　潘金凤　司徽东　王广东　王国力　王巍奇　王文宁　薛振华　袁　华　张　磊

信息安全

李申华　王信敏

刑法学

韩建祥　景年红　李　震　梁武彬　刘　军　吕　欣　王苗雨　王文娟　肖　蘅　薛静丽

行政管理

迟小华　侯春飞　牟高飞　宋　坤　杨绍文　原　光　张会平　赵　蔚　周萍婉　庄海涛

岩土工程

扈　萍　李景龙　亓　乐　隋　斌　孙爱花　王向刚　王　燕　于　峰　张　欣

眼科学

杜立群　郭建新　韩龙辉　蒋　华　李招娜　孙庆梅　王翠青　张学印　赵　杰　庄　康

药剂学

陈江飞　苗彩云　万发里　蔡雅卫　曹广生　韩　梅　胡建廷　孙　静　王龙梓　张　静　赵丽霞

药物分析学

吕允凤　石　荣　张红梅　程先超　李飞燕　李子静　刘德胜　孙利民　万文珠　王亚洲　徐传芬　曾文亮　张　丽　张　涛

遗传学

李　朔　刘　波　孙欣欣　王恩强　王旭平　杨　冉　于典科

应用化学

韩雪梅　梁京芸　刘文涛　乔　儒　杨鹏飞　曾　珊　周芳霞

应用数学

郝　涛　李　静　李振波　孙培千　赵光磊　朱　波

英语语言文学

曹　军　陈朝霞　陈后亮　陈文玉　仇全菊　初爱霞　崔　静　崔炜晓　单士坤
董　娜　董素蓉　范凤兰　冯晓凌　高　洁　高　明　高明霞　高　婷　高希霞
葛海燕　关　鹏　郭冬辉　郭　曼　郭　伟　国　新　韩晓丽　侯雪丽　贾彦艳
江慧敏　蒋　侠　冷兆杰　李桂春　李　玲　李　玲　李文华　李新云　李秀华
李玉国　梁　怡　刘　丽　刘丽君　刘　敏　刘其刚　刘淑红　刘艳梅　刘艳梅
刘玉楼　马　坤　孟　婧　孟庆娟　牟彩霞　潘冬磊　乔修娟　曲丽洁　苏　科
孙　芳　孙　凤　孙　赟　谭媛媛　陶　娜　汪东富　王　璐　王绍兵　王素红
肖　琦　薛仁喜　颜丙香　杨　静　姚绪宁　于　辉　于　岩　曾林姣　张金云
张秀苹　张　燕　张　喆　赵　晶　赵　清　赵晓彤　周天娟　周秀敏　朱　蕾
朱　莉　朱晓斌

营养与食品卫生学

李　辉　徐　静　于福贵

影像医学与核医学

程　琳　崔　谊　郭　芳　刘宏伟　刘绍玲　刘　雯　彭洪娟　杨玉海　张　放
张飞雪　仲　海　周　英　祖德贵

有机化学

冯　勇　郭　鹏　黄立业　毛近隆　任会学　沙　磊　孙　健　谭　伟　王　龙
薛　云

语言学及应用语言学

吕艳辉

原子与分子物理

王晓林

运筹学与控制论

程　昫　高焕丽　高　云　何维来　霍春岭　李　彬　李　敏　刘　江　刘治平
马　骏　王　婷　辛永训　杨耿国　杨友才　张　新

政治经济学

安加锋　陈俊科　陈明华　陈瑞祥　杜永生　范玉波　高　华　江麟生　蒋海岩
李亚军　刘华军　刘永生　罗红梅　荣　梅　石连忠　孙文胜　田　旭　颜士锋
尹延东　于华阳　张　朋　张文龙　张　艳　赵　莉

植物学

陈　莹　江　波

制冷及低温工程

姜云涛　刘秀丽　苏国萍

中国古代史

程艳芳　单长桂　杜庆余　高汝东　刘永华　陆爱勇　王广勇　王彤江　韦琦辉

中国古代文学

樊庆彦　冯　莉　霍明宇　孔　敏　李爱红　李正香　刘小成　苏红燕　宿美丽
郇红红　王栋梁　王维民　肖　红　邢　博　张爱美　张　晨　张传东　张水利
张永平

中国古典文献学

黄迎周　李书玮　李淑燕　卢芳玉　孙照海　王长民　张华清　张　霞　张亚南

中国近现代史

陈海军　崔善锋　谷学峰　季洪辉　李　丹　李海霞　李　伟　马　荟　庞新华
宋书强　王　萍　谢贵平　谢秀珍　张　阳

中国现当代文学

别晓燕　曹奇伟　陈　曦　郭梦霞　孔凡梅　李　静　李荣秀　林慧芳　刘　震
卢临节　毛夫国　祁宗芹　任春芹　王洛志　王美春　王向学　王云芳　夏　青
于真子　张巧玲　张　燕　张　源　赵学美

中国哲学

李　凯　刘兴明　刘云超　徐　强　遇方庆

中西医结合临床

贺文广 罗玮敏 司明文 王凌云 王霞丽 王玉勇 武志红 辛文霞 杨 伟
于宗学 左 芳

肿瘤学

刘海荣 牛德红 孙殿水 姚舒洋 殷进军 周 伟

专门史

冯小叶 弭友海 田 芸 王 蔚 袁墨香 张婷婷

宗教学

纪银平 栾文花 孙家宝 万 可

本科毕业生名单

哲学

陈 兄 陈玉海 陈忠良 程 晔 高明明 韩 梅 郝雪羽 侯建霞 蒋君剑
刘卫华 马保力 马艳华 沈 建 隋治森 孙会娟 孙金峰 田 洁 王洪霞
王小娟 王运文 许孝随 曾三侠 张 灿 张青玲 张荣耀 张文波 张艳娟

宗教学

包 全 马炳涛 欧振华 孙珊珊 谭海波 王蓓蓓 王 冬 王 刚 王 丽
于海涛 张庆波 赵 蓓 赵兰辉 祝 婧 程元平 关善文 经敏华 瞿 佳
刘美云 罗 迪

社会学

王舒达 狄丽丽 郭 鑫 黄 蕾 金利岩 梁江妍 梁 勇 陆健宏 齐 晓
唐 伟 王 党 王海杰 王孝洋 王智星 张 汉 常 磊 陈传国

社会工作

倪健全 曹 伟 陈常花 狄 雷 丁 琳 侯田田 李 丽 李 岩 廖敏利
刘庆娜 刘艳玉 刘治祥 吕 琴 裴小林 任姗姗 邵泽希 施海平 史贵晓
孙爱芳 孙成键 孙启飞 田玉东 万 敏 王 菲 王 冠 王 恒 王 欢
王江飞 王 旻 王小蕾 王晓瑜 辛永之 辛增虎 杨金华 杨晓莉 于福道

于乐锋 张　兵 张　娟 张明忠 赵　颖 郑　巍 周英南 邹广华 丁文剑
马文青 毛艳文 王大伟 王丽莉 王芳昕 王保印 王春红 王海云 王　辉
邓世明 邓　欣 史　伟 叶　青 田　青 田　蕊 石德西 乔青雷 刘艺博
刘　华 刘　红 刘君斌 刘建民 刘　波 刘　娜 刘政昌 刘晓明 刘　瑾
刘孺霖 孙宁宁 孙礼敏 庄　重 朱改荣 吴建美 吴晓炜 宋申娜 宋　苗
宋晓静 张　玉 张　伟 张兆伟 张俊英 张晓明 张海燕 张　强 李　云
李心生 李纪莅 李　侠 李国栋 李　明 李　娜 李柯岩 李　晞 李　真
李艳敏 李银花 李　静 杨万庄 杨　莉 杨　鹏 苏　晨 陈　锐 陈　霞
周海燕 孟　鹏 招立娣 欧媛静 武付华 侯宝霞 侯　娟 姜英杰 姜　琳
胡文涛 胡　蕾 赵　旭 赵恒新 徐从德 徐　雯 秦存禧 袁　丹 贾莹莹
陶　霞 高小梅 崔莉莉 戚　冰 曹石岩 焉雯雯 黄　静 游　明 焦鸿雁
董德进 韩　勇 韩　晶 谭文静 魏　炜

经济学

许　建 蔡文娟 陈启斌 冯斯毅 盖小伟 何　荣 胡　群 鞠　伟 李　鹏
李振民 林　雪 刘碧成 刘　佳 刘　隽 刘　娜 桑伟林 邵伶俐 孙　昌
孙江涛 孙　妍 孙　毅 王岑郁 王春旺 王建平 王世根 王　馨 王振伟
王　震 颜凤霞 杨明茗 姚慧东 衣冠瑞 曾宪政 张　婵 张洪涛 张建红
张钦敏 张晓敏 张　喆 赵现波 庄复兴

国际经济与贸易

徐雅婵 包建喜 包圆圆 蔡彤娟 曹淑惠 柴春敏 陈　冰 褚利夫 崔　灿
单景辉 董春兰 董雅文 杜渊博 段玮珅 冯春友 冯振雷 傅佩佩 高　辉
关艳琼 管海芹 郭　隽 郭思琪 郭秀岐 何春花 滑　莹 黄继雷 黄　乐
黄　丽 黄艺鸿 季长友 简振环 解孝凯 金　娟 靳晓婧 井　焜 瞿凤龙
李　波 李春友 李　栋 李广志 李国栋 李海峰 李瑞燕 李润召 李尚举
连宏目 梁宏伟 林昌安 林尤杰 刘建涛 刘　静 刘　亮 刘炜炜 刘晓东
刘效凯 刘幸欣 刘秀玲 刘　一 栾博文 罗数菊 孟　蓓 孟　波 孟　涛
牛　犇 潘娣春 潘聚明 潘志恒 邱建国 史本涛 司向玲 宋红梅 宋洁兰
宋作忠 孙　剑 孙　琳 孙元庆 唐　凯 万　峰 汪丹华 王德朕 王殿梅
王　芳 王凤莲 王江晖 王　青 王亭亭 王雪莲 王英明 王永亮 王　哲
王　震 吴　英 徐　甲 徐可可 徐　亮 徐清平 徐晓林 徐晓宁 许荣利
许　肖 颜　玲 杨长桦 杨晓丽 杨一凡 杨　颖 姚凤娟 叶宇航 袁蓓蓓
袁　峥 臧晓晖 张宝娟 张恒坤 张虹霓 张家璐 张立志 张　萌 张　娜
张　强 张　岩 张一明 赵　春 赵明慧 赵雯倩 郑贵英 郑　玮 郑焱花
郑懿豪 周　健 周洁琼 周冷冷 宋　晓

财政学

陈少羽 陈守贵 邓 慧 董 鹏 龚 丹 巩艳姝 古华颖 何元泉 胡友静
李冠楠 李娟娟 李 琳 李 颖 梁洪波 梁少尉 林 琳 刘 欢 刘 敏
刘明波 吕金磊 闵 琪 钱晓岚 秦法光 邱 艳 邵文珑 石龙斌 孙 斌
孙立楠 孙 珊 谭乐义 田 勇 汪 皓 王林茜 王秋敏 吴文太 谢小丽
燕东明 尹 琳 于春晓 员 博 翟道玲 张 彪 张 波 张 姮 张金星
张丽冰 张丽丽 张寿楠 张文涛 赵 锋 赵立君 郑 菲 郑 文 周习福

金融学

张 华 张洪源 曹 乾 曹亚男 陈海栋 陈丽萍 陈连杰 陈玫颖 陈 萍
陈 伟 陈玉琢 陈粤川 崔玉洁 段 昕 冯益朋 付孝露 龚晓娟 郭 朋
侯芸芸 姜凌云 李洁琼 李 青 李绍峰 李素青 李伟东 李 晓 林冠蔚
刘 冰 刘军龙 刘 晴 刘韦兴 刘伟琳 刘晓光 柳玉红 马凤胜 马福勇
孟庆娟 逄卓卓 亓逸飞 曲兴华 邵伟才 沈 琛 沈伟斌 石 磊 宋 杨
宋耀文 苏 笋 孙 磊 王 东 王 豪 王金光 王培培 王婷婷 王伟杰
王晓露 王晓霞 王新波 王亚东 王永超 王召波 吴方辉 吴文皎 吴晓晨
肖 琳 徐莎莎 徐晓艳 徐 兴 徐元风 许真臻 杨 帆 杨秀丽 尹 鹏
游 锋 于 鹏 袁丽娜 曾科栋 张 磊 张立业 张 明 张荣祥 张文路
张晓霞 张 祎 赵添翼 郑金飞 祖国鹏 武叶霖奕

法学

曹 岩 陈 品 杜 婧 段玉娟 冯立志 高 翔 高忠良 韩晓辉 郝 蕾
胡星鹏 黄艳妮 金秋平 景光强 李恩宗 李跟庆 李华生 李玲玲 李 垚
刘 兵 刘峰慧 刘治发 卢 斌 孟 曦 齐艳红 任保敬 沈雪栋 石 静
司洪波 宋春雪 宋 帅 孙 超 孙晨曦 孙喜臣 唐荣娜 田 田 王 好
王俊梅 王舒帆 王 雪 隗 宾 魏洪杰 吴益斌 肖武林 杨婷婷 杨 雪
姚沈敏 叶 涵 翟国徽 张 敏 张素华 张晓聪 朱 艳 陈 隆 段希勇
法 磊 范庆华 龚海波 胡 威 姜立强 李红仪 李 怡 梁 慧 刘 波
刘 翠 刘 念 刘 雯 刘 曦 刘应波 刘永波 卢兴永 罗 凌 苗 雨
钱伶俐 秦 涛 任 远 尚 真 孙正华 万寿朋 王 芳 王桂强 王美娟
王 倩 王强荣 王雪韬 王有光 温洪梅 武婷婷 肖辉馨 徐丽丽 徐 蔚
杨 豪 余文华 臧 震 张 东 张 君 张 良 张 亮 张翊凌 赵 欣
赵玉磊 郑艳凤 周金鹏 周 军 周善银 周志东 曹 锐 陈华栋 陈 莉
陈 琦 迟公化 初赛发 董 杨 顾林林 郭 艳 韩文源 胡文文 胡遐龄
姬广亮 姜顺娣 姜振香 李 斌 李 帆 李 璐 李雯雯 李因亮 李云明
梁光勇 刘丽娟 刘 青 陆欢欢 朴 睿 邵烈娜 盛 杰 司成君 孙 凯
王 滨 王传宁 王 倩 王 群 王日新 王 星 王宇飞 温 悦 吴章义

徐　璐　徐西根　余蓬钢　翟云鹏　张　雷　张利宾　张　琳　张　震　赵　璐
周广东　诸葛凯　祝圣武　牛　诚

科学社会主义

陈　红　丁海锋　高家涛　韩永红　贾翠燕　李　冰　李　平　刘丽丽　刘玲玲
刘士永　刘延华　鲁　涛　孟庆艳　祁凤华　王永磊　吴宝爱　吴文娟　徐　满
杨　洁　翟晓芳　詹一哲　张学亮　钊　剑

政治学与行政学

高建刚　郭雨彤　贾丽娜　贾世英　郄美娜　李进庄　李　婷　李文卿　李延栋
栾晓波　马冀驰　曲海舰　邵明义　苏恩敏　孙培军　孙秀平　王海艳　王　娜
王朋云　王玉琨　吴　斐　夏继舟　肖明君　肖小环　邢　华　徐　佳　杨日鹏
尹艳丹　于　鹏　于　萍　张　蕾　张　敏　张文利　赵莉莎　赵善适　郑　伟

国际政治

曹相智　杜　鹃　杜明山　范中华　高绪参　侯永军　华阳春　季维华　江　心
李木子　李　伟　李　影　李正生　廖　杰　刘春艳　刘代英　裴　凯　秦伦秋
斯　琴　王厂才　王国强　王　威　王晓光　王晓丽　文新娜　吴瑞娜　肖军伟
徐印雷　杨　琦　张杰恒　张　颖　张　岳　张卓琳

行政管理学

毕思强　成丕德　丛芳芳　崔彩莲　董家涛　杜静静　杜　泉　胡　江　李江龙
李进伟　李晓静　李燕楠　刘红芹　刘晓峰　刘雅婷　柳朴方　卢雅卿　吕建华
罗必概　浦晓英　齐海丽　宋晓林　孙宝雷　孙荣荣　田　原　王　德　王桂玲
王国升　王　衡　王　林　王　涛　文　敏　吴建华　许佳佳　许兆敏　杨　坤
姚　意　伊茂强　衣竑睿　阴元峰　张国强　张晓亮　张　颜　郑　超　邹永厚
刘文才　赵　华　李　廷

汉语言文学

董　骞　冯　铮　魏　莱　程　爽　楚　萍　崔乃霞　樊　蕾　甘　甜　官士栋
江　曦　李　黎　李志中　龙继业　陆英祥　宁晓慧　冉　君　任　艳　尚宪鹏
沈洁超　施国卿　石婵娟　史　磊　王　彬　王　超　王宁宁　王图保　谢燕芳
闫祥岭　杨　静　叶明华　张海勇　张　虎　张若雅　庄　严　常　楠　程雅琦
仇　林　崔　滨　樊朝臣　付兴慧　郝大为　郝向燕　胡健美　黄　梁　黄　一
焦雪晶　金少兵　李翠翠　李　婧　李　科　李枢宏　李王艳　李　伟　李鑫娜
林德顺　刘　彬　刘　川　刘春光　卢莉莉　吕文雯　马素婷　马伟峰　倪　嘉
牛风田　戚珊珊　岑　奋　任长山　沈佳音　施顺玉　宋　飞　宋　晓　苏　娴
王　聪　王礼超　王　茜　王　伟　王晓娜　王　璇　王增强　魏奕元　吴瑞涛

徐春华　徐复超　许中科　闫　婷　杨春苗　于　霞　翟宁宁　张春香　张　磊
张　蕾　张向荣　赵瑛瑛　甄　珍　周晓晓　周忠元　朱继磊　晋浩新　李　菡
张伟清（结业）

新闻学

刘媛媛　王　川　邢慧娜　陈丹蓉　崔宏巍　戴逢波　邓　强　窦　玲　范艳芹
冯　刚　付　瑞　甘　宁　葛　亮　宫兆轩　郭　凡　郭　平　韩　丽　何小菲
黑锦芸　胡　巍　黄贵英　黄　强　蒋艳芳　景　丽　康书伟　李玲燕　刘乃凯
刘腾杰　娄和军　卢新明　吕翠玮　罗杰思　罗　雨　马明明　尚福强　宋　佳
宋京伟　宋立宝　孙媛媛　孙云云　田　霞　汪丽娟　王德全　王海涛　王　欢
王舒阳　王铁煜　王晓丹　王　震　王　滋　毋嘉平　谢　平　徐继波　徐　进
薛春燕　杨丽琴　杨　升　尤　珍　余春燕　张　瑒　张　忱　张　倩　张　姗
张守帅　张　帅　张潇扬　张小乐　张　燕　张莹莹　赵京军　赵　亮　赵倩茹
赵媛媛　周春雪　朱奇红　朱晓琴　竺军伟　马广伟　马妮娜　孔　朋　孔媛媛
王文静　王文霞　王仲宇　王　宇　王成林　王　阳　王丽丽　王　炜　王宪亮
王晓燕　王海英　王艳菊　王梦倩　王善林　王　婷　王敬宝　王　琦　王　琰
王蓓蓓　田树伟　白如金　任维旭　任超群　任　楠　刘　云　刘天韵　刘　炜
刘　娜　刘春梅　刘荣华　刘　霞　孙仙杰　孙泽元　孙　茜　孙蕾蕾　朱文君
朱剑锋　纪红云　邢　华　吴小羽　宋　琳　宋锐锐　张　龙　张庆波　张金婵
张　莉　张　燕　李　丹　李永杰　李　甲　李　娜　李栋印　李晓彤　李培艳
李婷婷　李　黎　杜晓若　杜清亮　肖　飞　苏振兴　邵　晶　邵　群　陈洪升
陈　辉　陈　静　周文鹏　郄雪莲　郑　跃　柏　松　相恒坤　赵亚敏　赵砚新
赵　萍　徐　冉　晁　霞　高根熙　梁之栋　梁莎莎　盛颖霞　黄　真　彭　娜
曾凡荣　焦春晓　焦莹莹　董文欣　董　钊　蒋金伟　韩　冰　韩　勇　慕　玲
潘　辉　魏晓露　魏　强

音乐学

毕文婧　陈　乾　仇　靓　段冰清　方　涛　高　沛　高　迎　耿佳佳　顾满满
郭东波　郭闻乐　韩　桐　胡晓玮　李晨嘉　李　辉　李微微　刘　姣　刘培培
倪　晶　曲立聪　屈庆娟　石　琳　隋　星　孙　天　孙　燕　唐　彬　王晟楠
王婷婷　魏玉萍　杨　蕾　张　洁　张　凯　张　雷　张　婷　赵　茜　周建伟
周紫玲　朱姗姗

美术学

董　旭　盖一飞　顾艳秋　康　凯　李　琨　李书冠　李泰峰　李英伟　李运明
林晓静　刘长群　石　楠　宋　暖　王云亮　魏　伟　伊　兵　张　坤　张丽娜
张　玲　赵菁霜　赵明明　郑国梁　周广宇　朱少伟

法学、英语双学位班

车静 冯业广 胡亚茸 解维宁 李小伟 廖俊 刘冰 栾文静 马驰
孟秋 佟刚 吴静 徐坤 徐曼 徐冉 薛启明 于霄 周芹
周珊 韩宁宁 姜晓华 刘永华 孙笑 王莉 魏丽娜 徐献宏 张鸿庆
朱理文

俄语

陈鹏 蔡晴 曹荣强 陈思源 陈祥美 高慧 蒋余秀 李广年 李雪
刘笑 邵振华 孙海平 孙喜伟 王敏 王少果 许健 云耘 张晓丽
赵雷 赵丽楠 赵秀宁

英语

曹智峰 陈晓梅 程西宁 韩小羽 李超 李怀宝 卢巧巧 卢霞 马晓亮
沈丹 孙丽丽 孙倩 王琳 肖艳敏 徐荣荣 叶佳 尹迪 张光瑞
张晓雪 赵海燕 赵梅 朱孔波 朱姗姗 池晓霞 冯德正 高杰 巩文静
黄婧 黄莉婷 李颖宁 梁新亮 卢洁 马骁 满莹 任大鹏 宋雪莹
滕军伟 田宁宁 王炳博 王琳琳 王瑞卿 王玺芳 徐香镜 徐晓娟 于晓晶
张静 白娟 毕鑫鑫 蔡莺 戴晶晶 孔芳 李静 李晓娟 李燕芳
刘畅 刘凤珍 刘雄 刘艳玲 鹿凌振 宁丽莉 牛霞 尚珂岩 孙慧慧
唐颖 王贵 王燕 徐衍强 于晓燕 张海云 陈洪娟 崔秀峰 纪晓东
李莉 李莎 李银君 李园园 刘庆婧 刘淑娜 陆姗姗 庞美美 申慧
苏炜 孙启东 陶静 王翠 王妍 魏延艳 吴艳萍 苑焕 张满
张秀丽 张雪 张英杰 陈姗 崔珊珊 房娜 葛明娟 侯子娥 霍文君
贾竹梅 蒋媛媛 刘媛媛 罗小帆 孟曙光 谭范景 王真 武永清 项燕
谢荣 杨洁 杨静 杨孟孟 杨莹 殷萍 袁卫东 张惠娜 张琳
周慧

德语

韩薇 韩英 李腾 李晓艳 刘甡 宋克胜 孙慧 孙丽丽 孙永春
汤婧 田汝丽 王琳琳 王晓苗 王燕 武正 徐斌 杨芳 于豪
于丽丽 张雄 支翔 李禛 周亚楠

日语

曹传猛 戴喜萍 冯影 郝少梅 李翰城 李丽飞 林英姬 刘清昌 李倩
刘伟 任清梅 孙菁 王涛 温颖 徐柏钰 于海英 翟鲁宁 张芳
赵斌 庄庭兰 许峰

朝鲜语

黎立苗 李芳丽 梁宏萍 梁　薇 林晓凤 刘　咏 乔　伟 盛莉莉 苏　偲
孙少华 王培力 王守荣 许丽兰 宣志勇 闫晓辉 于　淞 张　磊 张钦波

历史学

刘占海 杨周毅 陈国波 陈　鹏 杜建梅 樊昌睿 冯会华 郭玉振 季培刚
孔令林 李逢玲 刘化重 刘　伟 刘　伟 刘雯雯 刘晓丹 卢志成 马　勍
马　昕 彭　超 邵　华 沈思珍 宋　暖 孙　婷 田倩倩 董军超 王德凤
王洪江 王　妮 王秋红 王　涛 王燕杰 吴继文 项亚琪 徐修姝 徐　智
杨正阳 尹怀玉 尹藤荣 尹　燕 张　恒 张秀红 周　丹

世界历史

褚樊峰 单领军 葛　音 葛永超 顾　娟 胡耀辉 胡永梅 李　洁 李　珍
李正军 李子现 刘单平 刘丽丽 卢鹏帆 苗　婧 秦国杰 王崇存 王　磊
王璐璐 温立杰 吴立平 杨少华 袁晓云 朱　丹

档案学

单　超 桂小红 韩　燕 胡孝忠 黄小冬 靳桂荣 李晓静 林卫荣 刘东鹤
刘玉玮 马美丽 秦丽媛 邵巾芳 石　强 孙向丽 田永晓 万启存 张翠平
张　舒

信息与计算科学

孟　茜 冯　峰 戈　琳 史　斌 徐子剑 武法春 李　健 鹿　晋 张　倩
刘姗姗 宋　崑 王　谦 周　浩 韩　冰 陈　明 马晓宇 邱　博 韩振柠
刘晓婷 王　璐 李　将 董　奇 刘晓锦 董　金 梁　庚 肖　凡 张　倩
白小甜 陈　皓 陈　丽 陈绍宽 陈圆圆 郭栋梁 韩　斌 李　格 李茂政
李鹏程 李　珊 李文清 连艳艳 林　芊 刘　彬 刘健敏 刘　凯 刘守民
潘振宇 任育进 沈志超 宋　玲 唐明筠 万祥宾 王庆超 王　莹 王云强
谢　瑞 姚大成 昝　靓 张李华 赵海贝 周春芳 朱　琳 毕丽萍 陈　昂
陈　畅 陈　昊 陈　静 陈　磊 陈　言 陈　勇 陈　媛 程　志 初　晴
褚为娟 丁　磊 杜　鹏 方　辉 付继飞 高翠强 高德威 郭绪光 和文桥
贺方雷 黄智彬 姜大勇 蒋圣涛 金　健 兰艳艳 李　超 李凌云 李茂文
李晓林 李亚南 廉西猛 梁　斌 刘　东 刘　健 刘　亮 刘远新 柳　舟
马　驰 逄鲁佳 秦　艳 时成琪 宋建栋 苏　健 苏毓婧 隋京言 孙娟娟
孙永会 王贝贝 王春燕 王　慧 王　磊 王鹏惟 王秀旺 王　垚 王　颖
温永艳 邬　娟 吴　庆 吴正刚 武金梅 徐玲玲 许秋燕 杨　林 于莉莉
袁金建 袁　燕 张　栋 张　峰 张　雷 张立廷 张鹏程 张晓矛 张晓明

张　煜　张振团　赵安全　赵辉宏　赵　珂　赵庆伟　王双成　江　海

统计学

曹伟东　陈晓燕　陈　璇　贾　琳　刘　洁　任丽颖　郭巧萍　金　总　李兆力
连高社　刘京慧　刘元萍　马兴菊　潘元慧　宋安超　宋　科　宋立军　宋晓娜
孙庆峰　孙　喜　王崇仙　王树云　王祥彩　王　晓　王晓贞　王毅杰　王　颖
王永柯　杨海江　张培廷　周　圆　姜　凌

数学与应用数学

蔡广彬　崔峰峰　董　炜　黄成宝　金　澳　井　帅　靖德云　孔广文　李步扬
李正华　刘洪涛　刘　克　孟令鹏　祁本录　沈　栋　石国栋　王　安　王艳喜
王英男　魏东煌　徐彦睿　杨朝霞　杨　蕊　尹　晨　于　潇　袁　晶　曹永炳
陈泗盛　陈　朕　窦汝静　高　镇　耿　磊　耿名男　韩立东　蒋存亮　孔亚方
李　楠　李伟斌　林　袁　刘恩涛　刘洪涛　刘　谦　刘守宗　刘　瑜　马　勒
尚晓萌　苏丽娟　孙海伟　孙　悦　索明博　王文召　王瑛皓　王永翠　许璐璐
杨晓霞　袁艳红　苑　蕾　张同强　张　伟　赵甲名　赵　晶　赵伟波　周达之
陈　立

物理学

郑立梅　崔晓玲　范佰杰　冯兆斌　高　杰　郭　猛　贺可良　侯东超　李海峰
李沛旭　李润辉　李伟峰　林　鹏　吕玉玺　马学见　宋　瑱　王翼展　王永磊
杨　欢　杨　剑　杨可松　于照茏　战志超　张超奇　张焕鹏　张　凯　邹　浩
邹晓东　杜　希　黄凤华　姜　山　李临甲　李小强　林　晨　林晓航　刘长浩
聂春子　浦　实　任军林　孙毅彦　王丹伟　王　芳　王明生　周　杰　周双勇
吕智杰（结业）

微电子学

马文辉　王晓明　官　岩　李小楠　卢红旺　孟　真　彭　磊　王　宁　王晓彬
张家俊　周培根　程晓阳　段毅峰　付　晨　胡雪松　黄军静　姜　虹　李保第
李　健　李全宝　吕艳峰　彭　相　孙小良　王保民　王国强　王　振　徐　健
杨　朋　尹　君　尤志栋　展　飞　张　亮

应用物理学

井沛移　何文韬　解则升　李　季　李　志　刘　萃　任晓峰　孙海燕　王丰功
王修鹏　王旭阳　张乐会　张明财　张　瑞　张睿智　张宗楠　成　彬　崔晓东
何　涛　胡克俊　胡孟秋　李　锋　李秀娟　刘　栋　刘方栋　马观岚　孟　洋
钮效鹍　逄晓莺　乔瑞敏　孙大伟　王俊鹏　王　伟　王新磊　王晔涵　吴家贵
熊林军　徐　虎　杨大军　杨思远　于　磊　张德磊　张琳琳　赵大龙　赵　林

郑　鹏　周伟斌　方　劲　陈成信（结业）　石学智（结业）

电子信息科学与技术

黄耀耀　蔡品亮　曹沛涛　陈德彬　陈月钦　程明娟　高瑞波　郭　宇　郝　凯
侯正帅　胡　净　黄　嘉　姜　莹　李　慧　李金涛　李文明　廖尚林　林　千
刘向燕　龙　彪　马　青　马　爽　牛富杰　彭成华　彭　媛　任国栋　史翔升
苏　威　谭海英　田晓琴　王　铖　王洪全　王徽蓉　王建峰　王晓莉　卫传征
许宏程　杨　骏　杨　莹　杨媛媛　于怀智　袁健华　张元元　张泽云　赵宾植
赵　伟　白　冰　杜　辉　杜　鹏　葛运秋　韩兆皎　贺启广　黄国豪　黄志涛
李春国　李　林　梁树国　刘晓杰　刘晓毅　刘永胜　刘志强　娄世平　倪姬娜
彭祥刚　宋　利　王海燕　杨飞然　杨　雁　于香玉　周晓辉
黄伟民　刘　飞

光信息科学与技术

刘佩玄　安　静　丛振华　冯国栋　冯鸿博　宫志超　韩顺利　侯志乾　怀洪波
解　生　兰瑞君　李丰田　李　佳　李　强　李小磊　李政皓　刘凤娟　刘　娟
刘　磊　刘　敏　刘　敏　刘正超　刘　珠　吕凤先　潘显洪　綦　倩　乔文超
邱黛君　邱静燕　宋华财　孙明祥　仝　超　王　超　王　伟　韦有兴　尉鹏飞
魏士君　仵　欣　武　星　肖鹏飞　徐　强　徐照明　于成阔　原宗琳　臧晓明
张道花　张　华　张　强　张　晔　张　陟　赵祥廷　郑　立　郑　涛　仲光涛
周建波　周　鹏　庄　伟　邓宽伟

化学

胡　坤　齐治平　朱晓明　陈　航　陈明星　陈　霞　方竞男　房　勇　郭天顺
郝　林　扈占坤　乐平飞　李　澄　李　富　李　明　李欣玮　刘芳芳　刘国奇
刘　骞　路　熙　罗　旭　马保民　马　春　马　谦　米　玛　牛龙飞　朴品一
亓秉哲　乔　俊　沈　燕　孙香婷　孙增铭　王　波　王成喜　王海宁　王　君
王正刚　徐　辉　徐　亮　薛　峰　训　吉　杨　旭　于顺明　于晓飞　张宝昕
张　凯　张　鹏　张　帅　张岩峰　赵文竹　周娟娟　周　杨　方萍萍　朱英杰
邱　日　白玛次仁　边巴次仁　达娃多嘎　多吉南加　拉巴扎西　朗加巴珍
益西南加　扎西永西

应用化学

敖明祺　公维国　毕向东　卞成萍　陈海波　丛晓丽　崔玉双　董　彬　范全圣
方艺霓　冯振高　高　敞　葛秋章　何秀娟　贺春秋　胡志勇　黄贝贝　纪永强
黎如辉　李　璐　刘　江　刘淑生　刘　霄　刘秀敏　刘照天　吕　伟　戚桂斌
齐元军　任福瑜　桑圣凯　盛　允　史晓峰　孙方刚　孙　鹤　孙强强　谭成康
唐培芹　王　芳　王国军　王金泳　王　鹏　王庆平　魏　炜　巫金波　吴绯绯

辛雪梅 邢月寒 徐国强 薛　娜 闫　正 尹建新 于兴龙 翟　萌 张凡忠
张广营 张盼世 张　涛 张文博 朱玲玲 邹灵敏 胡　睿 吴旭林（结业）

化学工程与工艺

别金远 曹　杰 曹树堃 柴立涛 车玉菊 程恩杰 程晓令 崔　岩 戴　莉
单　坤 邓亚利 窦文龄 高伟伟 高颖宁 谷加景 郝文亮 侯萍萍 胡文杰
焦天宇 李爱娟 李贺存 李　良 李　敏 李　敏 李　微 李　妍 李彦彦
梁学峰 刘呈昭 刘东辉 刘　杰 刘　凯 刘康宝 刘全才 刘　伟 刘振东
陆传龙 吕绍丽 罗茂鲜 马　艳 穆　波 倪　峰 牛兆峰 戚瑞彬 乔洪伟
秦朝霞 任　慧 戎欠欠 申　奇 宋　翠 宋金磊 孙淑丽 孙志华 汤　悦
王慧莉 王军娟 王立成 王丽丽 王钦卿 王庆涛 王双成 王素婷 王伟锋
王　翔 王小飞 王　勇 王玉娜 魏　丹 吴士军 邢　波 徐　琳 徐孙见
徐竹波 许　超 闫　伟 杨洪强 杨晓妮 袁乾坤 张臣伟 张　蕾 张瑞凌
张　智 赵鹏伟 赵锡锋 赵永俊 郑贵南 郑木青 朱绍锋 欧阳晓琛
李　文（结业） 李　文（结业） 王振方（结业） 王培蛟（结业）

生物科学

陈志新 梁献忠 白预弘 曹景利 陈　华 陈　亢 陈婷婷 陈　玮 迟光红
初守建 褚润民 崔国梁 崔祯珍 丁大伟 董　荣 杜　珊 冯名广 付　欢
傅天民 高　昂 高　璞 关婉怡 郭红军 郭　琳 韩　翰 韩　宁 侯鹏宇
华德平 黄　斌 黄　楠 姜　俏 焦裕鑫 李　超 李慧颖 李佳音 李金锋
李　莉 李乔木 李　娴 李小波 李小凡 李学原 李　阳 李　岳 李志伟
梁红柳 梁晶晶 林　琳 林　琳 刘　斌 刘　冰 刘大桅 刘　恒 刘　华
刘慧杰 刘鹏云 刘佐君 聂　晶 宁　静 潘宏伟 潘培培 祁奴今 邵　明
邵思蜜 沈　霏 时　楠 宋德勇 宋　杰 宋　蕾 宋永民 隋　欣 孙　丽
孙　森 孙忠晟 汤　勇 唐　石 王　晨 王　成 王从礼 王　东 王纪明
王婷婷 王　位 王晓君 王晓艳 王哲琛 王　忠 吴明淳 吴　倩 徐　磊
闫　丽 杨海便 杨杪杪 杨　文 杨雪莲 于蓬春 俞庆生 张　丹 张　迪
张　华 张　宁 张文丽 张　翔 张艳君 张莹宽 张永亮 章义芳 钊倩倩
赵　冉 赵英豪 周　婷 周文娟 朱　棣 朱红波 朱珊珊 朱兴赏 邹振华
孙中亮（结业）

生物技术

安红霞 安　蓉 鲍　芸 陈　泉 陈文栋 陈小菁 丁多浩 丁寄葳 丁　明
丁学锋 杜秋妹 费　绚 耿晓芳 郭　洋 韩　翰 何　影 洪　烨 黄　魁
贾　栗 贾玉香 姜　波 蒋　平 靳增明 邝筱珊 雷有军 雷正昶 黎盛基
李　磊 李理想 李文静 李正军 梁朋娟 林　洁 林　磊 刘　鹏 刘艳华
刘　振 马　浩 孟详璟 牛召阳 秦启龙 盛呈雨 施沛青 石　君 宋勇杰

苏海楠　苏　莹　孙百平　孙国滔　孙　诺　孙维强　孙媛媛　汤燕娜　唐思强
田　宇　王冬明　王海迪　王海军　王凯南　王科春　王　磊　王良省　王　琳
王　强　王慎波　王文斐　王文华　王　欣　王秀文　魏熊生　夏　霖　邢少军
徐　杰　姚东方　易　轩　尤怀成　于　雷　于延冲　于　洋　张登禄　张　华
张　凯　张　琦　张　起　张　蔚　张正芝　张　帜　张子龙　章建楠　赵　坤
周　磊　周小红　朱琳云　朱玉恒

生态学

杜　宁　杜延昌　杜岩桂　范树强　方　晓　高成军　胡涛涛　孔高强　李凤清
李加耀　李　杰　李　晶　李薇薇　李祥军　李　珍　刘　磊　刘文馨　孟伟强
倪平平　裴宝磊　汤　波　王丽娜　王彤彤　王　炜　王玉芳　王振庆　望　甜
韦来利　夏艳华　徐晓明　虞晋晋　张鹏翼　赵德存　赵建松

工业设计

栗　峰　刘军春　陈世安　李来军　毕泗林　崔丽国　范培永　高　丽　韩蓓蓓
韩　勇　孔　媚　李国栋　李　霞　刘　芳　刘荣华　栾安生　史晶晶　宋京法
宋哲平　孙施展　万海平　王　娜　王　茜　王文静　王　珍　邢　鹏　杨传印
张　静　张居伟　曹　璐　陈朋飞　龚元鹏　郭玉斌　郝　松　贾红岩　贾晓丽
李文昌　刘　辉　刘丽静　刘　陶　刘　颖　鹿春鹏　邱洪民　曲黎杰　宋叡龄
孙　盟　王向京　王晓伟　吴　猛　徐　剑　张　珩　张　敏　张　平　朱文静

机械设计制造及其自动化

李　伟　姜道俭　屠聪玲　金盛吉　陈　辉　高玉昌　侯云涛　张　良　徐晓宇
毕永生　曹　伟　柴守勇　陈从鹤　陈　杰　程　斐　崔　奇　杜　磊　郭　波
韩德建　黄振国　李　健　李　敏　李守江　李喜莲　李小亮　李言军　李治猛
厉承龙　刘　俊　刘俊强　刘丽芳　刘绪昌　刘仲湖　马晓彬　马　振　牛　超
彭　彦　曲道清　尚艳丽　邵　锋　沈庆震　田　露　王荣臻　王　伟　王宪林
武雷民　邢　怡　徐晓东　薛朋余　闫光强　杨　云　张凤丽　张　宏　张明月
赵磊磊　赵学清　钟朝廷　朱立鹏　毕大鹏　常　超　陈金定　陈召国　程慧明
崔　强　冯光波　宫晓波　郭　翠　郭　辉　胡　凯　胡首立　胡晓娜　黄鲁蓬
嵇长双　姜良斌　姜晓丽　李敬铎　李　振　李振华　刘　军　刘玉虎　刘　煜
刘　忠　莫贻贵　宁道伟　逄　涛　钱庚一　唐云凯　滕海渤　王　敏　王伟华
王玉柱　魏　栋　杨　泉　张建方　赵晓旭　钟炳林　周从源　周海亮　周瑞海
朱国强　朱敏佳　邹建华　蔡建晓　曹中杰　陈　佳　邓　波　邓　宁　胡　兵
黄根杰　柯　良　李春江　李　丹　李克明　李梅竹　林凤启　刘　贝　刘海宁
刘　剑　刘　强　卢　莉　慕　亮　牛荣霞　乔君尧　宋　鹏　孙灵宾　谭　磊
谭益松　王德刚　王建辉　王经伟　王丽娟　王丽丽　王树杰　王晓言　王永波
温力维　吴少学　武　超　徐　燕　杨德锴　杨华清　杨米克　袁　东　张　林

张　聘　张　茜　朱和明　庄孝平　陈国兴　段　光　傅之风　何华伟　胡耀家
黄京鹏　贾振朋　鞠海华　李继刚　李　鹏　李　强　李喜艳　林淑彦　刘　艺
刘增波　卢鹏程　马　雷　潘维东　任明江　孙海程　孙仕红　谭春东　佟　飞
王海洋　王金江　王　君　王立新　王瑞亮　王文渊　魏　明　徐国栋　徐志平
闫建峰　杨国玺　翟春花　张贤新　郑　刚　朱淑亮　常伟杰　邓　超　丁广龙
高　燕　高永堂　耿　静　郭运波　姜春银　姜柏斌　李　松　李远所　李　斫
梁　丽　凌　荣　刘　超　刘静静　陆鹏程　路新学　罗士红　马斌华　马业忠
欧耀武　商跃英　盛希龙　隋　磊　孙孔旭　王理鹏　王明磊　王鹏飞　王文轩
王治华　吴勇健　肖守荣　杨锁伟　杨震宇　于连邦　苑力力　张保锋　张　恒
张宏泉　张君亮　张　钦　张小亮　赵　磊　周春雷　徐大伟　潘　峰　孙晓静
张　鹏　康　超　王　盈　袁　倩　周　奇　韩国乾　孙　凯　张道蕾　孟　菲
张宏伟　李茂勇　马士俊　周仲兵　舒　朋　张　伟　王延永　蒋文广　宋学强
王　旭　宋　训　胡甲生　邹　勇　石　巍　孙天宇　赵　军　孟雪冬
韩学彬（结业）　孙　波（结业）　陈正光（结业）　郑建华（结业）
孙垂海（结业）　孙　伟（结业）　张　鑫（结业）　陈洪蕾（结业）
张亚飞（结业）

过程装备及控制工程

邓雪梅　杜红霞　葛亚涛　郭　宁　何正波　贾　京　姜　维　李贝贝　李　勃
李谨佚　李霖善　李梦丽　李宁波　李振兴　刘　超　刘　静　刘文梓　庞　锋
沈　彬　王军丽　王小鹏　王信龙　王治民　徐　岩　许青竹　张科山　张　明
张全明　周淑娟　朱　莉　崔蕴芳　刁玉琦　丁　龙　杜　兵　郭德国　郭书涛
郝君第　纪争惠　贾海涛　姜雪丽　靳　勇　荆亚东　李　朔　刘　明　吕月霞
罗中成　马光艳　邵珊珊　孙海涛　滕书格　田小卫　王　晶　王玉青　吴庆蒙
徐　亮　徐书根　徐小萍　姚莎莎　叶宗林　张晋敏　仲　涛

电子科学与技术

吴佐堂　白　杰　白　涛　卜　刚　蔡　丹　曹超仁　车　骏　陈大伟　陈　皓
陈　萌　陈　瑞　陈祥艳　崔海涛　代勇彬　戴永超　邓罗成　邓伟哉　丁江鹏
董　雷　杜刘革　范贺良　符永立　高泽亮　顾兴伟　郭　虹　郭美洋　郭小菲
郭增良　韩炳刚　何超宇　何远吉　胡思磊　胡亚东　黄海清　黄　淮　黄显甫
黄阳玉　纪晓平　贾连希　姜宝华　姜　鹏　解　坤　李　淳　李　飞　李　华
李克春　李　苗　李壤中　李蜀霞　李文亮　厉　明　廖龙忠　林　力　林　瑶
刘　兵　刘宏基　刘洪飞　刘建明　刘晋伟　刘文锋　刘文萍　刘显明　陆云波
毛　爽　梅　斌　孟　奎　牛永波　裴文才　戚　涛　任新乐　沙永萍　宋　强
宋清宝　苏海霞　孙彬彬　孙　超　孙文广　孙　强　田立勋　田　真　王　波
王　飞　王　飞　王　峰　王华贞　王　甲　王金文　王　猛　王祥磊　王以忠
魏　崃　肖聚积　辛　山　邢名欣　邢树来　徐　进　徐　祺　颜廷静　杨江波

于世杰 于英霞 余承旭 袁 博 岳彩嵩 张冬梅 张 峰 张 浩 张宏玉
张 虎 张 卉 张建中 张 猛 张思秘 张 熹 张宪敏 张晓磊 张 欣
赵 波 赵宏业 赵 凯 赵 强 赵 森 钟 凯 周 宁 朱小花 朱英刚
宗振兴

电子信息工程

毕文青 曹淑霞 车 振 陈 成 陈宁宁 陈险峰 陈晓鹏 陈元伟 崔 山
樊 帅 范海龙 方 颖 冯 政 盖晓雷 高 佳 高 伟 高 原 耿天雁
巩 振 关宇昕 郭 锐 郭 瑞 郭文涛 郝海华 郝旭波 何 芳 何升山
纪玉翀 贾广沂 贾寿波 姜海昌 蒋子屹 金书侠 孔祥国 李国亮 李 良
李学胜 李 艳 李雁飞 李 勇 梁素华 林 浩 林明光 刘 刚 刘 燕
刘宇婷 刘 征 刘志胜 龙 燕 卢 迪 鲁振兴 吕成永 吕荫平 孟 斌
孟丽丽 牟 杰 牟天翊 潘建瑜 亓 磊 钱雪松 秦春霞 任 伟 任文杰
任永鹏 荣一霖 沈国海 石 磊 时 坤 术宏斌 司海翠 苏忠渺 孙建光
孙丽丽 孙 强 孙天宝 田利珍 田 园 王 凡 王 峰 王晓明 王 喆
文 晖 翁永鹤 吴小东 吴晓娟 吴修维 夏 茂 肖明霞 谢兰芳 许邦维
燕启超 杨 帆 杨建坡 杨中亮 姚艳红 叶红军 由秀玲 于新强 于召勇
于震寰 袁保三 张 皓 张明科 张 娜 张 培 张鹏宗 张晓冰 张义家
张在尚 赵 静 赵林浩 钟兆勇 周 楠 朱 洁 朱 珉 王 栋 蒋玉暕

通信工程

张富宽 安瑞娟 白 涛 毕思娟 曹尔慧 曹永绍 常永涛 常玉杰 陈 侃
崔存成 崔 鑫 崔信森 邓晓飞 丁春霞 杜 潇 房 超 丰明刚 高 见
高克强 巩继超 郭启行 韩诚举 韩 磊 韩 沛 侯晓辉 胡爱荣 胡远族
黄建宝 黄少艳 黄小春 贾国栋 贾 鹏 姜建文 李长庆 李成铖 李冬蕾
李 锋 李海燕 李 杰 李昆蔓 李美娟 李世博 李万龙 李 文 李小川
李晓辉 李依保 李颖佩 李 哲 李志浩 梁年顺 林德才 刘洪榛 刘金栋
刘 进 刘 晶 刘琳玥 刘 倩 刘庆峰 刘文倩 刘晓方 刘晓斐 刘晓亮
刘晓亮 刘晓威 柳客新 鲁广辉 陆林燕 吕光磊 马 兵 马立兵 马学龙
毛佳姣 孟令鹏 潘旭鸣 戚璐萍 钱 钰 邱强斌 屈美荣 权冠亚 任宪法
任小菁 任 远 任志磊 邵子韵 申良栋 石 博 宋红艳 宋 辉 宋奎金
宋 然 孙伟峰 孙 炜 孙兴华 孙亚明 孙 哲 锁晓静 田立华 王长劲
王 超 王 栋 王立超 王 敏 王 鹏 王树梅 王文明 王孝刚 王宣玲
王学凤 王奕为 王永立 王原野 王兆欣 魏 雷 魏于涛 吴印桂 武 嘉
谢 辉 邢 亮 邢 蕊 徐宏纬 徐 明 徐文静 徐 毅 许岑娟 薛超敏
薛晨光 严希晋 阎 佳 杨建平 杨 涛 杨奕伟 杨逸晴 殷丽静 于广兴
于卫华 于新涛 于 洋 余晓丽 袁 博 展 睿 张安荣 张春艳 张德敬
张宏波 张 骥 张 杰 张 洁 张克良 张 磊 张立法 张 丽 张 伦

张明 张强 张鑫 张耀跃 张永平 张宇昂 张源圣 张在贵 张智
赵斐 赵莉 赵萌 郑杰 郑知知 郑自鑫 钟艳华 周斌 周超
周小琴 周彦 周圆圆 朱凯 朱振华 邹宁

材料科学与工程

宫鹏 韩建超 程磊 刘洋 姜云朋 孔祥敏 彭风茂 陈希亮 陈之伟
崔荣荣 丁妍羽 董西亮 杜辉 段满意 樊晨超 樊志杰 高文君 谷征征
郭晓丽 韩国伟 胡寿广 李斌 李雪莲 林文天 刘霖 马成彪 毛晨浩
孟浩 彭冰清 沈沛 宋鹏 孙野 田彬 田东晓 万晓君 王金飞
王鹏华 王全禄 魏代斌 吴剑 夏春智 肖子润 许闻博 尧志刚 尹君
于宁 曾凡 詹皖蓥 张颖 甄祥召 郑洪娟 周青 朱春花 安娜
陈圆圆 程燕 崔国涛 董红 郭强 郭涛 韩兵 贺挺 黄朝武
姜旭峰 李秋爽 李扬 连继磊 林霖 刘继涛 刘磊 刘晓辉 卢凤吉
牛艺 汝静 尚游 宋述同 宋双琦 苏倩倩 苏士强 唐长友 童佳佳
万凯 王德民 王发志 王辉 王慎道 王韦 王中晓 徐力敏 许磊
叶连杰 于丹 张明艳 张宁 张燕燕 张寓 周坤 周善崇 邓飞
丁海民 丁涛 董海涛 符翠欢 傅明锋 郭颖文 侯培虎 胡小琳 黄绪东
金华峰 鞠兵 李亮 李敏 刘著 栾永财 秦向军 商光春 田立
王德伟 王洪刚 王怀龙 王望舒 王媛媛 魏源 杨谦 张慧敏 张娟
张士佼 张顺善 张旭 赵冠琳 郑义宾 宗伟 邹为良 安然 敖海勇
陈红凤 戴勇 邓鉴棋 丁贤明 董瑞华 郭金山 贾彬 贾绪姓 姜超
金峰 李坤 李阳 李子 林荫 刘德明 刘宏亮 逯志亮 吕宏亮
吕继雷 栾昌 蒙林 亓婧 任天政 宋薇 王超 王成祥 王春喜
王飞 王桂龙 王海强 王晓宁 王新 韦萍杏 吴剑泉 吴泽松 徐海瑞
薛猛 杨立玮 杨勇 姚慧玲 于海鹏 张成龙 张春岩 张雯 张夕凤
赵璧 赵琦 程建 丁娟 董志鹏 杜伟 高建 郜瑞生 郭常勇
郭纪 郝学忠 孔祥庚 孔欣欣 李雪莲 李玉坤 李志勇 林波 刘勇
庞立朵 彭庆法 任克鹏 宋树超 孙伟 田敬亮 万祖兵 王大伟 王海峰
王玺 王燕飞 魏素梅 文军 夏丽刚 肖宁宁 许希奎 杨毅 殷智
于新友 曾庆凯 翟世锴 张爱敏 张建超 张鹏 张文佐 张歆 张元培
赵东亮 赵子栋 朱伟强 陈亮 党兴 董希青 樊玄民 高潮 高喆
郭常亮 黄海军 黄友军 贾跃花 娇宁 康德飞 李芳振 李荣波 李文
李鑫锋 刘磊 刘全刚 刘松明 刘晓飞 刘鑫 刘雁君 强伟 任延涛
孙岩 汪江艇 王东 王茜 王伟生 王小会 王小勇 魏平 吴海
徐小芳 曾伟宁 张国强 张建男 张丽 张舟 赵本畔 赵光锋 赵亚奇
郑友敬 周颖 朱军峰 王江宏 张恒波 丁大伟 张念武 赵林强 丁丕晔
蔡立超 付春霞 梁其强 宋军 魏艳芳 王欣 高栋 王强 肖丽
燕丽娜 张陆生 陈国强 沈丰春 陈祥合 贾承安 王家昌 郭剑春 孙胜伟

李　玮　刘　凯　郭　凯　李志伟　刘　旸（结业）

包装工程

陈可刚　高　鑫　高旭阳　宫飞飞　郝　婷　胡礼超　贾　平　李孟娟　李　楠
李淑超　李晓强　连家鹏　梁　强　林　燕　刘真真　马晨琛　马江成　马晓丹
潘长有　邱翠丽　曲秀华　石树建　隋小鹏　万　佳　王　建　王巧玲　王晓峰
王晓林　王　勇　吴悦昌　徐菁艺　徐丽丽　徐正国　杨　婕　杨世波　叶锦华
叶宁宁　于吉鸿　余江山　翟继强　张　科　张明浩　张　鹏　张　涛　周文秀
邹德刚

电气工程与自动化

曹　旭　赵文明　杨　辉　战永胜　杨　璐　张　杰　周宇峰　翟　亮　王江涛
王根涛　曹玉华　常修猛　丛志鹏　崔春雷　董贯雷　董晓敏　杜依铭　冯照斌
盖政委　韩　晓　何宝灵　何　源　姬生飞　季金豹　姜明亮　李　波　李建华
李　木　刘　辉　刘　静　刘孔祥　刘文娟　刘晓君　马海涛　孙　波　王江伟
王俊杰　王　伟　徐　锦　杨怀栋　杨圣波　由伟翰　游广增　张凌翔　张卫平
赵　敏　郑　路　郑莹莹　常　康　陈明福　陈新刚　邓　翔　丁浩川　范　萌
费　鹏　付　晓　耿　艳　宫厚良　寇　岩　李建超　林海锋　刘　刚　刘　涛
吕佃顺　吕俊涛　吕世磊　栾松涛　马　强　马世龙　潘　猛　潘晓飞　任玉保
孙　海　孙立崇　孙　娜　孙延良　陶　力　王　伟　王晓明　王　圆　徐　波
许海峰　许　娴　于金栋　张弘信　张　磊　赵凤军　赵建立　赵武贻　郑建辉
周　华　卞　斌　陈　宗　单立国　刁玉彬　董海波　高　勇　郭松宇　郝国文
何春晖　何兴隆　黄耀东　姜可贤　荆中金　李德文　李福俊　李　娟　李铭铭
李　强　李　伟　李兴华　刘杰俊　刘　磊　刘术波　曲绍杰　孙　萌　孙　哲
谭强文　田　冬　田　涛　王　建　王　丽　王天英　王　怡　魏振斌　吴明雷
伍常林　张　凡　张　辉　张　奇　赵新天　赵学辉　郑晓飞　敖志香　党　健
方　雪　黄　旭　李龙升　李　宁　李　伟　刘松林　吕金平　马　翀　马　磊
彭坤立　任　炜　荣光伟　孙吉刚　王　兵　王功永　王晶晶　王　凌　王志军
吴立董　吴　震　肖世顺　徐　纲　徐树文　杨朝晖　杨文佳　易金明　于澎波
袁在吉　岳晓华　张东岳　张启雁　张庆雷　张世伟　张　哲　赵浩然　周　贺
周　韬　白世宝　陈　奂　董军阳　董思兵　段浚韬　樊祥杰　黄　凯　靳玉霞
李　垒　李晓庆　李　洋　李中华　林佑祥　刘　波　刘　震　明经亮　牛　丽
施　挺　孙伯阳　孙丰广　田宝江　宛海涛　王本礼　王福保　王丽娜　王　利
温庆亮　徐志根　杨晓薇　曾春盛　曾煜晓　战永焕　张昌钦　张　冉　张伟学
张　勇　张玉海　周占平　庄　健　崔铸元　代燕杰　杜一玮　段绍春　樊淑娴
范　征　房保金　冯开俊　高玉领　何小奥　李　波　李　浩　李永林　刘　杰
刘　杰　刘设计　刘士勇　吕晓杰　牟宗平　宁　琦　农苏美　曲娟娟　宋　军
宋明曙　隋海宁　孙开宁　唐晓玲　田哲勇　王付奎　吴荣建　吴新鹏　徐天锡

杨珊珊　张　超　张大顶　张　峰　张玉侠　郑晓雨　邹　超

热能与动力工程

李国栋　冯　婧　朱　涛　杨志飞　赵中博　曲宠上　庞　战　范传福　李喜龙
刘　友　刘静敏　甄玉波　宋　磊　殷炳毅　王海梅　任泽军　聂海健　石　峰
安娅琳　丁　强　闫玉峰　吕　凯　张　莹　肖　杨　郑立江　李　凡　范风涛
孙亚林　陈常念　丛巍茗　崔伯茹　邓秀波　董玉峰　范　菁　高　健　姜　浩
李会收　李建鹏　李文涛　林芳芳　刘晁瑜　刘　娟　刘　琨　刘　伟　孟凡珂
孟　亮　宁　波　史鉴明　宋爱格　宋彦玲　孙志新　王　栋　王国超　王　康
王伟宁　武景丽　向　丽　杨崇银　叶军良　张　成　张少栋　张有鹏　周殿臣
安　然　陈洪胜　陈　辉　陈　然　段　炼　冯　兵　胡晓璐　姜　建　鞠付栋
兰　欣　李军银　李雪洋　刘　平　刘庆雷　刘　涛　刘　涛　卢申卿　吕悠扬
穆桂春　聂雪磊　邵林林　孙　航　孙慧丽　谭小勇　田忠玉　王宝国　王进永
颜士芹　于广涛　于　娜　张　帆　张鹏飞　张学源　赵　晶　郑希江　周　丹
朱英俊　柏　超　班智博　车金虎　陈　锋　陈丽丽　陈友良　陈宗宁　程培强
程　岫　丛　壮　方　向　何　蕊　姜大军　姜　伟　蒋贵峰　鞠洪玲　刘阿宁
刘　鹏　马淑平　聂　磊　孙　禹　王　涛　王文锋　肖　兵　肖守勇　邢传全
徐清祥　许太法　杨凤翔　杨开敏　杨　柳　张浩杰　张应彪　张兆君　周细建
祖晓云　曹德彬　丰茂龙　丰兴盛　冯昌旭　高　建　郭天东　郭延勇　韩战涛
郝振华　胡春林　胡　涌　冀数清　姜兆海　李　兵　李　波　李永卫　李　渊
马　骥　潘　俊　戚彩莲　任　伟　苏春记　孙吉军　孙文利　田　晨　王　超
王崇俊　王　涛　王义礼　夏召平　肖　琨　徐云飞　王俊彦　杨　懿　殷国强
于　涛　翟煤源　张春英　张美芹　张　勇　周礼军　蔡志杰　陈泽深　董　华
樊兆燕　江富强　姜艳娜　李华勇　李琳琳　李　凌　李　宁　李　鑫　廖　攀
刘汝青　刘　星　秦茂宏　尚琳琳　石　进　孙垂宾　孙　雷　孙学鹏　唐　涛
田林林　汪　璐　王培鑫　王文祥　王玉冰　王　元　吴庆玉　肖　倩　徐广震
徐永振　尹　茜　于春光　郁　洋　占正华　张建纲　张　俊　张艳乔　张志迪
赵　磊　郑茂芳　陈　杰　窦金利　段益锋　高福东　葛明明　侯全辉　黄显义
姜　波　焦其伟　李　明　李文诗　刘　超　刘国栋　刘士钰　刘众元　逯国良
潘世艳　任恒森　石　磊　司丽丽　宋志伟　孙　群　唐玉峰　王保国　王　斌
王　栋　王　辉　肖长亮　徐向乾　杨俊杰　杨树伟　张　宁　张　霞　张英权
赵　静　周　栋　周海涛　朱伟玉　李玉强

计算机科学与技术

苏宏涛　庄　超　郭洪伟　姜　亮　孙　沐　孙　宁　谢国栋　郑德双　孙晓飞
佟艿芙　李大斌　郭　玮　沈照坤　韩　晓　于　峰　曲　建　张福强　魏述义
邱　钊　李　楠　杜　峰　王　玮　王瑞彬　孟祥磊　袁慧祥　冯　刚　杨国庆
李　锋　李　珩　刘子丰　吴　晓　赵文安　孙　恒　左新斌　信　义　姜鲁宁

杨希友 潘　坤 孔　雷 郑丙全 张盈盈 刘　鑫 李　娜 贾　邓 周　兴
赵化秀 张　璇 郑　凯 李　波 邹　苒 何　川 李　磊 于泉泉 许志磊
曹润飞 张　昕 张文宜 赵　萌 郑建平 赵　菲 扈玉洁 王海兰 高　峰
宋珊珊 张晓东 王丽娜 赵　楠 张　慧 王　婧 孙　冠 徐　哲 陈　飞
孟　嘉 沈文婷 郑元一 李宗亮 李秀晟 杨　锐 李文国 宋洪刚 仇一林
陈　彪 陈　春 陈国华 陈津津 程　志 董洪梅 樊金涛 符永铨 韩永杰
何　力 洪　勇 姜丽芳 李华婧 李建文 李兴华 李志勇 梁金祥 刘思远
刘文晓 刘小鲁 刘晓奇 刘欣超 刘宇娟 刘跃文 马国安 孟文涛 阮晓君
石　钊 时云龙 孙海全 孙立雷 汤锦华 汪建华 王春阳 王海龙 王　健
徐海宝 许　舫 闫　玲 袁　栋 张　坤 仇志宇 赵相龙 赵亚伟 钟仕赢
周鲁东 蔡　磊 陈　朋 陈亚南 丛　磊 董文烽 郭　健 洪　璐 侯　杰
黄　涛 江　斌 姜为胜 李俊涛 利启锐 李　升 李正民 厉文超 栗伟翔
刘　焱 马朝军 马文帅 孟祥乾 苗　壮 牟龙芳 朴仁兰 冉晓蓉 邵　磊
石建萍 时永亮 孙家新 孙玲玲 孙学伟 谭艳丽 王　栋 王　辉 王　涛
吴　峰 许朝阳 杨　庆 杨晓辉 余纬邦 曾婷婷 张灿勇 张　亮 张平平
张维华 赵纪太 郑　斌 朱效民 陈国辉 陈　鸣 崔大川 崔晓明 代建明
丁　宁 冯　可 冯绪波 付大江 高兰宁 高　杨 侯　超 胡　静 胡　鹏
贾安成 李鲁艳 李文平 陆　怡 吕鹏涛 吕卫星 宁志青 庞世豪 亓　明
冉杏莉 邵　健 石建国 苏伟图 隋淑娟 孙风超 孙金波 孙　岩 田　磊
王　帆 王青竹 王修杰 吴丹红 吴　祥 徐孟刚 闫冬冬 殷　娟 原晋齐
袁　谨 岳　强 张凤芝 张　琪 张　倩 张　杉 赵贵明 白　帆 曹百泉
陈芳园 陈培永 陈维华 方雯雯 冯　森 冯万军 郭　磊 姜全胜 李　坤
李丽丽 刘　斌 刘　霞 柳　慧 钱　昆 商永晖 唐向雷 田　钰 王何伟
王丽萍 魏长虎 熊　政 荀立坤 杨景津 杨晓燕 叶　鑫 衣升起 尹　浩
袁　宁 张　锋 张富东 张广友 张连城 张　民 张涛涛 张亚平 张　燕
张玉军 张作强 赵长超 赵云盛 周　飞 朱建栋 朱建龙 才　颖 窦志勇
杜广元 杜　炜 冯培培 冯其鹏 符同刚 韩国伟 胡玉强 乐　毅 李　东
李　伟 李　雯 刘明亮 刘培军 刘　伟 刘彦宏 马　林 孟祥普 孟祥岳
邱　朋 孙　博 孙连胜 孙子晏 唐成武 陶　磊 田　云 王　程 王连诚
王　双 王晓明 王永军 王　勇 徐玉娟 尹燕英 袁成功 张　磊 张　政
赵　剑 郑　楠 周道建 周　翔 周正海 蔡忠欣 陈　诚 初苗苗 丁于帅
封令梅 耿一丁 何书智 贺　雷 洪伟才 侯付民 黄飞龙 纪　昂 江　宁
李国栋 李　辉 李乃辉 林凡春 林汉忠 刘彩红 刘海波 刘卫景 马金义
牛　强 亓秀燕 乔瑞勇 仁香蓉 佘计存 沈　挺 宋　坤 苏松志 汪粼波
汪景龙 王　丽 王明亮 王宁涛 王　伟 王文彬 魏红生 武　波 肖建东
徐　旭 姚　芳 张　森 赵大勇 曹树亮 陈　建 程四海 楚艳娟 董恭谨
董　贺 杜　森 郭　峰 郭荣锋 郝宗广 胡申晟 黄　林 黄澎佳 李宾朋
李宏斌 李景花 李宁宁 李琦磊 刘全晖 刘树杰 李同斌 刘　振 彭昌汕

曲春山　尚亚男　邵　斌　史英杰　宋贤广　孙大伟　孙海涛　孙鲁伟　孙元浩
田贵芬　王海滨　王海洋　王京华　王　伟　王岩强　王在勇　吴　岳　相建亭
信宏魁　杨　旻　张华芳　张　磊　张立伟　张艳艳　蔡刘忠　陈　波　陈　赫
陈祥飞　崔秀芳　冯　光　盖镜源　韩　斌　韩晓峰　黑东阳　胡　艳　江宇靖
姜海涛　李爱玲　李海涛　李　珂　李乐义　李晓杰　李　勇　李　忠　刘敬超
刘维佳　李永政　柳守斌　马　颖　牟少辉　彭松柏　史志德　苏　伟　孙晓华
王　军　王　琳　王　蒙　王　通　徐帅标　闫南南　尹　磊　尹立峰　于超英
禹春霞　张　栋　张　丽　张中华　常　勇　陈宝冬　陈弘博　邓　丽　杜道林
葛立志　郭金刚　郭　靖　胡　恒　胡婷婷　胡志远　黄秀文　姜志健　靳贵娜
柯伟伟　李　波　李　伟　李永民　李真真　李　征　李宗亮　刘培文　宁　超
盛雯雯　苏竟成　孙存彬　孙洪浩　孙华明　王大涛　王德庆　王　榕　王思栋
王贻平　王永智　王志印　魏国林　谢侃丰　胥金玲　徐引红　杨　帆　张　刚
张　凯　张修江　张元周　张宗贵　赵　慧　朱恩祖　常玉栋　陈响希　陈　韵
崔代锐　崔　伟　杜新凯　傅光辉　宫旭清　何　伟　黄桂勇　贾燚星　李万胜
李祥军　刘高磊　刘　慧　刘吉刚　刘兴涛　刘兴智　吕　鹏　马　衡　钱可龙
乔　磊　乔立龙　孙　辉　孙　杰　唐绍鹏　陶海霞　王　鹏　王义东　魏本见
夏大鹏　夏露露　谢李娟　徐佩佩　姚　超　于曹亮　于海源　袁　妍　翟洪生
张　华　张　甲　张　武　张　翔　张　亚　赵　丽　郑志鹏　朱文强　朱文锋
陈喜辉　褚明昌　代敬杰　董天罡　杜祥之　冯广赞　冯　洋　葛祖全　龚淑华
郭　昆　韩　泽　韩志同　胡晓亮　黄　枢　雷　扬　李海涛　李　明　梁生吉
刘　卉　刘群忠　刘孝林　刘兴强　刘颖秋　卢振华　马德鑫　马文英　马志勇
彭　振　孙冬梅　孙厚凯　孙建平　孙新山　孙衍华　王　佳　王　立　王　伟
吴华勤　袁　浩　张　璐　赵　彬　赵　龙　郅文明　朱广传　朱晓燕　陈玮暐
程绍战　崔强辉　郭　栋　韩　涛　侯　为　黄　越　李长龙　李连霞　李　林
李　伟　李志奎　利如剑　梁晓蕾　刘　斌　刘　冰　刘兴奎　刘　岳　聂东升
商洪伟　宋书磊　苏庆庆　孙　新　滕　斌　王　兵　王建文　王　袁　文若瑾
吴显英　肖　峰　谢朋文　许鹏飞　杨　林　杨　扬　姚　刚　于文德　张　巍
张　伟　张　雨　赵　蕾　周　锋　朱小莹　朱尊义　郭萌萌　胡佳佳　孔祥芝
刘忠磊　孟庆萍　魏慧星　张鸿雁　刘　佳　刘　强　孟建东　郭　暖　陈　宝
杜才华　韩　琥　何立腾　李　红　李明辉　李志军　邵　睿　王高杰　王海涛
王　琰　徐忠明　翟祥龙　张森林　张永正　张跃山　林一峰　王成涛　艾现泉
安君臣　毕　鹏　邴天明　陈　峰　陈京友　陈　明　陈湘波　丛　林　崔梅婷
崔心玲　单信鹏　单亚林　党亚林　丁立巍　丁　明　段朝义　范玮玮　冯　宁
高本礼　高　波　高　超　高乐乐　高　群　高　伟　公　备　龚　杰　韩丙龙
黑建龙　侯纪磊　侯胜波　胡立业　胡中瑞　黄瑞红　黄珊珊　姬长波　矫人芳
解　斌　解春玲　井友鼎　李芳佳　李　克　李　亮　李　明　李　萍　李清水
李　庆　李旭东　李　政　李志伟　刘春阳　刘　青　刘荣荣　刘堂霞　刘　涛
刘　伟　刘　霞　刘晓艳　刘效强　刘彦东　刘彦峰　刘玉岭　刘云杰　卢　涛

芦　遥　吕　涵　吕华伟　吕雪梅　马　岩　毛晓娜　孟　超　聂茳鹏　潘　丽
浦伊乔　任排波　石　鑫　束宏毅　宋　颂　宋婷婷　宋永豪　苏　斐　隋新征
孙超思　孙　浩　孙士健　孙　汀　唐朝霞　唐立宝　田丽红　田颖莹　王　波
王建平　王进友　王宁波　王松楠　王索真　王　伟　王晓明　王新勇　魏永超
吴　政　武　群　徐　何　徐　立　徐文涛　许朋飞　许文君　闫　泼　杨　斌
杨继才　杨希昆　杨　勇　衣抚生　殷　砺　殷庆庆　殷振中　于宏森　于华栋
于　强　于　涛　于昭惠　詹永亮　战冬梅　张滨滨　张代亮　张海峰　张俊波
张　龙　张龙海　张明钟　张　鹏　张生磊　张世海　张　涛　张轶群　张玉书
张元华　张志源　赵　鹏　赵述朋　赵子林　郑　岩　周　昊　周明华　周祥国
周　璇　周　艳　朱　滨　朱江山　邹　浙　柏贞俊　蔡善良　曹继峰　陈　皓
程冬玲　程贤杰　丛　柏　崔晓东　丁　伟　董　波　杜光鹏　房　璟　高春青
高慎宝　高　翔　高振华　巩玉敏　谷长海　管延新　郭　斌　郭　凯　郝江涛
侯　君　侯新海　侯　刚　纪东方　贾明先　蓝　瞳　李聪昌　李　飞　李广伟
李海涛　李　林　李　蒙　李　楠　李培强　李　涛　李　婷　李文轶　李现民
李向春　李秀金　李亚楠　李　焱　李　瑶　连耀华　刘　畅　刘　会　刘　丹
刘　见　刘　健　刘　磊　刘秋实　刘振廷　鲁　萌　吕庆忠　马　刚　马　堃
毛树波　毛雨华　牟雪枫　牟玉贞　戚慧洋　秦东亮　邵朋祥　申　俊　石子刚
史鼎文　宋步芒　宋金莲　宋　涛　宋晓宁　苏日凯　孙海涛　孙厚起　孙守伟
孙　涛　孙小祎　孙媛媛　王程娜　王大鹏　王大鹏　王　飞　王　晖　王济欣
王　进　王　宁　王　萍　王　森　王世宁　王　伟　王伟阳　王　夏　王延林
王　毅　王泽聪　王　喆　王　振　吴娟娟　吴新亮　武葆睿　席慎思　邢业伟
徐　龙　徐　朋　徐小蕾　徐　阳　徐义静　许培嘉　杨崇岭　杨　峰　杨力洁
殷德友　殷　超　殷晓丹　于淑英　于腾飞　余以翔　臧晓明　展乐飞　张　超
张传文　张冠男　张广顺　张广宣　张　杰　张庆凯　张　群　张伟明　张秀阳
张学冰　张亚超　张玉霞　张子龙　赵海兴　赵嘉乐　赵　健　赵　侃　赵　亮
赵　林　赵云山　郑好勤　郑善奇　朱怀南　朱　伟　朱　博　朱　琰　柴松洁
陈启清　程　宝　初明科　崔节元　崔明阳　段　博　房　冰　冯光辉　冯立健
冯　雪　高　飞　高　峰　高连冬　高　通　葛恒涛　宫幼林　郭　烨　韩海涛
韩增辉　侯大鹏　霍天佑　贾珂婷　贾　敏　贾　宁　姜　伟　蒋雷雷　金昌贵
雷　锋　李　冰　李钢毅　李洪雷　李　杰　李　可　李　鹏　李　强　李庆灿
李　涛　李　翔　李秀桥　李　勇　李蕴博　李兆萍　李照宁　林新帅　刘　波
刘　波　刘崇杰　刘海强　刘瀚猛　刘　晶　刘　静　刘兰富　刘　琳　刘　铭
刘秋阁　刘甜甜　刘　婷　刘兴刚　刘秀建　刘　杨　刘元方　吕宁宁　马海滨
马　朋　牛　伟　裴　欣　戚　萌　乔寿华　裘崇光　任惠男　沙　倩　商俊坤
商　曲　邵海英　沈　慧　石　波　石　龙　宋战军　苏　伟　孙永煜　王安聪
王海忠　王　浩　王丽娟　王　璐　王　宁　王　苹　王庆周　王赛红　王绍鹏
王　伟　王祥刚　王晓亮　王　彦　王艳娜　王　勇　王元辉　王振斐　蔚　磊
魏宁宁　魏勇刚　武振飞　谢恩鹏　徐晓萌　许　振　闫　安　闫福波　杨桂林

杨文森　杨兴辉　姚　君　姚　铸　殷传旺　由振东　于　滨　于明翠　于慎光
于文珊　于希涛　于　泳　员炳旺　袁慧燕　袁雯雯　岳红超　岳　珂　张海军
张　凯　张　磊　张　娜　张平昌　张　擎　张绍杰　张体良　张延彬　张　毅
赵清荣　赵燕侠　郑福根　郑海粟　周　伟　刘　岩　彭海燕　于　杰　谭伟辉
陈甜甜　上官振宁

土木工程

张平均　郝伟民　白　光　查　千　池建芹　从培瑞　董长竹　冯明耀　付国胜
高　峰　高　翔　郜俊平　纪翠梅　贾世平　蒋银岚　焦志伟　冷江潼　李炳华
李　娟　刘　刚　刘启强　刘　爽　刘　伟　刘　珍　吕　伟　马　萌　宋美洁
苏志德　隋宝龙　孙成君　孙大为　孙旭日　孙　震　谭永杰　田　野　王凤飞
王耀锋　韦云星　裘金真　于　博　于　杰　宇德鹏　袁胜兵　张　诚　张　华
张建国　张丽华　张　涛　张　甜　仉志强　庄永廉　陈鲁川　杜建明　范蓓蓓
高绪良　关增达　郭亮志　韩立志　李　超　李传夫　李　强　李　然　梁文义
林柯荣　林青鹏　刘　斌　刘灿恩　刘　伟　刘　问　刘晓东　刘晓明　刘　艳
刘志伟　孟令星　孙广田　王军卫　王瑞斌　王小彬　王心宇　王永刚　王宗辉
魏光哲　魏永才　夏晓迪　肖　霞　徐春明　燕鹏飞　杨　磊　杨文乐　喻　莹
赵春雨　赵同亮　赵向民　赵艳燕　钟家政　周　颖　朱　轩　陈莉莉　陈晓燕
代玉国　丁　涛　杜　刚　樊正涛　范　娟　范　宁　冯向利　葛继斌　顾学锋
郭　栋　韩会云　黄祥华　李国亮　李甲旭　李庆森　李如香　李守海　刘山松
刘志强　马　冲　孟凡会　孟祥勋　倪　隽　宋卫星　王　映　王占涛　吴长亮
吴　涛　夏晴凯　谢　慧　闫思凤　颜　豪　杨国卿　杨　勇　姚丙涛　张建勇
张龙云　张　敏　张如林　张树立　张小强　张　营　张营营　郑　东　仲兆祥
陈　超　陈　岭　但汉成　冯　海　高长生　高　康　李桂刚　李　猛　李　宇
梁金环　刘　超　刘　升　孟令凯　石先成　孙蛟龙　孙玉明　吴国庆　吴火珍
徐从冲　杨可明　杨　夏　衣海明　战时格　张　锋　张海芳　吴文波（结业）

水利水电工程

安春梅　陈　栋　陈广志　陈晓鹏　程荣兰　丁世猛　窦　实　冯国伟　李伟伟
李文清　刘伟方　亓新建　孙跃平　王传峰　王　春　王红红　王洪杰　蔚立元
谢　帆　谢丽刚　于　斌　郁章文　张永飞　张　勇　赵　斌　赵忠伟　钟小华
周　芳　鲍克蒙　柴　雯　陈德文　崔海龙　高　凡　何茂松　贺同庆　黄　刚
景林艳　李成志　李　玲　刘红军　刘兴芳　卢玉强　阮彦晟　邵　波　宋绪美
王佰伟　王文涛　邬家海　武玉赞　于建国　于翔瑜　张　璞　郑　震　朱小敏

工程力学

安艳彬　曹志磊　崔莉萍　崔素春　董焱章　范淑梅　郭婷婷　姜宝宝　姜晓妍
李　磊　李　敏　李晓琴　刘　超　刘敬礼　刘旭波　卢红岩　倪兴旺　彭瑞刚

商　超　申伟波　孙明华　汪保良　汪家华　王　敏　王书朝　王晓丹　谢启明
徐钰巍　颜炳玲　杨　阳　殷玉恩　于　琦

建筑学

韩盛稳　王　阳　杨宝光　王双兵　韩力杰　许　光　王红国　袁晓芬　殷山瑞
任　娟　冯殿玉　田海涛　周俊杰　张　琳　刘　磊　梁　瑛　毕华超　李景文
辛丙流　李春修　姜杰文　孙　淦　李志强　匡俊国　司朕华　崔长礼　张继喜
宋元杰　杨道训　王　琦　乔明彩　张蕾蕾　张　添　张连飞　管飞吉　徐晓晨
刘国栋　张　博　王丹丹　陈瑞罡

环境工程

孙远帅　蔡丽娜　陈　磊　陈武军　陈滋华　范思思　高素莲　郭　宏　郭　鹏
纪晶晶　李欢欢　李　晶　李文静　李远斌　林奕纯　娄国芬　乔　晶　屈　文
宋传经　孙　颖　汤德刚　王传俊　王　刚　王均崇　王　宁　谢　晴　熊宏亮
叶　涛　于　娜　张　杰　张慎平　张　洋　张　影　赵琳琳　赵玉晓　钟统贤
祝振立　庄新文　宗　鹏　陈士恒　单　锐　董丹丹　董晓雷　董玉刚　付　林
高　省　巩文信　姜宏伟　李仁波　李伟伟　李玉凤　李　政　刘程华　刘　峰
刘　翔　龙　兴　马福俊　马　强　秋淑娟　曲　燕　田　硕　汪　澈　王晓东
魏锦程　刁丽娜　徐灵峰　徐世平　张洪昌　张　璜　张艳娜　张宜升　张玉媛
赵　婧　周　杨　朱胜超　朱小彪　邹　丽　边春捷　曹百川　刁殿桐　董瑞军
杜前明　樊　磊　冯胜辉　宫永伟　郭　芳　何嘉伟　何晓斌　侯　兵　季鹏飞
焦贞华　靖玉明　李伟伟　李　鑫　李　颖　刘丹彤　刘　佳　吕芳妍　沈　永
孙　强　田苗苗　王　蕾　王晓晨　王玉屏　王　哲　魏天凤　吴娟娟　吴　鹏
杨　晶　原小丹　张　进　张　晋　张俞旭　周兰霞　周　鹏　陈科清（结业）

自动化

赵智涛　李　斌　李卓民　魏　涛　邢　波　于明辉　宫传韬　丁小军　马志强
毕侠飞　陈　波　陈军营　陈圆圆　成建华　刁　永　高　华　巩方彬　韩文德
胡　坤　黄延龄　贾仟伟　李小羽　李优宪　梁　晓　林晓伟　林业强　刘　娟
刘俊杰　马　健　牛晓刚　亓学鹏　孙宝涛　王　迪　王国勇　魏明林　武　忻
徐呈林　徐　涛　杨　晶　于　宸　虞　锋　张长志　张吉顺　张磊磊　张　伟
张伟东　赵秀华　周　强　庄　涛　毕崇宁　陈文钊　丁　超　董　贤　范小红
顾清辉　李国强　李　凯　李玮栋　李亚娣　梁敏敏　吕晓宁　栾贻青　马　坤
马　鑫　苗云涛　宁　勇　潘　娜　漆喜庆　秦恒宾　宋志刚　孙晓明　孙兴亮
汪付强　王　斌　王德波　王　琳　王勤超　王　伟　徐曰光　许钦旺　杨金凤
杨　磊　杨义明　叶　颖　张继收　张松涛　赵斯武　赵　祥　赵玉伟　赵增隆
庄叶莲　戴　震　窦茂泉　郭　旭　韩　双　韩伟尧　纪谦超　焦玉钢　李传文
李丹丹　李　锋　李明学　李　娜　李宗涛　梁景利　林国强　林振峰　蔺秀艳

刘沛鑫　马建伦　苗　科　穆珊珊　任　岳　王高文　王明关　王　伟　魏　伟
吴春杰　袭建统　谢长耀　徐　倩　徐　卫　杨　峰　杨　亮　袁绍军　张德旭
张敬奎　张小刚　张　燕　张　战　张峥炜　赵　能　赵　伟　郑谦明　朱　剑
陈斌斌　陈　亮　陈文文　丁太顺　段　彬　方　磊　冯卫东　郜侠杰　耿长青
郭宗本　郝洪霆　何清海　贺锦收　孔　斌　赖圆圆　李超政　李英祥　刘　睿
刘兆娟　卢宏增　吕　辉　马晓菲　乔大鹏　史树光　孙楠翔　孙　宁　孙树人
田　野　屠　强　王海峰　王宏彦　王　文　翁志锋　许　建　余　鹏　张　波
张剑波　张　磊　张明达　张荣元　张　瑞　张　真　赵树江　赵晓磊　赵　瑶
李香枝　郭保振　喻学涛　陈建忠

测控技术与仪器

初晓明　范丽娟　冯立业　韩丽萍　胡　斌　霍飞雁　贾升梅　江　波　江建珍
李德禄　李　亮　李文明　厉　龙　刘爱芳　刘珠荣　吕小蓓　吕志强　孟俊如
裴海峰　王　飞　王　朋　王　燕　夏　飞　向小平　徐晓贝　徐月华　杨　柳
张凡超　张　磊　张　囡　张　勤　赵延玲　郑光进　郑千里　周钦山　陈　俊
陈　娜　董本双　董明磊　杜英玲　范心想　郭　睿　胡　燕　金瑞霞　李　斌
李海岗　李文玉　刘　健　罗志超　潘彦妮　李　峰　齐　腾　史　斐　孙书敬
王　波　王丰收　王　昊　王黎杰　王玲玲　王志敏　伍省华　徐　平　杨彬彬
杨娜妮　张江波　张　念　赵　娜　赵　伟　周　扬　宗艳霞　王　春（结业）

物流工程

杨亚萍　赵秀伟　童友谊　王文聪　巩庆辉　王峰南　王新荣　郑光斌　温志民
杨利亮　陈建军　潘洪波　刘　燕　耿耀华　郑卫华　方　雷　郭　欣　何　贇
许磊升　郭春花　潘　雷　赵　娜

临床医学（本硕连读七年制）

郭　鹏　陈　军　董　浩　胡乃文　刘泉萌　刘小宁　马先祯　孙　岩　王建龙
徐延田　殷翠萍　丁光圣　张　辉　赵改霞　朱　磊　栾德恒　赵　亮　陈　星
任　伟　张　军　吴　洁（无硕士学位）

临床医学

魏　卫　吴衍麟　刘　姗　赵忠华　戚冬花　刘　飞　王　彬　刘　斌　庞　珂
王晗杰　杨　东　赵大鹏　张艳辉　杨　璐　刘　琳　蒋晓玲　申玉静　刘学刚
张文浩　刘延国　李海杰　秦鹤锦　王盛华　韩春燕　台　刚　许崇增　别志欣
张来波　张艳霞　孙　璐　王蕾蕾　赵　馨　于海洋　黄贤明　吕亚峰　于树军
刘素兰　李　峰　于　凡　刘东霞　张　斌　周长扩　张洪亮　陆海松　张　康
郭　慧　王春燕　任美玉　龙　斌　刘　勇　陈　博　杜　剑　梁　晨　宦　晴
冯　林　王　鹏　孙元亮　程子明　吕　嘉　路　正　宋智臻　于源滋　陈　光

张莹 刘佳 李云 刘亮 孙卓浩 龚明亮 吕文志 王玎 张阳
宋君 樊华英 于洋 和小兵 段元涛 冀勇兴 娄建伟 韩进 王舒健
阚春婷 邓玥 梁君峰 宁豪 崔红元 刘光辉 杨雪莉 李鸿皓 杨静
刘颖 高翔 傅建伟 张帅 李海 林霞 张文静 王艳 王蕾
程义恒 王玮 于杰 杨涛 王昭迪 谢宁 商楠 昝玉宏 杜律律
张奎渤 周兆新 阮鹏 江海炜 迟铖 贾晓妍 陈艳 戴建建 杨青霖
曹显刚 刘经纬 胡刚 李飞 刘丽 孙婷婷 毕晓达 才舒 郇彦卫
刘南 满高亚 李永智 赵娜 王小玲 王楠 李精华 林静 郗林鹤
徐磊 宁亮 张志强 张钰 孙珊珊 崔小康 侯楠 孔祥茹 刘少壮
耿伟 张聚 胡宗举 袁淑华 程雪 黄春艳 常昕 佐晶 孟宪真
张辉 朱少伟 王众福 张蕾 吴娟 扈煜 刘昕 王祎蓉 王尚军
孙东峰 朱见 贺峭伟 刘大成 张静 高蕾 王媛媛 王慧 张丽敏
李玉瑭 陶远 葛红敏 林幽町 徐春晓 张辉 刘英 许振强 魏衍亮
相玉柱 陈友根 任晓峰 潘明明 方春丽 韩利伟 陈叶 徐莉 盖志博
张海涛 刘永刚 张永波 董喜凤 王伟 毕喜壮 封丽丽 马湉 陈国颂
李涛 朱鹏 宗宪磊 张丽丽 邢直直 刘培 徐丛 褚雷 王亮
何朝升 刘爽 孙立娟 徐亦君 王甲莉 柏超 祝涛 丁相伟 许志向
尚媛媛 赵雪柠 孙珊珊 韩芳 王海萍 王晓庆 李保健 刘晓波 张继刚
徐丽艳 杨京彦 邢元丽 郑明旭 程小菁 滕鹏 沈威海 封官正 刘景超
张娟 王琳琳 梁文娜 董月桐 李栋 周华 王瑞卿 董涛涛 卢洁芳
王晓琴 张小磊 张淑琳 曹静 孟勇 姜鹏 冯锐 徐佳 马伟杰
程慧 赵蕾 张磊 季民 鲁帅 曹艺巍 吕鸿 张伟伟 刘燕
王琰 蔡永萍 李汉美 曹清涛 王冲 肖琴锋 刁喜美 魏娜 连丽英
杨凤 张蕴 王林宣 韩昕健 张文龙 肖以磊 宋子坤 郝荣真 李兰
樊淑娟 范海燕 赖永洁 张伟 何强 韩曾坤 张开舒 张振英 张凤娟
赵倩倩 王晓婧 郑新生 张大伟 陈杰 付庆喜 魏永新 邱书娟 卜祥梅
邢静 李菲菲 秦英 朱秀梁 袁晓东 傅兆庆 关鑫 侯华英 李霞
姜晶晶 周雪宏 杨俊营 张东平 于潮晓 李树海 盛吉章 朱家宝 李滢
王伟玲 刘岩青 王玲 冠潇 上官士娜

预防医学

顾承杰 李保平 许小强 刘鸽 张玉松 易贺庆 高慎东 俞平 朱晓艳
张春玲 舒沙沙 徐成芳 袁宁 王海涛 侯小东 马志辉 杨华强 李卫
张芸龙 王倩 张洁 李永文 周凯 杜灵彬 胡浩 张振 刘悦越
宋晓飞 周湘盈 饶小思 周宝明 刘修福 郑余焕 郭培军 刘斌 王用斌
董双谊 任艳艳 王福强 王银发 丁金焕 代亮 李文庆 李小晖 李亚曼
丰佃娟 王维庆 李小飞 卢井才 杜加亮 胡锡峰 陈金合 崔伟红 成玉
张海凤 苏志寿 王书凡 陈磊 曾涛 林琳 兰雪 马莉 高晓艳

周海卫　冯建利　周海健　李晓波　宋军波　刘　娜　刘俊鸟　荆丽梅　冷志伟
陈守光　陶　磊　孔媛媛　苏亚娟　禚金花　于　江　柳大伟　郑向伟　张兆波
薛　珲　邵　维　徐丽艳　檀晓娟　肖　军　孙　湛　姜鲁明　鲁　智　杜延超
潘尤颀　王炳花　曲　林　王　永　崔永凯　毕鹏飞　王铁一　林更涛　夏　敏
张晓媛　吴雪伶　尹洪银　吕　旭

生物医学工程

陈　磊　陈立平　高均波　高　勇　韩亚男　胡虹瑛　胡彦磊　姜春香　李春刚
李　琪　刘澄玉　刘　强　吕婷婷　罗燕华　彭翠平　邱建军　曲　奕　松　沙
谭晓辉　王宁波　王振宇　韦会宇　肖开敏　徐胜鹤　徐英利　许　上　杨　伟
尹　娜　尹　燕　袁济生　张立忠　张新培　张颜颜　赵莉娜　赵　玲　赵忆泉
朱明辉　陈淑珍　陈　瑜　程　涛　杜　香　樊京龙　耿芳芳　郭叶丽　何　斌
侯立刚　李保锐　李　超　李俊杰　李庆霞　刘　锋　刘乃智　卢修竹　吕广跃
罗　堪　邱一奇　石用伍　孙彬斌　孙伟巍　郜全亲　田　静　童　峰　王　坤
王兴山　肖　震　徐延霞　杨　平　衣文文　翟　楠　赵国海　赵海涛　周长彬
周松涛　邹　楠　王家成　孙　恺　牟冠春　李鹏宇　孙君正　牛保庄　韩卫军
张贻弓　李　晏　陆士伟　褚凤梅　高军锋　王海波　吴秋荣　吴颖颖　许晓燕
于世琇　路艳萍　王翠莲　徐秀玲　朱英明　王先博　袁正磊　郑淑娟　陈　兵
苗　娜　徐保收　杨中科　张德利　孟秀燕　籍　巍

口腔医学

熊伯刚　张少丽　宗晓明　王志涛　韩祥永　许丙照　张倩倩　董作英　张建霞
张美丽　林振北　刘　健　晁鹏飞　刘守磊　黄　艳　李　潇　付　辉　魏　琳
黄爱君　许　凯　黄　睿　冯光耀　邢凤霞　陈　菲　于晓红　王松岩　韩　霜
滕吉利　荣洪振　付雅丽　齐晓敏　张静超　王淑敏　曹　盟　隋华超　郑健鸿
卜　涛　孙玉杰　于　静　马慧芬　马振连　刘　千　孙加义　黄小庆　刘　敏
高凤霞　张红岩　刘　玮　孔锦宇

药学

毕秀丽　曹春泉　陈　锋　陈燕之　陈　芝　崔庆新　刁　丽　董　方　董　光
窦茜茜　杜文滨　巩艳青　贡建志　韩清叶　韩秋菊　韩　晖　黄　鹄　贾明美
姜家骏　姜　宁　赖丽芳　李厚丽　栗思存　刘　川　刘芳芳　刘美琼　刘　晓
刘　啸　栾江伟　马殿强　苗　苗　牟卫伟　聂颖兰　宁　航　曲永胜　苏国琛
孙　艳　田春玲　江华燕　王海宁　王　琼　王晓丽　王晓雪　王　妍　王　真
魏　培　吴佩盛　吴忠玉　许焕丽　杨　月　尹星日　尤　燕　于先水　战　丹
张崇敬　张珊珊　张拴林　张晓奇　毕建杰　蔡永青　陈　静　陈明慧　程建军
邓观杰　杜娜娜　房　虹　葛　欣　龚玉萍　古蓝银　郭增朋　胡艳玲　贾露露
李　蕾　李永贵　梁鹏飞　林　燕　刘　飞　马春丽　秦大琨　邱春宇　师　润

隋志义　孙斌　孙铜　唐辉　田吉来　王冰　王广学　王桂金　王红
王鹏　王倩　王小转　王晓坤　王琰　夏浩亮　肖曦　徐恒　徐建
徐向宁　许艳妮　薛霞　闫颖　杨建设　杨康辉　杨心督　杨壮　于燕
张红卫　张明聪　张天佑　张卫强　张章　赵琦　赵莹　郑天雷　祝伟伟
邹文　刘颖辉

制药工程

百万军　陈楚云　董月辉　付杰　高磊　宫登科　宫丽丽　和晓朵　焦艳玲
金灿　金璐燕　李涛　李晓强　李星星　李垣新　林晓丹　刘春艳　刘作龙
栾业鹏　欧永玲　潘海勇　曲宁　邵利娟　沈小良　生立嵩　施瑞卓　石海英
孙宏伟　孙永福　孙政伟　谭兆先　王金虎　王蕾蕾　王任卿　吴秀祯　咸瑞卿
杨洁　展鹏　张国强　张亮　张涛　张文琦　赵波　朱小生　邹莹

护理学

王慧　窦姗姗　贾承玲　梁玉焕　王淑芹　杨海燕　张瑞芹　刘淑玲　何夏娟
刘芸　周娟　曹庆荣　曲娜　路宏　唐磊　袁秋环　姚春红　白璐
周杰　杜云红　徐剑鸥　徐雪蕾　朱艳华　王娟琦　张伟红　王雪英　张秋丽
朱伟　高春燕　叶青　郭媛媛　陈伟伟　王晓莉　赵著梅　刘娜娜　刘娅君
陆贞钰　李娟　刘红梅　徐兵　王慧　吴杨　赖晓丽　李媛　杨金玲
李洪莲　胡颖　刘晶玉　孙洁　高丽　鲍丽克　代永静　黄亚楠　姜海燕
李媛媛　刘春芬　刘秀英　马利华　申世玉　孙广霞　王海莲　王媛媛　魏海荣
杨秋霞　张治霞　朱亮亮　冯英　孟磊　王艳　周辉　冯海霞　李晓玲
李玉娟　柳瑞霞　杨振丽　臧德玲　张明明　张清清　李朋　李旸　姚伟
张艳

会计学

乔洪磊　唐芳芳　吴万红　赵九利　刘娜　信明亮　胡晓敏　苗颖　胡滨
王丽　郭炳涛　庄萌　刘艳艳　郭彤　杨志远　桑守飞　郝庆　黄小庆
高自立　杨传琦　王秀伟　刘冰　王霄辉　苏灵平　毕云娜　部雅玲　杜妍
范玉杰　高攀　高英双　顾昱　胡文遐　胡杏雨　黄琳　姜莉莉　赖丽珍
李春　李娓娓　李文娟　廖春莲　刘丹　罗方群　罗敬　裴雪峰　邱金虎
邱文娟　曲长旋　冉玲　史雪　宋继超　孙贤荣　腾启超　王超　王蕾
王晓丽　王雪清　吴海燕　吴楠楠　霰淑慧　徐健　徐媛媛　于峰　于海燕
于洁　张珠　张蕊　张雪华　赵雷励　赵先龙　周君　周巧云　朱自康
李青桦　李文玉　王鹏

电子商务

寇恩惠　徐洋　孔少华　王瑞锋　郭端端　朱璐璐　崔红娟　巩向学　刘荣坤

焉文豪　刘　凯　王　静　王　娟　徐小星　赵振华　宫巧磊　冀玉涛　李南南
马海霞　杨成宝　张　璐　陈　栋　贺俊宝　吕志国　李　宁　毛奎彬　葛文秋
卢　梅　王　建　陈　芳　刘加宾　邹　颖　陈向生　董宇飞　刘祥东　王明辉
杜　娟　李　琳　鹿　琳　闫恩友　吕媛媛　孙　克　王　茜　姜丽丽　李培培
宋　晓　丛　芳　刘　静　万晓燕　王　婧　赵　凯　赵媛媛　胡世佳　孙志钢
杨　杰　杨　龙　宋由由　臧金明　刘全富　彭建斐　亓　涛　田加伟　王　睿
谢　蓬　庞业涛　尚殿广　孙　鹏　徐　宁　郭亨达　郭　晶　董　雕　王长虹
汪新生　吴鸿婷　张　迪　孙岩磊　吕　亮　林　鹏　郭存磊　任佳鹏　王绪福
田　甜　赵　娟　王　坤　戴媛媛　马　涛　尹万岭　唐光明　李利群　沈　术
胡伟洁　赖燕华

信息管理与信息系统

信伟宏　曹令江　柴艳华　陈广山　陈丽娜　陈庆海　陈振鑫　成　瑾　成　薇
储牧原　丛慧芳　崔益康　杜东栋　杜　辉　段　博　葛婷婷　顾毕蔓　郭　栋
郭　珺　郭　强　何延佳　贾　宁　贾卫海　焦贺英　金小刚　李纪斌　李建明
李　梅　李玉钰　李玉坤　李　智　李智洋　李中华　廖平香　林　茂　刘为旭
刘　霞　刘　站　刘志恺　陆　清　吕　欣　罗辉海　聂倩倩　邱　鹏　饶　隆
宋晓臣　宋晓亮　苏彩玲　苏　丹　苏丽雯　孙惠予　孙鹏飞　孙　艳　王　斌
王常伟　王　栋　王立志　王其仁　王韶华　王永宝　魏昌贵　魏英凤　乌丽娟
吴宝秀　吴　晶　吴　雁　武维勇　许彩云　许正晓　薛　芹　阎　芳　杨大伟
杨青飞　杨　绚　杨运成　姚军洪　尹德志　尹睿年　尹占浩　俞　水　臧宁宁
张纪浩　张　雷　张　敏　张　雯　张彦玲　张子涵　赵　彬　郑景允　周姗姗
周钰廷　朱雄业　庄新洲　邹　鹏

工业工程

杨　声　庄铭辉　姚金明　包红娜　蔡　鑫　曹　斐　曹凤鸾　曹先彪　丁秀好
冯　诚　高　磊　耿雪峰　郭万里　贾保中　贾晓敏　焦　旭　焦雨潇　黎雪明
李高炜　李国强　李树松　李亚飞　林凤君　刘海霞　刘潘杰　刘祥静　刘艳艳
卢海洋　路现飞　罗宏刚　聂荣英　沈燕宾　孙红菊　孙　琳　唐　弘　唐玉杰
王景文　王　蕾　王　旭　王志光　王　众　魏　立　夏公正　邢艳峰　许念祖
杨晓峰　杨　续　杨　雪　尹逊见　于真真　袁明超　袁耀龙　詹　燕　张　磊
张　伟　张晓东　赵　纯　周慧慧　祝吉灵　隋滢滢

工程管理

陈福乾　陈世恒　陈伟纯　陈　媛　杜海明　冯伟明　葛云强　耿　帅　巩加兴
焦　叶　李冬冬　李　飞　李建辉　李　敏　李　强　李雪飞　李亚男　李　雁
刘萍萍　刘　强　罗晓军　毛玉芳　莫乾涛　阮　帅　宋道路　宋　洁　隋国强
孙兴鹿　王林京　王士伦　王　鑫　汪延汩　王玉玺　王宗蕙　肖国惠　杨国锋

于文涛　张丽丽　张生靓　张仕刚　朱　虹

工商管理

王书坤　马　龙　郭华强　王兆贵　兰子平　程悦鹏　边其元　蔡得法　曹兰花
曹英慧　车　轰　陈　磊　陈鲁璐　陈文杰　陈　翔　陈　翔　成天乐　程莎莎
丁丽莉　董明明　方菲菲　高永建　高真真　巩长坤　管　磊　郭　琨　韩　鹏
韩晓宁　何乃斌　何　培　胡影陶　贾明明　姜丽锋　姜　玥　金　静　金　亮
冷佳晨　冷　雪　李　飞　李　辉　李钧前　李　磊　李　楠　李　然　李祥涛
李肖茜　李兆军　廖津用　林继銮　林秀兰　林智宗　刘海龙　刘　慧　刘静忆
刘丽林　刘　强　刘　爽　刘思宁　刘维博　刘学通　刘自据　卢展展　芦　艳
吕建军　吕晓雯　罗　健　马迎鹏　孟祥伟　聂洪波　钮　经　彭岳峰　皮玉志
乔银文　曲春蕾　曲一飞　任喜成　苏善美　苏　艺　孙春蕾　孙　丹　孙　玲
孙少妍　孙向虎　孙　欣　孙　艳　孙　智　覃显均　陶　涛　田　浩　田鹏鹏
汪　冕　王红蕾　王金龙　王　静　王　静　王身权　王盛界　王　陶　王　伟
王　伟　王兴杰　王　艳　吴　宏　吴先莉　武召国　肖文强　徐丹丹　闫一鸣
杨　军　杨　扬　姚薇薇　冶宗梅　叶顶敏　伊冰宁　于秀丽　余国华　张焕艳
张　宁　张　桐　张　维　张小帅　赵金涛　赵明玥　赵少平　只尊富　朱　蕾
邹全超　左　攀　周　健　汪　洋　豆兆波　陈　魁　程　亮　代金峰　樊齐滨
李　鹏　李玉路　李云超　刘常辉　刘乘麟　刘　健　刘玉凤　马铭磊　秦　琴
孙　振　王　赍　王超凤　王钰松　王　帅　王　毅　徐晨晨　袁　浩　昃　强
张　倓　张亚东　张翼虎　卜范芳　孔　珍　李　丽（结业）　高卫斌（结业）
周长泰（结业）

市场营销

刘翠萍　刘小勇　韦兆文　刘宇瑄　曹　霜　曹绪军　柴艳艳　单士庆　邓　忠
董春辉　段崇庆　傅诗文　葛　甲　耿建涛　郭俊伟　何文成　贺礼镓　侯方贵
侯方晓　华薇薇　黄爱芳　黄玮巍　黄佐祺　纪亚妮　荆　莉　李德兰　李　健
李　静　李茂帅　李　娜　李　升　李素珍　李月顺　李兆源　李　振　刘　斌
刘新光　娄　峰　逯百灵　罗　坤　梅　丽　倪　珊　潘　琳　曲德志　任丽艳
荣喜平　石天更　宋春梅　苏海尧　孙彦庆　陶德凤　王成元　王凤祥　王海花
王金雪　王善明　王顺国　王　伟　王效武　王新磊　吴云超　吴兆林　徐　晨
徐　进　杨传营　杨　宁　杨中格　于春娜　张鹏飞　张　强　张庆玉　张善坤
张　雄　张　媛　张召花　赵红琳　赵童童　郑延聪　郑玉婷　周恒婧　尹国栋
王　伟　王淑娟　王　鹏　代立武　冯玉林　刘旭东　刘　婧　刘　微　吕隆程
孙　宇　孙朝锋　朱　敏　朱　静　毕文斌　张晓东　张　润　张　颖　李延侠
李　建　李相成　李科学　李海燕　李　瑶　杜　锋　杨　阳　杨晓伟　肖继光
邱　楹　陈　涛　周　伟　周建玲　国效宁　尚　伟　林　雯　罗代山　苑晓丽
侯心德　胡昌振　郭晓艳　郭艳蕾　郭　嘉　高　远　崔　伟　常林娜　曹　华

曹淑杰　强　琦　于　芳　王旦旦　王　建　王维新　王　婷　王新丽　王　巍
石珊珊　任昌宏　刘大伟　刘志远　刘钢令　孙　正　孙　伟　朱学菊　朱桂霞
吴宪鹏　张金玲　张海云　张　磊　张进勇　李　南　李　峰　李振红　李　婷
李　森　杜　鹏　肖文慧　陈　强　金绍萍　宫智辉　相　青　贺庆祝　唐维东
聂　霄　郭爱芳　高立梅　崔　耀　梁中伟　梁冬梅　鹿　昊　葛宝霞　满　军
翟　前　魏　玮

人力资源管理

安　乐　陈　芳　陈海龙　陈　扬　董兴喜　冯　冰　冯明明　高　凯　顾小光
桂　博　韩　蕾　何芳芳　贾欣欣　贾秀玲　李　锋　李秀华　李　妍　李　杨
梁晓翠　林明伟　刘　芳　刘宗强　龙永卫　卢晓娴　彭　斌　赛　男　宋　玮
苏来进　孙文丹　王洪梅　王　珂　王　倩　王　爽　吴少林　夏永侠　相照娲
邢　盛　邢　友　阳易俗　阴钰川　尹向荣　於雪松　占小四　张　超　张　超
张大为　张岱君　张莹莹　张贞燕　赵成成　赵建文　赵增玺

旅游管理

高明芳　包鉴达　陈宝清　陈　曦　储海林　崔素云　戴欢丹　丁红宝　董　娜
杜　梦　段慧丽　段金梅　房　晓　高国生　耿　欣　公衍锋　顾大峰　郭　超
胡　颖　黄　健　蓝　杰　李晨光　李国栋　李鹏明　连丹丹　梁　杰　林知峰
刘凤华　刘国强　刘连革　陆伟华　陆兆臻　毛艳春　潘　燕　乔鹏飞　石　龙
隋明町　隋　巍　孙晋耀　孙天强　孙万真　唐忠强　万全友　王爱燕　王彬彬
王彩虹　王德秀　王国平　王磊磊　王文峰　王晓玲　王　歆　王　岩　吴佩俭
夏　伟　闫　妮　杨丽英　于程珺　于　倩　于少栋　袁素婷　岳彩周　张国平
张居英　张　平　张少丰　张文文　张小强　张晓君　张云田　赵　炜　赵晓丹
赵宇静　郑德伟　郑　琳　朱　艳

国际商务

薄　佳　柴雅斐　常　新　车德义　陈艳艳　邓　奕　董　峰　董　雯　杜　亮
樊济新　冯秀菊　盖芬清　宫本成　韩　轲　韩　萌　韩　雪　何　健　侯全国
胡玉璧　黄龙雯　贾希彬　姜　杨　金　宁　荆宏亮　李　涵　李嘉乐　李　坤
李萌萌　李少暖　李宪举　连　萌　刘　亮　刘晓志　刘　洋　娄丽娜　吕　程
罗　缜　马士军　苗润强　莫修民　逄颖颖　秦　霞　任　挺　尚文静　沈　通
宋莉莉　宋　玮　孙　娟　孙　璐　孙　曼　孙　毅　陶　伟　田艳敏　王　超
王超艺　王大勇　王国全　王　浩　王　楠　王　杉　王　团　王　文　王文浩
王　潇　王晓杰　王旭东　王彦涛　吴　爽　谢呈振　谢忠良　徐　斐　徐建峰
徐　静　徐　堃　徐榛浩　许冰寒　杨倩倩　杨文亮　杨　鑫　杨　扬　英　慧
于　青　于　睿　袁　博　翟　娜　张建宁　张金厚　张　琳　张全强　张阳阳
张中楠　赵　磊　赵丽丽　赵习喆　赵　琰　赵　艳　郑　磊　郑　玮　左　源

国际会计

曹伟伟 曹小柱 陈　博 陈　原 丁艳灵 董淑宁 冯　宁 傅　艳 高　雁
葛　新 谷　颖 管继梅 郭　超 郭晓焜 侯学强 姜良风 荆　鸣 瞿　方
冷小霞 李　超 李　刚 李　慧 李　莉 李明森 李　顺 李晓彦 李新浩
李战胜 梁　月 林浩然 蔺晓杰 刘　慧 刘甲元 刘　伟 刘　晓 吕　晶
罗立超 马艳华 毛月焕 米高文 穆建卫 宋培可 宋晓倩 苏　飞 孙　超
孙建胜 孙　磊 孙丽娜 孙　良 孙夏青 孙雅楠 谭佳宁 田永超 同玉洁
王成龙 王　栋 王　栋 王丽娜 王鲁璐 王潇媛 王艳霞 王　颖 王兆斌
王振玲 魏　琪 辛显刚 徐　伟 徐祥庆 徐晓音 徐娅晓 徐兆飞 杨　伟
叶黎明 衣奎树 尹　珊 尹雯雯 尹玉琛 于　菡 于　萌 于　洋 张海玲
张金峰 张　婧 张　伟 张　玮 张小静 张晓黎 张云霞 赵佳音 赵清宝
赵　庆 赵　嵩 周晓燕 朱倩倩 宗方正 谭旭宏

专科毕业生名单

国际经济与贸易

张晓宁 刘典庆 靳继磊 罗　霞 孙令才 谢　婷 由振磊 郭凤丹 王文艳
郑天骄 李　超 王　晖 康未甲 于盟盟 葛瑞昌 刘西涛 景　科 黄旭敬
任文杰 张佳佳 董　栋 郭红梅 朱　魁 王　祥 徐　明 桑红娟 巩婷婷
郭丽萍 江　伟 郭跃军 窦兆丰 刘群群 张　浩 陈慧蓉 于明才 王　璐
王建华

法学

刘　勇 郭　进

新闻学

杨雪松 余绍华

广告策划与设计

蔺玉强 于兴伟 李志远 王宏婕 田文韬 李　伟 聂仕光 王春光 安立亮
刘　爽 王志静 唐　万 李桂虎 姬立勇 张春晓 张　芳 李珊珊 吴　鹏
李亚峰 薛　健 张　溪 李　瑞 咸　隆 殷玉珂 武文婧 石逢源 郑凤翥
刘　冰 王振兴

生物技术

张　乐　梁绍荣　李　燕　侯琳琳　苏纯文　刘　伟　杨洪伟　姜胜功　刁望燕
石近淼　杨占章　栾丽丽　索珊珊　邝　建　刘文静　方甜甜　朱洪波　展恩华
任晋云　张　伟　孟海锋　石　亮　冯宇栋　张艳艳　吕和成　孙志红　宋　铎
李　宁　翟庆贺　王志伟　张　颖　董　超　赵　岩　李　萍　王艳霞　孙成华
史　伟　张　建　徐承彪　刘昌锋　薛　蔚　张　韵　赵　岩　冯　光　董　伟
王　锐　于　颢　宗　皓　郭　丹　刘　越　王　芬　肖秀华　王悦琳　路凤鸣
于　琦　卞　猛　王绪新　王　倩　郝宪斌　杨少峰　梅延彬　曾　鸣　刘　桐
杜云朋

信息与计算科学

王文全

计算机应用与维护

孙兆升　代栋栋　王　见　刘　勇　郝建磊　李敬江　迟旭峰　杨卫星　赵　磊
李海龙　牟泓亭　姜　卓　王　辉　孙熙禄　洪　锋　王润生　张　迁　蔡石墩
吕　云　刘耀华　刘学志　郭子豪　李　兵　许振华　刘忠涛　王　勇　程前进
李军阳　杜建伟　姜　峰　张敦现　孙伟磊　张转利　张伟伟　杨　镇　鲍春红
雷　婷　张文燕　刘国仙　钟　旭　张　宁　姜艳艳　施丽秀　杜翠翠　王新佩
桑红涛　刘小明　梁福坤　董铁妮　李　猛　魏永涛　姜春明　薛兆磊　张　磊
徐鸿翼　徐晓东　李　博　王伯靖　王　龙　张彦涛　刘桂东　孙国华　李修星
王允静　江德平　张　军　房增田　聂秀波　王明水　刘福辉　姜　瑞　张战友
杨恩军　吕正强　解西彬　朱龙军　程　钢　高美玲　王沂燕　王　晓　孟利利
郑　蕊　尹逸群　梁　群　冯萌萌　夏　苗　孔文婷　薛慧芳　张　东　鲁玮玮

工程力学

谷利伟　谢鲁金

机械设计制造及其自动化

郑长如　于云凯　杨　昆　张亚飞

材料科学与工程

韩前程　张玉伟　任敬凯　王　鑫　王衍胜

电气工程及其自动化

孟栩彬

临床医学

苏亚楠

口腔医学

赵立峰　张　伟　鹿广超　秦红伟　戚高鹏　赵鲁明　李小洁　乔朋艳　苗玉珠
刘海霞　贾寿景　姜少强　冯吉全　郑　义　李　明　张春芬　刘雪荣　许艳艳
张　娟　陈昭慧　生敬波　刘智永　孙洪涛　罗　玲　赵　敏　张　怡　姚艳华
戴海燕　邵志文　张　瑞　吴建东　孟宪斌　滕春宝　郑玉霞　张玉英　宋晓彬
孙凌燕

护理学

郭丽亚　孙艳玲　卢　晴　魏丽珊　庞红维　刘　静　王　芳　辛　蕾　马文娟
蔡玲玲　王兆云　杨红田　曹立群　安瑞菊　安新明　张伟杰　王桂红　李玉珍
李夕凤　耿子燕　杨传凤　任明晶　周小云　高　源　杨翠玲　王花玲　杨　丽
肖明芳　庄明燕　刁宣贞　郝发香　吕　艳　刘艳华　刘　晨　郭建美　王春燕
王翠萍　秦艳宇　王　会　王菲菲　葛凤华　公春玲　王　娟　孙秀洁　郑　烨
韩敬玲　于丽丽　陈　欢　刘　琰　李　燕

制药工程

连　超

会计学

马　龙

（王玉平　刘　健）

各类“委员会”、“领导小组”成员名单

学校各类“委员会”、“领导小组”成员名单

山东大学保持共产党员先进性教育活动领导小组

组　　　　长：朱正昌
副　组　长：展　涛　赵明顺
成　　　　员：尹　薇　刘　珂　李建军　胡家臣
领导小组下设办公室，办公室设在组织部。
主　　　　任：尹　薇（兼）
副　主　任：尹作升　周　洁　韩明涛

山东大学本科教学指导委员会委员

主　任　委　员：展　涛
常务副主任委员：樊丽明
副　主　任　委　员：高英茂　张长铠　赵建国
办　公　室　主　任：王仁卿（兼）
委　　　　员：（以下按姓氏笔画为序）

马广海　马　军　王仁卿　王育济　王洁贞　孔北华　丛亚平
刘希明　刘树伟　孙康宁　肖金明　李剑峰　李晓峰　吴　臻
张长铠　张承琚　张树勇　张瑞林　张锡恩　闵光辉　杜广生
汪　翼　孟祥旭　杨丕山　陈振生　周向军　赵爱国　赵英新
赵建国　胡金焱　娄凤兰　娄红祥　郝兴伟　姜健壮　展　涛
贾　磊　贾卫国　耿建华　徐向艺　袁东风　高英茂　高宝玉
徐文方　戚桂杰　曾繁仁　曹升乐　傅有德　樊丽明

山东大学节约型校园建设领导小组成员

组　　长：张永兵
副 组 长：周　洁　郭兴华
成　　员：（以姓氏笔画为序）
王明署　王剑敏　王　钧　尹作升　陈　永　李振奎　张　宇
周　洁　胡岩松　胡敬田　柳中海　桑晓旻　韩明涛

山东大学教师申诉复议委员会

主任委员：尹　薇
委　　员：（按姓氏笔画为序）
王丽萍　王明署　王剑敏　李　达　张建华　张岫美　张承慧
周　洁　姜　威　扈春华　韩　锋（工会）　韩　锋（人事处）
办公室主任：韩　锋（工会）

山东大学迎接教育部本科教学工作水平评估领导小组

组　　长：朱正昌　展　涛
副 组 长：赵明顺　尹　薇　刘　珂　李建军　樊丽明（执行）　李承俊
于修平　王琪珑　方宏建　张永兵　胡家臣　娄红祥　韩圣浩
办公室主任：周　洁　王仁卿
成　　员：尹作升　韩明涛　韩　锋（人事）　王剑敏　柳中海　胡敬田
李振奎　陈　永　王永平　任若强　王　钧　井海明　张　宇
杜言敏　曲明军　侯俊平　王海洋　苏位智

山东大学本科教学指导委员会教学评估专家指导小组

组　　长：钱新民
副 组 长：陈广桐　高英茂
成　　员：吴　驪　吕伟俊　李　群　钱新民　张长铠　刘希明　高英茂
刘京璋　王洁贞　王占民　潘祥林　陈广桐　许本枢　孟昭敦

山东大学分房监督委员会组成人员

主　　任：胡家臣
副 主 任：韩　锋（工会）　王明署

委　　　员：（按姓氏笔画为序）
张兴华　侯庆全　耿建华　扈春华　崔　行　韩　锋（人事处）
潘国栋　戴智章

山东大学卫生保健工作领导小组成员

组　　　长：李承俊
副　组　长：方宏建
成　　　员：（按姓氏笔画排序）
王仁卿　王永平　王剑敏　曲明军　任若强　杨丕山　张　宇
张瑞林　陈　永　李士雪　李振奎　周　洁　赵升田　高海青
桑晓旻　谢英慧　韩明涛　韩　锋（人事处）　韩　锋（工会）
戴智章
办公室主任：王永平（兼）
办公室副主任：徐关众　赵增科　赵殿福

山东大学2005年获“全国优秀博士学位论文”奖名单

姓　名	学科、专业	指导教师	论文题目
王德胜	文艺学	曾繁仁	宗白华美学思想研究
王新强	材料学	许　东	双金属硫氰酸盐配合物晶体的生长和性质研究
彭　军	内科学	张茂宏	慢性自身免疫性血小板减少性紫癜中应用B7共刺激信号阻断剂和/或CsA诱导血小板特异性T细胞免疫无能的实验研究

山东大学 2005 年入围“全国优秀博士学位论文”奖名单

姓　名	学科、专业	指导教师	论文题目
徐庆华	粒子物理与原子核物理	梁作堂	高能反应强子化过程中自旋效应的研究
张庆竹	物理化学	顾月姝	含硅、锗类半导体材料制备过程中若干重要反应的动力学研究
张忠华	材料加工工程	边秀房	快速凝固铝基中间合金的研究

山东大学 2005 年山东省优秀博士学位论文名单

编号	作者	论文题目	学科、专业	指导教师
1	李红春	自由空间与审美话语——私人领域视角下的当代审美文化研究	文艺学	陈　炎
2	白云翔	先秦两汉铁器的考古学研究	考古学与博物馆学	栾丰实
3	王建平	涉及导数的整函数的唯一性及相关研究	基础数学	仪洪勋
4	张晓燕	非线性算子方程的解及其应用	基础数学	孙经先
5	王雪林	MeV 重离子注入光电晶体光波导的制备和特性研究	凝聚态物理	王克明
6	艾洪奇	与生命过程相关的甘氨酸衍生物的耦合机制及相关性质研究	物理化学	步宇翔
7	向凤宁	小麦远缘体细胞杂交及体细胞杂种的遗传研究	细胞生物学	夏光敏
8	丁泽良	新型组合式陶瓷水煤浆喷嘴的设计开发及其损坏机理研究	机械制造及其自动化	李剑峰
9	杨修伦	光子晶体的全息干涉制备技术及其能带性质的研究	光学工程	蔡履中
10	李　静	YB 及其他稀土元素掺杂四硼酸铝晶体的生长及性质研究	材料学	王继扬
11	闫　冬	可控串联补偿装置的控制策略研究	电力系统及其自动化	赵建国
12	石永玉	筛选和鉴定人原发性肝癌表达的肿瘤相关抗原的研究	免疫学	孙汶生
13	陈春燕	白血病比较蛋白质组学和 CpG 基序生物学效应的初步研究	内科学	潘祥林
14	陈文强	动脉粥样硬化斑块易损性的研究	内科学	张　运
15	朱　慧	慢性房颤心房结构重构的基础和血流动力学研究	内科学	张　薇
16	刘运喜	秋冬型恙虫病及其传播媒介的流行病学研究	流行病与卫生统计学	赵仲堂

山东大学 2005 年山东省优秀硕士学位论文名单

编号	作者	论文题目	学科、专业	指导教师
1	孙圣民	新制度经济学、马克思主义经济学与中国井田制的兴衰	西方经济学	黄少安
2	张宇飞	宪政演进中的赋税	宪法学与行政法学	肖金明
3	孙艳艳	发展理念下的社会救助理论与政策——对两种社会救助方式的比较研究	社会学	李　芹
4	孟晓彬	叶适史学思想初探	史学史	周晓瑜
5	陈雪香	山东地区商文化聚落形态研究	考古学及博物馆学	方　辉
6	宋　骏	DNA 电子结构性质研究	凝聚态物理学	解士杰
7	张海霞	宽带移动通信中基于 OFDM 的可靠性方案研究	通信与信息系统	袁东风
8	郑　燕	沙眼衣原体 DNA 疫苗的构建及优化密码促进 MOMP 基因蛋白表达的研究	病原生物学	赵蔚明
9	李学刚	TRAIL 基因在糖尿病大鼠肾脏细胞凋亡中的作用	内科学	关广聚
10	单宁宁	封闭 MHC-I 基因对鼠 LAK 细胞杀伤活性的影响	临床检验诊断学	邹　雄
11	周晋生	人肝门部胆管癌转移模型及高转移亚系的建立及生物学特性研究	外科学	吴小鹏
12	高德轩	应用 DGGE 在中国 ADPKD 病人中检测到 2 个新的基因突变	外科学	丁克家
13	张在强	神经内窥镜的脑室应用解剖及在脑室出血治疗中的应用	外科学	李新钢
14	王小宁	扁枝藓和小蛇苔化学成分及生物活性研究	药物化学	娄红祥

2005 年度山东大学优秀博士学位论文名单

序号	作者姓名	论文题目	导师姓名
1	齐延平	自由大宪章研究	徐显明
2	卢　政	新时期马克思主义文艺学体系论争研究	曾繁仁
3	邓声国	清代《仪礼》文献研究	冯浩菲
4	李　新	王安忆与 20 世纪中国小说的人性母题	牛运清
5	白云翔	先秦两汉铁器的考古学研究	栾丰实
6	王建平	涉及导数的整函数的唯一性及相关研究	仪洪勋
7	王雪林	MeV 重离子注入光电晶体光波导的制备和特性研究	王克明
8	艾洪奇	与生命过程相关的甘氨酸衍生物的耦合机制及其相关性质研究	步宇翔
9	马翠卿	生物催化法生产丙酮酸（盐）的研究	许　平
10	权瑞党	农杆菌介导的玉米转化技术的改进及转 betA 基因玉米抗逆性分析	张举仁
11	丁泽良	新型组合式陶瓷水煤浆喷嘴的设计开发及其损坏机理研究	李剑峰
12	杨修伦	光子晶体的全息干涉制备技术及其能带性质的研究	蔡履中
13	王增梅	La3Ga5Si014 构型系列晶体的生长及性能研究	袁多荣
14	王　娟	Fe3Al/钢异种材料扩散焊界面微观结构及扩散机制研究	李亚江
15	谢冬萍	催产素对兔结肠平滑肌收缩活动的影响及其机制研究	陈连璧
16	石永玉	筛选和鉴定人原发性肝癌表达的肿瘤相关抗原的研究	孙汶生
17	陈文强	动脉粥样硬化斑块易损性的研究	张　运
18	程振英	实验性近眼 M1 受体的表达及哌仑西平对巩膜细胞的调控	李镜海
19	孙淑娟	酚类化合物抗真菌活性试验及逆转耐药机制研究	娄红祥

学校聘任的各类专业技术人员名单

2005 年山东大学聘任的各类专业技术人员名单

教授：57 人

文学与新闻传播学院：刘方政　施战军　李　克
历史文化学院：赵兴胜　徐　畅
哲学与社会发展学院：牛建科　陈　坚
外国语学院：肖德林
艺术学院：刘晓静
政治学与公共管理学院：崔桂田
经济学院：刘国亮　陈　蔚
管理学院：王子亮　温德成
法学院：周长军　李道军
数学与系统科学学院：蒋晓芸　崔玉泉
物理与微电子学院：赵明文　冯存峰
化学与化工学院：魏云鹤　韩书华
生命科学学院：刘巍峰　刘相梅　赵　建
材料科学与工程学院：陈茂爱　赵士贵　管延锦　张忠华（自 2006 年 2 月起聘任）
机械工程学院：张　强　高　琦　徐志刚　刘　鸣
土建与水利学院：张强勇　宋修广
晶体材料研究所：王圣来　于晓强
控制科学与工程学院：田新诚　魏守水　张焕水（自 2006 年 3 月起聘任）
计算机科学与技术学院：屠长河　张世栋
信息科学与工程学院：周卫东
电气工程学院：刘志珍　田立军
医学院：刘传勇　李应全　陈哲宇（自 2005 年 12 月起聘任）
护理学院：范秀珍
药学院：张典瑞

公共卫生学院：李　军

威海分校：牛林杰　蒋保臣　张银堂　张晓曼　吕爱权　汪全胜

副教授：90 人

文学与新闻传播学院：李欣人　丛新强

历史文化学院：王广振　陈淑卿

外国语学院：孙昌坤　李建刚　庄新红　胡志军　聂方群　王　毅

儒学研究中心：徐庆文

宗教·科学与社会问题研究所：葛焕礼

政治学与公共管理学院：杨　光

经济学院：盖骁敏　曲　创　陈新岗　李　华

管理学院：刘　冰　许　峰　满江虹

法学院：孙玉芝　葛明珍

马列教学部：成　伟　林　红

数学与系统科学学院：许玉铭　宿　洁

物理与微电子学院：王雪林　赵明磊　刘建强

化学与化工学院：刘尚营　魏慧英

生命科学学院：凌建亚　王玉志　李福利　尹小燕
　刘　红（自 2006 年 1 月起聘任）

材料科学与工程学院：马新武　赵新海　王延相　刘　韧

机械工程学院：张　松　牛军川　袭著燕　王经坤　于　珍

能源与动力工程学院：刘丽萍　陈莲芳

土建与水利学院：刘广荣　张庆松　贾　超（自 2006 年 1 月起聘任）

环境科学与工程学院：张　建

晶体材料研究所：王正平　王新强　延云兴　吴拥中
　李　博（自 2006 年 1 月起聘任）

控制科学与工程学院：陈阿莲　刘忠国　蒋　奇　朱文兴　高　瑞

计算机科学与技术学院：张爱武

信息科学与工程学院：冯传胜　栗学丽

电气工程学院：王洪涛　张大海

网络信息安全研究所：刘　涛

医学院：王桂敏　王墨林　丛　华　石永玉　孟晓慧　胡海燕

口腔医学院：亓庆国

护理学院：邹凌燕

药学院：向　兰　吴敬德

公共卫生学院：贾存显　李秀君　王志萍（自 2005 年 12 月起聘任）

威海分校：秦　淮　宋慧敏　杨在斑　刘宝全　桑本谦　张建波　崔宇明
　杜丽荣　焦宝乾　吴丙新

讲师：74 人

历史文化学院：朱　伟
哲学与社会发展学院：陈治国
外国语学院：张维娜　柳婷婷　赵增涛　董艳丽
艺术学院：姚榕华
法学院：张海燕　冯　威　徐婉利
体育学院：成　彬
数学与系统科学学院：赵永强　史敬涛
机械工程学院：赵晓峰　李学勇　皇攀凌　解孝峰
能源与动力工程学院：赵建立
控制科学与工程学院：王艳艳
电气工程学院：于大洋　王　冠　魏鲁鸿
医学院：于会明　马雪莲　王　贞　卢　翌　刘德祥　吴凤霞　吴晓娟　张艳敏
张鹏举　李晶晶　杨玲玲　相　磊　唐　伟　徐　霞　梁　婷　李玉蓉
口腔医学院：赵　宁　于洪波
药学院：范培红
公共卫生学院：高莉洁　王　霞　安丽红　刘云霞
威海分校：方　芳　雷义川　刘　卓　马卫红　阮竹君　宋宝香　宋祎品　宋　琦
王　杰　魏红刚　魏文忠　尹文清　张永成　赵艳丽　周宏燕　常树旺
刘雪芹　吕海东　穆增超　孙甲冰　王　丽　解　兵　战文腾　吴玉阁
周新顺
学生工作部（处）：张东鹏
研究生院：李汝宾
团　委：李　勇
学生就业指导中心：李功华

研究员：8 人

经济学院：朱瑞芬
口腔医学院：张志华
组织部：尹作升
教务处：张平慧
研究生院：桑晓旻
学术委员会办公室：张希华
威海分校：韩建新
齐鲁医院：曹秀玲

副研究员：26 人

政治学与公共管理学院：刘　军
法学院：江小荃
管理学院：石清云
环境科学与工程学院：赵文强
医学院：赵福昌
护理学院：李　峰
党委办公室、校长办公室：徐晓冰
纪委、监察处：宋作标
统战部：张海燕
学生工作部（处）：王化亮
人事处：陈　峥
教务处：孙凤举　齐炳和
科技处：高　杰
研究生院：王桂林　张爱国
国有资产管理处：胡美琴
公安处：李修荣
后勤管理处：唐宝华
国内合作办公室：吕明新
学生就业指导中心：王纪磊
高等教育研究中心：李卫东
威海分校：陈昌珠　邹积敏
齐鲁医院：徐翠香
第二医院：孔令华

助理研究员：16 人

外国语学院：于　洁
信息科学与工程学院：杨兆梅
医学院：孟　伟　徐文竹
国际教育学院：孙鹏程
学生工作部（处）：薛红云
人事处：曹怀琨
教务处：董　岳　梅　强
研究生院：徐先蓬
公安处：董太华
继续教育学院：顾国富
国内合作办公室：李　力

学生就业指导中心：陈　盟
威海分校：叶军堂　梁奉军

研究实习员：10 人

材料科学与工程学院：霍启辉
信息科学与工程学院：蒋　霞
外国语学院：朱光祥　赵增香
后勤管理处：潘可荣
教务处：夏祥林
学生工作部（处）：胡安全　黄绪战
齐鲁医院：姜宗斌
威海分校：李　军

应用研究员：5 人

物理与微电子学院：陈洪存
化学与化工学院：刘少杰
生命科学学院：李德舜
计算机科学与技术学院：郑永清
工程训练中心：陈言俊

高级工程师：9 人

管理学院：李　蕴
化学与化工学院：张文娟
机械工程学院：朱振杰
信息科学与工程学院：朱雪梅
电气工程学院：杜宗展
基建处：周加强
后勤管理处：朱　莉
新区建设管理办公室：张敬明
产业集团：尚　勇

工程师：10 人

外国语学院：王兰忠
信息科学与工程学院：刘茂刚
后勤管理处：马　岩
网络与现代教育技术中心：周　岩　秦丰林
产业集团：张泰松
威海分校：秦　耕　李岚萍　徐　斌

齐鲁医院：孟祥彬

助理工程师：4 人

后勤管理处：田新平
宣传部：黄海宁
第二医院：王　萌
威海分校：杨　刚

高级实验师：17 人

物理与微电子学院：赵丽生
化学与化工学院：张圣友
机械工程学院：郑　雯
环境科学与工程学院：赵海霞
土建与水利学院：马惠敏
控制科学与工程学院：金　萍
电气工程学院：孙　怡
医学院：张虞毅　郑玉兰　郭辰虹
药学院：王德凤
公共卫生学院：王淑娥
口腔医学院：于亦明
实验室与设备管理处：刘淑云
网络与现代教育技术中心：孙慧生
威海分校：刘绍玲　赵　延

实验师：11 人

外国语学院：刘　荔
经济学院：杨晓静
环境科学与工程学院：徐　丽
工程训练中心：孔令泉
网络与现代教育技术中心：王　皓
医学院：王立言　肖　颖　耿　昭　贾　曼
护理学院：吕士红
威海分校：马　杰

助理实验师：3 人

第一附属中学：辛桂香
威海分校：张　根　张琳琳

研究馆员：2 人

图书馆：周洪才
威海分校：卢　新

副研究馆员：13 人

图书馆：蒋秀丽　王梦菊　翟华丽　徐文华　李华明　王勋鸿　张炳林
哲学与社会发展学院：陶　莉
文学与新闻传播学院：郭胜昔
文史哲研究院：聂济冬
高等教育研究中心：安　莉
博物馆：李慧竹
档案馆：殷　薇

馆员：4 人

图书馆：隋　霞
哲学与社会发展学院：熊世群
艺术学院：刘淑美
齐鲁医院：于莉娟

助理馆员：6 人

档案馆：纪　玮
威海分校：王　忠　刘　静　刘　聪　王钦丽　王兰英

管理员：1 人

威海分校：邹莉莉

编审：5 人

出版社：王景梓　朱以青　姜　明
学报（自然科学版）：靳光华
学报（哲社版）：陈　华

副编审：3 人

学报（自然科学版）：陈　斌
学报（哲社版）：李春明
宣传部：王历生

编辑：2 人

学报（自然科学版）：孙　瑶
宣传部：林东升

主任医师：25 人

医学院：马　榕　卢雪峰　汪素文　董建春
口腔医学院：戚向敏　马　跃
耳鼻喉重点实验室：蔡晓岚
齐鲁医院：张志勉　张向宁　郭　媛　程玉峰　智绪亭　丁元萍　崔才三　陈玉国
钟敬泉　江玉泉　王树成　李学忠　李　方
第二医院：亓玉忠　孙强三　徐长宪　鹿庆华　隋树建

主任药师：1 人

齐鲁医院：雍德卿

主任技师：1 人

齐鲁医院：王传新

副主任医师：46 人

医学院：康东红　魏增涛
口腔医学院：宋　晖　郭　杰　姜宝歧（自 2006 年 5 月起聘任）
护理学院：马　戬
校医院：杨纯珍　董　波　陈德凤　王历菊　郑丽丽　曹力博
齐鲁医院：李建军　许风雷　王　茜　舒　强　李　文　胡瑞梅　赵川莉　雷大鹏
董瑞英　郭　虎　曹丽丽　钟　宁　胡　萍　唐宽晓　张秀国　陈　腾
秦雪梅　刘海英　张　力　姚桂华　李　怡　庄　岩　张东青　马　玲
张月存
第二医院：杜贻萌　徐少华　付勤烨　孙大庆　孙福敦　倪一虹　孟国伟　葛　南
许顺良

副主任药师：1 人

齐鲁医院：马亚兵

副主任技师：4 人

齐鲁医院：杨　东　王　谦　李丽珍　刘　庆

副主任护师：7 人

耳鼻喉重点实验室：梁桂玲
齐鲁医院：闫　琰　赵玲玲　孙丽美　王书会　李善华
第二医院：李晓晖

主治医师：26 人

校医院：姜　红　肖　光
耳鼻喉重点实验室：刘　梅
齐鲁医院：孙　磊　张　怡　郄淑燕　闫　磊　孙宝柱
第二医院：公茂磊　张太娥　王若义　苏献双　秦爱琼　孟丽亚　窦爱霞　孙　云
武士清　彭传亮　刘双德　崔　勇　李　艳　张飞雪　王育龙　孙爱丽
张春红　司春峰

主管药师：2 人

校医院：刘　敏
齐鲁医院：谢　青

主管技师：6 人

齐鲁医院：胡志敏　闵　瑞　崔建巍　杨美香
第二医院：张　珑　吴文秀

主管护师：39 人

校医院：丁元花
齐鲁医院：徐秀莲　郑会珍　高　霞　于东辉　吕孝娜　宋秀峰　张　敏　白　风
李明丽　李　敏　黄　艳　王见红　张文静　张秀英　马　娟　魏育花
翟永玲　刘兆娥　董孝芳
第二医院：赵先华　赵延英　郭连荣　赵忠红　吴新春　王　会　张水红　郑百红
韩　晶　孙华玮　剪京芬　王淑慧　吴　建　尹红梅　张克香　孔桂香
李玲华　上官玉梦
威海分校：邢小云

药师：1 人

校医院：张　静

护师：7 人

齐鲁医院：亓长静　何良燕　苏纯燕　李建娣　王　晓　赵　明　徐晨艳

技士：1 人

齐鲁医院：詹建明

中学高级教师：7 人

第一附属中学：常书芳　高　平　王　波
第二附属中学：张　玲　何　虹　贾玉枝
第二附属小学：黄毓玲

中学一级教师：1 人

第一附属中学：张伦超

小学高级教师：2 人

第一附属小学：朱玉霞
后勤管理处：于　梅

小学一级教师：1 人

威海分校：陈　晶

小学二级教师：1 人

威海分校：高　文

高级会计师：4 人（自 2005 年 12 月起聘任）

计划财务处：辛　岩　王德建　孟淑云
齐鲁医院：李光英

会计师：2 人

第二医院：时艳丽
威海分校：朱学芬（自 2005 年 5 月起聘任）

统计师：1 人

齐鲁医院：潘贵辰（自 2005 年 8 月起聘任）

新增研究生指导教师名单

2005年通过2006年招收培养
博士生指导教师人员名单

（共计410人，排名不分先后）

哲学（10人）

颜炳罡　傅有德　王新春　林忠军　蔡德贵　何中华　傅永军　刘　杰　刘陆鹏　刘玉建

理论经济学（3人）

黄少安　盛　洪　侯风云

应用经济学（10人）

姜旭朝　李齐云　张东辉　樊丽明　臧旭恒　范爱军　孙曰瑶　于良春　胡金焱　秦凤鸣

法学理论（5人）

谢　晖　陈金钊　范进学　冯殿美　肖金明

政治学（12人）

刘玉安　王韶兴　张锡恩　王建民　郇庆治　孔令栋　杨鲁慧　徐艳玲　周向军　马来平　费利群　葛　荃

中国语言文学（22人）

陈　炎　谭好哲　马龙潜　盛玉麒　杨端志　张树铮　唐子恒　王　平　王洲明　黄万华　高文汉　冯春田　刘晓东　郑杰文　徐传武　徐　超　吉发涵　郑　春　仵从巨　王汶成　王承略　杜泽逊

英语语言文学（3人）

苗兴伟　孙迎春　刘振前

历史学（19人）

于海广　栾丰实　刘凤君　方　辉　崔大庸　姜　生　胡新生　马　新　张金龙
谭世宝　王育济　晁中辰　陈尚胜　曾振宇　刘　平　王学典　任相宏　顾銮斋

数学（20人）

展　涛　刘建亚　仪洪勋　杨连中　史玉明　王小云　张顺华　扈培础　羊丹平
芮洪兴　段　奇　徐明瑜　李大兴　刘桂真　李国君　彭实戈　陈增敬　王文洽
林　路　吴　臻

物理学（12人）

高汝伟　李金玉　张学尧　王新年　王春雷　解士杰　胡季帆　梁作堂　颜世申
司宗国　刘德胜　戴　瑛

化学（27人）

陈慎豪　陈　晓　徐桂英　步宇翔　孙德军　曹成波　郝京诚　姜建壮　孙思修
方　奇　冯大诚　蔡政亭　刘成卜　郝爱友　李晓燕　冯圣玉　陈代荣　王琪珑
侯万国　王建武　杨延钊　孙宏建　黄锡荣　谭业邦　武　剑　郑利强　钱逸泰

生物学（27人）

曲音波　李越中　陈冠军　汪天虹　张玉臻　肖　敏　许　平　王　鹏　张玉忠
鲍晓明　黄　峰　孔　健　林建强　张红卫　白增亮　张举仁　夏光敏　苗俊英
向凤宁　赵小凡　王金星　王仁卿　谢克勤　龚瑶琴　刘贤锡　崔　行　申玉龙

系统理论（1人）

史开泉

工程力学（2人）

陈卫忠　李术才

机械工程（19人）

张建华　邓建新　王　勇　刘战强　宋现春　张承瑞　黄传真　李剑峰　周以齐
路长厚　葛培琪　黄克正　王威强　周慎杰　陈举华　林明星　赵　军　张勤河
王增才

光学工程（6 人）

赵圣之　蔡履中　张行愚　侯学元　任　诠　卢　霏

材料科学与工程（30 人）

许　东　吕孟凯　崔得良　黄柏标　徐现刚　陶绪堂　王继扬　韩建儒　李木森
王成国　吴佑实　孙康宁　陈传忠　边秀房　赵国群　孙　胜　武传松　李亚江
刘相法　闵光辉　关小军　田学雷　房昌水　于化顺　王伟民　张玉军　李胜利
胡小波　张怀金　刘　宏

热能工程（10 人）

路春美　孙奉仲　潘继红　田茂诚　程　勇　王志明　李国祥　马春元　程　林
杜广生

电气工程（12 人）

赵建国　韩学山　厉吉文　王秀和　潘贞存　刘玉田　李庆民　高厚磊　徐文远
刘淑琴　谭震宇　陈　青

微电子与固体电子学（1 人）

韩圣浩

通信与信息系统（4 人）

袁东风　刘　琚　彭玉华　王　欣

控制科学与工程（15 人）

王玉振　刘树堂　隋青美　钟麦英　李贻斌　张承慧　李歧强　张玉林　孙同景
吴耀华　贾　磊　刘允刚　田国会　张庆范　陈冰泉

计算机科学与技术（10 人）

李庆忠　朱大铭　孟祥旭　曾广周　张彩明　徐秋亮　万建成　马　军　王海洋
李学庆

环境工程（5 人）

高宝玉　李小明　崔兆杰　岳钦艳　闫　兵

生物医学工程（1 人）

刘常春

基础医学（15 人）

刘执玉　刘树伟　张利宁　于修平　赵蔚明　胡维诚　孙善珍　周庚寅　张岫美
贾继辉　郭瑞臣　王怀经　李振中　郝爱军　侯桂华

临床医学（75 人）

张　梅　崔连群　葛志明　张　薇　高海青　张　运　邢启崇　朱兴雷　侯　明
陈学良　徐从高　肖　伟　李延青　赵家军　陈　丽　张源潮　李春阳　关广聚
马立宪　王玉林　孙若鹏　迟兆富　王玉玮　汪　翼　韩建奎　武乐斌　柳　澄
刘作勤　李传福　胡三元　金　星　李建民　吕家驹　徐祗顺　李守先　毕研文
吴树明　范全心　庞　琦　李新钢　朱树干　滕良珠　曲元明　周茂德　蔡景龙
魏奉才　张文同　孔北华　王　波　陈子江　温泽清　傅庆诏　吴欣怡　邹　雄
赵跃然　李安源　李淑玲　岳寿伟　张继东　安丰双　季晓平　纪春岩　王　欣
秦成勇　李兴福　徐克森　贾堂宏　李　刚　刘玉光　赵升田　吴荣德　刘韶平
许安廷　刘培淑　赵玉霞

口腔临床医学（3 人）

杨丕山　王春玲　姜广水

流行病与卫生统计学（3 人）

赵仲堂　王志玉　徐贵发

药学（5 人）

娄红祥　徐文方　王凤山　吉爱国　田志刚

企业管理（6 人）

王兴元　杨蕙馨　胡正明　徐向艺　赵炳新　潘爱玲

社会医学与卫生事业管理（4 人）

孟庆跃　李士雪　袁长海　尹爱田

超龄继续招收博士生导师人员（13 人）

蒋民华　艾　兴　王文兴　曾繁仁　刘大钧　钱曾怡　朱维申　邹增大　王克明
金文睿　张茂宏　蒋维崧　郭继德

机构调整与干部任职名单

山东大学 2005 年度成立(撤销)机构一览表

序号	机构名称	级别	隶属关系 隶属单位	机构领导人	发文编号	成立(撤销)日期	备注
1	《山东大学基础医学院学报》编辑部并入《山东大学自然科学学报》编辑部				山东大学[2005]68 号	2005.6.21	
2	成立山东大学干细胞研究所		生殖医学中心	陈子江	山东大学[2005]88 号	2005.8.29	
3	成立山东大学对外汉语教育研究中心		同国际教育学院同一机构	宁继鸣、盛玉麒	山东大学[2005]94 号	2005.9.21	
4	卫生部耳鼻喉科学重点实验室划归齐鲁医院管理			孔北华	山东大学[2005]113 号	2005.12.6	

学校组织机构与干部任职名单

党委书记：朱正昌
党委常委、校长：展　涛
党委副书记：尹　薇
党委副书记：刘　珂
党委副书记、威海分校党委书记：李建军
党委副书记、纪委书记：方宏建
党委常委、副校长：王琪珑
党委常委、副校长：樊丽明
党委常委、副校长：张永兵
党委常委、副校长：娄红祥
党委常委、副校长：张　运
党委常委、副校长：陈　炎
副校长、威海分校校长：韩圣浩
校长助理：王剑敏
校长助理：贾　磊

校区领导

单　位	职　务	姓　名
东校区党工委、管委会	书　记	冯宜明
	主　任	姜在瑞
西校区党工委、管委会	书　记	姜钟松
	副主任	王晋臣
南校区党工委、管委会	书记兼主任	姜法魁
	副主任	李振汉

处级领导干部

单　位	职　务	姓　名
党委办公室 校长办公室	主　任	周　洁
	副主任	刘学祥
	副主任	王秀成
	副主任	荣晓燕
	校办副主任、校长秘书	郑　倩
	副主任、书记秘书	王君松
法律事务室	主　任	于　聪
纪委、监察处	副书记兼处长	王明署
	副书记	王兰秋
	办公室主任	宋作标
	副处长	杨洪胜
	正处级纪检员	张云芝
	副处级纪检员	李卫华
	正处级纪检员	李桂英
	副处级纪检员	王　玲
	副处级纪检员	于学芳
	正处级监察员	陆桂仙
	副处级监察员	王兆寅
	副处级监察员	程永庆
党委组织部	部　长	尹作升
	副部长	王炳学
	副部长	吕　波
组织员办公室	正处级组织员	李　群
	正处级组织员	张凤平
	副处级组织员	赵洪芝
党委宣传部	部　长	韩明涛
	副部长	孙长俊
	副部长	史永志
	副部长	王秋生
党校办公室	主　任	武传春

（续表）

新闻中心	副主任	许墨林
	副主任	李学禄
山东大学报社	副社长兼主编	唐锡光
党委统战部	部　长	曹宪忠
	副部长	刁立华
	副部长	曹家炳
党委学生工作部 学生工作处	部（处）长	张　宇
	副（部）处长	夏晓虹
	副（部）处长	王　浩
	副（部）处长	陈　鑫
学生公寓管理中心	主　任	刘相金
心理咨询指导中心	主　任	吴少怡
离退休党委、离退休工作处	党委书记、处长	戴智章
	副处长	丁素荣
	副处长	任加友
	副处长	赵平海
机关党委	专职副书记	郭兴华
人事处	处　长	王剑敏
	副处长	陆耀坤
	副处长	马传峰
	副处长	王秀丽
人才交流中心	主　任	王兰菊
教务处	处　长	王仁卿
	副处长	龙世立
	副处长	柳丽华
	副处长	王宪华
	副处长	王丰晓
本科教学评估办公室	主任（兼）	王仁卿
	副主任	王丽娜
	副主任	李　明
职业技术学院	院长（兼）	王仁卿
	副院长	王爱国

（续表）

本科生招生办公室（教育拓展办公室）	主任（兼）	王仁卿
	副主任	朱德建
科技处	处长（兼）	贾　磊
	副处长	刘升贤
	副处长	耿庆章
	副处长	傅茂笄
科技开发部	副主任	朱纪聪
社科处	处　长	李　红
	副处长	李平生
	副处长	张荣林
研究生院、党委研究生工作部	院长（兼）	王琪珑
	副院长	王志明
	副院长	谭好哲
	副院长	姜　玮
	部长兼副院长	桑晓旻
	副院长	张文玺
	副部长兼培养办公室主任	薛佩军
	副部长	张爱国
	办公室主任	段吉群
	招生办公室主任	信春雨
	学位办公室主任	王随莲
研究生在职教育中心	副主任	王晓黎
	副主任	李秀华
国际合作与交流处（港澳台办）	处长兼主任	刘永波
	副处长	宋春玲
	副处长	李国强
	副处长	孙凤收
计划财务处	副处长	武素婷
	副处长	马学秀
	副处长	芦延华
	副处长	王玉莲

（续表）

会计服务中心	副主任	毛锦玲
	副主任	刘丕平
国有资产管理处	处　长	胡敬田
	副处长	崇学文
	副处长	徐洪民
	副处长	侯兴合
科技园建设管理办公室	主任（兼）	胡敬田
	副主任	李永顺
实验室与设备管理处	处　长	柳中海
	副处长	孙国防
	副处长	李建平
	副处长	李　蕾
审计处	处　长	胡岩松
	副处长	杨桂兰
	副处长	王延太
公安处、人武部、综治办	处长兼部长、主任	任若强
	副部长	吴继能
	副处长	孙云霄
	副处长	胡长玉
	副处长	王者进
校卫队	队　长	李修荣
“6．10”办公室	主任（兼）	任若强
	常务副主任	刘秀占
	副主任	米陆昕
基建直属党支部	书　记	赵群义
基建处	处　长	李振奎
	副处长	王宗义
	副处长	薛建斌
	副处长	李延成
	总工程师	韩治林

（续表）

产业党委	书　记	马国臣
	副书记	张兆亮
	副书记	朱效平
后勤党委	书　记	傅佩玉
	副书记	宋秀珍
	副书记	李旭新
	副书记	王景山
后勤管理处	处　长	陈　永
	副处长	刘进华
	副处长	尹承盛
	副处长	赵　凯
	总工程师	田家泉
房改办公室	主任（兼）	陈　永
	副主任	孟庆团
	副主任	王明山
居委会管理办公室	主　任	张玉宝
医院与卫生管理处	处　长	王永平
	副处长	徐关众
	副处长	赵增科
计划生育办公室	主　任	章安秋
东校区党工委、东校区管委会	办公室主任	田沛庚
西校区党工委、西校区管委会	办公室主任	尚晓映
南校区党工委、南校区管委会	办公室主任	宋淑敏
工会（妇委会）	常务副主席	韩　锋
	主任兼副主席	扈春华
	副主席	李惠苏
	副主席	胡建国
	副主席	李光华
	副主任	王芬英

（续表）

团　委	书　记	曲明军
	副书记	周庆华
	副书记	傅艺娜
学术委员会办公室（“211”办公室、学科建设办公室）	主　任	张承慧
	副主任	王广昌
	副主任	张希华
信息化工作办公室	主　任	侯俊平
	副主任	孙美坤
	副主任	柴乔林
服务地方工作办公室、校际合作办公室、国内合作办公室	主　任	井海明
	副主任	吕明新
新区建设管理办公室	主　任	王　钧
	副主任	刘相宜
	副主任	邱　青
	副主任	张敬明
校友工作办公室	主　任	李居忠
	副主任	李湘军
	副主任	于德宁
	副主任	王允修
学生就业指导中心	主　任	杜言敏
	副主任	肖　祥
	副主任	杨　斌
	副主任	李国庆
高等教育研究中心	主　任	栾开政
	副主任	王建国
	副主任	刘志业
	副主任	薛金梅
	副主任	傅红涛
网络与现代教育技术中心	主　任	王海洋
	副主任	王新军
	副主任	葛连升
	副主任	刘向群

（续表）

国际教育学院党总支	书　记	姜苏华
国际教育学院	院　长	宁继鸣
	副院长（兼）	姜苏华
	副院长	周世明
	副院长	黄历鸿
	办公室主任	张维娜
继续教育学院、网络教育学院	院　长	庄　平
	副院长	张秉江
	副院长	方　征
	副院长	姜令嘉
	副院长	徐文忠
图书馆党委	书　记	孙东升
图书馆	馆　长	苏位智
	副馆长	韩子军
	副馆长兼分校馆长	杨锦先
	副馆长	白光田
	副馆长	姜宝良
	办公室主任	宋建鲁
档案馆	馆　长	刘培平
	副馆长	方庆香
	副馆长	巴金文
	副馆长	袁树喜
博物馆	馆长（兼）	于海广
	副馆长	孔凡珠
出版社党总支	书　记	王　飞
出版社	社　长	孔令栋
	总　编	马　新
机械厂（工程训练中心）党总支	书　记	高建军
	副书记	李筱石
机械厂（工程训练中心）	厂长（主任）	贺业建
	副厂长（副主任）	刘伟强
	副厂长（副主任）	王建伟

(续表)

校医院党委	书　记	李春明
	副书记	刘建刚
校医院	院长（兼）	王永平
	常务副院长	谢英慧
	副院长	曹秀珍
	副院长	田　旭
	办公室主任	曲　刚
《文史哲》编辑部	主　任	陈　炎
	副主任	刘京希
	副主任	周广璜
《山东大学学报（自然科学版）》编辑部	副主任（主持工作）	靳光华
	副主任	陈　斌
《山东大学学报（哲学社会科学版）》编辑部	主　任	傅永军
	副主任	刘运兴
第一附属中学党总支	书　记	赵平文
第一附属中学	校　长	黄琳娜
	副校长	赵　勇
	副校长	庄晓迎
第二附属中学党总支	书　记	乔　青
第二附属中学（附小）	校长（兼）	乔　青
	副校长	王春玲
	副校长	孙即珍
	副校长	李玉亮
文史哲研究院	院　长	王学典
	党总支书记	王炳福
	副院长	刘晓东
	副院长	马来平
	副院长	冯建国
宗教·科学与社会问题研究所	所　长（正处级）	姜　生
经济研究中心	主　任	黄少安
网络信息安全研究所	所　长（正处级）	李大兴

（续表）

卫生管理与政策研究中心	主　任（正处级）	孟庆跃
哲学与社会发展学院	院　长	傅有德
	党委书记	郭立梅
	副院长	马广海
	副院长	高建国
	副院长	刘　杰
	党委副书记	苗桂林
	党委副书记	于　健
	办公室主任	陈　媛
经济学院	院　长	臧旭恒
	党委书记兼副院长	于良春
	副院长	范爱军
	副院长	胡金焱
	党委副书记	朱瑞芬
	党委副书记	陈宏伟
	办公室主任	高士和
政治学与公共管理学院	院　长	刘玉安
	党委书记	高　山
	副院长	张锡恩
	副院长	曹现强
	副院长	王学玉
	副院长	楚成亚
	党委副书记	刘　军
	办公室主任	彭　展
法学院	院　长	梁慧星
	常务副院长	肖金明
	党委书记	盖玉强
	副院长	刘保玉
	副院长	林　明
	副院长	齐延平
	党委副书记	梁桂莲
	党委副书记	齐向东
	办公室主任	刘　红

(续表)

文学与新闻传播学院	院　长	陈　炎
	党委书记	郑　春
	副院长	唐子恒
	副院长	郑训佐
	副院长	廖　群
	副院长	施战军
	党委副书记	张桂珍
	办公室主任	王永革
艺术学院	院　长	李晓峰
	党委书记	刘　钊
	副院长	张义宾
	副院长	刘晓静
	办公室主任	孙亚娣
外国语学院	院　长	郭继德
	党委书记	谢　萍
	副院长	丛亚平
	副院长	贾卫国
	副院长	李　杨
	副院长	王　勇
	党委副书记	李元祥
	党委副书记	曾志英
	办公室主任	赵来吉
历史文化学院	院　长	王育济
	党委书记	于海广
	副院长兼办公室主任	赵爱国
	副院长	张友臣
	副院长	赵兴胜
	党委副书记	董雪梅
数学与系统科学学院	院　长	刘建亚
	党委书记	黎伯堂
	副院长	崔玉泉
	副院长	鲁统超
	副院长	吴　臻
	党委副书记	朱桂英
	党委副书记	赵永新
	办公室主任	徐长平

（续表）

物理与微电子学院	院　长	解士杰
	党委书记	王卿璞
	副院长	梁作堂
	副院长	周玉芳
	副院长	颜世申
	党委副书记	张　倩
	办公室主任	于新好
化学与化工学院	院　长	姜建壮
	党委书记	张大庆
	副院长	司芝坤
	副院长	张长桥
	副院长	张树永
	副院长	郝京诚
	党委副书记	王兆珍
	党委副书记办公室主任	毕建增
信息科学与工程学院	院　长	袁东风
	党委书记	李清德
	副院长	赵圣之
	副院长	李　康
	副院长	张行愚
	副院长	王洪君
	党委副书记	赵世民
	党委副书记	张东升
	办公室主任	卜祥秀
计算机科学与技术学院	院　长	孟祥旭
	党委书记	汤晋立
	副院长	曾广周
	副院长（兼）	王海洋
	副院长	徐秋亮
	党委副书记	石　冰
	党委副书记	贺　平
	办公室主任	曲　青

（续表）

生命科学学院	党委书记、院长	曲音波
	副院长	夏光敏
	副院长	林建群
	副院长	张治国
	党委副书记	李本智
	党委副书记	郑晓健
	办公室主任	李永晓
材料科学与工程学院	院长（兼）	王琪珑
	常务副院长	李木森
	党委书记	王同海
	副院长	陶绪堂
	副院长	王成国
	副院长	赵　显
	副院长	闵光辉
	党委副书记	李赛强
	党委副书记	黄柏标
	办公室主任	张　强
机械工程学院	院　长	李剑峰
	党委书记	秦惠芳
	副院长	张　慧
	副院长	黄传真
	副院长	葛培琪
	党委副书记	李丽军
	党委副书记	仇道滨
	办公室主任	王中豫
控制科学与工程学院	院　长	贾　磊
	党委书记	李　玲
	副院长	周常森
	副院长	钟麦英
	副院长	李歧强
	副院长	李贻斌
	党委副书记	徐　波
	党委副书记	张振山
	办公室主任	王明星

（续表）

能源与动力工程学院	院　长	潘继红
	党委书记	潘国栋
	副院长	程　林
	副院长	陆　辰
	副院长	田茂诚
	党委副书记	史良君
	办公室主任	孙永平
电气工程学院	院　长	赵建国
	党委书记	张世敏
	副院长	梁　军
	副院长	刘玉田
	副院长	韩学山
	党委副书记	夏　威
	党委副书记	刘学东
	办公室主任	薛　辉
土建与水利学院	院　长	曹升乐
	党委书记	秦承涛
	副院长	王有志
	副院长	姚占勇
	副院长	李术才
	党委副书记	胡　岩
	办公室主任	李希培
环境科学与工程学院	院　长	高宝玉
	党委书记	刘会杰
	副院长	赵大传
	副院长	李小明
	副院长	王曙光
	党委副书记	刘春博
	党委副书记	张　权
	办公室主任	宋红明

（续表）

公共卫生学院	院　长	赵仲堂
	党委书记	袁魁昌
	副院长	谢克勤
	副院长	王志玉
	副院长兼办公室主任	张新明
	党委副书记	姜希洪
	党委副书记	王永杰
医学院	院　长	张　运
	常务副院长	龚瑶琴
	党委书记	陈晓阳
	副院长	刘树伟
	副院长	曾武军
	副院长	贾继辉
	副院长（兼）	孔北华
	副院长（兼）	汪　翼
	党委副书记	赵江源
	党委副书记	牟道玉
	办公室主任	芦宗玉
口腔医学院	院　长	杨丕山
	党委书记	张志华
	副院长	宋代辉
	副院长	徐　欣
	副院长	王　力
	副院长兼办公室主任	赵华强
	党委副书记	郭春晓
护理学院	院　长	娄凤兰
	党委书记	周德元
	副院长	谢　军
	副院长	李　锋
	副院长	刘照旭
	党委副书记	张　慧
	办公室主任	王建萍

（续表）

药学院	院长（兼）	娄红祥
	党委书记	侯庆全
	副院长	徐文方
	副院长	邵　伟
	副院长	邵瑞琪
	党委副书记	赵翠萍
	办公室主任	赵玉兰
管理学院	院　长	徐向艺
	党委书记	左金朝
	副院长	杨蕙馨
	副院长	刘　岗
	副院长	赵炳新
	副院长	吉小青
	党委副书记	王德胜
	党委副书记	石清云
	办公室主任	王惠兰
马列教学部	主　任	周向军
	党总支书记	刘明芝
	副主任	康　强
	副主任	费利群
	副主任	孙世明
	副主任兼副书记	周金龙
	办公室主任	王海莉
体育学院	院　长	张瑞林
	党委书记	王春成
	副院长	闻　兰
	副院长	黄晓明
	党委副书记	薛应平
	办公室主任	李国恩

大事记

2005 年山东大学大事记

1 月

1 日 学校印发《山东大学国有资产管理办法（暂行）》（山大字［2005］1 号）。

4 日 学校印发《山东大学应届本科生推荐免试硕士研究生工作实施办法》（山大教字［2005］1 号）。

7 日 山东大学全方位开放式发展战略研讨会在邵馆报告厅召开。校领导、有关职能部门负责人、各院部党政主要负责人和有关专家学者参加了此次研讨会。校长展涛主持会议。

15 日 学校领导班子成员召开了民主生活会。民主生活会由校党委书记邵桂芳主持。校领导和有关部门负责同志参加了会议。

17 日 潍柴动力优秀学生奖学金颁奖仪式在邵馆报告厅举行。潍柴动力股份有限公司党委副书记张宝鼎等，我校党委副书记刘珂、副校长王琪珑，学工部、研究生工作部、国内合作办公室、就业指导中心等有关部门出席了颁奖仪式，31 名博士生、69 名硕士研究生和 310 名本科生获得该项奖学金。

18～19 日 中国海洋大学校长管华诗院士、党委书记冯瑞龙教授率代表团访问山东大学，共商两校校际合作大计，研究探讨服务山东方略。山东大学校长展涛教授、中国海洋大学校长管华诗院士分别代表两校在协议书上签字。两校将在师资共享、人才培养、科研合作、图书资源共享、学生工作和校园文化交流、学校改革发展重大举措的合作交流等方面展开合作。双方将推动研究生导师和教授互聘，合作进行博士研究生论文“双盲评审”，并互派研究生、本科生到对方优势学科进行访学；互相开放两校的国家重点实验室、教育部重点实验室或部属重点研究基地，以及就共同关注的领域联合申报和承担国家重点研究项目；互派专职学生政工干部到对方挂职锻炼等。

20 日 山东大学与山东轻工业学院合作框架协议签字仪式在邵馆第一会议室举行，这是山东大学与又一所省内院校实行校际合作、联手服务山东社会经济发展，实现学校“三个提升”办学思路的重大举措。

同日 由校党委宣传部主办的“山东大学新年新闻发布会”在东校区新校办公楼工会厅举行。发布会由校党委副书记赵明顺主持，来自新华社、中新社、《人民日报》、《中国教育报》、《科技日报》、《大众日报》等 30 余家新闻媒体记者参加了本次新闻发布会。展涛介绍了我校 2005 年的工作思路。他说，学校将围绕着如何实现“三个提升”的目标，继续推进“三大战略”，即人才战略、全方位开放式发展战略和教育创新战略。其中，教育创新战略的核心是“制度创新”。展涛校长进一步指出，围绕“三大战略”将主要做好八个方面的工作：第一，2005 年是学校的“教学质量年”，我们将通过苦练内功，充实内涵，迎接教育部对山大的本科教学评估。第二，将教师队伍建设作为工作的重点。注重教师整体水平的提升，鼓励教师的“三种经历”。第三，学科建设和科研工作，2005 年将迎接第十次学位点的增定工作，“985 二期工程”已经启动。第四，在国内合作方面形式更加多样，内容更加丰富，更具实效性。第五，在国际合作方面，进一步重视科研、教育等合作项目。第六，加强“依法治校”和制度建设。第七，继续推进校园基本建设和校园环境建设，优化完善公共支撑服务体系。第八，学校的文化建设和人文关怀，关注教职工和学生关心的就业、心理健康等热点问题。

21 日 山东大学思想政治教育研究会成立大会暨第一届年会在东校区办公楼会议厅举行。出席本次会议的有校党委副书记赵明顺、刘珂，校纪委书记胡家臣，会议由校党委副书记尹薇主持。

2 月

15 日 美法两国学者联合主持的 GPSS（科学与信仰全球透视）国际研究计划正式发布项目奖励评审结果，中国山东大学姜生教授荣获“道教与科学”（Daoism and Science）项目奖，奖励经费折合人民币 35 万元。

同日 在美国洛杉矶召开的国际信息安全年会上，五位世界顶级密码学家公布了三位中国研究人员王小云、尹依群、于红波关于 SHA-1 的破译结果。

近日 山东大学新药评价中心正式通过国家食品药品监督管理局 GLP 认证，成为山东省和全国高校首家、全国第十四家通过该认证的药物非临床安全性评价研究机构。

21～25 日 展涛校长主持了学院（部）及部分科研单位工作汇报会。党委副书记赵明顺、尹薇、刘珂，副校长李承俊、于修平、王琪珑、樊丽明、方宏建、张永兵，纪委书记胡家臣和校长助理娄红祥等出席了会议。

25 日 在济南举行的全省保密工作暨“双先”表彰大会上，山东大学被评为全省保密工作先进单位。

25～26 日 樊丽明副校长一行利用在天津参加国家外专局“赴英培训高校领导工作座谈会”之际，赴天津大学进行工作访问，进一步推动与天津大学的校际合作关系。

本月 学校正式出台《关于我校博士、硕士学位论文匿名评阅的规定》对博士学位论文全部实行校外专家匿名评审制度，硕士学位论文按 5%～10%的比例抽查进行校外专家匿名评审。

3 月

2 日 在学校办公楼一层会议厅，展涛校长、山东移动通信有限责任公司总经理刘爱力分别代表山东大学、山东移动通信有限责任公司签订全面战略合作协议书。山东省副省长王军民、山东省政府副秘书长刘俭朴出席了签字仪式。

同日 王军民副省长在邵馆贵宾室会见了正在山东大学访问的中国科学院院士钱逸泰教授。

4 日 朱正昌同志任山东大学党委书记、常委、委员职务。

11 日 学校党委召开山东大学加强和改进大学生思想政治教育工作会议，贯彻、落实全国、全省加强和改进大学生思想政治教育工作会议精神，统一认识，研究问题，交流意见，明确任务，安排和部署当前和今后一个时期我校加强和改进大学生思想政治教育工作。会议在邵馆报告厅举行，由展涛校长主持，党委副书记赵明顺、尹薇、刘珂，副校长李承俊、樊丽明、张永兵，纪委书记胡家臣、校长助理娄红祥等出席了会议。

17 日、22 日 山东省人大常委会副主任、校党委书记朱正昌走访了我校部分专家学者和老领导。朱正昌书记还走访了艾兴院士、张运院士和学校老领导王琰壁、邹增大等。

21 日 山东大学香港校友会在香港成立。

24 日 山东大学第二次本科教学工作会议在新校邵馆报告厅举行，展涛校长主持了会议。

30 日 为了落实《山东大学教师申诉复议暂行办法》，经学校党政联席会议研究，决定成立山东大学教师申诉复议委员会，成员名单如下：

主任委员：尹　薇

委　　员：（按姓氏笔画为序）

王丽萍　王明署　王剑敏　李　达　张建华　张岫美

张承慧 周 洁 姜 威 扈春华 韩 锋（工会）
韩 锋（人事处）

本月 以彭实戈教授为学术带头人的创新团队“金融数学”入选2004年教育部“长江学者和创新团队发展计划”，该计划执行期限为2005～2007年，资助经费为300万元。

本月 展涛校长分别与闫兵博士、陈增敬博士签订特聘教授聘任合同，设岗学科分别为环境化学和金融数学，聘期五年，首次聘期自2005年至2008年。

4月

15日 山东大学第一届公共管理硕士（MPA）研究生举行开学典礼。山东省委常委、常务副省长林廷生，山东大学校长展涛等出席，王琪珑副校长主持。

22日 老舍先生纪念活动拉开了“世纪回响”——山大知名人物系列纪念活动的帷幕。老舍先生长子舒乙先生携妻子于斌女士以及北京老舍纪念馆馆长张文生来到山东大学，与师生一起走近老舍先生。

29日 学校印发《山东大学关于在校本科生转专业学习的暂行规定》（山大教字［2005］22号）。

5月

7日 展涛校长一行访问中国海洋大学，并参加“山东大学—中国海洋大学2005年校际合作座谈会”。

14日 在我校视察工作的国务院学位办主任、教育部学位管理与研究生教育司司长、中科院院士杨卫为全校研究生教育管理人员作了题为“营造研究生教育的创新环境”的专题报告。

18日 省人大常委会副主任、山东大学党委书记朱正昌，校长展涛等来到齐鲁医院进行工作调研。

19日 管理学院开始举行建院二十周年系列庆典活动。

20日 山东大学第一届教职工代表大会第三次会议召开，省人大常委会副主任、校党委书记朱正昌致辞，展涛校长、李承俊副校长、樊丽明副校长分别作报告，大会由校党委副书记赵明顺主持。正式代表、特邀代表、列席代表416人出席了会议。

24日～6月2日 应美国部分高校和“中美大学校长论坛”组委会邀请，展涛校长率团访问了麻省理工学院等五所院校，拜会了中国驻美使馆教育处，看望了在美工作、学习的山大校友，并于6月1日在“中美大学校长论坛”上发表演讲。

30 日　省人大常委会副主任、校党委书记朱正昌在邵逸夫科学馆贵宾室会见了来校访问的香港城市大学校长张信刚教授一行。随同张信刚校长来访的香港城市大学对外交流与合作处处长朱国斌、传讯公关处事务主任陈舒萱等参加了会见。朱正昌书记首先对张信刚校长率团访问山大表示热烈欢迎，并向客人简要介绍了山东大学合校五年来在学科建设、人才队伍、基本建设等方面的情况。

30 日～6 月 2 日　学校聘请了教育部评估专家委员会专家来学校进行检查、指导，听取专家意见，以进一步加强整改和建设，使我校的本科教学工作再上新台阶。

6 月

1 日　省人大常委会副主任、山东大学党委书记朱正昌出席了我校各民主党派负责人座谈会。座谈会由校党委副书记尹薇主持。统战部部长曹宪忠简要汇报了我校民主党派工作的基本情况。会上，朱正昌书记就贯彻落实中共中央《关于进一步加强中国共产党领导的多党合作和政治协商制度建设的意见》文件精神，做好学校民主党派工作提出了意见和要求。

5 日　副校长方宏建、张永兵共同出席了校友基金成立暨校友奖、助学金颁发仪式，并分别为 6 所大学生社会实践基地授牌。

17 日　诺贝尔奖获得者、华裔科学家丁肇中教授做客“大家讲坛”。莅临专场报告会的还有丁教授的夫人 Susan Ting 博士、省科技厅厅长姜代晓、山东大学校长展涛等。

23 日　“新华网—山东大学专页”开通试运行，从此我校在中国第一大网上有了自己的宣传窗口。

7 月

9 日　学校召开党委常委会，专题研究部署了我校保持共产党员先进性教育活动工作。省人大常委会副主任、党委书记朱正昌主持了会议。党委常委、校长展涛，党委副书记赵明顺、尹薇、刘珂、李建军，党委常委李承俊、王琪珑、樊丽明、方宏建、张永兵、胡家臣参加了会议。

同日　学校召开党委常委会，研究决定成立山东大学保持共产党员先进性教育活动领导小组。党委书记朱正昌任组长，党委常委、校长展涛和党委副书记赵明顺任副组长，党委副书记尹薇、刘珂、李建军和党委常委、纪委书记胡家臣为领导小组成员。

11 日　学校在邵逸夫科学馆召开竞争上岗选拔副校长动员大会。

20 日　山东大学与新加坡南洋理工大学在北京饭店举行了全面合作协议签字

仪式。教育部教学领导小组办公室主任许琳女士与新加坡教育部政务部长曾士生先生等出席了签字仪式。山东大学校长展涛和南洋理工大学校长徐冠林分别代表两校在双方学术合作协议上签字。

25～29 日 以“数学发展的机遇和挑战”为主题的中国数学会 70 周年年会在威海分校国际学术中心举行。

8 月

16 日 山东省卫生厅正式公布入选第二批山东省卫生系统杰出学科带头人和中青年重点科技人才人员名单，我校共有 12 位专家入选该计划，他们分别是：葛志明、闫明、关广聚、王凤山、胡三元、郝爱军、彭军、钟明、岳寿伟、刘培淑、刘玉光、刘传勇。

18 日 省委高校驻山东大学保持共产党员先进性教育活动指导组一行 6 人来到山东大学，在邵逸夫科学馆第一会议室与正在参加暑期读书班学习的学校领导进行了交谈。组长谭晓防，副组长邓洪基，成员王传洵、宋传文、栗成良、周世刚。

21 日 教育部部长周济来山东大学视察工作。随同视察的还有教育部发展规划司司长韩进、教育部直属高校工作办公室主任李志军等。山东省副省长王军民、省教育厅厅长齐涛等陪同周济部长来学校视察并参加会议。周济部长在山东省人大常委会副主任、山东大学党委书记朱正昌和校长展涛陪同下，视察了山东大学校园。

同日 教育部、山东省人民政府重点共建山东大学协议签字仪式在山东大厦会展中心日照厅举行。参加协议签字仪式的有教育部部长周济，教育部发展规划司司长韩进，教育部直属高校工作办公室主任李志军，山东省委副书记、省长韩寓群，省人大常委会副主任、山东大学党委书记朱正昌，山东省副省长王军民，山东大学校长展涛等。王军民主持了签字仪式。仪式上，山东省人民政府副秘书长刘俭朴宣读了《教育部、山东省人民政府关于继续重点共建山东大学的决定》。

22 日 保持共产党员先进性教育活动动员大会在东校区新校科学会堂召开。朱正昌、展涛等学校全体党政领导、省委派驻省委高校工委督导组成员王爱平、省委高校驻山东大学保持共产党员先进性教育活动指导组组长谭晓防、副组长邓洪基出席大会并在主席台就座。大会由校长展涛主持。朱正昌书记向广大党员提出了四点意见和要求：一是要统一思想，提高认识，深刻理解学校开展先进性教育活动的重大意义。二是要领会精神，结合实际，准确把握先进性教育活动的指导思想、目标要求和基本原则。三是要明确标准，严格程序，全面掌握开展先进性教育活动的总体安排和方法步骤。最后，朱书记强调指出，从今天开始，我校就进入了先进性教育活动的学习动员阶段，希望同志们按照学校党委的整体安排，严格要求，认真思考，坚持学习不放松，圆满完成第一阶段的学习任务，为后面两个阶段打好基础。

23～24 日 教务处在邵逸夫科学馆召开“山东大学 2005 年暑期本科教学管理工作研讨会”。副校长樊丽明出席会议并讲话。教务处处长王仁卿主持会议。全校各教学院（部）的教学院长和教务干事、大外部、工程训练中心、国防教育办公室、临床教学医院的教学院长（主任）、教学干事及教务处科长以上人员参加了会议。会上，樊丽明作了题为“认清形势，明确任务，提升我校本科教学工作水平”的主题发言。

24 日 学校印发《山东大学本科学生学籍管理规定》（山大教字［2005］44 号）。

9 月

从本月起 国际教育学院将开设教育学双学士学位班，以适应“世界需要汉语，汉语走向世界”的发展趋势。“双学位”班的招生对象为我校文科专业中学习期满两年的全日制本科生，采取语言学＋教育学＋海外汉语教学实践（为期一年）的培养方式进行教育。“双学位”的学制为 5 年，学生修完主修专业和教育学专业的课程学分，并符合学校关于双学士学位的要求授予主修专业和教育学双学士学位。

5 日 校党委书记朱正昌到医学院、机械工程学院就开展保持共产党员先进性教育活动情况进行工作调研。

6 日 展涛校长到材料科学与工程学院参加学院的先进性教育活动，与学院的教工党员交流了先进性教育活动的学习体会和思考。

8 日 学校印发《山东大学精品课程建设与管理实施办法（试行）》（山大教字［2005］37 号）。

9 日 山东省教育厅党组书记、厅长齐涛，副厅长马庆水、陈光华、宋承祥以及省教育厅有关部门的主要负责人一行来到我校进行工作调研。展涛校长主持召开了调研座谈会。

同日 台湾高雄大学黄英忠校长等一行 9 人访问我校，展涛校长在邵馆接见了黄英忠校长一行。

10 日 学校召开保持共产党员先进性教育活动党课报告会，省人大常委会副主任、校党委书记、校先进性教育领导小组组长朱正昌作了题为“切实加强党的先进性建设，为创建国内外知名高水平大学提供根本保证”的报告。

同日 我国第 21 个教师节。山东省副省长王军民，省委高校工委书记、省教育厅厅长齐涛，省政府副秘书长刘俭朴等一行来到山东大学，在展涛校长等陪同下看望了部分老师。

同日 山东大学 2005 年全国博士生学术论坛在校科学会堂开幕。国务院学位委员会办公室主任、教育部学位管理与研究生教育司司长、中国科学院院士杨卫，山东大学儒学研究中心主任、文史哲研究院名誉院长、中国社会科学院研究员庞朴，北京大学研究生院常务副院长张国有，中国研究生院院长联席会办公室主任廖晓玲，山东省教育厅副厅长宋承祥，校长展涛，党委副书记刘珂等领导和来自海峡两岸的专家学者、博士生代表近300人出席了本次学术盛会的开幕式。副校长王琪珑主持开幕式。

12日 山东大学2005级本科生、研究生、访学学生等近万名新生汇聚在山东省体育馆举行开学典礼。山东省人大常委会副主任、校党委书记朱正昌，校长展涛等校领导出席会议。副校长樊丽明主持典礼。

14日 学校印发《山东大学多媒体教学要求及管理暂行规定》（山大教字［2005］51号）。

22日 学校印发《山东大学研究生指导教师工作规范（试行）》（山大字［2005］15号）和《山东大学教师本科教学工作规范（试行）》（山大字［2005］16号）。

25日 学校印发《山东大学优秀生源输送基地管理办法》（山大教字［2005］52号）和《山东大学招生工作规范》（山大教字［2005］53号）。

26日 山东大学共产党员先进性教育活动学习动员阶段总结暨分析评议阶段动员大会在新校科学会堂召开。省人大常委会副主任、山东大学党委书记朱正昌作了总结动员讲话，省委高校驻山东大学保持共产党员先进性教育活动指导小组组长谭晓防提出了指导意见，校党委副书记赵明顺传达了《山东大学保持共产党员先进性教育活动分析评议阶段安排意见》。大会由山东大学校长展涛主持。

27日 “山东大学合校五周年成就展”开展仪式在山东大学东校区新校综合服务楼前举行。省人大常委会副主任、山东大学党委书记朱正昌，校长展涛等校领导出席开展仪式。校党委副书记赵明顺主持仪式，展涛校长在仪式上致辞。

本月 医学院博士生导师孙汶生教授荣获“齐鲁晚报杯”山东高校十大优秀教师光荣称号。

10月

8日 臧克家先生百年诞辰纪念大会在我校邵逸夫科学馆拉开帷幕，党委书记朱正昌主持会议，原山东省人大常委会主任李振、原山东省副省长马连礼、原山东省人大常委会副主任徐学孟、山东大学校长展涛、臧克家先生的亲属以及来自全国各地文学界、学术界的专家学者出席了纪念大会。著名诗人贺敬之先生也特意发来贺信。下午，臧克家先生百年诞辰纪念学术思想研讨会在邵馆二楼报告厅举行，各地专家学者齐聚一堂，深切缅怀臧老。会议由《文史哲》杂志主编、文学院院长陈炎教授，西南大学中国诗学研究中心主任、重庆市文联主席吕进主持。

9日 学校纪念臧克家先生百年诞辰专场小树林文化论坛在东校区小树林举行。

12日 中共教育部党组经研究并与中共山东省委商得一致，决定任命方宏建同志为中共山东大学委员会副书记，娄红祥、张运、陈炎同志为中共山东大学委员会常委，免去李承俊同志的中共山东大学委员会常委、委员职务。

同日 学校召开本科教学工作水平评估动员大会。威海分校通过网上直播观看了大会实况。校长展涛主持会议。副校长樊丽明首先对我校本科教学工作水平评估作了总体说明。文学与新闻传播学院等单位的负责人先后汇报了各自的迎评工作情况。展涛最后作总结发言。他说，我校的目标是“以评促建，以评促改，以评促管，评建结合，重在建设”。

14日 校党委召开常委（扩大）会议，传达、学习了党的十六届五中全会精神。山东省人大常委会副主任、校党委书记朱正昌主持会议，并就如何学习贯彻十六届五中全会精神讲了话。党委副书记赵明顺首先宣读了中国共产党第十六届中央委员会第五次全体会议通过的《中国共产党第十六届中央委员会第五次全体会议公报》。校长展涛传达了张高丽书记10月14日在省委常委扩大会议上的讲话精神。

同日 山东大学文学与新闻传播学院81级99位校友共同捐资建造的闻一多先生铜像揭幕仪式在邵逸夫科学馆前举行。

16日 校长展涛与中国政法大学校长徐显明共同签署两校校际合作框架协议，标志着双方已有的合作关系进入了一个新的阶段。仪式前，展涛校长与徐显明校长就推动两校合作交流、实现优势互补谈了各自的思路与设想，达成了共识。根据协议，双方实行研究生导师和教授互聘；不定期组织知名学者互访，举办高层次学术讲座；每年互派一定数量的教师到对方优势学科、国家人文社科基地进修或做访问学者，互派研究生、本科生到对方优势学科专业修课。

22～28日 由全国16所院校专家组成的教育部本科教学工作水平评估专家组成员陆续抵达我校，开始对我校本科教学工作情况进行全面评估。23日考察南外环新区、西校区。24日举行本科教学工作评估汇报会，参观“山东大学合校五周年成就展”，考察东校区新校教学环境和办学条件，考察学生文化素质教育和创新成果，考察学校各职能部门，考察校园文化及学生社团活动。28日本科教学工作水平评估意见反馈会在东校区新校邵逸夫科学馆报告厅召开。

22～23日 山东大学法学院和中国法学会宪法学研究会共同主办的“中国法学会宪法学研究会2005年年会暨成立20周年纪念大会”和“人权的宪法保

障”学术研讨会在济南南郊宾馆举行。

28 日 山东省委常委、组织部长、省委先进性教育活动领导小组副组长、办公室主任刘伟一行来到山东大学就先进性教育活动进展情况进行调研，并召开部分驻济高校先进性教育活动汇报座谈会。

29～30 日 “中日公法学课题与展望国际学术研讨会”在我校召开，来自日本东京大学、名古屋大学、九州大学、东海大学、山口大学、熊北县立大学和中国北京大学、中国政法大学、浙江大学、苏州大学、国家行政学院、安徽大学、中南财经政法大学、中央民族大学等高校的 30 多位日中两国的专家学者出席了研讨会。

31 日 首次全校体育工作会议在邵馆报告厅举行，校长展涛，副校长李承俊、樊丽明，泰山体育器材集团董事长卞志良先生出席了会议。会议由校党委副书记刘珂主持。

本月 作为日本岛根大学留学项目的第一批受益者，法学院日语背景法学教育本科班的 7 名同学赴日本留学。另外，该班还有两位同学赴日本的早稻田大学和大东文化大学留学。

11 月

1 日 在东校区新校办公楼会议厅，我校召开了党委常委（扩大）会议。省人大常委会副主任、山东大学党委书记朱正昌，校长展涛，党委副书记赵明顺、尹薇、刘珂、李建军，副校长李承俊、于修平、王琪珑、方宏建、张永兵，纪委书记胡家臣，校长助理韩圣浩、娄红祥等出席。朱正昌书记主持会议。

2 日 按照上级要求和校党委保持共产党员先进性教育活动安排，学校召开了分析评议阶段校领导班子和党员领导干部专题民主生活会。会议由校党委书记朱正昌主持。

3 日 副省长赵克志、王军民在齐鲁医院主持召开现场办公会，专题研究医学院的基本建设工作。济南市副市长杨鲁豫，我校党委副书记赵明顺、副校长张永兵，以及省建设厅、文化厅、省高级人民法院、市建委、市规划局、市拆迁办等有关部门领导参加了会议。

8～11 日 意大利罗马第三大学国际经济法律博士研究生院院长 Salvatore Mazamuto 教授、Lilana Rossi Carleo 教授一行 4 人来我校访问，并代表罗马第三大学国际经济法律博士研究生院与我校法学院签署了联合培养博士生的协议。

10 日 学校印发《山东大学“十一五”事业发展规划编制工作方案》（山大字［2005］22 号）。

19 日 由中共山东省委宣传部、山东大学、山东省文联、山东省书法家协会联合举办的“蒋维崧教授九十华诞暨执教六十六周年学术研讨会”在济南市金都大酒店召开，来自全国各地的60多名书法界、书法理论界专家、学者出席了会议。

同日 山东大学日照市人才服务项目合作签字暨学生就业实践基地揭牌仪式在日照市人才市场举行。校党委副书记刘珂，日照市副市长侯成军出席签字揭牌仪式并讲话。

19～21日 由山东大学法学院和山东大学刑事法律研究中心共同主办的“第二届刑法犯罪理论体系国际学术研讨会”在新校办公楼会议厅举行。来自国内的北京大学、中南财经政法大学、中国社会科学院等十几所大学和科研机构，以及中国港、澳、台地区和英国、美国、法国、俄罗斯、日本等国家的刑事法学和法律专家近60人应邀出席了本次研讨会。开幕式由法学院常务副院长肖金明教授主持，副校长王琪珑到会并致欢迎词。在随后为期三天的研讨中，代表们围绕“新时代与犯罪论体系的重构”这一议题，积极发表自己的见解和观点，进行了讨论。最高人民法院原副院长刘家琛、台湾文化大学教授廖正豪、司法部刑事司法鉴定中心主任霍宪丹、香港副首席检察官沈仲平等学者都作了发言。

12月

4～9日 应法国巴黎高科集团主席 Toussain 先生、巴黎综合理工大学校长 Michel 先生的邀请，山东大学校长展涛、金融研究院院长彭实戈教授、国际处李国强副处长一行访问巴黎高科集团及所属院校巴黎综合理工大学，顺访了我校在布列塔尼大区的友好学校雷恩一大、雷恩二大、国立雷恩应用科学学院、国立雷恩高等化学学院及雷恩市国际教育交流协会。

6日 我校和复旦大学在巴黎综合理工大学与高科集团、巴黎综合理工大学、巴黎桥路学院、巴黎统计与经济管理学院共同签署了“关于中国复旦大学、山东大学与法国国立统计与经济管理学院、国立路桥学院及巴黎综合理工大学等3所巴黎高科成员学院联合培养数学金融硕士的合作协议”。

16日 山东大学彭实戈教授当选中国科学院院士。

19日 中国共产党山东大学第十二次代表大会在东校区科学会堂开幕，展涛校长主持开幕式。展涛校长首先宣读了中共教育部党组《给中国共产党山东大学第十二次代表大会的贺信》。傅华峰代表省委组织部、省委高校工委、省教育厅党组讲话。校党委书记朱正昌代表中共山东大学委员会向大会作了题为《以科学发展观统领学校发展全局，为创建国内外知名的高水平大学而努力奋斗》的工作报告。报告共分三部分：一、工作回顾与总结；二、制定落实“十一五”发展规划，努力加快创建国内外知名高水平大学进程；三、以邓小平理论和“三个代表”

重要思想为指导，加强和改进党的建设。

29 日 新当选中国工程院院士、我国著名的免疫学家、国家“973”项目的首席科学家曹雪涛教授到医学院进行学术指导，主持了医学院免疫学研究所孙汶生教授和张利宁教授的课题鉴定会。副校长娄红祥、张运会见了曹雪涛教授，双方进行了深入友好的交流。

29 日 学工部有关负责人及相关学院学生工作负责人、学生辅导员一同到济南市中心医院、学生宿舍走访慰问了我校部分住院和患病学生，并向他们发放了慰问金和水果、鲜花等慰问品。2005 年底，学工部共为 61 名患有重大疾病和家庭特别困难的学生减免学费 122000 元，为 124 名生活确有困难的学生每人发放了 500 元的困难补助金，并发放了 60 件羽绒服和 10000 份真维斯服饰优惠卡。

30 日 我校文学与新闻传播学院郭延礼教授编写的《近代西学与中国文学》一书入选教育部公布的 2004～2005 年度研究生教学用书。

本月 在 2005 年山东大学“创新奖励学分”的认定中，全校 13 个学院的 67 名同学获得了“创新奖励学分”，奖励总额 105 学分，其中信息学院的焦洁青同学获得最高 8 学分，她在“2005 年美国大学生数学建模竞赛”中获一等奖。

本月 2005 年全国优秀博士学位论文评选日前揭晓，我校 3 篇博士学位论文荣获“全国优秀博士学位论文”奖。获奖论文分别是：王德胜《宗白华美学思想研究》（指导教师：曾繁仁教授），王新强《双金属硫氰酸盐配合物晶体的生长和性质研究》（指导教师：许东教授），彭军《慢性自身免疫性血小板减少性紫癜中应用 B7 共刺激信号阻断剂和/或 CsA 诱导血小板特异性 T 细胞免疫无能的实验研究》（指导老师：张茂宏教授）。另有 3 篇博士学位论文入围全国优秀博士学位论文提名论文名单。

本月 在广东举行的中华医学会第五届全国教育技术学术会议上，由我校口腔医学院熊世江副教授和现代教育技术中心孙济生老师主编并制作的视听教材《干髓术》，获得中华医学会优秀视听教材一等奖。

（张庆美）

学校基本情况统计

2005年山东大学学生统计公报

（截至2005年9月30日）

截至2005年9月30日，我校（含威海分校）各类在校学生91194人，比上年同期减少了4232人，降低了4.43个百分点。其中博士研究生2535人，比上年同期增加了415人；硕士研究生9874人，比上年同期增加了1239人；普通本专科生42924人，比上年同期增加了188人；成人本专科学生20840人，比上年同期增加了562人；网络本专科生5258人，比上年同期减少了7967人；在职人员攻读博士、硕士学位生3450人，比上年同期增加了1832人；外国留学生1079人，比上年同期增加了374人；其他学生（研究生课程进修班学生、进修及培训生、自考助学班学生）5234人，比上年同期减少了875人。

一、研究生情况

表1　　**研究生情况表**　　单位：人

学生性质类别	2005年毕业生	2005年授予学位数	2005年招生数	2005年在校学生数	2006年预计毕业生
一、博士	404	400	825	2535	903
1. 国家任务博士	184	180	392	1079	346
2. 委托培养博士	181	181	407	1130	341
3. 自筹经费博士	39	39	26	326	216
二、硕士(含7年制)	2041	2041	3621	9874	2861
其中：威海分校	29	29	84	221	52
1. 国家任务硕士	1710	1710	1757	4435	1113
其中：威海分校	18	18	30	94	28
国家任务7年制硕士	21	21	212	351	39

（续表）

2. 委托培养硕士	180	180	638	1938	727
其中：威海分校	5	5	22	57	14
3. 自筹经费硕士	151	151	1226	3501	1021
其中：威海分校	6	6	32	70	10

表 2　　在职人员攻读博士、硕士学位情况表　　单位：人

学科类别	2005 年授予学位数			2005 年招生数			2005 年在校学生数		
	计	博士	硕士	计	博士	硕士	计	博士	硕士
总　计	547	19	528	2379	28	2351	3450	56	3394
其中：女	286	8	278	998	11	987	1509	25	1484
其中：威海分校				37		37	80		80
哲　学				6		6	6		6
经济学				108		108	108		108
法　学	99		99	351		351	641		641
教育学									
文　学				121		121	121		121
历史学				498		498	498		498
理　学				106		106	106		106
工　学	294		294	732		732	1294		1294
农　学									
医　学	50	19	31	141	28	113	207	56	151
军事学									
管理学	104		104	316		316	469		469

二、普通本科专科学生情况

表 3　　普通本科、专科学生情况表　　单位：人

学生性质类别	2005 年毕业生	2005 年授予学位数	2005 年招生数	2005 年在校学生数	2006 年预计毕业生
本专科合计	10285	9731	10534	42924	11138
其中：威海分校	2255	2099	3547	12586	2614
一、本科	9875	9731	10229	41778	10821
其中：威海分校	2152	2099	3242	11926	2521

（续表）

1. 高中起点本科	9146	9010	10229	40515	10173
其中：威海分校	1918	1872	3242	11687	2391
2. 专科起点本科	729	721	0	1263	648
其中：威海分校	234	227	0	239	130
3. 第二学士学位	0	0	0	0	0
其中：威海分校	0	0	0	0	0
二、专科	410	0	305	1146	317
其中：威海分校	103	0	305	660	93
高中起点专科	410	0	305	1146	317
其中：威海分校	103	0	305	660	93

三、成人本科专科学生情况

表 4 **成人本科、专科学生情况表** 单位：人

学生性质类别	2005 年毕业生	2005 年招生数	2005 年在校学生数	2006 年预计毕业生
总　计	8595	9157	20840	9665
其中：威海分校	59	15	15	0
一、函授	4505	4279	10194	5139
其中：威海分校	59	15	15	0
1. 本科	2035	2215	4622	2407
专科起点本科	2035	2215	4622	2407
2. 专科	2470	2064	5572	2732
高中起点专科	2470	2064	5572	2732
其中：威海分校	59	15	15	0
二、业余	3451	4221	9133	3670
1. 本科	1365	1627	3183	1556
专科起点本科	1365	1627	3183	1556
2. 专科	2086	2594	5950	2114
高中起点专科	2086	2594	5950	2114
三、脱产	639	657	1513	856
1. 本科	324	454	980	526
高中起点本科			110	110

（续表）

专科起点本科	324	454	870	416
2. 专科	315	203	533	330
高中起点专科	315	203	533	330

四、网络本科专科学生情况

表5 **网络本科、专科学生情况表** 单位：人

学生性质类别	2005年毕业生	2005年招生数	2005年在校学生数
总　计	11719	3752	5258
其中：威海分校	558	191	399
成人本科、专科	11719	3752	5258
其中：威海分校	558	191	399
1. 本科	9436	2674	3911
高中起点本科	1419		
其中：威海分校	100		
专科起点本科	8017	2674	3911
其中：威海分校	371	105	313
2. 专科	2283	1078	1347
高中起点专科	2283	1078	1347
其中：威海分校	87	86	86

五、外国留学生情况

表6 **外国留学生情况表** 单位：人

学生性质类别		2005年毕业生		2005年授予学位数		2005年招生数		2005年在校学生数	
		计	其中：威海分校	计	其中：威海分校	计	其中：威海分校	计	其中：威海分校
总　计		485	107	57	12	866	206	1079	292
分层次	博　士	4		4		6		21	
	硕　士	11		11		37	4	64	4
	本　科	42	12	42	12	154	50	498	157
	专　科								
	培　训	428	95			669	152	496	131

（续表）

分大洲	亚　洲	432	107	49	12	755	204	959	290
	非　洲	4		4		60		70	
	欧　洲	37				34	1	29	1
	北美洲	8		1		9		11	
	南美洲	4		3		4		6	
	澳　洲					4	1	4	1
分经费来源	国际组织资助								
	中国政府资助	29		11		35		69	
	本国政府资助					35		35	
	学校间交换	39		2		79	38	77	38
	自　费	417	107	44	12	717	168	898	254

2005 年山东大学教工情况统计公报

（截至 2005 年 9 月 30 日）

截至 2005 年 9 月 30 日，我校（含威海分校）教职工人数 7926 人，比 2004 年同期 7898 人增加了 28 人。其中专任教师 3557 人，比去年 3634 人减少 74 人。

教职工情况表

单位：人

职称人员性质	教职工数										另有其他人员			
	计	其中：威海分校	校本部教职工					科研机构人员	校办企业职工	其他附设机构人员	聘请校外教师	离退休人员	附属中小学幼儿园教职工	集体所有制人员
			计	专任教师	行政人员	教辅人员	工勤人员							
合计：总计	7926	1019	6921	3557	1219	1212	933	470	235	300	943	3625	3	0
其中：女	3316	481	2954	1403	495	723	333	150	63	149	232	1491	3	0
正高级	1080	73	1017	922	95	0	0	56	7	0	506	995	0	0
副高级	2158	228	1945	1284	362	299	0	68	45	100	410	1141	0	0
中　级	2324	212	1895	838	490	567	0	280	68	81	27	0	0	0
初　级	958	350	857	434	175	248	0	38	24	39	0	0	0	0
无职称	1406	156	1207	79	97	98	933	28	91	80	0	0	0	0
其中聘任制：小计	303	200	250	143	33	70	4	0	0	53	0	0	0	0
其中：女	164	106	129	65	19	43	2	0	0	35	0	0	0	0
正高级	0	0	0	0	0	0	0	0	0	0	0	0	0	0
副高级	0	0	0	0	0	0	0	0	0	0	0	0	0	0
中　级	20	20	18	3	8	7	0	0	0	2	0	0	0	0

专任教师、聘请校外教师岗位分类情况表

单位：人

职称类别	专任教师中按授课内容分			聘请校外教师按授课内容分			专任教师中不任课人数				
	计	公共课基础课	专业课	计	公共课基础课	专业课	计	进修	科研	病休	其他
总　计	3389	557	2832	943	41	902	168	168	0	0	0
其中：威海分校	596	185	411	87	4	83	23	23	0	0	0
总计中女教师	1314	319	995	232	21	211	89	89	0	0	0
其中：威海分校	272	102	170	13	0	13	14	14	0	0	0
正高级	895	53	842	506	4	502	27	27	0	0	0
其中：威海分校	68	10	58	59	2	57	0	0	0	0	0
副高级	1207	192	1015	410	12	398	77	77	0	0	0
其中：威海分校	177	32	145	26	2	24	2	2	0	0	0
中　级	790	144	646	27	25	2	48	48	0	0	0
其中：威海分校	107	27	80	2	0	2	5	5	0	0	0
初　级	418	130	288	0	0	0	16	16	0	0	0
其中：威海分校	221	98	123	0	0	0	16	16	0	0	0
无职称	79	38	41	0	0	0	0	0	0	0	0
其中：威海分校	23	18	5	0	0	0	0	0	0	0	0

专任教师、聘请校外教师学历情况表

单位：人

职称 学历	计	博士研究生			硕士研究生			本科			专科及以下		
		计	其中：获学位		计	其中：获学位		计	其中：获学位		计	其中：获学位	
			博士	硕士		博士	硕士		博士	硕士		博士	硕士
1. 专任教师	3557	786	775	0	1315	120	1121	1413	17	145	43	0	2
其中：威海分校	619	59	59	0	224	1	219	326	1	32	10	0	2
专任教师中女教师	1403	215	212	0	558	30	499	611	5	82	19	0	0
其中：威海分校	286	15	15	0	104	0	101	164	0	18	3	0	0
正高级	922	308	304	0	251	75	158	356	15	12	7	0	1
其中：威海分校	68	15	15	0	18	1	14	32	1	2	3	0	1
副高级	1284	286	283	0	424	30	359	554	2	82	20	0	1
其中：威海分校	179	26	26	0	51	0	50	98	0	21	4	0	1

（续表）

中　级	838	155	153	0	396	15	365	275	0	51	12	0	0
其中：威海分校	112	18	18	0	46	0	46	46	0	9	2	0	0
初　级	434	5	3	0	220	0	215	205	0	0	4	0	0
其中：威海分校	237	0	0	0	109	0	109	127	0	0	1	0	0
无职称	79	32	32	0	24	0	24	23	0	0	0	0	0
其中：威海分校	23	0	0	0	0	0	0	23	0	0	0	0	0
2. 聘请校外教师	943	297	297	0	173	9	164	459	8	77	14	0	0
其中：威海分校	87	23	23	0	11	0	11	47	0	0	6	0	0
聘请校外教师中女教师	232	45	41	0	50	1	37	136	2	30	1	0	0
其中：威海分校	13	3	3	0	4	0	4	6	0	0	0	0	0
正高级	506	195	195	0	78	3	75	224	4	13	9	0	0
其中：威海分校	59	18	18	0	7	0	7	29	0	0	5	0	0
副高级	410	100	100	0	95	6	89	210	4	64	5	0	0
其中：威海分校	26	3	3	0	4	0	4	18	0	0	1	0	0
中　级	27	2	2	0	0	0	0	25	0	0	0	0	0
其中：威海分校	2	2	2	0	0	0	0	0	0	0	0	0	0
初　级	0	0	0	0	0	0	0	0	0	0	0	0	0
其中：威海分校	0	0	0	0	0	0	0	0	0	0	0	0	0
无职称	0	0	0	0	0	0	0	0	0	0	0	0	0
其中：威海分校	0	0	0	0	0	0	0	0	0	0	0	0	0

分学科专任教师表

单位：人

学科职称	合计		正高级		副高级		中级		初级		无职称	
	计	其中：威海分校	计	其中：威海分校	计	其中：威海分校	计	其中：威海分校	计	其中：威海分校	计	其中：威海分校
总　计	3557	619	922	68	1284	179	838	112	434	237	79	23
其中：女	1403	286	203	15	520	79	395	47	237	136	48	9
哲　学	140	91	21	4	31	8	20	14	50	48	18	17
经济学	124	34	28	5	46	9	30	10	16	10	4	0
法　学	207	38	45	6	99	15	44	7	17	10	2	0
教育学	127	27	11	3	59	9	42	2	14	13	1	0

（续表）

其中：体育	127	27	11	3	59	9	42	2	14	13	1	0
文　学	585	208	103	21	190	54	144	35	130	92	18	6
其中：外语	349	111	35	8	120	27	97	12	89	62	8	2
其中：艺术	77	48	9	3	18	10	15	11	29	20	6	4
历史学	56	0	29	0	15	0	9	0	1	0	2	0
理　学	516	83	193	18	192	25	88	12	35	28	8	0
工　学	903	76	251	5	347	38	217	15	71	18	17	0
其中：计算机	126	31	20	2	60	15	33	7	13	7	0	0
农　学	0	0	0	0	0	0	0	0	0	0	0	0
其中：林学	0	0	0	0	0	0	0	0	0	0	0	0
医　学	480	0	151	0	154	0	122	0	45	0	8	0
管理学	419	62	90	6	151	21	122	17	55	18	1	0

研究生指导教师情况表

单位：人

职称年龄		计	30岁及以下	31～35岁	36～40岁	41～45岁	46～50岁	51～55岁	56～60岁	61～65岁	66岁及以上
总　计		1975	0	45	422	715	330	231	169	33	30
其中：威海分校		74	0	1	19	21	17	9	5	2	0
总计中女教师		519	0	22	114	205	77	53	42	5	1
其中：威海分校		13	0	0	6	3	2	1	1	0	0
分职称	正高级	1473	0	21	327	454	258	199	152	32	30
	其中：威海分校	48	0	0	7	12	16	7	4	2	0
	副高级	502	0	24	95	261	72	32	17	1	0
	其中：威海分校	26	0	1	12	9	1	2	1	0	0
分指导关系	博士生导师	0	0	0	0	0	0	0	0	0	0
	其中：威海分校	0	0	0	0	0	0	0	0	0	0
	硕士生导师	1508	0	41	367	581	231	172	103	9	4
	其中：威海分校	62	0	1	18	18	14	6	4	1	0
	博士生、硕士生导师	467	0	4	55	134	99	59	66	24	26
	其中：威海分校	12	0	0	1	3	3	3	1	1	0

附属医院

2005年齐鲁医院概况

2005年是医院深化管理改革、构建和谐医院的一年。从承担的工作任务看，保持共产党员先进性教育活动、医院管理年活动、创建医德医风示范医院活动等成为医院2005年工作的重中之重。面临着这样繁重的工作任务，全院干部职工在院党委、院行政领导下，坚持以“三个代表”重要思想和科学发展观为指导，戮力同心，团结拼搏，真抓实干，开拓创新，各项事业取得了令人鼓舞的成就。

保持共产党员先进性教育活动获得圆满成功。顺利完成了学校党委布置的各项工作任务，提高了党员队伍素质，加强了基层党组织建设，解决了很多群众关心的热点难点问题，让群众实实在在感受到先进性教育活动带来的变化和进步，群众满意度达到100%，先进性教育活动基本上达到了成为群众满意工程的目标。

医院管理年活动不断深入开展。按照卫生部医院管理年活动方案，以卫生部《医院管理评价指南》为标准，不断改进和加强医院管理，对存在的问题认真面对，厉行整改，有效地提高了医院的管理水平和服务水平，不断推动医院管理年活动深入开展。

创建医德医风示范医院活动取得初步成效。结合医院管理年与党员先进性教育活动，重点开展了三项工作，即医药购销中不正之风的专项治理、医德医风建设、行业文明建设。通过深入持久的创建活动，不断转变行业作风，提高职业素质和服务水平，使医院精神风貌焕然一新，赢得了社会和舆论的好评。

医院管理体制改革取得一定进展。机关效能建设取得显著成绩，机关作风明显转变，服务能力明显提升，办公成本明显降低；医疗、护理、教学、科研管理制度不断健全；以全医疗成本核算为主体的财务管理改革不断深化，医院资本运营和管理水平不断提高；后勤管理体制改革取得突破，部分服务项目已实现社会化管理；以网络为核心的医院管理技术支持体系不断改进，推动了医院各项管理体制改革的发展。

医院整体规模不断扩大。以医院管理年为契机，大力推进医院各项管理工作，不断扩大医院实体规模和经营规模。通过改建、改造、新建、购买等方式，不断增加业务用房面积，全年增加床位147张，完成医院集团化经营项目4个，新建乳腺外科等5个科室。截至2005年底，医院实有病床数达到1606张。

综合实力显著提升。我院通过推行开放式发展战略、技术创新战略和人才兴院战略，不断促进医疗、科研、教学综合实力的提高。2005年，我院全年共完成门诊工作量135万人次，出院病人3.87万人次，完成手术22994台次。开展了更大规模的脏器移植、角膜移植等尖端医学项目，进一步提高了综合诊疗水平；科研工作取得新突破，科研经费和科研项目、成果均创历史新高，科研经费总量位居全校第一；以优异成绩通过了教育部本科教学评估。2005年，我院医教研等各项工作齐头并进，医院综合实力显著提升。

一、精神文明建设

（一）结合保持共产党员先进性教育、医院管理年和创建医德医风示范医院活动，大力加强医德医风建设

制定并执行《山东大学齐鲁医院病人满意度调查工作管理规定》、《山东大学齐鲁医院医德医风建设检查考核实施办法》、《山东大学齐鲁医院关于进一步做好纠正医药购销中不正之风工作的实施意见》等文件，规范了医护员工的职业行为、改进了服务态度，做到了有奖有罚、奖惩结合，坚决制止收受红包、回扣、开单提成、乱收费等行为，端正了行业作风，赢得了社会和患者的信任。

（二）坚持对职工进行精神文明和职业道德教育，不断提高职工职业素质和道德水平

结合国家重大事件、医院重要事件，在全院职工中深入开展精神文明和职业道德教育。党的十六届五中全会召开后，院党委及时组织广大党员干部学习《中共中央关于制定国民经济和社会发展第十一个五年计划的建议》等相关文件，组织了一系列的学习会和研讨会，结合医院改革与发展的实际，深入领会会议精神；开展了《中国共产党党内监督条例》、《中国共产党纪律处分条例》等党内规章制度、反腐倡廉相关制度的学习活动；组织职工观看《公民道德建设实施纲要》和卫生部下发的医德医风警示片，利用正反两个方面的典型事例对职工进行医德医风和廉洁行医的教育，通过这些形式的教育和学习，有效地提高了职工的职业素质和道德水平。

（三）坚持公益性办院方向，积极承担社会责任，开展多种形式的社会服务活动

医院始终坚持公共事业为公众服务的原则，在做好医院各项工作的同时，响应各级党委和政府的号召，积极主动地开展各类社会服务活动。在“国际爱眼日”、“5·12”护士节等医学主题活动日组织开展义诊活动；派出医疗队和专家组，赴宁夏固原和山东聊城、苍山、沂南、沂水等地支援贫困地区建设；12月份，我院将医院管理年活动与党员先进性教育活动相结合，组织了“情系沂蒙——百名党员医师下乡义诊活动”，为沂蒙老区人民免费送医送药，取得了良好的社会影响。通过这些公益性活动，展示了百年老院应有的人道主义精神和勇于承担社会责任的良好形象，赢得了社会各界的赞誉。

（四）进一步加强宣传工作，不断提高医院知名度和社会影响力

2005年共出版院报23期，从176期开始从4版扩为8版，增加了新闻容量；更新了报纸版面，充分体现了“三贴近”精神；加大了对外宣传力度，全年在《健康报》、《大众日报》、中央电视台、山东电视台等众多媒体发表各类外宣稿件580余篇；进一步

完善了医院网站，使之更加有利于医院的对外宣传，促进医患交流。网站注册会员已达2180位，点击量92335人次。

（五）积极开展青年文明号和青年岗位能手的创建活动

发动全院各科室比服务、比态度、比技术，积极参与全国和山东省两级的“号”、“手”推评工作。2005年，我院4个省级青年文明号全部通过复审，尤为可喜的是，产科病房荣获“全国青年文明号”称号，使我院成为山东省卫生系统唯一同时拥有两个“全国青年文明号”的单位。

二、业务建设

（一）医疗工作

1. 门诊工作取得新突破。围绕医院管理年活动，不断加强门诊工作，制订了《山东大学齐鲁医院管理制度汇编门诊分册》；规范了门诊处方、依法执业、急诊工作的管理；改进门诊工作流程，制定门诊便民服务10项措施，切实为就诊群众解决实际问题；努力做好公费医疗、查体等工作，拓展门诊工作外延，更好地为患者服务。2005年完成门诊挂号工作量135万余人次，较2004年增长26.9%；急诊接诊56837人次，住院2887人次，抢救15000人次，抢救成功率为93%；完成健康查体2.2万人次；完成公费医疗门诊228759人次，住院1682人次。

2. 圆满完成病房各项工作。出院人数达3.87万人次，比去年增长了22.08%；手术台次达22994台，比去年增加了11.92%，均超过了年初制定的增长10%的目标。床位使用率、周转率均较去年增加，平均住院日下降，各项指标均达到或超过卫生部三级甲等医院标准。

3. 全力做好干部保健工作。院领导高度重视，亲自参加干部保健重大抢救、会诊、巡诊等；为方便老同志就医，新开设了心内、神经内科等7个门诊，在全省率先将未享受干部保健待遇的离休老同志纳入就诊范围；努力做好重点保健服务工作、老年病知识普及和家庭病房巡诊工作，引进先进设备，不断提高诊疗水平，全心全意为保健对象服务。2005年亚洲第一家GPRS无线网络援外心脏监护系统在我院正式投入运行，取得良好的效益，监护中心可管理5万名用户，已成功抢救20余名突发心血管疾病患者。2005年，干部保健门诊量达91261人次，门诊治疗观察达9327人次，出院病人1338人次，病床使用率达97.2%。

4. 进一步加强医疗质量管理。制订了《山东大学齐鲁医院管理制度汇编医疗分册》，督促指导各业务科室制定完善的医疗质量管理规章制度，完善了院、科两级医疗质量管理体系；组织了医疗制度及卫生部评价指南学习周、医院管理制度科主任培训班、全院医疗制度、医疗法规学习考核竞赛等培训活动；多次组织大规模的医疗管理检查和专项检查，检查结果均通过《医疗质量简报》对全院进行点名通报，促进了各项整改措施的落实。

5. 严格依法执业，不断促进医疗安全。严格按照卫生部要求和有关法律法规依法执业。规定凡不具备执业资格和未经注册者，一律不得独立进行医疗活动，急诊科及门诊、病房值班人员必须为本院注册医师。通过前一阶段的整改，在全院职工的共同努力下，我院已做到了依法执业，合法行医。

6. 加强“三基三严”训练，促进医疗水平和质量的提高。为提高我院各级医师的理论知识和技能，根据卫生部督查中发现的问题，加强了全院医、技人员的“三基三严”全员培训。建立了院、科两级“三基三严”培训体系，组织开展了多次专题讲座和考核。

7. 组织、鼓励开展新技术，促进医疗创新。进行了新技术及疑难危重病例抢救的评选，在评选过程中强调了项目的创新性、先进性；通过各种措施，鼓励并组织协调全院新技术的开展。我院2005年进行了21例肝脏移植、58例肾脏移植等，均比去年有所增加。

8. 加强医疗风险防范，努力减少医疗纠纷。成立了法规事务处，全面负责医患纠纷的处理工作；开展了各类纠纷防范和处理工作制度，建立了院、科两级医患纠纷处理体系；进行了法律法规学习周等专题教育和培训，不断提高职工安全行医和依法行医意识，提高医患纠纷处理水平。维护了医患双方的合法权益，减少了医院的损失。

9. 加强医院感染管理工作，促进院内感染的防控。在全院范围内进行院内感染教育和培训的同时，对重点科室的护士长、消毒员进行了专门培训；监督指导重点科室制定岗位责任制，修订了器械消毒规范与流程；各重点科室更新或增加设备，改善消毒条件，达到了卫生部的相关要求。

10. 按照国家有关规定，做好医疗保险工作。进一步强化内部管理，落实岗位责任制，完善医疗保险工作流程，不断解决工作中出现的新矛盾、新问题。2005年医保总门诊量达49232人次，住院1682人次，医疗费用合计7152.6万元。

（二）护理工作

1. 进一步完善护理规章制度。结合医院管理年活动，对各类护理管理制度进行了重新修订和补充，制订了《山东大学齐鲁医院管理制度汇编护理分册》，作为医院护理管理的标准和指南。

2. 转变管理观念，加强护理队伍的整体素质培养。采取多种形式，如学习、培训、义诊、护士形象展示等，加强护理人员服务意识的培养，不断改善服务态度，提高服务水平；强化护理人员培训管理和临床业务考核。举行了院内静脉留置针比赛并参加全省比赛，获得第一名的佳绩；进行了全院范围的心肺复苏考核，组织基础理论考试多次，参加人员达1110人次，举办护理业务讲座10次，有效提高了全院护理队伍的专业素质。

3. 进一步完善护理质量持续改进机制。健全完善三级护理质控网，加大对护理工作的检查和督导力度，重点对程序落实、差错缺陷、服务态度、记录质量等进行评价和考核。各类检查结果均以实名制在护理质量简报上进行通报，保证护理质量的持续性改进。

4. 继续加强护理教学、科研、进修等工作管理。加强教学管理体系建设，提高教学管理水平，高质量地完成了238名学生、109名进修生的带教任务，完成本科和大专授课84学时；继续加强护理科研工作，鼓励护理人员结合本职工作，进行创新性研究。全年涌现出护理新技术9项，发表各类论文200余篇。

（三）教学工作

1. 加强本科教学。积极开展“教学质量年”活动，以优异成绩通过教育部本科教学评估；圆满完成本年度山东大学各学院的理论授课和见习带教、实习教学工作任务，其中理论授课 7230 学时，见习带教 892 学时，实习教学 7293 学时。进一步推进整体化临床教学改革工作，不断完善本科生导师制，加大教学质量监控力度，不断提高本科教学水平。诊断学、妇产科学分别被评为国家级、省级精品课程。

2. 加强了临床教学条件建设。制订并实施《临床教学管理手册》、《临床教学操作规范手册》等规章制度，对各级临床教学人员的岗位职责、教学经费分配、仪器设备使用、临床技能操作规范等作出明确规定；建成了临床医学技能培训中心、全院手术教学实时转播系统，扩大了临床教学用房面积，加强了教学网站的建设，使我院临床教学条件达到省内领先水平。

3. 继续加强研究生工作。通过了临床医学一级学科博士点复审；较好地完成了研究生招生的复试和录取工作，全年招收硕士 184 人，博士 85 人；组织研究生论文答辩 347 人次；实现了全国百篇优秀博士论文零的突破。

4. 深入开展继续教育工作。全年组织医学教育讲座 52 次，发放学分 3456 人次；按时完成了 2005 年的学分验证工作，其中 1726 人合格，合格率达 99.7%；组织全院医护人员参加全省公共课程考试，协助举办国家级继续医学教育项目 12 项，省级 15 项。

（四）科研工作

1. 科研项目申报工作取得累累硕果。2005 年，我院以国家自然科学基金、国家科技重大专项为申报重点，组织院内相关人员通报立项背景，确定申报策略，组建申报团队，创新申报机制，动员全院力量开展申报工作。全年申报各类项目 450 项，中标 157 项，中标率达 34.9%。其中国家自然科学基金 11 项，科技部重点国际合作项目 1 项，其他国际合作项目 2 项，参与国家“863”和“973”项目 2 项。2005 年到位纵向科研经费 848.6 万元，比去年增加了 24%，达到我院历史最高水平。

2. 科研成果数量明显增长，质量明显提高。全年共获省部级奖励 18 项，厅局级奖励 29 项。其中心内科“三位超声成像的方法学和临床应用研究”获国家科技进步二等奖，成为山东省卫生行业历史上获得的最高科研奖项；2005 年共有 33 项成果通过厅局级以上鉴定，达到国际先进水平的 20 项，其中 2 项达到国际领先水平；共发表论文 725 篇，在全国医院中排名第 20 位。

3. 科研基地建设进一步加强。不断加大对心血管内科实验室等临床和基础科研基地的投入，多次迎接科技部、教育部专家的考察、评估和检查，为今后国家级重点实验室的申报工作奠定了基础；顺利地完成卫生部耳鼻喉重点实验室与我院临床学科的整合工作。

4. 药理基地运营水平进一步提升。2005 年共接收临床试验任务 80 余项，实到临床试验研究经费 943.2 万元。经过几年的运转，我院临床药理试验能力和水平有了很大提高，在全国范围内创下了良好的声誉。

（五）医师培训工作

1. 进一步加强各类住院医师的培训管理。科学修订并完善了住院医师培训出科考核、住院医师工作职责等培训管理制度，增加了带教与督导的可操作性，加强了培训的过程管理；科学安排住院医师轮转工作，根据工作要求调整培训计划，全面提高其思想政治素质、基本理论、基本技能水平和临床综合能力。

2. 组织实施各类考核。组织 61 名临床医师参加了试用期期中和期满转正考核，通过率达 100％；组织 63 名完成一、二阶段轮转任务的住院医师参加全省阶段统考，最终有 61 名住院医师通过考核并获得了卫生部和山东省住院医师规范化培训合格证书；组织 60 余名住院医师参加了全省住院医师传染病防治知识及医院感染知识考试，合格率达 100％。

3. 业务范围进一步扩大。开展了卫生部临床药师培训试点基地的申报工作。通过各方面共同努力，申报取得成功，使我院顺利成为国家首批临床药师培训试点基地，极大地提升了我院临床医师培训工作的整体水平和影响力。

4. 加强全省住院医师培训工作管理，促进管理水平的不断提高。进一步强化住院医师规范化培训宏观管理，统一培训标准，规范培训要求；加大社会化招考住院医师培训宣传力度，严把招考质量关，为品学兼优的学员提供住院医师培训学习的平台；完成了全省住院医师规范化培训网络管理软件的研制和初试；圆满完成了本年度全省 1965 名住院医师规范化培训阶段统考及合格证的注册与核发工作。

（六）药事管理工作

1. 理顺药事管理体制，理清管理归属，明确岗位责任。明确规定了药物应用问题归院药事委员会统一管理，药剂科、药品采购中心、药品管理办公室等各负其责，相互协作，形成了一个有效的工作体系。

2. 加强药事质量管理，提高药学服务质量。加强对《抗菌素临床使用原则》及处方管理办法的学习和应用，认真落实抗生素三级管理体制和实施细则，实现抗生素的科学、合理应用。医院对药物的使用实施宏观调控，对于用量异常的品种给予停药处理；每月对用量前 10 名的品种进行评估，实行首位淘汰。

3. 根据医院管理年要求，开展“我的岗位无差错，我的服务您满意”活动。不断优化服务流程，转变服务态度，增设门诊药房的发药窗口，设立了急诊药房，不断为患者提供优质、高效、人性化的药学服务。

4. 采取各种措施，切实降低药品收入占医院总收入的比例，解决群众“看病贵”问题。医院制定了各科室药费目标比例，2005 年最后 3 月的全院药费比例降低到 42％，并规定门诊处方一次不得超过 300 元，以保证全年的药费比例达标；进一步加强静脉配置中心建设，扩大开通病房范围，推行“全院调剂”、“同种药品集中配置”等先进方法，最大限度地实现了静脉药品资源共享。通过以上措施，我院药品收入占总收入的比例从 2004 年的 52.02％下降到今年的 50.53％；我院全年药品销售总额为 4.04 亿元，共计向患者让利近 7000 万元，切实减轻了患者就医负担。

三、行政后勤建设

（一）综合行政管理工作

1. 不断加强机关效能建设，转变机关工作作风。结合党员先进性教育活动和医院管理年整改工作，专门召开加强机关效能建设工作会议，认真落实首接负责制、岗位责任制等制度；积极转变机关工作作风，推动行政后勤职工提高认识，转变观念，为临床一线和患者提供了周到、贴心的服务。

2. 控制行政成本，节约管理费用。提出了“建设节约型医院”的口号，对行政、后勤机关办公费用实行年度定量控制。

3. 制定医院“十一五”发展规划。着眼实现医院的战略目标，在总结医院五年来工作和《山东大学齐鲁医院“十五”计划及2010年远景目标》实施情况的基础上，发动相关职能科室，制定了医院“十一五”事业发展规划。

（二）人事工作

1. 建立健全规章制度。制定了《选拔留用毕业生暂行办法》、《聘用专业技术人员暂行规定》、《关于引进高层次人才的暂行规定》等7个规范性文件，形成了适应当前形势需要的完整的人事管理规章制度。

2. 实施“人才兴院”战略，不断加强人才队伍建设。完成了人才队伍建设方案的编制，明确了今后一个时期人才培养、引进的重点；细化专业分工，促进业务人员的专业化水平；加大人才培养力度，送出14名青年医师到院外做博士后研究；完成了院内职称晋升及各类聘任工作，组织了第二批著名专家、校聘关键岗位、山东省有突出贡献中青年专家、国务院特殊晋贴专家、泰山学者岗位等的申报、评审、考核等工作，耳鼻喉科成为“泰山学者”岗位；积极引进在国际国内有相当影响力的学科带头人和中青年技术骨干，聘任兼职教授和客座教授各2名。2005年医院共有在职职工1727人，其中中国工程院院士1名，正高职称者131人，副高职称者307人，中级职称者787人；有省部级突出贡献专家11名，享受政府特贴专家74人；博士生导师74人，硕士生导师195人。2005年新增职工31人，其中博士后1人，博士13人，硕士17人。

3. 积极推进人事制度改革。对工作急需的院外高级专业技术人员采用聘用制，对大中专毕业生采用合同制，逐步扩大实行人事代理制的范围；2005年评聘了26名院内高级技术职务人员；制定了合同制职工管理暂行规定，提高了合同制职工待遇，规范了管理程序；进行科学定编定岗，坚持按需设岗，严格控制职工数量，建立了新型用人机制。

（三）总务工作

1. 加强院区综合治理，努力转变院区面貌。全年完成20多项大规模改造、装修、新建工程，包括急诊室新建改造、实验楼改造、产科病房改造、病房大楼改造等，在有限空间内扩大了业务用房面积，提高了土地和空间的使用价值，缓解了业务用房不足问题；加强爱国卫生、绿化、院内秩序整顿工作，努力转变院区面貌。2005年，医院获得了“省级花园式庭院”称号。

2. 狠抓后勤效能建设。继续推行后勤服务社会化；加强各班组的工作纪律管理，努力转变工作作风，提倡节约和成本控制，确保为临床一线和职工生活提供坚实可靠的后勤保障。

3. 加大拆迁工作力度，搞好职工住房管理工作。门诊保健综合楼二期拆迁工程已完成360户，安置本院拆迁户19户；完成了医院旧房验收工作，积极为下一步解决无房职工住房问题做准备。

（四）设备采购供应与国有资产管理工作

1. 严格遵守医院招投标制度，积极开展设备采购工作。2005年采购仪器设备1925台（件），采购金额4709万元，通过办理免税节约经费477.1万元；采购低值易耗品9424.7万元。截至年底，全院设备达7388台（件），设备资产达3.63亿元，比2004年增加了11.1％，设备装备水平继续保持国内领先地位。

2. 进一步完善国有资产管理体系和资产管理运行机制。狠抓论证投入和管理使用两个环节建设，加强制度管理，合理配置资源，切实做好计量监测和放射防护，有效盘活了资产，减少了浪费，提高了各类资产的使用水平。

3. 进一步规范招标工作，确保公开、公正、公平。2005年共进行大型招标49次，其中设备招标42项，基建项目招标2项，国际招标5项。

（五）财务审计工作

1. 进一步改进财务管理。按照卫生部要求，加强了财务部门管理职能、规范了经济核算与分配管理，完善了医院财务管理制度和财会人员岗位责任制。重点加强了医院财务收支预决算、医疗收费结算、科室医疗成本核算、医疗收费项目及标准的管理工作。

2. 2005年底，资产总额为14.4亿元，比上年底增加1.64亿元，增长了12.84％；净资产总额为11.03亿元，比上年底增加1.21亿元，增长了12.31％。

3. 全年审计工程项目140项，报审金额1952万元，审减金额253万元，审减率达12.96％。

（六）基本建设工作

1. 南新街专家公寓工程。顺利完成了南新街专家公寓的土地使用、拆迁手续办理和施工图设计，拆迁工作接近尾声，目前已局部开工。

2. 门诊保健综合楼工程。基本完成了方案设计，拆迁工作正在全面铺开。其中广智院易地重建方案的顺利实施为保障门诊保健综合楼工程奠定了基础。

3. 科研教学楼工程。经山东大学同意，由我院投资，在西校区西北角兴建科研教学楼，目前项目论证工作已完成，前期准备工作正有条不紊地展开。

（七）安全保卫工作

1. 加强政治保卫工作。根据上级部门和医院要求，认真做好安全控制工作，在召开各种重要会议及国内外发生重大事件期间，深入科室班组，及时发现、控制不安定因素，确保医院稳定。

2. 加强内涵建设，确保院内安全。结合医院现状，重新修订了医院各项安全保卫制度、各类责任书和应急预案等；不断加强“三防”建设，实施全院 24 小时不间断巡查；积极参与医患纠纷的处理，维护了医院正常工作秩序。

3. 严厉打击现行犯罪活动。配合公安机关开展了反扒窃、反诈骗行动，全年共抓获医托、扒窃、诈骗等各类违法犯罪嫌疑人 16 名，破获恐吓诈骗案一起，确保了医院工作安全、平稳进行。

（连雪洪）

2005年第二医院概况

2005年是医院实现快速发展的一年。以邓小平理论和“三个代表”重要思想为指导，以科学发展观统领全局，认真落实上级主管部门和学校党委对医院的各项工作要求，按照建设国内外知名高水平大学的要求，围绕创建国内知名、特色优势明显的综合型、研究型、开放型现代化医院的总体目标，认真开展保持共产党员先进性教育活动，全面推进医院各项工作，深化各项改革，大力实施管理强院、人才强院、科技强院“三大战略”，致力于提升医院管理水平，提升医疗质量和服务水平，提升社会影响力，全年主要工作任务顺利完成，各项业务指标均有较大幅度的增长，基本实现了社会效益和经济效益的跨越式发展。

一、医院基本情况

截至2005年底，医院有正式职工714人，其中卫生技术人员594人，行政、工勤人员120人。医师队伍中主任医师46人，副主任医师73人，主治医师112人，医师84人；正式职工中具有正高级专业技术职务者30人，副高级专业技术职务者91人，中级专业技术职务者205人，初级专业技术职务者263人。临时职工610人。

2005年实际开放床位714张，床位使用率77.76%；门诊量为416115人次，比上年增加91899人次，增幅29.76%；全年急诊30015人次，比上年增长33%；共收治住院病人14651人次，比上年增长17.82%；手术8758台次，比上年增长15.1%。

2005年，医院实现总收入19163.9万元，其中业务收入17570.2万元，比上年增加4365.8万元，增长33.06%，完成年度预算收入1.5亿元的117.13%。其中门诊收入4925.66万元，比上年增长34.31%；住院收入12504.7万元，比上年增长32.77%；药品收入占医院业务收入的比例为47.55%。医院总资产31404.1万元。其中固定资产21527.2万元，比2004年增长9.58%。

二、医教研工作

(一) 医疗工作

按照卫生部和省卫生厅部署要求，结合医院实际情况，深入开展“医院管理年”以及“医疗质量管理效益年”活动，全面提升医疗质量和服务水平。

加强制度建设，规范医疗管理。制定了《加强医疗服务质量管理的规定》及相应评价标准、《医师会诊管理规定》、《单病种质量控制方案》等6个文件，修订了《医（技）师外出进修、学习管理规定》；进一步规范病房、门诊、药事、院内感染等工作程序；强化三级医师负责制。坚持依法治院、依法执业，强化对医师和医疗行为的规范要求；突出对医疗过程中关键环节和因素的严格管理。下半年，组织多次全院医疗服务质量检查和抽查，促进医疗服务质量的提高。

进一步强化护理质量管理，规范服务行为。修订、完善和落实各项规章制度、工作流程，完善质控措施及量化标准，强化护理质量意识。加强护理队伍的建设和人才培养，制定相应人员的培养计划。对新进院的护理职工实行岗前培训，选派8位护士长赴协和医院、华西医院、复旦大学儿童医院进修学习，成功主办2期全省护理专业继续医学教育项目及医院“现代护理管理”培训班。护理部许玉华获全国“巾帼建功标兵”荣誉称号。

响应卫生部以及山东省卫生厅的号召，完成有关支援西部、农村医疗卫生工作任务，协助山东大学医院管理处举办了“全国西部地区外科培训班”，共培训外科医师30名，11位专家进行了12次专题讲座；接收西部地区进修医师5名；派出赴宁夏医疗队专家3名；派出1人援疆，完成支援塞舍尔医疗任务；派出18名医生完成省卫生厅支援苍山任务。

做好城镇职工基本医疗保险工作。2005年共收治基本医保住院病人1089人次，比上年增长46%，实现收入1267.377万元，被评为山东省社保局“医疗保险定点医院目标规范化管理先进单位”、省医保定点医院信用A级。

（二）教学工作

进一步完善分管领导—教学部—教研室三级教学管理模式，加强教学指导委员会和教学督导组的指导、监督作用，健全教学督导、课程规划、学科建设等制度，健全教学档案，强化对带教老师的查房培训和对学生的基本技能培训，积极探索实行临床实习医生“准入科制”和“本科生导师制”。自筹资金600万元，兴建了占地面积900平方米的临床技能培训中心，并于6月正式启用。改善学生实验和图书阅览条件，加强师德和学风建设。顺利通过教育部本科教学水平评估检查。2005年共毕业硕士、博士研究生34名，录取硕士生28名，博士生5名。完成198名临床教师的培训和聘任工作。首次接受山东大学临床六年制本科学生进院实习，全面进入附属医院的正规临床教学序列。

（三）科研工作

2005年，医院共中标科研课题52项，其中国家级3项，省部级11项，厅局级38项；争取项目经费117.6万元，横向争取经费6万元。全年共计获得各类奖项21项，其中中华医学会科技进步三等奖1项，省科技厅科技进步三等项3项，省教育厅科技进步二等奖3项、三等奖8项，省医学会科技进步奖4项，省中医药管理局科技进步奖1项。2005年有8个专业通过国家药检局评审，具备临床药物实验资格，已鉴定合作合同4项，合同经费近40万元。动物实验中心顺利通过省动物中心的资格论证，承担课题19项，完成11项。

三、医院管理工作

（一）认真做好医院“十一五”发展规划工作。根据医院实际及山东大学、卫生部的总体要求，讨论起草了《山东大学第二医院“十一五”整体发展规划》、《山东大学第二医院中长期发展规划》，12月初成立专门领导小组，下设六个分组，分别负责调研起草人才队伍建设、学科建设、院区基础建设、临床医疗事业发展、制度与文化建设等各项规划工作，进一步明确了医院定位及发展方向。

（二）加强机关、后勤作风建设

大力实施管理强院战略，着力加强机关作风建设，以“增强主动服务意识，提升管理水平和办事效率，树立良好形象”为主题，构建“联系群众，服务至上”的机关文化，打造“敬业、务实、协作、创新”的管理服务团队。专门成立机关作风建设领导小组；加强制度建设，规范办文、办会、办事程序；实行职能部门负责人临床一线访视制度；严格劳动纪律，规范服务用语，实行挂牌上岗；开展“服务之星”评选活动。通过加强作风建设，全体机关后勤干部职工大局意识、服务意识、团结协作意识增强，工作作风明显转变，制度化、科学化、规范化建设程度提高，服务质量、服务水平和管理能力提高。

（三）人才队伍建设

根据重点学科发展需要，引进归国留学人员2名，院外人才1名。主办了第一届国际组织增生症学术会议。

深化人事制度改革，推行新进人员岗位聘任制，制定《关于认真做好选聘毕业生的规定》、《2005年选留毕业生面试工作程序》等文件，规范毕业生的选拔和留用工作，共择优选留毕业生62人，其中博士10人，硕士27人，本科生25人。

（四）财务、审计工作

制定了《物价管理制度》、《严禁设立“小金库”管理办法》、《差旅费、业务费、办公费定额管理试行办法》等财务规章制度，对全院所有部门和科室进行了自查和检查，进一步规范收费行为，杜绝“小金库”现象，加强财务统计和财务分析能力，为医院和科室发展提供了准确、详细的数据和指导性建议。

努力完善审计制度，制定了《山东大学第二医院内部审计工作规范》、《山东大学第二医院经济合同审计暂行规定》等制度。全年共开展各项审计283项，审减率22.9%；审计各类经济合同232份；全年共组织招标项目22项，涉及招标中标金额约5594.07万元。

（五）基础建设和设备配置

2005年，医院积极筹划，对基建计划进行调整，医技楼正式开工，职工宿舍楼各项审批工作完成，旧病房楼的装修改造工程完成设计招标，新立项的外科大楼开始设计。

制定了《仪器设备管理办法》、《设备招标采购管理办法》，完成了临床技能培训中心模拟教学系统、ICU病房、手术室和消毒供应中心等部门的设备招标、采购工作。计量工作获得2005年省计量局“计量工作先进单位”的光荣称号。

四、思想政治及宣传工作

医院党委以开展保持共产党员先进性教育活动为契机，学习贯彻党的十六届三中、四中、五中全会精神，全面落实科学发展观。制定医院年度学习计划和工作安排，定期编印学习材料，认真组织学习讨论、专题辅导报告和集中收看教育录像等，加强理论学习。

适应新时期思想政治工作的要求，转变工作思路，创新工作方法，丰富教育形式，以活动为载体，把思想政治工作融入实际活动中。4 月，组织先进个人和优秀共产党员赴革命圣地西柏坡参观学习；“七一”前夕，在全院范围内组织开展了“我为党旗增光彩”主题演讲活动；9 月 10 日，组织“情系沂蒙　奉献爱心”大型主题实践活动，全院 150 多名党员奔赴蒙山革命老区，踏寻先烈足迹，寻访英雄故里，看望沂蒙姐妹，捐赠希望小学，开展义诊活动，为老区人民奉献上一片爱心和真情的同时，受到一次直接的、深刻的革命传统教育。

加强与新闻媒体的联系和沟通，着力宣传在学科建设、医疗、教学、科研中取得的重大成果以及在各项工作中涌现出的先进典型。积极向电视、电台、报纸等媒体提供新闻线索、投寄稿件 42 篇；推荐专家参与媒体举办的健康热线、专家讲座等节目 12 次；向山东大学校报、网站投寄稿件 81 篇。加强院内宣传舆论阵地建设，出版院报 11 期，发行 3 万余份；推行无纸化办公，10 月份开通医院内部办公自动化信息系统并逐步完善，提高了工作效率和办公自动化水平。

五、党的建设工作

（一）领导班子和干部队伍建设

2005 年 1 月，山东大学对医院领导班子进行部分调整，曲波同志担任医院党委书记。医院继续加强院级领导班子的自身建设，倡导在研究状态下开展工作，提高班子的整体素质和决策能力；坚持和完善民主集中制，提高班子的凝聚力和战斗力；加强和完善制度建设，进一步规范了党政联席会、书记办公会、院长办公会等例会制度；建立院领导联系支部制度，每个领导定点联系一个党支部，参加支部的各种活动。

加强干部队伍的建设，加大对中层干部的培养和培训力度。按照“请进来，走出去”的原则，邀请医院管理、医疗质量管理等方面专家来院作专题讲座，同时鼓励走出去参观学习。积极探索干部队伍建设新思路，4 月份 ICU 科主任实行竞争上岗，对中层干部队伍实行目标责任管理和有效的监督考核，逐步建立和完善干部考核评价体系。

（二）基层党组织和党员队伍建设

结合医院实际和党章有关规定，调整、完善和充实了基层党组织。支持基层党支部创新工作方式，组织学习、讨论等多项活动，开展系列主题党日活动，如素质拓展训练、送医进社区、参观革命战役纪念馆等。

加强对党员发展工作的宏观管理。制定党员年度发展计划，重点做好在副高级职称及科主任、中层干部队伍中发展党员工作；继续深入推行党员发展公示制度，增强党员发展工作透明度；加强对入党积极分子的教育培训，并纳入学校统一培训管理。全院共有 20 名入党积极分子参加党的基本知识培训，11 人被确定为发展对象，15 名预备党员按期转正为正式党员。

（三）深入扎实开展好保持共产党员先进性教育活动

按照学校党委的统一部署，下半年深入开展以实践“三个代表”重要思想为主要内容的保持共产党员先进性教育活动，按照“贯彻一条主线，明确一个目标，坚持两个结合，确保三个突出，抓好四个重点环节，实现五个落实”的总体思路，坚持“两不误，两促进”，围绕医院中心工作，边学边改，边整边改，并通过开展党员佩戴党徽上岗、重读“老三篇”、设立党员服务岗、组织“情系沂蒙”大型主题活动等，保证活动取得初步成效，活动满意率100%。中央电视台“新闻联播”、《人民日报》、《光明日报》、《经济日报》、新华社、山东卫视“新闻联播”等新闻媒体对我院先进性教育活动进行过专题报道，在社会产生良好影响。11月16日，山东省委高校工委副书记田建国及有关领导来院调研，对我院先进性教育活动给予充分肯定。

六、行风建设

认真贯彻落实卫生部和省卫生厅关于加强行风建设、纠正行业不正之风的有关规定，坚持一岗双责，管理与监督并重，制度约束与环境约束并举，把行风建设与医院的生存发展紧密结合起来，倾力打造人性化服务品牌和诚信服务品牌。继续深入坚持和完善“六个一”温馨服务活动、“一日诊”活动、“一站式”导医服务、“健康课堂”、电话随访、“创病人满意病房，做患者信任护士”活动、医患共建活动，践守无“红包”医院承诺等，努力体现以人为本的思想，缓解群众看病难、看病贵问题，打造面向大众的人性化服务品牌和诚信服务品牌。建立和完善监督制约机制，规范各项收费行为，认真做好大型仪器设备采购、大宗药品采购、大型工程、大宗材料等招投标工作。上半年在全院范围内开展“小金库”专项清理检查工作。下半年，医院开展了创建“医德医风示范医院”活动。10月29日，参加省卫生厅组织的“弘扬卫生行业新风尚”大型义诊咨询活动，获“优秀工作奖”。12月，各支部组织职工观看警示教育纪录片《医德医风教育录》，加强职业道德教育。

2005年，医院被评为全省卫生系统诚信建设先进单位、全省医德医风示范医院。泌尿外科许纯孝教授获第二届“中国医师奖”。

七、统一战线和群团工作

加强民主党派的组织建设，积极支持民主党派独立开展活动，党委定期向民主党派人士通报医院改革发展情况。

积极探索新形势下工会、共青团工作的新路子。院工会组织两批职工短期休闲度假，深受职工欢迎；组织全院职工向海啸灾区捐款1万余元；积极组织参加学校“出版杯”乒乓球比赛和运动会，获得团体总分第三名，并被授予“体育道德风尚奖”。

进一步加强基层团组织建设，深化创建“青年文明号”和青年岗位能手活动，有30名团员被评为山东大学优秀团员，2个团支部被评为山东大学先进团支部，1人被评为山东大学优秀青年知识分子。完成团省委、省卫生厅团委对2个省级“青年文明号”的重新审核、认定工作。

（张瑞雪）

威海分校

2005年威海分校概况

2005年，山东大学威海分校在职教职工1030人，其中，专任教师619人，教授69人、副教授178人，博士生导师12人、硕士生导师62人。年内学校共招收本、专科生3553人，招生范围扩大到全国27个省、市、自治区，并首次全部按学科大类进行宽口径招生。全日制本专科生规模达到1.26万人，研究生221人，留学生290人，成人及网络教育学生460人。学校设有新闻传播学院、翻译学院、商学院、法学院、艺术学院、信息工程学院、海洋学院、韩国学院、继续教育学院、职业技术学院等9个学院和空间科学与应用物理系、应用数学与统计系两个系，32个本科专业、29个研究生专业（59个研究方向）。同时，设有国际教育交流学院、高等职业技术学院、成人教育学院、大学外语教学部、马列主义教学部、体育教学部以及山东大学威海国际生物技术研发中心、东北亚研究中心、高等教育研究所、翻译研究所、日语研究中心、语言文学研究所、新闻传播研究所、金融与证券研究所、旅游咨询培训中心、东方文化研究所、威海卫法律制度研究所、民间法研究所、法学方法论研究所、韩国研究院（下设韩国法研究所、韩国经济文化研究所）、大学英语教学研究所、海洋哺乳动物研究所、控制理论与应用研究所、电子系统实验所、工控技术研究所、计算机系统与应用研究所、中韩联合IT研究所（与韩国西格纳斯股份有限公司共建）、社会发展研究所、应用数学研究所、运筹学研究所、市场营销管理研究中心、计算机应用技术研究所、自动化工程研究所、书画研究院、艺术研究所、装饰艺术研究所等教学科研机构。

一、特载

赵志浩来校视察　7月12日，原山东省委书记、省人大常委会主任赵志浩在市委副书记朱绪平的陪同下，到山大威海分校视察，听取了山大威海分校党委书记李建军和校长韩圣浩关于学校基本建设和办学特色的情况汇报，鼓励学校发挥特色，为国家、为地方多培养人才。

丁肇中来校访问讲学　6月19日，诺贝尔物理学奖获得者、山东大学名誉教授丁肇中访问了山大威海分校，与展涛、李建军、韩圣浩等校领导举行了会谈。

6月20日，丁肇中教授在分校主楼报告厅作了一场题为“我所经历的实验物理”的学术报告。

韩·山东交流协会会长金东勋来访 4月22日，山大威海分校校长韩圣浩会见了韩·山东交流协会金东勋会长一行。韩·山东交流协会是韩国政府批准设立的旨在促进韩国和山东省合作交流的一个组织机构。山东省与韩国有着历史和地理上的优势，山东大学又是中国的名牌大学，在与韩国的合作交流中有着极其重要的地位和作用，因此，韩·山东交流协会在中国的第一个合作对象就选定了山东大学。会见中双方表示，希望能够不断加强合作，不断加深交流，为了韩国和山东的经济、文化、教育事业的发展而共同努力。

全国艺术教育热点论坛召开 6月4日，全国艺术教育热点论坛在山东大学威海国际学术交流中心开幕。全国政协常委、教育部艺术教育委员会主任、中国美术家协会主席靳尚谊，教育部艺术教育委员会副主任、解放军艺术学院副院长周荫昌，清华大学美术学院副院长何洁，中国艺术教育促进会理事、山东师范大学美术学院院长孔新苗等10多位知名专家学者参加论坛。在本次论坛上，专家学者对当前艺术教育存在的问题、艺术类专业报考热的深层次原因、艺术教育人才的培养以及如何为艺术类专业报考热降温等问题展开了讨论，呼吁提高艺术教育质量，理性对待艺术教育热问题。此次论坛由中央电视台社教节目中心教育专题部联合山大威海分校和威海电视台共同举办，CCTV-10“交流”栏目记者对本次论坛进行了专访。

顺利通过教育部本科教学工作水平优秀评估 10月26日，教育部本科教学工作水平评估专家组向学校全体校领导反馈评估意见。各位专家充分肯定了分校在办学思路与定位、师资队伍建设与发展、办学投入与办学质量、教育创新、学风与校风以及办学特色等方面取得的突出成绩，同时也明确指出了分校目前在本科教学工作中尚存在的问题和不足，提出了意见和建议。

10月28日，山东大学本科教学工作水平评估意见反馈会在山东大学东校区新校邵逸夫科学馆报告厅召开。在谈到山东大学威海分校本科教学工作主要成绩时，顾海良教授说，威海分校作为山东大学的一部分，继承了山东大学的优良传统和深厚底蕴，顺应高等教育改革发展趋势，抓住机遇迅速发展，特别是新山大成立以后，分校办学条件进一步改善，办学思路更加明晰，特色明显，分校以本科教学为主，充分依靠山东大学雄厚的办学优势和威海市的区位优势，围绕地方经济社会发展的需求，围绕校地合作发展的新模式，取得了明显的成效。

二、党建与思想政治工作

8月23日，学校召开保持共产党员先进性教育活动动员大会，并以党员先进性教育活动为契机，在广大师生党员中深入开展邓小平理论、“三个代表”重要思想和党的十六届四中、五中全会精神的学习活动，深入剖析单位和个人在思想上和工作中存在的问题和不足，对群众反映强烈的突出问题集中加以整改，在全校范围内进行了一次深刻而持久的思想政治教育和党风廉政教育，统一了思想，鼓舞了干劲。建立了党政干部、党员教师联系班级制度，年内有191名党政干部和党员教师联系了150多个班级，分别采取不同的形式参与班级思想政治工作。加大党员发展工作力度，积极引导、吸引优秀学生、教工主动向党组织靠拢，新申请入党人数达9586人，新确定入党积极分子1300余人；全年共发展党员591人，其中学生党员575人，学生党员比例由去年同期的6.3%增加到7.8%，党员发展质量不断提高。在宣传工作上始终把握正确的舆论导向，积极利用校报、新闻网、广播站、宣传栏等主要宣传阵地，运用多媒体技术，采取丰富多彩的形式宣传党的大政方针、学校的发展建设成就以及学校各方面涌现出的先进事迹，出色地发挥了对外宣传和树立学校良好形象、扩大学校影响力和知名度，对内教育和团结广大师生、活跃校园文化生活的作用。

三、教学工作

学校顺利通过了教育部本科教学工作水平优秀评估。在“以评促改，以评促建，以评促管，评建结合，重在建设”的原则指导下，学校持续加大教学经费和实验室、图书资料建设投入，健全完善各项教学管理制度，严格日常教学规程，大大促进了学校教学质量和人才培养质量的提高。继续突出“韩国”特色，优化学生专业结构。在继续开办“国贸＋韩国语”、“法学＋韩国语”特色班的基础上，新开办了“新闻学＋韩国语”特色班，同时在韩国学院的学生中也开办了“韩国语＋国贸”、“韩国语＋法学”等辅修班。实施了精品课程建设计划。共评审立项校级精品课程8门、校级优质课程21门。在此基础上，积极组织山东省及总校的精品课程申报工作，获评国家级精品课程1门、省级精品课程2门、总校精品课程1门。“暑期学校”步入正轨，学校制定出台了《山东大学威海分校暑期学校实施方案》，2005年实施项目24项，近1800名学生报名参加了暑期学校。“三种经历”人才培养工作成效显著。年内选拔推荐了56名学生前往厦门大学、吉林大学、天津大学、中国海洋大学等著名高校进行交流学习；与韩国庆尚大学、清州大学、暻园大学等高校实施了互派学生交流和“2＋2”双学位学习计划，有87人次赴韩国高校进行交流和学习。2005年，在全国大学生“数学建模”和“电子设计”竞赛中获得全国二等奖2项，山东省一等奖6项、二等奖6项。在全国大学生英语竞赛中，获得特等奖3项、一等奖6项、二等奖22项、三等奖45项，总计获奖76项，创造了新的纪录。制定出台了《山东大学威海分校本科学生教学实习工作暂行规定（试行）》，新建立实践教学基地7处。继续教育在稳步提高办学质量、加强职业技能培训的同时，积极开拓国际合作办学项目，不断扩展办学空间，同韩国多所高校达成了合作意向。

四、学科建设和研究生教育

重点学科建设稳步推进，取得了显著成绩。新上了统计学专业。申报2006年的新增专业工作，软件工程专业获批准。为鼓励优秀青年学术骨干脱颖而出，年内开展实施了优秀青年学术骨干和团队建设项目。制订、完善了体现学校学科特色的《山东大学威海分校攻读硕士学位研究生培养方案》。2005年在24个专业41个方向上共招收录取硕士研究生92名，接收推荐免试硕士研究生33人，有144名应届本科毕业生被推荐到国内各知名高校继续深造，首次招收了统招法律硕士研究生。着手制定了2006年博士研究生招生计划。

五、科学研究与服务地方

2005 年学校共有 112 个科研项目获准立项，其中国家级和省部级项目 18 项、地厅级项目 15 项、横向项目 14 项，项目资助金额达 270 余万元，比 2004 年增加 100 多万元；出版学术著作、教材 17 部，有 9 部著作获得出版资助；发表学术论文 792 篇，其中 B 类以上论文 166 篇，人文社科类论文被《新华文摘》、《人大复印资料》等索引、收录 15 篇，自然科学类论文被 SCI、EI、ISTP 等索引、收录 23 篇；申报发明专利 2 项，获发明专利 1 项；有 31 项人文社科成果获奖，其中 13 项成果推荐申报 2005 年度山东省社科优秀成果奖，两项成果分别获 2005 年度山东省高校人文社科优秀成果一、二等奖。制定、下发了《山东大学威海分校服务威海行动计划（2005～2008)》，启动首批服务威海活动及应用项目 17 个，设立了专项经费，鼓励和支持广大教职工积极开展面向威海各行各业的项目服务、研发、咨询等工作。

六、师资队伍建设

2005 年引进专任教师 80 人，其中教授 6 人、副教授 12 人、博士生导师 1 人、博士 17 人、在读博士 3 人、硕士 47 人。外聘教师 76 人，其中教授 42 人。2005 年共资助 55 名教师在职攻读博士、硕士学位。目前学校在读博、硕士已达 103 人；已毕业回校工作博士 7 人；选派 7 名青年骨干教师赴国内一流大学脱产进修。制订出台了《山东大学威海分校教师海外学术研修暂行办法》，设立教师海外学术进修基金，丰富教师海外学术进修经历；选拔了 22 名管理干部和青年教师到韩国进行语言培训和学术研修；选派了 6 名青年教师赴美国访问学习，3 人出国攻读博士、硕士学位；有 2 名教师进入教育部与山东大学的教师海外培训合作计划，1 名教师进入山东省政府自筹经费教师海外培训计划。继续实施青年学科带头人和青年学术骨干教师重点培养计划，对第四批 41 名青年学科带头人、青年优秀骨干教师，给予了重点支持和培养；共为 52 名教授、博士提供专项基金资助 20 万元；为 2004 年、2005 年引进的 73 位青年教师配备了教学经验丰富的指导教师。

七、国际合作

在进一步巩固与原有韩国高校交流与合作关系的同时，与韩国技术教育大学建立了友好关系，与韩国外国语大学、东亚大学、亚洲大学、仁德大学开展了新的合作项目。在此基础上，积极开展同英语国家高校的交流，先后与美国东田纳西州立大学、美国内布拉斯加大学科尼分校、美国南得克萨斯州法学院、英国斯旺西大学法学院等建立起友好合作关系。学校始终把学生“海外学习经历”确立为国际合作与交流工作的重点。在建立友好关系的同时，积极探索、拓展国际合作项目，年内确定的主要合作项目有：组织 160 名学生赴韩国进行短期研修、培训；选拔了商学院国贸专业第一届特色班 43 名同学赴韩学习；与美国 6 所高校开展了“1＋2＋1”本科生双学位教育项目，2004 级两名同学已赴美国乔治·梅森大学和北亚利桑那大学学习，这是分校第一次公派学生到美国留学；与美、英、日等国的 5 所大学达成本科生及硕士生培养、访学项目协议。

八、基本建设

2005 年完成学院楼、学生公寓、风雨操场、北大门等工程 16 项，在建项目 5 项，总建筑面积 8.8 万平方米，是建校以来年度工程量最多的一年。

九、图书馆与实验室建设

投入图书购置经费 500 万元，购买新书近 20 万册。强化了电子资源的服务功能，与山东大学总校图书馆实现了异地借书，同北京大学等高校开展了异地文献传递服务，为本校教师开通了校外访问电子资源服务，还自主建设了分校第一个特色数据库——山东大学威海分校研究生学位论文数据库。图书馆借阅环境进一步改善，全年共接待读者 252 万人次，电子阅览室上机 44 万人次。完成实验室建设项目 27 项，在建项目 4 项，总投资达 2150 万元；新增教学、科研仪器设备总值 3310 万元，目前学校除土地外的固定资产总值已达 7 亿多元。

十、学生工作

积极落实邓小平理论和“三个代表”重要思想“三进”工作。“两课”教学努力探索既符合教育要求和课程内容，又为学生所喜闻乐见、生动活泼的新方法，收到了良好教学效果。积极开展科技创新和社会实践活动，校园文化生活丰富多彩。在第九届“挑战杯”科技竞赛中，学校有 8 件作品分获山东省特等奖和一、二、三等奖；创办了“大使讲坛”和“林海文化论坛”；全年共举办各种高水平的学术讲座 142 场，诺贝尔奖获得者丁肇中教授、图灵奖获得者姚期智教授、菲尔兹奖获得者邱成桐教授、当代儒学大师杜维明教授及众多两院院士纷纷来校讲学，使校园学术氛围空前活跃。积极组织开展了大学生暑期社会实践活动，完成调查报告 3000 多篇、500 多万字。有 13 名同学获得“山东省 2005 年暑期社会实践活动优秀学生”荣誉称号，6 名教师获得“山东省 2005 年暑期社会实践活动优秀指导者”荣誉称号，6 支服务团队获得“山东省 2005 年暑期社会实践活动优秀服务团队”荣誉称号。团中央网站、团省委网站、新浪网站、《齐鲁晚报》、《临沂日报》、《聊城晚报》等多家媒体对山大威海分校大学生的暑期社会实践活动作了报道。积极落实国家助困政策，努力做好特困生济困助学工作。全年共为 174 名学生发放了国家奖学金，为 444 名学生发放了国家助学金，为 312 名困难学生开通了绿色通道；设立了校内勤工助学岗位 1200 多个，发放勤工助学金 112 万元；减免学杂费 385 人次，合计 93.9 万元；为 2107 人办理了国家助学贷款，合计 1083.7 万元；争取校外资助 40.8 万元。深入开展了“爱心传递——一元超市”活动，动员全校师生关心、帮助贫困学生，受到了包括《中国青年报》、《大众日报》、搜狐网站等在内的多家媒体的普遍关注，引起了良好的社会反响。加快推进了就业指导工作信息化，增强了对毕业生的就业指导与服务能力。截至 2005 年 8 月 31 日，应届毕业生一次就业率达到 85.2％，其中专科生一次就业率为 80.6％（含专升本），比去年高出 12.4 个百分点。毕业生考研率持续稳定在 30％左右。

十一、后勤服务工作

坚持“三服务、两育人”宗旨，积极稳妥地推进以饮食服务为中心的管理改革，不断提高管理服务水平，保证了广大师生员工的日常工作、学习与生活需要。校园绿化美化工作取得显著成绩，2005 年共完成绿化面积 4.6 万平方米，接近 2003 年以前校园绿化面积的总和。

十二、纪检监察审计工作

根据中共中央《建立健全教育、制度、监督并重的惩治和预防腐败体系实施纲要》的精神，结合学校实际，制定了落实《实施纲要》的具体办法。加强了监控检查力度，对基建及维修工程实行全过程跟踪审计。全年共审计基建及维修工程项目 224 个，报审金额约 1.27 亿元，审定金额 1.11 亿元，审减率 9.2%。积极参与招标监督工作。全年共参加了 122 个项目的招标会议及部分招标项目的会后谈判、考察等。通过参与招标，一方面促使各单位严格执行学校的招标制度，另一方面监督招标过程是否公开、公平、公正。

十三、校务公开与民主管理

建立和完善了学校信息报送制度，同时对“办公信息”网页进行了改版升级，增加了“信息通报”栏目，定期编发信息通报；对书记校长办公会议纪要上网公布，以利于广大师生参与监督。工会、妇委会、团委、学生会、研究生会等群团组织积极参与到学校的日常管理当中来，大大提高了民主决策水平。民主党派和无党派人士、离退休人员积极为学校发展建言献策，“党委领导，校长行政，专家治学，依法治校”的民主管理机制日益完善。

十四、校园安全综合治理

认真做好技术防范工作，投入技术防范经费 77 万余元，为重点区域安装了电视监控系统，为 7 个多媒体教室安装了防盗报警系统，扩容改造了监控中心。加强重点防范，严厉打击犯罪。对学校重点要害部位安排了值班守护人员，调整了校园巡逻力量，加大了防范力度。进一步健全和完善了重点部位的安全目标责任制，加大了技防措施力度，加强了校园及周边的治安管理，维护了学校正常的教学、工作和生活秩序，“平安校园”建设进一步深化。组织进行了 7 次以“四防”和防火为重点的安全大检查，针对存在问题及时进行了整改。严格门卫管理，努力树立良好“窗口”形象。

（裴　水）

2005 年威海分校大事记

1 月

7 日 山东大学全方位开放式发展战略研讨会在山东大学邵逸夫科学馆报告厅举行，研讨会由山东大学校长展涛主持。山东大学威海分校设立了分会场。山东大学党委副书记、威海分校党委书记李建军，威海分校党委副书记刘玉殿，副校长陈金钊、韩建新等以及全校副处级以上干部出席了研讨会。山东大学校长助理、威海分校校长韩圣浩赴济南参加了现场会议并作了题为“以韩国为重点　实现全方位开放式办学”的报告。

14 日 学校在商学院会议室召开了教研基金项目（课件）结题报告会，教研项目（课件）结题申请人、专家组成员参加了会议。专家组按程序和要求对结题项目进行了认真的评审。

15 日 在全省统战部长会议上，分校党委统战部的《坚决抵御境外宗教渗透》获得 2004 年度全省高校统战工作创新成果优秀奖。

17 日 学校在图书馆会议室召开了山东大学威海分校本科生赴厦门大学访学欢送会。此次有 9 名学生于 2004～2005 学年第二学期到厦大学习，学习时间为一学期。校党委副书记刘玉殿、副校长陈金钊、教务处、学生处、团委和访学学生所在的信息工程学院、新闻传播学院、法学院的领导及访学学生一起参加了欢送会。党委副书记刘玉殿和副校长陈金钊分别作了讲话。

24 日 “2004 年度山东大学十大新闻人物”评选活动正式揭晓，威海分校副校长陈金钊当选。

28 日 中共威海市委、市政府在东山宾馆召开了全市平安建设工作会议。分校荣获 2004 年度“平安单位”荣誉称号。

2 月

5 日 威海团市委、山东大学威海分校团委、哈工大（威海）团委等团组织在学校主楼 A 区二楼会议室召开了威海团组织关爱留校大学生行动启动仪式。

威海市委副书记王培廷，山东大学党委副书记、威海分校党委书记李建军，校党委副书记刘玉殿，哈工大（威海）纪委书记高学敏，山大威海分校学生处处长郭邦礼，山大威海分校团委书记杨玉，哈工大（威海）团委书记王彦岩，交通银行副行长陈允建，中国网通威海市分公司总经理刘玉泉以及山大分校和哈工大（威海）寒假留校的大学生代表40余人参加了仪式。仪式由团市委书记林强主持。

18日～3月6日 教育部中教国际教育交流中心《“1＋2＋1”中美人才培养计划》组织第四批中方大学校长赴美考察，共有13所高校的21位校领导及项目负责人参加。作为“1＋2＋1项目”中方成员校，分校韩圣浩校长参加了此次出访考察活动。期间，对北亚利桑那大学、阿拉巴马大学、托伊大学、北卡罗来那大学彭布罗克分校、乔治o梅森大学等美方“1＋2＋1项目”成员校进行了友好访问和实地考察。

考察期间，韩圣浩校长详细参观了上述五所大学的教学设施以及图书馆、学生宿舍等，并向美方大学的教职员介绍了分校的情况，热诚欢迎美方学生来分校进修。

为拓展分校《“1＋2＋1”中美人才培养计划》，增加学生的选择范围，考察期间，韩圣浩校长分别同北亚利桑那大学、托伊大学、北卡罗来那大学彭布罗克分校签署了《“1＋2＋1”中美人才培养计划》合作协议书。

分校已将《“1＋2＋1”中美人才培养计划》项目作为“海外经历”重点推广，报名工作全面展开。

3月

1日 为认真学习贯彻落实中共中央、国务院《关于进一步加强和改进大学生思想政治教育的意见》（中发［2004］16号）文件精神，结合分校思想政治工作的实际，进一步加强和改进分校大学生思想政治教育工作，学校领导、学生处、团委全体人员、各院系负责学生工作的党总支书记（副书记）、团总支书记和学生辅导员们进行了为期两天的学习和研讨。

在3月1号上午的会议上，校党委副书记刘玉殿同志代表学校党委作了报告，对2004年的学生工作作了全面的回顾总结。

3月2号下午，校党委书记李建军、党委副书记刘玉殿、纪委书记柴月禄、副校长赵玉璞和学校各职能部门及院系党政负责人参加了大会，会议由刘玉殿同志主持。李建军书记作了重要讲话。

2～9日 为加强分校日语专业学生的“海外经历”工作，开展与日本高校的学生及教师的互换工作，分校副校长韩建新率团访问了日本北海道北海学园大学，并与该校理事长森本正夫博士签署了两校姊妹关系协议书。此项工作于2006年9月份正式实施。

访日期间，访问团一行还参观了日本东京大学等单位，并专程拜会了我国驻日本大使馆教育处，商谈了今后的有关合作意向。

7日 “三八”节前夕，威海市妇联表彰了全市各界100位先进妇女个人，授予他们“巾帼建功先进个人”称号。分校学生处副处长袁付平同志榜上有名。

从山东省教育厅高等教育处颁发的《关于公布山东省第九届大学生电子设计竞赛结果的通知》中得知，分校信息工程学院参赛学生取得了优异成绩，获得“山东省第九届大学生电子设计”竞赛一等奖1项，二等奖2项。

7～12日 分校赵玉璞副校长为团长的一行三人访韩代表团应邀对韩国湖西大学、青州大学、启明大学、昌原大学和仁川专门大学进行了访问，期间分别与以上五所大学学校领导及相关部门的主要负责人进行洽谈，对“1＋4”和“2＋2”学生交流项目及其他交流项目达成意向，并就学生留学期间所关心的问题全面进行了咨询。访问期间，代表团参观考察了各院校的办学条件和校园环境，并受到各院校总长和教授们的热情接待。

10日 德国梅泽堡应用科学大学国际教育学院院长 Matthias Ehrsam 教授、办公室主任 Michael Rückert 教授和中国事务主任许婕应邀到分校访问考察。韩圣浩校长会见了德国代表团，并共同签署了中德合作“2＋2”本科学历的协议书。

11日 韩国国会议员李相庚先生利用率团考察山东省的机会访问分校，威海市委常委、副市长马世和与分校校长韩圣浩博士在国际学术中心贵宾室会见了来宾。双方就韩国—山东经济交流协会与分校在对韩教育交流等方面的实质性合作进行了商谈。

分校副校长陈金钊、威海市人民政府外事办公室副主任付强以及分校有关部门负责人出席了会谈。

同日 韩国国际协力团中国事务所（KOICA）所长李秀光先生来分校访问，考察KOICA队员在分校的工作和生活情况。韩圣浩校长在国际学术中心会议室会见了客人，对KOICA多年来给予分校的支持表示感谢，并探讨了双方今后的合作内容。

17日 学校召开党政联席会，听取了教务处关于本科教学工作水平评估的工作汇报，陈金钊副校长主持会议并讲话。教务处刘海处长通报了教育部2005年评估工作的安排，并就《山东大学威海分校2005年本科教学工作水平评估工作安排及时间要求》作了说明。随后，王宪华副处长通报了分校前期本科教学工作水平评估初评结果和总校本科教学评估工作的进展情况。最后，李建军书记、韩圣浩校长针对本科教学工作水平评估工作中的重点和难点作出指示和要求。

教育部高等教育司颁发《关于做好2005年普通高等学校本科教学工作水平评估的通知》的文件，分校成为参加2005年下半年教育部组织的本科教学工作水平评估的80所高校之一。

同日 韩国《中国经济新闻》记者金锡中一行两人就分校对韩交流情况到分校采

访。韩圣浩校长向记者较全面地介绍了分校的留学生教育发展、面向韩国的人才培养特色、对韩国的研究及与韩国大学联合办学情况，并回答了记者的问题，记者还访问了韩国学院。《中国经济新闻》是韩国唯一全面报道中国的韩国报刊媒体，每周出版一期，每期十二版。

近年来，分校面向韩国的办学特色越来越受到韩国媒体的关注。此前，包括韩国最有影响的电视台 KBS 和最有影响的报纸《朝鲜日报》等多家媒体也曾专门采访报道过分校的对韩交流情况。

18 日 分校 2004 年全国大学生数学建模竞赛、山东省大学生电子设计竞赛（简称“两赛”）和山东大学威海分校首届数学竞赛表彰大会在主楼报告厅隆重举行。学校党委副书记刘玉殿，副校长陈金钊、赵玉璞和教务处、学生处、团委等有关部门负责人，以及信息工程学院、应用数学系的领导和师生代表共计 400 余人参加了会议。在 2004 年“高教社杯”全国大学生数学建模竞赛活动中，分校获得全国二等奖 1 项，山东省二等奖 2 项；在山东省第九届大学生电子设计竞赛中获得山东省一等奖 1 项，二等奖 2 项。

同日 分校第三届教职工暨工会会员代表大会在山东大学威海国际学术报告厅隆重召开。山东大学党委副书记尹薇、省教育工会主席李崇岗、分校全体校领导、99 位教职工和工会会员代表参加了开幕式。

这次大会主要听取和讨论了学校工作报告、工会工作报告、财务工作报告、提案工作汇报等报告，选举第三届工会委员会和工会经费审查委员会委员，表决通过一系列规则、制度等 12 项议题。开幕式由党委副书记刘玉殿主持。

分校党委书记李建军致开幕词。韩圣浩校长作学校工作报告。

哈工大（威海）工会主席董淑英、山东大学工会常务副主席韩锋、山东大学组织部副部长吕波应邀出席了开幕式，并在主席台就座。学校往届工会领导作为特邀代表参加了会议，不是代表的中层干部、部门工会主席列席了会议。

19 日 上午，大会选举通过了 11 位第三届工会委员会委员和 3 位工会经费审查委员会委员。大会表决通过了《山东大学威海分校教职工代表大会实施细则》、《山东大学威海分校教职工代表大会提案工作暂行规定》、《山东大学威海分校教职工代表大会主席团工作规则（暂行）》、《山东大学威海分校教职工代表大会选举工作制度》。副校长韩建新作了《提案征集情况报告》，对大会收到的 56 件提案向代表们作了解释和说明。

24 日 学校召开纪检监察工作会议。校领导，校纪委委员，各总支及直属支部书记、纪检委员，各部门、院系（党员）行政负责人参加了会议。会议认真学习了胡锦涛同志在中纪委五次全会上的重要讲话、周济部长在教育部纪检监察工作会议上的讲话。

校党委书记李建军作了题为“严肃党的纪律，加大预防力度，深入推进我校党风廉政建设和反腐败工作”的重要讲话。校纪委书记柴月禄主持会议，并就 2005 年学校纪检监察工作作了具体部署和要求。校纪委副书记邹积敏对 2004 年分校纪检监察工作作了总结。

25 日 分校第十次学生代表大会在主楼报告厅开幕。山东大学党委副书记、威海分校党委书记李建军，副书记刘玉殿，副校长赵玉璞，学生处处长郭邦礼，校团委书记杨玉等出席了开幕式。校党委副书记刘玉殿在开幕式上作了重要讲话。

本次学代会为期三天，大会期间，来自全校 11 个院系的 450 多名学生代表从 37 名登台演讲的候选人中投票选出了新一届学生会成员，并讨论通过了学生会工作报告决议。另外，学校有关部门对学代会的提案向代表们作了答复。

27 日 山东大学党委副书记、威海分校党委书记李建军，威海分校副校长赵玉璞在国际学术中心会见了来访的韩国清州大学金润培校长一行。

分校国际处、教务处、韩国学院、商学院等部门和单位的负责人与清州大学国际协力研究院金荣哉院长专门商谈了有关管理人员交流和学生交流等内容的具体实施细节。

4 月

1 日 首次学生教学信息员工作会议召开。学生教学信息中心主任由教务处赵辉兼任，副主任由校学生会学习部部长张仕杰同学担任，各院系教学信息站站长由各院系学生会学习部部长担任，信息站站长具体负责管理本院系教学信息站工作。学生教学信息中心是我校教学质量监控与保障体系的重要组成部分。它的成立，便于学校教学管理部门及时准确地了解、收集教学运行过程中和日常教学管理中的重要信息，充分发挥学生参与教学管理和自我管理、自我教育的主体作用，及时了解教与学的状况，不断改进教学工作，确保我校教学质量稳步提高。

4 日 学校在商学院会议室召开了本科教学评估协调会。韩圣浩校长参加了会议。韩圣浩在会上强调，各单位要按时间表和工作内容要求认真扎实地工作，学校的“四个基地”的办学定位，最重要的是本科教学基地的定位。学校的办学目标是培养一流的本科生，为此要研究改革包括学术评价指标在内的各种评估体系，使各种评价体系为提高本科教学质量服务。

各院、系、部分管教学与评估工作的负责人，各职能部门分管评估工作的负责人参加了协调会。

同日 以 James Alfini 校长为团长的美国南得州法律大学代表团来分校访问。山东大学党委副书记、威海分校党委书记李建军在国际学术中心贵宾室与代表团成员进行了友好而亲切的会谈，并陪同参观了校园。随后，代表团在分校副校长陈金钊的陪同下与法学院部分师生举行了会谈与学术交流。

此次代表团的来访还与分校就开展双方学生交流，图书资料、优秀科研成果的互换工作及尽早联合美国著名的法律大学或法学院共同在山大设立“中美法学教育交流中心”等事宜签订了学术交流与合作意向书。

5日 为纪念在抗日战争、解放战争以及抗美援朝战争中英勇牺牲的烈士，校团委、校学生会在清明节这天，组织了140名青年志愿者前往威海环翠区烈士纪念堂和烈士陵园扫墓。

同日 山东大学副校长樊丽明率专家组一行6人来分校检查本科教学工作水平评估评建工作。

樊丽明副校长重点考察了信息工程学院、海洋学院、物理系等理工科院系的基础和专业实验室建设、日常管理、经费支出、利用率等情况，并来到现代教育技术部，考察了计算中心、网络中心、语音实验室等，详细了解了有关情况。

7日 山东大学威海分校本科教学评估工作会议在威海分校图书馆会议室召开。山东大学党委副书记、威海分校党委书记李建军，山东大学副校长樊丽明，山东大学校长助理、威海分校校长韩圣浩，威海分校副校长陈金钊，山东大学赴威海分校检查本科评估工作组全体成员，威海分校各部（处）负责人，各学院院长、系（部）主任和分管教学工作的副院长、副主任，威海分校本科教学评估专家指导委员会成员，评估办公室工作人员参加了会议。会议由山东大学教务处处长王仁卿主持。

11日 为创建适合分校的人才培养模式和课程体系，修订和完善2005年的本科教学计划，学校召开了人才培养模式及课程体系改革座谈会。副校长陈金钊及各院、系、部的院长（主任）、副院长（副主任），教务处主要负责人以及部分工作人员参加了会议。

13日 学校召开了教学研究与教学改革基金立项评审会，以校学科学术委员会成员为主的两个专家组，分别对文理两科立项课题进行了评审。会上，共提交了符合立项条件的60份申报书。经过学术委员们的认真评审、实名投票，最终通过2005年教研基金项目30项，其中重点资助项目5项，一般资助项目25项。

14日 山东省教育厅中外合作办学项目专家组刘玉柱教授、王琰璧教授、朱强教授等一行三人莅临分校，对分校与德国安哈尔特应用科学大学合作举办本科学历教育项目进行了实地考察。

李建军书记和韩圣浩校长亲切会见了专家组成员。

同日 学校召开了实验室工作委员会会议，审议了资产管理处提交的2004年实验室一期建设项目验收报告和2005年2000万元实验室建设经费规划方案的建议，会议由韩圣浩校长主持。会议确立了“机械基础实验室”等30个建设项目，拟投入总经费2000万元。

15日 学校召开党建工作座谈会，学习贯彻山东大学党委书记朱正昌在学校中层领导班子主要负责人和学术骨干会议上的讲话精神，就如何落实科学发展观，加强党的建设，构建和谐校园进行研讨。山东大学党委副书记、分校党委书记李建军，分校纪委书记柴月禄和学校各党总支（直属支部）书记及机关党务部门负责人参加了座谈会。

同日 分校“海马奖学金颁奖仪式暨优秀贫困大学生表彰大会”在主楼报告厅举行。校长韩圣浩、校党委副书记刘玉殿、学校相关职能部门的负责人、海马集团党委书记张增勤、各院系负责学生工作的书记（副书记）、辅导员及获得奖励的优秀学生等出席了会议。表彰大会上向150名优秀贫困生颁发了“海马奖学金”10万元。同时向获得国家奖学金、“朝阳助学”、“山东移动”、“山东教育报刊社”等各项优秀贫困生奖学金的学生发放了奖学金。

16日 山东大学威海分校“哲学与社会发展研究中心”举行揭牌仪式，山东大学党委副书记、威海分校党委书记李建军，威海分校党委副书记刘玉殿前往祝贺，并为“中心”揭牌。知名学者、中国社会科学院马列所现代国外马克思主义和社会主义研究室主任周穗明研究员参加了揭牌仪式。

学校于2004年12月正式发文批准了“哲学与社会发展研究中心”的成立。“中心”下设哲学、社会发展、国际关系和休闲四个研究所，研究人员20余人。研究中心主任由山东大学当代社会主义研究基地主任王建民教授兼任。

19日 学校团校成立仪式在网络楼报告厅举行，校党委副书记刘玉殿出席仪式，并为在场的200余名团干部作了一场精彩的国际国内形势报告。校团委副书记孙丽霞主持了成立仪式，并对团校成立的意义和目的作了说明。校团委书记杨玉作了总结发言。团校成立以后的首期团干部培训班上，对2004级全体团干部和各院系团总支负责人进行了集中培训。

22日 韩圣浩校长会见了韩·山东交流协会金东勋会长一行。会见时金东勋就韩·山东交流协会与山东大学的合作交流发表了见解，学校国际合作交流处徐希锋副处长与韩·山东交流协会副会长许东元博士等就双方的一些具体合作项目进行了磋商。

25日～5月8日 应韩国有关单位邀请，山东大学威海分校韩圣浩校长先后访问了韩国清州大学、韩国技术教育大学、韩国外国语大学、汉城正修技能大学、韩·山东交流协会和大韩民国国会。期间，5月5～7日，韩圣浩校长参加了展涛校长率领的山东大学代表团，访问了韩国国立汉城大学、成均馆大学，并参加了高丽大学成立100周年校庆活动。访问期间与韩国有关方面签订了多项合作协议和意向书，访问取得了圆满成功。

26日 学校召开党委扩大会议，学习贯彻胡锦涛总书记在山东视察工作时的重要讲话。山东大学党委副书记、威海分校党委书记李建军在会上传达了胡锦涛总书记的重要讲话和中共山东大学党委常委（扩大）会议精神，并对下一步学习胡锦涛总书记重要讲话的任务进行了部署。

校党委办公室、组织部、宣传部、学工部负责人参加了会议。

26日 《光明日报》第9版对山东大学威海分校图书馆的数字化建设进行了报道。

27日 山东大学威海分校召开校领导班子会议，山东大学党委副书记尹薇宣布了山东大学党委决定，柴月禄同志任威海分校党委副书记、纪委书记，陈冠军同志任威海分校党委委员、威海分校副校长。山东大学党委副书记、威海分校党委书记李建军主持了会议。

5月

11日 由校团委主办的第一期“林海文化论坛”举行，山东大学校长展涛，分校党委书记李建军、校长韩圣浩、校党委副书记刘玉殿等参加了论坛。本期论坛题目为“走近我们的校长”，由展涛校长与学生进行了讨论。

“林海文化论坛”旨在以“山大文化”为主题，围绕山大学子心目中的山大文化和山大精神展开讨论，畅谈自己对山大文化的理解。

同日 韩·中交流协会会长金汉圭在文登市副市长许祖强的陪同下来分校访问。分校校长韩圣浩与金汉圭会长进行了亲切会见。期间，韩圣浩校长代表学校向金汉圭会长颁发了顾问教授聘书。随后，金汉圭在网络楼报告厅为分校师生作了题为“韩中关系的现状和未来”的专场讲座。

15日 根据《山东大学威海分校2005～2008年干部教育培训规划》，党委组织部邀请了著名的社会心理学、管理心理学研究专家，山东教育学院徐胜三教授为全校副科级以上干部和学生思想政治辅导员主作了题为“对高校领导者提高管理效能的理性思考”的专题讲座。学校领导参加了讲座。

同日 山东大学威海分校大学生志愿者服务社区活动启动仪式在怡海园小区隆重举行。威海市委副书记王培廷，山东大学党委副书记、威海分校党委书记李建军，威海市和山东大学威海分校有关部门的负责人出席了启动仪式。仪式由山东大学威海分校党委副书记刘玉殿主持，王培廷和李建军为启动仪式共同揭牌。

在本次志愿者服务社区活动中，分校11个院系的团总支和校研究生会、学生会与25个社区居委会进行了结对共建，决心用实际行动为威海市的建设与发展贡献自己的力量。

17～19日 由山东大学主办的教育部直属高校第八组第五次纪检监察工作会议在山东大学威海国际学术中心召开。17日上午，山东大学党委副书记、威海分校党委书记李建军出席了会议，向与会人员介绍了分校的基本情况并合影留念。会议由山东大学纪委书记胡家臣主持。威海分校党委副书记、纪委书记柴月禄也出席了会议。

参加教育部直属高校第八组纪检监察工作会议的成员主要是来自于清华大学、中央戏曲学院、山东大学、东北师范大学、上海理工大学、中南财经政法大学、南京林业大学、西北农林科技大学等8所院校分管纪检工作的党委副书记和纪委书记。

19日 学校党委书记李建军、校长韩圣浩、副校长赵玉璞等会同国家天文台副台长赵刚研究员、国家天文台首席科学家赵永恒研究员及相关部门负责人登上玛珈山，实地考察了玛珈山天文台道路施工路线。

同日 韩国暻园大学校长李吉女率代表团一行 10 人访问山大分校。山大分校校长韩圣浩、副校长陈金钊等会见了来访的客人。分校研究生处、韩国学院、教务处及国际处的相关人员参加了会见。李吉女校长在分校赵玉璞副校长的陪同下参观了校园并一同看望、慰问了在分校学习的暻园大学的学生。

同日 以教务处长朴昌淳为首的韩国技术教育大学代表团来分校进行友好访问，山大分校校长韩圣浩会见了客人。韩国技术教育大学代表团此次来访与分校有关部门和学院就双方学生交流、确定教师培训日程、IT 培训及其他领域技术培训等问题进行了深入的探讨。

22～28 日 应韩国有关高校邀请，以山东大学威海分校党委书记李建军为团长的分校访韩代表团，先后访问了韩国富川大学、韩国全北大学、韩国外国语大学、韩国湖原大学、韩国技术教育大学，顺访了韩国汉城正修技能大学、韩国湖西大学，走访了韩国 GS 公司总部。访问期间，与韩国有关高校签署了多项合作协议和意向书。

24 日 由 CALIS 管理中心主办、山东大学图书馆承办的“CALIS 数字资源评估与建设研讨暨第三届国外引进数据库培训周”在山东大学威海国际学术中心隆重开幕。来自 CALIS 管理中心的有关领导、全国 147 个单位的 213 位代表、全球 20 家数据库商的 49 位代表及 10 个单位的 15 名观察员出席了会议。

国家科技图书文献中心主任袁海波先生，中国国家图书馆副馆长陈力博士，国家科学数字图书馆项目管理中心副主任、中国科学院文献情报中心副主任孙坦博士，上海图书馆业务处副处长张奇研究员，山东省高校图工委秘书长、山东大学图书馆副馆长韩子军教授，CALIS 引进资源工作组成员特邀出席大会。

同日 由威海市委书记崔曰臣带队的威海市委委员考察团一行来分校进行实地考察。校党委副书记刘玉殿向考察团成员就分校的基本建设、师资建设和学校定位等情况作了介绍。

27～28 日 美国东田纳西州立大学访问团来分校访问。分校副校长陈金钊在国际学术交流中心贵宾室与东田纳西州立大学副校长兼教务长 Dr. Bert C. Bach 为首的访问团进行了友好会见，双方并签署了合作备忘录。随后，访问团成员就美国高校面临的挑战、研究生入学标准、大学在地区经济发展中的作用等问题为学校师生作了精彩的讲座。

30 日～6 月 1 日 山东省学校国防教育工作会议暨山东省学校国防教育协会一届二次会议在山大威海国际学术中心召开。省教育厅领导、山东省各地市教育局、高校国防教育负责人以及部分中小学负责人参加了会议。

在这次会议上，分校被增选为山东省学校国防教育协会常务理事单位。

本月 分校 2004 级法学专业王楠和 2004 级汉语言文学专业李怡晨作为分校与美国高校联合举办的“1＋2＋1”项目学生分别被美国乔治·梅森大学和北亚

利桑那大学录取，这是分校与美国五所高校签订《“1＋2＋1”中美人才培养计划》的协议以来，首批被美方高校录取的学生。

6月

1日 2005年度国家社科基金项目评审结果正式公布，分校吴文新副教授申报的“科学发展观视野中休闲文化创新研究”获准立项。

4日 艺术教育热点论坛在山东大学威海国际学术交流中心开幕，并进行了一天的讨论。分校党委书记李建军致开幕辞，论坛由分校艺术学院院长杨松林主持。

全国政协常委、教育部艺术教育委员会主任、中国美术家协会主席靳尚谊，教育部艺术教育委员会副主任、解放军艺术学院副院长周荫昌，清华大学美术学院副院长何洁，中国艺术教育促进会理事、山东师范大学美术学院院长孔新苗等十多位知名专家学者参加论坛。

同日 由山东大学威海分校首次举办的烟威地区高校高水平运动员邀请赛在分校田径场隆重举行。参加本次比赛的有：山东大学威海分校、哈尔滨工业大学（威海）、烟台大学、山东工商学院四支代表队。

10日 在民盟山东大学威海分校第一次盟员大会上，民盟山东大学威海分校支部正式成立。民盟威海市委主委、市政协副主席苗丰振和其他民盟市委领导以及分校全体盟员参加了盟员大会。中共山东大学党委副书记、威海分校党委书记李建军，民盟中央委员、山东大学校长助理、威海分校校长韩圣浩，中共威海市委统战部副部长姜兆军到会祝贺。大会通过无记名投票选出了由袁灏、杨兵、杨在斑三人组成的民盟山东大学威海分校支部委员会。

15日 应山东大学威海分校国际合作与交流处的邀请，日本国际协力机构中国事务所协调员铃木日和女士来分校考察日语专业的教学现状。学校领导韩圣浩校长和陈金钊副校长分别会见了来宾。

会见后，陈金钊副校长主持座谈会，双方认真探讨了山东大学威海分校日本语专业的发展前景以及今后分校与日本国际协力机构开展合作的意向。

19日 下午5时，诺贝尔物理学奖得主、山东大学名誉教授丁肇中教授及其家人一行抵达分校。山东大学校长展涛、分校党委书记李建军、校长韩圣浩、副校长陈金钊等校领导到国际学术中心迎接，二十位学生代表及学术中心工作人员举行了简短的欢迎仪式。丁肇中教授及其家人与展涛、李建军、韩圣浩等校领导在贵宾室举行了会谈。韩圣浩校长首先向丁教授介绍了分校情况，展涛、李建军向丁教授及其家人致以诚挚的问候，随后校领导与丁教授进行了亲切交谈。丁肇中教授一行还参观了分校校园和图书馆。

20日 丁肇中教授在分校主楼报告厅为分校师生作了一场题目为“我所经历的实验物理”的学术报告。能容纳500人的报告厅汇聚了来自各个院系的约700

名同学。展涛、李建军等校领导参加了报告会。报告会由韩圣浩校长主持。报告结束后，丁教授回答了师生的提问。

24 日 由分校教务处、学生处、团委、韩国学院等单位发起组织的“大使论坛”第一期在主楼报告厅开讲。

做客首期论坛的嘉宾是前外交部副部长、前驻日本大使徐敦信先生，论坛主题为“中日关系与我对日政策”。山东大学党委副书记、威海分校党委书记李建军，分校副校长陈金钊，分校党委副书记、纪委书记柴月禄等参加了论坛。论坛由分校校长韩圣浩主持。

“大使论坛”旨在扩大同学们的国际视野，激活思考能力，活跃学术气氛，营造良好的文化氛围。论坛定期（每学期一次）举行，届时会邀请国内外著名国际问题专家做客讲坛，就当前的国际形势和热点问题发表意见。

24 日 上午，山东大学党委副书记、威海分校党委书记李建军在国际学术中心贵宾室亲切会见了徐敦信先生及其同行的原驻马里、科特迪瓦大使刘立德先生，原驻埃及大使安惠侯先生。副校长陈金钊陪同在座。随后徐敦信大使一行参观了学校图书馆及海洋生物研发中心等单位。

26 日 分校翻译学院的王天君、姜仪蔚两名同学参加了在烟台举行的“山东省大学生英语演讲比赛”，分别荣获一、二等奖。

7 月

4 日 韩国外国语大学学生暑期生活体验团开幕式在分校网络楼报告厅举行。参加开幕式的外宾有韩·山东交流协会会长、韩国外国语大学法学教授金东勋先生，韩·山东交流协会交流科长咸定勋先生，韩国外国语大学学生会总会长朴钟源先生以及参加此次项目的 106 名韩国外国语大学的学生。

同学们在分校学习、生活 14 天，分几个专题学习汉语。承担此次任务的分校新闻传播学院制定了详细的教学计划，并派出精干教师队伍承担教学和辅导任务。

此项目是由韩·山东交流协会、韩国外国语大学和分校共同努力促成的，由韩国政府提供全部活动经费，也是分校与韩国外国语大学开展合作与交流的第一步。

5 日 共青团山东省委、山东省科协、省教育厅、省学联等四家单位联合发出通知，对在第九届“挑战杯”大学生课外学术科技作品竞赛山东赛区比赛中获得优异成绩的优秀组织单位、获奖作品和优秀指导教师进行表彰。分校共有 8 件作品获得省级特等及一、二、三等奖，3 位老师获得省级优秀指导教师，学校再次被评为优秀组织单位，这是分校自 1999 年参加第六届“挑战杯”以来所获得的最好成绩，获奖作品的数量、等级和获奖教师人数均超过往届，在全省高校中名列前茅。

5～8 日 由山东大学机关党委主办的教育部直属高校机关党委工作研讨会在山大

威海国际学术中心召开。

会议期间来自全国27所院校的40余名代表就在新形势下高校、机关党委如何开展工作，以适应新时期学校发展和实际工作的需要以及机关党委在学校中的地位、运行机制、机构设置、如何创新开展工作等课题进行了深入的研讨。各位代表就各自学校的具体做法进行了广泛的交流。

山东大学党委副书记赵明顺，山东大学党委副书记、威海分校党委书记李建军出席了大会开幕式并讲话。

6日 中国致公党山东省主委、山东省政协副主席王志民在威海市委统战部部长李应贞的陪同下来分校调研。王志民在听取了分校海洋学院院长吉爱国关于海洋研发中心建设的汇报后参观了研发中心实验室。学校校长韩圣浩和副校长赵玉璞在国际学术中心亲切会见了王志民。

同日 科技部国际合作司副司长姚为克与山东省科技厅副厅长翟鲁宁来分校考察。分校校长韩圣浩、副校长陈冠军陪同姚为克一行参观了学校海洋生物研发中心、信息学院实验室和图书馆。陪同姚为克考察的还有山东省科技厅国际合作处处长崔建海、威海科技局局长王建明。

在山东省文化厅公布的2005年度山东省艺术科学重点课题立项项目通知中，分校6个项目获准立项。

10日 韩国庆尚大学教务处长成洛珠一行来分校访问。在参观完学生宿舍后，学校副校长陈金钊同其进行了亲切会谈。

成洛珠一行来访主要是代表韩国庆尚大学与分校有关部门就两校学生交流、海洋学院学生交流、共同举办学术论坛研究会、双方互派教授等进行协商。

11日 山东大学第五届“海峡两岸孔孟故里寻根夏令营”营员来到分校，开始了此次寻根之旅的最后一站。校长韩圣浩、副校长陈金钊会见了“寻根团”成员。国际交流处副处长徐希锋陪同会见。12日，夏令营营员参观了刘公岛“中国甲午战争博物馆”，当晚夏令营在分校闭营。参加寻根之旅的28名台湾师生分别来自台湾义守大学、台湾大学、成功大学、东吴大学四所高校。

12日 原山东省委书记、省人大常委会主任赵志浩在市委副书记朱绪平的陪同下，来分校视察。

赵志浩参观学校主楼和校园建设后，在学术中心贵宾室听取了分校党委书记李建军和校长韩圣浩关于学校基本建设和办学特色的情况汇报。他对分校二十年来取得的成就给予肯定，鼓励学校再接再厉，发挥特色，为国家、为地方多培养人才。

同日 学校在网络楼报告厅召开精品课程建设工作会议，学校申报精品课程的负责人和组员参加了会议。陈冠军副校长到会并讲话，教务处副处长李洋修主持会议。

同日 学校召开党委会，专题部署分校保持共产党员先进性教育活动。党委会学习了省委关于第二批先进性教育活动的实施意见和张高丽同志的重要讲话，学习了田建国同志在全省高校先进性教育活动培训工作会议上的讲话。校党委书记李建军传达了山东大学党委常委会议精神和朱正昌书记的讲话。

会议研究决定了分校保持共产党员先进性教育活动的总体方案。校党委副书记刘玉殿传达了威海市党员先进性教育活动第一批总结和第二批动员大会以及全省高校党员先进性教育培训会议的精神。校党委书记李建军作了重要讲话。

14 日 山东大学威海分校保持共产党员先进性教育活动领导小组成立。

20～25 日 第十届全国大学生田径锦标赛在青岛大学顺利举行。来自全国各地的161所高校的2184名高水平运动员参加了此次大赛。其中，山大威海分校代表队以1金1银2铜和男子团体总分第三、男女团体总分第八的优异成绩顺利晋级甲A组，实现了分校在全国体育赛事中金牌和奖牌零的突破。

21 日 2005年国家级实验教学示范中心评审工作专家组研讨会在山东大学威海国际学术交流中心召开。来自教育部、清华大学、北京大学、浙江大学、南京大学、东南大学等知名高校的二十多位专家和领导以及分校陈冠军副校长、山东大学教务处王仁卿处长等出席了本次会议。分校资产管理处和海洋学院也派出了相关负责人参加了本次研讨会。会议由教育部高教司实验室处孙丽为处长主持。

25～29 日 由山东大学承办的以“中国数学发展的机遇和挑战”为主题的中国数学会七十周年年会在山大威海国际学术中心拉开帷幕。与会专家学者400余人，他们当中有来自美英德等国的国际著名数学家，菲尔兹奖得主，国际数学联盟特派的第三世界数学家代表，中国科学院院士、长江学者、国家杰出青年基金获得者等一大批杰出的数学人才，也有国内外知名大学的校长、专家、数学工作者。大会组委会主席、山东大学校长展涛主持了开幕式。

山东省副省长王军民代表山东省委、省政府向中国数学会成立七十周年大会表示热烈的祝贺。

大会紧紧围绕“中国数学发展的机遇与挑战”这一主题进行学术交流，共举行大会报告9场，小组报告90多场，内容涉及数学各个领域。此外，还成功地进行了“中国中小学数学教育卫星论坛”、“高等院校数学院长论坛”、院士公众演讲等学术活动。年会期间，中国数学会召开了九届常务理事会议和九届二次理事会议，就中国数学会的组织建设等方面问题进行了广泛探讨。

25 日 第七届华罗庚数学奖颁奖仪式在山东大学威海国际学术中心隆重举行。中国科学院数学与系统科学研究院马志明院士和上海同济大学数学研究所姜礼尚教授共同摘取了第七届“华罗庚数学奖”的桂冠。

同日 第十届“陈省身数学奖”颁奖仪式在山东大学威海国际学术中心隆重举行。中国科学院数学与系统科学研究院研究员、中国科学院“百人计划”入选者、杰出的青年科学家段海豹和中国科学院数学与系统科学研究院研究员席南华获第十届“陈省身数学奖”。

同日 在分校举行的中国数学会七十周年开幕式上，第七届钟家庆数学奖揭晓，8位获博士生奖，2位获硕士生奖。

26日 来分校参加中国数学会成立七十周年庆典年会的中国科学院院士杨乐教授在网络楼报告厅为分校师生作了题为“改革开放以来的中国数学会”的公众演讲。

27日 中国科学院院士，第三世界科学院院士马志明教授在分校网络楼报告厅作了题为“Google搜索与Inter网的数学”的报告。

28日 中国科学院石钟慈院士为分校师生作了题为“中国计算数学五十年”的报告。山东大学威海分校校长韩圣浩主持了报告会。

同日 以文亨男校长为首的韩国技术教育大学代表团访问分校。在国际学术中心贵宾室，分校校长韩圣浩、副校长赵玉璞等亲切会见了文亨男校长一行。代表团参观了学校图书馆，与信息工程学院负责人及学校有关部门进行了交流，就双方继续加强互派教师和学生等问题达成了意向。

同日 参加中国数学会七十周年年会的著名数学家、菲尔兹奖得主丘成桐教授在分校校长韩圣浩的陪同下参观了学校山大广场音乐喷泉和图书馆，并在图书馆与同学们进行了亲切交谈。

8月

1日 山东省人大常委会副主任张宗亮、邵桂芳、王道玉、黄可华、朱正昌、莫振奎、曹学成等领导在山东省人大常委会秘书长、机关党组书记裴秀堂和威海市人大常委会副主任、党组书记张璞的陪同下来分校视察工作。

省人大的领导对分校取得的成绩给予充分肯定，希望学校继续努力为把山东大学建设成国内外知名的高水平大学作出应有贡献。分校党委书记李建军在国际学术中心向省人大领导汇报，山东大学校长展涛、山东大学党委副书记赵明顺在座。

2日 中国威海市、韩国富川市“市民交流、环境保护”讨论会在分校网络楼报告厅举行。韩国富川市考察团的成员、山东大学威海分校环保协会会员等参加了此次讨论会。

5日 学校在图书馆二楼会议室召开了山东大学威海分校本科教学工作水平评估复评工作专家培训会议，威海分校的复评工作正式启动。

参加会议的有来自山东大学的评估专家、分校的评估专家组成员、学校本科教学评估办公室全体工作人员和秘书组成员。

12日 以韩国湖西大学校长姜一求为首的韩国湖西大学访问团一行8人访问分校。山东大学党委副书记、威海分校党委书记李建军在国际学术中心会见了代表团一行，并与湖西大学校长姜一求签署了双方“2+2”学生互换协议。

12～16 日　由高等学校大学外语教学指导委员会和高等学校大学外语教学研究会主办，《英语辅导报》社和山东大学威海分校共同承办的 2005 年全国大学生英语夏令营在分校举办，本届全国大学生英语夏令营营员共计 300 余名。

13 日　山东大学威海分校中韩国际学术研讨会圆满结束。来自韩国鲜文大学及汉城正修技能大学的专家学者与分校法学院的资深教授汇聚一堂，就中韩两国在道路交通法规建设及文化交流方面的问题进行了友好交流和深入探讨。

15 日　为了促进我国行星科学发展、培养行星科学研究人才、提高国家行星探测水平、加强国际合作，由国家自然科学基金委和教育部发起，中国科学院国家天文台和山东大学威海分校联合举办的 2005 年行星科学暑期学校在分校开班。

开班仪式由中国科学院国家天文台副台长赵刚主持，教育部学位管理与研究生教育司文理医学科处处长陆敏、国家自然科学基金委员会计划局综合处处长田起宏在开班仪式分别致辞。我校校长韩圣浩代表承办单位致辞。

参加仪式的还有中国探月工程首席科学家、中国科学院国家天文台、中国科学院地球化学研究所欧阳自远院士，山东大学研究生院副院长、山东大学威海分校研究生处处长姜玮等。

23 日　分校隆重召开山东大学威海分校保持共产党员先进性教育活动动员大会。校领导、教职工党员、离退休党员 480 多人，在主楼报告厅参加了动员大会。

动员大会由分校党委副书记刘玉殿主持，山东大学党委副书记、威海分校党委书记、威海分校先进性教育领导小组组长李建军作重要讲话。威海市先进性教育督导组组长郭建远同志对分校的党员先进性教育提出了具体要求。

根据上级党组织的安排，分校先进性教育活动从 7 月份开始，12 月份结束。

9 月

14 日　奥地利奥中文化交流协会主席汉斯在北京外国语大学德语系教授李逵六和中国新闻社山东分社社长王鲁平的陪同下到达分校进行访问。校党委书记李建军、副校长赵玉璞在国际交流中心亲切会见了汉斯先生一行。艺术学院院长杨松林、副院长曲洪启在座陪同。

15 日　美国 Middlesex Community College 院长 Wilfredo Nieves 及家人在威海市工程技术学院院长石曰众的陪同下来分校访问。校党委书记李建军、副校长韩建新会见了客人。双方进行了友好亲切的交谈。

在韩建新副校长的陪同下，Wilfredo Nieves 院长参观了分校图书馆和艺术学院。

16 日 我国著名画家周韶华应邀来分校访问。在国际学术中心贵宾室，校党委书记李建军与周韶华进行了亲切的交谈，艺术学院院长杨松林参加了会谈。随后，周韶华在杨松林的陪同下到艺术学院与艺术学院的部分教师进行了座谈。

18 日 中秋节，中国人民解放军军乐团应邀来到分校，在主楼广场举行了一场音乐会。山东大学校长展涛、分校党委书记李建军、分校校长韩圣浩等校领导一同观看了音乐会。展涛校长在开场讲话中说，在这个具有双重意义的日子欣赏音乐会，希望大家在享受和平与幸福的同时不忘民族抗争史。

25 日 韩国前劳动部长崔善正到分校访问。山东大学党委副书记、威海分校党委书记李建军在国际学术中心贵宾室与崔善正进行了友好的会谈。学校副校长赵玉璞陪同会见。

崔善正一行与学校有关部门就双方开展 IT 培训及其他领域技术培训的问题进行了协商。

29 日 日本北海学园大学访问团来分校访问。校党委书记李建军、副校长韩建新在国际学术中心贵宾室亲切会见了来宾。双方签署了两校留学生交换协议书。

30 日 中国数学会秘书长巩馥洲代表中国数学会在山东大学威海国际学术中心为学术中心授匾，感谢学术中心在 2005 年中国数学年会召开期间所做的工作。匾额上写有“数学之家”四字，由著名数学家王元先生题写。

校长韩圣浩、副校长韩建新及相关部门负责人参加了授匾仪式。

10月

4 日 山东大学威海分校艺术学院应韩国大邱市文联、文化局的邀请，参加了在大邱市体育文化中心大剧院举办的“2005 大邱市国际舞蹈节”。

大邱市是韩国的文化教育中心，是韩国第三大直辖市。为了加强大邱市与山东大学威海分校之间的了解、增进两地之间的友谊，大邱市文联、文化局邀请分校艺术学院赴韩国参加“2005 大邱市舞蹈节”。

9 日 世界著名计算机科学家、图灵奖获得者姚期智院士，山东大学信息安全研究所所长、密码专家王小云教授在主楼报告厅，为信息工程学院广大师生作了一场题为“现代密码学理论发展”的学术报告。报告由校长韩圣浩主持，信息工程学院院长赖晓平，副院长蒋保臣、潘景昌，山东大学信息学院院长王海洋等出席了报告会。10 日，姚期智院士在山东大学党委副书记、威海分校党委书记李建军的陪同下，参观了分校国际生物研发中心和信息工程学院实验室。山东大学信息安全研究所所长、密码专家王小云教授也随同参观。陪同参观的还有山东大学副校长王琪珑、威海分校校长韩圣浩、威海分校副校长陈冠军等。

12 日 教育部下发通知，任命娄红祥、张运、陈炎、韩圣浩同志为山东大学副校长，免去李承俊、于修平、方宏建同志的山东大学副校长职务。同时，教育部党组任命方宏建同志为中共山东大学委员会副书记。

20 日 日本国驻华大使馆负责教育和体育工作的一等秘书岩佐敬昭先生访问分校，校党委副书记、纪委书记柴月禄在外籍专家公寓会客室会见了岩佐敬昭先生。

岩佐先生此次专程到分校访问，目的是进一步了解分校的日语教学和研究情况以及分校与日本高校的合作与交流情况，希望分校今后继续加大与日本的交流，为日中两国的各方面交流多培养人才，多作贡献。

21 日 校长韩圣浩博士在山东大学威海国际学术中心贵宾室会见了以副校长 Finnie Murray 博士为首的美国内布拉斯加大学科内分校（UNK）访问团一行，双方就两校合作项目如专业共建、共同培养学生、交换教师等进行了探讨。

24 日 教育部本科教学工作水平评估专家组在山东大学校长助理、威海分校校长韩圣浩的陪同下从济南抵达分校。山东大学党委副书记、威海分校党委书记李建军，威海分校副校长陈冠军等校领导到山东大学威海国际学术中心迎接专家组成员的到来。

来分校评估检查的教育部本科教学工作水平评估专家有教育部本科教学评估委员会委员、厦门大学党委副书记、副校长、博士生导师潘世墨教授，教育部本科教学评估委员会委员、重庆大学博士生导师唐一科教授，中国药科大学校长助理、教务处处长姚文兵教授，外交学院基础教学部副主任兼汉语教研室主任张福庆教授，专家组秘书、厦门大学漳州校区教务办主任兼校教务处副处长谢火木教授。

同日 农业部下发文件（农渔发［2005］36 号），聘任分校海洋学院祝茜教授为濒危水生野生动植物种科学委员会委员。

该委员会主要负责对水生野生动植物种保护管理工作及物种交流提出科学审查意见，指导全国水生生物多样性及生态保护学科建设，进行物种鉴定、标志等研究，并对保护工作提出建议。

25 日 省委、省政府在南郊宾馆举行“泰山学者”特聘教授暨岗位设置发布会，公布并表彰了“泰山学者”首批 36 名特聘教授。山东大学共有 12 人上榜，居各高校之首。威海分校法学院院长谢晖教授榜上有名。

26 日 教育部本科教学工作水平评估专家组向分校全体校领导反馈评估意见。教育部本科教学工作水平评估专家有教育部本科教学评估委员会委员、厦门大学党委副书记、副校长、博士生导师潘世墨教授，教育部本科教学评估委员会委员、重庆大学博士生导师唐一科教授，中国药科大学校长助理、教务处处长姚文兵教授，外交学院基础教学部副主任兼汉语教研室主任张福庆教授，专家组秘书、厦门大学漳州校区教务办主任兼校教务处副处长谢火木教授分别反馈了到分校进行评估检查后的个人意见，各位专家充分肯定了分校在办学思路与定位、师资队伍建设与发展、办学投入与办学质量、教育创新、学风与校风以及办学特色等方面取得的突出成绩，同时也明确指出了分校目前在本科教学工作中尚存在的问题和不足，给予了个人意见和建议。

山东大学党委副书记、威海分校党委书记李建军代表学校表态，对专家组在校评估检查期间的工作表示感谢，表示一定按照专家组的反馈意见落实整改措施，力争学校的本科教学工作跃升到新的发展水平。

同日 陈金钊副校长在学术中心贵宾室会见了法国瓦纳市市长 Norbert Trochet 先生、南布列塔尼大学校长 Eric Martin 教授、法国布列塔尼大区政府驻山东联系人鲁兴先生一行六人。双方就山东大学威海分校同南布列塔尼大学的学生交流、师资交流进行了富有成果的会谈。

28 日 山东大学本科教学工作水平评估意见反馈会在山东大学东校区新校邵逸夫科学馆报告厅召开。教育部高教司正司级巡视员兼高等教育教学评估中心主任刘凤泰，教育部评估专家组组长、武汉大学党委书记顾海良教授，专家组副组长、厦门大学副校长潘世墨教授，专家组成员，省人大常委会副主任、山东大学党委书记朱正昌，山东大学校长展涛，省教育厅副厅长宋承祥等出席会议。潘世墨教授主持会议。

顾海良教授代表专家组反馈了评估意见。在谈到山东大学威海分校本科教学工作主要成绩时，顾海良教授说，威海分校作为山东大学的一部分，继承了山东大学的优良传统和深厚底蕴，顺应高等教育改革发展，确实抓住机遇迅速发展，特别是新山大成立以后，分校办学条件进一步改善，办学思路更加明晰，特色明显，分校以本科教学为主，充分依靠山东大学雄厚的办学优势和威海市的区位优势，围绕地方经济社会发展的需求，围绕校地合作发展的新模式，取得了明显的成效。

会议在威海分校设有视频分会场，山东大学党委副书记、威海分校党委书记李建军参加了视频会议并作总结讲话，山东大学校长助理、威海分校校长韩圣浩在济南参加了现场会议。校领导刘玉殿、陈金钊、韩建新、柴月禄、赵玉璞、陈冠军以及威海分校全体副处级以上干部参加了视频会议。

31 日 分校与来自台湾的青年学生和部分企事业单位代表举行了名为“走进威海，重温甲午”的交流活动。台湾客人首先参观了分校图书馆，随后在主楼 B 区 203 会议室举行了“走进威海，重温甲午”座谈会。会议由副校长赵玉璞主持，学生处处长郭邦礼、团委副书记孙丽霞、马列教学部主任孙武安、校研究生会的学生代表同时参加了座谈。

11月

3 日 中央委员、全国人大常委、国务院经济发展研究中心党组书记、副主任，中央先进性教育活动巡回检查组组长张玉台，副组长朱成林一行，在省委组织部副部长孙述涛的陪同下，考察了分校的先进性教育活动开展情况。市委书记崔曰臣，市委副书记、市长宋远方，市领导刘玉党、边祥慧、侯绍泽陪同考察。

4日 以山东师范大学党委副书记谭晓防为组长的省委高校驻山东大学保持共产党员先进性教育活动指导组一行五人来到分校检查保持共产党员先进性教育工作。山东大学党委副书记、威海分校党委书记、保持共产党员先进性教育活动领导小组组长李建军，山东大学副校长、威海分校校长、保持共产党员先进性教育活动领导小组副组长韩圣浩，学校党委副书记刘玉殿、柴月禄等向指导组的同志介绍了分校保持共产党员先进性教育活动的情况。

同日 由校团委、韩国学院主办的“大使讲坛”第三期在主楼报告厅隆重举行。本次讲坛的嘉宾是原中国驻泰国、马来西亚大使金桂华先生，演讲的主题是“中国与东盟关系的现状与展望”。

19日 中国建设银行威海振兴路支行举行颁证仪式，对分校的个人高端客户进行综合授信。分校副校长韩建新、部分被综合授信的干部教师代表，建行威海市分行副行长胡光明、总会计师梁洪亮等银行人员参加了授信仪式。

同日 英国威尔士斯旺西大学（University of Wales Swansea）法学院院长 Iwan Davies 教授率代表团访问分校。受分校校长韩圣浩委托，韩建新副校长在学术中心贵宾室会见了代表团一行，并就两校法学院在教师互派和交流、科研领域的交流与合作、学生的共同培养等方面进行了探讨。代表团成员还共同为分校法学院师生作了一场精彩的讲座。

21日 山东大学威海分校先进性教育活动分析评议阶段总结暨整改提高阶段动员大会在主楼报告厅隆重召开。山东大学党委副书记、威海分校党委书记、威海分校先进性教育领导小组组长李建军作了动员报告，威海市先进性教育督导组副组长谷淑芳同志作了讲话。大会由山东大学副校长、威海分校校长韩圣浩主持。

23日 学校召开了山东大学威海分校本科教学指导委员会成立大会暨工作会议。韩圣浩校长、陈冠军副校长及首届校本科教学指导委员会委员参加了会议。

同日 韩国国际协力团（KOICA）中国志愿团事务所所长南淳德先生访问分校，陈金钊副校长在国际学术中心贵宾室会见了客人。

24日 由省委统战部副部长孙传宏为组长的山东省委保持共产党员先进性教育活动高校督导组一行三人来到分校检查先进性教育工作。山东大学党委副书记、威海分校党委书记李建军，山东大学副校长、威海分校校长韩圣浩，学校党委副书记刘玉殿、柴月禄等在国际学术中心会议室汇报了分校先进性教育活动情况。

孙传宏对威海分校前三个阶段的先进性教育工作给予了充分肯定，并就下一步整改提高阶段工作提出了指导意见。

同日 美国南得州法学院与山东大学威海分校法学院交流中心揭牌仪式正式举行。南得州法学院 James 院长、Coleman 副教授、法学一年级学生 David 同学，山东大学党委副书记、威海分校党委书记李建军，法学院院长谢晖、副院长葛茎、汪全胜老师等出席了本次揭牌仪式。揭牌仪式由分校副校长陈金钊主持。李建军书记和 James 院长共同为中美法律交流中心揭牌。

25 日～12 月 1 日 分校赵玉璞副校长、继续教育学院吴传智院长应邀访问了韩国湖西大学、启明大学和昌原大学。

访韩期间，他们看望了分校派往湖西大学的第一批留学生，并了解了项目的进展情况；会见了启明大学新任校长和昌原大学校长，并就双方深化校际合作与交流工作交换了意见，与启明大学和昌原大学就“1＋4”、“2＋2”和本科生赴韩读研等项目达成意向，为分校的合作办学开辟了新途径。

访问期间，赵玉璞副校长还应邀为昌原大学 CEO 训练班的学员作了题为“韩资企业在中国的生存及发展战略”的演讲，受到学员的欢迎。

“中韩友好协会”发来专函，邀请分校韩国学院担任该协会理事单位，并聘请牛林杰院长为该协会理事。

26 日 在日照举行的第四届山东省韩国语演讲比赛中，分校韩国学院参赛选手刘霞同学获得金奖，郑丽、卢静同学分获铜奖，单峰同学获得优秀奖。本次比赛由韩国驻青岛领事馆主办，代表了山东省内最高水平的韩语竞技。

28～29 日 受山东大学副校长、威海分校校长韩圣浩委托，分校副校长陈冠军出席了在韩国大田市召开的“第一届环黄海大学校长论坛”，并代表学校作了大会发言。

“第一届环黄海大学校长论坛”是中日韩三国政府主办的“第五届环黄海经济技术交流会议”的组成部分，由韩国培才大学承办。

12 月

4 日 山东大学威海分校学生法律服务中心暨山东大学威海分校山大网通学生法律服务热线揭牌仪式在校主楼 B 区 203 会议室隆重举行。

山东大学威海分校学生法律服务中心是山东省威海市第一个由在校学生发起组建的法律服务社团。该中心由山东大学威海分校团委、研究生处、法学院、研究生会联合发起，是为在校大学生以及社会提供法律服务的专业性、实务性、公益性的学生社团组织，同时作为法学院学生实践活动基地。中心聘任陈金钊、袁相万和汪全胜为指导老师。

6 日 分校天文台建设工程经过长时间的勘查、设计，终于完成了前期准备工作，正式破土动工。

14 日 韩圣浩校长为韩国韩中教育文化交流中心会长金克己先生颁发客座教授聘书。金克己先生毕业于韩国高丽大学，并长期致力于中韩两国的教育事业，为分校的对韩交流做了大量工作。

23 日 韩国国会议员辅助官金范镇先生及韩国中华 TV 电视台一行来分校访问。

27 日 应展涛校长邀请，参与“火星探测计划”的圣路易斯华盛顿大学光谱物理学家、山东大学光学系75届校友王阿莲博士来威海分校进行学术访问。

山东大学副校长、威海分校校长韩圣浩会见了王阿莲博士，双方探讨了今后合作的可能性和方式。王阿莲博士对与分校空间科学与应用物理系的合作充满期望。27日下午4时，王阿莲博士在主楼D区105多媒体教室为学校师生作了题为“探索火星：精神＋机遇＝……”的报告。报告会前，王阿莲博士还与分校空间科学与应用物理系的教师举行了座谈。

图书在版编目（CIP）数据

山东大学年鉴．2005/方宏建，刘培平主编．—济南：山东大学出版社，2009.10
ISBN 978-7-5607-3994-6

Ⅰ．山…
Ⅱ．①方…②刘…
Ⅲ．山东大学—2005—年鉴
Ⅳ．G649.285.21-54

中国版本图书馆 CIP 数据核字（2009）第 196414 号

山东大学出版社出版发行
（山东省济南市山大南路 27 号　邮政编码：250100）
山东省新华书店经销
山东临沂新华印刷集团有限公司
787×1092 毫米　1/16　6 插页　42 印张　970 千字
2009 年 10 月第 1 版　2009 年 10 月第 1 次印刷
定价：99.00 元